문화와 폭력

문화와 폭력

Cinderella's Sisters:
A Revisionist History of Footbinding

도러시 고 지음 | 최수경 옮김

전족의 은밀한 역사

글항아리

일러두기
•원서에서 이탤릭체로 강조한 것은 고딕체로 표시했다.

학문의 길을 개척하고,
학교의 문을 열어젖히고,
따뜻한 피난처를 만들었던
수전 만 선생님께

서문

　일찍이 전족에 대한 대화를 나눌 때 동료인 스티븐 웨스트 교수가
특유의 덤덤한 투로 이렇게 말한 적이 있다. "그랬었지It was."[1] 가히 길
고 긴 논쟁과 강렬한 감정, 한없는 매혹을 자아낼 법한 '전족'이라는 주
제를 마주하고, 나는 이 책에서 웨스트 교수의 평정심을 흉내낼 수 있
기를 바란다. 그의 단순 명확함을 내가 따라갈 수는 없겠지만.
　시작할 때 나의 구상은 단순했다. 그냥 전족의 역사를 한 편 쓰자는
것이었다. 이는 제대로 시도했던 이가 없었고, 있다 해도 대부분 조롱
에 불과했다. 이전에 나왔던 전족의 역사와 관련된 논저들은 내가 보
기에는 모두 반反전족의 역사였다. 그것들은 전족 관습이 얼마나 저속
하고 수치스러운지 지적하며 시작했고, 대개 비슷비슷한 결론으로 끝
을 맺는다.[2] 이러한 저작 대부분은 반전족 운동의 영웅적인 성취에 초
점을 맞추거나, 반전족의 극단적 논리를 따라 전통 여성의 몸이 견뎌야
했던 가련한 고통을 추론하곤 한다. 여기서는 질책이 역사 서술의 목
적이 된다.

하지만 "(과거에) 그랬었다". 나의 기본 전제는 다음과 같다. 전족은 신체에 의지하는 경험이다. 12세기에서 20세기 사이 수백 년 동안 특정 집단 여성들에게 이는 현실이었다. 나는 이러한 현실을 비난하려는 것이 아니라 어떤 강력한 힘이 발을 동여매는 행위를 그들의 전통적인 관습으로 만들었는지 알고 싶을 뿐이다. 이러한 행위의 진실은 단지 소녀가 발을 처음 싸매는 날의 울음소리와 눈물에만 있는 것이 아니라("이는 논쟁의 여지 없이 그랬었다") 이후의 인생에서 매일같이 발에 쏟았던 여성들의 부지런한 유지 관리에도 있었다.3 나는 고통으로 파괴된 세계에서뿐만 아니라 계속되는 의미의 창조와 전개 과정에서 여성의 능동성과 주체성을 탐색해보고 싶다. 모든 여성에게 전족은 끝이 없는 하나의 과정이었고, 모든 몸은 특정한 시공간 속에 존재하기 마련이다. 바로 여기서 전족은 한 몸의 역사를 서술할 가능성을 갖게 되는 것이다.

전족에는 한 가지만 있는 것이 아니라 많은 종류가 있다. 이것이 이 책을 관통하는 주요 논점이다. 19~20세기 지역마다, 심지어 촌락마다 종종 독특한 전족법, 전족 의식, 전족용 신발 스타일이 있었다. 유감스럽게도 우리에게는 각 지역의 구체적인 공간에서 전족의 발전 과정을 서술할 만한 자료가 부족하다. 하지만 12세기에서 19세기까지 이어지는 역사 속에서 사람들이 풍부한 고전적 비유와 관습화된 상투어를 물려받아 사용했음에도 불구하고, 전족과 관련된 글쓰기에는 여전히 대단히 큰 차이가 있다. 성마다 지역마다 전족을 지칭하는 명칭조차 무수했으니 더 말할 나위도 없었다. 이러한 텍스트적 균열과 확산은 전족이 시대마다 다중적이고 상호 경쟁하는 의미를 지니고 있었음을 의미한다. 더구나 이 관습은 1000년 넘게 실행되면서 계급과 지역의 경계를 뛰어넘으며 전족의 원리와 그 수용 방식을 변화시켜왔다.

적지 않은 유명 사상가가 전족에 대한 해석을 시도했다. 그중 가장 영향력 있는 것은 아마 프로이트의 성 심리 분석일 것이다. 프로이트는 1927년 발표된 글에서 페티시즘은 남성이 그의 거세 불안을 여성의 몸에 투사하는 것이라고 했다. 남자아이들은 어떻게 해도 '어머니의 음경'을 가질 수 없으므로, 점점 이를 대체할 신체의 일부인 발, 신발, 머리카락 등에 에로틱한 의미를 부여하게 된다는 것이다. 전족은 그래서 여성의 거세를 상징한다고 한다.[4]

역시 저명한 사회학자인 소스타인 베블런은 미국 유한계급의 변화를 진화론적 틀에서 고찰하면서 이른바 '과시성 소비conspicuous consumption' 이론을 제시한다. 그는 과시하기 좋아하는 유한계급에서는 정교함이 '이상적 여성'의 기준이 되고 유한계급 여성들은 '작고 가냘픈 손발과 섬세하고 날씬한 허리'를 갖출 것을 요구받는다고 했다. 그래서 "무용無用하고 소비지향적인 그녀는 결과적으로 금전 권력이 지극히 중요하다는 증명이 되었다". 서양 문화에서 '졸라맨 허리'와 '중국인들의 훼손된 발'이야말로 두드러진 사례였다. 낭비되고 있는 여성들이 상징하는 가정의 부유함이 보여주는 매력이 너무 강렬해 남성들이 불구가 된 신체를 아름답다고 판단하는 심미 관념의 전도를 가져왔다

는 것이다.[5]

최근 몇 년간 인류학자 힐 게이츠와 로럴 보슨은 마르크스주의적 여성주의 관점으로 세 번째 전족 해석을 제시했다. 이는 '여성 노동의 신비화'라 부를 수 있다. 게이츠는 그녀가 쓰촨四川과 푸젠福建에서 진행한 대규모 현지 조사에 근거해 하나의 주장을 발전시켰다. 중국의 '소petty자본주의' 생산 유형에서 여성들은 가정경제에 중요한 공헌을 하지만 인정받지는 못한다. 전족한 발은 여성을 생산력이 없는 듯 '보이게 하고' 가부장들은 여성 노동의 가치를 부인하게 된다는 것이다. 농촌의 전족 여성들이 평소에 종사하는 방적, 직조, 굴 껍데기 까기, 찻잎 따기 등의 노동이 필요로 하는 체력과 기교는 그녀들의 발이 아닌 손에서 나오는 것이었다. 일단 방직공장의 기계화 생산이 가내에서 이루어지는 방직업을 대체하면 전족은 존재 이유를 잃어버리는 것이다.[6]

이러한 논리로 보슨은 여성 가내 노동의 가치와 형태를 복원하려 시도했다. 그녀는 윈난雲南의 어느 외진 농촌에서 벌어진 경제적 변화에 대해 흥미 있는 자료를 제공해주었다. 그곳에서는 20세기로 접어들 무렵 거의 모든 여성이 전족을 하고 있었다. "만약 가내에서 생산한 직물이 더는 경쟁력을 갖지 못한다면 전족의 근본적 존재 이유 역시 사라진다." 그래서 1925~1935년경에 이 마을에서 전족은 조용히 사라졌다. 당시 가내 직물업으로 특화된 직조 산업이 일부 남아 있었지만, 이 일은 이윤을 남길 수 없었다. 그리고 여성들은 집 밖으로 나가서 물건 운반, 채굴, 도로 건설, 쌀농사 등의 힘든 노동에 종사해야 했다. 게이츠와 보슨이 보기에 전족을 시작하고 종결하도록 결정지은 것은 온전히 경제적 계산에서 나온 결과였다. 게이츠는 심지어 쓰촨의 전족이 일종의 '문화적 근원이 없는 관습'이라며 더 극단적인 주장을 했다.7

또한 민족지학적 관점도 있는데 이는 이론적 성격이 약하지만 가장 영향력 있을 것이다. 이러한 관점은 근현대 전족 여성과의 인터뷰에서 비롯된 것이다. 이를 '앙혼仰婚, marrying-up' 이론이라 부르기로 하자. 이와 관련하여 비교적 초기의 것으로는 아이다 프루잇이 닝寧 할머니와 진행한 면담이 가장 대표적이다. 닝 할머니는 1867년 무렵 태어났고 부친은 산둥山東에서 떡을 파는 행상이었다. 면담록에서 그녀는 말했다. "중매인은 '예쁘게 생겼나요?'라고 묻지 않고 '발 크기가 얼마나 되나요?'라고 물었어요. 평범한 얼굴은 하늘이 주시는 것이지만 잘못 동여맨 발은 게으름의 흔적이니까요."8 "큰 발을 가지고 있는 이는 여종들뿐이다"라는 표현 역시 비슷한 논리를 반영하고 있다. 이러한 해석은, 결혼은 여성이 스스로 신분 상승할 수 있는 유일한 길은 아닐지라도 여전히 가장 좋은 길이라는 인식을 전제로 한다. 한 쌍의 '작은 발'은 딸과 그녀의 가정이 더 밝은 미래로 나갈 수 있는 보증서나 마찬가지이니 그것들은 '좋은 팔자' 혹은 사회적 명성의 상징으로 해석되었다.

이러한 경제적, 사회적, 상징적, 심리학적 해석들은 물론 가치 있지만, 여전히 부족한 점이 있다. 이것들은 전족을 어떤 동질적이고 불변하는, 단일한 동기에 의해 실행된 행위로 전제하고 있기 때문이다. 하지만 전족의 발전은 상당히 길고 긴 과정이었고 대단히 광대한 지역에 전파되었던 터라 하나의 설명이나 해석적 틀 속에 모두 포괄할 수는 없다. 페티시즘은 아마 일부 중국 문인과 많은 현대 남녀가 어떻게 그들의 성적 환상을 그들이 소장하고 있는 춘화나 작은 신발에 기탁했는지 설명할 수 있을 것이다.9 하지만 이러한 해석은 전족의 전성기에 엘리트 남성의 욕망이 구성한 지리, 사물 그리고 화려한 언어가 빚어낸 세계를 왜곡한 것이다.

한편 베블런의 과시 소비 이론은 너무나 직관적으로 논리를 전개해서, 송·원·명 시기의 경제 구조를 공업 발달 단계에 있던 빅토리아 시대의 영국 혹은 미국과 나란히 논의하는 것이 합당한가에 대해 의문을 가진 독자는 별로 없었다. 그럼에도 전족의 초기 역사에 있어서는 이 이론이 어느 정도 설득력을 지닌다. 이 시대에 작은 발은 상류층 남성들을 시중드는 기녀와 처첩들에게는 여전히 특권이었기 때문이다. 반면 '노동 신비화' 이론과 '양혼' 이론의 논리는 주로 근현대 시기에 적용된다. 즉 전족 인구의 사회적 구성에 근본적인 변화가 일어난 이후였다. 이 시기 전족 인구의 대다수는 농촌 여성이었다.10

전족을 하나의 동질적인 주제로 만들어버리는 동시에 상반된 관점들을 배척하고 일률적으로 이를 '봉건'이라는 이름으로 멸시했던 것이 현대의 반전족 운동이 이루어낸 불후의 '공적'이었다. 제대로 된 한 편의 전족사를 쓰기 위해 맞닥뜨리는 난제들은 부분적으로는 이러한 근대적 편견에서 유래한다. 우리는 반전족 운동의 시각에서만 전족을 보는 습관이 있다. 매몰되어버린 목소리를 찾고 다른 역사를 쓰려면 총체화totalizing의 충동, 지나친 단순화, 도덕주의적 어조에 저항해야만 한다. 이러한 것들이 현재 전족의 역사를 구성하고 있기 때문이다.

조앤 스콧은, 역사학자는 연구하는 주제에서 일정한 '분석적 거리'를 유지해야 한다고 경고한 바 있다. 왜냐하면 "진보의 필연성, 개별적 주체의 자율성을 당연시하는 여성주의자의 역사는 (…) 의문도 제기하지 않고 여성주의가 작동하는 틀 안에서 이데올로기적 담론의 용어들을 재생산하게 될 것"[11]이기 때문이다. 나는 자신을 반전족 운동의 계몽 담론 밖에 위치시킬 것이며, 이 책에서 거대 이론 혹은 종합적 통론을 제시하지도 않을 것이고 선형적 진보 사관을 보여주지도 않을 것이다. 그 대신 나는 지엽적인 관점들, 앞뒤 모순되는 글, 시대와 어긋나거나 잊힌 인물들 속에서 그리고 종종 논리적이지 못한 이야기들 속에서 한편의 역사를 퍼즐처럼 맞추어내기 위해 노력할 것이다.

이 책의 원래 제목인 *Footbinding is History*에는 두 가지 의미가 포함돼 있는데 각기 다른 정서적 반응을 환기시키는 것이다. '전족은 역사다'에는 안도의 느낌이 있다. 1957년 이후에는 여성 전족의 기록이 없다. 이는 물론 모든 전족 여성이 당시 이미 죽었다는 말이 아니고 관습적 행위로서의 전족이 이미 사라졌다는 것이며 되살아날 수 없다는 뜻이다. 이 책의 출간은 이 논쟁의 여지 없는 전족의 소멸을 설명하기 위한 목적이 크다. 전족의 종결은 분석적 거리를 제공해 이 책과 같은 학문 연구를 위한 공간을 확보해주었다.[12] 즉 전족의 소멸을 달성해야 한다는 정치적 긴박감에서 해방되어, 절체절명의 이슈가 아닌 하나의 역사로서 이 주제에 접근할 수 있게 된 것이다.[13]

반면 '전족은 역사다'란 대안적 역사가 가능할지 그리고 어떻게 이 역사를 서술해야 하는지 고심할 때 내가 느꼈던 전율과 두려움을 말해준다. 중국 사회 시스템과 성별 관계의 중심에 있었던 전족이라는 행위에는 분명 한 편의 역사가 필요하다. 그리고 고통과 불편함을 참아냈던 여성들의 역사는 서술할 가치가 있다. 비록 지리멸렬하고 불완전하지만 지금 결국 세상 밖으로 나왔다.

이 책의 구조는 사회적 관습으로서의 전족이 종말을 맞는 근대 시기부터 시작한 뒤 전통 시대로 회귀했다가 전족의 문화적 명성과 성적 욕망의 추구가 극단으로 치달았던 전족의 전성기에서 끝을 맺는다. 내가 이렇게 도치 서술을 선택한 이유는, 본문의 앞부분에 정리되어 있듯이 현재 우리가 알고 있는 전족 관련 지식은 거의 다 반전족 운동의 관점과 문헌에서 나온 것이기 때문이다. 이 책이 끝날 무렵 우리는 전족을 새롭게 바라보고 인식하기 위한 지반을 다질 수 있을 것이다.

제1장은 논의의 초점을 '천족天足' 개념의 탄생에 맞추었다. 천족 관념은 기계론적 신체 관념을 도입했을 뿐 아니라 19세기 말 전 세계적으로 새롭게 등장한 시각화 현상을 촉진했다. 계몽 담론의 일환으로 '천족'은 당시 맹아 단계에 있던 중국의 민족 개념을 상상하는 데 도움을 주었다. 제2장에서는 1900년대부터 1930년대까지 전개된 '방족放

足' 운동 기간에 지방의 학당과 주민들의 거주지에서 '천족' 이념을 전파했던 상황을 고찰할 것이다. 우리는 이러한 장소에서 추상적인 원칙이 어떻게 완고한 신체의 저항에 부딪혔는가를 보게 될 것이다. 제3장의 분석 초점은 1930년대 무역항이 있는 도시에서 유행했던 백과사전식 총집인 『채비록』으로, 이 책이 만들어낸 새로운 지식과 욕망에 대해 살펴볼 것이다. 전족에 대한 『채비록』 편집자와 독자들의 시대착오적인 집착은 사실 근대 중국에서 전족의 아우라가 사라지고 있음을 의미한다.

전반부의 서술에서 19세기와 20세기 전족과 관련된 글과 이미지 문헌이 불꽃 튀기는 장면을 연출해야 했다면, 후반부에서는 12세기에서 19세기 초까지 전족의 아우라와 신비로움을 구성하고 유지했던 여러 은폐 전략을 검토하게 될 것이다.

제4장에서는 17~19세기 고증학자들이 전개한 전족 기원 논쟁에서의 담론적 경계를 그릴 것이다. 이러한 논의들은 객관적이고 실용주의적 어조로 등장하기는 하지만, 당시 보편적 관습이었던 전족에 대해 얇은 막을 씌운 채 공격하곤 했다. 하지만 고증학자들이 인용하고 전파한 전족의 일화와 시적인 암시는 생각지도 못하게 전족의 문화적 아우라를 불멸의 것으로 만드는 데 공헌했다. 제5장에서는 작은 발에 대한 남성들의 욕망 지형도를 묘사한다. 이는 결코 발에 대한 페티시즘의 광경이 아니라 '서북西北' 지역에 대한 상상의 지리와 밀접하게 관련된 세계다. 나는 남성 여행자와 독자들이 신기루와 같은 희열을 어떤 '지역'에

기탁한 뒤 그들의 감각을 구체화할 수 있게 되었다고 생각한다. 이는 그들의 판타지와 경험의 서술이 만들어낸 하나의 원동력이기도 하다.

이와 비교하면 여성 욕망의 재현은 원래부터 구체적인 것이었다. 그것들은 여성들이 만든 그리고 그녀들을 만들어낸 일상용품의 세계에 놓여 있었다. 제6장은 특히 그 중심을 여성의 물질문화와 관련된 핵심적 도구, 즉 신발에 두려고 한다. 신발은 공예품이며 몸 자체의 연장이기도 하고, 유행 체제에서의 관심 대상이기도 하며, 아울러 환상을 덮고 있는 외피이기도 하다. 여기서는 신발의 유행과 신발 제작 산업의 역사를 통해 '금련金蓮 숭배' 현상의 흥망성쇠를 고찰했다. 이것으로 이 책의 주요 내용은 막을 내린다.

차례

2부 은폐된 신체

1부
———
노출된 신체

1장

전 세계 민족의 거대 역사:
'천족'의 레토릭, 1880~1910년대

1999년 11월 전족용 신발을 생산하는 마지막 공장의 생산 라인이 멈췄다. '즈창志強'이라는 이름의 이 신발 공장은 하얼빈에 있었다. 공장의 늙은 기술자는 8쌍의 나무 신골[1]로 1991년부터 매년 300켤레 이상의 '금련金蓮 신발', 즉 전족용 신발을 만들어왔다. 하지만 최근에는 생산품의 절반 이상이 창고에 쌓여 있었다. 고객들은 대부분 여든이 넘었고 그 숫자는 빠르게 감소했다. 공장은 신골을 헤이룽장 민족박물관에 기증하고 성대하게 기념식을 거행했다. 박물관 큐레이터는 전족에 관해 널리 알려진 생각을 이렇게 표현했다. "'3촌 금련'은 봉건사회 부녀들이 심신 학대를 받았다는 역사적 증거입니다. 작은 발의 슬픈 노래를 두번 다시 되풀이해서는 안 됩니다. 금련의 신골에 너무나 많은 고통과 눈물이 새겨져 있습니다." 신문 기자도 이에 호응했다. "작은 신골은 학대받던 중국 부녀들이 새로운 인생을 얻는 역사적 과정을 증언한다."(강조는 필자)[2]

기사의 이러한 어조와 용어는 사람들에게 익숙한 것이었다. 근대 중국이 작은 발을 수용할 수 있는 유일한 담론 방식은 질책과 동정이었다. 기자는 안도감을 감추지 않았다. 봉건사회의 잔여물이었던 전족이 드디어 박물관으로 물러났다. 하지만 전족을 부인하는 언어 이면에는 어떤 아쉬움이 도사리고 있다. 이는 역사적 '증언'과 같은 단어를 반복적으로 사용한 것에서도 알 수 있다. 나무 신골은 과거의 억압과 현재의 해방이라는 모순된 증언을 동시에 했다. 과거는 지나갔다. 하지만 우리는 이를 잊을 수 없고 잊어서도 안 된다. 전족을 잊지 않는 것은 근대 중국을 전망하기 위한 기획에 도움이 되었다. 전족은 근대성의 타자로서 존재하고, 전시되고, 부단히 논의되어야 했다.

이러한 불안감은 계속해서 이 주제가 지닌 잠재력과 적절성에 관한 논쟁을 촉발했다. 1980년대 중반에서 후반까지 덩샤오핑의 개혁개방으로 촉진된 '문화 붐'은 전통문화에 대한 흥미를 다시 불러일으켰다. 이로 인해 1990년대에 전족에 관한 책과 논문이 양산되었지만, 이것들은 모두 천편일률 그 자체였다. 이러한 저작들 속에서 전족은 전통 중국의 모든 오류를 농축한 것으로 평가되었다. 여성에 대한 억압, 편협함, 전횡, 인권 무시 등.[3] 물론 과거는 현재를 기반으로 하고 있고, 매우 낙관적인 진보 사관을 전제로 한다. 즉 모든 것은 점점 좋아진다. 우리 삶은 예전보다 자유로워졌다 등등. 하지만 기자의 무거운 어조에는 이러한 진보적 역사관의 고민이 압축되어 있다. 즉, 여성들은 너무 억압되었기 때문에 스스로를 직접 구원할 수 없었다. 개량주의적 국가 혹은 지식인들로부터 새로운 삶을 부여받아야 해방을 얻을 수 있다는 것이다.

전족한 여성을 낙후의 상징으로 보는 이러한 관점은 바로 근대 민족주의자들의 담론이 보여주는 특징이다. 이러한 담론은 페미니스트나 마르크스주의 학자들에게 거의 비판을 받지 않았다. 기본적으로 자유와 능동성에 대한 그들과 민족주의자들의 근대적 가설은 상당 부분 일치했기 때문이다. 흥미로운 것은 전족과 같이 자극적인 제목이 중국 안팎에서 가장 논쟁이 없었던 주제였다는 점이다. 이처럼 합의된 의견에 의문을 제기하려면 근대 중국 민족에 대한 상상과 관념이 상당 부분 자연적으로 타고난 발, 즉 '천족天足'에 관한 다양한 표현과 19세기 마지막 사반세기 동안 전개된 반전족 운동에 뿌리를 두고 있다는 점을 먼저 검토해야만 한다. 그래서 나는 전족의 역사를 전족의 종말에서부터 시작할 것이다.

종말: 두 종류의 역사, 세 종류의 시간, 굴절된 목소리

얼핏 근대 중국에서 하나의 사회 실천으로서의 전족이 끝난 시간을 확정하는 것은 간단한 문제로 보인다. 청나라에서 민국 시기까지 정권은 각기 다른 시기에 다른 제목으로 계속 전족 금지령을 발포했다. 관방과 민간의 전족 근절 캠페인 역시 기나긴 기록으로 남은 것을 확인할 수 있다. 하지만 그들의 불완전하고 모순적이기까지 한 반전족 운동의 활동과 실천이 제대로 이루어졌느냐는 또 다른 차원의 문제다. 지역적으로도 엄청난 차이가 난다. 그러므로 중국 전체의 반전족 운동의 발전을 일반화하여 도출해내기는 어렵다.[4]

더 골치 아픈 것은 존재론적 애매함의 문제다. 구체적으로 어떠한 상황에 있었는가는 묻지 않더라도, 우리가 말하는 전족의 종결이란 언제를 말하는가? 대부분의 어린 소녀가 더는 발을 묶지 않았던 시기인가, 아니면 성인 여성들이 그들의 묶은 발을 풀어버렸던 시기인가? 정부의 조사팀을 피하거나 조사팀이 떠나자마자 다시 발을 묶는 여성들을 우리는 어떻게 해석해야 하는가? 정부에서 파견한 전족 조사팀에게 튀긴 꽈배기를 보여주던 여성의 이야기를 상기해보자. 그녀는 만약 그가 꽈배기를 원래의 말랑한 반죽 상태로 돌아가게 만들 수 있다면 자신의 발을 풀겠다고 약속했다. 남성의 변발과 달리, 전족은 한번 뼈가 굽어지고 새로운 근육 관습이 자리 잡으면, 다시는 돌이킬 수 없는 신체적 변형과정이다. 그들이 말하는 이른바 '해방된 발解放脚'은 전족보다 더 걷기 어렵고 더 기형적인 상태가 되어버린다.[5]

전족처럼 보편적이면서도 복잡하고 다양한 현상이 소멸하려면 하나의 길고 긴 과정을 거쳐야만 한다. 1880년대에서 1930년대에 이르는 수십 년 동안 사람들은 이전에는 일관된 주제였던 '전족'이 세 가지 요소 혹은 세 종류의 시간으로 분열되는 것을 목격했다. 우선 우주론적 혹은 인식론적 차원에서 보면 전족은 문화적 명성을 지닌 것 혹은 정당한 것이었다. 풍속과 관습의 차원에서는 전족이 하나의 사회적 실천이다. 개인적 경험의 차원으로 말하면, 전족은 각 개인이 체현하는 행위다. 전족의 종말이란 발을 묶었다가 풀어버리는 선형적인 과정이 결코 아니며, 낡은 방식이 하루아침에 새 방식으로 대체될 수도 없다. 전족의 종말은 동시적이지 않은 세 종류의 시간 속에서의 언어적, 정서적 혼란을 의미한다. 그래서 어떤 곳에서는 전족의 존재 이유가 이미 시효를 지났지만, 어머니들은 여전히 딸들의 발을 묶었다. 어떤 곳에서는 이 오래된 풍속이 이미 금지되었지만, 사람들은 여전히 작은 발이 이상적이라는 전통적인 생각에 사로잡혀 있었다.

그래서 전족의 종말은 분명한 단절도 아니고 완결되었다는 느낌을 안겨주지도 않는다. 반대로 이것이 보여주는 특징은 중간에서의 머뭇거림, 시간과 감성, 유행 사이에서의 갈팡질팡이다. 나는 이번 장과 다음 두 장에서 이전에는 무시되었던 인물들, 예를 들어 중국 여성 개혁가들, 전족에 집착하는 감상가들, 여학생들, 전족을 풀려고 발버둥 쳤던 여성들, 전족 조사원들, 타블로이드 잡지 작가들, 취미로 전족 그림 엽서를 수집한 가게 주인들 등을 조명하면서 이 과도기에 대한 새로운 그림을 제시해볼 것이다. 심리적, 육체적인 차원의 문제까지 파고 들어가지 않더라도, 어떤 지역에서는 전족의 종식이 선형적인 계몽주의적 시각에서 이야기를 쓴 20세기 남성 사상가들이 들려준 것보다는 훨씬 더 복잡한 문제였다.

여성 육체의 완고함은 이 대안적 역사에서 가장 가시적이면서도 당혹스러운 부분이다. 국가의 시간과 세계의 시간, 즉 여성 육체의 밖에 있는 역사가 순식간에 앞서나갈 때, 개인적인 삶의 차원에서 시간의 화살은 자신의 속도로 천천히 흘러갔다. 어떠한 국가의 법령이나 사회 운동도 개개인의 삶이 하나씩 소멸하기 전까지 진정으로 전족을 끝장 내지 못했다는 단순한 사실을 떠올리길 바란다. 이 여성들의 '음성', 구체적으로 표현된 음성이 아니라 그들의 육체 내부에서 분출하는 웅얼거림은 개인과 국가의 역사 사이의 모호한 공간에 출현했다. 그들의 음성은 종종 말의 언어가 아닌 우리에게 익숙하지 않은 신체 언어였다. 그렇다면 우리는 어떻게 다양한 음조와 강도로 분출하는 그들의 음성을 들을 수 있을까?

반전족 관련 입법과 캠페인은 모두 '거대사gigantic history'의 영역에 속한다. 그것들은 공적 문서를 통해 확인할 수 있고 정치사와 사회사의 원리에 부합한다. 그래서 지금까지 그것들이 광범위하게 분석된 것은 놀랍지 않다. 수전 스튜어트는 두 종류의 역사가 있음을 일깨웠다. "우리는 개인의 역사, 개체의 역사의 근원에서 축소된 역사miniature를 발견하지만, 공적인 역사, 자연사의 기원에서 거대사를 발견한다." 우리는 축소된 역사를 용기에 담긴 내용물, 즉 '공간적 총체 혹은 시간의 단편'으로만 간주하는 반면 거대사는 이를 담는 용기라고 생각한다.6 마찬가지로 중국의 여성사에는 두 종류의 리듬이 존재한다. 하나는 사적인 개인의 역사이고 다른 하나는 공적인 국족國族의 역사다. 우리는 후자를 유일한 서사로 잘못 알고 있었다. 후자의 음성은 우리가 익히 알고 있는 민족 서사 속에 봉인되어 있기 때문이다. 그것들은 거의 번역하지 않아도 무엇을 말하는지 알 수 있다.

우리는 추근秋瑾(1875~1907)에게서 근대 여성의 음성을 들을 수 있다. 그녀는 전족을 맹렬히 비난했던 호방한 여성으로, 결혼의 굴레를 벗어나서 일본으로 유학해 찰리 채플린 같은 복장의 사진을 남겼다. 그녀는 훗날 공화 혁명의 희생자가 되었다. 우리는 또한 딩링丁玲 (1904~1986)의 일생을 칭송할 수도 있다. 그녀는 스스로 연인을 선택했고 옌안延安까지 가서 공산 혁명의 페미니스트 작가로 활약했다.7 그들의 삶은 개인과 민족의 구원을 추구하는 낭만적 영웅의 여정이었다. 그들의 정치 참여, 자아실현과 성적 갈망에 대한 파토스에서 우리는 우리가 소중하게 생각하는 자아 이미지를 발견했다. 그래서 우리는 그들이 사용하는 언변의 유혹에 굴복한다. 그들은 개인의 자유와 자아 결정권과 같은 언어를 구사한다. 하지만 이러한 개인주의는 사실상 일종의 이념 투사에 지나지 않는다. 즉 개인의 삶은 민족 담론 밖에서는 존재하지 않는 것이다. 이 여성들의 목소리는 민족의 거대 역사 속에 담겨 그 언어로 말해지고 있었다.8

거대사의 주변부, 심지어는 외부에서 자신에 대해 말하는 다른 여성도 많다. 글을 모르는 전족 여성들이 하나의 예다.9 하지만 그들의 목소리는 우리가 직접 들을 수 없다. 이 '소형화된' 혹은 '봉인된' 역사를 조명하려면 두 종류의 해석이 필요하다. 첫째는 전족 여성의 신체가 발하는 무언의 표현을 통해 그녀의 숨겨진 내면세계로 들어가는 것이다. 둘째는 그녀들의 발언을 인용한 다른 이들의 글쓰기를 다시 해석하는 것이다. 이번 장과 다음에 이어지는 두 개의 장에서, 이러한 간접적인 음성을 들어볼 것이다. 이들 음성은 그들의 신체적 웅얼거림이나 논리화된 진술 혹은 비통의 절규일 수도 있지만 그것들은 '원래 그대로의' 음성이 아닌 굴절된 것이다. 그것들은 남성 서사, 거대 역사, 다른 표면적 관심사들 속에 봉인되어 있다. 하지만 그것 때문에 덜 '진실한' 것은 아니다.

간혹 자신들의 전족 경험을 설명하는 농촌 여성들의 인터뷰 기사를 볼 수 있는데, 이런 인터뷰에서조차 그들이 사용하는 언어 표현과 그들이 내비치는 정치 인식은 나중에 획득된 것이었다. 예를 들어 영화 제작자 카마 힌턴과 리처드 고든은 좋은 평가를 받았던 다큐멘터리 「작은 행복Small Happiness」의 제작을 위해 장궁촌長弓村의 전족한 할머니 세 분을 인터뷰했다. 그중 한 분은 '봉건封建'이라는 용어를 공산당원들에게서 배웠다고 했다. 이 용어는 그녀가 구중국 체제에서 자신을 억압한 근원을 설명할 수 있게 해주었지만, 그녀가 소녀 시절 전족했을 때의 실제 느낌을 전달하지는 못한다.[10] 어쩔 수 없는 시간의 흐름과 사람의 기억을 재구성하는 새로운 언어 유형의 개입으로 인해 얼핏 보기에는 전혀 외부 영향을 받지 않을 것 같은 직접 인터뷰에서도 여성의 음성은 사실상 간접적인 것이다. 이는 번역을 요구한다. '진정한' 여성의 음성이란 존재하지 않는다.

아이러니하게도, 우리는 오로지 번역을 통해서만 혼란한 시기의 복잡한 음색을 충실하게 담아낼 가능성을 얻을 수 있다. 1880년대에서

1930년대는 전환기였다. 이 시기 여성 육체 내부의 리듬은 전반적으로 당시 주류였던 신체의 정치학과 조화를 이루지 못하는 듯 보인다. 여성의 신체와 사회적 신체를 바라보는 새로운 비전이 형성되었지만, 다른 한편에서는 전족 여성이 체현하고 있는 옛 가치들이 여전히 구체적이고도 가시적으로 남아 있었다. 근대 중국의 전족 여성들은 그래서 잔여물이 되어버렸다. 그들의 존재는 비난이 아닌 관심과 분석을 요한다. 왜냐하면 우리는 그녀들의 '능동성'을 그녀들의 말과 글을 통해서뿐만 아니라 그녀들 존재의 육체성 속에서도 찾을 수 있기 때문이다. 여성 작가와 사회운동가들의 지적인 목소리에만 초점을 맞춘 결과 근대 중국 여성들의 경험과 주체성의 범위에 대한 현재의 그림은 형편없이 불완전하며 구체적이지 못하다.

전족을 종결시키기 위한 노력은 개개인의 육체적 완고함 때문에 복잡하게 얽혀버렸다. 그렇다면 '종말'이란 어떤 명료한 순간이 아닌 발을 묶었다 풀었다 반복하던 혼란스러운 시대로 봐야 할 것이다. 어쨌든 그러한 줄다리기를 거치며 전족의 위상은 추락했다. 이는 그것이 단지 위법 행위이기 때문만이 아니라 유행이 지났기 때문이기도 하다. 전족이 지니고 있던 문화적 명성이 사라지자 전족은 사실상 종말을 고한다. 다시 말하면, 많은 여성이 여전히 매일 아침 발을 전족 띠로 묶고 있었지만, 현존하는 문화적 상징과 가치 내부에서 더는 정당성을 부여받지 못하게 되었을 때 전족은 이미 끝장난 것이다. 전족 여성들은 개항 도시의 거리에서 발을 질질 끌거나 혹은 산둥의 시골에서 쟁기를 끌고

그림 1. 보행 중인 전족 여성.(John MacGowan, *Men and Manners*, "Women with Golden Lilies," p. 249 맞은편 페이지)

있는 모습으로 발견되었다. 여전히 발견되는 그들의 존재는 연민과 호기심을 자아냈다. 그들은 시대에 뒤떨어지고 장소에 어울리지 않는 것처럼 보였기 때문이다.(그림 1) 사람들은 전족한 여성들이 걷거나 야외로 나가는 것조차 어려울 것이라 생각했다. 이렇게 외부 세계와 어울리지 않는 이미지는 어떤 모순을 일깨웠다. 여성은 구질서의 잔여물인 동시에 새로운 질서의 계승자로 체현되곤 했기 때문이다.

기독교적 개념, 천족

'자연 그대로의 발natural feet' 혹은 '타고난 발heavenly feet'을 의미하는 '천족天足'은 전족纏足 혹은 과족裹足과 상대되는 용어다. 이 용어의 발명은 전족의 문화적, 사회적 사망을 돌이킬 수 없게 만든 변곡점이었다. 영어에서 유래한 이 용어를 최초로 공개적으로 사용한 것은 1875년 샤먼厦門에 파견된 영국 선교사 존 맥고언 목사가 교우 모임을 주도했던 어느 아침으로 기록되어 있다. 이 모임에서 그들은 샤먼 계전족회戒纏足會, The heavenly Foot Society를 창설했다. 맥고언 목사는 런던 선교회 소속으로 2차 아편전쟁의 절정기인 1860년 샤먼에 처음 왔다. 이 전쟁으로 인해 중국은 외국과의 통상을 위해 항구 다섯 곳을 개방했고 선교사들은 내륙에서 전도할 수 있게 되었다. 도착하자마자, 그와 그의 아내는 전족의 해악을 직접 경험했다. 어느 날 이웃집 딸의 비명이 벽을 뚫고 들려왔다. 맥고언 부인은 급하게 달려가서 말리려 했지만, 소녀의 어머니에게 한바탕 설교만 들어야 했다. "하지만 당신은 영국 여자 아닙니까. 우리 중국 여자들이 짊어져야 하는 짐이 얼마나 무거운지 결코 이해 못 합니다. 전족은 우리가 과거로부터 물려받은 기구한 운명입니다. 우리 조상들이 우리에게 준 것이지요. 이 넓은 제국에서 우리를 이 고통에서 구할 사람은 아무도 없습니다." 만약 전족을 하지 않는다면 "그녀는 비웃음당할 것이고 경멸의 대상이 되어 여종 취급을 받을 것입니다."[11]

목사는 이 일을 잊지 않았다. 15년 뒤 '신성한 계시'의 인도 아래 그는 샤먼의 교회에 다니는 모든 여성이 참석하는 모임을 소집했다. 당시 한창 폭동이 일어나서 경계가 삼엄한 샤먼에서 여성들의 집회는 상당히 위험스러운 일이었다. 여기에 60~70명이 참석했는데, 맥고언에 따르면 모두 교육받지 못한 노동계층 여성이었다. 목사의 발언이 끝나자 일곱 명의 딸을 둔 어느 '키 크고 훤칠한' 어머니가 자리에서 일어났다. "이 문제에 관해 양심의 눈을 뜨게 하려는 목사님의 노력으로, 나는 깊이 깨달았습니다. 우리 크리스천들은 우리 자신과 이 도시의 여성들에게 고통을 안겨준 전족을 꾸준히 시행해왔지만, 이는 잘못된 것입니다." 그녀는 설령 딸들이 시집 못 가는 한이 있더라도 딸들의 전족을 풀어버릴 것이라고 맹세했다. 맥고언 목사는 흐뭇하게 회고했다. "그녀는 영혼에서 우러나온 미소로 아름다운 얼굴을 빛내며 말했다. '시집을 가지 못하면 딸들을 집에 데리고 있겠습니다. 제게 밥을 해주면서 지내면 됩니다.'" 다른 여성도 발언했다. 모임이 끝날 때 9명의 여성이 중국인 목사가 쓴 자신의 이름 위에 십자 표시를 하면서 가정 안팎에서 이 이교도의 풍속을 근절시키겠다고 맹세하는 '서명'을 했다.12

만약 맥고언 목사가 모임을 소집하지 않았다면—혹은 30여 년 뒤에 이를 기록하지 않았다면—이 낫 놓고 기역 자도 모르는 여성들은 공개된 장소에서 발언할 기회를 얻지 못했을 것이다. 물론 후손들에게 자신의 말을 남기는 일은 더 불가능했을 것이다. 비록 철저하게 복음주의적 거대 서사에 입각한 "영국은 어떻게 중국을 구원했는가How England Saved China"를 제목으로 붙이기는 했지만, 딸 일곱을 둔 어머니는 우리에게 깊은 인상을 준다. 그녀가 목사를 배제하고 자신만의 생각을 표현했기 때문이다. 맥고언은 그녀의 결정을 영웅적인 기독교적 정신을 표현한 것이라 해석했지만, 이러한 수사는 이 가족의 경제적 지위를 얇은 베일처럼 보일 듯 말 듯 드러낸 것이다. 즉 그녀는 "내 딸들은 집에 남아 내 시중을 들 것입니다. 저는 딸들을 먹여 살릴 수 있습니다"라고 표현한 것이다. 그녀가 제일 먼저 발언한 것은 우연이 아닐 것이다. 중국인의 사회적 모임에서는 공동체의 오래된 구성원이 처음과 마지막 발언을 할 때가 많다. 그래서 이 모임의 마지막에 발언한 여성은 존경받는 기독교 가정의 70세 여성이었다. 맥고언은 그녀를 '교회의 어머니'라고 불렀다.

딸의 미래에 대한 키 큰 모친의 실용적 관심은 '밥을 하다'라는 용어로 표현되었다. 이는 사실 15년 전 목사 이웃의 말과 상응하는 것이다.

전족에 대한 맥고언의 신학적 시각은 매우 추상적이었다. "전족은 자연이 여성에게 부여한 우아함과 균형을 파괴해왔다. 여성들의 우아한 자태와 아름다운 행동거지는 시나 그림처럼 아름답다. 그리고 여성에게는 대단히 많은 매력이 부여되는데 이는 자연스럽게 소유하게 되는 신성한 권리다. 하지만 우리는 이 비밀이 바로 그들의 (타고난) 발 안에 숨겨져 있음을 종종 잊어버린다."[13] 전족은 반기독교적이다. 자연, 즉 창조주가 이미 여성들에게 완전하고 자연스러운 신체를 부여했기 때문이다. 천족을 해야 한다는 원칙은 '하느님이 준 천연 그대로의 몸'이라는 구도에 예고되어 있었다.

맥고언은 반전족 조직에 기독교적 색채를 입히면서 이를 'Heavenly foot', 즉 천족이라 불렀다.[14] 이는 기독교적 교리를 배경으로 하지만, 동시에 중국 현지의 신앙과 용어에 호소했다. 그는 인격화된 신이 중국인에게는 낯설지만 그들의 '하늘天'은 어떤 측면에서는 '하나님과 유사한' 신비한 힘이라고 했다. "고대의 성인들은 사람이 하늘의 자식이라고 선언했다. (…) 그렇다면 여자들 역시 같은 힘의 산물일 것이다. 또한 소녀들의 발이 지닌 우아한 아름다움도 하나님의 걸작품이다."[15] 즉 천족 개념은 성별 평등과 동일한 맥락 속에 있다.

맥고언은 이렇게 기독교와 중국의 참조 체계를 뒤섞어 하이브리드적으로 구애했는데 이는 그의 전형적인 방식이다. 중국인들에게 그는 '광조光照' 목사로 알려졌는데 이 이름은 불교의 승려를 연상시킨다.[16] 그가 이끈 반전족 단체 더 헤븐리 풋 소사이어티The Heavenly Foot Society

의 중국어 명칭 역시 '천족회'가 아닌 '계전족회戒纏足會'였다. 이는 아편을 금하자는 '계연회戒烟會'를 연상시켜 현지인들에게 익숙한 용어다. 하지만 언어적 토착화를 위한 이런 모든 노력은 1870년대 중반 중국 사회에서 '천족' 개념이 얼마나 낯설었는가를 보여줄 뿐이다. '타고난 그대로의 발' 개념은 전도사들이 진작부터 기독교 교리의 하나로 설명했기 때문에 신자들에게는 익숙했다. 하지만 이를 번역한 용어 '천족'은 1895년이 되어서야 비로소 중국어 어휘 체계로 진입한다. 이해에 상하이에서 얼리서 부인이 '천족회天足會, Natural Feet Society'를 설립했다.[17]

타고난 자연스러운 신체라는 개념이든 전족에 대한 공격이든, 이것들은 중국의 담론 내에서 새로운 것이 아니었다.[18] '천족'이라는 새로운 범주의 의의는 이것이 탄생했을 당시의 초국가적 맥락과 선명한 기독교적 색채에 있다. 1878년, 1년에 두 번 열리는 '계전족회'의 정기 모임에서 사람들은 예葉 목사가 쓴 「계전족론戒纏足論」이라는 장편의 글을 필사했다. 이 중국인 목사는 세계가 지켜보고 있는 중국의 문제점들을 제시했는데 이는 맥고언 목사의 글에는 없던 것이었다. "지금 천하를 보면, 중국을 제외하고는 여자들이 전족하는 나라가 없다. 하느님이 사람의 발을 만들 때 남녀가 다르지 않았음을 알 수 있다. 이는 예나 지금이나 통하는 이치다. 그래서 중국은 전 지구상의 시공간 속에서 유일한 야만국이다." 예 목사는 신체의 기능으로 논점을 옮겨갔다. "하느님이 인류를 창조할 때 사지와 오관五官은 각기 쓰이는 곳이 있었다. 이는 남녀 모두 같다." 전족은 사람이 만든 조작품인데 마치 바벨탑처럼 감히 인간의 지혜가 하느님 수준에 미치는 듯 보이게 만든다. 이는 그야말로 불경한 행위라는 것이다.[19]

맥고언은 중국의 어머니들이 처한 곤경에 동정을 보냈지만, 예 목사는 정면으로 그들을 공격했다. "사람을 사랑하는 도리는 자신의 자녀를 사랑하는 것에서 시작된다. 어찌 자신의 딸을 대여섯 살부터 발을 꽉 묶어 낙인을 찍듯이 고통스럽게 하고, 발에 칼을 씌우듯 하여 기를 통하지 못하게 하는가? (…) 전족하는 것을 보면, 꽉 묶어서 (아이가) 고통에 비명을 지르면 어머니가 딸을 가혹하게 매질하여 더 고통스럽게 만든다." 예 목사는 어머니에게는 그저 경멸만을 표현했지만, 전족한 딸들에게는 더 가혹했다. 그에게 이 여성들은 "용모를 꾸며서 음란함을 조장"하는 '요망한 여자妖姬'였다. 그녀는 "사람들의 눈길을 사로잡는" 죄를 지었다. 하지만 그는 남성의 책임이나 공모관계는 전혀 언급하지 않았다.[20]

기독교 교리의 논리와 수사학을 따르면 전족을 죄악시하는 이러한 구도는 세 가지 측면으로 본다. 전족은 문화적 조작이자, 부모의 사랑에 대한 위반이며, 하나님이 사랑하시는 인간에 대한 성적 위협이다. 이 시기 천족을 옹호하기 위한 이 같은 논리는 이후 종교와 관계없는 중국 관료, 개혁가, 혁명가들도 격렬하게 전족을 비판하게 하는 기조를 조성했다. 이들의 반전족 운동은 1895~1898년 절정에 달했다.[21] 이 모든 반전족 기조의 기본적인 요소들은 20년 전 이미 예 목사의 글에서 예고된 바 있다. 국제적으로 중국의 편협한 의식이 주목받고 있는 것에 대한 우려, 타고난 신체를 기계로 비유하는 기능주의적 관점, 남녀평등 주장 등이 그것이다.[22] 가장 중요한 것은, 여성의 지위가 국가 전체의 문명 정도에 대한 척도가 되었다는 점이다. 중국과 서구가 평등해지려면 우선 남녀가 평등해져야 하는데, 이를 위해서는 유가의 남존여비 원칙을 전복시켜야 한다. 하지만 이 모든 진보적 요소에도 불구하고 '천족' 담론은 여전히 남성 편향성을 노출하고 있었다. 여성을 팜파탈로 보는 기존 관점을 반복했고 고통받는 어머니와 딸들에게 책임을 돌렸다. 이후 중국 민족주의자들의 글쓰기에서 이처럼 동의하기 어려운 요소들은 더 공공연하게 드러났다.[23]

누가 전족의 종말을 가져왔는가? 선교사와 외국인인가, 중국의 개혁가들인가? 이 문제는 줄곧 역사적 논쟁을 불러왔다. 현재의 민족주의 사가들 사이에서는 중국의 주체적 태도와 주권이 여전히 중요한 목표였기 때문이다.[24] 이 문제에 대한 나의 초보적 견해는 다음과 같다. 타고난 그대로의 발을 의미하는 '천족'은 19세기 마지막 사반세기 동안 진행되었던 새로운 국제적 교류 속에서 탄생한 언어적 범주다. 이는 중국어 어휘에는 원래 없었고 오직 사람들의 뇌리에 있는 '전족'이라는 익숙한 범주를 떠올려야만 비로소 상상할 수 있다. 이러한 이분법과 부정의 논리가 전파되는 동안, 천족은 전통문화에 도사리고 있는 좀더 거대한 결함, 즉 성별 불평등, 부모의 권위 그리고 아래에서 논의할 계급 간의 차별과 같은 것에 대한 안티테제가 되었다. 그 기원이 무엇이든, 전족하지 않은 천연 그대로의 발을 의미하는 '천족'은 그 개념이 발생했을 때부터 민국 초기를 거쳐 지금에 이르기까지 중국 민족의 자결을 표현하는 가장 통렬한 상징이 되어왔다.

쉬커와 탕이쒀: 천족의 민족주의화

민국 초기에 중국 작가들은 반전족 운동의 기원과 역사를 '민족주의화'하려고 많은 시도를 했다. 그들 중 문인 쉬커徐珂(1869~1928)는 하나의 유형이자 사회운동으로서의 '천족' 개념을 탄생시키면서 중국 중심의 서사를 제시했다. 자신의 저서 『천족고략天足考略』과 속편 『지족어知足語』('지족'이란 '만족을 알다'와 '천족' 모두를 의미하는 쌍관어)에서 그는 당시 유행하던 국제화된 시선으로 서술을 시작한다. "우리 나라 여자들의 전족은 세계에 잘 알려져 있다. 구미 사람들에게 비판의 대상이 된 지 오래다. 청 광서光緒 무술戊戌년(1898)에 상하이 사대부들이 천족회와 '부전족회'를 설립했다. 이들은 책을 쓰고 강연하며 전족을 멈출 것을 사방에 권고했다. 아직 전족하지 않은 이들은 그 원래 모습을 보존토록 하고 이미 전족한 이들은 묶은 것을 느슨하게 하라고 권했다. 이러한 조치는 그들의 생리적 발육을 돕고 국민의 치욕을 씻어줄 것이다."[25] 그는 '부전족회'의 설립을 1898년 유신혁명과 연계시켰고 이것의 공을 상하이의 학자와 관리들에게 돌렸다. 즉 그는 반전족 운동의 동력을 선교사의 구원이나 외국인의 혁신이 아닌 중국 엘리트 남성들의 능동적 실천에서 찾았다.

쉬커의 눈에 전족의 근절은 중국이 구미와 동등해지기 위한 전제조건이었다. 그래서 이는 민족주의자들에게는 매우 절박한 기획이었다. 쉬커는 왕조의 연호를 사용하며 전통적인 시간 표시법을 고수했으나, 국제적인 시간관념에 대한 예리한 인식을 보여주었고 중국은 반드시 이 세계 시간 속에 진입해야 한다고 생각했다. 한편 동시에 그는 전통적, 토착적 유형에서 진보적인 일부 요소를 찾아내는 일에도 적극적이었다. "천족이란 타고난 그대로의 발天然之足이다. '천족' 두 글자는 지금에야 하나의 명사가 되었다. 우리 나라에도 옛날에 천족이 있었는데 생각지 못하게 최근에 이르러 다시 모두 천족을 갖게 되었다." 그 뒤 1928년에 쉬커는 천족에 해당되는 고전적 명칭을 찾아냈다. "오늘날 천하에서 '천족'이라고 말하면 도회와 성 안의 모든 이는 그것이 무엇인지 알고 있다. 옛날에는 '천족'이라는 말이 없었고 '꾸미지 않은 발(소족素足)'이라고 했다."26

하지만 '소족'은 줄곧 지식인들에게 비속한 것으로 간주되어 과거 책에서는 이를 논하지 않았다. "그러나 인민들은 전제주의에 오랫동안 익숙해져서 부귀와 빈천에 따라 사람을 나누는 방식이 마음에 깊이 스며들어 있다. 사대부들은 백성의 풍속에 익숙하지 않았고 그것을 볼 수 없었다. 혹은 보더라도 자세히 관찰하지 않고 그저 알 필요 없다고만 생각했다. 또 자신들이 '문명'이라 자처하고 '소족'이 많은 곳은 야만

이라고 보았다. (…) 나는 이것에 격분한다. 부귀와 빈천 간의 불평등이 이렇게 심한 것에 분노한다."27 이 혁신적인 서사 구도 속에서 천족은 건강하지만 평민들의 하위문화에 속하는 반면, 전족은 귀족계층의 부패하고 지배적인 문화를 상징한다. 그리하여 천족의 수사 체계에는 '민주'의 의미가 부여되었다.

쉬커는 중국 역사에서 천족을 무시했던 사례를 열거했다. 이런 열거는 목적이나 의도에서 민족주의자들의 기획과 다를 바 없다. 더구나 그의 민족주의에는 세계, 전국, 지방 층위에서의 각종 계층과 차이를 없애 평등하게 하는 것도 포함되었다. 즉 중국이 서구와 동등한 것처럼 중국 내에서의 계층과 사회적 그룹 역시 평등해야 한다는 것이다. 『천족고략』은 혁명 정신을 담은 글쓰기로 손색이 없다. 하지만 쉬커는 전통문화를 완전히 무시하지는 않았다. 그는 사용할 만한 과거는 소생시켰다. 평민들의 '소족'이 그 대표적인 사례였다.

세계 인식, 정치 평등주의, 중국인으로서의 자부심에 있어서 쉬커는 유명세를 떨쳤던 당시의 개혁가들과 같은 시각을 보여주었다. 캉유웨이康有爲(1858~1927)도 그중 한 명이었는데 그는 1883년 '불과족회不裹足會'의 설립을 도왔다.28 항저우 출신이고 거인擧人 학위를 가지고 있던 쉬커는 한 발은 과거시험의 세계 속에, 다른 한 발은 개항도시 문화의 세계에 담그고 있었다. 1899년에 그는 베이징의 하급 관직을 그만두고 상하이에 정착했다. 아내 허모쥔何墨君은 상하이에서 교사로 근무했고 딸과 아들은 신식 학교에 다니게 되었다. 쉬커는 작가와 편집자로 살았는데 『청패류초淸稗類鈔』의 편집자로 잘 알려져 있다. 이 책은 청 왕조의 재미있는 일화를 편집한 기념비적 총서다.

구시대 문인들과 마찬가지로, 쉬커는 늘 술집과 식당을 돌아다니며 많은 문인과 교제했고 주령과 시 짓기를 즐겼다. 그는 훗날 문인들의 문학 모임에서 창작된 작품들을 모아 출판했다. 이러한 모임에서 강남 지역의 문인들은 소장하고 있는 도자기와 고서들을 감상했고 여행을 떠나는 친구를 송별하거나 서로의 그림에 제화시題畫詩를 짓기도 했다. 하지만 제국의 문인들은 그들의 평온한 세계를 재창조하려던 순간에도 그 시대에 아로새겨진 폭력을 피하지 못했다. 쉬커는 암살범의 손에 쓰러진 어느 친구를 위한 애도 시를 썼고 1911년 신해혁명 기간에 쑤저우의 어느 정원에 있었던 고대의 기석奇石을 그린 그림이 사라졌음을 애석해하기도 했다.[29]

쉬커와 시를 주고받던 친구 중에는 쑤저우 출신의 탕이쒀湯頤瑣 (1904년 무렵 생존)도 있었다. 그 역시 쉬커와 마찬가지로 상하이에 거주하고 있었다. 그는 천족을 지닌 쑤저우 미녀를 묘사한 쉬커의 그림에 서문을 썼다. 서문에서 그는 1880년대 어린 시절 경험했던 기독교의 천족 장려 운동을 회상했다. 쉬커와 마찬가지로 그도 마음속에 일종의 민족주의적 구도를 지니고 있었고 이를 통해 천족의 레토릭을 수용했다. 그는 한번은 심하게 병을 앓다가 미국인 의사 바이러원栢樂文에게 진료를 받았다. 작은 발을 가진 탕이쒀의 아내 스징셰史瀞偕가 의사에게서 약 처방을 받아오곤 했다. 어느 날 스징셰는 13세 된 여종 이란

意蘭을 데리고 병원에 갔다. 바이러원의 부인은 스징셰에게 말했다. "전족과 허리 조이는 것 모두 악습입니다. 이란의 타고난 두 발은 어떠한 왜곡과 조작의 고통도 받지 않으니 얼마나 매력적인가요. 그녀는 분명 쑤저우 사람이지요? 내가 오랫동안 그곳을 여행해보니 쑤저우 인근의 수백 리에서는 여종뿐 아니라 농가의 여성은 말할 것도 없고 고기잡이, 나무꾼, 채소 장수와 꽃장수, 심지어 짐꾼의 일까지 모두 여자들이 척척 해내더군요. 그들은 남자들 틈에 섞여서 열심히 노동합니다. 중간에 남자들이 앉아서 밥을 먹을 때도 여자들은 불평 없이 일합니다. 물론 그들의 본성이 유순하기 때문이기도 하지만 자연 상태의 손과 발을 지니고 있어서, 그 덕을 본 것이 아니겠습니까?" 스징셰는 이 말에 깊은 인상을 받고 집으로 돌아와서 남편에게 이 말을 전했다.[30]

여성 노동에 대한 의사 부인의 평가는 20세기가 될 무렵 중국이 여성의 생계 문제에 관심을 갖게 될 것을 예고한다. 여성의 자립 혹은 경제적 독립과 같은 긍정적인 개념들은 여성 해방의 전제가 되었을 뿐 아니라 여성 교육에 대한 가장 강력한 정당화 논리가 되었다. 하지만 이 문제에 대해 일단 비판적인 논조를 보이는 이들도 있었다. 여성은 사회의 기생충이라는 것이다. 량치차오梁啓超(1873~1929)는 1896~1897년에 발표한 「여성 교육을 논함論女學」에서 인구의 절반인 여성을 '머리는 둥글지만 발은 가냘픈' 사람으로 평가절하했다. 그는 "편안히 지내며 배우지 않으면 짐승과 비슷해진다"는 맹자의 말을 인용하며 모든 여성은 '고대부터 지금까지' 교육을 받은 적이 없으므로 금수와 다를 바 없다고 했다. 그는 대다수의 남성도 교육을 받은 적이 없다는 점을 인정했지만 적어도 이들은 부끄러워할 줄 안다고 했다. 그런데 여자들은 몹시 무지하여 부끄러운 줄도 모르며, 이것이 바로 중국의 나약함의 근원이라고 했다. "여자들 2억 명이 모두 (생산된) 이익을 나누는 소비자일 뿐 이익을 생산하는 이는 하나도 없다. (…) 그래서 남자들이 그들을 겨마나 노예처럼 대하는 것이다."[31]

근대 중국에서 가장 영향력 있는 논객이었던 량치차오는 강력한 언어로 독자들에게 행동에 나서라고 설득했다. 하지만 그 과정에서 그는 수치스럽고 오도된 여성의 이미지를 주입했고 여성들이 받은 전통 교육과 그들이 가정에서 수행한 노동을 역사에서 배제해버렸다. 불운하게도 량치차오의 영향력이 너무 강했기 때문에 기생충, 금수, 노예라는 전족 여성의 이미지는 표준화된 관점이 되었다. 문화 개혁과 관련된 량치차오의 논설문이 출판된 직후 양류칭楊柳青이 「여자자강女子自强」이라는 연화年畫[32]를 출판해 같은 메시지를 가정으로 전달했다. 이 연화에서 아버지는 네모난 탁자의 한쪽에 앉아 있고 그의 나약한 아내와 일남일녀는 다른 쪽에 앉아서 손을 흔들고 있다. 그림 설명은 백화문으로 되어 있다. 1898년의 유신 변법 이후 백화문이 유행했기 때문이다. "처자가 있는 중국 남성 대부분은 무거운 짐을 지고 있습니다. 여러분은 이 문제가 어디서 발생했는지 아십니까? 이는 남자가 돈을 벌지 못해서가 아닙니다. 남자 하나가 많은 식구를 부양해야 하는데 여자는 두 발을 싸매고 매사에 힘을 쓰지 못해 먹는 것과 입는 것을 모두 남자에게 의지하고 있으니 남자가 어찌 부담스럽지 않겠습니까?" 그림의 설명은 다음과 같이 결론 내렸다. "중국은 허약하다. 그 화근이 바로 여기 있다."[33]

1900년대에 이 메시지가 보편적인 것이 되었을 무렵, 탕이쒀 부부는 상하이로 이주했다. 이때 이란은 이미 죽고 없었다. 반전족 운동은 큰 도시나 작은 성읍 할 것 없이 널리 퍼진 상태였다. 탕이쒀는 이란이 생전에 천족의 유행을 보지 못한 것을 안타까워했다. "만약 그녀가 조금 더 오래 살았다면 우리 집에도 시대를 앞서간 여종이 있었을 텐데." 또한 탕이쒀는 당시 아내가 이미 50세였지만 '결연하게 묶은 천을 헐렁하게 풀어서 발가락을 편안하게 하기로' 결심했다고 했다. 아내 스징셰는 탕이쒀에게 말했다. "의사 바이러원의 부인이 여성의 손발의 편리함에 관한 이야기를 들었을 때 나는 그저 그런가보다 했습니다. 지금에 와서야 비로소 그 이유를 알게 되었습니다."[34] 남편의 기록에 따르면 스징셰의 음성은 차분했고 현실적이었다. 다만 우리는 그녀의 발가락이 이후에 얼마나 '편안해졌는지' 알 수 없다. 그녀의 이야기는 전족 여성의 의식에 변화가 일어났음을 보여주고 있다. 하지만 우리는 여성들의 내면을 바라볼 수 없다. 그녀의 변화 경험은 믿을 만하다. 하지만 탕이쒀는 이러한 신체의 변화 과정을 논리적이고 직선적인 틀 속에 넣어 설명했다. 이로 인해 스징셰의 목소리는 보존되었지만, 이는 불완전한 것이었다.

스징셰에게 있어 '자연 그대로의 몸'은 추상적인 개념이었지만 이에 수반되는 기능주의, 생산적 신체의 편리함과 활용 가치는 깊은 인상을 주었다. 그녀는 장차 남편과 함께 전원으로 은퇴해 육체적 활동을 하며 여생을 보낼 것을 꿈꿨다. "그대가 만약 밭에서 농사를 짓는다면 나는 새참을 나를 것이고, 산에서 나무를 한다면 나무 장작을 묶을 것입니다. 연못 하나, 늪 하나밖에 없는 처지가 되더라도 나는 연뿌리를 캐고 생선과 새우를 잡아 시장에 팔고 술을 사서 돌아올 거예요. 여생을 이렇게 즐기며 세속의 일은 잊어버립시다." 그녀의 꿈은 원시 경제의 집단 노동을 기반으로 부부간의 동료애 속에 살아가는 목가적이고도 유토피아적인 그림을 상기시킨다. 하지만 이는 중국 공업화의 초기 단계에서 상하이 면 생산 공장의 여성과 아동이 노예처럼 혹사당하던 냉혹한 현실과는 거리가 먼 그림이었다.[35]

탕이쒀의 글은 1880년대에서 1900년대까지 결정적 시기를 거치며 신체 개념에 미묘한 변화가 일어났음을, 그리고 전족의 문화적 명성 역시 빛이 바래고 있음을 보여주었다. 반면 천족의 가치는 이미 가족의 명예, 지방의 명성과 연계되어 있었다. 글의 마지막 부분에서 그는 쉬커와 나눈 대화를 수록했다. "쑤저우 여자들의 미모는 유명하다. 하지만 사람들은 도시 여자들의 궁족弓足에 관해서만 알 뿐, 시골 여자들의 발이 더욱 아름답다는 것은 모른다. 이는 전제 국가의 관리들이 (인재를 선발할 때) 가문만 따지고 진짜 재능 있는 이를 못 알아보며 (인재를) 평생 내버려두는 무지함과 다를 바 없다." 이는 제국의 계급 질서에 대한 완곡한 공격이다. 쉬커가 바라보는 세계에서의 중국의 위치에 대한 인식 또한 분명했다. "서양 사람들은 스페인 여자들이 유럽에서 가장 미인이고, 쑤저우 여자들이 아시아에서 가장 미인이라고 말한다. 쑤저우 여자와 스페인 여자를 함께 거론하는 것은 분명 천족을 중시하기 때문이다. 쑤저우 여자들의 발이 원래 아름답다는 것은 세계가 공인하는 바다. 이는 옛날부터 그랬던 것이지 최근 신학문을 하는 이들이 (천족을) 주장해서 이렇게 된 것이 아니다."(23쪽)

스페인과 쑤저우를 비교하는 논리는 우리에게 엉뚱하게 보일 것이다. 하지만 세기말의 중국 문인들은 세계, 국가, 지역 개념을 한데 섞어서 논의했고, 위의 단락은 바로 이러한 혼돈을 압축하여 보여준다. 쉬커는 스페인이 대표하는 '서양'이 취향과 가치의 결정권자로서의 권위를 지니고 있다고 아무런 의문 없이 받아들였다. 도시의 관습에 물들지 않은 농촌의 천족 여성들은 중국 미인의 근대적 표준이 되었고 이는 또한 바이러윈 부인이 찬양했던 표준이기도 했다. 심지어 쉬커와 탕이쒀는 천족을 옹호하기 위해 지역의 역사를 좋은 역사와 나쁜 역사로 양분하기도 했다. 제국의 과거시험 제도는 후자에 해당됐다. 그것이 계층화된 질서를 유지해주었기 때문이다. 역사를 이렇게 양분함으로써 그들은 전통문화를 모조리 포기하지 않고서도 평등, 자유, 민주 등의 새로운 이상을 추구할 수 있었다.

쉬커와 탕이쒀는 전환기의 인물들이다. 역사적으로 그들은 19세기에서 20세기에 걸쳐 살았다. 정치적, 문화적으로 그들은 왕조 질서의 몰락과 1912년 공화국의 위태로운 탄생을 지켜보았다. 그런데도 그들이 분열이나 갈등의 감정을 노출하지 않고 이 기념비적인 변화를 서술한 것은 특기할 만하다. 그들은 전통적인 고전 교육을 받았지만, 제국의 통치와 정치적, 경제적 이해관계는 거의 공유하지 않았다. 그들에게는 낯설었을 천족의 레토릭과 거기에 수반되어 등장한 기능주의적 신체 관념 및 평등주의 신체의 정치학 등을 중국의 것으로 받아들이면서도 평정심을 보여주었다는 것은 구시대 문인 문화의 기반이 얼마나 붕괴 상태에 놓여 있었는가를 웅변적으로 보여준다. 이렇게, 전족의 아우라는 점점 어두워지다가 결국 완전히 사라져버리고 말았다.

"여자는 달걀노른자 같은 것": 새로운 전 지구적 지식 체계

쉬커의 회고록에 따르면 그들 부부가 전족에서 '해방'되는 것은 그다지 투쟁을 필요로 하는 어려운 일이 아니었다. 비슷한 상황이 탕이쒀의 장편소설 『황수구黃繡球』에도 등장한다. 이 제목은 여주인공의 이름을 따서 명명한 것이다. 총 30회로 이뤄진 이 작품 중 앞의 26회는 1904년에서 1905년까지 잡지 『신소설新小說』에 연재되었다. 마지막 4회는 1906년 혹은 1907년에 단행본으로 출판될 때 별도로 추가되었다. 량치차오가 요코하마에서 1902년 발행하기 시작한 월간 『신소설』은 최초의, 가장 영향력 있는 문학 잡지 중 하나였다. 그래서 『황수구』는 청말의 진보적 소설의 가장 유명한 작품 중 하나가 되었다. 이 소설은 전족으로부터의 해방을 민족의 구원과 연관시키며 어느 적극적인 여성 운동가에게 초점을 맞추어 서술했다. 이러한 측면에서 보면 이 책은 민족의 역사를 배경으로 근대 중국에서 추구했던 '여성다움'의 원형을 제시했다고 할 수 있다.[36]

『황수구』는 '자유촌自由村'이라는 마을을 배경으로 하고 있다. 이곳은 동아시아의 온대 기후에 위치하며 주민들은 모두 황씨黃氏의 자손이었다. 남주인공인 30대의 황통리黃通理(통하는 이치 혹은 이치를 이해하는 사람이라는 의미)는 점진적으로 마을의 풍속과 정치를 개조하려고 했다. 그의 아내 황수구黃繡球는 전족 띠를 풀어버리고, 사립 여학교를 세우는 것에서 개혁을 시작해야 한다며 남편을 설득했다. 그들은 비구니의 도술, 만주 관리들의 부패, 친척인 황화黃禍의 음모에 함께 맞섰다. 그 결과 그들은 성공적으로 여학교를 운영해 이 모범 사례를 이웃 마을로 전파했다. 마을 회의에서는 주민 자치정부와 남녀 민병대를 조직하자고 설득했다. 작가 탕이쒀에 관해서는 쉬커의 친구라는 것 외에 별로 알려진 바가 없지만, 이 작품이 작자의 진보적 신념을 직접 발언한 것임은 분명하다.

이 소설은 국제적 감각, 여성 의지에 대한 찬양, 개인의 신체와 나라 간의 무역 모두에 있어서 장애물 없는 소통交通이 중요하다는 것을 보여준다. 이는 일종의 새로운 지식 영역을 제시한 것인데, 해방된 여성을 이 새로운 영역의 중심에 배치했다. 탕이쒀는 상당히 참신한 방식으로 국제 감각을 표현했다. 바로 지구를 구형의 물체로 간주하는 방식이었다. 거대하고 추상적인 '지구'라는 개념은 미니어처화되어, 구체적인 형태와 선명한 색채를 띤 사물로 취급되었다. 이를테면 책상 위의 지구본, 수박, 달걀과 같은 것이었다. 황통리는 지구에는 다섯 종류의 인종이 살지만, 황인종과 백인종이 주요 인종이라고 아내에게 설명했다.37 황통리가 두 주요 인종 간의 투쟁을 설명하기 위해 '지리'를 들고 나왔다면, 아내 황수구는 양성평등의 원칙을 설명하고자 '천문'을 언급했다. 그녀는 돔 모양의 하늘이 뚜껑처럼 사각형의 땅을 덮고 있다는 이른바 '천원지방天圓地方'의 중국 전통 우주관을 다음과 같이 수정했다. "최근 천문을 논하는 이들은 하늘이 원형이 아니라 계란형이라는 것을 모두 알고 있다. 땅은 하늘로 둘러싸여 있는 것이 마치 달걀노른자 같다. 네모난 땅이 따로 존재하는 것이 아니다. 즉 천지는 하나의 기氣이며 높은 것과 낮은 것으로 나뉘어 있는 것이 아니다."(177쪽) '지리'와 '천문' 사이에서, 그들은 새로운 우주관과 국제 정치를 묘사한다. 그 중 평등의 이상과 생존을 위한 투쟁의 현실을 특별히 강조했다. 투쟁이든 혹은 길항拮抗이든, 중국은 오로지 다른 나라와 민족과의 관계 속에서만 자신을 정의하고 자리매김할 수 있다.

황수구가 주장하는 달걀의 천문학은 양성평등의 교훈도 가르친다. "여자는 노른자나 마찬가지입니다. 비록 흰자와 껍질에 둘러싸인 채 안에 있지만, 만약 노른자가 없다면 흰자와 껍질은 있을 수 없습니다. (…) 남자인 영웅호걸은 황제가 될지라도 모두 여자가 낳은 사람들입니다. 그래서 여자는 남자보다 더 중시되어야 하는데 어찌 도리어 남자들의 억압 아래 있을까요? 최근 남녀 간의 평등한 권리와 지위에 관한 이야기가 들려오고 있습니다. (…) 남녀가 함께 단결한다면 (…) 그들 사이에 (…) 높고 낮음, 크고 작음의 (…) 차별은 있을 수 없습니다."(177쪽) 하지만 양성평등에 대한 이 주장은 하나의 역설을 드러낸다. 여자가 남자보다 기능적으로 우월하고 지위와 권리에서 평등하다고는 하지만 그녀는 여전히 '안'에 있었고 사실상 남자를 상징하는 흰자가 그것을 둘러싸고 있다. 게다가 여자의 가치가 출산이라는 행위로 실현된다는 관념도 여전했다.[38] 이상적인 여성의 위치는 '안'이라고 설명하던 유가의 성별화된 공간 구분이 성별 평등의 원칙 속에서 새로운 표현 방식을 찾은 셈이다. 이러한 부조화는 청말 사회에서 어떻게 여성의 적절한 위치와 역할을 설정해야 하는지에 관한 혼란이 상당했음을 보여준다.

『황수구』에서 달걀은 '다르지만 평등한' 양성 관계, 전 세계를 지배한 다원주의적 정치학, 코페르니쿠스적 우주학에 대한 비유로 사용되었다. 이 세 영역을 연결하는 것 자체는 새롭지 않다. 유가적 우주관은 오래전부터 개인, 사회, 정치, 우주 간의 상호 관계에 대해 언급해왔다. 하지만 달걀과 같은 지구라는 비유는 일종의 새로운 지식 공간을 열어주었다. 이는 새로운 시각, 즉 밖에서 안을 바라보는 시각을 요구하기 때문이다. 중국이 축소되어 지구 안의 국가와 민족 공동체 중 하나로 위치해야만 부분이 아닌 총체적인 중국을 볼 수 있다. 이는 허공에서 내려다봐야 지구의 전체 형상이 보이는 것과 마찬가지다. 즉 국가와 민족의 총체성, 지구가 구형이라는 개념은 모두 축소된 시야의 산물이다.

이러한 미니어처화는 반드시 시선의 주체가 객체에서 분리되어야만 가능하다. 뒷걸음질하여 일정한 거리를 두어야만 객체를 바라볼 수 있다.

'천문'과 '지리', 이 두 학문은 모두 위에서 말한 '새롭게' 보기 위한 방식의 하나로 탄생했다. 이 둘은 20세기에 접어들 무렵 학교 교육과정에서 인기 있는 과목이 되었다. 쓰촨성의 장슈수張秀熟가 이를 보여주는 하나의 사례다. 그는 1895년에 태어났고 그의 부친은 서당을 운영했다. 그는 역사, 지리, 천문을 가장 좋아했다. 70년 뒤에도 그는 3세부터 13세까지 공부했던 이들 과목의 교재 내용을 암기할 수 있었다. 특히 그의 시야를 넓혀준 데다 기억에 깊이 남았던 책은 『지구운어地球韻語』라는 지리 교재였다. 그는 70년 뒤 물론 그 책을 갖고 있지 않았음에도 책의 저자인 황즈黃芝의 사소한 사항까지 기억하고 있었다. 황즈는 일본에서 공부했던 거인舉人 출신 학자였고 1903년 장슈수 고향의 고등소학교 교장을 지냈다. 당시 장슈수는 이 책에 빠져 이 학당에 가서 저자의 수업을 청강했다. 그런데 정작 황즈가 강의했던 것은 유가고전인 『시경詩經』이었다.[39]

1898년에서 1903년 사이에 출간된 『지구운어』는 5언과 7언의 운문으로 되어 있다. 각 운문은 특정 지역의 자연과 인문지리를 해설한다. 그중 식민주의의 해악과 민주주의의 가치를 주제로 한 몇 작품, 예를 들어 「쓰촨성의 노래四川省歌」 「내외 몽골의 노래內外蒙古歌」 「아프리카의 노래非洲歌」 「아메리카의 노래美洲歌」 등은 여전히 장슈수의 마음속에 깊이 남아 있었다. 이 책은 중국의 수도에서부터 시작해 오대주와 중국의 18개 성, 내몽골과 외몽골, 세계 각국의 수도를 거쳐 중국의 개항 장으로 마무리된다. 노래 순서는 중국의 정치 중심에서 시작해 주권의 소실로 끝난다. 이는 기초 단계의 민족의식을 가르치기 위한 것임이 분명하다.[40] 새로운 국제적 지식 체계는 명백하게 민족주의적 색채를 띠고 있다. 지구에 사는 사람들은 각기 다른 주권 국가에 속하고, 수도가 국가를 대표한다고 가르친다. 민족의식은 두 가지 상반된 과정을 거쳐 만들어진다. 하나는 거리 두기, 즉 세계에 존재하는 민족국가 집단 중 하나로 중국을 놓고 바라보는 것이다. 다른 하나는 집중하기, 즉 중국의 영토와 주권을 열강에 빼앗기고 상실했던 상황에 특히 집중하는 것이다.

어린 학생 장슈수는 천문학에도 매혹되었다. 『지구운어』 외에 장슈수가 좋아했던 교재로 『천문지여가괄天文地輿歌括』이 있었다. 이 책은 별과 달의 변화, 행성 체계, 달의 궤도, 위도와 경도, 황도와 적도, 번개, 눈, 무지개 등의 자연현상을 설명한 것이다. 각기 다른 크기로 그려져 있는 지구는 약간 납작한 원형이고 타원형 궤도를 따라서 도는 행성의 하나다. 지구 표면은 항해사들이 그린 그리드로 표시되어 있다. 지구 둘레는 열역학의 원리가 지배하는 대기가 둘러싸고 있다고 했다.[41] 장슈수는 아버지의 사숙에서 지구의를 봤다고는 하지 않았지만—그의 부친은 이런 기구를 사줄 형편이 못 되었을 것이다—운문과 노래의 방식을 통해 축소된 형태의 둥근 지구를 효과적으로 구경할 수 있었다.

지구의 그림은 20세기 초에 인기가 높았다. 1898년 등장한 중국의 첫 번째 여성 잡지인 『여학보女學報』의 어느 그림에서 여학교의 교실 풍경을 묘사했다. 여기서 여섯 명의 학생은 교사의 탁자 앞에 모여 그 위에 있는 지구의를 보고 있었다. 여교사 뒤의 벽에 거대한 아시아 지도도 걸려 있었다.[42] 상하이에서 1902년 발행된 잡지 『대륙大陸』은 표지에 지구를 움켜쥐고 있는 비룡을 그렸다. 민국 시기에 지구의는 여전히 근대적 방식의 '시선'과 민족의식을 상징하는 물신화된 대상이었다. 민국 시대에 많은 여성 작가, 전문 직업 여성, 여성 운동가를 배출한 베이징여자사범학원 학생들은 1929년 월간 『지구地球』를 발행했다.[43]

관찰자들은 지구가 끊임없이 운행하는 것과 사람 신체 내부에서 진행되는 원활한 순환 사이에 모종의 유사성이 존재한다는 것을 놓치지 않았다. 당시에는 '낙후된' 여성 신체, 즉 시대나 새로운 우주론과 맞지 않는 여성 신체에 대한 혐오가 존재했다. 이는 천족을 하나의 언어적 범주이자 사회적 기획이 될 만한 매력적인 대상으로 만드는 데 한몫했다. '하늘天'이라는 이 신비한 어휘가 근대적 감성을 소환한 것은 단지 '천연天然'이라는 뜻의 '하늘'이 사람을 인공적으로 조작하는 전통문화에서 해방한다는 것을 의미하기 때문만은 아니다. '하늘'은 쉬지 않고 움직이는 우주 속 천체의 운행을 암시하기도 한다. 만약 과학과 국제적 지식 체계를 추구한 결과 전족 여성이 시대에 뒤떨어지고 장소와 어울리지 않게 되었다면, 혹은 전족 여성이 중국의 근대적 자아에 상대되는 전통적 타자로 등장했다면, 모든 남성 개혁가가 일찍이 열심히 공부했던 유가 경전의 운명은 더 난처해진다. 황즈는 소학교에서 지리 대신 『시경』을 가르쳤다. 우리는 그 이유를 모른다. 다만 그가 노래를 교육용 도구로 삼은 것을 보면 그는 구어체에 꽤 흥미를 보였던 것 같다. 그리고 『시경』은 평민들의 문학이고 근대 민족주의가 강조하는 대중 정서에 부합한다. 이는 쉬커가 전통문화 속에서 찾아낸 '소족'을 극구 강조했던 것과 마찬가지 상황이다.

근대의 반전족 이론을 정당화하기 위해 또 다른 유가 경전 『역경易經』이 동원되기도 했다. 이 책에서 사람들은 생성적 우주관의 논리를 찾아냈다. 이는 1917년에 발표된 「천족설天足說」에서 시작되었다. "『역경』이 말하기를 천지가 생긴 연후에 만물이 생겼고, 만물이 생긴 연후에 남녀가, 남녀가 생긴 연후에 부부가 생겼다고 했다. (…) 한대의 유가들이 '남편은 아내의 벼리'라고 한 이후 여자는 다른 사람을 따르고 순종하는 것이 정도가 되었다." 즉 한나라 유가들이 이렇게 자연스러운 우주에서 후퇴한 결과 '인공적인 조작'을 낳고 '원래의 순수함을 상실'했다는 것이다. 이 글의 작가는 이것이야말로 왜 전족이 유행했는지 설명해준다고 했다.[44]

반전족 운동은 일종의 노력을 표상한다. 즉 이는 인공적인 '문화'에서 『역경』이 묘사한 '자연'으로 돌아가기 위한 노력이었다. "여자들의 세계는 다른 하늘 아래 있다. 우리는 하늘이 스스로 움직이는 힘을 가진 것에 전율하고 (여자들이) 타고난 그대로 걷기天步가 힘들다는 것에 마음 아파한다. 천족회가 만들어진 이유가 여기에 있다."[45] '천족' 대신 '천보'라는 어휘가 사용된 것은 민국 시기 초기 이동, 보행, 교통 등의 가치를 중시하게 되었음을 보여준다. 특히 안정적인 속도는 궤도를 운행 중인 지구와 함께 끊임없이 움직이는 광대한 우주의 그림에서 핵심적인 부분이다. 하지만 '천행天行'과 '천보天步'를 동일시하는 것, 즉 '운행 중인 우주'와 '보행 중인 신체'를 동일시하는 시선 때문에 신체를 추상적인 존재나 은유적 장소로 보는 관점이 만연하게 되었다. 반전족 담론에서는 보편적으로 여성 신체의 물질성이 삭제되었다. 그 결과 전족의 고통을 현실적으로 묘사할 수 없게 되었다. 『황수구』에서 여주인공의 전족과 전족 중단 경험에 대한 묘사는 이 문제에 대해 매우 좋은 사례를 제공해준다.

여성의 주체적 힘: 육체를 극복하는 의지

탕이쒀가 소설의 여주인공 황수구의 능동적 주체성을 묘사할 때 위에서 논한 물리적 육체성을 제거하는 방식은 대단히 중요한 작용을 했다. 이 주체성은 거의 완전히 그녀의 자각과 자유의지에서 비롯됐다. 그녀는 고아로 외숙모의 손에서 자라면서 어려서부터 수모와 무시를 당했다. 그녀가 시집가지 못할까봐 걱정한 외숙모는 그녀의 전족에 특히 신경 썼고 소녀의 비명과 눈물은 아랑곳하지 않았다. 어린 시절의 고통은 그녀의 투지를 북돋웠다. 언젠가는 남성과 나란히 일해 인생에서 무언가를 성취할 것이라고 맹세했다(8~12쪽). 탕이쒀는 조심스럽게 황수구의 각성이 외부에서의 자극이나 남편이 아닌 그녀 안에 잠재되어 있던 주체적 힘에서 비롯된 것으로 귀결시켰다. 그녀의 남편은 결국 그녀를 지지하게 되지만 처음에는 회의적이었다. 황수구가 전족을 풀어버린 밤 그녀의 꿈에 프랑스 혁명 시기의 여성 영웅인 롤랑 부인이 등장하는 장면은 의미심장하다(16~19쪽). 하지만 황통리와 롤랑 부인이 황수구가 그 뒤에 취해야 할 행동을 알려준 '이론'을 제공했다는 사실 역시 중요하다. 롤랑 부인은 그녀에게 책 세 권을 전달했고 남편이 책의 내용을 설명해주었다.[46]

황수구는 자신의 이름을 '빼어난 가을秀秋'이라는 의미에서 '수놓은 지구繡球'로 바꾸는데 그녀의 주체적 힘은 여기서부터 단초를 보였다. 남편은 만약 그녀가 전족을 풀면 걷지도 못할 것이며 비웃음을 살 것이라고 경고했다. 하지만 그녀는 이를 가볍게 무시하며 다음과 같이 선언한다. "지구에 사는 한 사람으로서, 아무 성취도 이루지 못하고 사람다운 사람이 되지 못한다면 이것이야말로 비웃음당할 일입니다. 내가 내 발을 풀겠다는데 남들이 무슨 상관이랍니까? 와서 비웃으라고 하세요. 나는 남들 비웃는 거 하나도 겁나지 않습니다. 오히려 우리 마을 여자를 모두 불러서 함께 전족을 풀어버려야 제 마음이 좀 시원하겠네요……. 처음 발을 풀면 며칠은 불편하겠지만 열흘 남짓 지나면 저절로 날 듯이 뛰어다니게 될 테니 두고 보세요."(13~14쪽) 여기서 그녀는 대단히 이상적인, 자유의지를 지닌 주체로 묘사되어 있다. 아이러니하게도 황수구가 내세운 웅대한 뜻이 답습했던 것은 바로 『대학大學』의 논리, '수신제가치국평천하'로 대표되는 신사층 남성 유가의 그것이었다. 그녀는 자신의 의지를 키워서 마을을 개선시키고 빛나게 한 연후에 이를 이웃 마을까지 파급시키며 그런 다음 나라 전체에 퍼뜨리겠다고 다짐했다.

황수구는 전족을 풀어버리고 나서 스토리 내내 주동적으로 활약한다. 그녀는 침착하고 용감하며 현명한, 신중국에 부합하는 여주인공이었다. 묶었던 발을 풀어버리는 변화는 황수구 및 이 동명 소설의 출발점이었다. 발을 풀어버린 뒤 그녀는 복장의 성별 구분을 무시하여 사회 불안을 선동한 죄로 감옥에 투옥되기도 했다. 여기서 전족과 방족은 개인적·신체적 문제가 아니라 사회적이고 정치적인 문제로 인식되었다(145~146쪽). 하지만 석방된 이후 소설은 그녀의 발에 대해 거의 언급하지 않았다. 하나의 상징으로서의 전족은 이야기에서 핵심적인 역할을 했다. 하지만 일종의 체화된 실천 혹은 직접적인 경험으로서의 전족은 이야기와 무관하지는 않더라도 그다지 중요한 요소가 아니었다. 전족은 그녀의 어린 시절 굴욕의 상징이었지만 방족은 새로운 국민이 되겠다는 그녀 의지의 표현이었다. 소설에서는 전족한 경험이 없는 발도 등장하는데, 이는 신문화를 상징하는 역할을 한다. 예를 들어 남쪽 출신의 여성 의사로 많은 여행 경험을 보유한 필畢 박사는 큰 발大脚을 지니고 있었다.[47] 훗날 황수구가 학교를 설립했을 때, 그녀는 작은 발을 가진 학생은 입학시키지 않겠다고 했다(213~214쪽). 가장 중요한 점은, 여기서 전족이 일종의 환유로 사용되었다는 것이다. 이는 기가 통하지 않아 꽉 막힌 신체에 대한 비유이며 "가래를 배출하지 못해 순식간에 담으로 꽉 막혀서 죽어도 모를 정도의"(81쪽) 중국의 내면을 상징한다. 그래서 인체의 건강한 순환에 집착했던 이 소설가가 지구를 한 바퀴 돌았거나 '문명'을 전파한 콜럼버스, 마젤란, 리빙스턴 등의 탐험가, 식민주의자를 자신의 영웅이라고 한 것은 놀라운 일이 아니다 (131~132쪽, 224쪽).

소설가에게 전족은 신체로 체현되는 현실이 아닌, 그 상징성에 있어 유용한 외부 기호다. 황수구가 전족을 '해방'시킨 후 그녀의 두 발은 더는 문젯거리가 되지 않았다. 그녀는 여행하고 사고하고 행동하면서, 튀긴 도넛처럼 이미 변형되어버린 뼈가 가져오는 갖은 문제를 짐짓 무시했다. 이는 절대 원래대로 곧게 펼 수 없다. 그런데 여기서 전족 여성의 두 발은 마치 의지에 따라 갈아입을 수 있는 옷처럼 묘사되었다. 황수구의 주체성은 그녀의 의지 위에 구성되었지만, 그녀의 육체성은 소실되어버렸다. 소설에서는 그녀의 언어, 동기, 논리를 중시했지만, 그녀의 내면은 들여다보지 않았다. 여기서 우리는 소설의 남성적 시선을 본다. 이 소설에서 남성 개혁가들의 시선에 봉인된 여성의 음성은 그녀 육체의 깊은 곳에서 울리는 것이 아니라, 그녀 의지의 일시적인 영역에서 만들어진 굴절된 것이었다.

소설에서 물론 '육체'가 등장하기는 한다. 하지만 이는 황수구의 발과 마찬가지로 기능적, 상징적 성격을 지닌 것이다. 그래서 황통리는 거들먹거리며 다음과 같이 말했다. "사람은 사지四肢를 지니고 있다. 이는 마치 나무에 가지가 달린 것과 같다. 나무가 아무리 형편없어도 가지는 자라기 마련이다. 사람이 아무리 못났어도 일단 시련을 견디고 뜻을 세울 수 있다면 유용한 인재가 될 수 있다."(132쪽) 이는 바로 앞에서 탕이쒀의 아내 스징셰가 묘사했던 기능주의적 신체다. 감정적이고 감각적인 육체는 소멸했다. 기계로서의 신체는 편리한 표지판이 되어 그 표면에 정치 구호를 써넣을 수 있다. 표지판은 내면성을 필요로 하지 않는다.

특히 『황수구』에 등장하는 육체는 사람의 문화적 충성을 전시하는 표지판 역할을 한다. 멋진 복장에 단발머리, 가죽 신발로 치장한 상하이 여학생들은 유행과 서구화된 플레이보이들에게 자신을 팔아넘긴 변절자로 묘사되었다(73~74, 76~77쪽). 신당파 개혁가들 역시 탕이쒀의 노여움을 자아냈다. 그들이 '애국하고 종족을 보호하자愛國保種'를 구호로 내걸며 부모를 살해할 음모를 꾸미고 있다고 했다. 그러한 위선자들은 늘 일본식 모자나 밀짚모자와 가죽 신발을 신는다(80, 119쪽). "이 사람들을 중국 박람회에 전시해 동양과 서양 각국에서 온 이들에게 조롱을 받도록 해야 할 것이다."(80쪽) 잔뜩 차려입은 남녀들은 중국의 국가적 수치심에 대한 통렬한 상징이 되었다. 하지만 사람들은 종종 이러한 수치를 여성의 특정 신체 부위로 전가시켰다. 이는 바로 전족이었다.

구훙밍: '시선 대상'이 되는 굴욕

위에서 언급했듯이, 탕이쒀는 경박한 남녀를 공개 전시하는 벌을 주자고 제의했다. 이는 그가 중국의 자리는 국제적 맥락 안에서만 발견할 수 있음을 알고 있을 뿐 아니라 국가 간 교류에 있어서 '시각성'이 점점 중요해진다는 것을 인식하고 있음을 보여준다. 시선의 대상이 되는 것은 일종의 불평등한 교환으로, 종종 굴욕감을 안겨주었다. 특히 교육받은 중국 남성이 자신이 국제화된 세계에 몸담고 있음을 인식한다는 것은, 곧 자신이 시선의 대상이 된다는 점을 체득하는 것이었다. 중국이 선진국 사람들의 주목 대상이 되자 이제 남성의 변발과 여성의 전족은 눈엣가시가 되었다. 그래서 전족을 근절하기 위해 힘을 모았던 첫 번째 세대가 국외로 여행했거나 외국인과 교류했던 중국의 개혁가들이라는 사실은 지극히 자연스럽다. 우리는 이미 예 목사가 전족 풍속에 대해 표현했던 곤혹에 대해 언급한 바 있다. 예 목사는 바로 샤먼에 있던 맥고언의 교회에서 일했던 동료다. 더 두드러지는 사례로는 왕도王韜(1828~1897)와 정관잉鄭觀應(1842~1922)이 있다.[48]

이 개혁가들은 반전족 담론을 제시하는 데 있어 유리한 점이 있었는데, 그것은 이들이 중국 밖에 있었다는 것이다. 즉 이는 중국인이 밖에서 중국을 바라보는 관점이다. 그리고 이렇게 하면서 그 역시 자신들을 내려다보는 서양인이나 일본인들을 바라본다. 시선의 정치학은 국제적인 것이다. 그리고 시선, 물리적이고 메타포적인 시선은 전 지구적 맥락에서 새로운 중국적 정체성 혹은 종족성ethnicity을 상상하는 데 필요한 도구다. 인류가 우주로 가서야 자유롭게 떠다니는 지구를 볼 수 있었던 것처럼, 근대 중국의 민족의식은 처음부터 초국적 좌표를 함축하고 있었다. 즉 그것은 바깥에서 안을 바라보는 응시로부터 유래한 것이다.[49] 그런 연후에 '거대' 서사가 싹을 틔웠고 이 서사들은 민족과 국가의 제한을 초월한 시선을 만들어낼 수 있었다.

위에서 반전족의 수사 체계가 처음부터 해외에서 유래하여 유리한 점이 있었다고 언급했다. 그렇다면 가장 유명한 전족 '옹호자' 구훙밍辜鴻銘(1857~1928)이 내뿜었던 열정을 이해하려면 역시 초국가적 맥락 속에서 바라봐야 할 것이다. 구훙밍은 당시 '금련 애호가' 혹은 '금련광'의 아이콘이었다. 근대세계에서 고등 교육을 받은 사람 중 이렇게 어리석은 취향을 가진 사례는 그 외에는 없었기 때문이다. 구훙밍은 여자들의 작은 발을 중국 민족의 '정수精髓'라 표현했다고 한다. 작은 발에 대한 구훙밍의 애호는 그의 독특한 민족주의에서 유래했는데 이 유별난 취미는 그의 기괴한 외모로 인해 특히 시선을 끌었다. 그가 영국 문학 담당 교수로 있었던 베이징대학에서 구훙밍의 학생이었던 이는 그를 이렇게 기억했다. "우리는 민국 시기 이후 구훙밍을 봤는데 외모상으로 매우 완고했다. 그는 변발을 늘어뜨리고 건륭, 가경, 도광 시기 사람들이 입던 긴 두루마기와 마고자에, 낡고 너덜너덜한 모자를 쓰고 천으로 된 장화를 신고 다녔다. 전부 낡고 더럽기 짝이 없었다. 사람들이 모두 싫어하고 비웃었다."[50] 이러한 차림새는 청 제국 멸망 이후 구홍밍 자신이 스스로 선택한 정체성이었고, 이는 이른바 '유로遺老'의 모습이었다. 그의 민족주의는 마지막 황제에 대한 향수의 형태로 표현된다.

그동안 학자들은 구홍밍의 고루한 취향을 무시하거나 비방했다. 그의 취향이 진정 무엇을 의미하는지 진지하게 검토된 적은 거의 없었다. 그의 취향은 사실 외부인에게는 진품을 보증하는 배지 역할을 했다. 그를 비판하는 사람이든 존경하는 사람이든 구홍밍이 해외 화교라는 사실은 간과하는 듯하다. 사실 그는 영락없는 식민지의 신민이었다. 그는 자신의 '중국성Chineseness'을 힘들게 획득하고, 시험을 거치고, 심지어 소매에 매달고 다녀야만 했다. 그는 말레이시아 페낭 출신이다. 그의 부친과 선조들은 대대로 영국 식민 지배자 밑에서 일한 전문 엘리트들이었다. 구홍밍이 어머니에 대해서는 단호하게 침묵했기 때문에 그녀에 대해서는 알려진 것이 없다. 다만 그녀가 유럽인이라는 소문이 떠돌 뿐이다.[51] 13세에서 22세까지 유럽에서 교육을 받았던(주로 영국 에든버러대학과 독일 라이프치히대학) 그는 자신의 모국이나 모국 문화에 대해 알지 못했다. 1879~1881년 무렵이 되어서야 그는 비로소 중국 문화와 중국의 애국주의적 관점을 열광적으로 수용하게 되었다. 구홍밍은 이 전환점을 개종에 비유하며, 이후 자신은 "다시금 중국인이 되었다"고 했다.[52]

여기서 구홍밍이 '다시금'이라 한 것을 보면 유럽 교육을 받기 전부터 확고한 중국인 정체성이 있었음을 암시하는 것 같지만, 이는 사실 일종의 오독이다. 그는 당시 중국어와 중국의 문화 풍속에 대해 초보적인 지식밖에 없었다. 어린 시절 '바바Babas'[53]인들이 구사하는 샤먼 방언을 배우기는 했지만, 그는 중국어를 읽을 수 없었다. 말레이어(그의 모국어), 영어, 독일어, 프랑스어, 일본어, 그리스어, 라틴어에 능통한 언어 천재였던 그가 정식으로 고전 중국어를 배운 것은 호광胡廣총독 장지동張之洞의 막료로 일하던 때였는데 당시 그의 나이 30세였다.[54] 일화에 따르면 장지동이 가정교사를 고용해『논어』와 같은 기본 교재를 가르쳤다고 한다. 또 어떤 사람은 그가 한문에 능통해지려고 난삽하기 짝이 없는『강희자전康熙字典』을 암송했다고도 한다. 수십 년 뒤 그의 학생들은 그가 칠판에 휘갈긴 글자들은 종종 획이 많거나 부족하기 일쑤였다고 술회했다. 사람들은 그를 한학자로 여겨 어느 날 그의 추종자들이 전통적인 방식으로 예의를 갖추어 그에게 글자를 청한 일이 있었다. 하지만 그들은 구흥밍이 쓴 한자의 형편없는 비례와 공간 감각에 충격을 받았다고 한다.[55]

사실 구흥밍은 애초에 유럽의 문화적 전통에 따라 교육을 받았다. 그는 토머스 칼라일을 사사했는데 글쓰기 수준이 매슈 아널드에 비견할 만하다는 평가를 받았다. 중국 독자들을 가장 흥분시킨 것은 그가 톨스토이와 편지 교환을 했고 서머싯 몸과도 만났으며, 독일에서 철학자들 연구 모임의 주제가 되었다는 등의 소식이었다. 야사와 소문에 따르면 구흥밍은 자신의 능력으로 서양인들을 꺾고 그들의 코를 납작하게 했다는데, 중국인들은 이런 이야기를 매우 즐겼다. 예를 들어 괴

테를 중국에 소개할 정도로 독일어 실력이 뛰어났던 구훙밍은 기차 안에서 독일 신문을 거꾸로 읽었다고 한다. 제대로 읽기에는 너무 시시했기 때문이다. 또 그는 영어 천재여서 『실낙원』을 거꾸로 50번을 암송했다고 한다. 그리고 이러한 이야기에서는 그를 비웃으려다 부끄러워하는 멍청한 외국인이 예외 없이 등장한다.[56] 즉 동포들이 보기에 그의 서양 학문은 민족적 자존심을 표현하는 것이었다. 그는 고전 중국어를 대단히 옹호했는데 이는 백화문학 도입을 반대한 것에서 잘 드러난다. 비록 비난받았지만 이는 문화혼종적인 '돌아온 탕아'가 문화적 경외심을 드러내는 방법이었다. 베이징을 유랑하던 그에게 헌정된 글은 이러한 감성을 표현한다. "경자년의 국치 이후 만약 구훙밍이 나라의 체면을 세워주지 않았다면 서양인들은 중국인이 아예 코가 없다고 생각했을 것이다."[57]

구훙밍은 개인적인 경험으로 인해 국제사회에서 시각적 이미지와 국가적 자존심이 연결되어 있다는 것을 예리하게 알아차리고 있었다. 자유주의적 학자인 베이징대학의 동료 후스胡適는 구훙밍이 들려준 어린 시절 스코틀랜드에서의 경험을 술회했다. "매일 문을 나서면 길거리의 아이들이 나를 따라다니며 소리를 질렀다네. '봐! 중국인의 돼지 꼬리야.'" 또 다른 이야기는 그가 처음 영국 사우샘프턴에서 하선해 호텔로 갔을 때의 에피소드다. 변발을 보고 그를 여성으로 오해한 호텔 여직원은 그가 남자 화장실로 들어가는 것을 제지했다고 한다. 그 후 마치 유럽인을 도발하기라도 하듯 그는 계속 변발을 늘어뜨리고 다녔다.

그는 자신의 변발을 "일종의 종교적 상징에 가까운 휘장이고 표지다. 이는 중국의 국기나 마찬가지"라고 했다.[58] 구흥밍 자신이 의식적으로 '중국성Chineseness'을 자신의 정체성으로 삼은 것은 유럽인들의 조롱에 대한 그 나름의 반응이었다. 사람들은 그가 전제주의, 축첩 제도, 전족을 지지한 것을 비판하지만 이 사실은 종종 놓쳐버린다. 우리는 아래에서 구흥밍의 극단적 보수주의를 다시 살펴볼 텐데, 여기서 강조할 점은 구흥밍이 '타자를 보는 것'과 '응시 대상이 되는 것' 사이의 구분을 어떻게 인식하고 있었는가이다.

한번은 구흥밍이 신문의 사진 속에 등장한 적이 있는데 그는 여기서 청말 관리의 예복 차림으로 득의만만한 웃음을 짓고 있었다. 그는 복장과 계급에 관한 이야기를 쓴 적이 있는데 10대 시절 영국에서의 일이라고 한다. 어쩌면 이는 그가 지어낸 것일지 모른다. 어느 날 그는 한 귀족을 봤는데 그 귀족은 금박 코트와 꽃으로 장식한 모자를 쓰고 멋진 말이 끄는 마차에 앉아 있었다. 구흥밍이 그 이야기를 주인에게 했다. 그러자 주인은 사실은 잘 차려입은 사람이 하인이고 초라한 하인 복장이 주인이라고 했다. "높은 사람들은 다른 사람을 관찰하고 싶어하지 다른 사람을 즐겁게 해주지 않아요. 그래서 소박하게 입는 것입니다." 구흥밍은 글의 마지막 부분에서 이 주제를 중국과 연결했다. "우리 중국인들은 줄곧 배우들을 천시했다. 배우들은 '남에게 보이는 것'이 일상이었기 때문이다."[59] 그렇다면 자신의 사진을 공개하는 혹은 대중에게 자신을 시각적으로 보여주는 정치인들은 높고 낮음의 구분을 모르는 셈이다. 그는 '보는 자'와 '시선의 대상이 되는 자' 사이의 권력 불평등에 대해 대단히 민감했다. 이 이야기 역시 계급 차이의 냉혹성을 강조하기 위해 한 것이었다.

구훙밍 자신은 숨기거나 삼가는 태도를 강조했지만 이를 너무 곧이곧대로 받아들이지는 말아야 한다. 그는 어쨌든 민국 시대 베이징에서 변발을 늘어뜨리고 과시하여 해외에서 유명해졌다. 어떤 이들은 구훙밍이 타고난 반골이며 요란한 도발을 즐긴다고 했다. 아마 그러한 심리는 전족에 대한 그의 집착을 일부 설명할 수 있을 것이다. 하지만 뛰어난 중국 여성의 특징을 포함해, 전통 중국 문화에 대한 구훙밍의 옹호 뒤에는 더 깊은 민족주의적 논리가 존재한다. 가장 중요한 두 가지 측면에서, 구훙밍은 사실 천족을 옹호한 신문화 운동가들과 전혀 다르지 않았다. 우선 그들은 모두 여성의 지위가 문명화의 척도라는 신념을 지니고 있었다. 둘째, 그들은 모두 일방적 응시의 대상이 되는 것에 함축된 굴욕을 깊이 이해했다.

응시에 저항하다: 이상적인 여성성

구흥밍은 1904년 어느 글에서 "현세대 유럽 문명의 몰락과 퇴화"는 건장하고 남성미가 가득한 서구의 '사교계 여성'들을 통해 가장 잘 드러난다고 했다. "중국에서, 남의 일에 참견하기 좋아하는 외국 부인들은 중국의 아름다운 작은 발 여인들을 (…) 그들처럼 건장하고 남자 같은 여자로 개조시키려 한다"는 것이다. 이 시기 드물게 보는 전족 옹호론에서 구흥밍은 전족이 여성 자신을 보호하기 위한 장치라고 설명했다. 생활 환경이 몹시 고달파서 중국 여자들은 발을 싸매지 않을 수 없었다는 것이다. 즉 이는 지나친 노동으로부터 자신을 보호하기 위해서라고 했다.[60] 유럽의 문란한 양성 관계와 달리 중국에서 남녀유별을 기반으로 성별의 조화가 이루어지고 있는 것은 중국 문명의 우월성을 표현한다고 했다.

구흥밍은 중국에서의 이상적 여성이란 타인을 위해 희생적으로 헌신하는 사람이라고 했다. 완벽한 여성이 되려면 활기와 정숙함을 모두 갖춰야 한다.[61] 구체적으로 예를 들지는 않았지만, 그의 논리에 따르면 전족은 중국 여성의 가장 바람직한 자질, 즉 유순함과 단정함의 신체적 표현으로 해석할 수 있다. 허름하게 차려입은 영국 하인이 도리어 진짜 주인이었던 것처럼, 얌전한 중국 여성은 사람들의 시선을 끌지 않는다는 이유로 찬사를 받았다. 즉 구흥밍이 전족에 심취한 것은 그것이 일종의 지고지순하며 의문을 허용하지 않는 이상적인 여성다움, 그리고 어지러운 시대의 신성불가침한 영역에 기반하고 있기 때문이다.

그가 전족을 '변호'하기 위해 선택한 두 가지 논리, 즉 전족은 과도한 노동으로부터 스스로를 보호하기 위한 것이며, 중국 여성의 유순한 품성을 표현한 것이라는 주장은 사실 서로 모순될 뿐 아니라 견해 자체가 당시의 사회 현실과 괴리되어 있지만 여기서는 이 문제를 따지지 않을 것이다. 구훙밍에 관해 가장 권위 있고 투철한 전문가라 할 수 있는 역사가 후이민 로는 그가 '(페낭)섬의 산간벽지'에 있는 식민지 농장에서 자란 사실에 주목했다. 그는 "부모를 포함해 중국이나 중국 문화에 대해서는 아무것도 모르는 것이나 진배없는 사람들에게 둘러싸여 있었다. 기껏해야 환상적인 신화 전설에 가까운 이야기를 듣거나, 간혹 고용된 타밀인들이 정체가 다소 의심스러운 중국식 의례를 진행하는 정도였다." 그래서 성인이 된 구훙밍은 자신의 정치적 주장에 부합하는, 시간을 초월한 순수 그대로의 '중국'을 그려내고 싶다는 갈망에 시달렸지만, 동시에 무한한 자유를 누릴 수도 있었다. "문학적 재능과 독보적인 상상력으로 구훙밍은 그 자신을 위해 동포와 문명의 그림을 만들어냈다. 그러나 이러한 그림은 오로지 그의 소망이 깃든 사유 속에서만 '존재'했다.[62]

일상 속에서의 구훙밍은 어떤 '전족 애호가'였을까? 그는 1928년에 사망했다. 1930년대 초 그의 동료 후스와 저우쭤런周作人, 그의 학생 뤄자룬羅家倫 등 유명한 신문학 운동가들이 기념 문집을 출판했지만 여기서 그의 전족 애호를 언급하지는 않았다. 이후 1970년대 타이완에서 출판된 자료에서는 이를 생생하게 묘사했다. 예를 들어 그가 매일 복용하던 두 종류의 '약' 이야기가 나온다. 그의 아내는 작은 발을 지닌 후난 출신의 미인으로 알려졌는데 그녀를 가리켜 흥분제라 했다. 반면 전족하지 않은 일본인 첩은 진정제라 했다. 구훙밍은 글이 잘 써지지 않을 때마다 아내를 옆에 불러서 그녀의 '불수佛手'[63]를 만지작거리곤 했다. 또한 그는 종종 "가냘프고, 작고, 뾰족하고, 구부러지고, 향기롭고, 부드럽고, 곧은 것"이라는 의미의 7자 진언眞言을 외웠다고 전해지는데 이것이 전족의 미묘한 아름다움을 이해하는 비결이라 생각했다는 것이다. 또 다른 일화에서는 전족을 감상하는 희열을 '삭힌 두부臭豆腐' '삭힌 오리알臭鴨蛋'을 먹는 즐거움에 비유했다. 이런 음식들은 외국인이 건드리지도 못하는 중국의 미식이다.[64]

전족 애호가로서 구훙밍의 명성(혹은 악명)은 매우 높았지만, 놀랍게도 그는 글쓰기에서 이 문제를 그리 많이 언급하지 않았고 그의 동년배 지인들도 이를 언급하지 않았다. 나중에 이 사실이 알려지기는 했지만, 몇 가지에 불과한 일화가 그 뒤에도 반복되고 윤색되었을 뿐이다. 구훙밍을 관련된 소문에서 분리하려고 노력하는 것보다는, 그에 대한 '신화 만들기'에서 상호 맞물리는 두 가지 과정에 초점을 맞추는 게 나을 것이다. 즉 그 자신의 '전통 중국'에 대한 이상화, 그 이상화에 대한 대중의 열광이 그것이다. 사람들은 그의 전족 애호를 거론할 때면 늘 그가 옹호했다고 알려진 일련의 악습, 즉 축첩 제도, 곤장, 유아 살해, 팔고문八股文, 아편 흡입, 침 뱉기 등의 문화적 형태를 함께 언급한다. 이는 모두 한 세기 동안 서양 선교사들이 반복적으로 중국인이 낙후되었다는 상징으로 정의해온 것들이다.[65] 전족 애호는 이 중 핵심적인 내용으로 거론되었다. 물론 이러한 악습 옹호를 허용할 중국 독자들은 거의 없었던 반면, 독자들은 누군가 돈키호테 같은 반항적인 몸짓으로 세상 사람들을 향해 "너희가 중국의 수치라고 하는 것이 우리에게는 중국의 영광으로 보인다"라고 소리 지르는 어리석은 시도를 매우 재미있어했다.

이것은 영국 식민지의 신민이자 매판買辦의 후예로 태어나서 제국주의에 큰소리로 불평하면서 평생을 보낸 구훙밍의 아이러니였다. 식민지적 폭력이 침입하기 이전의 완벽한 중국을 만들어내고 이상화한 그의 제국주의 비판은 대단히 과격했다. 이러한 급진적 태도가 보여주는 것은 그가 전략적으로 중국과 나머지 세계 사이의 거리를 과장하고 있다는 점이다. 중국은 서양의 계몽주의적 표준에 의해 함부로 평가되어서는 안 되고, 중국 나름의 여성다움, 의로움, 인성의 가치에 대한 정의로 평가되어야 한다는 것이다. 이렇게 일부러 중국과 나머지 세계를 거리두기 하는 전략은 사실 쉬커, 탕이쒀 등의 개혁가들과 본질적으로 다를 바 없다. 개혁가들은 구훙밍과 같은 열망으로 '(서양을) 따라잡기'위한 표현들을 통해 서양과 동등해지기를 갈구했기 때문이다. 그리고 우리가 위에서 본 것처럼, 이러한 표현은 그들의 글에 나타난 선형적인 민족사에 내포되어 있다.

구훙밍은 여성 해방을 옹호하는 페미니스트가 전혀 아니었다. 하지만 중국 문화를 옹호했다는 점에서 보면 그는 민족주의자였고, 애국자이기까지 했다. 사실상 그가 이상화한 중국 여성은 외부인의 시선 자체뿐 아니라 보는 방식에도 저항할 수 있는 주권국가 중국의 메타포였다. 확실히 구훙밍은 정관잉이나 량치차오와 같은 개혁가들보다 더 철저한 민족주의자였다. 그는 서양의 진보와 문명을 중국의 표준으로 받아들이기를 거부했다. 그는 홀로 독일어, 프랑스어, 영어로 외국인과 설전을 벌였고, 외국인들이 편협한 언어를 구사한다고 진단할 수도 있었다. 20세기의 첫 20년이 흐르는 동안 전족을 변호하는 사람이라고는 이렇게 기괴한 인물밖에 남지 않았다면, 우리는 전족이 이제 명예로운 행위는커녕 적절한 풍속조차 될 수 없었노라고 결론 내릴 수밖에 없다. 여기서 우리는 천족 운동의 승리를 본다. 사반세기 전 맥고언 목사가 샤먼에서 시작했던 그 운동이었다. 공교롭게도 구훙밍의 조상이 바로 샤먼 출신이었다.

언어 범주로서의 '천족'은 근대사의 핵심적 과도기인 1890년대에서 1900년대 사이에 통용되기 시작했다. 외국 열강이 호시탐탐 지켜보는 가운데 다민족으로 이루어진 청 제국은 근대적 민족국가로 재탄생하려고 시도했다. 중국 문화의 기반은 점점 붕괴해 누구나 의문을 제기할 수 있는 대상이 되었다. 이 불확실성의 시대에 천족 담론은 도덕적, 존재론적 확실성을 제시했다. 이것이 가능했던 이유 중 하나는 천족 담론이 지닌 '긍정-부정'의 논리 때문이었다. 본토의 전족 관습을 극복해야만 새로운 '천족' 개념을 상상할 수 있었다. 그래서 천족 레토릭은 파괴적 힘과 창조적 힘을 동시에 지니고 있다.

천족의 창조적 힘은 천족을 가능하게 만든 진보 사관에서 가장 강력하게 드러난다. 여기서는 근대성이란 전통에 대한 부정이라고 선언한다. 천족 담론은 신체에 대한 새로운 평가뿐 아니라 세계를 바라보는 새로운 방식, 즉 자아가 세계에서 존재하는 방식을 생산했다. 그리고 천족 운동은 특별한 용어를 통해 계몽적 지식 체계를 전파했다. 개별적 신체 내부, 사회적 신체, 지구 표면 모두 '소통'되어야 한다는 신념을 세운 것이다. 이런 방식으로, 천족은 시각성을 강조하는 전 지구적 의식, 강건한 신체 위에 구성된 민족주의, 양성평등에 대한 사회적 시각을 끌어들였다.

하지만 새로운 것을 수립한다 함은 옛것을 격하시키거나 추방해야 함을 의미한다. 천족의 파괴적 힘은 매우 압도적이어서 그것으로 향하는 길에 흩어져 있는 잔해조차 거의 찾아볼 수 없다. 즉 황수구의 완강한 육체, 스징셰의 전원에 대한 동경, 구훙밍의 반식민적 보수주의와 같은 것은 자신들의 시공간 속에 속해 있지 않아 어색하게 돌출되어 보인다. 천족 담론 속 레토릭의 힘은 두 가지 메커니즘에 의해 작동된다. 봉인과 시각적 노출이 그것이다. 우리가 이번 장에서 보았듯이, 봉인의 전략은 다른 시각이나 목소리를 최소화함으로써 작동된다. 육체와 세계에 대한 다른 시선들을 최소화한 위력 안에서, 천족은 이미 민족의 거대 역사에서 핵심적인 요소가 되었다.

그리고 시각적 노출 전략은 전족 여성을 일방적으로 응시하며 대상화해 수치스럽게 함으로써 작동된다. 이 시각적 논리가 선교사와 외국인들의 내려다보는 시선 아래서 중국과 중국인이 겪은 굴욕에 바탕을 두고 있음을 우리는 이미 보았다. 이는 구훙밍이 뼈아프게 느꼈던 것이다. 민국 시대가 시작될 무렵 전족은 철저하게 촬영되고 해부되어 중국의 국치國恥로 전시되고 불명예의 대상이 되었다(다음 장에서는 중국의 개혁가들이 반전족 집회를 통해 어떻게 동일한 노출 전략을 사용했는지, 마치 공개적으로 여성들을 모욕함으로써 그녀들을 복종시킨 것처럼 보이게 했는지를 분석할 것이다).

　이 장의 주제는 천족 담론이 어떻게 전족의 아우라를 소멸시키는 데 기여했는가에 관한 것이다. 량치차오, 쉬커, 탕이쒀 그리고 어떤 의미로는 구훙밍까지 포함하는 일련의 문인은 아무 의문 없이 천족의 지식 체계를 받아들였다. 이는 1910년대에 이르면 전족의 모든 문화적 명성 혹은 정당성이 사라졌다는 것을 의미한다. 하지만 사회적 실천과 개인적 반응의 층위에서는 계몽적 지식 체계의 질서 정연함이 와해되었다. 사람들은 강당에서 열린 집회에서 연설을 듣거나 가로등 기둥에 붙은 포스터를 응시할 때, 오로지 자신의 삶과 관점에 들어맞는 부분적인 진실만을 취했다. 즉 크기를 줄여 거대 서사를 축소하는 것이다. 그래서 반전족 운동에 대한 더 종합적인 평가를 하려면 1900년대에서 1930년대까지 지역에서 실제 시행된 상황에 대한 고찰도 반드시 포함해야 한다. 이는 다음 장에서 다룰 것이다.

2장

———

공개된 신체:
방족 운동의 전개, 1900~1930년대

천족 운동은 1898년에 이미 국가적 관심사가 되었다. 이해에 개혁가 캉유웨이는 광서제에게 격앙에 찬 상소문을 올렸다. 그는 전족이 중국을 국제 경쟁에서 도태시킨다고 주장하며 전족을 금지할 것을 촉구했다.[1] 이 비판의 열기에 고무된 심沈 부인은 자신이 전족으로 인해 겪은 고통을 편지로 써서 『여학보女學報』의 편집자 설소휘薛紹徽(1855~1911)에게 보냈다. 설소휘는 전통 고전 교육을 받은 향신층의 규수로 상하이 여학당을 설립한 8인 중 한 명이다. 상하이 여학당을 구상한 사람은 다름 아닌 「여성 교육을 논함論女學」을 쓴 량치차오와 상하이 전보국電報局의 총판 징위안산經元善이었다. 다른 설립자로 정관잉과 캉유웨이의 동생 캉광런康廣仁이 있는데 이들 모두 전족 반대 운동의 선구자다. 설소휘의 남편 천서우펑陳壽彭과 진계동陳季同 모두 푸저우福州 해군(추안정船政) 학당 졸업생이었다. 여기에 진계동의 프랑스인 아내까지 포함해 그들 모두 교육 개혁 그룹의 일원이었다.[2] 설소휘 자신도 여성 교육에 적극적이었고 그녀의 가족, 동료 모두 서양 교육을 받은 것을 감안해, 심 부인은 그녀가 자신과 함께 전족을 강력하게 비판할 것을 기대하고 편지를 보냈을 것이다.

설소휘: "말도, 나귀도 아니다"

하지만 설소휘는 다른 생각을 하고 있었다. 전족의 해악을 비판하는 심 부인의 편지에 대한 답장에서 설소휘는 전족에 관하여 계몽적 관점과는 완전히 다른 태도를 보였다. 이는 당시에는 물론이고 오늘날에도 보기 드문 것이다. 그녀의 답장은 이렇게 시작됐다. "그대의 뜻은 아름다우나, 언어가 지나치게 과격합니다." 그런 다음 당시 유행하던 반전족 운동의 두 가지 주장, 전족은 전통적으로 어떤 근거도 없고 전족한 여성은 팜파탈이라는 주장에 반격을 가했다. 설소휘는 고증학자들의 방식을 모방해 고전 문헌에 수록된 전족 관련 전고典故를 잔뜩 인용하면서, 전족이 옛날부터 있었다고 주장했다(하지만 애석하게도 그녀의 주장은 틀렸다).[3]

천족론을 비판하는 설소휘의 목표는 구훙밍처럼 전족을 방어하기 위한 것이 아니라 거대 역사관에서 소홀히 다루어진 시각, 여성의 신체 내부로부터의 주관적인 시선을 이끌어내는 것이었다. 그녀는 우선 전족이 부모의 자애로운 본성을 어기는 행위라는 캉유웨이의 비판을 반박하면서 시작했다. "귀를 뚫는다고 [부모의 사랑이] 손상되는 것이 아닌데 어떻게 부모가 자애롭지 않다고 할 수 있는가? 규방에서 [전족이 주는 즐거움은] 눈썹 그려서 얻는 것보다 더하니, 남자들이 함부로 여길 것이 아니다." 완곡하고 전략적으로, 설소휘는 전족에 관해 일찍이 없었던 독특한 여성적 관점을 드러낸다. 전족이 부부간의 즐거움에 도움이 된다는 것이었다.

그녀는 더 나아가 전족 여성이 "늘 바느질을 쉬지 않는 열 손가락에 의지해 남편과 합심하고 부지런히 쌀과 소금을 장만하여" 가족과 나라를 위해 공헌할 수 있다고 설명했다. 이는 전통 여성관의 재현인 듯 보이지만 설소휘는 여성들의 '자강自强'이 교육에 달려 있다고 강조했다. 이는 '시 쓰고 책 읽는' 방면의 교육을 말한다.[4] 즉 그녀의 주장은, 전족은 사소한 개인적 문제이고, 여성이 전족을 하느냐 마느냐는 그녀 인생에서의 가치 및 나라에 대한 공헌과는 전혀 관계가 없다는 것이다.

설소휘는 마지막으로 강조했다. "전족 여자들이 이단적이며 사악하다는 사람들은 왜 이것을 생각하지 못하는가. 서양 나라의 여자들도 가는 허리를 좋아하지만 굶어 죽은 이는 거의 없다. 일본 여자들이 이빨을 검게 물들이는 풍습이 지금도 있으나 건강에 지장이 있던가?" 국제적으로 서로 비교하는 관점은 당시 매우 보편적이었지만, 설소휘의 논리는 중국과 외국을 비교한 것이 아니었다. 그녀는 "우리도 악습이 있으나 당신네도 그렇다"는 식의 일반적인 비교론자들의 주장을 사용할 의도가 없었다. 그 대신 의미 있는 일상생활을 유지하는 데 있어서 문화의 힘을 설명하려고 했다. 이는 피에르 부르디외가 아비투스habitus

라고 칭했던 것이다. 한 사회에서 축적된 관습은 외부인의 눈에는 경악스러운 악습으로 보이지만 내부인에게는 당연하기 짝이 없는 것으로 여겨지기 마련이다.

설소휘가 전족을 훌륭하다고 생각한 것은 아니었다. 그것은 어떤 문화적 장치일 뿐이고 "두 개의 갈고리(쌍구雙鉤)와 연꽃잎(연판蓮瓣)은 가냘프기 짝이 없으니, 몇 촌밖에 안 되는 '흰 활(궁만弓彎)'은 비틀거리며 제대로 걷지도 못하는" 그런 것이었다. 하지만 그녀는 전환기를 마주하고 있었다. "취향은 유행했다 사라지곤 하니, 이는 입맛이 짠 것에서 신 것으로 변하는 것과 마찬가지다. 시대적 추세가 변화하면서 각자 유행과 취향을 따르는 것뿐이다. 전족을 해도 무방하지만 하지 않은들 안 될 것이 있겠는가?" 설소휘의 포용적 태도는 그녀가 신체의 완고함을 잘 아는 데서 비롯되었다. "저들이 말하는 것처럼 전족을 한꺼번에 풀어버린다고 해도 새로운 뼈를 만들어낼 영약은 없다. 잘린 목을 다시 이을 수는 없는 법이다. 굳이 억지로 그렇게 한다면 분명 말도 아니고 나귀도 아닌 것이 되어버릴 뿐, 어찌 풍속을 개선할 수 있겠는가?"5

설소휘는 여성에게 있어 신체가 주변적인 것이라 하면서 동시에 핵심적인 것으로 간주하고 있어 얼핏 보면 모순적이다. 그녀는 여성 육체의 외형이 독서와 수학 공부를 하는 능력과는 관계없는 것임을 인식하고 있었다. 즉 한 명의 인간이자 시민의 한 명으로서 여성의 가치는 상당 부분 그녀의 교육, 마음, 의지에 달려 있다는 것이다. 동시에 그녀는 흘러가는 시간의 일방성, 육체의 물리적 한계를 규정하는 과정의 불가역성을 인식하고 있었는데 이는 당시로서는 보기 드문 것이었다. 이는 남성 반전족 운동가들은 거의 언급하지 않았던, 설소휘의 여성적인 감성을 보여주는 견해였다. 이러한 감성 덕분에 그녀는 '천족은 좋은 것/전족은 나쁜 것'이라는 도식에 함축된 도덕적 확신을 뛰어넘을 수 있었다. 다른 사람들이 그들의 몸을 어떻게 사용하는지에 대해 도덕적 심판의 태도를 보이는 대신, 그녀는 여성들을 내버려두라고 권유했다. 하지만 이러한 그녀의 태도는 전족을 풀고 발을 해방시키는 행위, 이른바 방족放足을 하겠다는 언약과 관련 문제들이 곧 정치적, 사회적 운동으로 형성될 것을 예고하고 있었다.

'천족'에서 '방족'으로

설소휘는 문화의 지속력 혹은 대대로 삶에 체현된 방식을 상당히 깊게 이해했다. 하지만 불행히도 이는 그녀 시대의 끓어오르는 혁명의 기운과는 맞지 않았다. 1900년대의 청 왕조가 마지막 숨을 몰아쉬고 있을 때 긴박감에 사로잡힌 개혁가와 혁명가들은 낡은 관습을 하루아침에 뒤집어엎기 위해 전족의 '해방'을 국가의 생사가 달린 문제로 만들었다.[6] 천족이 추상적이고 막연한 담론이라면, 방족은 현실적이고 지역에 뿌리내린 사회적 의제였다. 이를 성공시키기 위해서는 이에 대한 저항과 마주하여 그것을 무력화시켜야 했다. 이 저항에는 여성들의 관행적인 사고방식뿐만 아니라, 그들 신체의 완고함도 포함되었다. 이러한 대결 속에서 여성 신체에 대한 새로운 관점과 지식, 나아가 새로운 여성적 주관성이 탄생하는 것을 우리는 보게 될 것이다.

1890년대 후반에서 20세기 초반에 번성했던 반전족 단체들의 활동과 목표는 대체로 두 가지로 분류된다. 첫 번째 유형은 가부장들의 서약을 받아서, 반전족 단체의 구성원들은 딸들에게 전족을 시키지도, 전족 여성을 며느리로 맞지도 않을 것이라고 맹세하게 하는 것이다. 가장이자 공동체 지도자인 그들은 사회 풍속을 개조시키는 책임이 자신들에게 있다고 생각했다. 그 후 시간이 흐르면서 반전족 운동은 외부인들이 주도하는 교육과 선전활동에 초점을 맞추며 범위를 확대했다. 그리고 젊은 여성뿐 아니라 나이 든 여성도 집중적인 선전활동의 목표가 되었다. 방족을 해야 한다는 메시지를 대중에게 전달하기 위해 무엇보다 중요한 점은 전통적인 문자 매체를 활용하는 것이었다. 그런 까닭에 철로가 있는 북방 도시의 길거리 모퉁이와 성벽에 정부의 공고문이 나붙었다. 천족회의 보고서에 따르면 그들은 1904년까지 상하이, 청두成都, 시안西安에 10만 장의 팸플릿과 소책자를 배부했다고 한다. 그리고 반전족 단체들은 글짓기 대회를 여러 차례 후원하기도 했다.[7] 이러한 자료들과 함께 반전족 조직에서 발행한 소식지와 정기 보고서까지 포함해 전족에 관한 정보들이 시장에 범람했다. 이러한 정보 중 상당수는 이전엔 볼 수 없는 내용이었다.

오랫동안 유가들은 시각적 표현을 여성 독자와 연계시켰다. 책 속의 삽화는 기본적으로 문맹자와 여성을 위한 것이었다. 그래서 반전족 단체가 발행한 많은 소책자에 삽화가 있었다. 아마 반전족 단체가 전족에 관한 지각知覺 변화를 가져온 능동적 주체로 떠오르게 된 것은, 장광설의 문자 언어보다는 시각적 이미지를 전파했기 때문일 것이다. 전족한 발을 시각적으로 재현한 것은 설령 신발을 다 갖춰 신은 모습이라도 중국인의 눈에는 매우 자극적이었다. 더군다나 벗은 발의 노출 이미지는 19세기 이전에는 춘화春畫에서조차 금기에 속했다. 하지만 서구의 이미지화 기술, 사진, 뒤이어 엑스레이 광선이 중국에 도입되자 이러한 시각적 금기는 거의 순식간에 무너져버렸다. 1860년대 상하이의 상업 사진 작가들은 가난한 여성에게 돈을 주거나 강요해 그들의 전족을 풀게 하고 벗은 발의 사진 이미지를 최초로 제작했다. 중국과 유럽의 초기 사진을 연구한 역사학자 레진 티리에즈는 이러한 거래와 사진 이미지 모두 음란한 것으로 간주되었다고 지적했다. 그럼에도 불구하고 혹은 바로 그것 때문에 1865년이 되면 상하이, 요코하마, 파리 등에서 관광객들이 구입하는 화보에는 중국인의 악습을 적어도 하나 이상 묘사한 사진—아편 흡입, 전족, 처형 등—이 종종 수록되곤 했다. 1910년대와 1920년대에 양은 많지 않지만 벗은 발의 사진들이 유구한 역사의 '중국 풍속'의 하나로 등장해 시장에 유통되었다.[8]

선교사 의사들이 의학 잡지에 투고한 논문에도 거의 똑같은 발 사진이 수록되었다. 손상된 발과 살아 있는 인체 구조를 연구하는 개업의 및 외과 의사들은 처음에는 그림으로, 이후에는 일반 사진과 엑스

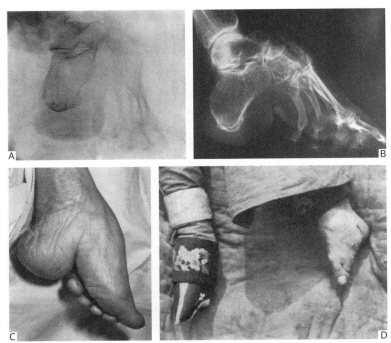

그림 2. 노출된 전족: 의학 보고서에 실린 사진들이다. (A) 극단적으로 굽은 발의 엑스레이 사진(J. Preston Maxwell, "On the Evils of Chinese Foot-binding", 1916, p.396 맞은편 페이지) (B) 전족 중단 뒤의 엑스레이 사진 (C) 발바닥에 생긴 골(B와 C: H.S.Y. Fang and F.Y.K.Yu, "Foot-binding in Chinese Women": *Canadian Journal of Surgery* 3, April 1960, pp.195~202에서 복사함. 모두 출판자의 동의를 얻음. ⓒ1960 Canadian Medical Association) (D) 맨발과 신발 착용한 발의 대조 사진.(F.M.Al-Akl, "Bound Feet in China", 1932, p.547)

레이 사진으로 그들의 연구 성과를 설명했다.9 (그림 2) 상업 사진과 의학 보고서 모두 서구를 중심으로 제한적으로 유통되었다. 그러나 사진 이미지는 사회적 생명력을 지니고 있어서 직접 접촉하지 않더라도 생각지 못한 곳에서 반향을 일으킨다. 중국 지식인들이 거실에 이러한 화보를 두지는 않았겠지만, 그들은 뼛속 깊이 치욕을 느꼈다. 캉유웨이는 1898년의 상주문에서 자신이 느낀 모욕감을 드러냈다. "외국인들이 사진을 찍어서 비웃으며 우리를 야만인이라고 조롱한 지 이미 오래되었습니다. 그중에서도 가장 큰 모욕을 안겨주는 비웃음거리는 여자들의 전족입니다. 신은 이것이 정말 부끄럽습니다."10

가장 아이러니한 것은 19세기와 20세기의 전환기에 이 부끄러운 사진들을 처음으로 활용해 중국 대중에게 널리 유포시킨 사람들이 다름 아닌 반전족 운동가들이었다는 사실이다.11 그 시대에 중국의 독자들에게 허용되는 한계는 이미 크게 확장되었다. 이전에 보이지 않던 것과 봐서는 안 되었던 것들이 이제는 일상적인 풍경이 되었다. 여성의 몸은 뒤집힌 옷처럼 밖으로 노출되었다. 티리에즈는 중국 여성의 사진에서 신체를 노출하기 시작하는 추세를 감지했다. "한 세기가 저물고 새로운 세기의 여명이 밝을 무렵, (사진의) 배경과 자세가 점점 더 대담해졌다."12 이전에는 선정적으로 여겨졌던 이미지도 흔해지면 다시 그 한계에 도전하고, 결국 노출 이미지가 더 많아진다. 반전족 단체들도 1900년대에서 1920년대까지 발에 대한 새로운 시각적 지식을 유포시키며 더욱 노골적인 재현으로 자극의 한계에 대해 다시금 정의 내렸다.

반전족 운동은 주로 대회와 같은 공개적 행사를 통해 전개되었다. 그래서 반전족 운동은 전족에 대한 새로운 지식을 전달하기 위해 특히 효과적인 장이 될 수 있었다. 이러한 대회들은 교회, 학교, 관공서, 운동장에서 개최되었는데 이는 고도로 연극적인 공연 형식을 띠었다. 이것들은 여성의 신체를 전시하면서 운영되었는데 때로는 도구를 사용했지만 그러지 않을 때도 있었다. 전족하지 않은 천연의 발은 특별히 눈길을 끌지는 않았던 터라 그것들은 충격 효과가 없었다. 방족 운동은 사람들의 실천을 이끌어내기 위해 천족의 반대인 전족 이미지에 호소했다. 그래서 살아 있는 표본인 실제 전족을 보여주거나 아니면 기괴한 모형 전족을 전시했다. 1895년에 설립된 상하이 천족회가 개최한 관련 집회는 이러한 도구와 시각적 보조 기구를 사용했다. 이 중에는 나무나 플라스틱으로 만든 축소된 발 모형도 있었다. 네 발가락이 반듯하게 안으로 접히고 발톱을 흰색으로 칠한 것이었다.[13] (그림 3) 주최자는 이렇게 말하려는 듯 보였다. 사람들이 이전에 금기로 여겼던 벗은 발에 익숙해질수록 여성의 고통을 쉽게 상상할 수 있을 것이다. 그러면 천족을 더 자연스럽고 바람직한 것으로 받아들일 수 있을 것이다.

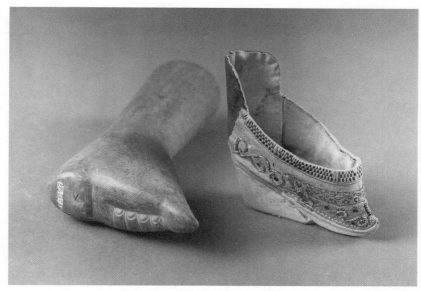

그림 3. 교육용으로 사용된 '깎아낸 발' 모형: 나무나 석고로 된 전족의 모형은 종종 천족협회가 거행하는 집회의 전시물로 사용되어 여성의 신체 일부의 선정적 노출을 부채질했다. 이 나무 모형과 꽃신은 푸젠 지역의 침례회의 시청각 교육부가 사용했다.(홍콩특별행정구香港特別行政區 정부의 동의를 얻어 홍콩역사박물관香港歷史博物館 소장품 수록)

학교-전족: 차이아이화의 영광스러운 회복

20세기의 첫 10년 동안 천족 관념은 생활 속으로 파고들었다. 천족은 지방 학교들이 방족을 주제로 집회를 개최할 정도로 점차 일상 어휘의 일부가 되기 시작했다. 1904년 11월 저장浙江 우싱吾興현에 있는 부유한 마을 다이시埭溪의 발몽發蒙학당에서 어느 소녀의 방족을 기념하기 위해 집회가 열렸다. 『경종일보警鐘日報』에 실린 두 편의 기사는 이러한 대중 집회의 새로운 형태를 흥미롭게 일별하고 있다. 그리고 이를 통해 우리는 여기에 동원된 여성들이 수동적 전시품이자 발언의 주체이기도 했다는 것, 남성과 여성 운동가들의 전략 및 관심사 사이에 간극이 존재했다는 것을 알 수 있다. 한 기자는 이 집회의 배경을 다음과 같이 묘사했다.

발몽학당의 여학생 차이아이화蔡愛花는 올봄에 입학하고 1년이 지나지 않아 문명 사상에 상당히 눈을 뜨게 되었다. 이달 5일에 이 학당은 아홉 번째 어린이 학회를 개최했다. 쉬쩌화徐則華, 린멍훈林夢魂, 차이뤼눙蔡綠農이 차례로 전족의 해악에 대해 연설했다. 이달 15일에 리리黎里의 부전족회 회장 니무어우倪慕歐 여사가 신발과 장화의 패턴을 하나씩 선물해주면서 방족하는 법을 지도해주었다. 이에 이 학생은 크게 느끼는 바가 있어 방족을 결심했다. 그날부터 바로 시작하려 했는데 마침 이날은 5로 끝나는 날로, 발몽학당이 쉬는 날이었다. 그래서 오후에 10차 어린이 학회가 끝난 뒤 이 장소를 빌려서 기념회를 거행했다. 차이뤼눙은 '잃어버린 것을 영광스럽게 되찾음光復故物'이라는 글씨를 선물했다.[14]

이 네 글자는 분명 현수막이나 족자에 썼을 것으로 추측된다. '잃어버린 것을 영광스럽게 되찾음'이라는 표현은 중국어의 언어세계에서는 새로운 느낌을 준다. 조금 뒤에 '발언하는 여성 주체' 만들기에 어떤 의미가 함축되어 있는지 분석해볼 것이다. 여기서는 남성이 시작한 반전족 운동과정에서 '말'의 중요성에 일단 주목하려고 한다. 개혁을 주도하는 교사와 기자들은 전족의 해악에 대해 강의하고, 시와 기사를 썼다. 이러한 '말'들은 모두 그들의 계몽 기획에서 빠질 수 없는 핵심적인 부분이었다. 기자가 사용한 '격렬한 비난痛陳'(직역하면 '절절하게 폭로하기' 정도의 의미)이라는 단어는 반드시 발언하지 않으면 안 될 것 같은 그들의 절박한 감정을 전달한다. 반면 리리 전족반대협회 회장이었던 니무어우 부인은 여성 내부자로서의 시각을 보여준다. 그녀는 실질적으로 방족 행위에 뒤따르는 여러 문제에 관해 자신의 느낌을 표현했는데 이는 설소휘 여사의 유산이기도 하다. 그녀는 방족과 관련된 실제 문제를 해설陳設해주었고 아울러 신발 제작을 위한 패턴도 제공했다. 즉 폭로, 발언, 설명陳이 전족 운동을 진행하는 방식이었고 이는 남녀 운동가 모두 동일했다. 하지만 니 부인과 같은 여성들은 소녀들에게 물질적으로 필요한 것에 대해 더 구체적인 관심을 보였다. 발을 관리하고 유지하는 것은 발을 '해방'하는 일만으로 끝나지 않음을 그녀는 알고 있었기 때문이다. 이는 남성 운동가들의 관점과는 대조적이다. 차이뤄눙처럼 여성의 신체를 잃어버렸다가 회복할 수 있는 외부 사물로 간주하는 이도 있었고, 탕이쒀처럼 여성의 몸을 기계와 같이 조작할 수 있다고 보는 이도 있었다. 니 부인의 결혼 전 본명은 왕서우즈王壽芝였고 반전족 단체 창립자 중 얼마 안 되는 여성 가운데 한 명이었다.[15] 1904년 12월 31일에 실린 이 이야기의 두 번째 기사는 실험 보고서처럼 정확히 구조화된 양식을 채택했다. 이 기사는 세 가지 주제로 나뉜다. 1)차이아이화가 방족을 결심한 이유 2)연설 3)노래. 차이아이화가 방족하게 된 동기를 살펴보기 전에 우리는 이 집회의 과장된 분위기에 주목할 필요가 있다.

2)연설: 첫 번째로 이번 집회의 주인공인 차이아이화가 전족의 고통과 해악에 대해 격렬하게 비난痛陳하고 이를 거울삼아 바로 오늘부터 전족을 풀기로 결심했다고 말했다. 두 번째로 교사 쉬쩌화徐則華가 단상에 올라登壇 연설했다. 그는 미칠 듯이 기뻐했다. 그는 우선 주인공을 축하하고 아울러 그 자리의 여학생들도 뒤이어 전족을 풀라고 권유했다. 이로써 서로 앞다투어 잃어버린 몸을 영광스럽게 회복하기光復故體를 기대한다고 했다. 아울러 주인공에게 당부하기를 (자신이) 천족이라는 이유로 교만하지 말고 무리同群를 가련히 여겨 함께 전족을 풀 것을 권유함으로써 중생을 두루 구제하고普渡衆生 함께 불구덩이에서 뛰쳐나와 극락세계로 오를 것 등의 이야기를 했다. 세 번째로 교장 차이뤄눙도 단상에 올라 축하하고 주인공을 아낌없이 칭찬했다. 이렇게 하

여 아직 방족하지 않은 사람이 부러워하기를 바랐다. 아울러 남학생들에게 이후 절대 작은 발의 여성을 아내로 맞으면 안 된다는 것을 보여주었다. 연설을 마친 그의 얼굴에는 기쁨이 가득했다.(882~883쪽)

　두 교사는 마치 어딘가에 홀린 듯 보였다. 기독교 세례식이나 부흥회에서 볼 법한 과장된 정서의 표현이 세속의 학교를 배경으로 등장한 것이다. 물론 여기서는 설교 대신 연설을 했고 찬송가 대신 방족의 기쁨을 노래한 점이 달랐다. 차이아이화는 하느님에게 죄를 고백하지는 않았지만 대신 그녀의 몸에 가해졌던 죄악을 증언했다. 기독교적 논조와 귀의의 서사가 줄곧 집회를 지배했지만, 이와 대조적으로 기자가 시종일관 사용한 불교 용어는 대단히 부조화스러웠다. '단상에 오르다' '연설하다' 등의 용어는 불교 법회에서 유래한 것이다. 차이아이화에게 맡겨진 '중생을 두루 구제하고' '극락세계에 오르는' 사명은 보살의 자비 어린 행위다. 어린 소녀의 육체적 상태를 주제로 구성된 대중 집회는 분명 아주 낯선 풍경이었다. 외부에서 수입된 기독교식 예배가 의례의 형식을 제공해주었지만, 이것만으로는 충분하지 못한 듯했다. 그래서 불교 용어와 개념이 등장했는데 이는 사람들에게 자못 친숙한 느낌을 주었다. 집회는 세 번째 단계의 감동적 의식으로 마무리되는데, 이는 제국적 색채를 띤 근대 정치 집회에서 차용한 것이다. "3)노래: 교사 쉬쩌화는 반 전체 남녀 학생 10여 명과 외부 손님, 교장 등을 이끌고 '방족의 즐거움'이라는 노래를 세 번 합창했다. 노래를 마치고 쉬쩌화는 소리 높여 외쳤다. 차이아이화 만세! 다이시의 여성계 만세! 중국 여성의 미래 만세! 만세! 만만세! 해산."(883쪽) 앞서 보살에 비유되었던 차이아이화는 이번에는 마치 새로운 공화국의 여신처럼 경의의 대상이 되었다. 이쯤 되면 사람들이 차이아이화에 대해 더 알고 싶어할 법하다. 그녀는 '야만적인' 부모를 두었지만 '문명 교육을 받은' 오빠가 있었으니 다름 아닌 교장 차이뤼능이었다. 기자는 '1)원인'이라는 제목의 긴 단락에서 그녀가 어떤 분투 끝에 전족을 풀어버리는 결정적 순간에 이르렀는지 묘사했지만, 그 내용은 공허하다. 이 설명을 보면 오빠의 영향 아래 그녀는 이미 수년 전부터 '천족 사상'을 갖게 되었지만, "심지가 약하고 선구자가 되는 것이 두려워" 결정하는 것을 망설였다. 그러다 그녀는 어린이 학회에서 연설을 듣고 그 벽을 넘어서게 되었다. 이 학회에서 쉬쩌화는 전족이 수치스럽고 '너의 몸을 창기와 배우처럼 만드는倡優其身' 자기 비하적 행위라고 했다. 그 후 오빠와 쉬쩌화는 그녀를 며칠간 집중적으로 설득했다. 마지막으로 니 부인이 보낸 신발 선물이 그녀의 결심을 굳혔다. 그리고 차이아이화는 단상으로 안내되어 학교 친구들에게 전족의 고통과 해악에 대해 널리 알렸던 것이다(882쪽). 차이아이화의 서사는 초보적 천족 의식과 망설임에서 시작해 결단력과 실제 행동으로 가는 과정을 보여준다. 이는 신앙인이 무지에서 속죄까지 가는 여정을 자세히 그린 기독교의 신앙 고백을 연상시킨다. 물론 '신의 계시'는 없었지만. 그녀가 천족의 복음을 전하게 된 것은 개인적인 결심과 외부 지도의 결과로 보인다. 하지만 독자는 그녀의 내면적 갈등과 그녀가 느낀 고통이나 승리감을 제대로 알 수 없었다.

보도에 따르면, 그녀가 단상에서 발언했다고는 하나 그녀는 말을 많이 하지 않았고 실제 한 말이 인용되지도 않았다. 능동적인 발언 주체로 간주되었지만, 지금 그 단상에 서 있는 그녀는 하나의 구경거리로, 심지어 다이시 여성계를 위한 하나의 '전시품'으로 보였다. 방금 차이아이화의 방족은 '잃어버린 물건'과 '잃어버린 몸'을 다시 찾은 것으로 묘사되었다. 이제 영광스러운 회복, 즉 '광복'에 관한 세 번째 표현에서 기자는 그녀를 '영광스럽게 천족을 회복한 콜럼버스光復天足之哥侖波'라고 찬양했다(882쪽). 『황수구』에서 봤던 것과 같이, 지도에 없는 바다를 항해했던 항해사이자 새로운 땅의 '발견자'인 콜럼버스는 청말 개혁가들의 영웅이었다. 무언가를 다시 발견한 콜럼버스는 복합적 비유이자 모순적 명제다. 이 독특한 비유는 천족 개념의 본질적 애매모호함을 드러낸다. 천족은 새로운 창조이기도 하지만 이전 상태를 개선한 것이기도 하다. '영광스러운 회복光復'을 각기 다르게 표현한 세 가지 방식은, 사실 여성의 육체에 대한 두 가지 상반된 관점에 바탕을 두고 있다. 차이아이화를 가리켜 '천족을 회복'시킨 다이시의 콜럼버스라 표현한 것은 여성의 몸을 마음대로 바꿀 수 있는 부드러운 반죽 덩어리로 본 것이다. 천족이란 전족을 하지 않은 원래 상태를 의미한다. 체현된 자아의 개인적 역사, 가령 어느 소녀의 발이 전족을 했다가 풀었는지 혹은 전족을 한 적이 없는지는 상관없는 것이 되어버린다. 그래서 천족을 콜럼버스의 모험으로 보는 관점은 시간과 역사를 소멸시켜야 작동될 수 있다. 또 다른 두 종류의 '광복', 즉 천족을 잃어버린 육체 혹은 사물을 회복한 상태로 보는 관점은 여성의 몸을 역사 속에 배치하지만 '천연'의 몸은 파손되거나 소실되었더라도 여성의 의지로 회복할 수 있다고 보았다. 그래서 위 세 가지 공식은 모두 여성의 의지를 그녀의 신체적 물질성보다 높게 평가한다. 특히 방족의 문제를 '광복'의 틀 속에 넣으면서, 남성 개혁가들은 여성의 신체를 잃어버린 영토 혹은 주권과 등가화하는 민족주의적 용어를 사용했다. 이렇게 여성의 신체는 구국을 위한 기획에서 핵심적인 것이 되었지만, 이는 그저 여성들의 신체적 경험 영역 바깥에 있는 메타포일 뿐이었다. 귀의의 서사는 신체의 물질성을 삭제했지만, 반면 소녀들이 느낀 갈등은 더 첨예해졌다. 그녀들은 남성(그리고 가끔 여성) 교사와 운동가들이 대표하는 새로운 권위 구도와 마주해야 했고 동시에 생활 속에서는 여전히 어머니와 할머니의 옛 관습에 감시받고 있었다. 집회가 끝나고 귀가했을 때 차이아이화에게는 무슨 일이 일어났을까? 그녀의 어머니가 그녀를 비난했을까? 그리고 그녀의 발을 더 단단히 묶었을까? 그녀는 대중 연설 경험을 통해(대체 구체적으로 무슨 말을 했을까?) 더 굳건해졌을 의지력으로 자신의 회복된 몸을 지켰을까? 부모와 오빠의 의견에 따른 일진일퇴의 싸움 속에서 천을 감았다 풀었다 했을까? 우리는 곧 다이시를 떠나 다른 여성들을 만나볼 것이다. 그녀들의 육체가 국민 역사의 견본이 되고 사생활이 공개적으로 전시되는 모습을 보게 될 것이다. 하지만 그 전에 그 운명의 날에 차이아이화가 했을 법한 말을 들어보려고 한다.

방족의 기쁨

쉬쩌화가 학생들을 인솔하여 함께 부른 노래는 차이아이화의 오빠인 차이뤄눙이 쓴 것이다. 아마 여동생을 보고 착안했을 이 노래는 천족을 아무 문제 없는 자연 상태라고 찬양하는 대신 방족의 실제 과정에 중점을 두고 있다.

방족의 기쁨이여, 그 기쁨은 어떠한가? 나의 방족의 노래를 들어보시게나. (전족할 때) 솜을 발가락 사이에 쑤셔넣고 걸을 때는 평평한 곳만 다녔다네. 식초를 물에 넣어 발을 씻었고 천을 많이 싸매도 안 된다네. 7일마다 천 한 자씩 자르고 한 달간 특별 관리했었지. 밤에 발을 내놓고 자면 그제야 피가 잘 돌았다네. 발을 풀어버리기만 하면 어떠한 고생도 할 필요가 없다네. 방족의 기쁨이여, 그 기쁨이 어떠한가? 그대와 함께 방족의 노래를 부르세(883쪽).

차이아이화의 나이는 알 수 없지만, 입학한 지 1년이 되지 않은 것으로 보아 아직 열 살은 넘지 않았을 것이다. 즉 그녀의 발은 아직 막 묶었을 때의 상태에 머물러 있었을 것이다. 그래서 굽은 발에 가해진 압력을 점차 완화하고 혈액 순환을 강화하는 간단한 과정만으로도 방족이 충분히 가능했을 것이다.[16] 차이아이화와 같이 어린 소녀들에게 방족은 그저 차례대로 절차를 진행하면 되는 것이었다. 그들이 일단 전족 띠를 풀기로 했다면 설령 완벽하게 두 발의 형태를 회복할 수 없을지는 몰라도 발의 기능은 '광복'을 찾을 수 있다. 하지만 이보다 나이 든 여성들은 더 완고한 신체와 전투를 벌여야 했다. 그들에게 방족은 그저 일시적 절차가 아니라 전족과 본질적으로 다를 바 없이 계속 진행되는 신체적 상태였다. 이는 결코 완전히 종결되지 못하고 지속하는 것이었다. 쑤저우의 방족회가 발행한 소책자는 성인과 노년 여성들을 위해 제작된 것으로 방족에 수반되는 여러 장애물을 사실적으로 묘사한 그림이 수록되었다. 그리고 "모두 어려서부터 전족을 했고 최근에 비로소 전족을 풀어버린" 여성 20명의 서명이 있었다. 이 소책자는 일인칭으로 쓰였고 그들이 직접 경험했던 방족의 다섯 원리를 자세히 묘사했다. 1)헐렁한 양말과 신발 만들기 2)전족 띠 제거하기 3)발가락과 발바닥 펴기 4)방족 시 생기는 발의 피부 손상과 티눈 치료법 5)안쪽에 굽 대는 습관 없애기.[17] 이 20인은 오직 전족한 여성들만이 이해할 수 있는 구체적이고도 실무적인 지침을 제공해주었다. 예를 들어 그들은 신발과 양말 세트를 제작하자고 건의했다. 이전에 신던 것에 비해 양말은 0.5치 길고 0.2~0.3치 넓게 만들며 신발 밑창은 발보다 0.1~0.2치 넓게 만들면 걸을 때 안정감을 얻을 수 있다는 것이다(72쪽). 이는 발을 크게 보이게 하므로, 전족한 발에 신는 신발을 만들 때는 결코 이런 것을 만들 수 없었다. 마찬가지로 전족 띠를 제거하는 지침 역시 전족을 할 때 사용한 익숙한 순서를 거꾸로 시행하는 것이었다. 하루아침에 전족 띠를 바로 풀면 안 된다. 혈관의 혈류량이 급

작스레 증가하면 발에 부종이 생길 수 있다. 네 발가락을 구부린 상태로 2~3자 정도 짧은 길이의 천으로 느슨하게 한 번 혹은 두 번 싸맨 뒤 나머지 부분을 발뒤꿈치 아래로 밀어넣는다. 원래 전족할 때 발가락을 싸는 정확한 방식은 발가락에서 시작해 발바닥 방향으로 감는 것이다. 그래서 왼쪽 발은 밖에서 안쪽으로 시계 방향으로 감고('순요順繞'), 오른쪽 발은 반대로 감는다('반요反繞'). 이제 목표는 전족을 거꾸로 돌려놓는 것이므로 전족 띠를 헐렁하게 반대 순서로 사용해야 했다. 오른발은 시계 방향으로, 왼발은 반대 방향으로 감는다. 6개월 후에는 전족 띠를 사용할 필요가 없어진다(72~73쪽). 속굽을 제거하는 원리 역시 전족의 숨겨진 메커니즘을 보여준다. 이것은 전족을 어떻게 풀어야 하는지 알려주기 때문이다. 속굽이란 삼각형으로 된 나무 패드인데 전족 여성들은 이것을 발뒤꿈치 부위에 댔다. 이것은 발뒤꿈치 부분을 위로 올려서 전족을 더 작게 보이게 했을 뿐 아니라 신체의 중량을 균일하게 배분하는 데 도움을 주어 비교적 안정감과 편안함을 느낄수 있었다. 쑤저우 여성들은 나무 대신 골판지나 부들 가방 조각을 속굽과 비슷한 높이까지 넣어서 사용하라고 충고했다. 이 종이로 된 재료는 나무보다 부드럽기 때문에 오래 신다보면 높이가 낮아진다. 그러면 그 낮아진 높이에 맞춰서 다시 충전물을 넣는다. 이렇게 하다보면 발의 굽은 정도가 점차 평평해지면서 종이나 풀로 된 충전물이 불필요해진다는 것이다(74~75쪽).[18] 이렇게 세세한 문자 지침은 전족이 한창 발전하던 시대에 전족과 관련해서는 결코 제공되지 않았다. 전족은 구술로 전승되었고 신체를 통해 표현되었기 때문이다. 문자화된 방족 지침(추정컨대 전족 방법도 아마) 그 자체는 여성의 신체에 대한 새로운 지식과 전국적 유포를 위해 새로운 방식이 만들어졌음을 의미한다. 쑤저우 방족회 여사들이 얼마나 세심하게 관심을 기울였는지는 서양 오일인 '노란 바셀린黃凡土林' 크림을 추천했다는 데서도 드러난다. 이는 방족과정에서 발생할 수 있는 티눈과 못의 통증을 가라앉히는 데 매우 효과적이었다. 하지만 만약 서양 약국에 가서 이를 살 수 없다면 막 잡은 염소의 뼈에서 나온 기름으로 대체할 수 있다고 했다(74쪽). 그리고 마지막 부분에 그들은 더 상세한 정보를 원하거나 방족 후 불편함을 느끼는 모든 여성을 방족회의 상담 시간에 초청하겠다고 했다. 상담은 매월 15일 오후 3시 이후 쑤저우성 봉문封門 안에 있는 십천十泉거리 오룡당五龍堂 골목에 있는 왕王 씨 댁에서 열렸다. 누구나 편지로도 문의할 수 있었다(76쪽). 쑤저우 여성들은 다른 '동지'들과도 방족 방법을 공유하자고 널리 청하는 한편, 자신들의 방법을 사용하기만 하면 나이에 상관없이 성공적으로 방족할 수 있다고 보증했다. 성공 사례 중에는 70~80대의 노부인도 있었다. "방족 후의 안락함과 편리함은 맹인이 눈을 얻은 것과 마찬가지라 글로는 표현할 수 없다. 방족을 경험한 이가 아니면 (그 기쁨을) 상상할 수 없다."(75쪽) 방족 후의 '안락함과 편리함'을 맹인의 기적적인 치유에 비유하는 방식은 이 소책자의 다른 부분에서 이뤄지는 구체적인 해설과 강렬한 대조를 이룬다.[19] 여기서 쑤저우 여성들은 방족 여성들이 살과 뼈의 물리적 육체성을 어떻게 극복해야 하는지 자세히 지도하며, '전족의 가역성可逆性'에 대해 설득력 있는 논지를 제시하고 있다. 그들은 다섯 종류의 방족 방법 모두를 구체적으로 해설하면서 이를 통해 인내심, 결단력, 통증을 견딜 능력만 있다면 모든 여성이 머지않아 방족에 성공할 수 있다는 확신을 심어주었다. 하지만 그들은 사람의 신체를 찰흙 덩어리 혹은 잃어버렸다 되찾을 수 있는 물건(혹은 시력)쯤으로 취급해서는 안 된다는 것을 잘 알고 있었다. 아마 이 때문에 그들은 방족 뒤에 얻는 비뚤어진 채 뒤뚱거리는 두 발을 묘사하지 않았을 것이다. 하지만 오랫동안 전족했던 여성들이 얻을 수 있는 결과는 기껏해야 이것이 최선이었다. 그들의 방족 설명서에 스며 있는 '기적적인 재탄생'에 대한 희망은 오히려 다음과 같은 사실을 강조하고 있다. 성인 여성의 방족은 대단히 어렵고 고통스러우며 불완전한 과정이 될 것이라는 점이다.

옌시산과 산시의 반전족 운동

하지만 이러한 사실은 지역에서 방족의 실제 업무를 담당한 새로운 세대의 관료들에게는 아무런 의미가 없었다. 1912년 중화민국 탄생 이후 분열 상태에 있었지만 국가는 시민들의 신체에 주목했고 전족을 종식시키려는 노력은 더욱 힘을 얻었다. 그러나 사실 쑨원孫文의 공화정은 단명했고 전족을 금지한다는 1912년의 명령은 미처 시행되지 못했다.[20] 그런 와중에 사실상 자치 정부였던 여러 성省의 정권은 문명화를 자신들의 사명으로 삼고 풍속의 개혁을 추구했다. 그들은 이를 근대화된 정부의 기반으로 삼으려 했다. 그래서 반전족 운동은 지방 정권과 결탁하는 동시에 일종의 도구로 기능하기도 했다. 사람들은 이를 통해 국가권력이 자신들을 침범하는 것에 이의를 제기했고, 그 과정에서 자신들의 사적 영역의 한계를 구체화하기도 했다. 산시山西성에서 우리는 이러한 과정이 펼쳐지는 것을 볼 수 있다. 군벌 옌시산閻錫山(1883~1960)은 1917년 처음으로 성 전체에서 전족 근절 운동을 시작해 1922년까지 지속했다.[21] 그는 교육과 권고에 만족하지 않고 국가권력을 동원해 전족 금지령을 내렸고 경찰력을 강화했으며 집집마다 발 조사원을 파견했다. 옌시산이 사용한 표현들은 연해 지역의 천족회 등과 비슷했다. 그러나 비록 일부 지역에 제한된 것이기는 하지만, 그는 국가권력을 동원하려는 의지와 능력을 지녔다는 점에서 여느 단체와는 달랐다. 이 때문에 자발적인 사회운동이던 반전족 운동의 성격은 국가의 권한과 감시 형태로 변화했다. 공명심이 강한 옌시산은 상당한 양의 포고령, 안내, 공지문을 만들었고, 남아 있는 이 자료들을 통해 산시의 사례를 검토해보면 상당히 흥미로운 사실을 알 수 있다. 1912~1914년 옌시산은 자신의 고향인 우타이현五臺縣에 보안사保安社라는 민병대 조직을 만들었는데 훗날 이 조직을 원형으로 하여 산시성 전체에 유사 조직이 설립되었다. 이 민병대는 공공질서를 유지함과 동시에 사회적 개혁을 추진해야 하는, 다소 모순적인 임무를 맡고 있었다. 촌장과 지역 지도자들은 가정에서의 전족 상황을 감시하는 권한을 받았다. 만약 여성이 방족을 거절하면 그 가족이 벌금을 물어야 했다. 그들은 감시를 나갈 때 여성 수행원을 동반했는데, 전족 여성의 양말을 벗겨 검사하기 위해서였다. 후퉈滹沱강 북쪽 마을은 별문제가 없었지만, 남쪽 마을들은 무력을 동원해 저항하다 진압되었다.[22] 1917년 산시의 독군督軍과 성장省長을 겸했던 옌시산은 이러한 저항에 개의치 않았다. 1917년에서 1922년까지 '육정六政' 운동이 추진되는 가운데, 전족을 근절하는 것은 성 전체의 목표가 되었다. '육정'이란 시급히 해결해야 할 여섯 가지 정무인데, 수리水利, 양잠, 식수植樹, 아편 금지, 천족, 변발 자르기를 의미했다. 1918년에 면화 재배, 조림, 목축이라는, '민생을 위한 세 가지 사업民生三事'이 추가되었다. 옌시산은 포고문에서 1898년 유신 이래 성행했던 국가 개혁 전략의 시각을 그대로 계승해 전족 여성을 재정의 커다란 부담으로 간주했다. "산시 백성의 빈곤은 극에 달했다. 빈곤의 원인은, 생산하는 자는 적고 먹는 자는 많기 때문이다. (…) 전체 성의 인구는 1000만 명이고 여자가 대략 절반이다. 이들 대부분은 생산활동을 하지 않는다." 표면적으로 전족을 반대한 이유는 경제적인 것 때문이었다. 이후 전족은 아편, 도박과 함께 '민생의 세 가지 해악民生三害'으로 꼽혔다.[23] 한편 남성들의 단발은 강제로 시행되었다. 이는 변발의 명백한 정치적 상징성 때문이다. 1645년에 청이 모든 한인 남성에게 만주인 스타일로 머리를 깎으라고 명령했을 때 격렬한 저항에 부딪혔지만, 약 3세기가 지났을 때 이 관습은 당연한 것이 되어 청 황실이 몰락한 뒤에도 많은 남성은 변발을 유지하고 있었다. 1919년 옌시산은 어느 현의 변발한 소학교 교사에게 "아래로 늘어진 변발이 정말로 해괴하기 짝이 없다"고 질책했다. 그는 변발을 그냥 자르라고 한 것이 아니라 아주 짧게 혹은 완전히 밀어버리라고 요구했다. 2~3치 정도라도 머리를 남겨두면 의심을 받을 수 있었다. 변발과 구질서의 관련이 너무 뿌리 깊게 각인되어 있어서, 헝클어진 머리는 자칫 변발을 기르기 위한 것처럼 보일 수 있었다. 이는 구질서 회복을 위해 운동한다는 표시였다. 이 단발령은 처음에는 관료, 학생, 상인들에게 시행되다가 1918년 5월 '보통 인민들'에게 확대되었다.[24] 천족의 상징적 의미는 변발만큼 분명했다. 비록 여성의 전족이 정치적 위협을 내포하고 있지는 않지만, 이는 민족적 수치의 상징이었다. 일본 도쿄의 진무振武 학당을 졸업한 옌시산은 청말에 이미 천족이라는 유형을 만들어낸 글로벌 지식 체계global episteme를 내면화했다. "여성 전족의 위해성은 대단히 크다. 행동에 장애를 가져올 뿐 아니라 신체를 해치는 행위다. 세계 만국에 이러한 악습은 없을 뿐 아니라, 이전 청 황실의 기인旗人들도 모두 천족이었다." 그는 1918년 공고문에서 모든 '인민'에게 곧 시행할 새로운 벌금 제도를 경고했다. "그런데 한인들의 전족 풍속이 산시만큼 심한 곳도 없다. 그래서 산시 인구는 점점 줄어들고, 신체는 허약해지며, 인민들은 가난해지는 것이다." 공고문은 10만 부 이상 인쇄되어 각 현에 나붙었다.[25] 이듬해 중학생들에게 행한 강연에서 옌시산은 세계, 중국, 산시 사이에 존재하는 일종의 시간 격차에 대해 묘사했다. "천하의 수십 개 국가도 중국과 같지만, (단지) 그들에게는 모두 전족 풍속이 없다. 이 때문에 중국이 세계의 웃음거리가 되었으니 막대한 수치다. 중국은 세계의 일부이고, 산시는 또 중국의 작은 일부다. 지금 다른 성에서는 전족 풍속이 이미 근절되었다. 산시가 스스로 이를 뿌리 뽑을 생각을 하지 않는다면 우리가 어떻게 땅에 발을 딛고 설 수 있겠는가?"26 그는 산시만이 낙후되어 있다고 믿었다. 그의 말은 실제 상황과는 다소 차이가 있지만, 빨리 다른 곳을 따라잡아야 한다는 그의 단호한 결심은 분명히 전달하고 있다. 그는 '문명'과 '진보'로 대표되는 민족 서사를 산시에 적용했다. 천족으로 상징되는 진보한 연안 도시들과 전족으로 대표되는 낙후한 내륙 지방 간의 차이를 강조할 때도 옌시산은 전형적인 민족주의 어법을 사용했다.

옌시산은 하향식 사회 변혁 방식을 채택한다. 행정적으로 그는 성의 수도인 타이위안에서 명령을 내리고 감독관을 파견했다. 각 지역에서는 이미 계몽된 관료, 학생, 교사들에게 스스로 모범 사례로 삼거나 금지령을 집행하도록 했다. 산시는 식자율이 낮았던 터라 옌시산은 강연이 대중 교육과 동원에 가장 좋은 방법이라고 여겼다. 선전원宣講員들은 정기적으로 각 지역에 파견되어 정책과 지시 사항을 설명했다. 또한 1919년 고등소학교 이상에 재학 중인 3만 명의 학생이 겨울방학을 맞이하여 귀향을 준비할 무렵 옌시산은 지침서 『인민들이 알아야 할 것 人民須知』에 있는 천족 등의 주제에 대해 일반 인민에게 설명하고 선전하라며 학생들에게 '위임'했다. 그는 학생들에게 고향에 있는 청 왕조 시절의 거인擧人, 공생貢生들과 연합하여 순회 연설팀을 조직하라고 권했다.27 그리고 지방 관리들에게 조직 차원에서 이를 지원하라고 명령했다.28

그의 풀뿌리 동원 전략은 글로벌 지식을 내륙의 서북부 성에 있는 가장 외진 마을까지 전파한 셈이었다. 이러한 동원활동을 통해 여성의 천족과 남성의 단발은 가장 시급한 공공의 관심사가 되었다. 개인의 용모에 정치적 의미를 부여한 것은 신체가 외형적 형식과 내재적 정신으로 이분화되어 있다는 관념에 바탕하고 있지만, 동시에 개인의 신체와 사회가 하나의 연속체임을 강조하고 있기도 하다. 옌시산이 참중원參眾院의 당선인들에게 한 연설에서도 이를 간파할 수 있다. "머리 자르는 일은 비록 개인 신체의 문제에 속해서 그다지 중요할 게 없지만, 인민의 관념은 모두 이런 것을 통해 전환되는 것이다."29

1918년 5월에 옌시산이 반포한 천족회 설립 명령 8개월 이후, 성의 105개 현마다 모두 천족회가 설립되었고 무려 2만 명의 회원을 자랑하게 되었다. 이 놀라운 속도는 모든 현의 공무원과 마을의 간부들이 강제로 회원이 되었기 때문에 가능했는데, 공무원들은 목표를 달성하지 못하면 해고되리라는 위협에 시달렸다. 평민들도 20세 이상의 남성은 모두 가입할 수 있었다. 회원의 주요 의무는 천족회의 경비를 모금하고 비회원들이 생각을 바꾸도록 설득하는 것이었다. 그들 역시 자신의 가족들에게 방족과 천족을 요구하면서 스스로 모범을 보였다.30 이러한 천족회 활동을 통해 분명히 알 수 있는 것은 산시성의 모든 현에서 여전히 전족이 행해지고 있었다는 사실이다.

범죄가 된 전족

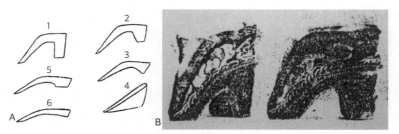

그림 4. 나무 밑창의 진화, 1830년대에서 1930년대까지.
(A) 밑창 경사의 점진적인 완만화 추세는 후옌셴胡燕賢의 도표와 해설에서 볼 수 있다. 그는 베이징 사람이며 『채비록采菲錄』의 주요 필진 중 한 명이다. 그의 해설에 의하면 근대의 나무 밑창 형태는 다음과 같이 구분된다: (1) 1830년대 스타일 (2) 1860~1870년대 스타일 (3) 1880~1890년대 산시山西 스타일 (4) 1850~1860년대 강남江南 스타일 (5) 1890~1900년대 북방 스타일 (6) 1920~1930년대 현재 스타일.
(B) 1830년대 스타일의 전족용 하이힐. 후옌셴은 이 해설은 그가 수집한 골동품과 노인들과의 인터뷰에 근거한 것이라고 했다. 그는 이렇게 기록했다.

나는 이전에 중고품 노점상에서 (1)번 스타일의 신발을 발견했다(위의 그림 B). 신발 몸체 가득 무늬가 새겨져 있지만, 무늬가 상당히 구식이고 촌스럽다. 호랑이, 사자, 코끼리, 원숭이로 보이는 동물 네 마리가 새겨져 있다. 대략 (크기는) 4촌이며 그렇게 날씬하고 좁지는 않다. 노부인들에게 두루 물어보니 이것은 아주 오래된 스타일일 것이라고 했다. 최근의 심미적 안목으로 판단해보면 그다지 보기 좋지는 않다.
(2)번 스타일 역시 본 적이 있다. 이것은 (1)번보다 최근 것이라고 했다. (3)번은 대단히 섬세하고 날씬하고 좁게 만들어져서 (이전의) 둔하고 무거운 형태에서 벗어났다. (4)번의 바닥 형태가 약간 기울어지고 곧게 뻗었다. 신발 끝은 들려 올라갔고 발뒤꿈치가 특히 높다. 노인들은 북방에는 이런 스타일이 없으며 정교한 자수로 보아 남쪽 것이 분명하다고 했다. (5)는 북방에서 최근 일반적으로 사용하는 것이다. (6)은 가장 개량된 것이다.
즉, 전족의 밑창은 옛날 것일수록 더 높고 최근일수록 낮아져 점점 신발의 (원래) 형태가 사라졌다. 최근에는 나무 굽도 사라졌다. 그래서 전족은 많지만, 전족용 신발의 밑창은 이제 땅을 평평하게 딛고 있다.(『采菲錄』, 227쪽; 『采菲精華錄』, 130~131쪽)

엔시산은 '육정'이 시행되기 전인 1916년 말에도 그가 제정한 「엄금전족조례嚴禁纏足條例」의 시행을 도와줄 지역 지도자와 남학생들을 모집했다. 이 법령에서 사용한 개념과 용어들은 지역에서 행해지는 복잡한 관습을 다루는 것이 얼마나 민감한 일인가를 보여준다. 이는 전국 단위의 법률에서는 찾아볼 수 없는 것이었다. 조례가 공표되어 발효되는 날부터 어린 소녀들은 전족을 시작할 수 없다. 이미 전족을 시작한 15세 이하의 소녀들은 발을 풀어야解放 한다. 15세가 넘은 이들은 활 모양의 '나무 밑창木底'(그림 4, 그림 6E)을 댄 신발을 신을 수 없다. 한 달의 유예 기간이 지나면 새로 발을 싸맨 소녀의 부모는 3원 이상, 30원 이하의 벌금을 내야 한다. 나무 밑창을 만들거나 판 사람들도 마찬가지다. 3개월이 지나면 방족을 거절하거나 여전히 나무 밑창을 고집하는 사람에게 2원 이상, 20원 이하의 벌금이 부과된다. 6개월 이후부터는 전족 여성을 중매하거나 굽 있는 신발을 신은 채 결혼하는 신부도 3원 이상, 30원 이하의 벌금을 물게 된다. 현의 지사知事와 자치 지역의 경찰서가 이 조례의 시행을 책임졌다.[31] 나무 밑창과 같은 도구를 통해 구체적으로 이미지화된 전족은 이제 범죄 행위가 되었다.

이 조례가 시작되고 2년 후, 엔시산은 보고서를 받았다. 50개 이상의 현, 즉 성 전체의 절반 정도에서 15세 이하의 소녀들은 모두 방족을 했다는 것이었다. 즉각적인 효과가 나타난 결과에 고무된 그는 1918년의 「금지전족고시禁止纏足告示」에서 방족 연령을 10세 이하로 확대했다. 그는 방족 정책의 성패에 자신의 직위와 개인적인 명예를 걸었다. 이에

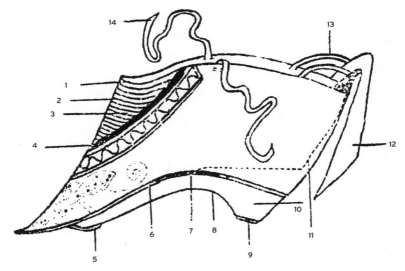

그림 5. 후옌셴이 그린 1920년대 북방 스타일 곤혜坤鞋 그림. 그는 각 부분의 이름과 형태를 다음과 같이 소개했다. "(1) 사원의 문廟門, 혹은 달의 입구月亮門 (2) 사다리 의자梯凳(대부분 검은 실로 된 평행한 선이고 간혹 십자로 된 선도 있다) (3) 전족 표면, 혹은 입구口面(즉 '사다리의자' 아래의 원단. 흰 면이나 흰 새틴으로 만든다) (4) 입의 끝口尖(끝부분에 색실로 매듭을 만들어 장식하기도 한다) (5) 앞 밑창 받침(다양한 색깔의 천 혹은 새틴으로 만들고 두께는 약 반분分(0.05인치)이며 나무 밑창의 소리를 감소시키는 역할을 한다) (6) 선(일률적으로 흰색이며 두께는 반분에서 1분) (7) 허리 꺾임(다양한 색깔의 리본이 이 밑창의 가운데와 후반부를 표시함) (8) 밑창 가운데底心(방울을 매다는 자리; 최근에는 이 자리가 거의 평평한 것이 유행이다) (9) 뒤 밑창 받침(앞 밑창 받침과 같은 원단 사용) (10) 향 넣는 곳(굽에 꽃무늬가 새겨져 있다) (11) 속굽裏高底(철, 나무, 천 혹은 대나무로 제작) (12) 굽끌개(다양한 무늬, 원단, 색깔, 길이) (13) 굽끌개 고리(일부는 굽끌개가 아닌 신발 몸체에 부착) (14) 신발 끈(어떤 것은 두 배, 즉 네 줄; 대부분 빨간색이나 녹색)"

반전족 운동 시대에는 전족의 기준은 더욱 느슨해져 아치 형태였던 발 모양은 급속도로 평평해졌다. 하지만 이것이 개량 곤혜가 지향하는 패션적 가치에 영향을 미치지는 않았다. 후옌셴은 다음과 같이 관찰했다.

(곤혜) 몸체의 자수는 발끝과 가장자리에 집중되는 경우가 많다. 하지만 스타일이 오래될수록 무늬도 많다. 100년 전 신발에는 자수로 가득했다. 나무 밑창도 오래될수록 더 휘어져 있고 새 것일수록 평평해진다. 100년 전의 나무 밑창 모양은 현재의 (서구식) 하이힐과 유사하다.

곤혜의 발끝 스타일은 매우 다양하다. 마치 갈고리처럼 위로 휘어진 것, 송곳처럼 뾰족한 것, 발가락이 없는 공간까지 매우 길게 뺀 것, 짧은 것도 있다.

굽끌개는 대략 2촌에서 8촌 정도다. 실제 사용하는 것도 있고 장식으로 만든 것도 있다. 전자는 면으로 만들고 비단으로 만드는 경우는 극히 적은데 면이 미끄럽지 않기 때문이다. 신발을 신고 나서 굽끌개 끝을 바지 단에 묶어서 뒤축이 주저앉는 것을 방지한다. 후자는 장식적 기능만 있다. 정교하게 수놓은 굽 끌개 한 쌍이 신발 뒤로 늘어져서 (걸을 때마다) 생동적으로 흔들린다. 이는 훌륭한 장식물이다.(『채비록采菲錄』, 225~226쪽; 『채비정화록采菲精華錄』, 130쪽)

7월에 각 현으로 요원을 파견하겠다고 선언하고, 만약 현에서 여전히 전족하는 사례가 있다면 부모, 시부모, 촌장, 업무에 태만했던 현의 지사에게도 벌금을 부과하겠다고 했다.[32]

이 규약의 조항들과 벌금의 등급을 보면 옌시산이 전족의 대중화를 가져온 개인적, 문화적 요소를 예리하게 포착하고 있음을 알 수 있다. 그는 여성의 신체가 결코 부드러운 반죽 덩어리가 아님을 잘 알고 있었다. 그래서 그는 나이 든 여성들을 방족의 고통으로부터 면제시켜주었다. 하지만 고시문에서 규정했듯이, 그녀들은 활 모양의 밑창이 있는 신발을 신거나 구리 발찌로 발목을 장식해 작은 발의 문화적 명성과 그에 따른 미적 기준을 영속화하는 것이 더는 허락되지 않았다. 활 모양의 밑창은 산시의 여성 꽃신에서 눈에 띄는 요소다. 이는 휘어진 중족골의 곡선을 돋보이게 하고 발을 더 작게 보이도록 했다. 이미 20세기 초 연해 도시에서는 곡선이 훨씬 더 완화된 새로운 스타일의 전족 신발이 유행했다. 여성들은 전족을 반드시 포기하지 않고도 신발의 휜 정도를 점차 완화하고 있었다. '곤혜坤鞋'라고 부르는 이 상점 판매용 신발류 중 일부는 천이나 가죽으로 만든 평평한 밑창이 특징이었다.(그림 5, 그림 6) 어떤 관찰자들은 이를 전족 몰락의 시작으로 보기도 했다.[33] 앞서 언급한 쑤저우 부인들의 방족 지침서를 떠올려보면, 접힌 발가락과 굽은 발 형태를 완전히 평평하게 하는 것이 얼마나 어려운 일인지 알 수 있을 것이다. 밑창이 예전보다 평평해진 곤혜는 방족했거나 반전족 상태의 여성들에게 상대적으로 편안한 신발이 될 수 있었다.

하지만 민국 초기 산시에서는 전족으로 인해 높이 치솟은 발등과 이로 인한 발바닥의 갈라진 모양을 여전히 높이 평가했다. 1918년 위우冰吾 마을에서 곤혜를 만들기 시작했을 때 그것들은 개혁의 상징으로 부각되었다. 옌시산은 문화적 규범을 새롭게 정립해야 한다며 성 전체 극단에 공연 시 전족의 걸음걸이를 흉내내지 말라고 명령하기까지 했다.[34] 무대와 일상생활에서 환상이 만들어내는 전략에 주목했던 그는 전족의 문화적 아우라와 성적 이미지에 대한 이해가 범상치 않음을 보여주었다. 전족 여성을 소개하는 중매인에게 벌금을 매기는 조치는 그가 여성의 관습을 재생산하는 제도로서 결혼이 얼마나 중요한지 잘 알고 있음을 보여준다.[35]

전족의 범죄화는 의도치 않은 결과를 낳기도 했다. 성인 여성의 법률 자주권이 그것이다. 15세 이상의 여성이 나무 밑창을 댄 전족 신발을 신었다면, 그녀 자신 혹은 그녀 집안의 가장(부모나 시부모)이 벌금을 물어야 했다. 물론 우리는 얼마나 많은 여성이 직접 벌금을 물었는지, 누가 이것의 위반 여부를 결정했는지, 그 결정의 근거는 무엇이었는지를 알 수 없다. 애석하게도 이 여성이 벌금을 통해 행사할 수 있는 법률 자주권은 그것의 생성 조건에 의해 제한되었다. 이 금지령은 사회적 감시를 통해서만 집행될 수 있었다. 옌시산의 알쏭달쏭한 표현이 이를 잘 보여주고 있다. "타인의 고발을 거쳤거나, 혹은 범죄가 사실이라고 판단될 때 (벌금형에 처한다)." '혹은'이라는 표현 때문에 기본적으로 고발의 책임이 소녀의 이웃에게 있는 것인지, 정부 관계자에게 있는 것인지 판단하기 어려웠다. 둘 중 어떤 경우라도 그녀의 법률 자주권을 작동시키려면 경쟁관계에 있는 이 두 종류의 권위가 감시를 강화해야만 했다.

금지령의 의도하지 않은 두 번째 결과는 전족의 범주를 광범위하게 하는 데 기여했다는 점이다. 비록 그는 '천족'이라는 용어를 써서 정책 목표를 분명하게 표현하기는 했지만, 청말의 선교사들과 달리 옌시산은 천연 그대로인 발의 존재론적 위치에는 관심이 없었다. 결과 지향적인 이 행정 관리의 주요 관심사는 사실 방족 그 자체뿐이었다. 그의 실용주의는 아마 '천족을 개량하고 해방시키자改放天足'라는 상호 모순적인 표현이 나오게 된 이유를 설명해줄 것이다.36 많은 여성은 신구 유행 체제 사이에 끼어 있었다. 방족의 경험은 그녀들에게 있어 천족도 방족도 아닌, 여전히 일생 동안 끝나지 않는 과도기 상태를 의미했다. 하지만 정부의 시각으로 보면 방족 정책에는 나이와 장식에 따라 발을 싸맨 정도를 달리하는 것도 포함되었다. 15세(혹은 10세) 이하의 소녀들에게 있어 만약 전족 띠로 발을 싸맸으면 이는 전족이 되는 것이다. 이보다 나이 많은 여성에게 있어 전족이란 천 조각이 아닌 나무 밑창 사용 여부를 기준으로 한다. 처벌을 부과하려면 혼란의 여지가 없는 구체적인 판단이 요구된다. 중요한 것은 각 개인의 발의 크기나 물리적 상태가 아니라 어떻게 표준화된 방식으로 표면적 외양과 장식을 측정하는지에 있었다. 외양은 가시적인 것이므로 효율성과 실적을 중시하는 관료들이 당연히 측정하고 설명할 수 있었기 때문이다.

가부장에 맞서는 국가

이러한 금지령의 관철은 국가가 여성의 발을 검사하는 능력, 즉 말 그대로 여성을 '응시'하는 능력에 달려 있었다. 현장縣長과 새로 만든 직책인 구장區長들은 각 지역의 많은 전족 여성을 '관찰하고察見' 숫자를 표로 작성해야 했다. 감사관들이 이 자료를 인증했고 '눈으로 본 것을 기준으로 하여以眼見爲準' 인구 대비 전족 여성들의 비율도 확인했다.37 이 금지령이 시행된 이후 많은 부패와 민원이 발생했다. 이에 옌시산은 남용을 억제하는 법령을 발표해야 했다. 1918년 3월 옌시산은 모든 검사원에게 '일출 뒤, 일몰 전'에 활동하라고 명령했다. 그리고 검사 전 마을 간부는 문밖에서 여성의 이름을 부르고 그녀에게 마당이나 문 앞으로 나오라고 요청하여 발을 확인해야 했다. 오직 현장만이 벌금을 부과할 권한이 있었다.38 정부 요원들이 밤에 민가로 들어오는 것이 얼마나 잠재적인 위협이 되었을지 상상할 수 있다. 그들은 사람들을 괴롭히고 여성을 희롱하며 돈을 갈취할 수도 있었을 것이다. 하지만 상호 책임을 확실하게 하려고 집 밖으로 나와 검사하게 했던 조처는 아이러니하게도 여성의 굴욕을 만천하에 공개하는 결과를 가져왔다. 게다가 이러한 보완책에도 불구하고 발 검사원이 이를 핑계로 여성을 만진다는 소문이 퍼져나갔다.39

1919년 3월, 옌시산은 각 현에 여성 검사원을 고용할 것, 부과된 벌금으로 고용에 따른 경비를 운용할 것을 당부했다. 어쨌든 그는 남성 경찰과 관리들이 여성의 신체와 관련된 문제를 다루는 것은 정체政體가 할 일이 아니라고 생각했다.[40] 그해 말에 여성 검사원을 마을로 파견한다는 규정이 발표되었다. 이상적인 검사원의 조건은 20세 이상의 중학교 졸업생이었다. 하지만 교육받은 여성이 매우 드물었기 때문에, 전족하지 않았거나 방족을 한 양호한 품행의 부지런한 여성이라면 모두 이 일을 할 수 있었다. 검사원의 봉급과 교통비는 현에서 지급했다. 여성 검사원의 임무는 위반자를 현에 보고하는 것이고 벌금을 부과하거나 걷을 권한은 없었다.[41]

관방에서 진행하는 발 검사는 어떤 의미에서 일종의 경기장이 되었다. 이곳에서 사람들은 그들의 사생활의 범주를 둘러싸고 국가와 다투거나 타협하곤 했다. 발 검사원의 행위와 업무 범위를 명시한 이후의 규정을 보면, 발 검사원의 방문에서 종종 폭력 충돌이 일어났고 검사원의 지위가 매우 불안정했음을 알 수 있다. 옌시산은 여성 검사원이 순경을 동반해야 하고 그의 임무는 여성 검사원을 '보호'하는 것이라고 명시했다. 순경은 들어가지 못하고 문밖에서 기다려야 했으며, 특히 뇌물은 절대 받을 수 없었다. 동시에 마을 주민들은 검사원으로부터 자신을 보호해야 했다. 그래서 검사원은 검사하러 간 집에서 용무없이 남아 있거나 여성의 몸에 걸친 옷과 장신구 스타일에 '간섭'하면 안 된다는 규정도 있었다. 검사를 시작하기 전에 그녀는 각 마을의 촌장 혹은 구장에게 알려 그와 동반해야 했다.[42]

검사원의 성별을 바꾸는 조처는 사람들의 반감을 누그러뜨리지 못했고 오히려 마을 원로들의 분노만 돋우었다. 사람들은 모욕적인 검사와 부담스러운 벌금을 강요하는 반전족 운동을, 쓸데없이 간섭하는 정부의 하찮은 계획이라고 간주했다. 옌시산은 전족 금지령에 대해 거리에서 터져나오는 다음과 같은 항의를 언급한 적이 있다. "이런 사소한 문제가 정치와 무슨 관련이 있다고 관청에서 이렇게 엄히 단속하는 것이오?" '사소한 문제瑣事'라는 말에는 신체와 관련된 사생활의 개념이 함축되어 있다. 사람들은 자신의 몸이 국가의 관리 권한 밖에 있는 것이라 상정하고 개인과 정부를 구분하는 분명한 선을 그어놓았다. 2년 뒤 방족의 열풍은 가라앉아버렸고 "정부官廳는 이미 여자들의 전족을 간섭簪하지 않는다"[43]는 소문이 사방에서 들렸다. 이것 역시 관방의 권력과 사생활을 대립적 관계로 보는 표현이다.

옌시산의 논리에 따르면, 만약 여자들이 전족 띠를 풀지 않으면 산시는 중국 다른 지역의 비웃음을 살 것이고 중국은 세계에 체면을 잃을 것이었다. 하지만 이 논리는 많은 이에게 분명 이해가 되지 않았을 것이다. 그들의 일상생활과 연결 짓기에 민족과 세계는 아주 멀리 있었기 때문이다. 사람들은 옌시산의 거대 담론에서 이유를 찾아낼 수 없었다. 소문만 무성한 가운데 그들은 정부가 사생활에 간섭하는 '진짜' 이유를 알고 싶어했다. 옌시산이 전족을 중단하는 여자들을 입대시켜 전쟁터로 보낼 것이라는 소문까지 돌았다. 다른 소문들은 더 절박한 공포를 드러낸다. 늙은 향신들은 전족을 중단하면 사회 도덕과 여성의 유순한 품성을 파괴하여 결국 여성들이 시집을 못 가게 될 것이라고 우려했다. 산시 남쪽의 몇몇 현에서는 가족들이 13~14세밖에 안 된 딸들을 급하게 시집보내려고 안달했다. 딸들만 검사하고 며느리는 검사하지 않는다는 소문을 들었기 때문이다.[44]

이 소문은 아마 루청현潞城縣에서 시작되었을 것이다. 이곳의 여성 검사원들이 딸만 검사하고 며느리들은 검사하지 않았기 때문이다. 많은 부모가 이 소문을 믿었다는 것은 부모들이 아직 시집가지 않은 딸들의 모호한 위치에 불안감을 느끼고 있었음을 반영한다. 사람들은 여성의 신체가 일단 시가媤家에 귀속되면 국가가 간섭할 수 없을 것이라고 여겼다. 사람들은 원래 전족하지 않은 이는 결혼을 못 할까봐 우려했다. 그런데 지금 이와 같은 소문은 '(아직) 임자가 정해지지 않은' 미혼 딸들의 불안한 위치를 더 난처하게 만드는 것이었다. 결혼한 여자에게 강제로 방족하라는 것은 며느리에 대한 가장의 권력을 모욕한 것이나 마찬가지였다. 조혼은 옌시산이 진작 없애려고 했던 전통 풍속이었는데, 이제 정부의 사생활 침범에 대한 민중의 저항의 양식이 되었다.[45]

지금 각 현의 회계 장부는 남아 있지 않지만, 정황 증거를 보면 마을 원로들은 차라리 벌금을 내고 간섭받지 않으려 했다. 어쨌든 이는 단지 그들이 감수해왔던 많은 부가적 세금 중 하나일 뿐이었다. 옌시산 자신이 간단명료하게 천명한 바 있다. "병역, 납세, 교육은 인민의 삼대 의무다. 명심해야 한다!" 1918년 7월이 되자 전족 벌금이 쏟아져 들어왔다. 원칙적으로 각 현의 천족회는 벌금 수입의 30퍼센트를 가질 수 있었고, 나머지는 현의 여학교 운영 경비에 사용하게 되어 있었다.[46]

옌시산은 장부에는 적혀 있으나 실제 돈의 행방이 묘연한 경우가 많다며 불평했다. 이에 그는 각 현에 네 칸으로 된 새로운 방식의 벌금 장부를 만들라고 명령했다. 개시 잔고, 수입, 지출(영수증 첨부), 기말 잔액 네 개 항목으로 구성된 장부였다. 새로운 장부는 두 달에 한 번 제출해야 했다.[47] 이로써 방족 운동은 적어도 서면상으로는 각 현 당국이 관리하는 자급자족 경제의 형태를 만들어냈다.

그러나 가부장들이 보기에 전족 벌금은 광적으로 집착하는 정부와 부패한 향신들이 함께 가하는 압박에 지나지 않았다. 이러한 착취를 통해 걷은 돈으로 감시를 계속해 더 많은 벌금을 걷었다. 천족회와 학교를 관할하는 관리 및 향신들은 여기서 사리사욕을 채웠다. 권한 남용이 몹시 심각해지자 1920년 7월 옌시산은 천족회가 여성 조사원의 봉급을 책임지게 하라고 각 현에 명령을 내린다. 이는 사실상 천족회의 해산을 의미했다. 그는 "최근 각 현의 천족회를 조사해보니 공연히 이름만 있는 곳이 사실 매우 많았다"고 인정했다. 핑루현平陸縣에서 벌금을 너무 많이 징수하자 옌시산은 "행정상의 처벌은 원래 경계심을 일깨우기 위함이지 사법적 제재와는 다른 것이다"라고 경고했다. 벌금형을 받은 이들이 지나치게 많아질 것을 우려해 모든 위반자에게 가장 높은 액수의 벌금을 부과할 필요는 없다고 건의하기도 했다. 옌시산은 서우양현壽陽縣 당국이 마을을 검사할 때 마음대로 그 마을 여성을 검사원으로 임명하고 벌금 40퍼센트를 떼어서 상금으로 준 것을 발견했다.[48] 다음 장에서 논의할 단편 풍자소설 「소족연小足捐」에서 예언한 여러 부패 현상이 산시에서는 현실이 되었던 것이다.

성별과 계급: 분열된 여성계

여성 검사원을 고용하긴 했지만, 옌시산의 반전족 운동은 본질적으로 '남성이 남성을' 겨냥한 기획이었다. 반전족 운동의 지도자와 주요 구성원은 모두 남성이었다. 예를 들어 그가 모든 현에 설립하자고 제안한 '전족 여성과 결혼하지 않는 모임不娶纏足婦女會'에서 남학생은 자동으로 모두 회원이 되었다.[49] 그리고 우리가 이미 보았듯이 천족회의 규정 역시 명백하게 남성 위주로 만들어진 것이다. 옌시산의 전략은 남학생, 교사, 관리, 향신을 동원하여 가부장에게 책임감을 부여함으로써 여성들의 행동을 변화시키는 것이었다. 이들은 모두 사회 풍속을 개조하는 데 있어 "마땅히 먼저 시작해야" 하는 사회의 상류 인사였기 때문이다.[50] 즉 그는 엘리트 세계의 나이 든 남성과 젊은 남성 사이의 유토피아적 동맹에 기댄 '엘리트주의적' 환상을 품고 있었다.

하지만 사실 가장 꾸준하게 반전족 운동에 저항한 계층은 보수적인 향신들이었다. 그들은 유언비어를 퍼뜨리고 방족한 여성이 혼인하기 어려울 것이라며 사람들의 공포심을 자극했다. 관리들의 상황은 이보다 조금 나았을 뿐이다. 1918년 옌시산은 지방 관리들이 '공허한 말'로 자신들의 노력 부족을 위장하고 있음을 알고 있다고 경고했다. 이듬해 각 현의 천족 업무를 검토하면서 그는 총 24명의 현장에게 상벌을 내렸다. 15명은 공을 인정받았고 그중 2명은 특히 칭찬받을 만하다고 꼽혔다. 반면 9명은 질책받았고 그중 1명은 특히 크게 질책받았다.[51] 이러한 결과는 기대와는 어긋나는 것이었다. 천족 운동은 남성들의 전쟁터가 되어버렸다. 한쪽에는 도시민과 젊은 남성으로 구성된 개혁 지향적 남성들이, 또 다른 쪽에는 향신과 천족 운동에 저항하는 관리들이 대표하는 완강한 보수 세력이 있었다.

천족회에 가입한 이들 중에는 여성도 일부 있었다. 샹링현襄陵縣에서는 6명의 남성이 비범한 희생정신을 지녔다는 이유로 5명의 여성을 추천했다. 추천한 남성들은 덕담이 새겨진 편액을 상으로 받았고, 추천된 여성들은 상패를 받았다. 판시현繁峙縣에서는 현장의 아내와 딸이 마을을 돌아다니며 여성들을 감시하고 방족을 설득했다. 그들 역시 옌시산에게 상을 받았다.[52] 성별에 따라 상의 형태는 달랐지만, 이 여성들은 엘리트 남성들과 동일한 사회적 특권을 차지했다. 그래서 반전족 운동은 정면으로 대립하는 두 종류의 여성 주체를 만들어냈다. 이러한 결과는 아마 의도적인 것은 아니었을 것이다. 여성 검사원 모집은 옌시산의 원래 계획에는 없었기 때문이다. 하지만 여성 검사원과 현장의 여성 가족의 참여로 인해 산시의 여성계는 두 갈래로 나뉘었다. 한쪽에는 교육과 특권을 부여받아 국가 개혁의 임무를 수행하는 이들이 있었고, 다른 쪽에는 그들의 침범에 저항하는 무식한 촌부들이 있었다.

운동의 광범위함과 여기서 나온 방대한 문건의 양에 비하면, 지지하는 쪽이나 저항하는 쪽이나 여성 자신의 느낌과 경험에 대한 기록은 몹시 빈약하다. 신기하게도 옌시산이 추진한 반전족 담론 속에서는 주관적인 신체적 경험으로서 '고통'의 기록을 찾아볼 수 없고, 대신 수치의 담론이 압도적이다. 1919년 12월에 발표한 공고는 16세 이상의 여성을 대상으로 하는 드문 사례다. 여기서 그는 가부장적 부친과 같은 어조로 백성에게 훈계하고 있다. 그는 자신을 '본 성장省長'이라 칭하며 "너희 부녀자는 나이와 관계없이 모두 빨리 전족 띠를 푸는 것이 옳다"고 권고했다. 그의 말투는 마치 엄격한 아버지 같았다. "듣자 하니, 10세가량의 여자들은 전족을 하지 않거나 혹은 이미 방족한 사람이 적지 않다고 한다. 그러나 16세 이상의 부녀자들은 밖에서는 높은 굽의 신발을 신지 않지만, 집 안에서는 여전히 천으로 발을 동여매고 있다고 한다. 그게 무슨 꼴이냐. 정말로 자신을 아낄 줄 모르는구나! 자신의 몸을 상하게 할 뿐 아니라 남들에게 무시당하는데, 대체 왜 이 짓을 하는 것이냐?"[53]

수치의 담론은 여성을 심판하는 '사회의 눈'을 전제로 했지만, 한편 이러한 논리는 그녀 개인의 자유의지를 인정하는 것이기도 했다. 옌시산은 거의 순진할 정도로 방족을 하려는 여성의 의지가 놀라운 힘을 발휘할 것이라고 굳게 믿었다. 예를 들어 그는 나이 든 여성에게는 이렇게 말했다. "전족 띠를 제거하고 며칠 지나면 근육과 뼈가 자라고 기혈이 돌면서 훨씬 더 편안하다고 느낄 것이다!"[54] 그런데 그가 발표한 법령을 보면, 그는 사실 나이 든 여성의 신체 경직성에 대해 훨씬 더 많이 알고 있었다.

그는 개인적인 충고로 고시문을 마무리했다. "오늘 이 고시를 발표하는 것은 너희에게 거듭 소상하게 권고하고자 함이며, 사실 너희 부녀자들의 무지함을 가련히 여기기 때문이다. 너희가 내 뜻을 저버리지 않으려면 얼른 구시대의 악습을 없애야 할 것이다. 지금부터 전족하는 이가 있으면 여성 검사원에게 찾아내게 하여 반드시 중한 벌을 내릴 것이다. 그때는 후회해도 늦을 것이다!"[55] 그의 발언 속에서 천족을 실행한 어린 소녀들은 성인처럼 취급되지만, 천족에 저항하는 나이 든 여성들은 아이 같은 존재로 그려진다. 전족 여성을 아이 취급하는 옌시산의 태도는 그들을 위해 고안한 포상의 방식에서도 드러난다. 운동이 시작되었을 때 옌시산은 10만여 장의 채색화를 복제해 여성들에게 상으로 수여했다. 이후 1918년에 그는 각 현에서 처음으로 방족한 여성을 찾으라고 훈령을 내린다. 성 정부가 그녀들에게 '그림'을 상으로 내려 격려하겠다는 것이었다.[56] 이는 남성에게 글이 새겨진 편액을 상으로 준 것과 대비를 이룬다. 여성과 시각성을 연결짓는 행위는 뿌리 깊은 성별 위계를 드러내는 것이다. 여성과 아동은 소리와 그림을 받아들이기에 특히 적합한 존재로 인식되었다. 국가가 그들을 근대 시민으로 다시 만들어내려고 할 때, 정작 그들은 열등한 여성의 장소에 더욱 굳게 갇혀 있었던 것이다.

표면상으로는 문명화 프로젝트의 파트너였지만 여성 검사원들은 권위와 권력에 있어 남성 지도자들의 상대가 되지 못했다. 이 여성들 중에는 교육을 받은 이도 있었고 자립한 이도 있었다. 가령 판시현에서는 1918년 성 정부에서 파견할 연설원과 촌장들을 '감독督責'하고 전족 여성을 설득하는 데 협력할 여성 소학교 교사를 고용했다. 1919년 초에는 성의 수도에 있는 사범학교, 공립학교, 상지尚志학교 세 곳의 여학생들이 일요일마다 여성들의 발을 검사하기 위해 교대로 동원되었다.[57] 하지만 대부분의 여성 검사원은 지역 여성이었다. 글을 배운 이도 있고 모르는 이도 있었다. 그들이 천족에 관한 당시의 지식에 얼마나 동의했는지는 알 수 없다. 어떤 경우라도 그녀들의 성공 여부는 다른 여성을 설득하는 능력보다는 세금을 부과하는 현 관리들의 결심과 벌금을 납부할 수 있는 가부장들의 능력에 달려 있었다. 남성의 권위와 무사안일주의 사이에 낀 그녀들은 국가와 지역사회가 대결하는 판위의 졸에 불과했다.

국가권력이 인민의 침실로 침범한 이 전례 없는 사건은 대단히 전복적인 성격을 띠었다. 수행의 주체나 대상 모두 여성이었기 때문이다. 많은 숫자는 아니었지만 교육받은 여성을 국가의 대표로 선발한 것은 계급을 초월한 여성 연대나 자매 의식의 발전 가능성을 원천적으로 차단했다. 함께 마당에 서서 서로를 응시하고 있을 때조차 계몽운동에 헌신하던 여성들은 수치스러운 늙은 여성들과 동시대 사람이 될 수 없었다. 이교도 국가를 문명화해야 하는 선교사들이 휘두르던 불균등한 권력을 이제 중국의 어떤 여성 그룹이 또 다른 여성 그룹에 사용하고 있었다. 후자가 이에 적극적으로 저항하며 풍속을 고수하려 했을 뿐 아니라 이를 '그녀 자신들의' 전통으로 간주했던 것도 무리는 아니었다.

교육받은 여성과 그들이 '해방'시키려 했던 문맹 여성들 사이의 대립 관계는 저우쑹야오周頌堯가 기록한 일화에 생생히 드러나 있다. 개혁파 작가인 그는 1929년 무렵 반전족 운동 선전을 위해 소책자를 발행했다. 장시江西 가오안高安에 있는 우스武實여학교의 교사 랴오궈팡廖國芳은 부녀회의 몇몇 동료와 함께 여성들에게 방족을 설득하러 농촌으로 갔다. 그들을 맞이한 것은 어마어마한 욕설 세례였다. "빌어먹을 내 발이 너랑 무슨 상관인데? 난 늙었고娘老了, 생긴 거 팔아서 먹고살 것도 아니야. 대체 여학생들은 왜 남의 발이 짧건 길건 참견하는 건데?"58 전족 여성들의 완강한 자아는 그들이 스스로 칭한 '냥娘'이라는 단어에서 잘 드러난다. 문자상으로는 '어머니'의 의미이지만 더 정확하게는 '너의 어머니'라는 의미다. 이는 거들먹거리는 여교사나 천한 창부 모두에 대해 느끼는 그녀의 우월감을 전달한다. 이 우월감은 가족 시스템 속에서 연장자인 그녀의 지위로부터 오는 것이었다. 가족의 안전망 밖에 있어서 자신의 미모를 팔아賣樣子 타인의 시선을 끌지 않을 수 없는 창부나 배우들과 달리 그녀는 아들을 낳고 시부모를 봉양하는 전통적인 방식으로 안전과 권력을 획득했다. 그녀들은 도시에서 온 교사들이 자신보다 우월하다는 생각을 결코 하지 않았다. 즉 지식 여성과 전족 여성이 각각 주체를 위치시키는 데 있어서 드러난 괴리는 여성에게 성공의 길을 제공하는 두 가지 각기 다른 권위 구조에서 기인했다. 이는 곧 신식 학교와 구식 가정 사이의 충돌이었다.

수지타산

1918년에서 1920년 사이에, 옌시산은 무수한 조례와 고시를 발표하며 반전족을 진지하게 실행하라고 여러 현을 못살게 굴었다. 사실 그가 만든 한 무더기의 법령, 지시, 문서를 검토해보면 아무도 그의 진정성과 경계심을 의심할 수 없을 것이다. 여기서 논의한 것은 극히 일부에 불과하다. 1920년 옌시산은 15세 이하의 소녀들이 대부분 전족을 중지했다는 보고를 받고 더 나이 많은 여성들에게 방족을 밀어붙여도 되겠다고 낙관했다. 아마 이 여성들의 저항이 가장 심했을 것이다. 일부 관리는 연장자 여성들에게 벌금을 부과했지만, 굳이 힘들게 그들을 설득해 관습을 개조시키려는 사람은 거의 없었다. 공연히 괴롭히기만 했을 뿐 반전족 운동은 그녀들의 삶에 영향을 미치지 못했다.[59] 성과를 거두었다는 소녀들의 사례도 대부분 착각이었다. 1921년 정부가 여성들의 발에 관여하지 않기로 했다는 소문이 돌았다. 그 결과 여러 현에서 소녀들이 뒤질세라 다시 전족을 시작했다. 초조한 옌시산은 방족 분위기를 지켜야 한다며 다시 관리들을 못살게 굴 수밖에 없었다. 만약 중도에 포기한다면 이전의 노력이 수포가 될 것이기 때문이었다.

하지만 검사원을 파견하고 벌금을 부과하는 행정 행위가 영원히 지속될 수는 없었고 애초에 그럴 의도도 아니었다. 일단 긴장이 느슨해지자 현 정부에서는 소녀들이 다시 전족을 시작했다는 보고가 올라왔다.[60] 마오쩌둥이 수십 년 뒤 지휘한 대중운동이 그랬듯이, 옌시산의 방족 운동도 요란한 팡파르와 함께 시작됐지만 1920년대 초에 흐지부지되고 말았다. 물론 각 마을의 가로등과 성벽에는 여전히 표어와 공고문이 나붙어 있기는 했다. 옌시산은 1920년대 후반에도, 심지어 1932년 이후까지도 마을의 행정 개혁을 지속하는 가운데 반전족 운동의 기반을 유지하고자 했다. 하지만 모든 개혁가의 열정은 두 번째 선언을 발표하는 순간 결국 실패할 운명을 맞기 마련이다. 이는 약속했던 변혁이 첫 번째 시도에서 끝내 이루어지지 못했음을 사람들에게 상기시켜주기 때문이다.

통계 결과를 보면 반전족 운동이 상당한 성취를 이룬 것으로 보인다. 1928년 성의 여성 인구 중 전족한 이의 비율은 17.8퍼센트였다. 1934년에는 8.63퍼센트, 즉 43만5497명으로 감소했다. 하지만 1932~1933년 통계에서는 30세 이하 전족 여성이 거의 100만 명에 달했다(15세 이하가 32만3000명, 16세에서 30세까지는 62만5000명). 물론 여기서 '전족'의 정의는 명확하지 않다.[61] 더구나 장기간에 걸친 각 마을의 통계가 없는 상태에서 이 통계 숫자의 신뢰성이나 몇 년을 건너뛴 이런 자의적 비교의 의미를 판단하기는 어렵다. 그렇지만 옌시산의 반전족 운동이 어린 소녀들, 특히 도시지역에서의 전족을 많이 감소시킨 것은 분명하다. 뒤이어 1937년 일본의 침략으로 인한 불안정한 상황은 전족을 더 억제하는 작용을 했다. 전족은 공습을 피해 달아나는 데 불리했다. 어머니들은 이 상황에 설득되어 더는 딸들에게 전족을 시킬 수 없었다.

하지만 산시건 다른 지방이건 천족 담론은 나이 든 여성들과는 관계없었다. 그들의 몸은 이미 수십 년 동안 발을 싸매는 데 익숙해져 있었다. 그들에게는 전족이 일종의 '자연스러운' 상태였다. 이것이야말로 일상 속에서, 이미 체현된 그들의 현실이었기 때문이다. 그들은 발 검사원 앞에서 겁에 질려 일시적으로 전족 띠를 풀 수는 있었겠지만 어떠한 행정명령이나 전족을 범죄시하는 조치도 그들의 발을 천족의 '원래' 상태로 돌려놓지는 못했다. 그들에게 국가가 강요하는 방족 운동이란 공상 세계에 불과했다. 완전한 속임수는 아닐지라도, 그런 척하는 연극이었던 것이다.

황당 극장

합리적으로 생각해보면, 전족을 근절하는 가장 확실한 방법은 어린 소녀들에게 처음부터 전족을 시키지 않는 것이었다. 연장자 여성들의 신체 경직성이나 저항에 비춰보면 그들은 내버려두는 것이 가장 합리적이었을 것이다. 수십 년 안에 전족은 자연스럽게 사라지게 되어 있었다.[62] 하지만 20세기의 방족 운동은 초기의 두 가지 선결 조건 때문에 이 장기적인 방식을 선택할 여유가 없었다. 존망의 기로에 선 민족의 절박함과 남성 개혁가들이 국제적 시선 아래서 느낀 개인적인 모욕감 때문에 그들은 즉각적이고도 가시적인 결과를 추구하지 않을 수 없었다. 설령 이것이 그저 상징적인 것에 불과해도 상관없었다. 한편 방족 운동은 시각적으로 보여주는 전략을 채택했기 때문에 개혁가들은 또 점점 더 자극적인 도구와 집회용 표어를 찾아내야 했다. 1927년 난징에 국민당 정부가 설립된 이후에는 이러한 반전족 집회가 각 성의 넓은 운동장이나 당 본부에서 개최되었다.[63] 이제 소녀들이 전족하지 않겠다는 다짐은 '천족'과 마찬가지로 극적 효과가 부족해 볼거리가 없었다. 반면 방족—말 그대로 연장자 여성들이 전족 띠를 푸는 것—은 피와 땀, 눈물로 가득한 장면을 연출해 무궁무진한 오락 효과를 보장할 수 있었다.

확실히 1920년대 말과 1930년대 초 방족 운동이 일상화된 이후에는 상징적인 승리를 거두는 것이 운동의 핵심 요소가 되었다. 즉 퍼포먼스 자체가 목적이었다. 하지만 여성 신체 내부에서 일어나는 전족과 방족이라는 변화가 결코 양극단에 있다고는 할 수 없었다. 그보다는 다양한 스펙트럼 속에서 각기 다른 층위에 분포된 것이라 할 수 있다. 수축하고 부어오른 발은 결코 대회에서 재현하기에 적합한 것이 아니다. 그래서 신체 외부의 사물, 즉 전족에 필요한 물품들이 전족과 방족 모두의 상징이 되었다. 옌시산 치하의 산시에서는 활 모양으로 휜 나무 밑창이 이 기능을 담당했다. 또 다른 지역에서는 여성의 피부에 가장 밀착된 전족 띠가 공개된 장소에 내걸려서 전족 시대의 종말을 선언했다.[64]

전족 띠를 대중에게 전시하는 전략은 산시성 민정청장民政廳長인 덩창야오鄧長耀가 시작했다. 1928년 덩창야오는 방족 정책을 담당하게 되었다. 그는 의회민주주의를 발전시키기 위한 쑨원의 교육 프로그램을 모방하여 권고, 압력, 벌금으로 구성된 3단계의 방족 계획을 입안했다.[65] 권고 단계에서는 성의 수도에 천족회 본부를 설립하고 각 현에 지부를 세운다. 천족회의 본부와 지부는 각 마을의 소학교에 지도원을 파견하고 아울러 남학생들에게 '전족한 여자와 결혼하지 않겠다'라고 쓴 천 조각을 옷에 달게 한다. 다음 압력 단계에서 검사원들에게 징을 들려서 각 가정으로 파견한다. 검사원들은 여성들에게 방족을 강요하고 그들이 사용하던 전족 띠를 모아서 현청으로 보낸다. 방족을 거절한 30세 이하의 여성에게는 벌금이 부과되고 부모는 구류된다.

엄숙한 현청 사무실에 여자들이 쓰던 전족 띠가 수북이 쌓여 있는 광경은 포복절도할 정도까지는 아니지만 어쨌든 흥미진진했고, 덩창야오는 곧 유명해졌다. 『신보申報』의 어느 기사에서 보도하기를, 덩창야오와 그의 수하들은 주변에서 전족 띠만 보면 바로 낚아채서 자기네 사무실에 쌓아둔다고 했다. 그들은 곧 수천 개를 모았다. 그가 전족 띠 전시회를 열고 관리들과 '인민'을 초청했을 때 사람들은 모두 코를 막고 웃었다. 그는 또한 '작은 맨발 유람단'을 이끌고 마을을 다니며 노래와 연설을 했다. 누가 맨발을 했는지는 확실치 않다. 몰수한 전족 띠 100개당 '대양大洋 5원'씩을 상으로 주었기 때문에, 그는 한 달간 2만 5400개 이상의 전족 띠를 모았다고 한다. 비슷한 선전 구호와 전족 띠 전시회가 다른 현에서도 여기저기 등장했다. 장시성江西省에서는 몰수

한 전족용 신발 끈을 파묻어 무덤처럼 만들고는 비석을 세워 대중에게 전시했다.66

반전족 운동의 관료화는 남성의 관료적 질서와 여성의 체취라는 두 가지 어울리지 않는 요소를 하나의 담론 공간에 배치하는 결과를 가져온다. 이러한 부조화는 과도한 국가 권력이 낳은 희극적 상황을 반영하며 오히려 국가로부터 괴롭힘을 당하는 전족 여성들에 대한 동정을 불러일으켰다. 그런 까닭에 이러한 전시에 대한 대중 자료에서는 대부분 그것을 황당하기 짝이 없는 소동으로 묘사했다. 『신보』 기사는 덩창야오의 방족 집회를 오락 쇼처럼 표현했다. "대규모 친민親民 대회가 1927년 11월 중순 민정청에서 거행되었다. 가장 독특한 전시품은 대문 안쪽의 양측 복도에 진열한 전족 띠였다. 길이와 폭이 모두 제각각인 전족 띠들이 걸려서 늘어져 있는 것이 마치 백화점에 진열된 스카프 같았다. 그런데 그중에는 핏자국이 얼룩져 있는 것을 제대로 씻지 않은 것도 있었다. 두 번째 문에는 붉은 전족용 꽃신 수백 켤레가 매달려 있었다. 마치 뿔과 옥수수처럼 뾰족한 모양이 대단히 예뻤다." 홀에서는 '방족의 노래'가 울려 퍼졌고, 그 뒤에 천막을 가설하여 무대를 세워 '분장하고 강연할化裝講演' 준비를 했다.67 시각 과잉의 시대에는 피 묻은 전족 띠조차 사람들의 격분을 자아내지 못했다. 오히려 그것들은 백화점에 멋지게 진열된 상품을 연상시켰다. 마치 소비자의 지갑을 열기 위해 손짓하는 듯했다.

사람들은 덩창야오의 연출이 진심이라 생각했다. "이날 덩창야오는 무대에 올라 재미있고 매끄럽게滑稽突梯 강연했다. 강연 도중 그는 손에 전족 띠와 전족 신발을 들고 냄새를 맡아보고는 토할 것 같은 시늉을 했다. 사람들은 배를 잡고 웃었다. 마침 몇 명의 규수가 들어왔는데 모두 3촌 금련이었다. 덩창야오는 그들을 무대에 오르게 하고 군중을 향해 방족의 이로운 점을 이야기하고 나서 직접 전족 띠를 풀었다. 군중은 우레 같은 박수를 보냈다. 강연이 끝난 뒤 사람들은 덩창야오의 부인을 무대에 올려 그녀가 큰 발인지를 검사해보자고 했다. 덩 부인은 선뜻 무대에 올라 검사할 수 있도록 두 발을 들어올렸다. 무대 아래에서는 환호성이 끓어올라 하늘까지 울려 퍼졌다."[68] 덩창야오의 연출은 그 자리의 모든 이에게 환영받았음이 분명하다. 하지만 그가 어떻게 규수들의 전족 띠를 풀었는지 또한 어떻게 덩 부인의 셀프 전시가 더 많은 여성의 방족을 유도했는지는 구체적으로 분명하게 표현되지 않았다. 군중 가운데 일부는 아마 그들이 사원에서 진행되는 공연을 관람하고 있다고 생각했음이 분명하다.

1930년대가 되면 반전족 운동에 대한 피로감이 퍼지기 시작한다. 이 운동은 선교사들의 자발적 운동에서 시작해 지역 개혁가들이 노력하는 단계까지 발전했고, 그 뒤에는 또 국가 관료의 정례적 업무가 되었다. 여성의 고통과 수치를 노출하는 전략도 한 바퀴 돌아 원점에 이르렀다. 이제 노출 전략은 남성 관료들을 조롱과 비웃음의 대상으로 만들 뿐이었다. 현장들은 매월 일정한 양의 전족 띠를 채워서 방족 운동의 성과를 보여야 했다. 이 때문에 많은 현장이 가게에서 새 전족 띠를 사서 여성들에게 주고, 악취를 풍기는 낡은 전족 띠를 가져갔다고 한다.[69] 전족을 없애기 위해 시작된 노력은 결국 1930년대에 전족을 상징하게 된 물질적 도구를 교환하는 행위로 막을 내렸다. 현의 관리들에게 공짜로 새로 산 깨끗한 전족 띠를 계속 공급받으며 여자들이 그것으로 무얼 했겠는가? 반전족 운동이 사실상 전족을 연장하고 촉진시킨 것은 아닐까?

　방족 운동의 마지막 시기에 일어난 이 기묘한 의미 역전 및 변화를 상징하는 이야기가 있다. 이는 '금련을 사랑한 화교愛蓮僑生'로 알려진 어느 외국 출신의 젊은이에 관한 것이다. 이 이야기는 1938년 간행된 『채비록제4편采菲錄第四編』에 수록되어 있다. 주인공은 전족에 매혹되어서 이상적인 전족을 한 신붓감을 찾으려고 중국으로 돌아왔다. 그러나 전족이 문화적 명성을 상실한 이 시대에 그가 선택할 수 있는 대상은 별로 없었다. 전족한 젊은 여성은 매우 드물었다. 그나마 전족을 고수하는 소수의 여성은 매우 보수적이라 발을 보여주려고 하지 않았다. 그는 금련 신발의 사진조차 구하지 못했다. 최후의 시도로, 그는 어느 성에서 천족 운동을 위해 모집하는 발 검사원에 자원하여 전족 미인의 명단을 몰래 손에 넣었다. 그런 다음 그는 방족을 시작했는지 확인한다는 명목으로 조건에 맞는 후보자들을 다시 방문해 맨발 상태에서 피부의 윤기를 살폈다. 이렇게 하여 그는 결국 신부를 얻었다. 사람들은 그의 말과 행동이 일치하지 않고 그가 사적 이익을 위해 대중을 혼란하게 했다며 비판했다. 하지만 그는 이렇게 응수했다. "나는 이를 통해 그녀를 해방시켰을 뿐이오!" 그는 아내의 발 모형을 만들고 여기에 맞춰 특별히 신발을 제작 주문했다. 이 신발의 이름은 '해방解放'이었다. 구조와 형태는 모두 활 모양의 구식 신발을 따랐지만, 신발 몸체에는 부드러운 가죽에 펀칭을 하고 안쪽에는 붉은 융모를 댔다. 그는 신부에게 전족 띠를 풀고 맨발로 신발을 신으라고 했다.[70]

이 발 페티시즘에 관한 독특한 이야기는 상당히 해학적인 분위기를 띠고 있다. 이는 주인공의 과장과 불안정성에서 기인한다. 주인공이 언행일치가 되지 않는 것은 둘째 치고, 그가 구사한 '말' 자체에도 이중적 의미가 있었다. 해외 화교인 그에게 있어 여성을 '해방'시킨다는 것은 그녀를 방족 정권(그녀를 해방하겠다고 선언한)으로부터 구출하는 것을 뜻한다. 그러나 그는 또 특별히 만든 황금색 부드러운 가죽의 활 모양 전족 신발로 그녀를 속박했다. 서구인들이 자기만족에 빠져 있는 중국 학자들을 경멸의 눈으로 바라본 것이 1세기가 채 되지 않았다. 1930년대에 오면 개항장의 독서 대중이 오히려 서양을 세상 밖의 이역으로 상상하게 되었다. 서양은 마지막 전족 애호가 구훙밍을 수치스럽게 했던 그의 고향이었다. 방족 검사원으로 위장했던 전족 애호가의 역설은 외부와 내부 사이 혹은 표상과 현실 사이의 균열을 드러낸다. 다음 장에서는 바로 의미의 이러한 균열과 불안정성이 전족 역사의 종말에 놓여 있음을 보여줄 것이다.

천족의 레토릭과 조직화된 방족 실행으로 무장한 반전족 운동은 여기서 선언한 계몽의 목표를 달성하는 데 있어 분명 상당한 효과를 거두었다. 전족에 관한 새로운 이미지와 지식이 전파되면서, 반전족 운동은 이미 전족 풍습이 지녔던 신비로움을 사회 계층 전체에서 없애버렸다. 근대 중국의 민족주의와 페미니즘의 전제—진보의 필연성과 개인적 주체의 자주성—는 청 왕조의 마지막 수십 년 동안 전족을 없애려는 지식인들과 사회의 노력 속에서 견고해졌다. 민국 시대, 특히 1920년대 방족 운동은 계몽적 지식 체계를 산시와 같은 내륙의 성까지 방방곡곡 전파했던 첫 번째 조직화된 개혁 시도 중 하나였다.

지금까지 학계에서는 한결같이 반전족 운동을 중국 여성 해방의 이정표라며 찬양했다. 하지만 내 결론은 그렇게 낙관적이지 않다.[71] 첫 번째 이유는 방족 운동의 성공을 정의하고 도표화하는 것이 근본적으로 어렵기 때문이다. 천족의 레토릭과 여기에 수반되는 기적적인 신체 개조의 서사는 도덕적, 존재론적 확실성을 의미한다. 하지만 통계 숫자의 인위적인 정확성 배후에 무엇이 성공적이고 영구적 상태로서의 방족인지 측정할 수 있는 어떠한 객관적, 보편적 기준도 없다. 관리들을 알쏭달쏭하게 한 방족 숫자의 차원에서 보면, '성공'이란 발 검사원이 왔던 날 전족 띠를 풀었던 소녀들의 특정한 비율을 의미하는가? 아니면 연장자 여성들이 비교적 장기간에 걸쳐 더는 전족 띠를 단단하게 묶지 않았음을 의미하는가? 개인의 차원으로 들어가보면 이러한 의미의 모호성은 더욱 짙어진다. 만약 어떤 여성이 몇 달간 전족 띠를 느슨하게 했다가 불만족스럽다거나 변심으로 인해 다시 단단하게 묶으면 어떻게 되는가? 만약 네 발가락이 여전히 안으로 접혀 있지만, 위로 굽었던 발바닥은 평평해졌다면 그것은 전족인가 방족인가?

이는 단지 의미론의 문제에 그치지 않는다. 이러한 종류의 모호성은 시작할 때부터 반전족 운동에 도사리고 있던 권력 불평등의 문제를 드러낸다. 천족과 방족은 모두 거대 역사의 범주에 속한다. 이것들은 여성들이 체현하는 삶 속의 관심사 및 선율과 관계없는 어떤 우세한 위치에서 형성된 것이다. 천족은 그녀들이 이미 잃어버린 원래의 상태라고 정의된다. 그렇다면 여성들에게 천족이라는 범주는 기적이 일어나지 않는 한 영원히 돌아갈 수 없다고 선고를 내리는 것이나 다름없다. 그리고 방족은 그녀들을 피동적 대상의 자리에 배치한다. 젊건 늙었건 많은 전족 여성이 이것들을 염두에 두지 않았던 것은 놀랍지 않다. 방족 운동이 전성기를 지나 시들해지자, 그녀들은 다시 평평한 밑창을 댄 전족용 곤혜를 사거나 직접 만들었다. 이 신발은 여전히 전통적인 꽃문양으로 장식되었지만, 여기에 다홍, 마젠타, 청금색을 사용했다. 이것들은 수입산 염료로만 낼 수 있는 유행 색상이었다.

반전족 운동의 가장 두드러진 문제점은 전족 여성을 향한 혐오 시선이었다. 청말 민초의 주요 남성 사상가들은 그들을 가리켜 국가 발전에 해를 끼치는 기생충이자 팜파탈이라 했고, 이후의 반전족 운동은 이러한 방향으로 전개되었다. 반전족 운동은 전족 여성을 어린아이로 취급하거나 수치스럽게 만들었다. 그들의 신체를 대중 앞에 드러내 웃음거리로 만들거나 혹은 검사 대상으로 삼았다. 굴욕감은 결코 권력

남용이나 불완전한 행정 처리 때문이 아니라, 빨리 방족을 해야 했던 절박함을 낳은 국치國恥 문화에서 기인했다. 더구나 운동의 전략 자체가 근본적으로 모순이었다. 애초에 사람들의 생각과 태도를 바꾸도록 했던 것은 전족 여성이 고통받는 장면이었다. 그런데 오히려 이는 여성을 수동성 및 희생자다움victimhood과 더욱 연계시키는 결과를 낳았다. 여성 고통의 서사는 민족주의적 남성 개혁가든, 아니면 남성 주체의 지위를 차지한 도시의 교육받은 여성이든 이를 공개적으로 유포시키는 사람에게 권력을 부여한다. 어떤 여성의 자존과 자유는 사실 또 다른 여성의 수치와 속박을 근거로 하여 획득한 것이었다.

3장

—

골동품이 된 전족:
전족 거부의 시대와 전족 애호가, 1930~1941년

돌이켜보면 반전족 운동의 가장 의미 있는 성취는 발에 대한 새로운 시각적, 문헌적 지식을 생산하고 유포시킨 것이다. 전족이 온전하게 하나의 역사가 될 수 있었던 것은 이것이 이미 과거의 일이라는 인식 때문이다. 백과사전형 총집인 『채비록采菲錄』은 바로 이 같은 풍부한 '회고'를 제공하고 있다. 이 책에는 전족에 관해 알려진 모든 것이 수록되어 있다. 이 출판물은 기획자 야오링시姚靈犀(1899~1961?)가 심혈을 기울인 노고의 결정체다. 그는 장쑤 단투丹徒 출신의 문인으로 여러 관청에서 한직을 전전하다가 톈진의 영국 조계지에 정착했다.[1] '채비록'이란 톈진의 타블로이드 신문 『천풍보天風報』에 실렸던 전족을 주제로 한 고정 칼럼의 제목으로, 1933~1934년에 연재되었다. 여기서 그는 이전 문헌을 인용하거나 그 자신, 친구, 독자들의 새로운 자료를 수록했다.

이 칼럼들은 나중에 다섯 권의 책으로 편집되었고 1934년에서 1941년 사이에 연속 출판되었다. 1941년에 여섯째 권도 나왔지만, 이는 이전 다섯 권 가운데 중요한 자료를 선정한 모음집이다.[2] 따라서 이 중에서 특히 유명했던 몇몇 편은 여러 겹의 관문을 거친 셈이 되었다. 어딘가의 원출처에서 타블로이드로, 타블로이드에서 책으로, 책에서 '선집選集'으로 옮겨갔고, 또한 인쇄된 말에서 소문으로, 다시 인쇄된 말로 이동했다. 이렇게 꼬리에 꼬리를 무는 중복 인용의 결과, 무려 100만 자 이상의 방대한 문헌이 탄생했다. 이는 2000페이지가 넘는 분량이었다. 이 기획은 전쟁으로 인해 중단되었지만, 설령 그러지 않았더라도 아마 소재 고갈로 인해 끝을 맺었을 것이다. 이제 전족에 대한 새로운 자료도, 알려지지 않은 내용도 더는 없었다.

이 책에 수록된 글의 성격은 학술적, 과학적, 자서전적인 것도 있고 에로틱한 것, 해학적인 것도 있다. 하지만 『채비록』은 근본적으로 포르노그래피적 성격을 띠고 있다. 남성들이 남성의 즐거움과 상업적 이득을 위해 여성의 육체를 노출했기 때문이다. 야오링시는 이윤을 추구하는 자신의 동기를 숨기지 않았다. 그리고 우리가 앞으로 보게 되듯이, 일부 자료에서는 부끄러워하지 않고 노골적으로 성적 묘사도 했다. 하지만 이 포르노그래피의 태도는 엄숙하다. 그의 목적은 문서의 철저한 수집과 종합적 지식을 추구하는 것이었다. 이러한 철저함은 그 자체로 일종의 자족적 공간을 제공해주었다. 분리된 파편들은 이 안에서 하나의 완전한 지식의 장을 형성했다.

야오링시와 친구들: '쇠락'을 소장하다

『채비록』은 금광이나 마찬가지였다. 이 책을 읽은 학자들은 모두 책에서 개별 항목들을 인용하면서 전족에 관한 역사적 사실의 특정 측면, 가령 지역 분포, 점진적인 하락, 여성의 체험 등을 증명하려고 했다. 하워드 레비가 그 전형적인 예다. 하지만 총체적 대표성을 표방하는 텍스트를 단장취의하는 것은 문제가 있다. 『채비록』이 전달하는 진실 혹은 메시지는 바로 그 백과사전적인 구성과 연작이라는 형식에서 기원한다. 이 시리즈는 반복적인 텍스트 모방과 재사용, 발명의 과정을 거친 결과물이기도 하다.3

『채비록』은 연재물에서 시작되었기 때문에 형식이 파편화되어 있다. 속편 편찬을 위해 공개적으로 원고를 모집하기도 했다. 이러한 편찬 방식을 보면 이 책은 전통 총서나 유서와 비슷하다. 하지만 편집자와 작가들의 사회적 지위, 그들의 과거로의 회귀 정서, 그들이 생산한 지식의 성격은 영락없이 개항장의 도시 문화라는 근대적 맥락의 산물이다. 그래서 『채비록』의 세계는 모순으로 가득하다. 비록 이것은 야오링시와 그의 친구들에게 별문제가 아니었지만.

하지만 그들은 자신들이 전족을 욕망한다는 사실에 대해 매우 방어적인 태도를 보였다. 전족을 부인하던 시대에, 전족과 전족 용품에 탐닉하는 것은 입에 담기 어려운, 꽤나 남부끄러운 일이었다. 1890년대는 반전족 단체들이 유행한 지 이미 30년이 지나 있었다. 1930년대에 이르면 전족에 대한 비난은 발달한 연안 도시의 교육받은 계층이 공유하는 규범이 되었다. 야오링시와 그의 동료들은 자신들의 집착이 어리석다는 것, 자기변호가 근본적으로 불가능하다는 것을 아주 잘 알고 있었다. 그들은 그저 시도해봤을 뿐이다.

전족에 관한 가장 뛰어난 변명은 후난湖南의 문인 겸 소설가인 타오바오피陶報癖의 손에서 나왔다. 그는 1927년 공산주의자들이 그의 고향 창사長沙를 점령하고 방족을 명령하자 그 충격으로 사망했다는 설이 있다. 당당한 금련 애호가였던 그는 적지 않은 명언을 남겼다. "전족은 골동품이다. 우리는 절대 골동품을 제작하지는 못하지만, 이미 있는 것은 존중하고 감상欣賞해도 안 될 것이 없지 않은가?"(『채비록초편』, 356쪽) 그는 이러한 감상이 전족을 조장한다는 주장을 부인하면서, 전족의 문화적 명성은 사라져버렸다는 결정적 느낌을 강조했다.[4] 그의 숭배자 중 한 명인 쩌우잉鄒英은 다음과 같이 설명했다. "어떤 이는 이 문제에 대해 약간 이견을 보인다. 그들은 이것이 결국 (전족을) 조장한 것이라고 조롱한다. 사실 조장을 하고 싶어도 할 방법이 없다. 어려운 것을 버리고 쉬운 것을 취하는 것이 인간의 정리다. 고통스럽기만 하고 지금은 유행하지도 않는데 (전족하는) 그런 바보 같은 여자는 세상에 없다. 고로 전족 풍속은 근본적으로 사라지는 것이 자연스러운 추세다."(『채비록초편』, 355쪽; 『채비록속편』, 289쪽)

쩌우잉은 상하이에 살면서 야오링시의 부편집자로 일했다. 그는 진보하는 역사의 근대적 관찰자로 자처하면서 시대의 흐름을 거스를 수

없음을 알고 있다고 했다.[5] 그의 진정성을 의심할 이유는 없다. 1930년
대 개항 도시의 독자들은 전족을 바로 퇴보와 연계시켰다. 그들은 전
족이 언급될 때마다 경멸을 드러냈다. 쩌우잉과 타오바오피가 전족을
인정하지 않았다는 사실은 야오링시가 선택한 책 제목에서도 드러난
다. '무를 캐다'라는 의미의 '채비采菲'는 교묘한 쌍관어雙關語로 최소한
두 가지 해석이 가능하다. 이 두 가지 해석 모두 전족에 대한 비우호적
평가와 관련되어 있다. '채비'라는 어휘의 출전은 『시경詩經』이다.

순무를 뽑자, 무를 뽑자(뽑다采 - 순무葑 - 뽑다采 - 무菲)
아래쪽은 아니다(아니다無 - ~으로以 - 아래下 - 몸體)

전통적인 번역은 "뿌리(아래)의 맛이 쓰다고 잎까지 버리지 마라"다.
즉 전혀 가치 없어 보이는 몸일지라도 부분적인 장점은 있는 법이다.
야오링시는 그래서 이렇게 해석했다. 비록 전족이 여성 신체의 결점임
은 인정하지만 우리는 그것 때문에 여성의 몸을 비난해서는 안 되고,
이 문제를 회피하거나 침묵해서도 안 된다.(『채비록속편』, iii-iv). 동시에
그는 대단히 도발적인 메시지를 독자들에게 보냈다. 독자들은 두 번째
줄을 이렇게 해석할 수도 있다. "절대 여성의 은밀한 곳을 얕보지 말지
어다." 아래쪽 몸, 즉 '하체'는 음부의 완곡한 표현이다.[6]

전족 감상가들은 전족을 소멸의 과정에서 포착한 잔여물로 묘사했
다. 비록 이는 잔상이기는 하지만 결코 환상이 아닌 실재하는 존재였

다. 『채비록』 연작에 반복해서 등장하는 표현들은 과도기의 삶의 애상을 아주 생생하게 표현했다. "순식간에 이미 과거의 일이 되어버렸다. 훗날 지금을 돌아봐도 우리는 과거에 있을 것이다."(『채비록초편』, 161쪽; 『채비록속편』 370쪽) 그들의 주장은 이러했다. 그들은 사라져가는 풍속을 되살리거나 역사의 흐름에 저항하고자 하는 것이 아니라 단지 후세를 위해 언어와 이미지 속 찰나의 흔적들을 포착하려는 것뿐이다. 특히 금련 애호가들은 이러한 흔적들이 역사가의 렌즈를 통해 드러나야 한다고 주장했다. 각 세대의 풍속은 응당 당시 주류적 가치의 맥락에서 평가되어야 한다는 것이다.

이 감상가들은 줄곧 민속학자로 자처하며 1930년대에 유행했던 민속학 운동의 언어를 사용했다. "야오링시는 전족 부녀가 모두 죽어서 사라지기 전에 한 편의 '풍속사'를 만들어내고자 했다." 그는 친구에게 이렇게 농담하기도 했다. "만약 『채비록』이 전족을 장려하기 위한 것이라면, 고대사를 연구하는 것은 황제가 되고 싶어서이고 요강을 파는 이는 오줌 마시는 것을 좋아하기 때문인가!"(『채비록초편』, 7쪽) 황제의 통치는 사라졌다. 전족의 시대는 지났고 소멸되는 중이었다. 제국의 과거와 함께 유물이 되어버린 전족은 자연스럽게 회고적 향수의 대상으로 제시되었다. 물론 요강은 그저 말도 안 되는 비유일 뿐이었다.

새로운 민속학 지식의 생산

풍속사를 보존하겠다는 명분을 내건 『채비록』의 편집팀은 회고록, 인터뷰, 조사, 사진, 그림, 폐기한 전족 신발을 보내달라고 전국에 호소했다. 그들이 찾는 것은 일종의 경험적 지식이었고 가장 선호했던 기록 장비는 사진기였다. 야오링시와 쩌우잉은 선명한 전족 사진을 찍거나, 이러한 사진이 실린 엽서를 보내든가, 둘 다 안 되면 그림을 그려달라면서 독자들을 여러 번 설득했다.(『채비록제4편』, 200쪽) 어떤 독자는 이러한 적극적인 호소를 서구식 전략으로 이해했다. "이전에 서양인이 중국 풍속사에 대해 쓴 책을 읽은 적이 있다. 그들은 늘 우리 나라 여자들 전족의 진짜 이미지를 수록하는데, 적나라하게 사진기로 찍어서(혹은 그림을 그려) 책에 수록한다. 정면으로 찍은 것, 옆에서 찍은 것, 발가락과 발바닥을 위로 들어올려 찍은 것도 있어서 독자들은 전족의 전체 모습을 볼 수 있다."(『채비록초편』, 354쪽. 강조는 필자) 사진이나 그림은 문자보다 더 완전한 기록 방법으로 간주된다. 엑스레이 촬영기와 마찬가지로, 그것들은 사실적인 방식으로 내부의 진실을 드러내기 때문이다.

서양인들은 시각적 이미지뿐 아니라 전족의 시간적 주기도 기록으로 남겼다. "어떤 사진은 막 발을 천으로 싸맸을 때, 어떤 것은 발을 다 싸매고 나서 신발을 신는 순간에 찍은 것이다. 어떤 것은 발찌와 꽃신을 착용하고 찍었다. 전족 띠와 신발들을 분류해놓고 찍은 사

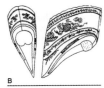

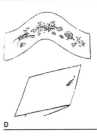

그림 6. 톈진 스타일의 곤화坤靴 제작, 약 1904~1911년에 해당. 그림 A~C는 실제 3종의 곤화를 스케치實物寫生한 것이다. 1904년 이후에 제작되었다. 이것들은 톈진의 명기 바이진바오白金寶의 것이다. 그녀는 가냘픈 발로 유명했다. D~E은 신발의 부속품들이다.(『采菲精華錄』, 86~87쪽의 그림)

A. 옆면에서 본 바이진바오의 곤화. 장화 허리靴腰子는 모란으로 장식. 몸체 아랫부분은 꽃무늬로 희미하게 장식되어 있는데 이를 장화 굽이靴彎子라고 한다.

B. 굴곡 있는 나무 밑창과 굽 받침이 있는 바이진바오의 곤화. 가운데 부분은 나비와 오이 넝쿨 무늬로 장식.

C. 뾰뾰한 대나무굽이 있는 바이진바오의 곤화, 가운데 부분은 주화 두 개와 복숭아로 장식.

D. 곤화 갑피: 장화 허리와 장화 굽이로 장식한다.

"장화 허리와 장화 굽이의 무늬는 전문적으로 그리는 사람들이 있다. 윗부분 꽃은 크고 아랫부분은 작다. 이 원단은 고급은 비단을 사용하고 보통은 풀을 먹인 면포를 사용하는데 이를 '경표京漂'라고 한다. 이 분야 기술자들은 모두 남성이다. 그들은 도제를 받아들여 먼저 장화 허리 그리는 것을 배우고 솜씨가 늘면 비로소 장화 굽이를 배운다. 만약 그림 그리지 않고 수를 놓거나 금박을 입힌 것이면 모두 여자들 손에서 나온 것이다."

E. 나무 밑창과 작은 굽

"장화靴子를 만들 때는 반드시 나무 밑창을 사용한다. 밑창 바깥면에 흰 면포를 붙인다. 어떤 것은 여기에 작은 굽을 달아서 '겉굽外高底'('속굽'의 대칭)으로 사용하기도 한다. 역시 면포를 붙인다. 나무 밑창에는 크기가 다양한 '작은 굽'들이 있고 스타일도 같지 않다. 보통의 것은 정면으로 보면 계란형이지만 끝부분을 잘라내면 사과처럼 보이기도 한다.(아래 그림 두 개를 볼 것, 그리고 B의 왼쪽 장화를 볼 것)

전문적으로 나무 밑창 깎는 이들은 모두 남성이다. 골목을 돌아다니면서 큰 소리로 외치는 것도 남성들의 일이다. 나무 밑창을 파는 이들은 '굽 보강재靴拉跟'도 파는데 이것은 대나무 껍질로 만든다(그림 C의 장화 안쪽을 볼 것). 장화 안쪽에 나란히 이것을 박고 면포를 붙여서 뒤축 부분이 주저앉는 것을 방지한다.

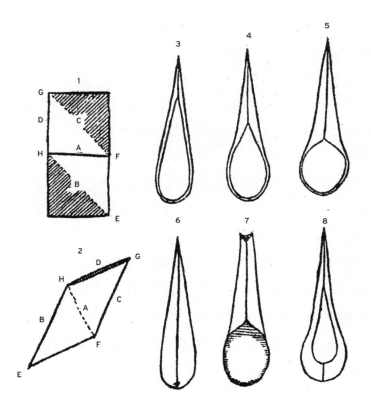

그림 7. 20세기 초기의 양말 스타일. 후옌셴의 그림과 설명(『采菲錄』 228쪽, 『采菲精華錄』 132쪽)이다. 여기서는 발바닥 부분만 보여준다. 발목 형태는 동일하기 때문이다. 무늬에서만 차이가 날 뿐이다.

(1~2) 1920년대의 간편 양말. 이 단순한 모양의 양말은 5분 안에 만들어낼 수 있다. 길이가 넓이의 두 배인 사각형 천 조각을 가지고(발의 비례에 의한 것), 대각선 두 개를 접어서(B, C), 이음새 부분을 꿰맨다(EF;BF). D는 양말 입구이다. 천을 대각선으로 자르기 때문에 신었을 때 발 모양에 잘 맞는다. (3) 전체 밑창이 들어간 곤말坤袜(곤혜 스타일 양말). 밑창은 절대 발가락까지 오지는 않는다. 만약 거기까지 미치면 발이 불편하다. (4) 반 밑창이 들어간 곤말. (5) 발뒤꿈치 창이 들어간 곤말. 뒤꿈치에 살이 있는 여성들이 이 스타일을 선호한다. (6) 밑창이 없는 양말. 이 스타일은 가냘픈 발과 작은 뒤꿈치를 가진 여성들에게만 적당하다. 다른 이들이 신으면 양말이 발에 낀 것처럼 보일 것이다. (7) 발가락과 뒤꿈치를 개방한 양말. 한여름 혹은 땀이 많은 발에 적당하다. (8) 오목한 밑창이 들어간 양말.

진도 있다. (…) 이는 비록 서양인들의 강한 호기심에서 비롯된 것일지라도, 하나의 일이나 물건에 투철한 연구 정신을 보이는 것에 있어서는 우리가 (이들에게) 한 수 접고 들어가지 않을 수 없다."(『채비록초편』, 354~355쪽) 그렇다면 서구인들의 특별한 점은 그들의 멋진 기계가 아니라 포기하지 않는 탐구 정신과 모든 것을 바라보는 넓은 시야일 것이다.

야오링시는 이 호소를 염두에 두고 훗날 『채비정화록采菲精華錄』(1941)에 새로운 사진 40장(촬영자는 중국인으로 보인다)을 수록했다. 그 중에는 종합적 성격의 연구도 일부 있다. 이를테면 신발의 밑창, 굽, 몸체가 지역 혹은 시대에 따라 어떻게 스타일이 변하는지 보여주는 것이다. 이는 1920년대 후반부터 지식계에서 주류를 차지하던 과학 담론의 일환이다. 하지만 대부분의 전족 애호가는 여기에 마음을 두지 않는 듯 보였다.7 예를 들어 작은 발의 미학이나 발걸음의 물리학에 대한 일부 '과학적' 기사는, 패러디는 아니더라도 모두 어느 정도 풍자적 모방의 특징을 띠었다.(『채비록제4편』, 54~63쪽, 103쪽) 분명한 것은 독자들이 굳이 과학을 숭배하지 않더라도 작은 발 기녀의 사진을 즐겁게 감상할 수 있었을 것이라는 점이다.

하지만 일부 전족 감상가는 실제로 실증적 과학주의를 굳게 믿었다. 『채비록』에 자주 등장하는 후옌셴胡燕賢이 대표적이다. 그의 글은 사진과 함께 수록된 종합적 연구다. 그의 측량과 도표는 놀라울 정도로 정확한 것이 대단히 인상적이다. 베이징 사람인 그는 전족하지 않는 만주인 여성과 한군漢軍 여성들을 위한 기인旗人 신발을 제작하는 스무 단계의 과정 및 이와 관련된 재봉 순서를 표로 기록했다.(『채비록초편』, 206~209쪽, 229~230쪽) 이보다 더 자세하게 세부 사항을 공개한 것도 있었다. 예를 들어 발을 싸매지 않았을 때와 꽉 싸맸을 때를 비교해 각 부위의 길이를 23행 5줄로 된 표에 기록했다. 신발의 구조 14곳을 그림, 도표, 주석을 통해 묘사하기도 했다.(그림 5) 100여 년 동안 일어난 신발 밑창 형태의 변화를 6단계로 나누어 설명했는데 여기에 그림 두 세트와 단면도 한 세트, 조감도 한 세트를 첨부했다.(그림 4) 그리고 양말의 디자인과 패턴도 있었다.(그림 7; 『채비록초편』 221~229쪽) 만약 후옌셴이 과도한 측량과 기록을 통해 실증주의를 풍자하려는 목적이었다면 그의 전략은 성공적이지 못했다. 그의 측량은 아주 정확해서 무엇보다 그의 성실함이 압도적으로 두드러져 보인다.

이쯤 되면 설령 이 금련 애호가들이 자신들은 그저 순수하게 사라져가는 풍속을 기록하고 싶을 뿐이라고 주장할지라도, 우리는 사실상 그들이 『채비록』의 페이지 속에서 새로운 지식을 생산하고 있음을 깨닫는다. 소멸 단계에 진입하기 전에는 전족이 이렇게 구체적으로 촬영, 측정된 적이 없었다. 과학적 사실주의는 문학적 상상을 대신하여 전족의 진실을 파헤치는 열쇠가 되었다. 이 감상가들이 견지하는 인식론뿐 아니라 그들의 기록 도구와 매체 모두 매우 근대적이었다. 설령 시각적 자료가 없다 해도, 인쇄된 언어 자체가 훨씬 더 높은 전파력을 지닌다. 특히 근대 유통의 시대에 이러한 언어들은 타블로이드 신문이나 대량 생산된 책에 실려 사방으로 퍼져나가기 때문에, 사람들의 일상과 더 많이 관련된 것처럼 보인다.

과도기였던 당시에 개인이 경험으로 획득한 전족 지식은 점점 드물어졌고 『채비록』이 실질적인 교재이자 가이드가 되었다. 이 책이 시리즈로 출판되었던 몇 년간 독자들은 『채비록』에 묘사된 도시나 지역을 여행하고 감상문을 투고하기 시작했다. 일부는 오늘날의 『론리 플래닛 Lonely Planet』 가이드처럼 이 책을 복사해서 들고 다니기도 했다. 어떤 독자는 자신이 전족에 대해 알고 있는 모든 내용은 야오링시의 칼럼에서 배운 것이라고 고백했다. 그는 이후 야오링시의 고향인 톈진을 방문해 사창가를 조사하고, 전족한 창부 두 명의 목격담을 썼다. 그는 이를 야오링시의 타블로이드 신문으로 보냈다. 그 뒤 야오링시는 그 창부들을 방문하고 만남을 기념하는 시를 썼다. 그리고 이 이야기의 전 과정을 이후 출판한 『채비록제4편』(313~136쪽)에 기록했다.8

'텍스트-삶-텍스트' 사이의 연결을 강화하기 위해 야오링시는 1938년 '방련사訪蓮社', 즉 '연꽃을 찾는 모임'을 창립하고 일종의 규약을 작성했다. 여기서 『채비록』을 읽고 흥미를 느낀 모든 독자, 특히 그림, 사진, 조각에 뛰어난 독자들을 환영한다고 했다(시각성에 대한 강조에 주목하라). 만약 전족에 관한 자료를 발견하거나 직접 쓴 작품이 있다면(고전 중국어에 한해) 야오링시가 출판을 고려할 것이며 '전족과의 접촉'에 관한 의견, 연구, 보고 모두 가치가 있다고 했다. 야오링시는 또한 신발, 양말 등 전족 관련 물품이라면 실물이건 사진이건 전부 관심이 있다고 했다. 만약 실물이 있다면 비용을 내고 이를 사용하거나, 가격을 협상하여 사들일 것이고 모임의 구성원들은 돈을 내고 사진을 복사할 수 있었다. 양호한 상태의 전족 혹은 천족 사진 모두 환영한다고 했다. 규약 뒤에는 상세한 설명이 덧붙여졌는데 여기에는 야오링시의 텐진 주소와 쩌우잉의 상하이 주소가 수신처로 기재되었다. 두 주소는 매월 새로운 구성원들에게 등사되어 전해졌다.(『채비록제4편』, 201~203쪽)

그들은 모임 구성원들에게 다른 정보도 수집해달라고 부탁했다. 만약 발을 보여줄 의향이 있는 전족 여성을 만나면 촬영할 수 있도록 자신들에게 소개해달라고 했다. 만약 작은 발을 지닌 기녀를 알면 "조사하기에 편리하도록" 그녀의 이름, 항렬, 나이, 고향, 소속 극단 이름, 주소를 알려달라고 했다.(『채비록제4편』, 202쪽) 그들이 독자의 성별을 지정한 것은 아니었지만 의도한 독자가 남성인 것은 분명했다. 우리는 방련사에 가입한 사람이 몇 명인지 모른다. 그러나 이 규약은 『채비록』을 만든 편집자들의 입장과 선호를 적절하게 요약한 것이라 할 수 있다.[9]

방련사가 전족 관련 정보와 물건을 교류하는 역할을 하면서, 야오링시가 일찍이 선언했던 "전족에 대한 감상이 이를 장려하는 것은 아니다"라는 장담을 유지하기는 어려워졌다. 그가 모던걸들을 전족하도록 유혹하는 데 실패했을지는 몰라도, 전족 관련 지식과 정보를 되살리고 유행시키면서 적어도 작은 발을 감상하는 문화를 불러일으킨 것은 사실이었다.[10] 비록 탐구적 과학과 민속학의 근대 언어를 사용하기는 했지만, 이러한 감상 문화는 본질적으로, 수사적으로 과거 지향적 성격이 농후했다. 그가 동질감을 느낀 사람들은 미래를 바라보는 근대주의자들이 아니라 문화 무대에서 사라진 구식 문인들이었다. 그가 '사단의 규약社約' 형태로 방련사의 발족을 선언한 것은 결코 우연이 아니다. 이러한 규약은 명대 후기 음풍농월하는 시인이나 풍류스러운 정치적 명사들이 모여 사단을 결성할 때 크게 유행했던 장르다.

야오링시, 타오바오피, 쩌우잉, 후옌셴 등의 감상가들은 옛 문인들의 세계에서 상당한 정도의 교육을 받았기 때문에 충분히 구시대 풍류 문인의 흉내를 낼 수 있었다. 야오링시는 오늘날에는 『채비록』 편집자가 아닌 『금병매』 연구로 유명하다. 하지만 뉴스와 정보가 빠르게 전파되는 새로운 세계에 살았던 그들의 기본적인 정체성은 문화 제작자였다. 타오바오피는 전족 애호가로 당당하게 자처했지만 이름을 '신문에 심취하다報癖'라고 지은 것은 그 때문이다. 그들도 신구 문화가 교차하던 시기의 '과도기 인물'이었다. 하지만 이런 것을 감안해도 이 인물들은 꽤나 독특하다. 수십 년 전의 탕이쒜나 쉬커와 같은 청말의 과도기 작가들과 비교하면 이들 감상가의 태도는 분명 뚜렷이 구분된다. 그들은 앞이 아닌 뒤를 돌아보면서 현재의 순간을 붙잡으려고 했다. 그들은 과거를 소생시키는 것이 아니라 단지 남겨진 흔적을 음미하는 것을 목표로 삼았다.

이 문인들은 자아 성찰도 고뇌도 부족했다. 그들은 20세기 초 중국의 진지한 지식인들과는 완전히 달랐다. 전족을 감상하면서도 이것이

옳지 않다고 여겼고, 과학적으로 전족을 측정하는 가운데 문학적 상상을 펼치기도 했다. 여기에는 부조화의 흔적 대신 한바탕의 웃음소리가 있었다. 그들의 세계에는 어떠한 모순도 없었고 무한한 즐거움을 생산하는 단편적이고 분산된 지식만이 있었다. 그들은 어깨에 '어둠의 문'을 짊어질 필요가 없었고 오직 유쾌하기만 했다. 정체성의 혼란이 아니라 오로지 숙취와 수면 부족 때문에 괴로웠을 뿐이다. 표면적으로만 보면, 여성의 발에 관한 이 지식 전달자들은 근대 중국에서 가장 행복한, 가장 훌륭하게 적응한 작가들이었다.

모방적 향수: 새 시대의 감상가가 된 구시대 문인들

감상가들의 유희적 심리를 아무 목적이 없는 것으로 이해해서는 안 된다. 1905년 과거시험이 폐지된 이후 남성 문인 그룹은 유희를 삶의 유력한 방식이자 글쓰기 자세로 삼았다. 유가 문화에서 사람의 운명을 바꿀 수 있었던 과거시험의 권위는 이제 사라져버렸다. 이는 문언문과 경전의 지식이 더는 정치권력을 획득하는 수단이 될 수 없음을 의미했다. 이러한 변화로 인해 진공과 단절이 발생했지만, 한편으로 새로운 기회의 가능성이 생겨났다. 여기에는 그 자체가 오락인, 그리고 즐거움을 얻기 위한 글쓰기도 포함되어 있었다. '유희' 혹은 '심심풀이消閑'는 진지한 산업이 되었다.[11] 지금까지 학자들은 제국 시기 중국인의 삶을 구획했던 기본 규범들이 사라지고 난 후에 발생한 불안에 초점을 두고 탐색해왔다. 하지만 '유희'를 통해 재구성된 새로운 규범들의 생산적 의미에 대해서는 그다지 주목하지 않았다.

중국 근대사에서 사람들에게 알려진 주요 사건은 모두 정치적 사건이었다. 1898년의 변법자강운동에서 1911년의 신해혁명까지, 5·4운동에서 북벌에 이르기까지 그러했다. 개인적이고 감정적인 혹은 감각적인 영역은 완전히 삭제되었다. 만약 우리가 그동안 민족 개혁가와 혁명가들이 만든 공적 세계에서 잠시 벗어난다면, 야오링시와 그 동료들의 세계가 만들어낸 극히 낯선 리듬과 선율에 주목할 수 있을 것이다. 이것은 일종의 잊힌 세계다. 여기에는 남성들의 은밀한 즐거움, 주류 이론 구축에 도움이 되지 않는 단편적 지식, 시시한 자아 탐닉, 민족이나 민생과는 전혀 관계없는 열정이 있다. 금련 세계에 빠진 남성 감상가들은 민족사에 저항했다기보다는 그것을 못 본 척했다. 하지만 그들은 전족을 희롱하며 유희를 즐기는 동시에 시간을 갖고 놀았다. 그렇게 하면서 그들은 민족이 긴박하게 전진하는 발걸음의 바깥에서 자신을 위한 은밀한 안식의 공간을 개척했다.[12]

전족 감상 문화에는 두 가지 형태의 회고적 시간 지체regression in time가 관련되어 있다. 하나는 개인의 유년 시절을 복구하는 것인데, 이는 아래에서 다시 논의한다. 또 다른 하나는 구식 문인에 대한 해학적 모방이다. 구식 문인들은 남성적 특권의 상징이었으나 과거시험 폐지 이후 이들을 길러내던 토양은 소실되어버렸다. 더 처량한 사실은,

1911년 왕조 몰락 이후 구식 문인들은 빈껍데기만 남은 황실의 유민遺民이 되었다는 것이다. 그들이 받들어야 하는 황제와 충성을 맹세했던 왕조의 질서는 더 이상 존재하지 않았다. 시대에 맞지 않는 이 '남겨진' 남성들의 존재적 모호성은 전족 여성들의 처지와 비슷했다. 이는 그들이 이 여성들에게 동질감을 느낀 이유를 설명해줄 것이다. 구식 문인과 전족 여인 모두 당시까지 구체적이고 가시적인 존재였다. 그들은 길거리나 신문, 잡지에 수시로 모습을 드러냈다. 하지만 개인의 육체는 서서히 사그라들게 마련이고, 이들의 체제는 마침내 완전한 종말을 맞았다. 그 와중에 유령 같은 그들의 육체는 근대인들의 비웃음, 조롱, 동정을 불러일으켰다.

거대 서사를 부인하고 신체에 매혹되었다는 공통점이 있지만, 『채비록』의 금련 애호가들이 동질적인 부류는 아니었다. 그들 간의 세대 차이는 그들과 이전의 구식 문인 세계 사이의 거리를 통해 가늠할 수 있다. 비교적 연장자 세대에 속하는 타오바오피는 19세기 말의 '신소설'의 세계와 1930년대 개항장 도시에서 성행했던 화보畫報 세계 사이에 중요한 연계를 제공했다. 그와 동료들의 문학적 생애를 통해 우리는 '작은 말小說'이 어떻게 전통 소설, 청말 소설, 근대 신문 등 각기 다른 장르의 공통분모가 되었는지 알 수 있다.[13]

타오바오피는 새로운 장르, 대개 연재 형태로 잡지에 실리는 소설의 창작자이자 비평가이기도 했다. 이 장르는 이전 과거시험에서 사용하던 팔고문八股文의 문화적 명성을 이어받았다.[14] 「소족연小足捐」이라는 제목의 단편소설에서 그는 전족을 골동품으로 간주하는 전족 감상 문화를 처음 제시했다. 이 문화는 훗날 『채비록』 그룹의 다른 구성원들도 추종하게 되었다. 이 소설의 배경은 과거시험이 폐지되기 1년 전인 1904년이었고, 1907년 『월월소설月月小說』에 처음 수록되었다. 이 잡지는 창작 단편소설과 번역 탐정소설을 많이 실었다. 이 소설은 관료세계의 용어로 가득한 문언 산문으로 되어 있다. 주인공은 순검巡檢 자리에 있는 60여 세의 늙은이였다. 그는 관리 임명을 위해 돈으로 관직을 샀으나 정식 임명은 되지 못한 가련한 인물이었다. 그의 외모 자체가 바로 병든 중국 제국의 모습이었다. "온갖 고생을 한 골격에 얼굴은 누렇게 떠 있었다. 걸음걸이는 휘청였고 정신은 마모되었다. 자세히 살펴보면 그는 아편 중독에다 색욕이 과도한 듯했다."[15]

그의 상사인 도원道員은 마침 경자庚子사변 배상금과 근대식 군대의 훈련 때문에 부족한 예산으로 골머리를 앓고 있었다. 그는 도원의 환심을 사기 위해 돈을 벌 만한 사업이 없을지 머리를 쥐어짰다. 그가 허적대며 침실로 들어갔는데 첩이 마침 침대 끝에 앉아서 고개를 숙이고 뭔가 골똘히 생각하는 중이었다. "생활비가 부족해서 걱정하는 것일까? 부지런히 바느질하는 중일까? 아니다, 아니야. 그녀는 아마 누에고치처럼 스스로 천을 감아서 만든 작은 금련을 관리하는 중일 것이다. 그 늙은이에게 노리개로 삼으시라고 그녀를 바치면 어떨까?"(179~180쪽) 마치 반전족 운동의 슬로건처럼, 이 부분은 전족 여성이 어떻게 잠재적으로 생산에 종사하는 여성에서 남성의 성 노리개로 전환되는지를 보여준다. 이 이야기에서 타오바오피는 이야기 내내 금련 애호가에게 전혀 동정심을 보이지 않았다.

첩의 작은 발이 늙은 순검의 영감을 불러일으켰다. 그는 하인 두 명을 불러 먹을 갈게 하고 공문 형식으로 상소문을 쓰면서 완벽한 계획을 세웠다. "전족의 해악은 세상이 모두 알고 있으나 대대로 이어진 풍습이라 한 번에 박멸하기가 어렵습니다. 차라리 전족에 세금을 부과하여 스스로 금하게 하는 것이 나을 것입니다. 국가는 일시적으로 이익을 얻을 것이고 여자들은 점차 사특한 재앙에서 벗어날 것입니다. (…) 발 크기가 2치 정도의 전족 여성에게 매일 50문文을 세금으로 걷고 1치 길어질 때마다 10문씩 깎아줍니다. 만약 발 길이가 6치에 이르면 세금을 면제해주는 것입니다."16 아주 좋은 아이디어라고 생각한 도원은 이를 상부에 올려 비준을 청한다.

하지만 상부 장관은 그렇게 생각하지 않았다. 그는 이 제안이 비웃음이나 살 것이며, 시행 불가능한 위험한 것이라고 거절했다. 누구를 보내 여자들의 발 길이를 측정하겠는가? 그러잖아도 사람들은 이미 선교사들을 원수 보듯 하는데, 만약 이것을 교회 사람들이 중국을 압박해 중국인들의 생활 방식을 강제로 바꾸려 한다고 오해하여 또 사달이 난다면 어떻게 할 것인가? 하지만 늙은 순검은 포기하지 않고 동료들의 지원을 얻으려 했다. "이 세금은 악습을 개량하고 새로운 기회를 만들 것입니다. 나라 살림과 민생 모두에 도움이 될 테니, 결연하게 시행해야 할 것입니다." 어느 동료가 응수했다. "그대는 여자 치맛자락 아래서 풍류 사업을 도모하시오? 부인의 가녀린 발부터 먼저 전족 띠를 풀 생각은 없으시오? 그렇지 않다면 그대는 풍류 사업으로 자기 주머니는 불릴 수 있을지 몰라도, 반드시 이 풍류의 대가를 치러야 할 것이오."(183~185쪽)17

소설에서 금련 애호가는 부패하고 노쇠한, 부정적인 인물로 그려진다. 그의 욕망 대상 역시 낙오되고 우스꽝스러운 구시대의 흔적이었다. 타오바오피는 전족 감상가였지만 이 소설에서 그는 결코 전족의 좋은 점을 선전하지는 않았고 하나의 메시지만 전달했다. "여자들을 내버려 두어라. 전족은 시대에 맞지 않는 골동품이고 곧 사라질 운명이다." 과도하게 백성을 염려하는 국가와 탐욕스러운 관리들 역시 타오바오피의 풍자의 칼날을 피하지 못했다.18

전제 왕조의 질서가 마지막 숨을 몰아쉬던 1910년대에 오면 전족과 과거시험이 내재적으로 연계되어 있다는 사실은 더 분명해졌다. 「소족연」과 1장에서 논의한 『황수구』에서는 전족이 팔고문과 마찬가지로 화석화된 질서의 잔여물이며 필요하지 않은 화려한 수식으로 잔뜩 치장하고 있다고 보았다. 화려한 형식은 내면의 공허, 내용과 실용성의 부재를 덮고 가린다.19 청조 몰락 이후, 구왕조의 유물인 전족과 과거시험을 동일시하는 현상은 더욱 명확해졌다. 『채비록』에는 당시 유행하던 재미있는 비유가 실려 있다. "여자의 훌륭한 전족은 마치 문사들이 자랑하는 글과 같다. 그들 모두 사람들 앞에서 자랑하길 좋아한다."(『채비록속편』, 240쪽) 또한 1860년대 이른바 동치同治 중흥 시대의 것으로 추정되는 어느 대련對聯에서 제국 시대의 남성이 얻을 수 있는 성취와 특권을 이렇게 묘사했다. "첩이 발을 싸매는 것을 보기, 3급 진사를 수여받기."(『채비록속편』, 79, 311쪽)[20] 글과 발의 관련성은 아주 굳건했다. 구왕조의 유신遺臣인 문인 예더후이葉德輝는 독서와 글쓰기를 할 때 늘 애첩의 작은 발을 쥐고 있었다고 한다.(『채비록제4편』, 294쪽)

문인 관리들은 온갖 공적 영예와 사적 향락에 익숙한 사람들이었다. 하지만 이제 제국 체제는 몰락했고 개인의 정치적 입장에 따라 이들은 향수 어린 갈망 혹은 멸시의 대상이 되었다. 하지만 어떤 태도든 지나간 시대의 화려한 전족과 여기에 빠진 구식 문인들은 모두 남성 특권의 상징이 되었다. 타오바오피는 늙은 순검을 조롱하기는 했지만, 그 자신이 가장 좋아했던 여가활동은 구식 문인들의 연회였다. 이는 함께 주제를 정하거나(예를 들어 신발끈과 같은) 운을 맞춰서 시를 짓고 술을 마시는 친구들 사이의 모임이다.(『채비록초편』, 100~118쪽) 이러한 유흥 형식은 상하이의 쉬커와 탕이쒀의 세계를 떠올리게 한다. 천족의 전도사였던 그들은 얼핏 보면 타오바오피와는 상극인 듯하다. 하지만 흥미롭게도 「소족연」은 탕이쒀의 『황수구』와 공명하는 지점이 있다. 두 작품 다 여성의 발을 통해 관료사회를 비판했다. 그리고 이 작가들 모두 관료 문화의 허영과 관리들이 구사하는 공적 글쓰기의 공허함에 대해 잘 알고 있음을 보여주었다. 사실상 이들은 유사한 문화와 텍스트의 세계에서 온 사람들이었다. 이 세계는 전통적인 문인세계를 모방한 것이다. 이런 의도적인 모방의 태도는 오히려 그들이 이미 근대세계로 진입했음을 분명히 보여주고 있다.

천족과 전족의 접합

탕이쒀와 타오바오피가 그렇게 비슷해 보였던 이유는 단지 그들이 유사한 문화적 환경에 있었기 때문만은 아니다. 이는 문헌 인용과 편찬과정 자체의 구조에서 기인하는 것이기도 했다. 새로운 범주였던 '천족'은 처음 등장하는 순간부터 전족의 반대 개념으로 간주되었다. 하지만 반전족 운동이 생산한 팸플릿과 책자에서 이 '천족'이라는 간단한 표현을 사람들에게 이해시키려면 장황하게 설명해야 했다. 그래서 천족 지지자들은 이미 존재하던 전족 담론에서 관련 전설과 표현을 가져왔다. 예를 들어 그들은 반潘귀비, 양귀비, 요낭窅娘의 이야기를 문장 그대로 인용했다. 그렇게 하면서 흥미롭게도 천족 담론은 전족 담론과 종종 기묘한 유사성을 보이곤 했다.

쉬커는 중국 역사상 천족이 언제 어떻게 존재했는지 탐색하면서, 고고학과 감상 문학을 포함한 옛 문헌에서 많은 단락을 '재활용'했다. 더구나 그는 여기에 어떠한 설명도 남기지 않곤 했다. 만약 「천족고략天足考略」과 「지족어知足語」에 서문과 후기가 없었다면, 독자들은 막대한 양의 본문 속에서 편찬 연대와 의도조차 알아차리지 못했을 것이다. 유일한 예외는 「천족고략」 안에 '현대 천족現代天足'이라는 제목으로 시작하는 글이었다. 사실 쉬커는 「천족고략」 부록으로 전족 관련 연구를 수록했는데 그 분량은 천족 관련 인용문과 비슷했다.[21]

천족과 전족이 병합되는 이 재미있는 현상은 『채비록』에서도 명확히 볼 수 있다. 여기서는 쉬커의 「천족고략」을 약간 축약된 형태로 수록하고(『채비록초편』, 43~52쪽) 바로 뒤에 전통 시기의 전족 애호가였던 이어李漁와 방현方絢의 유명한 글을 실었다. 쉬커와 이어, 방현의 글들은 '고증' 편에 나란히 수록되었고 같은 이야기와 시적 비유를 활용하기도 했다. 대다수가 이 시기 고증학자들의 성과였던 명청 시대 감상 문화의 용어들이 없었다면 '천족'이란 개념은 언어학적 기반의 부족으로 인해 뿌리를 내리기 어려웠을 것이다. 고전과 역사에서 발췌한 단편적인 전족 관련 시문 및 일화는 글쓰기를 통해 전파되고 이것이 일련의 지식 어휘로 형성되었다. 전족을 찬양하는 것이든 반대하는 것이든, 아니면 단순한 서술을 위해서건, 그 내용을 파헤쳐보면 사실 대동소이한 것이었다.[22]

이처럼 불안정한 상황을 가장 잘 표현하는 사례로 '금련 중독자蓮痴'라는 필명을 가진 시인을 꼽을 수 있을 것이다. 그는 많은 시를 창작했는데 천족을 찬양하는 작품도 있었고 전족과 관련 물품에 관한 시도 많이 썼다. 예를 들어 신발, 수면 신발, 신발 밑창, 신발 패턴, 굽, 신발 끈 등등이다.(『채비록속편』, 73~91쪽) 그는 처음에는 이렇게 선언했다.

어리석게, 집요하게, 나는 연꽃을 사랑한다

어린 시절 나의 눈은 치마 끝을 떠나지 못했지

나이 먹으니 이 집착 더욱 심해져

솔직하게 연꽃의 모든 비밀 털어놓으리(『채비록속편』, 80쪽)

그런데 어느새 그는 또 여성의 음성을 모방하여, 전형적인 반전족 노래를 썼다. 이는 방족 선전 전단에 실릴 법한 것이었다.

기차 오르기가 위태한 탑 오르듯 무섭고

배 타고 내릴 때 더욱 근심스럽네

강과 바다로 여행을 다닌 후

비로소 알았다네. 큰 발이 금 갈고리보다 낫다는 걸(『채비록속편』, 91쪽)

그는 금련 애호가인가 아니면 혐오자인가? 이 시들만으로는 분명한 대답을 얻을 수 없다. 이를 충분히 알고 있는 '금련중독자'는 각기 다른 추측을 불러일으킬 수 있는 글자로 유희를 벌였다.

금련 중독자가 변덕스럽다고 하지 마시오

옛날의 금련 사랑은 이제 뒤집혔소

(⋯)

그들이 써낸 새로운 시는 진심일까요?

금련의 역사蓮史를 쓰면서, 새로운 시대와 계보紀元를 기다립니다(『채비

록속편』, 90~91쪽)

야오링시는 이 금련 중독자가 일종의 혁신가라고 지적한 바 있는데 이는 상당히 통찰력 있는 평가였다. 그의 시와 태도는 의심할 바 없이 근대적인 것이었다. "시에서 천족을 찬양하려 해도 근거로 삼을 만한 이전 시대의 전고가 없었다. 그래서 만약 전족을 읊은 (이전) 작품에 의지하지 않는다면 어디서부터 말을 꺼내야 할지 몰랐을 것이다." 하지만 앞서 인용했던 기차와 배를 언급한 작품을 포함해 '금련 중독자'의 천족 시 6수에서는 기존의 금련 전고들을 전혀 사용하지 않았다. 마천루와 세계 여행이 있는 '멋진 신세계'를 구상하면서, 시인이 발명한 것은 새로운 표현만이 아니라 새로운 참조 체계이기도 했다. 그래서 그의 시는 일종의 원본으로서의 근대 텍스트이기도 하다.(『채비록속편』, 91~92쪽; 『채비록속편』, 73쪽; 『채비록제3편』, 34~40쪽 참고)

반전족 노래가 전달하고자 하는 메시지는 작품이 전파되는 맥락 속에 새겨져 있다. 예를 들어 천족회 집회가 벌어지는 장소라든지 그것을 노래하는 어조가 그것이다. 이 맥락을 이탈하는 순간 반전족 언술은 다른 목적에 기여하게 되거나, 심지어 목적이 전혀 없어져버린다. 앞서 보았듯이 1890년대에서 1920년대까지 반전족 문학이 대량 생산되었다. 이는 전족의 문화적 아우라를 감소시키는 역할을 했지만, 동시에 이로 인해 사람들은 전족에 대한 지식에 쉽게 접근할 수 있어 아이러니하게도 사회적 풍속으로서의 전족의 생명은 연장되었다. 하지만 이 모든 텍스트가 1930년대에 『채비록』으로 모이자, 관련 언어들 역시 상응하는 사회적 귀착지를 잃어버리고 줄이 풀린 배처럼 떠돌게 되었다. 이러한 의미에서 『채비록』에 수록된 작품들은 혼돈으로 가득한 텍스트의 우주를 구성했다고 표현할 수 있다. 이는 각종 모순된 욕망을 담는 용기이자 새로운 의미를 생산하는 인큐베이터 역할을 하는 빈 그릇과 같다. 이는 대단히 아이러니하다. 『채비록』 시리즈는 상당 부분 구시대의 문헌을 재활용하고 여기에 회고적 정서를 가득 집어넣어서 만든 백과사전이다. 그런데 이런 백과사전이 근대적일 뿐 아니라 대단히 혁신적인 것으로 결론이 났으니 말이다.23

방현의 발명

재활용을 통해 혁신을 이룬 이러한 역설은 『채비록』에서의 감상 문화의 담론을 이해하는 열쇠다. '감상connoisseurship'이란 대상을 식별하는 형식의 하나다. 9세기부터 '골동품'이라는 범주가 형성되면서 감상 행위는 소장 문화와 연계되었다.24 모든 종류의 사물에 대한 집착은 명대 후기 상업화된 도시 문화 속에서 최고봉에 이르렀다. 주디스 자이틀린은 16세기 문인들의 '집착癖' 자체에 대한 이상화, 그리고 그것과 정情 숭배 현상과의 관계를 분석했다. 대상에 대한 강한 사랑은 자아와 사물 간의 거리를 허물어뜨리고, 명대 후기의 미학가인 원굉도袁

宏道(1568~1610)가 표현한 대로 감상 행위를 '자신을 감상하는' 것으로 만들었다. 극단적인 경지에 이르면, 감상 행위는 자아 표현의 한 형태가 되는 것이다.[25] 하지만 근대의 전족 애호가들은 장난스럽게 자아를 과장하고 조작했다. 원굉도의 감상 미학과는 사실 엄청난 차이가 있다.

『채비록』에 표현된 전족 감상가는 두 가지 유형으로 나뉜다. 글 쓰는 사람과 타인의 쓰기 대상이 되는 사람이다. 방현方絢은 전자에 속한 가장 대표적인 두 사람 중 한 명이다(다른 한 명은 이어인데 그에 대해서는 5장에서 논의한다). 방현은 전족에 대해 다섯 편의 글을 썼지만, 그 자신에 대해서는 많은 별호를 제외하고는 거의 알려진 것이 없다. 평론가들은 그를 건륭, 강희 연간, 심지어 더 오래된 '고대'의 작가로 추측하기도 했지만, 그의 이름이 처음으로 알려진 것은 1914년이었다. 이해에 마침 두 종의 총서에 그의 글이 실렸다.[26]

방현은 문자 유희에 대단히 능했다. 그의 글 다섯 편 모두가 문인들이 좋아하는 장르와 기방에서 사용하는 주령酒令을 모방한 것이다. 이 중 비교적 유명한 것이 「금원잡찬金園雜纂」인데 이는 전족과 관련된 농담을 모은 것이다. 예를 들어 이런 것이다. "비슷한 것: 작은 발은 돈과 비슷하다. 사람들이 모두 좋아하니까; 큰 발에 높은 굽 신발을 신으면 두꺼비가 꽥꽥거리는 것과 비슷하다." "고생 끝에 낙이 온다: 자애로운 어머니가 사랑하는 딸의 발을 싸매는 것."[27] 그가 모방한 '잡찬'이라는 장르는 당나라 시인 이상은李商隱에게서 시작되었다. 이는 일종의 연상 게임으로 특별히 깊은 의미는 없고 그저 어휘 구사의 능력과 기지를 발휘하는 놀이다. 사람들은 이것을 술자리에서 술잔을 돌리며 행하는 놀이 혹은 심심한 여행자들이 시간을 보내기 위한 유희로 생각한다.

방현의 또 다른 글 「향련품조香蓮品藻」는 명말 문인들 사이에서 인기 있는 장르였던 소품문 형식으로 되어 있다. 이 글은 일상생활에서의 세련된 취향을 주제로 한 작품 「매품梅品」을 모델로 하여 '향기로운 연꽃의 아홉 등급香蓮九品' 혹은 '향기로운 연꽃의 네 가지 금기香蓮四忌'와 같이 간략하게 조목을 나열했다.[28] 방현이 의도한 독자는 관음증이 있는 품위 없는 사람들이었다. 방현은 그들에게 여자 발 씻는 것을 엿보는 비결을 알려주고 이를 통해 즐거움을 얻으라고 권유했다. "(여자들이) 발을 싸매고 씻는 과정에서 말로 표현할 수 없는 네 가지 쾌감을 얻을 수 있다. 병풍 뒤에서 엿보는 것, 어둠 속에서 냄새 맡는 것, 물속에서 그림자를 보는 것, 거울을 통해 자태를 보는 것이 그것이다."[29]

바라보는 시점과 응시의 각도는 대단히 중요한 기교다. '금련을 구경하기 좋은 세 곳'이라는 조목에서 그는 다음과 같이 썼다. "손바닥만한 전족 신발, 살짝 바닥을 스칠 정도로 작구나. 가느다란 초승달은 하늘에서 솟은 것이 아니로다. 내가 다닌 곳 가운데 (전족 구경에) 뛰어난 세 장소가 있었다. (이 세 곳은) 모두 머리를 들어 전족을 볼 수 있으니, 내려다볼 필요가 없었다. 천하의 명산과 절경에 치맛자락이 운집하니, 당연히 특별히 (구경하기) 좋은 곳이 될 수밖에 없다. 나중에 다른 곳을 구경하게 되면 또 뛰어난 곳을 선정할 것이다." 전족 구경에 좋은 세 곳은 "쑤저우의 후치우虎丘 삼산문三山門 앞, 진탄金壇 마오산茅山의 왕

천군王天君 전각 뒤, 양저우楊州 평산당平山堂 계수나무 아래"다.[30]

이는 최악의 관음증이다. 여자들은 말 그대로 예술품으로서 모든 각도에서 관찰되는 대상으로 제시되었다. 그 노골성에도 불구하고 「향련품조」는 말 그대로 거의 모든 전족 관련 작품에서 인용되었다. 사람들은 이 문헌이 전족의 매력을 잘 표현하고 있다고 생각했다.(『채비록초편』, 155쪽) 『채비록』의 많은 감상가는 방현의 글을 당연하고 친숙하게 받아들였다.(『채비록초편』, 4쪽, 102쪽; 『채비록속편』, 5, 17, 264, 267쪽; 『채비록제4편』, 54쪽; 『채비신편』, 253쪽) 야오링시와 쩌우잉은 방현과 이어를 대단히 훌륭한 전족 감상가라고 하면서 그들이 발의 미학을 서술하는 데 있어 대단히 훌륭한 기교를 발휘했다며 추켜세웠다. 하지만 이와 관련된 잠자리 문제는 언급하지 않았다고 덧붙였다.(『채비록제4편』, 340쪽; 『채비록속편』, 284쪽) 자신을 '금련교 신자蓮敎信士'라 칭했던 『채비록』의 어느 작가는 「향련품조」에 너무 깊이 빠져 20년 전 처음 읽은 뒤 손에서 놓지 못했다고 했다.(『채비록속편』, 99~103쪽)

손에서 놓지 못했다는 표현은 정말일까, 과장일까? 점점 더 변태나 호색한처럼 보이는 이 관음적 전족 감상가들을 우리는 어떻게 해석해야 할까? 이들과 같은 독자와 추종자들을 등에 업고, 40여 단락의 짧은 글로 구성된 방현의 「향련품조」는 '전통' 중국의 전족 감상 문화 시조로 대접받으며 경전적 지위를 획득했다. 하지만 그의 빈약한 텍스트—그리고 여성의 전족 그 자체—는 도대체 얼마의 무게를 견딜 수 있을까? 텍스트에서 전달하는 실제 뉘앙스와 표면적으로 주장하는 해석을 대조해보면 이런 유의 글이 완전히 황당함 그 자체임을 발견할 수 있다. 아울러 방현의 글을 포함해 『채비록』에 실린 전족 감상 문학의 언어들을 문자 그대로 이해해서는 안 됨을 우리에게 알려준다.

방현은 분명 흥미로운 작가이며 그의 글은 수수께끼로 가득하다. 무심코 이를 읽은 근대 독자들은 아마 「향련품조」가 중국 문학사에서 이 장르로 유일한 작품이라는 사실을 모를 것이다. 모든 이가 이 글을 인용하는 이유는 강박적일 정도의 세부 묘사와 노골적인 갈망의 표현에 있어 이와 견줄 만한 것이 없기 때문이다. 야오링시는 정곡을 찌르는 말을 했다. "금련을 언급한 글은 방현에게서 시작되었다. 하지만 (금련) 품평 외에는 대부분 공허한 말이다."(『채비록제4편』, iii쪽) 전족을 논한 새로운 언어를 구식 장르의 틀에 포장한 방현의 글은 그야말로 하나의 혁신이었다. 야오링시는 방현과 17세기 전족 감상가인 이어를 나란히 '고인古人'이라 소개했지만(『채비록제4편』, 340쪽) 나는 방현의 시대 문제를 확신할 수 없다. 그의 작품에는 시간과 장소를 확인할 만한 증거도 없고, 그의 작품이 처음 출판된 1914년 이전 문헌에서 그에 관한 어떠한 흔적이나 언급도 발견하지 못했다.[31]

방현의 텍스트는 생산 시기가 불확실할 뿐 아니라 저자에 관해 알려진 모든 사실이 모방의 흔적과 다양한 해석의 가능성으로 가득하다. 방현이라는 이름 자체도 송나라 시인을 모방한 것이다. 글 속에서 작가는 자신이 한때 '광핑光平'이란 곳에 살았다고 암시했지만 사실 이 지명은 매우 흔하다. 즈리直隸, 허난河南, 장쑤江蘇, 안후이安徽 등에 모두 광평이 있다. 그리고 그는 자신이 종종 기방에 출입하고, 산수를 유람하고, 문인들의 유희에 관한 장르에 정통한 풍류 명사라는 인상을 풍긴다. 즉 그는 문인들의 장르와 유희를 모방하며 자신의 작가적 정체성을 수립한 것이다. 방현은 정말 그들 중 한 명이었을까? 「금원잡찬」 후기에서 그는 자신이 전족을 희롱했다는 이유로 낭자군이 그의 붓을 발로 차버리는 복수를 할까봐 무섭다며 엄살을 부렸다. "나는 글을 다 쓰고는 웃음을 터뜨렸다."32 아마 방현은—그가 누구든 간에—그를 너무 진지하게 혹은 곧이곧대로 믿는 독자들에 대해서도 폭소를 터뜨리지 않았을까 싶다.

전족을 연구하는 거의 모든 학자가 방현의 글을 중국에서의 발 페티시즘의 증거로 인용한다. 하지만 그의 글이 생산된 시기와 환경에 대해 더 많은 것을 알아내기 전까지는, 그의 글을 그대로 가져다 인용해서는 안 된다. 방현을 중시해야 하는 이유는 그가 후세에서 모방하는 '원형적' 전족 감상가 문인으로 이미지화되어 있기 때문이다. 모방을 통해 원작에 대해 경의를 표하는 주요 방식은 원작에 평론이나 속편을 쓰는 것이다. 「향련품조」를 손에서 놓지 못하는 '금련교 신자'는 방현의 품평 대상이 중원 지역에 국한되었음을 애석해하면서, 광둥의 전족에 대한 자신의 지식을 여기에 보충했다. 텍스트 모방의 또 다른 형식으로는 인용과 수집, 편찬이 있다. 방현의 책이 후세에 전부 혹은 부분적으로 종종 인용되었다는 사실은 방현의 저작이 원전으로서의 지위를 지니고 있음을 보여준다.33 '고대'의 감상가와 동일시되면서, 그의 텍스트는 더 많은 텍스트를 생산하게 되었다. 그 결과 남은 것은 참기 힘들 정도로 장황하고 끝없는 감상 문학의 언어뿐이었다.

표면적으로는 모두 관음증에 매료된 것처럼 보이지만, 방현과 『채비록』 사람들이 만들어낸 감상 문학이 가장 몰두했던 것은 여성의 육체를 구경하는 행위가 아니었다. 여체는 이미 한없이 이어지는 장황한 언어의 바다에서 사라졌기 때문이다. 관음증자들이 진정으로 매혹된 것은 전족이라기보다는 재현 수단으로서의 언어유희였다. 작가로서의 전족 감상가는 자신의 장광설에 매혹되었다. 이는 감상 행위가 곧 '스스로를 사랑하는' 궁극의 표현임을 다시 한번 웅변한다.

간접적인 성性: 소년, 위조자, 소장가

더 정확히 표현하면, 『채비록』 감상가들의 전족에 대한 집착은 일종의 '근대 문인으로서의 자아'가 '전통 문인으로서의 자아'를 사랑하는 형태였다. 본질적으로 이는 퇴행적 응시와 회고적 향수다. 과도하게 감정을 남용한 나머지, 이 집착은 미학가들의 장르인 소품문小品文을 다 소진하고도 넘쳐흘러서 새로운 서사 형식을 필요로 하게 된다. 그런 까닭에 『채비록』에서 가장 선정적이고 노골적인 내용은 가장 혁신적이고 근대적인 색채를 띤 것이기도 하다. 발의 에로티시즘을 이렇게 노골적으로 직접 묘사한 선례는 없었다.[34] 여성의 신체 내면의 고통을 묘사한 서사 역시 선례가 없기는 마찬가지였다.

전족 애호가들이 성적인 방식으로 전족을 직접 접촉한 경험을 쓴 경우는 아주 드물었다. 이러한 서술은 늘 만남이 이루어진 시공간과 이야기를 진술하는 시공간 사이에 신중하게 거리를 둔다. 이야기는 종종 어린 시절을 회고하는 형식을 통해 이루어진다. 자욱한 담배 연기와 몽롱한 음주 속에서 이루어진 전족과의 만남을 다루거나(『채비록속편』, 136쪽), 아니면 유작이 된 고인의 섹스 회고록이라고 내세우기도 한다.(『채비록제4편』, 305쪽) 1930년대 개항 도시의 통속적 타블로이드 신문일지라도, 여전히 우아한 것과 저속한 폭로 사이에는 엄연히 경계선이 드리워져 있었다. 특히 가장 많이 사용된 '거리 두기'의 도구는 소년의 전지 시점을 활용하는 것이었다. 사춘기 소년의 천진무구함을 무기로 이 어린 관음증자는 규방 출입을 허락받고 전족한 성인 여성과 그가 원하는 모든 것을 즐긴다. 사회적, 도덕적 제재를 받지 않았던 그들은 발에 입을 맞추거나 발가락 냄새를 맡는 등 감각적인 흥분의 경험을 들려주기도 했다.(『채비록제4편』, 305~306쪽; 『채비록초편』, 293쪽)35

하지만 미성년 소년이 발을 희롱하는 성적 유희는 물론 성적 행위에는 이르지 않고 그저 방종의 단계에서 멈춘다. 남성 성욕의 직접적인 묘사는 여전히 금기 사항이었다. 이렇게 에로티시즘과 성행위가 명확하게 이원적으로 구분된 현상은 성적 시각에서 전족을 다룬 어느 대담한 이야기에서 전형적으로 볼 수 있다. 여기서 서사자는 발을 희롱하는 유희가 실질적인 성행위와는 본질적으로 다르다고 엄숙하게 선언한다.(『채비록제4편』, 305~306쪽) 이야기는 20여 세 된 하녀와 그녀 나이의 절반밖에 안 되는 어린 주인 위아이퉁余愛同(나는 사랑과 같다의 의미)의 17개월간의 은밀한 만남을 그리고 있다. 이 글의 작가는 '독특한 것을 좋아하는 금릉인金陵愛特生'이란 필명을 사용했는데 자신이 위아이퉁의 친구이며 이 모든 이야기는 그가 들려준 것이라고 했다. 하지만 13쪽에 달하는 이야기는 줄곧 일인칭으로만 전개되었고 글 전체가 거의 따옴표 없는 긴 인용문으로 되어 있다.

메이얼梅兒이라는 이름의 여종과 어린 주인은 서로 유혹하는 과정에서 많은 유희를 만들었다. 한번은 그녀가 잘게 저민 마름 열매(마름은 삼각형의 활 모양을 하고 있어 전족에 대한 비유로 사용된다)를 담은 종이봉지를 자기 발바닥의 갈라진 부분—이곳은 중요한 성감대다—에 넣고는 그에게 전족 띠를 풀어 그것을 먹게 했다. 주인이 그녀의 발을 애무하자 "그녀의 작은 샘이 흘러넘쳤다". 그녀가 그의 품 안으로 쓰러지는 순간 그는 사정했다.(『채비록제4편』, 218쪽) 하지만 메이얼은 무엇보다 우선 이러한 유희와 실제 성관계의 차이를 분명하게 밝혔다. 어린 주인이 "너는 내가 마음대로 애무하고 희롱하도록 놔두는구나. 이것이 괴로우냐, 아니면 즐겁냐?" 그녀는 대답했다. "사람이 어찌 남이 자신을 마음대로 희롱하도록 하겠습니까? 여인의 몸은 특히 범해서는 안 되는 것입니다. 다만 사랑하는 사람이라면 다릅니다. (…) 그런데 쾌락의 느낌快感에는 구분이 있습니다. 정욕을 도발한다면 그저 팽팽한 그 한 순간이 즐거울 뿐입니다. 그 순간이 지나면 곧 견딜 수 없는 피곤과 번

민을 느낄 것입니다."

만약 성교가 사람을 지치게 한다면, 따뜻한 애무는 몸을 회복시킨다. "힘든 하루를 보낸 뒤 도련님이 애무하고 주물러주면 온몸이 시원하고 원기가 회복됩니다. 더구나 이렇게 부드럽게 나를 아껴주니 그 즐거움은 비할 것이 없지요."(『채비록제4편』, 222쪽) 훗날 그는 메이얼이 자신과의 성교를 거절한 것은 임신에 대한 두려움 때문이었다고 덧붙였다.(『채비록제4편』, 223쪽)[36] 하지만 직설적인 여성 욕망의 표현인 듯 보이는 이 진술은, 사실 겉보기와는 다르다. 이는 남성이 들려주는 이야기 속에 등장하는 진술이고, 이를 또 다른 남성이 전달한 것이다. 메이얼의 말이 얼마나 사실적이고 믿을 만하건 간에 그녀는 여성 욕망의 대변인이기보다는 남성의 욕망을 도발하는 사람에 가깝다.

하지만 『채비록』 시리즈에서 이렇게 성적으로 노골적인 서사는 드물다. 그 이유 중 하나는 1930년대의 개항 도시에서는 사실상 전족이 사라졌기 때문이다. 그래서 놀랍게도 많은 전족 감상가가 애무는 고사하고 전족을 직접 본 적조차 결코 없었다. 그들은 사실 전족 애호가를 사칭한 자들이었다. 그래서 어쩌면 이러한 유의 고백을 성적 도착자들의 변명으로 여기고 무시할 수도 있겠다. 하지만 나는 그들을 믿는 쪽을 택하겠다. 이는 한 가지 문제, 즉 서사의 진실성과 경험적 어조 사이에 왜 의심쩍은 불일치성이 존재하는지를 설명해주기 때문이다. 근거가 될 만한 개인적인 경험을 그다지 갖고 있지 않은 그들은 자신들의 글을 믿게 하려면 독자들의 감정을 잔뜩 자극하거나 자신들의 성적 만남을 극단적으로 세밀하게 묘사할 수밖에 없었을 것이다.

야오링시의 부편집인 쩌우잉은 이렇게 고백한 바 있다. "나는 어렸을 때 전족에 귀의한 이후 줄곧 배신한 적이 없다." 그의 평생에 걸친 전족 사랑은 전족 감상가 호설암에 관한 소설을 읽으며 시작되었다.(『채비록 제4편』, 145, 157~158쪽) 그러나 문제는 바로 이것이었다. "우리는 독실하게 발을 경배하고 금련을 사랑하지만, 감상할 금련이 드물다. 우리는 (전족에 관해) 마치 하늘에서 꽃이 쏟아져 내리듯 번드르르하게 이야기하지만, 사실은 뻣뻣한 널빤지나 끌어안고 누워 있는 것이 고작이다." 근대의 전족 감상가가 사실은 가짜 감상가였다는 사실은 그들의 우선적인, 궁극적인 아이덴티티가 소장가에 불과했음을 의미한다. "진짜 대상을 찾을 길이 없으니, 대신 관련 자료를 모두 수집하는 것으로 전환한 것이다. 이는 떡을 그려놓고 허기를 달래는 격이다."(『채비록속편』, 288~289쪽)

여기서 언어, 이미지, 사물은 잃어버린 금련 세계와 사라져가는 신체의 흔적이다. "우리가 우선적으로 수집하는 것은 금련에 대한 글이다. 동료 소장가 대부분이 글을 소장하고 있는데 금련을 비방한 것이든 찬양한 것이든 관계없다. 금련을 비판한 글이라도 때로는 전족의 장점을 드러내기도 한다. 그리고 우리는 미인의 전족 사진도 수집한다. 벗은 발 사진은 가장 구하기 힘들고 가장 귀하게 대접받는다. 전족용 꽃신도 수집한다. 단 작고 화려해야 한다. 취침용 꽃신은 특히 값을 매길 수 없이 귀하다. 동료들에게 물어보니 모두 이러한 수집벽이 있었는데 그 수집의 원리는 동일하다."(『채비록속편』, 288~289쪽) 야오링시와 쩌우잉이 사용한 '귀의皈依' '독실한 마음篤心' '발 숭배에 미친 사람拜足狂' 등의 언어는 공허하게 들린다. 아무리 넘치는 열광을 표현해도 전족 거부의 시대에 전족 감상 행위는 단지 헛된 몸짓일 뿐이라는 엄연한 사실을 감추지 못했다. 소설 읽기에서 언어의 수집으로, 다시 『채비록』 시리즈의 편찬까지, 텍스트 생산과 소비가 구축한 유일한 맥락은 더 많은 '텍스트'였을 뿐 구체적인 사회적 경험이 아니었다.

그러나 과장된 감상가들의 정서는 어쨌든 진심이었다. 야오링시는 감상가들의 정서를 표현하기 위해 명대 후기의 정情 숭배 문화와 『홍루몽』에 묘사된 순수한 대관원大觀園[37] 묘사를 통해 정의 초월적 힘을 부각했다. "사람이 감정으로 느끼는 바가 있으면 반드시 이를 기탁하여 표현하게 된다. 정을 굳건하게 기탁하는 자는 이것이 집착이 되어버린다. 만약 기탁하는 바가 없으면 막막하게 부딪히니 마음이 갈 곳을 잃어버리거나 삶의 즐거움을 느끼지 못한다. 나만 전족에 정을 기탁하는 것이 아니다. 전국의 동호인들이 모두 여기에 정을 두고 있다. 왜 여기에 정을 기탁하는가? 갈구해도 얻을 수 없으니 이를 그리워하다 그만 병이 되었다. (그래서) 하고 싶은 말을 해서 그 감정을 풀어내는 것이다. 집착이 깊으니 말도 끊이지 않는 것이다." 하지만 삶과 죽음을 초월하여 현실의 벽을 뛰어넘었던 명대 후기의 정과 달리, 근대에 출현한 이 욕망은 짝사랑으로 끝나도록 진즉에 운명지어져 있었다.

전족의 획득 불가성, 즉 그것의 거리감과 타자성은 오히려 전족의 매력을 돋보이게 했다. 야오링시는 계속해서 이렇게 말한다. "금련의 시대가 이미 쇠퇴한 뒤에 태어나, 우리는 아름다운 갈고리 모양의 금련을 더는 볼 수가 없다." 상상 속에 존재하는 평온한 옛 시대와 중국을 갈가리 찢어놓은 폭력적인 20세기와의 대조는 이 거리감을 강화한다. "아수라의 영겁을 거치는 동안, 우리는 전쟁을 피할 길이 없다. (…) 오직 금련 세계에서만 안심하고 정신을 기탁할 수 있다. (…) 상상 속의 아름다움은 눈으로 보고 손으로 만질 때의 흥분을 능가한다. 스스로 그 기쁨에 기꺼워하여 한때의 유쾌한 위안을 구할 뿐이다."(『채비록제4편』, iv-v쪽)

'할머니'와의 인터뷰: 간접 인용된 여성의 욕망

과거의 전족과 위조자인 근대 전족 감상가 사이에 존재하는 거리 때문에 그들이 전족과 관련된 성 경험을 진술하는 것은 곤란한 문제였다. 그들은 실제 행위에 참여자로 등장할 수가 없기 때문이다. 전족 거부의 시대에 남성이 경험한 전족 관련 성 문제는 회고의 방식으로만 진술될 수 있었다. 앞서 언급했던 방현 작품의 숭배자인 '금련교 신자'는 '성심리학'까지는 아니더라도 노골적인 성적 태도를 들려주기 위해 두 가지 전략을 사용한다. 어린 시절의 기억(아내의 어린 시절 기억을 포함하여)과 늙은 전족 감상가와의 인터뷰가 그것이다.[38]

'금련교 신자'는 쩌우잉과 야오링시와 비슷하게 전족을 간접 경험한 감상가로 자신을 묘사했다. 그는 우아한 금련의 시대보다 20년 늦게 태어나 이를 직접 경험하지 못했다. 금련을 가장 가까이했던 기억은 소년 시절에 사촌의 구두를 훔쳐서 이불 속에서 냄새를 맡아본 것이었다. 그는 이 행위를 '매실을 바라보며 갈증을 달래는' 것에 비유했다.(『채비록속편』, 118쪽) 그의 아내는 5세에 전족을 시작했지만 8~9세에 이를 중지하고 입학했다. 그녀는 어린 시절 자매들의 발을 만져보며 서로 뼈의 촉감을 느꼈다고 말했다. 아내는 사촌 동생에게 당시 세태의 풍조에 영향받지 말고 전족을 유지해 "남편의 욕망을 해소시켜"달라고 간청하기도 했지만, 소녀는 거절했다.(『채비록속편』, 124~125쪽)

늙은 감상가를 방문하여 진행한 '금련교 신자'의 인터뷰는 두 부분으로 나뉜다. 첫째 부분에는 '유로遺老'[39] 혹은 '어르신長老'과 나눈 대화가 수록되었다. 둘째 부분은 갑작스럽게 어떤 '할머니姥'와의 대화로 전환된다. 주요 주제는 부부생활의 쾌락에 관한 것이었다. 앞부분에 등장한 '유로'의 성별은 다소 불분명하다. '금련교 신자'는 여기서 두 번 그를 '여성 유로巾幗遺老'라 불렀다. '그녀'는 자신의 갈고리 같은 전족을 보물처럼 여겼고 그 지조는 그야말로 멸망한 왕조에 충성하는 신하와 같았다고 했다. '금련교 신자'는 이 인물을 활용하여 지식 전달의 진실성을 강화하며 그녀를 당나라 현종의 궁에 있던 '흰머리 여성'에 비유했다.[40] '흰머리 여성'은 전국을 쑥대밭으로 만들고 황제와 수행원들을 피난 가게 만든 안녹산의 난이 일어나기 이전의 흥미진진한 궁중생활을 들려주었던 사람이다.(『채비록속편』, 121쪽) 몰락을 목격한 이 나이든 궁중 여성은 웅장했던 과거를 기억한 유일한 서술자였다. 전족 감상가를 사칭했던 문인들은 종종 이 이야기를 끄집어내곤 했는데 이는 결코 우연이 아닐 것이다.(『채비록속편』, 130쪽; 『채비록제4편』, 158쪽)

하지만 때로 그 '유로'의 말투는—더는 '여성 유로'라 하지 않았다—마치 '그'처럼 들리기도 했다. 그는 수면 신발을 읊은 옛 시 한 수를 인용했고, 또 노승의 말투를 흉내내며 인공적인 방식으로 뼈를 부드럽게 하여 억지로 전족을 만드는 행위를 비난했다. '그'는 전지적 남성의 목소리로 뼈로 된 발과 살로 된 발이 어떤 차이가 있는지 논의하기도 했다. 하지만 '그'는 천성적으로 뛰어난 발을 타고났던 어느 여종을 훈련했던 일을 회상할 때 다시 '그녀'가 되었다. 이 여종은 뼈와 살이 균형잡힌 발을 가졌는데, 100명이나 1000명 중 최고 두 명 안에 들 정도로 전족에 적당했다. 노인은 그녀에게 발 싸매는 법, 발의 형태를 만드는 법, 약 바르는 법, 향 피우는 법을 가르쳤다. 노인의 수제자가 된 그 여종은 무수한 구혼자를 모두 물리쳤지만, 어느 날 그녀의 왕자가 나타났다. 그는 쑤저우, 양저우, 푸젠, 광둥 스타일로 특별 주문한 100켤레가 넘는 꽃신을 가지고 왔다. 그의 진정성에 감동한 노인은 그들을 축복하며 직접 수놓은 수면 신발 한 켤레를 선물한다. 이는 그녀의 '흰 살'에 꼭 들어맞는 것이었다. 그들은 사흘 밤낮을 환락에 젖어 "물조차 마시지 않았다". 머리와 옷이 헝클어진 그녀는 남자에게 죽더라도 여한이 없다고 말했다.(『채비록속편』, 120~121쪽)

이 이야기를 무협소설이라고 간주하고 읽는다면 어쩌면 더 적절할지도 모르겠다. 골격이 뛰어난 제자의 선별, 비방과 온갖 무기를 다루는 사부, 모든 전투를 종결짓는 마지막 대결은 청대 후기 무협소설에서 익숙한 서사 문법이지 전통적인 에로틱 소설의 요소는 아니다. 만약 여성 서술자가 성교 장면이나 남성의 성적 편력을 서술한다면 대단히 어색해질 것이다. 하지만 전족 띠를 감고 푸는 은밀한 지식과 의식에 익숙한 것은 여자들밖에 없었다. '금련교 신자'가 인터뷰한 유로의 음성이 남성과 여성을 오갔던 이유는 이 때문이다.

'금련교 신자' 인터뷰의 후반부에 나오는 여성의 욕망에 관한 노골적인 부분은 어느 '할머니'가 진술한 것이다. 그녀의 남편은 관리였는데 한번은 남편과 함께 전족 미인이 많기로 유명한 푸젠성 셴유仙游현으로 여행을 가게 되었다. 그녀는 남편에게 소개해줄 전족 미인을 물색하는 과정에서 에로틱한 여성 몇 명을 만나게 되었다. "이제 막 성년이 된 어느 명문가의 첩 하나는 (성적) 교섭은 좋아하지 않았으나 남자의 물건을 애무하는 것을 즐겼다. 흥이 오르면 전족 띠를 직접 풀어버리고 물건을 (발에) 끼우고 애무했다." 그녀는 남자가 사정하는 것을 보면서 즐거워했다. 예전에 첩이었던 또 다른 여성은 섹스 파트너를 매달 바꾸기도 했다. "가장 신기했던 어떤 여자는 여자친구의 작은 발가락을 남자 물건 대신 사용했다. 그녀는 하룻밤에 일곱 번 혹은 여덟 번은 바꿔야 비로소 만족했다. 이 '일곱 번 혹은 여덟 번'이 발가락인지 친구인지는 확실치 않다.(『채비록속편』, 124쪽)

이는 둘 혹은 그 이상의 여성들 사이의 동성애적 밀회에 대한 매우 보기 드문 묘사다. 이것을 여성인 '할머니'가 진술했을 때 이야기는 더욱 그럴듯해진다. 하지만 이 세 이야기에 나오는 여성들은 과도한 성욕으로 남자를 위협하는 위험한 이미지다. 이는 오히려 남성들이 생산하고 소비하는 에로틱 소설 속 팜파탈의 스테레오타입에 들어맞는다.[41] 전족이 여성을 향한 여성의 욕망을 도발하는 도구였을까? 우리는 이를 확인할 수 없다. '금련교 신자'가 옛 시절을 회상하는 인터뷰를 통해 기록된 성적 교섭이 흥미로운 점은 그가 이중적 성별의 유동적인 음성을 통해 남성과 여성 욕망 모두를 서술했다는 것이다. 이러한 서사적 장치는 여성의 시각에서 여성의 욕망이라는 주제를 끄집어낼 수 있게 해주었지만, 결코 그다지 설득력 있지는 않았다. 그럼에도 혹은 그것 때문에, '금련교 신자'의 글에서 현실 생활의 세부 묘사들은 마치 소설처럼 읽힌다. 예를 들어 작가는 이 글을 쓰기 1년 전 '할머니'는 죽었고 그가 직접 관 속에 누운 그녀의 신발을 갈아 신겼다는 등의 에피소드를 들려주었다. 또한 '금련교 신자'가 묘사한 전족 애호가 아내는 사촌 동생에게 전족을 설득하기도 했고 전족의 성지인 다퉁으로 여행 가고 싶어하는 남편의 소원을 들어주기도 했다.(『채비록속편』, 125쪽) 하지만 전족 거부의 시대에 이러한 인물이 실존했는지는 대단히 의심스럽다. 아마 그녀는 '금련교 신자'의 또 다른 여성적 자아이거나 그의 상상 속에 존재하는 허구인 듯하다.

'할머니' '금련교 신자'의 아내, 셴유현의 여자들, 메이얼까지 그녀들이 노골적으로 드러낸 욕망은 남성 감상가 겸 위조자들이 자신들의 시선으로 투사한 욕망이었다. 감상가는 관음증자인 동시에 여성의 말을 대신하는 남성이기도 했다. 『채비록』에서 여성의 자위 욕망에 관한 서사가 잠깐 보이는데, 이 서사들 역시 성별 정체성을 전환하는 특징이 있었다. 이는 '금련교 신자'가 "'할머니'는 이렇게 말했다"라며 대리 서술의 형식을 취한 것과 마찬가지다. 그것들은 허구와 진실 사이에 애매모호한 공간을 점유하고 있을 뿐 아니라 서사적 음성과 시점을 혼란에 빠지게 했다. 극단적인 사례로는, 자신의 작은 발을 사랑하는 어느 여자의 이야기를 들 수 있다. 이 이야기는 뒤쪽 창문을 통해 그녀를 엿본 이웃 소년의 호기심 어린 시선에 완전히 못 박힌 채 서술되었다.(『채비록초편』, 282쪽) 그래서 여성을 대리하는 이런 간접적인 음성은 결코 믿을 만한 것이 못 된다. 그것들은 근대 시기 남성 판타지의 대상물로서의 전족이 어떻게 남성의 향수 어린 욕망의 표상이 되었는지 말해주지만, 이를 바라보는 여성의 시선을 포착하기는 어렵기 때문이다.

전족 신발의 사회사: 양철애와 호설암

글 쓰는 전족 감상가 방현이 후세의 모방적 글쓰기를 추동했고, 그 시대의 기준으로는 대단히 노골적인 성적 표현을 보여주었다면, 다른 일로 기록에 남은 감상가들도 있었다. 그들이 불러일으킨 모방적 감상 문화는 각종 신기하고 교묘한 관련 물품의 발명을 둘러싸고 진행되었다. 따라서 금련 감상가로 유명했던 호설암胡雪巖과 양철애楊鐵崖의 이름이 종종 전족 신발의 다양한 용도와 신기한 생활에 연계되어 거론되는 것은 결코 우연이 아니다.

호설암은 근대의 전족 감상가였다. 그는 학자가 아닌 상인이었다. 항저우의 은행가이자 자선가였던 그는 1860년대에 청 조정에 배상금과 군비를 대출하여 치부했지만 1883년에 파산했다. 리츠밍李慈銘에 따르면 호설암은 "양갓집과 천민 출신 여성 수백 명을 거느렸는데 대부분 강제로 끌고 온 이들이었다".[42] 황제를 모방한 듯한 그의 행적은 어느 소설에 묘사되기도 했다. 여기서는 호설암의 정원이 딸린 저택과 골동품을 사들이는 행위 등이 등장한다. 하지만 그가 거느린 전족한 '후궁' 무리에 대한 묘사는 단 몇 줄에 그친다(그는 여성들의 치마 착용을 금지하고 발끝을 노출한 바지를 입게 했다, 38쪽). 부상 호설암은 황제급의 전족 감상가로 묘사되었다.

『호설암외전胡雪巖外傳』이라는 소설의 서문은 1903년으로 되어 있고 출판 연도도 대략 그 무렵일 것이다. 이 소설의 작가는 오하시 시키하네大橋式羽라는 이름으로 마치 일본인같이 들리지만, 사실은 아니었다. 출판지를 일본 도쿄라고 했지만 이것도 거짓이다. 『호설암외전』은 『채비록』의 금련 애호가들 사이에서 대단한 기대를 낳은 전설적인 작품이었다. 하지만 독자들이 마침내 이 책을 만났을 때는 아마 실망했을 것이다. 책 속에서의 전족 묘사는 틀에 박혔고 피상적이었기 때문이다.[43]

이 소설에서 전족에 대한 세부 묘사가 결핍된 것은, 여기서 전족이 서구화 이전 역사의 흔적을 표현하는 상징적 기능을 하고 있기 때문이다. "사실 남녀평등의 풍토는 아직 중국에서는 유행하지 않았던 터라 호설암 저택에서는 전족에 매우 공을 들였다. 집안에 큰 발을 지닌 여자가 있는 것을 수치스럽게 여겼다. 이들은 세계 만국에서 말하는 천족의 세상이 무엇인지도 몰랐다."(28~29쪽) 소설 속의 호설암은 열여섯 채의 집을 짓고 여기에 처첩들이 거처하게 했다. 이들을 호출하기 편리하도록 전화까지 설치하고 하렘 속의 황제처럼 군림했다. 주의할 것은 역사적으로 호설암이 1860~1870년대에 활약했다는 점인데, 이 시기는 태평천국의 난을 진압하고 제국이 마지막 중흥의 기회를 맞았던 때였다.

이 책이 매우 불만족스러웠던 금련 애호가들은 전족 신발에 대한 이야기를 꾸며내 이야기를 일부 윤색했다. '삼우三友'라는 필명의 작가는 자신이 운 좋게도 호설암 저택에서 일했던 노파를 옆집 사람으로 두었다고 주장했다. 노파에 따르면 호설암의 저택에는 신발의 등급을 매기는 상세한 규칙이 있었다. 발이 3치 이하인 사람은 특별히 금박으로 수놓은 진홍색 신발을 신는 것이 허가되었다. 4촌 이하는 꽃을 수놓은 분홍색 신발, 5촌 이내는 여러 색이 섞인 꽃신을 신는다. 5촌 이상은 푸른 광목 신발밖에 신을 수 없다. 크기뿐 아니라 지위에 따른 계급도 있었다. 여종과 첩들은 모두 붉은 비단 수면 신발을 신지만 여종들은 발가락 부위에만 자수를 놓을 수 있고 첩들은 신발 전체에 놓을 수 있다. 호설암을 가까이 모시는 여자들은 언제든지 만지고 희롱할 수 있도록 낮에도 수면 신발을 신었다. 여름에는 만졌을 때 시원한 감촉이 느껴지도록 옥으로 신발 밑창을 만들었다.(『채비록속편』, 267쪽) 하지만 후속편에서 '삼우'는 자신이 사실 『채비록』의 부편집자인 쩌우잉이며, 여기서 서술한 호설암 저택의 신발 관련 묘사는 어린 시절 읽은 소설의 내용을 기억해내 쓴 것이라고 했다.(『채비록속편』, 286쪽) 처음부터 옆집 노파는 존재하지 않았던 것이다. 나는 애초에 원판 『호설암외전』이 없었을지도 모른다는 의심이 든다. 이 책이 있었다는 증거가 전혀 없기 때문이다.

하지만 텍스트 속 사물의 기원은 위조된 것일지라도, 이 사물이 현실세계에 등장하기도 했다. 어쩌면 위조된 텍스트의 사물 자체에 창조적 에너지가 있었던 것일까? 야오링시는 어느 날 한 친구가 잎사귀 모양의 반투명 옥을 팔아달라고 가져온 사연을 이야기했다. 옥의 끝부분이 살짝 들려 있었고 가장자리에 작은 바늘구멍이 촘촘히 나 있었다. 밑에는 소전小篆체로 '호경여당胡慶餘堂 첩의 신발 밑창'이라는 글자가 새겨져 있었다.[44] 그는 나중에 '호경여당'이 호설암이 소유했던 항저우의 약방이라는 것을 알게 되었다. 야오링시는 막대한 돈을 써가며 이 '쓸모없는 물건들'을 사지는 않았다. 하지만 이를 계기로 그는 호설암의 이야기에 관심을 갖게 되었다.(『채비록초편』, 158~159쪽) 훗날 그는 호설암의 이야기를 쓰며 옥을 박은 신발 밑창을 자세히 묘사했는데 친구가 가져왔던 물건과 비슷했다. 호설암은 긴 의자에 누워 있는 첩의 신발 밑창을 받침대 삼아 아편을 말았던 것 같다. 야오링시는 옥 병풍을 쪼아서 이 밑창을 만든 것을 알고 비판했다. "자원을 이렇게 함부로 낭비하다니!"(『채비록초편』, 181~182쪽)

전족을 골동품으로 감상하자는 타오바오피의 호소에 맞장구치던 야오링시가 옥으로 된 신발 밑창을 보고 공리적 가치를 요구하는 것은 꽤나 아이러니하다. 그가 여기서 구사한 '쓸모없는 물건'과 '자원 낭비'라는 표현은 타고난 신체야말로 생산성과 실용성을 구비하고 있다는 근대의 신념에 대한 그의 동조를 드러낸다. 흥미로운 것은, 그가 유가적 어조도 함께 지니고 있었다는 점이다. 검소함은 문인들이 상인들을 비판할 때 사용하는 전가의 보도 중 하나였다. 상업경제의 위해성은 늘 낭비와 사치, 즉 '과시성 소비'에서 오는 것이었다. 18세기 자본축적의 전성기에 양저우 염상鹽商에 줄곧 따라다니던 악명 높은 이미지는 바로 황금 요강이었다.[45]

호설암은 전족 신발을 술잔으로 사용하기도 했다고 전해진다. 이러한 행동은 원대 후기의 전족 감상가인 양철애(이름은 유정維楨, 철애는 호, 1296~1370)와 깊은 관련이 있다. 그의 행위는 '철애벽鐵崖癖'이라는 이름으로 알려져 있다.[46] 명대 초기 어느 필기에서는 그가 전족 신발에 직접 술을 따른 것이 아니라 신발 안에 술잔을 두고 따라 마셨다고 했다. 이 유명 시인 양철애가 저속하다 못해 미쳤을 것이라는 기존 인상을 수정하려는 듯하다. 하지만 그가 발 냄새 풍기는 술 마시는 즐거움을 아는 이라는 느낌은 여전히 주고 있다. 원 왕조 말기 격동의 시기에 양철애는 쑤저우로 은퇴하여 기방에서 술과 놀이를 즐기며 시간을 보냈다. 전족 신발에 술을 마시는 행위는 놀이에서 진 이가 받는 벌칙이었다.[47]

양철애의 기행은 여느 전설적인 전족 감상가들과는 달랐다. 그는 우아함과 낭만의 아우라로 자신을 치장하지 않았다. 그가 보여준 기벽은 사람 몸에서 풍기는 구역질 나는 악취와 오염을 아주 솔직하게 암시하고 있다. 그래서 명대 후기의 심덕부沈德符는 관련 이야기를 쓰면서 서사의 초점을 양철애에서 그의 친구이자 함께 연회를 즐기던 동료 예찬倪瓚(예원진倪元鎭, 1301~1374)에게로 옮겼다. 예찬은 유명한 화가였고 심한 결벽증을 지녔다. 그는 양철애가 전족 신발을 술잔 삼아 돌릴 때마다 화를 내며 자리를 떠나곤 했다.[48] 이 두 종류의 기벽(전족과 결벽) 사이의 전쟁을 보면 피식 웃음이 나오기도 한다. 이는 감상 문화 문헌들이 우아함을 통해 정화했던 냄새 나는 육체의 물질성을 여지없이 드러내기 때문이다.

신발에 술을 따라 마시는 관습은 원래 낭만적이면서도 가벼운 장난 같은 행위였지만 청대의 작가 기윤紀昀(1724~1805)은 이를 경고하는 이야기를 기록해 교훈담으로 만들었다. 7월 보름 백중날에 제사를 지내던 어느 명문가의 주인이 조상에게 바치는 술을 높이 들었다가 탁자에 놓았는데 술잔이 깨져버렸다. 이는 흉조였다. 범인은 그의 아들로 밝혀졌다. 며칠 전 그가 기녀를 불러서 양철애를 흉내내어 술잔을 기녀의 신발 안에 놓았던 것이다. 기윤은 '철애벽'을 "저속하고 음란하며, 더럽고 천박하기가 이루 말할 수 없는" 행위라고 했다.[49] 이러한 혐오를 통해 그는 사실상 근대의 전족 거부 이전 시대의 전족 미학을 보여주었다. 이는 바로 회피하는 시선, 간접적 표현, 전족의 육체성을 모른 척하는 것이다.

오랫동안 혐오의 대상이었음에도, 그리고 어쩌면 아마 그것 때문에, 기녀의 신발에 술을 마시는 행위는 전족 감상 문화 중에서 가장 오래되었고 자주 모방의 대상이 되었던 관습이다. 이 행위의 창시자는 무슨 전설 속의 황제가 아니라 양철애였다. 그는 생존 당시 이미 동시대인들에게 전족 감상가로 인정받았는데, 이러한 인물은 역사상 처음이었다. 양철애로 인해 전족 감상 행위가 문인 문화의 회고 정서 및 향락과 긴밀하게 연계되었다. 방현의 작품 다섯 편 중 세 편이 문인들이 즐기던 주령의 규칙에 관한 것이었다. 그중 「관월사貫月査」는 바로 '철애벽'을 직접 실행하는 내용이었다.

20세기 개항 도시의 상업화된 경제 환경 속에서 신발의 용도는 다양해졌다. 신발의 형식과 기능의 관계 사이에서 더 많은 상상의 공간이 창출되었다. 야오링시는 톈진에 있는 중위안中原 백화점에서 즉석에서 붙였다 뗐다 할 수 있는 신발 굽을 발견했다. 이는 경태람景泰藍이라고 부르는 칠보[50]나 붉은 조개껍질에 보석 장식이 박힌 것으로 10금金이면 구입할 수 있었다. 여성들은 평소에 이것을 가방에 넣고 다니다 춤추러 갈 때 평평한 가죽 신발에 부착하여 하이힐로 만들어서 댄스홀에서 굽 소리를 내는 것이었다. 야오링시는 왜 여기에 술을 따라 마시지 않느냐고 농담하듯 반문했다.(『채비록초편』, 170쪽) 징더전景德鎭의 장인들은 신발 모양의 술잔을 도자기로 만들고 여기에 춘화를 그리곤 했다.[51] 너무 진짜 같아서 장시江西의 창기들은 그것을 신고 손님을 유혹했다고 한다.(『채비록초편』, 187쪽) 또 다른 감상가는 20여 년 전 베이징 정양문正陽門 밖의 상점에서 남근 모양으로 된 수면 신발을 보았는데 밑창을 고무로 만든 '광둥의 가짜 기구廣東僞器'였다. 가격은 4냥이었는데 과부들에게 인기가 많았다.(『채비록초편』, 199~200쪽)

전족 여성 자체와 달리, 이러한 신발들은 과거 감상 문화의 흔적이 아니라 신흥 상업주의의 산물이었다. 그것들은 개항 도시의 문화와 성적 방종의 풍조를 연계한다. 쩌우잉의 말대로 만약 근대 시기 감상가의 우선적이고 궁극적인 정체성이 전족 관련 물품과 텍스트의 수집가라면, 이러한 수집활동은 바로 근대적 시장에서 상품을 구입하여 이루어진 것이다. 감상가는 영리한 소비자다. 그들은 백화점이든 벼룩시장이든 자신이 어디로 가서 물건을 사야 할지 알고 있다. 『채비록』의 글 일부가 마치 쇼핑 가이드처럼 보이는 것도 놀라운 일은 아니다. 이들은 베이징에서 실속 있는 수면 신발을 살 수 있는 최고의 골동품 좌판이 어디인지에 대해 토론했다.(『채비록초편』, 202~204쪽)

물신 대상fetish object인 전족 신발은 본질적으로 상업적이지만, 여기에 부적으로서의 의미도 추가되었다. 몽정으로 고통받던 어떤 남성은 자신의 발기된 남근보다 작은 전족 신발을 남근과 고환에 끼우고 잠을 잤고, 그 결과 증세가 치유되었다.(『채비록제4편』, 126쪽) 이 흥미로운 반전 속에서 과거에는 오르가슴에 대한 유혹과 음탕한 욕망 혹은 자위를 위한 물건이었던 것이 전족을 거부하던 근대에 와서는 자아 통제의 도구가 되어버린 것을 볼 수 있다.

『채비록』의 세계에서 술잔이나 욕망의 물건이 되기도 하고 혹은 몽정의 도구가 되기도 했던 전족 신발의 '구멍'은 남성의 판타지와 근심을 담는 용기가 되었다. 감상 문화 담론의 주제 자체도 남성의 것이었지만, 그 욕망과 두려움 역시 남성 중심적이다. 이 욕망을 가장 핵심적으로 표현한 것은 구식 문인과 자신을 동일시했던 점이다. 남성 문인들은 남성 특권의 상징이었기 때문이다. 하지만 당시는 집중된 권력과 통제력이 아닌, 소멸과 혼란이 신체 정치학을 이끌던 시대였다. 폭주하는 장광설이 문학세계를 장악하던 시대에 문인들이 글의 세계를 통제했던, 사실상 독점했던 옛 시절은 분명 매력적으로 보였을 것이다.

자칭 페미니스트인 전족 감상가들

금련에 대한 집착이 흘러간 시간에 대한 향수와 근대 남성들의 우려를 표현하기 위한(혹은 도피하려는) 하나의 방식이라고 한다면, 『채비록』의 전족 담론은 민족주의 및 여기 암시된 남성적 주체에 대한 하나의 대안으로 볼 수 있을 것이다. 야오링시나 쩌우잉이 과거의 여성들을 인정했다는 점은 전족을 골동품으로 취급했던 그들의 시선에서 잘 드러난다. 이는 구시대 여성들을 가부장제의 희생자이자 민족의 수치로 간주하는 당시 주류 담론과 분명 다른 것이다. 그런 까닭에 전족 감상가들은 자신들이 여성 동정론자, 심지어 진정한 페미니스트라고 생각했다.

여성을 승인하는 방식에서 보여주는 차이는 민족주의적 페미니즘, 특히 반전족 운동에 대한 『채비록』 필자들의 공공연한 비판에서 잘 드러난다. 『채비록』에 수록된 라오쉬안老宣(1886년생)이라는 필명의 칼럼니스트는 이를 분명하게 표현했다. "(전족을) 권장하는 것은 잔인하고 외설적인 짓이다. 이는 사람의 도리가 아니다. 하지만 이를 엄금하는 것은 독재이며 억압이고 사람의 감정을 무시한 것이다." 그가 보기에 반전족 운동에서 가장 참기 힘든 것은 운동에서 사용하는 표현이었다. "전족은 가장 직접적으로 전족 여성에게 영향을 미치고 즉시 피해를 입힌다. (…) 전족하지 말라고 권하려면 하늘의 이치와 인간의 감정에 초점을 맞추는 것이 마땅하지, 눈앞의 현실과 관계없는 '강한 인종'이나 '강한 국가'를 내세우며 허황되고 비현실적인 고담준론을 펼쳐서는 안 된다." 라오쉬안은 여성의 신체 상황을 존중하는 일종의 여성 중심적 방침을 주장했다.[52] 그의 논리는 앞 장에서 논의했던 여성 교육가 설소휘와 유사하다. 그들 모두 전족은 사회정치적 강제 수단으로는 없어질 수 없고, 전족의 문화적 생명이 소멸하면 자연히 사라질 것으로 생각했다. 소녀들에게 전족의 해악을 가르치되 나이 든 여성은 내버려두라는 것이다.

라오쉬안은 계속해서 민족주의적 반전족 담론의 논조에 도전했다. "만약 전족과 '강한 인종'이 정말 관련 있다면 나는 결코 (이런 주장에) 반대하지 않았을 것이다. 하지만 내가 보건대 베이핑北平53 및 여러 지역 천족 여성들이 낳은 아이들이 결코 전족 여성 아이들보다 특별히 건강하지는 않다. (…) 만약 천족이 '강한 국가'에 도움이 된다면 나도 여기에 동의할 것이다. 하지만 내 생각에 나라의 강함과 약함은 인민의 지혜와 어리석음, 용기와 비겁함과 같은 내면에 달린 것이지 외형이 결정하는 것이 아니다. 여자들의 두 발에 달려 있는 것은 더더욱 아니다. 아프리카와 오세아니아, 태평양 제도에 사는 여성들 체격의 강건함은 결코 구미와 일본 등지의 여성들이 못 따라간다. 그런데 왜 이곳 사람들은 나라를 세우지 못하고 도리어 강대국의 노예로 전락하며, 심지어 인종 소멸의 위험에 직면했는가?"(『채비록초편』, 13쪽) 라오쉬안은 이에 민족주의 페미니즘의 두 가지 기본 논점에 의문을 제기했다. 하나는 강한 어머니가 강한 아들/국가를 낳는다는 우생학적 결정론이고, 다른 하나는 여성의 지위가 문명 진보성의 표지라고 하는 선교사들의 주장이었다.

하지만 이렇게 여성을 중심에 놓고 여성 존중을 주장했건만, 전족 감상가들이 전족 여성을 승인하는 방식은 본질적으로 한계가 있고 일방적이었다. 그들은 욕망 혹은 감상 대상을 자신과 동일시했고 이는 자기애에서 비롯된 것이었다. 감상가들은 이성애자 동맹의 밖에서, 혹은 남성과 관련 없는 상태에서 여성의 욕망을 표현할 수 없었다. 우리는 앞서 '금련교 신자'가 유신 및 '할머니'와 진행한 인터뷰를 통해 서사 주체 목소리의 성별이 전환되는 현상을 보았다. 이는 남성이 여성으로서 목소리를 내는 것이 얼마나 어려운지를 말해준다. 여성의 평등한 권리를 주장했던 근대에서조차 민족주의적 담론도, 이와는 대척점에 놓인 전족 감상가들의 여성론도 모두 여성의 욕망을 솔직하게 진술하는 데에는 완전히 실패했다. 이들은 기껏해야 여성 동정론을 펴거나 여성을 교육시켜야 할 대상으로 치부하거나, 툭하면 현실 속의 여성을 악마화했다. 이는 내용은 다르지만 사실상 전통 문인들의 방식과 별다를 바 없었다.

남성들이 '시대에 뒤떨어졌다는 느낌outdatedness'에 대해 느끼는 비애는 몹시 강렬해 감상가들의 관심사를 진즉에 뛰어넘었다. 이는 어느 좌파 작가의 단편소설에서 가장 뛰어나게 표현되었다. 사회주의 운동에 헌신하다 희생된 후예핀胡也頻(1931년 사망)의 소설 「작은 현성縣城의 두 여자」는 1929년 『동방잡지東方雜誌』에 수록되었다. 이 작품은 남편에게 버림받은 30세 남짓한 두 여성의 정신적 고통을 묘사하고 있다. 작가는 이들의 이름을 밝히지 않았다. 하지만 이들에게는 공통된 정체성이 있었다. 구식 전족을 하고 근대 세계에서 살아가던 여자들이었다. 가족이 한자리에 모여 새해의 희망을 축하하는 작은 설날(음력 12월 24일)에 실의에 빠진 두 여자는 외로움을 술로 달래려 했다. 물론 이는 헛된 시도였다.

두 사람 중 얼굴이 둥근 여자는 10여 년 전 결혼 첫날밤에 남편이 그녀에게 다정하게 '황후'라 부르며 그녀의 작은 발을 떠받들던 것을 회상했다. 하지만 대학 진학을 위해 수도로 간 남편은 모던 걸의 그림과 사진을 보내며 스타일을 바꾸라고 권했다. 남편을 기쁘게 하려고 그녀는 '도자기처럼 반질거리는 작은 발'을 풀어버렸다. 그리고 발이 커지기를 바라면서 찬물에 담근 채 사흘을 버텼다. 가슴을 납작하게 만드는 전통 속옷을 버리고 "양쪽 가슴의 형태를 겉옷 밖으로 대담하게 드러내기도 했다".[54] 그녀의 온갖 노력에도 불구하고 남편은 결국 그녀를 버리고 모던 걸에게 가버렸다. 소문에 그는 국립대학의 교수가 되었고 무슨 힘 있는 위원회의 자리를 차지했으며 아들도 낳았다. 그녀는 그가 '근엄하게 팔자 수염을 기르고 있는' 이미지일 것이라고 상상했다. 즉 그녀의 남편은 지적 권위, 정치적 권력, 자손까지 겸비한 완벽한 근대의 남성이다. 이는 사실 전통 소설에 등장하는 성공한 재자才子 이미지를 미러링한 것이다. 하지만 소설의 여주인공 가인佳人과 달리, 청춘을 희생했던 그녀의 투자는 영광을 가져오지 못했다. 그녀에게 남은 것은 매월 구차하게 받는 30원의 부양비뿐이었다.

긴 얼굴을 지닌 그녀의 친구도 처지가 나을 게 없었다. 그녀 역시 3년간은 행복한 결혼생활을 했다. 그녀는 진정으로 남편을 사랑해 그에게 외국으로 유학을 가라고 설득했다. "하지만 남편의 발전은 그녀의 몰락을 의미했다." 떠나기 전날 밤 그녀는 감기를 앓았다. 하지만 남편의 미친 듯한 욕망이 너무 강렬하여 그녀는 "다섯 번이나 그를 만족시켜주었다". 이는 그녀가 평생 떨쳐버리지 못한 '더러운 기억'이었다.(104~105쪽) 그녀의 희생은 신체적, 성적 복종으로 표현되었다. 처음에는 전족을 했고, 다음에는 그의 성적 욕구를 한껏 만족시켰다. 심지어 남편에게 배신당한 후에도 그녀는 계속 희생했다. 발을 크게 만들어 남편의 마음을 돌리려 한 것이다. 물론 무정한 남자도, 자신의 몸도 그녀가 원하는 대로 되지 않았다. 몇 년간의 노력 끝에 발은 커졌지만, 그녀의 발은 '죽순도 아니고 무도 아닌' 기형적인 형태가 되어버렸다. 이 두 친구는 취할 때까지 술을 마셨다. 둥근 얼굴의 여자는 중얼거렸다. "다른 건 다 쉬워. 하지만 발은 어쩔 수가 없으니……."(106쪽)

　이 소설에서 의미심장한 것은 여성들이 자기희생으로 여겼던 행위, 남성을 기쁘게 하기 위한 신체적 희생 혹은 외형의 변형을 후예핀은 남성의 침략으로 해석했다는 점이다. 이는 비단 그날 밤의 미친 듯한 욕구뿐만 아니라 행복한 3년간의 결혼생활 동안 무수히 벌어졌던 '불행하고 더러운 행위'도 지칭하는 것이었다. 그는 부부간의 성교를 강간에 가까운 유린으로 묘사했다. 성에 대한 이처럼 경직된 해석은, 표면적으로는 여성 희생자에 대한 동정에서 비롯된 것이다. 하지만 사실 이것이 매우 충격적인 이유는 설령 더없이 행복한 결혼생활 중일지라도, 여성이 성적 쾌락을 느낄 가능성을 완전히 배제해버렸기 때문이다. 물론 이 결혼은 새벽이슬처럼 아주 짧게 끝났다. 그래서 그녀가 경험했던 즐거움이 아무리 컸더라도, 그녀는 남편의 배신 후에 이를 기억하지 못했다. 후예핀은 그녀의 행복했던 기억을 일부러 지워버리며 그녀를 시대의 흐름을 따라갈 희망이 없는 비극적인 인물로 묘사했다.

후예핀은 전족 여성이 어떤 행동을 하거나 즐거움을 경험할 가능성을 미리 차단했다. 그는 이를 표현하기 위해 여성 신체의 완고함을 강조하는 서사 방식을 택한다. 이를 통해 그녀들은 자연스럽게 희생자다움victimhood에 어울리는 모습을 지니게 되었다. 이 이야기는 여성이 방족하여 발을 크게 만드는 것, 즉 그녀들의 운명을 변화시키는 것은 불가능하다는 사실을 시종 강조한다. 그런 다음 후예핀은 여성의 남성에 대한 의존성을 드라마틱한 방식으로 묘사한다. 마치 그것만이 이 변화하는 세계 속에서 변하지 않는 유일한 현상인 듯. "여자로 태어난 이상, 우리가 뭘 어쩌겠어?" 둥근 얼굴의 여인이 말하자 친구는 그녀를 위로하기 위해 극단적인 대안을 생각해냈다. "어떤 여자들은 혁명도 하지 않아?" 둥근 얼굴은 대꾸했다. "그 사람들은 남편이 혁명당이라서 그런 거잖아?"(104쪽) 후예핀의 비판은 급진적이었다. 그는 과거나 현재나 여성은 남성에게 예속되어 있다고 직설적으로 주장했다. 특히 결혼 제도가 그렇게 만들었다고 했다. 한 여인이 말했다. "아마 처음에는 남자와 여자가 같았을 거야." "아마도." 또 다른 여자는 대꾸했다. "하지만 우리 모두 알다시피 여자는 늘 남자보다 손해야. 특히 남자 때문에 손해를 보지."(106쪽) 그리하여 후예핀의 이 작품은 젠더 전쟁으로 진입한다. 하지만 이는 반쪽짜리 전투였다. 가장 첨예한 이해관계가 걸려 있는 구식 여자들이 행동에 나설 리 없기 때문이다.

이 작품이 묘사한 비극은 사람들의 심금을 울렸을 게 분명하다. 몇년 뒤 『채비록』의 어느 작가는 남성의 변심을 비판하면서 이 작품을 인용했다.(『채비록속편』, 37쪽) 사회주의 혁명가인 후예핀과 전족 감상가들의 정치적 견해는 천양지차였다. 하지만 골동품이 된 전족 여인들을 동정한다는 점에 있어서는 일치했다. 그들은 여자를 동정하는 동시에 남성의 죄악을 시인했다. 그러나 이는 모두 잠재적으로 남성 권력을 재선언하는 행위였다. 남성만이 행동할 자유가 있고 책임을 짊어질 수 있다. 변화하는 세상을 따라갈 수 없는 전족 여인들은 신체를 개조하려는 주체적 의지와 노력에도 불구하고, 결국 남성 평론가들의 펜대 아래에서 더욱 수동적인 피해자가 되었다. '피동적 주체'의 위치에 있는 그녀들은 누군가 대신 발언해주기를 기다려야 했다. 그러나 전족 감상가와 혁명가들이 이 여성들에 대해 표현했던 동정은 매우 취약한 기반 위에 놓여 있었다. 그들은 앞다투어 그녀들을 대신해서 발언했지만, 그들 모두 여성의 몸이 그녀들의 해방을 가로막는 장애물이라고 여겼다. "여자들을 내버려두라"라는 전족 감상가들의 자유방임적 태도, 성별 불평등에 대한 혁명가들의 격렬한 비난 모두 여성이 자신이나 타인의 신체를 통해 욕망과 쾌락을 실현할 일말의 가능성조차 봉쇄해버렸다. 여성을 대신하여 발언하기를 자원했던 전족 감상가들은 여성의 욕망을 진술할 수 없었다. 하지만 이는 감상 문화에 반대했던 혁명가들도 마찬가지였다.

고통의 몸: 여성의 비명

『채비록』에 등장하는 여성의 목소리를 듣기 전에, 우리는 남성들의 헤게모니가 담론장을 지배하고 있다는 사실을 전제로 해야 한다. 이 남성들은 전족 감상가, 작가, 독자, 여성의 친구를 자처하며 등장한다. 소수의 편지와 시 작품은 여성의 손에서 나온 듯하지만('여사'라는 칭호 사용), 여성 음성의 절대다수는 여성의 증언을 전달하는 형식이었다.55 이러한 '직접적인' 전족 경험의 서사에서 '고통'은 가장 핵심적인 관심사였고, 글의 전체적인 구성을 지배하는 기본 원리로 작동했다고 해도 과언이 아니었다.

여성의 신체는 '고통'을 통해서 서사 텍스트 속 발언 공간을 획득했다. 「연꽃의 아픈 역사拗蓮痛史」라는 제목의 글은 전형적인 증언록인데 여기서 아슈阿秀 여사는 구식 문인들에 대한 불만을 토로했다. 그들은 전족을 너무 좋아해 "진귀한 골동품처럼 보고, 온갖 미사여구를 동원하여 추켜세운다"(『채비록초편』, 255쪽)는 것이다. "하지만 이를 직접 경험한 우리 여자들에게, 실상 이것은 죄수들이 써야 하는 차꼬나 별반 다르지 않다. 심지어 이보다 더 고통스러울 수도 있다. '작은 발 한 쌍에, 눈물 한 동이'라는 속담이 있는데 이는 전족의 참혹함을 보여주는 말이다. 나도 경험이 있다. 나는 내가 겪었던 근육과 뼈가 부러지는 고통을 글로 표현하여 전족을 좋아하는 세상의 모든 군자를 정신 차리게 할 것이다."(『채비록초편』, 255~256쪽) 아슈 여사는 미사여구를 동원하는 남성과 육체적 고통의 경험을 간직한 여성을 대조적인 관계에 놓았다. 이는 권력 불평등 관계에 있는 성별의 본질을 강변해 주고 있다.

비록 그녀는 '진귀한 보물이나 골동품' 보듯 하는 시선을 받았지만, 전족 경험이 언어로 표현되는 순간 그녀는 객체로서의 자신에 저항하는 셈이 된다. 우리는 아슈 여사가 정말 여성인지 혹은 여성 작가 주체인지 모른다.[56] 앞 장에서 보았듯이, 차이아이화와 같은 소녀들은 오빠의 격려에 힘입은 것이기는 해도 학교 집회에서 발언한 바 있고, 이러한 말들은 때로 남성 기자에 의해 신문에 게재되기도 했다. 하지만 이것이 진정한 여성의 목소리인지 혹은 중개되지 않은 여성적 관점인지를 분간하려고 시도하는 것은 무의미하다. 아슈 여사의 증언이 중요한 이유는 '전족 여성 작가'라는 유형, 전족과 관련된 신체 감각을 묘사한 서사 모두가 이전에는 없던 새로운 것들이기 때문이다. 육체 내면으로부터 나온 여성의 증언은 전족의 아우라를 창조했던 문인들의 '미사여구'에서 벗어나는 관점의 전환을 통해 새로운 시선을 보여주었다. 여성의 육체에서 흘러나온 목소리가 전달하는 생생한 현실이 남성 목소리의 특권을 해체한 것이다.

여성의 응수는 일종의 전복적 가능성을 지니고 있다. 이는 아슈가 남성 감상가들이 전족을 묘사할 때 늘 사용했던 '골동품'이라는 어휘를 차용한 것에서 간파할 수 있다. 민국 초기 10대 소녀였던 그녀는 여학교에 입학했으나 전족 때문에 체육 수업에 참여할 수 없었다. "급우들은 나를 골동품 보듯 하며 늘 비웃었다."(『채비록초편』, 257쪽) 타오바오피에서 후예편으로, 다시 아슈 여사에 이르기까지 골동품이라는 비유가 몇 번이나 손바꿈한 끝에 '곧 사라져버릴 운명'이었던 전족은 드디어 발언 공간을 얻었다. 그리고 골동품이 되어버린 '객체'라는 딱지도 떼어냈다. 타오바오피는 "지금 존재하는 것이니 감상한들 안 될 것 있으랴"라는 명언을 남겼다. 이제 그의 말은 그렇게 당연하거나 논쟁의 여지조차 없어 보이지는 않았다.

여성의 목소리가 우리에게 새로운 것을 들려주지는 않았다. 전족은 고통스럽고, 유효 기간이 지났으며, 전족의 소멸은 돌이킬 수 없다 등등 늘 하던 이야기일 뿐이다. 그리고 남성이 시작했던 골동품 담론 외에 다른 새로운 이론을 보여주지도 않았다. 하지만 여성의 증언은 여성의 몸 안에서 터져나온 것이다. 이는 또 다른 대안적 언어의 탄생지가 되었고 진실하며 진정한 경험의 원천이 될 수 있었다. 이렇게 여성의 증언은 폭로 공식의 마지막 단계로 우리를 이끈다. 이 폭로의 공식은 전족 담론의 근대적 단절을 상징한다. 19세기 이전에 텍스트와 시각 이미지의 은폐와 수식으로 유지했던 전족의 문화적 명성은 이제 철저하게 매도당한 끝에 정식으로 종말을 고했다.

아슈 여사가 구사하는 고통의 언어는 무미건조했다. 그녀는 명사이자 형용사인 '통痛'을 남용하는 경향이 있고 '칼에 베이는 듯한 아픔'과 같이 진부하기 짝이 없는 비유를 사용하기도 했다.(『채비록초편』, 258쪽) 마지막 부분에서는 또 "전족한 사람들은 비 온 뒤 (발에) 축축하게 습기가 차는데 그 고통이야말로 글로 형용할 수 없다"고 마무리했다.(『채비록초편』, 258쪽) 그 뒤에 수록된 다른 여성들의 증언은 구술 형태의 자전적 서술이었다. 아슈 여사보다는 일상 언어에 가깝고 표현성이 뛰어났지만, 새로운 어휘의 계발이라는 측면에서는 나을 게 없었다. 그중 진쑤신金素馨 여사는 처음 발을 싸맸을 때의 느낌을 "두 발이 불타는 것 같았다"고 표현했다. 이후 외할머니가 다시 그녀의 발을 세게 묶었을 때 또 불의 이미지를 사용했다. "두 발이 점점 부풀어오르는 느낌이 들었다. 뒤이어 뜨거운 불이 일어났고 계속해서 베이는 듯 아팠다. 뒤척이며 잠을 이루지 못했다. 그렇지만 죽어도 절대 전족 띠를 느슨하게 하지는 않았다. 어떤 때는 통증이 극심해 눈물이 흘렀지만 이를 악물고 억지로 참아냈다."(『채비록초편』, 259~260쪽) 반 개월 뒤에 그녀는 5자짜리 전족 띠로 바꾸고 부드러운 밑창이 있는 수면 신발을 신기 시작했다. 하지만 성공에 가까워지려는 찰나, 양쪽 새끼발가락이 곪기 시작했다. 그녀는 탈지면으로 고름을 닦아내고 다시 발을 싸맸다. "발을 묶을 때 고통이 심장까지 파고들어 온몸이 덜덜 떨렸다."(『채비록초편』, 260쪽) 오래지 않아 통증은 참을 만하게 되었다. 발이 조금씩 감각을 잃었기 때문이다.

진쑤신 여사가 강철 같은 의지를 지니게 된 이유 중 일부는 외할머니의 생일 축하연에서 만난 삼촌과 다른 손님들의 영향 때문이었다. 그곳에서 그녀는 흠잡을 데 없이 작은 발을 지닌 장씨 자매를 만났다. 자신의 발이 얼마나 작아졌는지 살펴보기 위해 그녀는 강박적으로 발 크기를 재면서 계속 더 작은 신발을 만들었다. 우리가 앞서 보았듯이, 전족 감상가들이 보여준 정확한 발 크기 측정에 대한 강박관념이 과학주의의 승리를 의미한다면, 진쑤신 여사의 강박은 자신의 몸을 스스로 개조하는 능력에 대한 여성의 희열을 상징한다. 여성이 전족과정에서 경험하는, 신체가 자기 뜻대로 움직인다는 느낌, 그리고 스스로 주체가 되었다는 느낌은 우리가 앞서 언급했던 신체의 완고함이나 방족과정에서 인간의 노력이 무위로 돌아가곤 하는 무력함과 선명한 대조를 이룬다.57 "새끼발가락과 발뒤꿈치의 거리가 점점 가까워진다. 재보니 길이가 4분分이다. 발바닥 중심에 생긴 홈 역시 점점 깊어지고 있다. 대략 8분이다. (…) 30일간 발을 싸맸더니 이미 2자 9분까지 길이가 줄어들었다. 이전보다 9분 축소된 것이다."(『채비록초편』, 260쪽) 이 이야기는 여러 마을 출신의 여성들 사이에서 그녀의 발이 최고라고 공개적으로 인정받는 것으로 끝난다.

진쑤신 여사는 그녀의 아픔을 형용할 새로운 용어를 발명하지는 않았다. 하지만 반복되는 진술이 축적되면서 독자들은 피부 아래에서 그녀의 몸을 일별할 수 있었다. 그녀의 목소리는 생생하게 전달되었고 이렇게 해야 했던 동기도 믿을 만했다. 그러나 가장 설득력 있는 것은 고통을 참아내는 그녀의 인내였다. 그녀의 능동성을 가장 잘 표현한 것은 바로 이것이었다. 진술을 듣고 나서 우리는 여성의 동기와 욕망의 구도 속에서 '고통'이 어떠한 위치를 점하고 있는지 깨닫기 시작한다. 그것이 '진짜' 여성의 '진정한' 음성인가에 대한 질문에 대해서는 일단 대답을 보류하기로 한다. 어찌 되었건 우리는 그것을 남성 감상가의 담론과는 전혀 다른 여성의 목소리로 듣게 된다. 남성 감상가들의 가장 익숙한 두 가지 주제, 즉 골동품 담론과 과학적 측정이라는 두 가지 주제가 이제 여성의 신체와 고통의 경험이라는 서사를 통해 새로운 의미를 획득했기 때문이다.

아슈 여사의 음성은 모방자들을 낳았다. '참회하는 서생'이라는 의미의 '각비생覺非生'이 언급한 바와 같이 "『채비록』에는 시와 노래가 많고 사실 기록은 적다. 그러나 아슈 여사의 「연꽃의 아픈 역사」 등 서너 편만은 정신을 번쩍 들게棒喝(문자 그대로는 '치고 일갈하다') 했기" 때문이다.(『채비록속편』, 50쪽) 그의 필명이나 그가 사용한 선종의 '봉갈'이라는 용어 모두 제국 후기 에로틱 소설에서 사용되던 익숙한 비유였다. 이러한 소설에서, 남주인공은 대부분 마지막에 종교적 각성을 통해 이전의 잘못을 참회한다. 그리고 이는 남성의 욕망과 성적 추구를 묘사한 이야기의 선정성을 은폐하기 위해 사용되었다. '각비생'의 「흰 연꽃의 고통의 언어蓮鉤痛語」는 『채비록속편』 「권계」 편에 수록되었다.(50~57쪽) 이 작품도 앞서 논의한 '할머니' 인터뷰와 마찬가지로 남성 서사의 범주에 속하며, 이 역시 자신의 육체를 향한 여성의 욕망과 그녀를 향한 남성의 욕망을 뒤섞어놓았다. 하지만 여기서는 '할머니' 인터뷰에서 보였던 음성 성별의 전환 문제가 존재하지 않았다. 처음부터 끝까지 남성 친척의 증언을 통해 여성 경험을 표현했기 때문이다. 이로 인해 '각비생'은 삼인칭으로 여성의 고통 경험을 사실적으로 진술할 수 있었다. 그리고 애초에 존재했던 에로티시즘은 소설 등에서 이미 규범화된 남성의 '참회'를 통해 무력하게 소멸했다. "전족의 악습이 여자들을 너무 악랄하게 괴롭힌다고 생각하지 않을 수 없었다. 평소에 금련을 사랑했지만 (이 마음이) 순식간에 사라져버렸다."(『채비록속편』, 51, 63쪽)

각비생의 이름을 내건 「흰 연꽃의 고통의 언어」는 모두 세 편으로 구성되어 있다. 그의 아내, 누이동생, 베이핑(지금의 베이징)의 어느 이웃 여성의 증언을 기록한 것이다.[58] 그는 아내의 전족 기억을 서술했다. 시간이 기억의 여과 작용을 한다는 점을 완전히 인식하고 있다는 점에서 이 글은 새로운 측면이 있었다. "내 아내는 허베이河北 퉁현通縣 출신이다. 관습에 따라 7세에 전족했다. 처음 발을 싸맬 때 겪었던 고통은 세월이 흐르면서 대부분 잊어버렸다. 오직 두 가지 일만은 지금까지도 생생하게 기억하고 있다." 하나는 그녀 어머니의 부주의함과 관계있다. 어느 날 어머니가 전족 띠 끝부분을 마무리하려고 꿰맨다는 것이 바늘로 그녀 발가락을 뚫어버렸다. 소녀는 왼쪽 엄지발가락이 전족 띠에 꿰매진 상태인 것도 모른 채 며칠간 살을 뚫은 아픔을 참으며 절뚝거리면서 다녔다. 두 번째 사건은 14세 때 일어났다. 발등이 뒤틀린 채 구부러져서 이를 교정하기 위해 그녀는 앉기 훈련을 받았다. 몇 시간 동안 책상다리를 하고는 발을 다리미로 누른 채 앉아 있다가 다시 좁은 천으로 발등을 싸매는 방법이었다. 이렇게 두 달을 해 뒤틀림이 개선되었다.(『채비록속편』, 50~51쪽) 서사의 초점을 고통스러운 사건에 못

박아두는 전략은 확실히 효과적이었다. 이는 신체 내부의 기억 회로를 통해 여성 신체의 독특성singularity을 부각시키기 때문이다. 이 중년의 여성이 이러한 사건을 떠올릴 때마다 남아 있던 고통의 기억도 되살아났다. 염증이 생긴 발에 얇은 두부나 채소 잎사귀를 덮어 가라앉힐 때마다 그녀의 몸 역시 그 고통을 기억했다.

'고통의 언어'는 하나의 산업이 되었다. 모방적 성격의 증언들이 속속 등장하면서 「흰 연꽃의 고통의 언어 후기書蓮鉤痛語後」와 같은 제목을 사용하거나(『채비록속편』, 51~54쪽), 아예 「흰 연꽃의 고통의 언어」를 그대로 제목으로 붙이기도 했다.(『채비록속편』, 57~59쪽) 이 글들은 일인칭 여성 시점으로 등장했고 작가 이름 역시 모두 여성의 것이었다. 고통을 기록한 이러한 문헌 중 일부는 방족의 고통에 초점을 둔 것도 있었다. 그래서 전족 감상가들의 "여자들을 두 번 괴롭히지 말고 내버려두라"라는 메시지를 강화하는 역할을 했다. 어떤 글에서는 아내나(『채비록속편』, 65~66쪽), 늙은 여종(『채비록속편』, 59~63쪽)을 인터뷰하기도 했다. 하지만 고통의 주제를 다룬 것이든 아니면 고통의 언어적 표현에 중점을 둔 것이든 점점 맥 빠지는 느낌은 지울 수 없었다. 나중에는 전족 풍속 그 자체와 마찬가지로, 이 증언 역시 별다를 것 없이 진부하게 들릴 지경에 이르렀다.

전족의 고통을 호소하는 언어가 새로운 국면을 맞은 것은 1941년 마지막 시리즈인 『채비신편采菲新編』의 서사를 통해서였다. 「전족 경험기」라는 제목의 이 글은 '하이청海城 왕씨 집안의 큰딸'이 겪은 고통스런 경험의 증언이었다. 이 글은 정확한 서술, 분명한 층위를 특징으로 하는 의생물학 담론을 채택했다. 그래서 신체 부위를 해부학적 명사로 지칭하려 시도했다. 여성 신체의 통증을 묘사하는 데 있어 2년간의 통증의 정도와 주기를 시간순으로 기록했다. 통증의 성격도 구분하여 설명했다. 예를 들어 '시큰거리는 아픔酸痛'인지, 아니면 '붓고 끊어지는 통증漲撅痛'인지를 구체적으로 구분했다.(『채비신편』, 22~24쪽)

이 증언은 장편 서사 「전족개설纏足槪說」의 부록이었다. 이는 이전의 감상 문헌과 일용유서의 요소들을 결합한 종합적인 성격의 글이다. 민속지, 기원 담론, 유가 도덕, 기능, 방현方絢, 여성의 증언, 보양식, 신발 제작법, 다리 싸개 짜는 법, 팔다리 거동하는 법, 규방의 오락, 교육 및 생산활동 권장 등등이 포함되었다.(『채비신편』, 1~43쪽) 각각의 요소와 자료는 모두 이미 존재하던 옛 문헌에서 가져온 것이었지만, 그 포괄성과 의생물학 용어를 활용했다는 측면에서 이 장편 서사는 완전히 새로운 근대의 산물이었다.(『채비신편』, 10~11쪽) 전족한 여성들도 교육을 받고 직업을 가질 수 있다는 새로운 발상은 더욱 놀라운 것이었다. 여성들의 행동거지, 바느질, 잠자리 등의 주제는 건너뛰고 서사자는 현실적인 태도로 이렇게 논평했다. "(전족으로 인해) 고통스러운 시기가 지나가면 읽기와 쓰기를 배워야 하고, 상당한 수준의 교육을 받아야 한다."(『채비신편』, 42쪽) 서사자는 산책, 태극권류의 신체 활동도 권장했다. 이 서사는 생산적인 가정주부의 하루 계획표로 끝난다. 이는 중국

번曾國藩의 유명한 가훈에서 인용한 것이다.(『채비신편』, 43쪽)

이 글이 문화 상대주의적 주장으로 시작되는 것은 결코 우연이 아니다. "인공 미용술이란 사람의 노력으로 원래의 형태를 변화시키는 것이다. 예를 들어 아메리카 대륙의 원주민들이 두개골, 이, 손톱과 코의 형태를 변형시키는 것, 유럽 여성들의 가는 허리, 우리 나라 여성들의 전족이 여기에 해당된다."(『채비신편』, 1쪽) 이렇게 중국과 세계 다른 나라들을 나란히 놓고 보는 방식은 청말 이후 민족주의적 거대 사관에서 나온 반전족 수사학에 이미 존재했다. 하지만 어조는 이와 달랐다. 중국은 여성의 발에 대해 더는 변명할 필요가 없다. 전족을 비판하는 척하는 모든 가식도 중단되었다. 이제 필요하지 않기 때문이다. 전족은 이미 역사가 되었다. 이는 모두가 아는 사실이다.

전지적 서사 관점과 실증적 지식의 힘—여성 신체의 안팎 모두, 중국과 세계 모두에서—은 객관주의의 승리를 상징한다. 감상 문화는 개조되었고 편협하며 퇴행적인 구식 문인들의 시각은 결국 소멸했다. 심지어 주관적인 전족 여성의 신체 경험마저 객관적인 어조로 묘사되었다. 이 글은 "보련保蓮 여사가 말하고 희련생喜蓮生이 편찬하다"라고 되어 있다.(『채비신편』, 1쪽) 이러한 저자 제시 방식은 감상 문헌에서 자주 보던 관습이다. 하지만 '남성 서술-여성 경험'이 결합된 이 목소리는 서사적 음성과 시각만으로 유희할 수 있는 세계에서 새로운 의미를 제시한다. 전족에 관해 더는 알아야 할 것이 남아 있지 않았다. 전족은 확실하게 죽었다. 바로 이 때문에 우리는 이를 세상 밖으로 내보낼 수 있었다.

총체적 지식을 장악하고자 하는 유토피아적 욕망에서 탄생한 『채비록』 연작은 광의의 의미에서 일종의 아카이브를 구성하고 있다. 토머스 리처즈는 "아카이브란 건축물도 아니며 사료 모음은 더더욱 아니다. 이는 이미 알고 있는, 혹은 알 수 있는 모든 사물을 집체적 상상을 통해 만들어낸 일종의 총합이다"라고 했다.[59] 종합적이면서도 분류가 필요한 아카이브가 제대로 작동하려면 반드시 명확한 경계가 요구된다. 전족의 종말은 민국 초기에 전족이 더는 문화적으로 유효한 관습이 아니게 되었을 때 비로소 가능해졌다. 하지만 전족 관습이 이미 사라진 후에도, 이를 기록한 아카이브 자체는 결코 완전히 문을 닫지 않았다. 먼지 쌓인 누각에서 유실되었던 텍스트를 발견하거나, 어딘가에서 이전에 못 보던 신발이 출토되어 새로운 지식을 생산할 가능성은 늘 존재한다. 야오링시와 그의 친구들이 즐겁게 『채비록』의 전족 관련 지식을 전파했던 것은 회귀적 향수뿐 아니라 유토피아를 향한 충동 때문이기도 했다.

『채비록』은 주로 예전의 문헌을 단편적으로 발췌하거나 오래된 정보를 끌어모아서 만들었다. 그럼에도 이 책은 대단히 혁신적인 텍스트다. 이 책의 혁신성은 새로운 텍스트적 형태와 의미를 생산하는 데 성공한 것에서 기인한다. 이러한 혁신이 가능했던 이유 중 하나는 구식 문인 흉내를 냈던 근대 편집자들의 자아 표현에 있다. 두 번째 이유는 1930년대 개항장 도시의 시장을 지배했던 경제적 동기 때문이다. 도자기 제작자와 신발 장인은 신발 모양의 물건을 대량 생산했는데, 이러한 상품은 점점 더 상상력으로 충만한 언어 묘사를 모방하게 되었다. 대형 상점에 진열된 이러한 상품들은 연회장에서 다시 시적 영감을 불러일으켰다. 이렇게 말word-사물object-말로 이어지는 순환 고리를 거치며, 아카이브와 시장 모두에서 잉여의 말과 사물이 어지럽게 넘쳐났다. 말과 사물은 철저하게 근대의 발명품이었고 모두 '실제로 존재하는 것'이었다. 그것들은 지금도 도서관과 박물관에 소장되어 있다. 하지만 그것들은 믿을 만한 것이 못 된다. 그 어느 것도 솔직하게 전족의 '진실'에 대해 말하지 않았다.

『채비록』 연작으로 인해 전족과 관련된 대량의 텍스트, 사물, 의미가 만들어졌다는 엄연한 현실은 역사학자인 우리의 임무를 복잡하게 만든다. 욕망의 창고인 아카이브는 결코 우리의 자유로운 탐험을 기다리고 있는 중립적인 자료집이 아니다. 우리는 객관적인 조사자로 자처하는 대신, 무엇보다 우선 이 속의 과장된 감정과 괴상한 억지스러움을 파악하고 이 책을 읽어야 한다. 바로 이것들이 남성들의 환상 속 금련 세계를 구성하고 있기 때문이다. 『채비록』에서의 인용과 반복 진술은 물론 새로운 의미를 만들어내기도 한다. 하지만 설령 동일한 정보가 세 번 나온다고 해서 틀린 게 맞는 게 되는 것은 아님을 기억할 필요가 있다. 『채비록』에 나오는 관음증의 남성과 전족 여인들의 사실주의적 일인칭 서사를 곧이곧대로 받아들이고 싶은, 이것이 남성 욕망과 여성 고통의 순도 높은 표현이라고 믿고 싶은 유혹은 매우 강렬하다.

하지만 전족 경험의 진실은 이곳에 있지 않다. 그것은 아카이브의 밖에, 아직 명확하게 설명되지 않은 다른 어딘가에 놓여 있다.

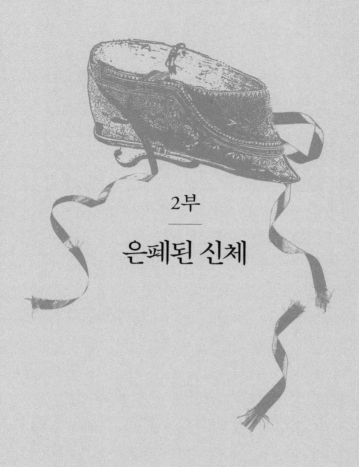

2부
——
은폐된 신체

4장

고전 문헌에서 탄생한 전족

이 책 전반부인 세 장을 통해 우리는 근대 시기에 세계 전체에서 전족의 아우라가 시들어가는 것을 목격했다. 은밀했던 전족은 하루아침에 세상 사람들 눈앞에 적나라하게 노출되었다. 그러자 전족의 이미지와 의미는 크게 변화했다. 근대의 전족 이미지는 새로운 언어적, 시각적 매체를 통해 전파되면서 완전히 재탄생했고 이는 시대를 초월한 '진실'의 외피를 두르게 되었다. 그중 우리에게 가장 익숙한 이미지는 선교사와 개혁가들이 만들어서 널리 전파한 민족사적 서사에서 유래한 것이다. 반대쪽 끝에는 정반대의 담론이 있었다. 향수 어린 감상 문헌에서 애호가들은 전족을 골동품과 유물처럼 감상했다.[1] 완전히 상반되어 보이는 이 이미지들은 사실 전족의 완전한 소멸을 보여준다. 문화적 유산으로서건, 아니면 사회적 관습의 일종이건 전족의 시대는 이제 돌아오지 않을 것이다.

두 번째 부분에서, 우리는 토론의 중점을 전족이 종결된 근대로부터 제국 후기 시대(16세기에서 19세기 초기)로 거슬러 올라가 둘 것이다. 이 시기에 전족은 점차 관습화, 세속화된 행위가 되었다. 전족이 이렇게 널리 전파된 것은 제국 시대에 문자 텍스트가 누렸던 높은 지위 때문이었다. 근대 시기에 전족은 각양각색의 매체, 특히 사진과 엑스레이의 렌즈 아래 노출되어 그 신비감이 완전히 파괴되어버렸다. 문자와 비교했을 때 이러한 새로운 이미지화 기술은 여성의 육체를 더욱 강렬하게 노출할 수 있었다. 전족의 종말은 진실을 표상하는 도구로서의 문헌의 몰락과 깊은 관련이 있다.

근대 시기와는 달리, 제국 후기 시대에 전족의 매력은 기본적으로 문언문으로 생산된 담론을 통해 구성되었고 전족의 문화적 유산과 신비로움도 여기서 비롯되었다.2 제2부에서 나의 주요 논점은, 명청 시기의 전족 담론이 그 정조가 서정주의이건 아니면 객관주의의건 모두 '텍스트적 우회성textual indirectness'을 보여준다는 것이다. 이는 마치 수놓인 속바지와 신발처럼 은폐의 도구로 기능한다. 두 가지 모두 날것의 육체로부터 문화적 장식품으로 초점을 전이시킨다. 명청 시기의 글쓰기는 숨겨진 육체에 대한 상상을 불러일으킬 뿐 전족을 구체적인 육체적, 사회적 행위로 묘사하지 않는다. 독자는 말로 묘사하지 않은 부분을 시각화하며 환상 속에서 이를 그리게 된다.

이번 장과 다음 장에서는 복잡하고 다양한 장르를 검토할 것이다. 여기에는 고증학자들의 논저, 궁중 소설, 필기, 여행기, 취향 안내서와 통속적인 희곡과 노래까지 포함되어 있다. 이것들을 통해 엘리트 남성들이 지닌 욕망의 특징을 그려낼 수 있을 것이다. 많은 작품이 방법론이나 문장에서는 학술적이다. 하지만 일부는 내용이 은근히 외설적이고, 어떤 것들은 영락없는 포르노그래피다. 전체적으로 그것들은 '전족'을 남성의 추구와 욕망의 대상으로 규정하고 여성의 신체 중 논의할 수 있는 것과 없는 것에 대해 한계를 정해 전족의 에로틱함을 남성의 상상 속에 남겨두었다. 이번 장에서 다룰 자료들의 저자인 고증학자들은 전족의 기원을 추적하여 역사 시간 속에 위치시키려 노력했고, 그런 다음 환상적이면서도 구체적인 전경 속에 이를 고정하여 전족을 익숙하게 만들려고 시도했다. 우리는 이들의 시도를 추적해볼 것이다.

내 목표는 이러한 옛 중국 남성들을 비판하는 것이 아니다. 그들의 언어 속에서 전족의 유혹을 포착하여 그들이 어떻게 전족의 신비로움을 효과적으로 유지했는지를 이해하는 것이다. 동시에 비록 단편적인 정보이기는 하지만 그들의 글쓰기 속에서 지방 풍속과 지역 문화가 교차하는 세계를 통해 의도치 않게 드러내는 여성 전족의 동기를 포착하기 위해 노력할 것이다. 마지막 장에서는 텍스트의 세계를 떠나 직물의 세계로 이동할 것이다. 여성들이 만든 세계의 중심에 자신들의 몸—노동, 예절, 유행의 몸—을 위치시키려는 여성 욕망의 세계를 그려보려고 한다.

전족을 정의하다: 활 모양의 발弓足

19세기 이전 전족 관련 주제는 정사正史, 지방지, 여훈서女訓書와 같은 공식 장르에서는 금기였다. 전족에 관한 중국 남성 학자들의 글쓰기 대부분은 '필기筆記' 형식으로 등장한다. 필기는 단편적인 독서 기록이나 수필인데 자료 수집과 체계적 분석의 중간 위치에 있는 장르다. 간혹 주제에 따라서 백과사전식 구성을 취한 것도 있지만 특별한 순서 없이 배열한 것이 많다. 신화, 견문록, 역사가 필기에서 비슷한 비중을 차지한다. 아래에서 다룰 호응린胡應麟의 것과 같은 일부 필기는 학술적이고 엄숙한 논문이다. 하지만 필기의 넓은 스펙트럼 끝에는 허구적 '소설'에 가까운 것도 있다. 유연한 장르적 특징 때문에 필기는 전족에 관한 산문 중 가장 대표적인 장르가 되었다.

19세기 이전에 전족을 논의한 모든 필기는 전족 기원에 관한 담론을 포함하고 있다. 그 시작은 송대 학자 장방기張邦基(12세기 무렵)의 짧은 기록이다. 이는 현존하는 문헌 중 처음으로 '전족'이라는 용어를 언급했다. 그는 다음과 같은 말로 시작했다. "여자들의 전족은 최근에 시작된 것이다. 이전에는 전족을 언급한 문헌이 없다." 그의 『묵장만록墨莊漫錄』은 1148년 이후에 완성된 것인데 이 시기에 아마 전족이 처음으로 유행했을 것이다.3 이후 학자들은 그를 인용하여 전족 풍습이 12세기 이전에는 없었다는 주장의 근거로 삼곤 했다.4

하지만 흥미로운 것은 장방기가 당시 증거를 제시하는 대신 몇 세기 전의 역사와 시에서 전족의 근거를 찾았다는 점이다. 『남사南史』의 악부시樂府詩[5]와 『옥대신영玉臺新詠』(모두 3~6세기 육조六朝 시대의 작품) 그리고 당시唐詩가 전족이 존재했는지 판단하는 자료가 되었다. 이것들은 모두 시 장르인데 여성의 몸을 묘사한 어휘가 많다. 이 자료들은 이후 시대에도 학자들이 주요한 문헌 증거로 삼곤 했다. 장방기는 악부와 『옥대신영』의 작품 모두 "섬염纖艷한 언어로 가득하다"고 설명했다. "이 책에서는 미인들의 화려한 용모와 아름다운 장신구를 노래한 것이 대부분이다. 눈썹, 입술, 허리, 손가락과 같은 것을 읊은 것도 있지만 전족에 관한 것은 없다." 예외가 하나 있다면 당나라 시인인 한악韓偓(844~923?)이 노래한 미인의 발에 관한 작품일 것이다. 한악은 유명한 염체艷體 시집인 『향염집香奩集』의 저자다.[6] 그의 「나막신展子」이라는 시에 후세 사람들이 격렬한 논쟁을 벌였던 구절이 포함되어 있다. "여섯 마디 둥근 살, 윤기 흐르네六寸膚圓光致致."[7]

한악 이야기를 계속하기 전에 먼저 장방기의 논리에 귀 기울일 필요가 있다. 그는 시가든 역사든, 고대 문헌에 전족이 언급되지 않았다면 이는 당시 이러한 풍습이 존재하지 않았음을 뜻한다고 했다. 문헌의 권위는 부분적으로는 문헌이 지식의 완벽한 보고라는 독자의 신념에서 유래한 것이다. 장방기는 거대한 수사적, 담론적 권력을 과거로부터 전승된 언어 속에서 찾으려 했다. 후세 학자들은 전족 기원에 대해 논쟁할 때마다 더 많은 문헌을 인용했고, 이로 인해 문헌에 대한 신념은 거듭 강화되었다. 학자들은 인체 구조, 의상 혹은 신체 자세 등 신체와 관련된 문제를 고찰할 때마다 문헌을 통해서만 '과거에 존재했던' 물리적 세계로 진입할 수 있다고 간주했다. 그들에게 있어 유일하게 역사적 진실을 보존하고 있는 것은 시각 혹은 물질문화 자료가 아니라 문헌 자료였다.[8]

하지만 학자들의 문헌에 대한 신념은 결코 맹목적이지 않았다. 그들은 논쟁의 여지가 없어 보이는 텍스트일지라도 다양한 해석이 가능하다는 것을 아주 잘 알고 있었다. 한악이 노래한 '여섯 마디의 둥근 살'이 전족을 암시하는 것인가 아닌가? 장방기는, 이것은 증거가 되지 못한다고 생각했다. 그의 추론에 따르면 당나라 당시의 '촌寸' 단위는 송대에 비해 실제 길이가 짧았다. 그리고 작은 발은 당시唐詩에서도 찬양의 대상이 되었음이 분명하지만 중요한 것은 "(발이) 활 모양으로 생겼다는 언급은 없다"는 점이다. 장방기의 생각에 전족을 상징하는 것은 발의 크기가 아니라 그 특유의 모양이었다. 이전에 『남사南史』에 수록된 고사를 해설하며 그는 비슷한 추론을 했다. "제齊나라의 동혼후東昏侯가 반潘귀비를 위해 연꽃을 금으로 만들어 길에 새겨놓고 귀비에게 그 위를 걷게 하고는 '내딛는 걸음마다 연꽃이 피어나네'라고 읊었다. 하지만 그 발이 활 모양이고 작다는 말은 없다." 장방기는 여기서 전족은 크기도 중요하지만, 더 결정적인 것은 아치형, 즉 활 모양으로 휘어 있는 발의 형태임을 암시하고 있다.

근대인들에게 전족의 의미는 매우 명백하다. 우리는 그것이 무엇이고 어떻게 생겼는지 알고 있다. 하지만 송, 원, 명대의 학자들은 그렇지 않았다. 그들은 이 신비한 관습의 범주와 의미에 대해 혼란스러워하는 듯 보였다. 전족의 기원에 대한 그들의 탐색은 전족의 본질적 형태가 얼마나 복잡한지, 전족의 기본적 특징을 정의하는 것이 얼마나 어려운 문제인지를 보여준다. 전족 관련 논의가 담론의 수준으로 형성된 것은 오로지 기원론을 통해서라고 해도 과언이 아닐 것이다. 특히 장방기의 추론은 12세기 후반에 이르면 전족의 본질에 있어 이미 두 가지 각기 다른 특징(작은 크기와 활 모양)이 제시되었음을 의미한다. 장방기가 내린 이러한 전족의 정의는 아마 직접적인 관찰에 근거했을 것이다. 하지만 우리가 12세기에 전족을 시행했던 방식이나 '활 모양'의 정확한 형태를 알 방법은 없고, 시대와 장소에 따라 변화하는 다양한 전족의 형태는 더더욱 알 수 없다. 이후 6장에서 고분에서 출토된 유물을 통해 '근거 있는 추측'을 진행할 예정이다. 이 유물들은 이전의 고증학자들이 제시했던 증거 범위 밖에 있는 것들이다.

전설과 역사

장방기의 문헌 기록에 대한 신념이 만든 전족 기원론은 후세에도 계속되었다. 약 한 세기 이후의 학자 차약수車若水(약 1209~1275)는 또 다른 특징을 지닌 전족 담론을 생산했는데 이는 바로 전족에 대한 끊임없는 '비난'이다. 1274년 완성된 책에 수록된 차약수의 글은 수사적 전략에 있어 근대의 반전족론과 놀라울 정도로 유사하다.

여성들이 발을 싸매는 풍습은 언제 시작되었는지 알 수 없다. 어린아이들은 4, 5세도 되기 전에 아무 죄도 없이 끝없는 고통을 받아야만 한다. 발을 동여매서 작게 만드는 것이 무슨 의미가 있는가. 후한(25~220) 시대에 대양戴良이 딸을 시집보낼 때 (딸은) 명주 저고리에 베치마를 입고 대나무 상자를 들고 나무로 된 신발을 신었다고 한다. (전족은) 옛사람들의 풍속이 아니다. 어떤 이는 당나라 양귀비가 처음 시작했다고 하는데 이 역시 (문헌) 출처가 없다.9

대양은 후한 초기의 박학다식한 유학자로 벼슬하지 않고 산에 은거했다. 그가 딸을 시집보낸 이야기는 『후한서後漢書』와 『여남선현전汝南先賢傳』이라는 옛 문헌 두 종에 수록되어 있다.10 장방기는 전족 관련 기록을 찾기 위해 이른바 '중세시대'인 5~6세기의 문헌을 고찰했지만 차약수는 1~2세기의 기록까지 뒤졌다.

대양의 딸이 시집갈 때 입었던 옷과 신발을 근거로 제시하며 차약수는 후한 시대에는 전족이 실행되지 않았다고 주장했다. 그런데 사실 그의 주장은 고문헌을 지식의 통합적 창고로 간주하는 장방기와 같은 신념에 기대고 있다. 양귀비가 처음으로 전족을 했다는 주장은 문헌 '출처'가 부족하므로 이 주장을 믿을 수 없다는 것인데, 이 태도는 장방기와 같다. 장방기나 다른 후세 학자들과 마찬가지로, 차약수는 사물을 인식하는 데 있어 역사와 전설을 분명하게 구분해야 한다는 신념을 가지고 있었다. 역사란 문헌 근거에 의해 상당한 정도의 확신을 지니고 인정하며 확인할 수 있는 이야기를 의미한다. 반면 전설이란 확인할 수 없는 단일하고 고립된 이야기다. 재미있는 것은 학자들이 날조되었다고 의심하는 전족의 기원과 관련된 이야기는 간혹 믿을 만한 역사서에 기록된 반면, 신빙성이 있다고 인정하는 이야기들은 문학작품에서 처음 언급되는 경우가 종종 있다는 점이다.

13세기가 되면 학자들은 적어도 전설의 영역에 속하는 두 가지 이야기는 부인하게 되었다. 이 이야기들의 출처는 다양했다. 위에서 장방기가 언급한 동혼후와 반귀비의 이야기는 정사에서 유래한 것이다. 하지만 이 전고가 결코 전족의 원류와 관련된 것은 아님을 기억할 필요가 있다. 이 이야기에는 반귀비가 '활 모양의 작은' 발을 갖고 있었는지 여부는 언급되지 않기 때문이다. 차약수가 언급한 두 번째 전설은 양귀비의 이야기다. 양귀비(717~756)는 아마 역사상 가장 유명한 팜파탈일 것이다. 그녀의 이야기는 시와 희곡으로 널리 알려졌다. 그녀는 당현종玄宗(712~756)의 총애를 받았지만 안녹산의 난 때문에 수도를 떠나 피난을 가야 했다. 마외馬嵬의 역참에서 현종의 군대는 반란을 일으켰다. 그들은 양귀비에게 이 불운의 책임을 돌리며 그녀를 죽이라고 요구한다. 이후 그 뒷이야기가 전해졌다. 어느 노파가 양귀비의 비단 양말을 주워 이를 구경하려는 사람들에게 요금을 받아 돈을 벌었다는 것이다.[11] 버려진 양말이 불러일으킨 감성과 관음증적 호기심 때문에 사람들은 양귀비가 분명 발을 동여매 작은 발을 가졌을 것이라고 억측했다. 하지만 차약수는 문헌 출처를 찾을 수 없다는 이유로 이를 믿지 않았다.

학자이자 장서가인 주밀周密(1232~1298)이 전하는 세 번째 전족 기원론은 전족의 창시자로 오대 시기 남당南唐의 마지막 군주 이욱李煜(재위 937~978, 961~975) 궁정의 무희였던 요낭窅娘을 꼽는다. "요낭은 섬세하고 아름다우며 춤을 잘 추었다. 후주는 6척 높이의 금련金蓮, 즉 금 연꽃(모양의 조형물)을 만들어 보석과 리본으로 장식하고 진주 구슬을 달았다. 금련 안에는 다섯 색깔의 상서로운 구름도 쌓아 올렸다. 그는 요낭의 발을 비단으로 싸매어 가늘고 작으며, 위를 향해 굽은 초승달 모양으로 만들었다. 요낭이 (금련 위에서) 흰 양말을 신고 운중곡雲中曲에 맞춰서 춤을 추자 그녀의 자태는 마치 구름 속으로 날아오르는 듯했다. (…) 사람들이 모두 그녀를 모방했는데 활 모양으로 굽은 발이 아름답다고 생각했기 때문이다. 이로부터 전족이 시작되었다."[12]

요낭은 허구의 인물이지만 그녀의 이야기는 그럴듯한 역사적 배경 속에서 구성된 것이다. 남당의 조정과 사회에서는 불교가 성행했고 통치자 이욱 자신도 독실한 불교도였다. 이야기 속에서 요낭이 춤추기 위한 '무대'로 만들었다는 금련은 보석으로 연꽃을 새긴 연단과 비슷한데, 당나라 불상에서 흔히 보인다.(그림 8) 남당의 금은 세공업자들의 기술은 대단히 뛰어났다. 더구나 이욱은 유명한 시인, 화가, 음악가이자 안무가였다. 그의 아내인 주周 황후 역시 뛰어난 비파 연주가이자

그림 8. 관음상. 당대唐代(618~907). 큰 발을 가진 관음이 금련 대 위에서 경쾌하게 춤추는 포즈를 취하고 있다. 이 이미지가 요낭窅娘이나 그녀의 전설이 탄생하는 데 영향을 주었을까?(The Avery Brundage Collection, B60B661. ⓒAsian Art Museum of San Francisco. 동의를 거쳐 게재함)

궁중 무용의 혁신적인 안무가로 역사 기록에 남아 있다.[13] 요낭의 이야기는 증명할 수 없지만 그럴듯한 것이었다. 15세기에 그녀는 전족의 시작을 설명하는 이야기에 가장 자주 인용되었다. 정사에 믿을 만한 근거가 부재한 상황에서 전설은 생동적인 서사와 이미지를 통해 전족의 의미를 전달하는 문화적 역할을 담당했다.

반귀비, 양귀비, 요낭의 이야기는 마치 하나의 틀에서 찍혀 나온 모형처럼 비슷하다. 전반적으로 이 이야기들은 믿을 만한 역사 자료보다 더욱 그럴듯하다. 왜냐하면 이 이야기들은 학자들이 전족을 남성 권력, 사치, 팜파탈, 궁중 무희들의 스치듯 보여주는 성적 매력과 연계하려 한다는 것을 보여주기 때문이다. 근대인 중에는 전족이 여성의 도덕성이나 정조를 보호하기 위해 생겨났다고 여기는 이가 많았지만, 이러한 설명은 역사에서도 신화 전설에서도 나오지 않는다. 반대로 기원 담론 속에서 전족은 이질적이고 비난을 초래할 만한 도덕적 우려의 대상으로 등장한다.

양신의 고증: 미지의 유혹

하지만 그 후 문헌의 진실성에 대한 신념 자체가 동요되기 시작했으니, 전설을 역사로부터 구분하는 것이 가능한지에 대해 심각한 회의가 일었던 것이다. 이러한 변화를 일으킨 핵심 인물은 바로 독특하기 그지

없는 명대 학자 양신楊愼(1488~1559)이었다. 대학사 양정楊廷의 아들이었던 그는 갓 23세의 나이로 장원급제의 영광을 누린다. 하지만 그는 13년 후 황제의 죽은 생부에게 황고皇考의 존호를 수여하는 것에 반대했다가 황제의 노여움을 산다. 양신은 작위를 박탈당하고 곤장을 맞은 뒤 멀고 먼 서남부 윈난성雲南省의 군사 기지에서 수자리를 살았다. 그는 두번 다시 수도로 돌아오지 못했고 71세의 나이로 죽을 때까지 관직도 회복하지 못했다.[14]

하지만 여기에는 긍정적인 측면도 있었다. 현대 학자들이 평가한 것처럼 "35년 유배지 생활은 양신에게 역사상 가장 폭넓은 독서를 하고 풍부한 저작을 남긴 학자 중 한 명이 될 기회를 주었다".[15] 양신의 박학다식함, 자유로운 영혼, 말 그대로 무한대의 자유 시간으로 그는 전족 기원의 미스터리를 밝힐 수 있는 이상적인 후보자가 되었다. 양신은 이전의 학자들이 '충분히 고증하지 못해' 당나라 시에 나오는 전족 신발과 양말의 증거들을 놓쳐버렸다고 비판했다. 그는 자신의 고증에 근거하여 전족이 10세기 남당 후주 이욱의 궁중에서 시작되었다는 기존 가설을 반박하고, 훨씬 더 이른 육조六朝 시기(222~589)부터 전족이 시작되었다는 새로운 이론을 제시한다.[16]

양신의 주장은 논쟁의 여지가 다분한 「쌍행전雙行纏」이라는 악부시에 근거를 두고 있다. 이는 다음 세기에 학자들 사이에서 논쟁을 불러일으키게 되는데, 대다수 학자는 장방기 편에 섰다. 이 논쟁은 아래에서 다시 논의하겠다. 여기서는 양신의 이론이 기원 담론의 일반적인 발전 양상에 부합한다는 것만 언급해두겠다. 일반적으로 저자의 시대가 뒤로 갈수록 더욱 앞 시대 것을 기원으로 삼는 경향이 있었다. 즉 화살처럼 날아가는 선형적인 시간의 흐름 속에서, '현재'에 있는 저자의 시간과 여기서 거슬러 올라가 전족의 기원으로 기록된 시간 사이의 거리는 점점 멀어지고 있었던 것이다. 양신은 기원전 1세기의 『사기史記』에 이미 '뾰족구두利履'와 관련된 언급이 있음을 보여주었다. 이 자료를 제시한 것은 전족의 기원을 더 옛날로 소급하려는 의도였다.[17] 하지만 그는 15세기 당시 널리 퍼졌던 어느 이야기는 받아들이지 않았다. 이 이야기는 전족이 분명히 고대에 시작되었다고 못 박고 있었다. 상商 왕조의 팜파탈 달기妲己(기원전 1122년 사망?)는 원래 여우였는데 그의 발이 완전히 사람처럼 변신하지 못해 천으로 감싸고 다녔다는 것이다. 그녀가 발을 감싸고 다니는 이유를 모르는 다른 궁정 여성들이 도리어 그녀를 앞다투어 모방했다. 양신은 이 전설을 '눈먼 이야기꾼이 세상 사람들을 속이는 것'으로 평가절하하고 일부 지식인도 이를 사실로 알고 있다며 탄식했다.[18] 즉 양신 역시 '역사'와 '신화'를 구분할 수 있는 것은 증명 가능한 문헌 기록이라는 학계의 공론에 동의하고 있었던 것이다.

전족 기원에 대한 탐색은 그의 고전 연구와 문학 이론에서 상당한 비중을 차지한다. 그는 전족을 가까운 시대가 아닌 고대의 풍속으로 자리매김하려고 시도했는데, 이는 사실 그의 고전 연구의 기본 전제에 부합하는 것이다. 양신은 지리적 거리를 시간적 거리로 생생하게 비유했다. 그는 자신과 고대 육경六經[19]과의 시간적 거리를 추방으로 인해 자신과 멀리 떨어진 '화려한 수도'와의 공간적 거리로 비교하며 고대에 대한 갈망을 표현했다. 그는 육경의 시대와 가까운 한대의 학자들은 허난河南과 산둥山東 같은 수도 근방 지역에 사는 것과 마찬가지라서 그 심오함의 60~70퍼센트를 이해할 수 있지만, 송대의 학자들은 윈난雲南이나 구이저우貴州처럼 수도에서 먼 곳에 거주하는 것과 마찬가지여서 10~20퍼센트밖에 이해하지 못했다고 생각했다.[20] 이 비유에 따르면, 고대 숭배 경향이 있는 양신이 한학漢學을 송학宋學보다 우월하다고 여겼던 것도 당연할 것이다.[21] 이는 청 고증학에서는 기본 입장이 되었지만 양신의 시대에는 송원대의 경전 해석이 정통의 지위를 차지하고 있었기에 상당히 대담한 주장이라 할 수 있다.

양신은 자신이 송학을 폄하하는 이유를 더할 나위 없이 직접적인 언어로 설명하고 있다. "육경은 공자의 문하에서 나왔다. 한대는 공자의 시대에서 멀지 않으니, 전한前漢 사람은 지식이 부족할지라도 그의 말은 분명 진짜일 것이다. 송대 유가들은 공자의 시대로부터 1500년이 지난 시대에 살았다. 아무리 뛰어난 사람이라도 어찌 하루아침에 옛 지식을 모두 버리고 혼자만의 깨달음을 얻을 수 있겠는가?"[22] 여기에는 단순한 고대 숭배 이상의 것이 존재한다. 양신의 과거에 대한 태도는 두 가지 과정을 거쳤다고 이해할 수 있다. 우선 옛날과 지금의 '통약 불가능성incommensurability'을 인식한 다음 이를 유희적으로 초월해버리는 것이다. 만약 '고대'가 공자와 그의 제자들이 살던 시대를 의미한다면 이는 영원히 돌아오지 않는다. 후세의 독자들은 고대 사람들처럼 경전을 이해하리라 기대할 수 없다. 한대 학자들이 송대 학자들보다 뛰어난 것은 그들의 능력이나 노력 때문이 아니라 단지 그들의 시기가 상대적으로 경전의 시대와 가까웠기 때문일 뿐이다. 어떤 의미에서 '과거'의 심오한 의미를 이해하려는 우리는 모두 윈난에서 평생 귀양살이를 한 양신이나 마찬가지다.

양신의 글을 읽다보면 우리는 다음과 같은 것을 깨닫는다. 그는 전족의 기원이란 알 수 없고 고찰할 수 없는 것임을 아주 잘 알고 있었다. 공자와 마찬가지로, 전족 기원의 비밀 역시 통약 불가능한 과거 속에 갇혀 있기 때문이다. 하지만 이러한 깨달음을 얻자 그는 현재를 그리고 역사 기록을 유희와 창작의 재료로 사용하기 시작했다. 그래서 양신의 고대 숭배는 상대적인 개념이다. 이는 시간에 대한 능동적인 이해와 '지금 여기'에 대한 감각에 달려 있는 듯하다. 즉 아주 먼 고대는 우리에게서 영원히 사라졌지만 비교적 가까운 옛날은 '폭넓은 고증'의 방식으로 접근하여 이해하고 현재와 관련을 맺을 수 있다는 것이다. 이러한 고증의 주제 가운데 하나인 전족 역시 과거를 향한 작은 창 하나를 열어준 셈이다.

이처럼 적극적인 의미로 보면, 양신의 한대 경전 해석에 대한 숭앙은 명대 초기에 유행했던 문학 '복고운동'에 대한 그의 경멸과 모순되지는 않는다. "사람마다 시가 있고 시대마다 시가 있다"는 명언을 말했던 양신은 문학이 자발적이고 즉각적인 감정에서 탄생한다고 믿었다.[23]

'자아'의 발현과 '지금-여기'의 감각을 강조하는 데 있어 이보다 더 강력한 표현은 없을 것이다. 이 두 가지는 양신이 죽은 지 한 세기 이후 명말 도시 문화의 상징이 된 것이기도 하다.

양신이 자연스러운 감정에 대한 메타포로 즐겨 사용했던 대상이 바로 '자연 그대로의 발'이었다. 양신은 당대 시인 이백李白의 시 가운데 '자연 그대로의 발을 가진 여자素足女' 혹은 '두 발이 서리처럼 하얀' 비단 빨래하는 여자浣紗女를 찬양하는 작품 3수를 발견했다. 수십 년 간 교류했던 친구 장우산張禹山과 대화를 나누던 어느 날 양신이 혼잣말을 했다. "이백은 무엇 때문에 이 평범한 발을 가진 여자를 거듭 돌아봤을까?" 장우산이 장난스레 대답했다. "그는 그야말로 어떤 것이든 잘 쓰는 사람이니까!" 이 '자연 그대로의 발을 가진' 소녀에게 깊은 인상을 받고 이백의 이미지와 표현을 빌려 그도 시를 한 수 지었다. 그런데 그의 의도는 당시 시인들에 대한 불만을 표현하려는 것이었다. "요즘 시 배우는 사람들은 옛것을 답습하는 데 매여 있다. 아름답게 표현하려다 도리어 형편없어진다. 차라리 자연스럽게 놔두는 것이 훨씬 더 낫다."24

이러한 비유 외에는 양신이 자연 그대로의 발을 가진 여성에 대해 어떻게 생각했는지 혹은 전족을 자연스러움을 파괴하는 인공적인 장치로 여겼는지 단언하기 어렵다.25 쉬커와 같은 근대 작가들에게 있어 명대에 이미 꾸미지 않은 발에 관한 담론이 존재했다는 것은 원래부터 '천족' 전통이 있었다는 증거가 될 것이다. 반면 양신을 존경하면서도 비판했던 호응린은 이백의 시가 오히려 전족이 당나라 시대에는 없었다는 증거라 생각했다. 근대 비평가들이 현대인의 가치관을 억지로 고대인들에게 적용하는 시대착오anachronism적 실수를 범했던 반면, 호응린은 시적 비유를 사회적 행위의 직접적인 기록으로 간주하는 문제점이 있었다. 양신은 이들 모두와 달랐다. 그는 마치 자신의 암시성, 파편성, 모호성에 스스로 만족한 듯 보인다.

부지런한 독서와 기록을 통해 양신이 추구한 최종 목표는 기존 설을 논박하는 것도 아니고 신화와 역사의 경계를 구획하는 것도 결코 아니었다. 엄숙한 다른 학자들과 비교하면, 그에게 있어서 전족의 기원 찾기는 하나의 놀이에 불과했다. 그의 필기는 모순으로 가득했고 그는 전족이 육조 시대부터 시작됐다는 자신의 주장을 증명하는 근거도 제시하지 않았다. 양신은 가설을 증명하고 사실을 고찰하는 것보다 고증학 연구의 조건과 한계를 탐색하는 것에 훨씬 더 관심이 있었다. 그는 문자 텍스트가 수행하는 문화적 작업의 종류에 대한 근본적인 질문을 하고 있었다. 문자는 어떻게 독자들을 미혹시키고, 일깨우며 혹은 진실을 전달하는가? 그의 목표는 확실하고 믿을 만한 것을 정리하여 보여주는 것이 아니라 독자들에게 의문의 씨앗을 뿌리는 것이었다. "이 얼마나 재미있는가. 미지의 것이란 결국 알 수 없는 것임을 모두가 깨닫는다면." 그는 마치 이렇게 말하며 독자들에게 윙크하는 듯하다.

『한잡사비신』: 신체 부위의 측정

훗날 양신이 '고대 문헌'을 위조했을 때 어쩌면 그는 그저 짓궂은 장난을 하고 있었던 것인지도 모른다. 아마 그는 고문헌을 맹신하는 이들을 놀리고 싶었을 것이다. 어쩌면 고대에 관한 그의 지식을 과시하고 싶었는지도 모른다. 그러나 적어도 한 가지는 분명하다. 늘 인용되는 그의 위서僞書『한잡사비신漢雜事祕辛』에서 가장 유혹적인 대목은 바로 전족의 수수께끼와 관련된 내용이다. 양신은 이 짧은 텍스트를 가능성과 불가능성 사이의 회색 지대에 제시했다. 마치 독자들에게 얼마든지 의심해보라고 요청하며 공개적으로 도전장을 내미는 듯하다. '한잡사漢雜事'는 '한나라의 잡다한 이야기'로 해석할 수 있다. 그렇지만 '비'와 '신' 각각은 일반적으로 사용되는 한자임에도 불구하고 '비신祕辛'은 식별 가능한 용어가 아니다. 양신은 그가 서명한「후기」에서 이 책은 윈난의 '안녕주安寧州의 토지주土知州[26]인 동씨董氏'로부터 얻은 것이며 책의 서지 사항에 따르면 원래 명대 초기의 관리인 왕자충王子充이 쓴 것이라고 했다.[27] 익히 예상할 수 있듯이, 왕자충은 기록이 남아 있는 실존 인물이지만 동씨는 실존 인물이 아니었다.

『잡사비신』은 후한의 환제桓帝(재위 147~167) 때 대장군 양상梁商의 딸인 양여영梁女瑩을 황후로 책봉하는 의례를 자세히 묘사했다. 후기에서 양신은 독자들에게 가장 중요한 장면을 놓치지 말라고 당부한다. 이는 이야기 서두에서 벌어지는 사건이다. "오 노파가 왕비의 처소로 들어가 (그녀의 몸을) 자세히 검사하는 대목은 절묘하고 유혹적이지만 너무 외설적이다."(656쪽) 이러한 조심스러운 표현은 독자로 하여금 다시 급하게 이전 장면으로 돌아가게 만드는 효과가 있었다. 이 장면은 규방의 감각세계에 대한 묘사다. 노파는 빛으로 각도를 조절하며 눈으로 검사를 진행하고 촉감과 양적 측정으로 이를 보충했다. 독자들도 노파의 탐지 수법을 통해 양여영의 규방 공간과 은밀한 신체를 탐색할 수 있게 된다.

장면: 오 노파는 새벽에 도착했다. 새벽빛이 여영의 윤기 어린 얼굴에 머물자 마치 저녁노을이 눈을 비추는 듯 "아름답게 빛나서 똑바로 바라볼 수가 없었다". 노파는 위에서 아래로 그녀의 눈, 눈썹, 입, 치아, 귀, 코를 봤는데 모두 완벽하게 균형이 맞고 가지런했다. 머리카락 길이를 측정하려고 노파가 비녀를 빼서 그녀의 머리를 풀어헤치게 하자 마치 폭포수처럼 쏟아졌다. 그 길이가 "족히 8뼘이나 되었다". 서사의 에로틱함이 강렬해짐에 따라, 소녀의 신체 부위를 계량화하여 제시하려는 상황은 더욱 명확해졌고 신체 측량의 정도 역시 더욱 세밀해졌다.

노파는 옷을 벗으라며 그녀를 설득했고 여영은 약간 저항했지만 결국 노파의 말을 따른다. 그녀는 몹시 수줍어서 눈을 감고 몸을 돌려 노파를 등지고 섰다. 노파는 체계적으로 자신의 임무를 수행했다. "꽃향기가 엄습하고, 매끄럽고 정결한 피부, 손에서 미끄러지네. 앞은 둥글고 뒤는 반듯하니 기름으로 빚고 옥을 깎은 듯. 콩이 발아하는 듯한 젖가슴에 반 마디 남짓한 구슬 담을 듯한 배꼽. 은밀한 곳 불룩 튀어나와, 두 엉덩이를 받치고 있구나. 음부 속 골짜기는 단사丹沙를 머금은 채 붉은 보석 토해낼 듯." 이러한 관찰을 통해 오 노파는 결론을 내린다. "이분은 엄격하게 예를 지킨 처녀입니다."(651~652쪽) 탐지하는 노파의 눈빛과 만져보는 손길 아래서 소녀의 몸은 말 그대로 발가벗겨졌다. 옷뿐 아니라 겹겹이 싸여 있던 전고와 시적 비유 역시 함께 벗겨져 버린다.

처녀의 사지와 음부 형태의 묘사는 독자들을 깜짝 놀라게 했지만, 이것은 시작에 불과했다. 오 노파가 소녀의 은밀한 곳까지 검사하는 것을 묘사한 일은 '너무 외설적'이었지만, 이어지는 몸에 대한 측정과 신체 비례에 관한 서사에서는 이와 정반대의 전략을 구사한다. 하지만 이것 역시 앞부분 못지않게 자극적이다. "노파는 그녀의 몸을 측정했다. 발그레한 혈색이 그녀의 피부를 돋보이게 했고, 피부는 그녀의 살을 아름답게 했다. 살은 뼈를 감당하기에 족하다. 키는 크지도 작지도 않다. 머리에서 발가락까지 7척 1촌이다. 어깨너비는 1척 6촌이며 엉덩이 너비는 어깨보다 3촌이 작다. 양쪽 어깨에서 손가락까지의 길이가 각각 2척 7촌이다. 손가락에서 손바닥까지는 4촌인데 마치 10개의 가느다란 대나무 줄기 같다. 허벅지에서 발까지 길이는 3척 2촌이다."(652쪽)[28] 임상 진단을 내리는 듯한 건조한 말투는 도리어 독자의 상상력을 자극해 온기 없는 측량 단위에 에로틱한 분위기를 덧씌웠다.

마침내 가장 중요한 측정을 해야 할 시간이 왔다. "발은 길이가 8촌이었는데 정강이와 발등이 풍만하고 아름다웠다. 발바닥은 평평했고 발가락은 가지런히 모였다." 그 뒤의 두 구절은 특이한 구조와 애매한 어휘로 인해 종잡을 수 없는 의미를 띠고 있다. "約縑迫袜"(제약하다/구속하다/구부리다-고급 흰 비단-바싹 누르다-양말)과 "收束微如禁中"(모으다-묶다-자그마한/감춰진/신비로운-~과 같은-궁중)(652쪽)라는 구절은 다양한 해석이 가능하다. 만약 소녀 여영이 전족을 했다고 주장하는 측이라면 이 구절을 이렇게 읽을 수 있다. "흰 비단으로 발을 싸고 꽉 끼는 양말을 신었다. 구중궁궐처럼 감춰져서 얼마나 꽉 조였는지는 알 수가 없다." 또 달리 가능한 해석은 그녀가 꽉 끼는 양말을 신은 것과 불가사의한 측면은 강조하면서도 이는 전족과는 관련이 없다고 하는 주장이다. "그녀의 발은 꽉 조이는 흰 비단 양말 속에 있다. 소녀는 구중궁궐에 사는 사람처럼 억눌리고 은폐되어 있었다." 이외에도 가능한 해석이 더 있을 것이다.

양신 스스로가 다양한 해석의 가능성을 의도했을 소지가 다분해 보인다. 열린 텍스트를 의도하는 이 책의 특징은 '비신'이라는 알쏭달쏭한 제목에서 이미 알 수 있다. 그리고 평론가로서의 양신과 가짜 저자로서의 양신 사이에서 의도적으로 만들어낸 모순이 이처럼 모호한 특성을 강화한다. 평론가로서의 그는 후기 끝부분에서 첫 번째 해석을 선호한다는 것을 보여주었다. "내가 일찍이 전족의 유래를 고찰했으나 찾지 못했다. 그런데 '約縑迫袜, 收束微如禁中'이라는 구절에서 후한대에 전족이 이미 있었음을 알 수 있었다. 말이란 한번 입에서 나오면 네 마리 말이 끄는 수레도 이를 되돌리지 못한다. 우선 해석을 (이렇게) 하고, (해석에) 빈틈이 있다는 (독자들의) 비난에 대비하려고 한다."(656) 아이러니하게도 양신의 단언은 의심만 불러일으켰을 뿐이다. 왜냐하면 그의 해석은 이야기 앞부분에 나왔던 소녀의 발에 대한 다른 묘사들을 상기시켰기 때문이다.

독자는 그렇게 많은 기억력을 동원할 필요도 없었다. "정강이와 발등이 풍만하고 예뻤다. 발바닥은 평평했고 발가락은 가지런히 모였다"에서 "발가락이 가지런히 모였다"는 표현은 중의적이다. 이는 '전족한 발'과 '꽉 조인 양말' 모두를 의미할 수 있기 때문이다. 특히 근대 외과 의사들의 관찰에 의하면 전족한 여성들은 둔부가 발달하는 반면 발등은 사용하지 않다보니 퇴화해버린다. 그래서 '풍만한 발등'이라는 표현은 전족이 존재하지 않음을 증명하는 것일 수도 있다. 하지만 우리는 15세기에 그것이 일반적인 상황이었는지 알 길이 없다. 우리가 어떤 해석을 택하든, 이 단락이 상당히 새로운 표현이라는 데는 의심할 여지가 없다. 장방기가 전족 여부는 발이 활 모양인지 아닌지로 판정된다는 지식을 전해주었다면, 양신은 여기서 더 나아가 전족이 발의 각 부위에 각기 다른 해부학적 효과를 가져올 수 있다는 사실을 환기시켰다고 할 수 있다.

독자들을 더 혼란스럽게 한 것은 또 다른 사실적 묘사다. "그녀의 발 길이는 8촌이었다." 여회余懷(1616~1696)를 포함해 많은 후세 작가는 이것을 전족이 후한 시대에 시행되지 않았다는 확실한 증거로 받아들였다. 하지만 이렇게 확실한 임상적 정확성을 갖춘 묘사라도 표면적으로 보이는 것처럼 의심할 여지가 전혀 없는 것은 아니었다. 예를 들어 여회의 친구인 비석황費錫璜(1664년 출생)은 한대의 8촌이 명대의 4촌과 같았다고 지적했다. 만약 명대 기준으로 4촌이면 그의 눈에는 전족으로 보였을 것이다.29 우리는 이렇게 추측할 수 있다. 양신은 생리학적 묘사와 측정으로 과거에 전족이 존재했는지 알 수 있다는 가설을 세웠지만, 동시에 자신의 가설을 뒤집을 수 있는 복선을 독자들에게 남겨두었다고.

자세히 들여다보면 알 수 있다. 해부와 측정은 사실적 지식의 지표들이다. 그것으로 과거의 사실을 묘사하거나 심지어 문자 기록이 신체에 접근할 수 있는 유일한 통로가 되면, 의심할 나위 없어 보이는 그러한 경험적 지식 역시 결코 보이는 것처럼 그렇게 확실하진 않다. 독자들은 결국 양신이 전족 탐색을 시작할 때부터 존재했던 허무함과 문득 마주하게 될 것이다. 이는 과거 지식의 전달자로서의 언어의 한계를 깨달으면서 오는 허무함이다. 우리는 고대란 멀리 귀양 온 학자가 바라보는 화려한 수도라 했던 양신의 비유를 기억하고 있다. 그는 고된 문헌 검토, 사실 고증, 논리적 추론을 통해 과거와 현재의 거리를 이을 수 있다는 역사주의자의 신념에 편승하지 않았다. 그는 언젠가는 머나먼 수도로 돌아갈 수 있으리라는 기만을 벗어던져버렸다.

하지만 그는 실망하지 않았다. 그는 낙관적이고 유유자적하며 심지어 장난스러운 태도로 미지의 세계를 질주한다. 지식의 보고로서 문헌이 완벽하다는 전제를 뒤흔들어놓고 장난스러운 독서 전략을 고집하면서, 그는 독자들에게 텍스트와 의미 사이에 일대일 관계의 대응은 존재하지 않는다고 경고했다. 이런 방식으로 그는 문헌의 권위에 대한 독자들의 맹목적 기대를 좌절시켰다. 후세의 학자들은 그의 오류를 수정하는 데 골몰하여 양신의 주요 메시지를 의식하지 못한 듯 보인다. 그는 "확실함과 진실을 쫓아다니느라 인생을 낭비하지 말지어다"라고 말하고 있다.

『한잡사비신』은 그 진위가 의심스러운 텍스트다. 그리고 텍스트의 의미도 중의적이다. 그럼에도 불구하고, 혹은 바로 그것 때문에 이 책은 전족 원류론의 역사에서 하나의 이정표라 할 만하다. 전족 관련 이야기와 전설을 읽고 고찰한 경험은 아마 그가 회의론을 훈련하는 데 연습이 되었을 것이다. 다른 책의 서문에서 양신은 자신의 고증학 이념을 이렇게 설명했다. "믿을 만한 것을 믿는 것이 믿음이다. 의심스러운 것을 의심하는 것 역시 믿음이다. 옛날 학자들은 의심을 잘 하여 (학문을) 완성했는데 요즘 학자들은 의심하지 않는 것에 능하다."[30] 궁극적 회의론자인 양신은 고증학이 의거하는 정당성을 조롱한 것이다. 만약 우리가 매우 신뢰하던 고대 문헌들이 사실은 최근 사람들의 모조품이라면 어쩌겠는가?

『한잡사비신』은 객관적으로 보이는 계량적 서술이 비과학적 목적에 사용될 수 있음을 보여준다. 이는 심지어 에로틱한 상상을 자극할 수도 있다. 숫자와 측량에 대한 페티시즘적 집착은 『채비록』의 예에서 보았듯이 몇 세기 동안 전족의 매력을 만들어내는 핵심적인 요소였다.

마치 양신이 20세기 톈진과 상하이에서 유행하는 향수 어린 전족 감상가들의 행위를 예상하기라도 한 듯하다. 이는 상당히 불가사의하다. 양신과 근대 개항 도시의 거주민들과의 문화적, 시간적 차이는 윈난과 수도만큼이나 극복할 수 없는 거리였기 때문이다.

양신에 대한 반박: 호응린의 신발론

양신은 『한잡사비신』에서 전족이 후한 시대에 이미 존재했다고 암시했지만 그를 숭배하는 동시에 비판했던 호응린은 이를 염두에 두지 않았고 굳이 반박하지도 않았다. 하지만 호응린은 전족 풍습이 육조(1551~1602) 시대로 소급된다는 양신의 이론은 앞장서서 비판했다. 그리고 그렇게 함으로써 전족 기원 담론에서 양신의 권위를 인증해버린 셈이 되었다. 호응린은 양신을 만난 적이 없다. 호응린이 태어난 뒤 8년 뒤에 양신은 죽었다. 하지만 그는 양신의 박식함과 재능에 반한 나머지 양신의 오류와 누락된 부분을 수정하는 작업을 하느라 책을 세 권이나 저술했다. 그중 하나가 『단연신록丹鉛新錄』이다. 이 책은 양신의 책 제목을 그대로 차용했을 뿐 아니라 자신의 견해를 제시하기 전 양신의 문장을 글자 그대로 인용했다. 마치 양신이 살아나서 두 번씩 말하는 것 같았다. 한 번은 원래의 양신이, 또 한 번은 호응린이 그 대신.

호응린의 작품들은 양신의 숭배자가 그에게 바치는 궁극의 헌사라

할 만하다. 호응린은 양신의 '폭넓은 고증'이라는 연구 방법을 진지하게 지키려고 했지만 정작 양신 자신도 연구에 있어 철저하지 못했음을 발견했다. 근대 학자들은 두 사람 다 청 고증학 운동을 선도한 명대의 선구자로 여긴다. 호응린의 관직 경력은 양신보다 더 보잘것없었다. 그는 거인擧人이 되었지만[31] 사실상 관리로 일한 적은 없었다. 호응린은 과거제도의 경직성에 염증을 느꼈고 역사, 철학, 필기 등의 책을 두루 읽는 것을 더 좋아했다. 성공한 관리의 아들인 그는 고향 저장浙江 란시蘭溪 근교에 지은 장서루藏書樓에 영구히 정착하기로 했다.[32] 벤저민 앨먼이 묘사한 그 시대 고증학자들처럼 그는 17세기 강남의 부유한 도시 경제에 의존하여 살았다. 생계를 위해 관리를 지내지도 않았고 제국의 은혜에도 기대지 않았다.[33] 이러한 독립성으로 인해 그는 정부가 공인했던 송학의 울타리에서 벗어날 수 있었다.

호응린 주변의 학자 집단이 전족 기원론의 사회적 맥락을 변화시킨 것은 분명하다. 누군가가 매번 새로운 증거와 논쟁을 제기할 때마다 그것은 곧 동료들 사이에 퍼졌고 얼마 있지 않아 다른 저서에 인용되곤 했다.[34] 지나치게 사소하고 사적인 것으로 간주되어 공개적으로 발언하기 힘들었던 전족 기원 담론은 이제 문인들 담화의 주제로 떠올랐다. 전족은 일종의 비정규적인 학문 담론의 주제가 되었다. 이러한 추세는 16세기에 전족이 사회적 관습으로 점점 대중화되고 있었음을 보여준다.

이러한 동료 문인들의 존재는 호응린의 분석 초점이 '지금-여기'에 놓여 있는 이유를 일부 설명해준다. 양신은 이미 지나간 과거와는 만날 수 없다는 생각에서 벗어나지 못했다. 반면 호응린은 고대와 현대 사이에 상호 교감의 가능성이 있다고 주장했다. 그는 고대 문헌이 우리 시대의 풍속을 설명해줄 수 있고, 또 한편 현재의 풍속이 고전을 해석하는 데 도움을 줄 수 있다고 믿었다. 그는 16세기 말 강남 여성의 복식, 남녀 간의 차이, 여성의 수공예에 대해 단편적이지만 가치 있는 통찰을 했다. 호응린의 고증학은 이런 방식으로 사회사의 흔적들을 정리할 수 있었다. 특히 그는 전족이 전장典章 제도의 일종이며 사람이 만들어낸 문화의 대표적 산물이라고 해석했다. 그리고 전족을 의상과 장신구의 영역에 위치시키며 이를 통해 여성성을 규정하기도 했다. 전족은 여성이 남성과 다른 점을 두드러지게 보여주기 때문이다.

사실 그가 양신의 이론에 의문을 품게 된 계기는 당시 유행하던 여성의 의상과 신발 스타일에 있었다. 양신이 내세웠던 주요 증거 중 하나는 「쌍행전雙行纏」이라는 악부시였다.

새 비단에 수놓아 만든 행전, 발등이 봄처럼 곱구나.
다른 이들은 칭찬하지 않지만, 내게는 사랑스러울 뿐.[35]

악부시란 음악에 맞춰 노래했던 옛 노래의 가사를 의미한다. 여기에는 제국의 각종 의식에 사용하거나 민간에서 부른 가요도 포함되어 있다. 일부 악부는 한대와 위진남북조 시대까지 거슬러 올라가지만 다른 것은 당과 오대 시기에 지어진 것들이다.[36] 전족이 10세기 이전에 나왔다는 양신의 주장은 '행전行纏'이라 부르는 일종의 다리 싸개가 전족할 때 발을 동여매는 천이라는 그의 가설을 근거로 한다.

하지만 호응린은 크게 두 종류의 '행전'이 있었음을 발견했다. 이른바 행전이란 "여성들이 양말 안에 신었던 것으로 오늘날에는 '과각裹脚'이라고 한다." 즉 이는 발싸개다. 발싸개와 전족 띠가 결정적으로 다른 점은, 전자는 발 동여매기(찰족扎足)가 여성들만의 풍속이 되기 전에는 남녀 모두가 공유했다는 점이다. 옛날에 남녀의 발싸개 사용에 있어 차이가 있다면 발을 싸매는 천의 재료가 달랐을 뿐이다. "남자는 명주(백帛)로 만들었고 여자는 부드러운 비단(나羅)으로 만들었다. (그리고 여자들은) 무늬를 수놓아 아름다움을 돋보이게 하고 이것을 양말 속에 숨겼다. 그래서 '다른 이들은 칭찬하지 않는다'고 한 것이다." 여성들이 전족을 시작하자―그것이 언제든―발싸개裹脚는 남성들만의 복식이 되었고 이것이 바로 호응린 시대의 상황이었다.(그림 10)[37] 마찬가지로 그는 부들 신발도 예전에는 남녀 모두의 것이었다고 했다. 그런데 "오늘날에는 부들 신발이 온 나라에 유행하나, 남자만 이것을 신는다. 여자들은 전족하므로 이것을 절대 착용하지 않는다". 즉 호응린의 주장은 전족으로 인해 성별로 특화된 신발과 양말이 생겨났다는 것이다.[38]

신발 스타일의 차이에 초점을 맞추면서 호응린은 전족을 담론으로 진입시키는 방식을 미묘하게 바꿔놓았다. 양신은 소녀 양여영의 발을 생리학적 방식으로 기록하면서 전족 묘사에 있어 혁신적인 면모를 보여주었으나 후대 학자들은 그의 묘사 방식을 따르지 않았다. 그 이유는 양신 자신이 언급했듯이 시선을 육체에 고정하는 이러한 방식이 '너무 외설적'이기 때문이다. 호응린은 전족의 정의를 여성의 몸에서 분리하여 외부 의상과 장식 쪽으로 시선을 돌렸다. 이렇게 해서 호응린은 이 문제를 좀더 품위 있고 고증학적 연구에 더 적당한 것으로 만들었다. 이제 우리는 여성이 발에 무엇을 씌우고 있느냐에 따라 전족의 존재 여부를 알 수 있게 되었다.

호응린은 '폭넓게 고증'해야 한다는 양신 자신의 학문적 신념을 지키지 못한 것을 비판하는 한편 당나라 이전 여성의 신발류와 관련된 기록 스물한 가지를 발견했다. 그는 이 기록 중에는 '활 모양으로 휘고 가냘프다弓纖'라는 언급이 없으므로 여성들의 전족은 당대 이전에는 시작되지 않았다고 결론 내렸다. 그는 신발, 더 정확히 말해 텍스트에서의 신발 재현에 지나치게 집착했다. 이履라는 신발 종류 하나를 두고 무려 148개에 이르는 관련 기록을 나열하기도 했다. 하지만 양신의 고증 정도가 충분치 못했음을 드러내는 것 외에는, 그가 이렇게까지 해야 할 특별한 이유를 찾을 수 없다.[39]

왕후의 신발, 여성 노동, 그리고 여성의 차이

양신의 의견에 반박하는 동시에 호응린은 그의 시대에 통용되는 전족의 두 가지 문화적 의미를 분류했다. 16세기가 되면 활 모양의 발, 즉 궁족은 남성과 여성 간 차이의 표지로 인식되고 있었다. 또한 이는 과거와 현재 사이의 거리를 표시하는 것이기도 했다. 옛날에는 남성과 여성의 신발 간에 본질적인 차이가 없었기 때문이다. 역사의 변화와 당시의 유행에 대한 호응린의 태도를 살펴보기에 앞서, 우선 여기서 양신이 해석한 『주례周禮』와 여성 노동의 본질에 대해 호응린이 왜 동의하지 않았는가를 살펴보는 것도 의미 있을 것이다. 성별 차이와 여성다움이 어떻게 생산되는지를 이해하는 데 도움이 될 것이기 때문이다. 『주례』는 기원전 2세기 중엽 전한前漢 시대에 등장한다. 이 책은 고대 주周나라에서 행해지던 행정 체계, 법률, 제례, 의식, 기술 및 풍속을 묘사하고 있다. 전체 6개 부분으로 나뉘어 있는데 이는 주나라 통치 체계의 조직 구조에 따른 것이다. 천관天官, 지관地官, 춘관春官, 하관夏官, 추관秋官, 동관冬官으로 섬세하게 설계된 이 조직은 균형과 계층이라는 원칙의 결과물이며 우주론적 의미가 포함되어 있었다. 우리는 그것들이 실제로 주나라(기원전 1045~기원전 256)에서 어디까지 실행되었는지는 알 수 없지만 이러한 의례들은 이후 왕조에서 정치, 건축, 복제服制 등의 제도에 항구적인 영향을 미쳤다.[40]

고대 전족의 흔적을 찾기 위해 노력하던 고증학자들에게 특히 흥미로울 법한 것은 여섯 번째 부분인 「동관고공기제육冬官考工記第六」이다. 여기서는 왕실과 궁정에 소속된 장인들의 직함을 나열하고 각종 기물의 제작과정과 부속품을 묘사하면서 물질문명와 관련된 긴 목록을 구성하고 있다. 수레, 무기, 배, 의복, 관, 그리고 신발이 여기에 수록되었다.[41] 「천관총재제일天官冢宰第一」도 관련이 있는데 일반적인 관리 업무에 관한 부분이다. 여기에 신발과 예복을 담당하는 이들의 관직명이 기록되어 있다. 양신은 여기서 주왕과 왕후의 신발을 담당하는 '이인履人'이라는 관직에 특히 흥미를 보였다. 그는 이렇게 불평했다. "음, 왕후의 신발을 (외부) 사람을 시켜 만드는 것도 외설적인 것이 아닌가? 옛날에는 여성 노동婦工을 어디에 사용했던 것일까?"[42] 이 말에 함축된 바는 여성들이 자신의 신발을 직접 만들어 이른바 '여성 노동'의 의무를 지는 것이 마땅하며, 그렇게 못 하면 대단히 좋지 못한 결과가 있으리라는 의미다.

'부공'의 중요성을 강조하기 위해 양신은 『시경詩經』의 두 번째 시에서 두 구절을 인용했다. 이 시는 여성이 계곡에서 칡뿌리를 캐서 이를 물에 끓이는 장면을 묘사한 것이다. 그들이 한 것은 바로 생산 노동의 일종이었다. "굵은 베 짜고 가는 베 짜서 옷 지어 입으니 좋구나." 양신은 이렇게 결론 내린다. "(이것이) 주나라가 흥하게 된 이유다. 주나라가 망한 이유는 여자들이 공적인 일公事에 참여하지 않았기 때문이다." 그는 약간 의심스럽다는 어조로 덧붙였다. "주공이 의례를 제정하고 관직을 따로 만들어서 여자들에게 신발을 만들어주었을까?"[43] 양신이 주왕후의 신발 문제에 대해 보이는 태도는 대단히 모순적이다. 신발은 왕후의 살에 직접 맞닿는 것이라서 대단히 사적인 영역에 속한다. 따라서 만약 장인들을 파견하여 신발을 만든다면 이는 당연히 '외설적'이 된다. 그런데 그는 또 왕후(혹은 모든 여성들까지 연장해서)가 직접 자신의 신발을 만드는 것이 '공적' 질서를 세우는 일이라고 했다. 이렇게 '여성 노동'과 '공적인 일'을 동일시한 것은 여성들의 영역에 상당한 공공적, 정치적 의미를 부여한 것이나 다름없다.

호응린은 주공을 변호하느라 발 벗고 나섰다. 그는 우선 『주례』에서의 신발의 특수성에 주목했다. 신발 외에 주공과 왕후의 모든 복식은 성별이 명확하게 분리된 직관들의 책임으로 각각 관리되었다. 예를 들어 왕후의 예복을 준비하고 관리하는 임무는 천관天官 관할의 내사복內司服이 맡았다. 왕의 예복은 외사복外司服이 관할했다. 그들의 머리에 쓰는 관이나 장식도 마찬가지였다. 그들은 왜 유독 신발만은 '이인'이 왕과 왕후 모두를 담당하도록 했을까? 이에 의문을 가졌던 호응린은 역사 속에서 답을 찾았다. "(내가) 한당오대를 고찰해보니 (이때부터) 여성들의 전족이 시작되었음을 알 수 있었다. 『주례』에서 이인이 신발을 관리했다는 대목을 읽어보니 왕과 왕후 및 관작이 있는 남자와 여자들의 신발은 이름이나 모양, 색깔이 모두 동일했다. 그래서 나는 문득 깨달았다. 삼대三代[44] 이전에는 남자와 여자의 신발에 큰 차이가 없었다. 이인이 (왕과 왕비 신발을) 모두 관리한 것은 이러한 이유에서일 것이다."[45] 호응린의 해석 방식은 전형적인 고증학자의 것이었다. 의심스러운 것이 떠오르면 그는 납득할 만한 설명을 얻을 때까지 고문헌을 뒤졌다.

호응린의 주장에 의하면 양신의 실수는 그의 시대에 통용되던 신발에서의 성별 분업화 현상과 신발의 에로틱한 의미를 고대에 적용시킨 것이었다. 이는 현대적 해석의 나쁜 사례다. "옛사람들은 신발을 관冠에 맞췄는데 이는 상하 질서가 엄연히 존재했기 때문이다." 사실상 호응린은 주나라가 망한 것이 계급 질서의 붕괴로 인한 계층 상징물의 혼란("창기와 배우들이 왕후의 옷을 입고 있다") 때문이지 여성 방직 노동의 쇠퇴와는 관련이 없다고 생각했다. 즉 신발은 양신이 주장하듯 속곳이나 하의류의 '외설적인' 물품들처럼 잡스럽고 은밀한 주제가 아니었다는 것이다. 양신은 깊은 고찰 없이 왕후의 신발을 "그의 시대에 유행하던 활 모양의 가냘픈弓纖狀" 전족과 함께 논했다는 것이다. 신발과 옷을 담당했던 각종 직책에 대해 장광설을 늘어놓고 나서 호응린은 이러한 복식들이 공적 의미가 있다고 단언했다. 그것들은 의례와 공적 장소에서 사용하기 위해 만들어진 것이지 일상생활에서 착용하기 위한 것이 아니기 때문이다. "만약 (당시) 여자들의 신발에 오늘날과 같은 의미가 있었다면, 이는 당연히 (신발 만드는) 재봉사가 만들었을 것이고 분명 내사복의 책임은 아니었을 것이다."[46]

하지만 호응린의 불만은 사실 그의 시대에 전족이 성행하여 여성의 신발이 공적 의미를 잃어버렸다는 데 있었다. 이제 상업적으로 생산된 여성의 신발은 양신이 주장하듯 '외설적' 물품이 되어버렸다. 호응린은 마치 여성의 신체 역시 이와 마찬가지로 타락의 과정을 거쳤다고 암시하는 듯하다. 이는 더 이상 공적 의미를 담고 있는 그릇이 아니었으며 에로틱한 희열을 전달하는 도구가 되어버렸다. 여성 노동의 가치 역시 훼손되었다. 여성 대다수는 이제 더 이상 직접 천을 짜서 신발을 만들지 않고 시장에서 만들어진 것을 구매했으며, 신발에 꽃이나 새 무늬를 수놓는 등 과도한 장식에 몰두했다.[47] 전족이 성행하던 상업 시대에, 여성다움은 육체적 방종, 경박한 소비, 그리고 과도한 장식과 연계되었다. 17세기에 전족은 문헌 속에서 그리고 사회적으로 가시화되었으나 형편이 안 되는 많은 이에게는 전족이란 여전히 손에 넣을 수 없는 사치스러운 것이었다. 바로 이 때문에 전족의 에로틱한 잠재력이 이 시기에 최고조에 이르는 것이다. 이러한 발전이 도시 여성과 그들의 패션에 있어 어떤 의미를 지니는지는 이 책의 마지막 장에서 논의해볼 것이다.

이 시대의 유행: 전족과 패션

호응린은 전족이 그의 시대에서는 일종의 유행이며, 규범적이고 관습적인 행위가 되었다고 무심한 투로 지적했다. 예를 들어 그는 여성미를 판단하는 원칙을 다음과 같이 말했다. "지금은 얼굴을 제외하고는 발이 가장 으뜸가는 결정 요소다." 더 나아가 "오늘날에는 활 모양의 작은 발을 5척 어린이라도 아름답다고 느끼며 부러워한다." 그의 말투에서는 일종의 당황스러움이 묻어나왔다. 이 풍습이 왜 이토록 성행하게 된 것이며, 지금의 미의 기준은 왜 옛날과 이토록 달라진 것인가. 그래서 그는 "지금 전족이 유행한 지 이미 오래되어서 (이를) 하지 않으면 모두 조롱한다. 하지만 육조 이전이었더라면 (전족한 사람이) 요물(인요 人妖)로 취급받지 않았을까?"[48]라고 추측했다. 그가 하고 싶은 말은, 전 족의 유행을 이해하려면 그 기원을 탐구하기보다는 이 풍속이 지닌 잠 재적 힘을 이해하는 편이 낫다는 것이다. 세상의 미적 기준이 전족을 선호하는 쪽으로 움직이면 그때부터 서로 모방하여 결과적으로 널리 유행하기 때문이다.

이 밖에 호응린은 예리한 통찰을 또 하나 보여주었다. 전족 풍속의 시작 단계에서 '비단 양말(나말羅袜)' '앙증맞은 발纖足' 등과 같은 문 학적 비유가 미의 기준을 변화시키는 데 영향을 미쳤고, 이것이 결국 전족의 유행을 이끌었다는 것이다. 그는 양신의 방식대로 대량의 당 시唐詩와 그 이전의 시들을 고증학적으로 검토하면서 문학이 사회학 적 자료 이상의 것임을 깨달았다. 문학은 사람들의 기대와 경험을 반 영할 뿐 아니라 이를 변화시키기도 한다. 그는 다음과 같이 언급했다. "송대 초기에는 전족을 하지 않은 여성이 많았다. 아마 원대에 시詩, 사詞, 곡曲이 모두 전족에 관해 지겹게 노래하다보니, (결국) 오늘날 번 성하게 된 것이리라." 그는 엄숙하게 덧붙였다. "아름다움에서는 더 멀 어졌다."[49]

호응린은 전족을 유행과 장식의 범주에 두었으나 발을 동여맨 천과 신발 아래 숨겨진 전족에 대한 혐오를 감추지 않았다. 그는 양신이 이 백의 「자연 그대로의 발을 가진 여자」를 찬양한 것과 같은 맥락으로

이렇게 평했다. "이전에 여성들의 발에 대해서는 보통 '희고 깨끗하다'
아니면 '풍만하고 아름답다'고 했다. 지금 여성들의 전족은 보기는 좋
으나, 그 피부를 보면 바짝 말라 비틀어지고 악취에 더러움이 대단히
심하다."[50] 이는 19세기 이전 전족의 '베일을 걷어버린' 몇 안 되는 솔
직한 고백 중 하나다. 여기서 드러난 악취 풍기는 육체는 양신이 소녀
의 발에 구사했던 해부학적, 계량적 묘사와는 또 다른 형태의 몸이었
다. 에로틱한 발을 노래하는 시와 희곡이 곳곳에 만연했으나, 그 앞에
서 그녀들의 발을 싸고 있는 전족 띠와 신발을 벗겨버린 셈이었다. 그
는 당시 유행하는 물건 하나를 공들여 묘사했다. 이는 몸을 가리는 물
건이었다. 발을 동여맨 전족 띠 위에 또 천으로 된 다리 덮개를 씌우는
데 무릎 부분까지 온다. '슬고膝褲' 혹은 '반말半袜'이라 부른다.[51]

　　호응린은 전족이 당나라 말기와 그 뒤를 이은 오대(907~960)에 시작
되었다고 주장했다. 그의 논리는 체계적이지는 않았다. 그는 '가냘프다
(섬纖)'라는 형용사를 대단히 중시했다. '가냘픈' 발은 자연 그대로의 발
에 상대되는 개념이었다. "자연 그대로의 발이라면 가냘프지 않을 것이
고, 가냘픈 발이라면 자연 그대로의 발이 아니다." 그는 당대 시인 두
목杜牧(803~852)의 시 구절이 전족의 문화적 아우라가 막 시작되는 신
호탄이라고 했다. "나전 장식한 자로 재어보니 4분分이나 줄었구나. 가
늘기 그지없는 옥 죽순, 가벼운 구름으로 싸였네鈿尺裁量減四分, 纖纖玉
筍裏輕雲." 하지만 그는 당시 전족이 사회의 보편적 관습이 되었다고는
보지 않았다. 호응린은 '섬섬옥순'이 전족을 비유한 것이고 '경운'은 아

름다운 양말을 비유한 것이라 했다. 그는 이상은李商隱(약 813~858)과 10세기 중엽의 『화간집花間集』 역시 이를 증명하는 증거로 언급했다.[52] 하지만 호응린의 주장은 논리적으로 문제가 있다. 그는 '옥순'이 당나라 때에는 아마 여자의 발가락을 묘사했을 테지만, 그의 시대에는 전족한 발을 의미하는 것이라고 주장했다.[53]

전족의 진화에 관한 호응린의 가장 분명한 주장은 일종의 새로운 비교를 통해 제시되었다. 이는 상당히 놀라운 내용을 담고 있다. "서적의 목판 인쇄와 마찬가지로, 여인들의 전족은 당말 오대에서 시작돼 송대에 성행하고 원대에 극도로 번성했다가 오늘날 다시금 유행하고 있다. (출판과 전족) 두 가지 역사가 대단히 비슷하다. 전족은 원래 규방에서의 사소한 문제라 학자 대부분이 이 문제를 소홀히 한 것이다."[54] 호응린은 놀랍게도 전족과 인쇄를 함께 거론하면서 전족을 문화적 체제와 물질적 행위의 영역에 위치시킨다. 이는 매우 중요한 통찰이다.

양신이 고문헌의 범주와 한계에 관심을 보였던 반면, 호응린은 고문헌의 권위를 인정하기를 원하는 편이었다. 그는 자신이 제기한 10세기 기원설이 언젠가 더 성실한 독자에 의해 부정되기를 바랐다. "육조 이전 (관련 자료를) 수록한 서적은 엄청나게 많다. 어쩌면 모든 의문을 해소할 만한 확실한 증거가 있을지도 모른다."[55] 그렇게 되기 전까지는 의심하는 것이 합당한 태도라는 것이다. 전족 기원론이든 목판 인쇄의 기원이든 어쩌면 정확한 결론을 얻지 못할지도 모른다. 하지만 우리는 역사 속에서 그것들의 사회적 발전의 궤적을 추적할 수는 있다. 그래서 만약 기원을 탐색하는 고증학자들의 노력이 사람들에게 더 많은 책을 읽도록 고무하고 제도적, 문화적 역사에 대해 제대로 이해하도록 한다면, 이 지루한 고증학 연구는 그럴 만한 값어치가 있다는 것이다.

호응린이 10세기부터 16세기까지 직선의 진화론적 역사관을 암시하기는 했지만, 그에게 있어 궁극적으로 전족이란 역사의 단절을 상징하는 것이었다. 전족이 명대에 풍속이 되어 유행했다고 언급할 때마다 그는 과거와 현재의 거리를 인식하고 있음을 보여주었다. 물론 여전히 근대와는 상황이 다르긴 했지만, 호응린처럼 툭하면 '당대성當代性'을 우아하게 찬양하는 이러한 광경은 16~17세기 강남의 도시들에 만연해 있었다. 이 시대는 '바싹 굳어버린' 전족과 같이 결점은 있지만 그래도 가장 좋은 시대였고, 상당히 확신을 가질 수 있는 유일한 시대이기도 했다.

역사 단절의 느낌과 '현재'에 대한 찬양의 태도를 보여주면서, 호응린은 전족을 입었다 벗었다 할 수 있는 패션의 영역에 귀속시켰다. 그의 방식은 학자이자 시인이었던 여회余懷(1616~1696)의 전족 기원론에서 가장 분명하게 표현되었다. 여회의 명저인 『판교잡기板橋雜記』는 명나라 멸망 이전 남경 기원妓院의 향수 어린 기억을 표현하고 있다. 여기서 여회는 과거와 현재의 복식이 어떻게 다른지 종종 강조했다. 전족의 굽은 발을 위해 만들어진 높은 밑창 신발이 특히 그의 주의를 끌었다. "(이것은) 예전에는 없었고 우리 시대에만 존재하는 뛰어난 물건이다." 쑤저우蘇州 일대의 멋진 여성들은 점점 더 아리따운 스타일을 갖추게 되었다. "어떤 신발은 독특한 향목香木으로 밑창을 만들고 고운 능라로 그것을 싸맸다. 어떤 신발은 영롱하게 꽃을 새겨넣고 사향 주머니를 달아 내딛는 걸음마다 흩날리며 향기를 땅에 새긴다."

여회는 이런 새로운 스타일을 '괴이한 복식(복요服妖)'이라는 수사로 표현했다. 복요란 무질서한 세계의 상징이라 할 수 있는 기이한 복식을 의미한다. 하지만 그의 어조는 도덕적 비난이 아니라 그의 시대의 우아한 취향과 17세기 강남 도시 중심부의 훌륭한 공예 기술에 대해 자부심을 전달하고 있다. "이것들은 복요다. 송원 이래의 시인들이 이를 표현하지 못했다. 그래서 세상의 '향렴香奩'과 '옥대玉臺'를 노래하는 이들에게 내가 여기서 이것을 알려주려고 한다."56 '향렴'과 '옥대'는 여성과 여성적인 것을 주제로 삼은 시가를 의미한다. 높은 밑창 신발은 등장한 이후 오랫동안 크게 유행했다. 심지어 300여 년이 지난 뒤에도 내륙에 있는 산시성山西省에서 전족 해방을 자신의 임무로 삼았던 성장省長 옌시산은 활 모양의 나무 밑창을 댄 전족 신발을 근절하기 위해 여전히 골머리를 앓고 있었다.

조익과 18세기 전족의 전성기

청대의 장서가이자 역사가인 조익趙翼(1727~1814)은 전족의 기원에 대해 최종 결론을 내린 사람이다. 청 제국의 권력과 번영의 전성기를 함께했던 그는 전족의 기원을 탐구했던 마지막 고증학자다. 그의 주장은 논쟁적이기보다는 학술적이었고 그의 목표는 전족을 비난하기보다 이를 이해하는 데 있었다. 그가 쓴 「궁족弓足」이라는 필기를 보면 여회에서 조익의 시대까지 한 세기 동안 전족은 이미 한인 여성들이 공유하는 관습이 되었음을 알 수 있다.

사실상 당시 전족 풍속은 이미 아주 보편적이었기 때문에 조익의 글에서 사회사적으로 유일하게 눈여겨볼 만한 구체적인 내용은 전족을 하지 않는 예외에 관한 부분뿐이다. "요즘 발을 싸매는 풍속은 이미 온 세상에 퍼져 있다. 그렇지만 광둥과 광시廣西 지역의 백성은 성의 수도에서나 이를 흉내낼 뿐이지 시골에서는 발을 싸매지 않는다. 윈난과 구이저우에 사는 과猓, 묘苗, 북僰, 이인夷人들도 전족을 하지 않는다."[57] 그가 말한 마지막 예외는 더욱 놀랍다. "쑤저우 성내의 여자들은 발이 작은 것을 귀하게 여기지만 성 밖의 시골 여자들은 모두 맨발로 밭일을 하므로 전족을 하지 않는다. (전족의 여부는) 대개 그 지역의 풍토를 따르므로 일률적으로 말하기 어렵다."[58] 전족을 하지 않는 이 예외적 사례들은 다민족 제국인 청에 대한 조익의 인식을 보여준다. 청 제국에는 공간, 문화, 민족적 차이가 존재할 뿐 아니라 전족이 바로 이 차이를 가시화하는 역할을 하고 있다는 것이다. 광둥, 광시, 윈난, 그리고 구이저우는 모두 제국의 주변부에 속하는 성省인데, 여기서 또 대도시-농촌, 그리고 한인-비한인 지역으로 나뉘는 것이다. 중원에서 가장 부유한 도시 중 하나였던 쑤저우에서도 전족이 도시와 농촌 간의 격

차를 표현하는 역할을 했던 것 역시 눈여겨볼 만하다.

전족을 하지 않는 예외가 있기는 했으나, 청대에 전족 풍속이 180도 변한 것은 분명하다. 고도로 도시화된 유행이었던 전족은 이제 보통 여성들에게도 기대할 수 있는 관습화된 행위로 변한 것이다. 만주족 정부의 두 가지 정책이 뜻밖에 일반 가정에서 전족이 유행하는 데 영향을 미쳤을 것이다. 청대 초기 부질없는 전족 금지령으로 전족은 한인의 정체성을 나타내는 표지가 되었다. 또 한 가지는 18세기 농촌지역의 면직업 장려 정책이었다.59 얼핏 보기에 전족은 어디든 존재하는 것 같았지만, 조익은 위에서 언급한 예외를 보고는 다음과 같이 결론 내린다. 극성기였던 18세기에 전족은 다양하고 통일되지 않은, '일률적으로 논할 수 없는' 행위였다. 다시 말해 전족은 현지화된, 지역화된 행위였다는 것이다. 이는 상당히 놀라운 통찰력이다. 만약 전족이 통일된 것이 아니라 다양화된 풍속이었다고 하면 그것이 특정한 하나의 기원에서 시작되었다고 간주하기는 어려워진다. 조익은 고대 문헌이 과거를 이해하기 위한 지식의 보고라는 점을 굳게 믿었지만, 동시에 그는 단일성과 확정성을 추구하는 것이 헛된 일임을 아주 잘 알고 있었다.

조익이 쓴 전족에 관한 글은 기존 이론과 증거를 체계적으로 정리했다. 그래서 우리는 이를 통해 편리하게 고증학적 논쟁을 총결할 수 있다. 그는 이전 사람들의 주장을 크게 세 가지로 정리했다. 첫 번째는 전족이 오대(907~960)에 시작되었다는 것, 두 번째는 육조 시기(222~589)에 전족이 이미 있었다는 것, 세 번째는 진한 시대(기원전

221~기원전 220)에 시작되었다는 것이다. 앞서 언급했듯이 오대 기원설은 14세기의 학자 주밀이 제시하고 호응린이 발전시켜 16세기에는 이것이 유력한 설이 되었다. 조익은 이 설의 강력한 근거가 바로 부정론에서 나온다고 지적했다. 당대 이전에 전족이 존재했다는 설득력 있는 증거가 없기 때문이라는 것이다. 10세기 이전의 수많은 시 가사와 역사 자료 중 '가냘프고 작은纖小' 발과 '활 모양의 가냘픈弓纖' 발을 언급한 것은 거의 없다. 조익의 가설은 장방기, 차약수, 양신, 호응린과 비슷하다. 만약 전족 행위가 정말로 어떤 시대에 존재했다면 이는 분명히 문헌에 기록이나 흔적을 남겼을 것이다. 무엇보다 이백이 「자연 그대로의 발을 가진 여자」라는 시를 지었다는 것은 당대에는 전족이 유행하지 않았다는 유력한 증거가 될 것이다.

두 번째 이론은 당나라가 시작되기 300년 전부터 이미 전족이 존재했다는 것으로, 후세에 이 설과 관련해 가장 많이 인용된 사람은 양신이다. 조익은 악부시에 나오는 '쌍행전'이라는 표현, 한악 시에 나오는 '6촌의 둥근 살六寸膚圓'을 포함하여 양신이 제시한 증거들을 인용했다. 여기에 다른 자료도 함께 인용했는데 가장 눈에 띄는 것은 양귀비의 이야기다. 마지막으로, 한대에 전족이 시작되었다는 이론 역시 양신이 주장했음을 기억하자. 이 이론의 가장 직접적인 증거는 그가 쓴 『한잡사비신』의 양여영에 관한 묘사다. 조익은 이 두 이론에 대해 이것들이 믿을 만하든 그렇지 않든, 모두 근거가 있으므로皆有所據 주목할 가치가 있다고 평가했다. 그러나 문헌에 대한 신뢰도는 차이가 있다고 생각했다. 이백의 「자연 그대로의 발을 가진 여자」는 분명히 뚜렷한 근거가 있지만確有明據, 양귀비 이야기가 수록된 문헌은 믿을 수 없는 위조품임이 분명하다고 했다.(656쪽)

조익은 논리적 추론에 근거하여 수 세기 동안 제기되었던 10세기 기원설이 가장 설득력 있다고 주장했다. 그는 전족의 기원에 대해 다음과 같이 결론 내렸다. 한악의 '6촌의 둥근 살'과 두목의 '자로 재니 4분이 줄었구나' 등의 시구는 전족이 실제 풍습이 되기 이전에 쓰인 것이다. 하지만 시인들이 길고 짧은 발에 대해 반복해서 읊는 가운데 "점점 작고 가는 발을 귀하게 여기는 풍속이 생겼다"고 추정할 수 있다는 것이다. '발을 묶는 것扎脚'이 실제 신체에 행하는 관행이 된 것은 당이 멸망한 뒤인 오대 시기였다. 심미적 이상으로서의 전족과 실제 풍속으로서의 전족을 혼동하지 말아야 한다는 것, 그리고 이상이 풍속에 선행한다는 조익의 통찰은 대단히 날카롭다.

고대와 문헌의 신뢰도에 관한 조익의 견해도 눈여겨볼 만하다. 조익은 두 가지 저작을 인용하며 그의 시대론을 뒷받침했다. 도종의陶宗儀의 『철경록輟耕錄』과 원대 문인 백정白挺(1247~1328)의 필기 『담연정어湛淵靜語』의60 저자들은 확실한 증거를 제공하지는 않았지만 둘 다 근거 없는 추측이라 폄하할 수는 없다. 왜냐하면 "두 가지 설說은 모두 송원 시대에 나온 것이라 오대에서 (시대가) 그리 멀지 않다. 반드시 보고 들은 바가 있을 테니 억측은 아닐 것이기" 때문이다.(656쪽) "머나먼 고대로는 접근할 수 없다"는 그의 주장은 양신의 '수도와 원난' 비유를 연상시킨다.

조익이 평가한 이 세 가지 기원론은 모두 증명 가능한 역사 영역에 속한다. 그는 왕조의 마지막 제왕들과 그들이 총애했던 팜파탈에서 전족이 기원했다는 전설은 언급할 가치가 없다고 생각했다. 문헌 근거의 존재는 그것이 믿을 만하든 그렇지 않든 이론 혹은 주장을 어느 정도 유효하게 만든다. 그가 받아들일 만한 증거라고 간주한 문헌들은 역사서, 필기, 유서類書, 그리고 시집에 국한되었다. 조익뿐 아니라 고증학 전통 전체가 전족을 다룬 많은 소설, 희곡, 가요를 줄곧 논의 대상에서 제외했다. 그런데 사실 이들 장르야말로 전족의 아우라를 유지하는 데 가장 중요한 역할을 했다.61

장식된 몸과 노출된 몸

조익의 책에 있는 「궁족弓足」은 그의 사회적 관찰과 분석적 통찰력을 돋보이게 할 뿐 아니라 유용한 정보를 제공해주는 글이다. 조익은 궁족을 '몸에 하는 장식'과 '자태', 이 두 가지 사회적, 문화적 맥락 속에서 분석했다. 이 두 가지 모두 성별 차이에 대한 예리한 인식을 함축하고 있다. 「궁족」 바로 뒤에 배치된 「염갑染甲」은 손톱을 물들이는 봉선화에 관한 내용이다. 이는 중국의 무슬림回回 여성들에게서 시작되어 조익이 살던 18세기에 널리 유행했다고 한다. 재미있는 것은 봉숭

그림 9. 지주 조趙씨와 그의 아내가 발을 발 스툴에 올려놓고 있는 모습을 그린 무덤 벽화, 허난河南 덩펑현登封縣, 1099.(宿白, 「白沙宋墓」, 22번 도판)

아 물을 들이는 과정이 전족을 연상시킨다는 점이다. 먼저 봉숭아 꽃 잎을 빻아서 여기에 명반을 섞는다. 명반은 전족에도 수렴제로 사용된다. 반죽을 손톱에 바르고 헝겊 조각으로 봉인한다. 사나흘 뒤에 손톱은 붉은색으로 물들어, 손톱이 자라서 색깔이 사라질 때까지 유지된다.[62]

손톱을 물들이는 것은 여성들만의 풍속이었지만, 반면 '잠화簪花'는 꼭 그렇지도 않았다. 남성들도 옛날에는 머리에 꽃을 꽂았다. 전족 기원론에서는 남녀 간의 복식 차이 및 과거와 현재와의 거리가 종종 언급된다. 잠화와 관련된 조익의 서술 역시 이 두 가지 틀에 의거하여 이루어진 것이다. 이미 조익의 시대에 잠화는 여성들만 착용했으나 전시殿試에서[63] 최고 성적으로 급제한 3인이 베이징 거리를 돌아다닐 때 머리에 금으로 된 꽃을 머리에 꽂는 관습이 있다. 이는 옛날의 관습을 기억한다는 상징적 제스처다.[64] 전족은 늦어도 명대에는 여성 치장女粧의 일부로 간주되었다. 일용유서에서도 이러한 분류 아래 등장했다.(그림 10) 그런데 조익이 책에서 '궁족'을 '염갑' '잠화'와 나란히 거론한 것은 그의 시대인 18세기에도 여전히 남녀 풍속의 구분이라는 관점에서 이 문제를 보고 있었음을 의미한다.[65]

하지만 신체란 단순히 치장을 기다리는 수동적인 틀이 아니다. 혁신가라 할 만한 조익은 관점을 바꿔 전족의 기원과 의미를 완전히 새롭게 고찰했다. 그는 '움직이는 신체'라는 관점에서 전족을 바라보았다. 모든 전족 기원론이 반드시 몸을 주목했던 것은 아니다. 양신은 해부학적 묘사와 신체 치수의 양적 측정에 집중하며 전족하는 행위의 육체성에 처음으로 주의를 환기시킨다. 하지만 양신이 문학적 기교를 통해 소환했던 양여영은 여전히 정지 상태였고 수동적이었다. 자유의지를 지닌 행위자가 아니라 검사받는 물건처럼 보였다. 그 뒤 호응린은 벌거벗은 육체로부터 시선을 돌려 전족을 신발 유행의 범주 속에 위치시킨다. 반면 조익은 태도와 자세의 역사에서 전족의 기원을 탐색하고, 이를 통해 전족을 신체 영역으로 복귀시킨다. 그는 나란히 배열된 '궁족' '염갑' '잠화', 이 세 편의 조목 부근에 '앉기' '절하기', 그리고 과거와 현재, 남성과 여성 사이의 차이를 표현하는 자세들에 대한 일련의 조목을 사이사이 배치했다.

특히 조익의 흥미를 끈 것은 신체적 행위, 복식, 그리고 가구와 관련된 네 가지 주제였다. 옛날 사람들은 신성한 공간에서 그들의 신발과 양말을 어떻게 처리했을까? 장화는 언제부터 관리들이 궁전에서 갖춰 신는 정식 예복이 되었을까? 고대 여성들은 무릎 꿇고 절하며 경의를 표시했을까? 고대인들은 휴식할 때 무릎을 꿇었을까 아니면 앉아 있었을까? 조익이 앞의 두 문제에 대해 진행한 고찰을 통해, 우리는 신체가 표현하는 경건함과 음란함이란 시대에 따라 변화하는 것임을 깨닫는다. 옛날 사람들은 의자 위에 앉지 않았고 바닥에 자리를 깔고 앉았다. 자리에 오르기 전에는 반드시 신발을 벗었다. 조익은 신발을 벗는 것이 일상에서의 예의와 관련 있다고 단언했다. 신하들은 군주를 알현할 때 최고의 존중을 표현하기 위해 신발과 양말을 다 벗고 그 안에 있는 발싸개를 노출했다. 호응린은 이러한 발싸개(행등行滕, 사폭邪幅)를 고대에는 남녀 모두 착용했으며 이것을 전족 띠와 혼동해서는 안 된다고 했다. 조익은 지금 사람들은 아마 양말을 벗는 것이 외설스럽고 음란한汚瀆 짓이라며 미간을 찌푸릴 것이라고 했다. 고대와 현재의 풍속은 이렇게나 다르다!66

조익에 의하면 신발과 경건함을 연계하는 문화에 있어 당대唐代는 매우 중요한 시기였다. 의례를 진행하는 엄숙한 장소에서는 여전히 신발과 양말을 벗어야 했다. 하지만 언제부터인가 관리들은 일상적인 조회 때는 신발을 신은 채 황제 앞에 서기 시작했다. 특히 당나라 후기로 접어들면서 가죽 장화가 점점 규범적인 조정의 복식이 되었다. 원래 가죽 장화는 전국시대 조趙나라의 무릉武陵왕이 처음 도입했고 비한인 군사들의 복식 형태였다. 이는 남쪽에서는 인기를 얻지 못했으나 북쪽에서는 표준적인 일상 복식이 되었다. 아이러니하게도 장화가 조정의 복식이 되고 존중의 의미를 획득한 이후 기존 신발은 오히려 육체적 사생활과 관련된 '선정적인 복식'으로 폄하되었고 양말을 벗는 것은 생각할 수도 없는 무례한 행동이 되었다. 조익은 "풍속의 추세는 시대에 따라 변하는 것"이라고 했다.67

조익은 양말 벗는 풍속에서 바로 전족이 유래했다고 추론하지는 않았다. 하지만 당나라에 이르면 맨발은 더 이상 최고의 존경 표시가 아니게 되었고, 두 발을 깊이 감추고 있는 가죽 장화가 격식을 갖춘 복식이 되었다. 그래서 우리는 이와 연결하여 다음과 같이 생각하게 된다.

이 새로운 은폐의 미학은 마침 당나라 시에 나오는 여성의 양말과 신발에 대한 집착, 심지어 에로틱화 현상과 딱 들어맞았다. 발을 감추는 것이 문화적으로 선호되자 여성의 가냘픈 발도 심미적 이상에 들어맞게 되었고 당시唐詩에서도 찬양의 대상이 되었다. 당시 사회에서 반드시 실제 전족 풍습을 실행하지는 않았더라도 전족을 할 수 있는 전제 조건은 형성된 것이다. 이러한 관점에서 보면 이백이 찬양한 자연 그대로의 발을 지닌 소녀에 관한 시는 사라지는 과거로 회귀하는 작품이었던 반면, 한악과 두목이 주목했던 작은 꽃신은 미래의 유행에 대한 동경이었던 셈이다.

근대 전족 담론이 제시했던 전족을 한 '몸'이란 불구의 몸 혹은 에로틱한 몸이었다. 전족은 실제로 여성의 자세를 바꾸어놓았다. 신체의 중심이 변하면서 우아하게 보이는 걸음걸이가 만들어졌다. 이는 하이힐로 인한 걸음걸이와 비슷하다. 이러한 걸음걸이는 시에서 '연꽃의 걸음걸이蓮步'로 찬양되었다. 하지만 조익은 에로티시즘 외에 물질적이고 공간적인 환경 역시 여성 몸의 감각에 대단히 중요한 작용을 한다는 것을 일깨워주었다. 그리고 복식 유행과 마찬가지로 이러한 조건들도 시간의 흐름과 함께 변화한다고 했다. 즉 그녀의 '연꽃 같은' 걸음걸이와 '옥 죽순 같은' 전족의 형태—에로틱한 여성의 몸—만이 중요한 관심 대상은 아니다. 여성이 의례에 참여할 때의 몸, 혹은 사교 장소에서 사회화된 몸이 취하는 자세와 행동, 즉 전족의 생산적 효과들 역시 논의되어야 하는 중요한 주제다.

『주례』에 여성이 존경을 표하는 인사 방식의 하나로 '숙배肅拜'가 등장한다. 그 동작은 읍하듯 가슴 앞에 두 손을 합하고 이마를 낮추는 것이다. 송대 이래로 전족 기원론만큼이나 오래된 논쟁이 있었는데, 그 논쟁의 중점은 여성 다리의 움직임에 관한 것이었다. 여성들이 숙배를 할 때 무릎도 굽혀야 하는가? 조익은 이 문제가 가구의 역사적 변화에 달려 있다고 대답했다. 고대에는 사람들이 바닥에 자리를 깔고 앉았는데 '무릎 꿇기'와 '무릎 꿇은 채 앉기'는 모두 다리를 굽혀 무릎을 바닥에 닿게 하는 자세다. 휴식 자세인 '무릎 꿇고 앉기'는 두 발 발꿈치에 엉덩이를 얹는 자세로 이는 오늘날 일본인들이 다다미에 앉는 자세다. '무릎 꿇기'는 그다지 안정적이지 못한 자세로, 허리와 엉덩이는 기댈 곳 없이 허공에 세워두어야 한다. 그래서 무릎 꿇고 앉아 있던 여성이 사람들에게 인사할 때 상반신을 약간 세우면 바로 무릎 꿇기 자세가 되었을 것이라고 조익은 추측했다. 이후 낮은 침대床가 도입되었는데 이는 무릎 꿇고 앉는 자세와 수면을 위한 것이었다. 그런데 침대에서 무릎 꿇고 앉아 있던 여성들은 그곳에서 허리를 세워 무릎을 꿇는 자세가 편하지 않다는 것을 알게 되었다. 그래서 이후에는 손님을 맞이할 때 여성들이 절은 하되 무릎은 꿇지 않게 되었다는 것이다.[68] 다시금 확인할 수 있는 것은, 앉기처럼 거의 본능에 가까운 자세조차 역사적, 문화적 흐름에 따라 변화한다는 점이다.

예절의 역사는 물질문화의 역사 속에서 고찰해야 한다. 조익은 가정에서 사용하는 가구의 변천에 관해 서술했지만 이러한 변화가 발생한

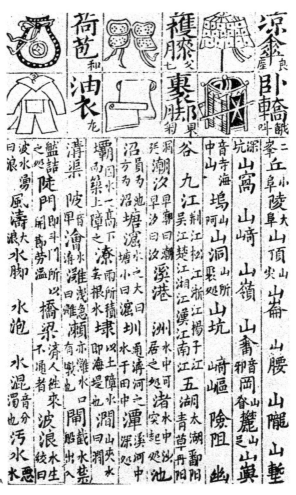

그림 10. 명대 일용유서에 등장한 다리 싸개와 전족. 상용하는 어휘 사전 중의 한 페이지인데 발싸개裹脚는 무릎 덮개 아래 그려져 있다(그림 A 위쪽 가운데). 둘 모두 여행용품으로 분류되어 파라솔, 교자, 지갑, 우비와 같은 페이지에 수록되어 있다. 다음 페이지(보이지 않음)에는 검은 장화, 유학자 신발, 사모紗帽, 망건, 화살 주머니, 활통 등 의심

香丸　延壽膏藥灸　華粉　胭脂煙　面布囿　脚帛帛　膏藥

嬪　宮娥　公主　古者天子嫁女使公侯主之故曰公主　駙馬　尚同姓者主之故曰公主　駙馬　尚天子

婿儀賓　女婿　閹宦　太監　三族　族妻族　四民士農工商　九族高祖父曾祖父祖父父己身子孫曾孫玄孫　諸父諸伯叔父　同居己公　下同居已繼父

繼父八母出母嫁母庶母嫡母繼母慈母乳母諸父

父之家子長子庶子生子妾所生子外祖父嫡中子養過房也繼父

婦伯夫姆妯娌媳婦女婿新郎嬌婦　外甥　舅姑之父

婆爹娘　舅男家兄之妻姆伯之嬌妻嬌叔之舅姑

姨姊妹舅兄弟姪　哥嫂姊妹姪孫姑之父

女之家子長子庶子生子外祖父嬪中子養過房也

于擇同宗廬入贅人己無子以女招女壻子娘

相名之人細之人入贅人己無子以女壻女壻

子己嫁於同祺屈所以大夫長人尺故曰夫人奶奶

할 나위 없는 남자 물건들이 있다. 반대로 또 다른 페이지(그림 B 위쪽 오른편)에서는 '얼굴 수건' 아래에 각백脚帛 한 쌍, 얼굴 분 3조각, 연지 2개, 향환香丸 3알 등이 있어 '각백'이 여성의 몸단장 용품임을 보여주고 있다.(『增補易知雜字全書』, 明代版本, 26b, 28b쪽)

시대가 언제인지, 이것이 여성의 자세에 얼마나 깊은 영향을 미쳤는지는 언급하지 않았다. 중국 가구사 전문가인 세라 핸들러는 연회 장면을 묘사한 3세기 초반의 한나라 고분 그림을 연구한 바 있다. "당시 사람들은 보통 마루에 자리를 깔고 앉았고, 낮은 침대와 평상은 엘리트 계급이나 전례에 사용하던 귀한 설비였다." 비단 휘장으로 장식된 기둥 있는 침대는 일종의 의례용 기물인데 당나라 시대 불교 예술에서 그 발전이 극에 달했다. 하지만 가정에 이것이 보급되었는지에 관한 기록은 부족하다. 10세기가 되자 "중국인은 바닥의 자리나 낮은 침대보다는 높은 탁자 앞의 의자에 앉게 되었다".(그림 9) 이러한 변화는 실내 공간의 구도에 깊은 영향을 미쳤고, 더 수준 높은 공간 감각을 담은 실내 장식을 탄생시켰다. 공간 분할을 위해 병풍 대신 벽을 세웠고 벽 장식용으로 접이식 휘장이 유행했다.[69]

우리는 의자가 없었다면 문학적 상상 속에 존재했던 전족이 구체적으로 실현되지 못했을 것이라는 가설에 반박하기 어렵다. 의자가 생기자 처음으로 사람들은 다리를 접는 대신 아래로 늘어뜨리게 되었다. 이러한 자세는 상반신 전체의 무게를 이겨내야 하는 발꿈치의 부담을 덜어주었다. 이것은 여성들이 바닥에 앉던 시절에는 양말을 벗느라고 전족의 탄생에 '방해'가 되었다는 의미는 아니다. 극도의 공손함을 표현하기 위해 사용될 때를 제외하면, 양말은 이미 거의 벗지 않았다고 조익은 우리에게 알려주었다. 하지만 높은 의자로 인해 자세가 변하면서 인체공학적으로 전족이 가능해졌다는 논리는 상당히 설득력 있다.

더구나 의자에 앉아 있는 바로 그 자세야말로 그 사람의 발을 잘 보여 줄 수 있었다. 이렇게 발이 눈에 잘 띄게 변화된 환경에서라면 당나라 시에 나오는 환상적인 묘사를 모방하여 발을 치장하지 못할 것도 없었다.

실내 공간의 변화가 전족의 탄생에 직접적인 영향을 미쳤는지는 불분명하다. 병풍 대신 더 영구적인 성격의 벽이 가정의 공간을 나누자 내부적 은폐의 감각이 높아졌을 수도 있고 이는 이전부터 존재했던 '여성 격리'의 이상을 조장했을지도 모른다.[70] 근대인들은 전족이 탄생한 이유가 여성의 정조를 수호하기 위해서라고 했다. 하지만 흥미롭게도 어떤 고증학자도 성적 유혹으로부터의 격리나 도덕의 시각으로 전족을 해석하지는 않았다. 전족은 유가와 어떠한 관련성도 없다. 전족은 유가 경전에 등장하지 않을 뿐 아니라 여성을 위한 어떤 유가 교훈서에서도 권장되기는커녕 언급되지도 않았다.[71] 이와 반대로 우리가 검토한 고증학적 글쓰기에서 전족은 도덕적 성실함보다는 혼란스럽고 도덕적으로 의심스러운, 성적 방종을 연상시키는 것으로 많이 언급되었다.

즉 10세기—당 제국의 마지막 시기와 당 멸망 이후 격동의 오대五代 시기—에 전족의 시작에 가까운 그 무엇이 우리가 인식할 수 있을 만큼 가까이 등장한다. 물론 명확한 증거는 없다. 하지만 역대 학자들이 문헌의 증거들을 체로 거르듯 면밀하게 고증했고, 하나의 가능성을 다른 것들과 대조하며 자신들의 시대에 통용되는 전족 관련 지식을 사용하면서 설득력 있는 서사를 서서히 구성해왔다. 이 서사는 문학적 이상으로서의 전족과 사회적 관습으로서의 전족을 구분하고 유행, 예절, 그리고 물질문화의 맥락 속에 전족의 문화적 의미를 위치시켰다. 구체적으로 10세기에는 당시唐詩를 통해 가늘고 작은 발을 심미적으로 선호하게 되었다. 그리고 유행의 변화로 인해 발을 가리는 것이 예의범절이 되었다. 의자의 등장은 발에 가하는 압력을 제거했고, 벽으로 구획된 새로운 실내 공간 설계는 아마 규중에 은폐된 여성에 대한 매력을 강화하는 역할을 했을 것이다. 이 모든 것이 전족이 등장할 수 있도록 환경을 조성했다. 전족은 이제 그저 이상이 아니었다. 그것은 현실이 되었다.

전영: 고고학에서 사회 비판까지

조익은 전족을 신체가 차려야 할 예의라는 맥락에 배치하여 전족 기원론에 결정적인 판단을 내렸다. 그리고 30년 뒤에 등장한 또 다른 학자 전영錢詠(1759~1844)은 근대적이라고 해도 지나치지 않을 정도로 새로운 전족 담론을 주도했다. 전영의 필기 「과족裹足」은 모두 여섯 부분으로 구성된 상당히 긴 글이다. 전영은 호응린이 주장한 전족의 유행 시기에 동의했다. "원명대 이후 사대부 집안에서 평민에 이르기까지 전족을 하지 않는 이가 없었다. 마치 발을 싸매지 않으면 안 된다고 생각하는 것 같았다. 이는 용모를 아름답게 하는 데 일조하기 때문이다."

하지만 그의 관심은 역사 속 전족의 기원이 아니라 과거를 통해 현재의 풍속을 비판하는 것이었다.

전영의 생각에 작금의 세상 사람들은 욕망하는 것이 너무 많았다. 18세기 말과 19세기 초반 전족은 특히 북방에서 광적으로 유행했다. 전영은 전족이 중요한 지역적 특색을 지닌 로컬화된 관습이라는 조익의 주장에 동의했다. 가장 작은 발은 허베이河北, 산시山西, 산둥, 산시陝西 등 북방 지역에서 볼 수 있다. 어머니들은 딸의 발을 작게 만드는 전족 전문가였다. 그들은 딸들이 갓 2~3세가 되면 "걸을 수 있도록" 연습시킨다. 소녀들이 4~5세가 되면 그들의 발을 "천으로 감아서 막아두고, 자라지도 크지도 못하게 한다". 6~7세가 되면 그들의 발은 "이미 판자처럼 되어서 천을 감지 않아도 자라지 않는다". 그가 말한 "이미 판자가 되었다已成片段"는 의미, 혹은 막다闌와 감다纏의 차이가 무엇인지 알아내는 것은 쉽지 않다. 하지만 전영의 요점은 북방에서는 전족이 크게 유행한 나머지, 여성들이 이곳만의 특별한 전족 방식을 만들어냈다는 것이다. 반면 남방의 전족은 두드러지지 않았다. 광둥, 광시, 후난湖南, 후베이湖北, 윈난, 구이저우와 같은 지역에서는 "대갓집에서도 전족을 하지 않는 경우가 있다".

강남의 심장부에 있는 쑤저우, 쑹장松江, 항저우杭州, 자싱嘉興, 이 4부府는 비단과 면직 생산으로 유명했는데 이곳 여성들의 발이 전국에서 가장 컸다. 전영에 의하면 이는 어머니들이 딸의 고통을 몹시 안타까워해 7~8세가 될 때까지 전족을 미루기 때문이다. "이때가 되면 발이 이미 자란 것을 어머니들도 알고 있다. 하지만 이유도 따지지 않고 종종 (발을) 꽉 묶어버린다. 그래서 어린 딸이 고통에 차 울음을 터뜨린다고 딸을 매질하곤 하니, 이웃들이 차마 듣지 못할 지경이었다."[72] 경제사학자 리보중李伯重은 17세기부터 19세기 상반기까지 방직업의 수입이 증가하여 강남 농촌 소녀들의 수입이 남성 고용인의 70~80퍼센트에 달했다고 했다. 농촌 여성 1인이 연중 130일 동안 방직업에 종사한다면 매년 쌀 3.6석石을 벌어들일 수 있는데, 이는 자급하기에 충분한 수입이다. 만약 그녀가 그 두 배인 260일을 근무한다면 그녀는 가족에게 상당한 현금 수입을 가져다줄 수 있다. 가정의 수입에서 여성 노동의 비중이 높아지면 가정과 사회의 여성 지위 향상에 도움이 된다.[73] 전영은 강남 여아들의 전족 연령이 늦다는 이야기를 하며, 강남 지역 여성들의 경제적 공헌을 간접적으로 증언한 셈이다. 하지만 그는 그런데도 전족 풍속이 유지되는 것은 어머니들이 맹목적으로 관습에 집착하기 때문이라고 했다.

전영이 전국의 전족 풍속 자료에서 언급한 내용도 물론 중요하지만, 더 의미 있는 것은 그가 말하는 방식이다. 조익이 전족을 하지 않는 지역들을 묘사하면서 무작위적으로 나열했던 반면, 전영이 제국 전체를 대상으로 진행한 지역 조사는 체계적이었고 비교의 관점도 활용했다. 다음 장에서 볼 텐데, 이미 17세기부터 사람들은 전족 스타일의 남북 차이에 대해 인식하고 있었다. 하지만 전지적 관점으로 민족지학적 조사를 서술한 이는 전영이 처음이었다. 지리적 위치에 따라 전국을 몇 구역으로 나눈 다음, 그는 이 지리 구역마다 말 그대로 전족의 표준 크기를 하나하나 비교했다. 이것은 작가가 모든 것을 알고 있다는 것을 전제로 한다. 마치 그가 각 지역을 한 곳 한 곳 여행하며, 자를 들고 다니면서 전국 전족의 크기를 측정해 각자의 통계를 종합한 듯하다. 그리하여 이 제국(그리고 훗날의 국족國族)은 비교 가능한 각 부분의 총합으로 간주되었고, 관조할 수 있는 대상이 되었다. 민족주의 시대 초기에 흥기한 반전족 담론은 바로 이러한 인식론을 통해 구성된 것이다.

이전의 전족 관련 고증학은 모두 고대와 현재 사이를 오가며 서술되었다. 전영의 글 역시 예외가 아니다. 하지만 그의 글은 자신의 시대에 명백하게 초점을 맞추며 다음과 같은 주장으로 포문을 열었다. "여성들의 전족은 경전과 역사에는 수록되지 않았다." 더구나 "전족의 아름다움에 관해 아무도 말하지 않았다". 그런데 "오늘날에는 온 세상 사람들이 이를 따라 하여 풍속이 되었다. 집집마다 발을 싸맨다. 마치 발이 작지 않으면 사람이 될 수 없고 여자가 될 수 없는 것 같다".(23. 14a, 15b) 전족은 18~19세기에 '여성다움'의 범주에서 핵심 요소였다. 그리고 바로 이 때문에 여성은 구제 불능으로 타락하고 오염되었다는 것이다. 전영은 일종의 조롱과 도덕적 단죄의 뉘앙스로 전족 기원론을 요약했다. 즉 전족용 신발은 원래 궁정 무희들에게서 시작된, '천한 자의 복식賤者之服'이었다.[74]

"경전과 역사서에는 전족이 기록되지 않았다"는 그의 언급은 오래전부터 있던 표현이지만 전영은 이전 사람들처럼 지식의 보고로서 경전의 권위를 강조한 것이 아니라 정치적 개입의 가능성을 제시하는 것이었다. 만약 전족이 고문헌에서 인정받지 못한 풍속이라면 이는 중지시킬 수 있고, 중지해야 한다는 것이다. 그의 의도는 끝부분에서 분명해진다. "내가 이렇게 길게 이야기한 이유는, 사실 천하의 생명에게 관계된 일이기 때문이지, 결코 그저 그 원류를 고증하기 위해서만은 아니다."(23.16a) 전영은 다음과 같은 행동 지침을 주장한 최초의 학자였다. 지역의 책임자들에게 전족 금지령을 내리게 하자는 것, 명망 있는 가문이나 교육받고 교양 있는 가문은 모두 '제왕의 법도'를 지켜서 전족을 하지 말자는 것이다. 전영은 이것이야말로 고대와 일치하는 방식이라고 했다. 기녀, 배우, 관아 심부름꾼, 무식한 집안은 마음대로 하도록 둔다. 이렇게 하면 10년 안에 이 전족 관습이 점차 사라질 것이라고 했다.(23.15b)

전영의 지침이 흥미로운 이유는 그의 방식이 바로 1890년대 반전족 단체들이 일부 지역에서 시도했던 것이기 때문이다. 특히 무식한 집안 사람들은 하든 말든 내버려두어도 된다고 주장하는 부분에서, 그가 풍속의 전파를 이끄는 문화적 동력인 '지연된 모방lagged emulation'을 이해하고 있었음을 보여주었다. 만약 상류층의 문화적 이상을 변화시킬 수 있다면 전족 풍습을 개혁하는 데 커다란 영향력을 발휘할 것이다. 이는 또한 근대 선교사와 민족주의적 개혁가들이 계몽운동의 초기 단계에서 썼던 전략이기도 하다. 언어의 수사와 행동 지침만으로 보면 전영은 마치 근대 반전족 운동의 출현을 예상한 것 같았다.

자유로운, 노동하는 여성의 몸

전족을 폄하했던 전영은 당시 유행하던 대중적 기준과는 완전히 다른, 새로운 '여성다움'의 표준을 구체화했다. "대개 여성의 덕이란 당연히 성정의 온순함과 부드러움을 첫째로 꼽고 용모 단정함이 두 번째다. 발의 크기 따위는 중요성을 따질 것도 못 된다." 여자가 걷는 방식도 중요하다. "여자의 발은 크건 작건, 높은 밑창이 있든 없든, 걸음이 작고 천천히 걷는 것이 중요하다. (…) 만약 걸을 때 비틀거리며 온갖 추태를 보인다면 발이 작은들 어디에 쓰겠는가?"(23.15a) '높은 밑창高屐'이란 고대의 무희들의 신발이 땅에 부딪히는 소리를 내려고 신발 밑창에 대던 나무토막을 말한다. 전영 시대의 일부 여성도 발이 작아 보이게 하려고 신발 안쪽의 발꿈치 부분에 그것을 댔다. 그의 언급은 19세기 사람들의 외골수적인 전족에 대한 집착을 반영한다. 전족이 압도적으로 유행했기 때문에 전족에 반대하던 그마저 전족이 만들어낸 앙증맞음의 미학과 조심스러운 걸음걸이를 찬양하게 된 것이다.

전영이 생각하는 이상적인 여성은 성숙한, 노동하는 몸을 지닌 여성이었다. 이러한 몸은 왕조 혹은 나라에 봉사하기 위한 도구다. "고대에는 '정남丁男'과 '정녀丁女'가 있었다." 정남과 정녀란 나라에 징집되기에 알맞은 성인 남녀를 말한다. 전족은 이처럼 이상적인 신민을 만드는 데 있어 장애물이고, 종국에는 나라의 몰락을 가져온다. 건강한 성인 여성을 의미하는 정녀 개념을 제시한 것은 여성의 몸이 생산 노동과 재생산 노동에 모두 투입되어야 한다는 전영의 신념을 드러낸다.(23.16a) 여성의 신체 사용 방식에 대한 해석은 전족 담론 가운데 가장 흥미로운 결과물 중 하나다. 이미 17세기에 문인 저가헌褚稼軒(人獲)은 온전하고 균형 잡힌 여성 신체가 가부장적 가족의 이익에 가장 부합한다고 주장한 바 있다.[75] 하지만 전영은 일단 여성의 몸이 자유로워지면 국가의 도구로 삼아야 한다는, 마치 근대인의 것과 같은 담론을 처음으로 저술했다.

전영은 여성의 발에 공적 의미가 깃들어 있음을 강조하기 위해 전족 기원론을 왕조 흥망사와 한데 뒤섞어 비유적 서사를 만들었다. 이 서사의 핵심에 망국의 화근이었던 팜파탈이 있다. 전족을 실행했던 남당南唐은 전족을 하지 않았던 송나라에게 정복되었다. 송이 전족을 시작하자 원에게 정복되었다. 원이 전족을 시작하자……와 같은 식이다. 자신의 희망 사항에 지나치게 사로잡힌 전영은 앞에서는 "집집마다 딸들에게 전족을 시킨다"고 하고 뒤에서는 전족을 금지했던 청 왕조가 영원히 만대를 이어갈 것이라고 선언하는 모순을 저지른다.

그는 모성의 공적 중요성 때문에 여성의 신체가 온전해야 한다고 주장했다. 이는 국가의 운명과 긴밀하게 연계되는 것이었다. "여자들이 발을 동여매자 음양의 법도가 어그러졌다. 음양의 법도가 어그러지자 태어나는 아들딸이 유약해졌다. 아들딸이 유약해지면 만사가 끝장이다."(23.16a) 이는 상당히 날카로운 예언이다. 그가 예측한 것은 아마 청 제국의 몰락 그 자체가 아니었을 것이다. 그것은 바로 반전족 개혁가들이 내세웠던 청 왕조 몰락의 원인이었다. 고증학자들이 진행하던 전족 기원에 대한 탐색은 이제 어머니로서의 직분이 부국강병에 있어 얼마나 중요한가를 논하기에 이르렀다. 전족 기원론은 말 그대로 1장에서 논의했던 천족 담론과 이미 다를 바 없어졌다.

학자들이 체면을 잃지 않고 전족을 서술할 수 있었던 가장 유력한 방식은 전족의 기원에 대한 탐색이었다. 이번 장에서 편의상 사용했던 '고증학'이라는 용어는 사실 약간 부정확한 것이다. 비록 양신과 호응린은 관료사회에서 주변부 인물이기는 했지만, 그들과 차약수, 조익 모두 박식하고 존경할 만한 학자인 것은 틀림없다. 그리고 그들이 주로 사용한 방법론이 주류 고증학을 따라가고 있는 것도 사실이다. 폭넓은 고찰, 회의주의, 그리고 문헌 증거에 대한 권위 존중이 그것이다. 하지만 전족이라는 주제는 금기로 덮여 있었고 문헌 기록도 빈약하다. 그래서 애초에 진실과 확실성을 추구하는 고증학적 접근과는 어울리지 않는 주제였다.

고증학은 주로 고대 문헌의 저자나 시기에 대해 진지하게 고찰한다. 하지만 전족은 19세기 이전까지는 규범적인 학문 영역에서 줄곧 불확실하고 의심스러운 주제였다. 양신은 관리가 왕후의 신발을 관리하고 제작하는 것이 '외설적'이라고 주장했는데 그의 주장을 통해 16세기 사람들의 심리를 엿볼 수 있다. 호응린이 이에 관해 양신을 반박한 것은 또 다른 사실을 증명한다. 즉, 전족이 유행하면서 여성의 신발은 에로틱한 의미를 함축하게 되었던 것이다. 직접적으로 발을 거론하는 것은 지나치게 자극적이라 이에 관해 진지한 논의를 하기 힘들었다.

드러난 발에 대한 금기는 18세기 후반까지 대단히 강력했다. 조익이 표현한 것처럼, 당시 사람들은 양말 벗는 것을 '음란 행위'에 가까운 '외설'로 간주했다. 벗은 발을 외설적이지 않게 묘사하는 것은 지극히 어려웠다. 침실에서조차 그것을 보는 것은 금기였기 때문이다. 물론 남자들이 그것을 직접 보지 않았다는 것은 과장일 것이다. 대부분 금기가 강력할수록 아내, 첩, 기녀들이 발에 감고 있는 천을 벗겨보려는 관음증자가 점점 많아지게 마련이다.[76] 하지만 전족 기원론을 제시한 학자들은 외면하는 눈길에도 불구하고 주류 학문세계의 마지노선에서 진지하게 고증을 진행했다는 점에 주목할 필요가 있다. 이는 알 수도, 말할 수도 없는 환경 속에서조차 이를 무릅쓰고 전족에 관한 진실을 찾아보려는 시도였다.

'말하지 못하는 것'을 명명하는 과정에서, 고증학자들은 전족의 표준과 정의를 세웠다. 전족의 기원을 탐색하면서 그들은 전족을 실재하는 일관성 있는 주제로 만들었다. 이러한 과정에서 아치형 혹은 궁형이 전족의 경계를 정의할 수 있는 근거가 되었음을 우리는 이미 보았다. 전족을 묘사하기 위해 사용되었던 다양한 이름은 전족에 요구되는 형상(가냘프고纖 작은小, 細), 혹은 전족에 필요한 묶는 동작(휘감기纏, 동여매기扎, 싸매기裹)을 암시하고 있다. 전족은 표면적 형태, 크기, 혹은 묶기 형식을 통해 사람들에게 알려진다. 어떠한 이름도 그 밑에 있는 인간의 살덩어리에 대한 단서를 제공하지 않았다. 이러한 이름은 그 자체로 육체를 은폐하는 도구 역할을 했다.

고증학자들의 전족 기원론은 체면을 잃지 않고 선을 지켰으나 독자의 시선을 여성의 신체 부위에 집중시키는 것은 피할 수 없었다. 전족을 다룬 필기에서는 다량으로 향염시를 인용하며 이를 전족이 실제 행해졌다는 증거로 내세웠고, 이를 통해 이 자극적인 시 작품들에 어느 정도 고상함을 부여하게 되었다. 이 향염시들은 다음 장에서 논의할 대중 희곡 및 산문과 마찬가지로 여러 세기 동안 전족의 에로틱한 매력을 전파하는 데 적잖은 역할을 했다. 전족을 논한 고증학자 대부분은 전족이 개탄스럽거나 이해할 수 없는 현상이라 생각했다. 하지만 사실 그들 역시 이 자료들을 거듭 재활용하면서 무의식적으로 전족의 문화적 아우라를 지속시키고 있었던 것이다.

5장

장소의 성적 환상:
남성 욕망과 서북 지역의 상상 지리

고증학자들은 전족이라는 주제를 연구하면서 곁눈질하지 않고 기원론에만 몰두했으나 이는 전족에 신비로움만 덧씌우는 결과를 초래한다. 반면 학술적 목표를 추구하지 않았던 17~18세기 남성 작가들은 이들과 선명한 대조를 보인다. 이들은 전족에 대한 열광을 적나라하게 드러내며 여행기, 필기, 지방희地方戱,[1] 가요 등에서 유혹적이지만 위험하고 낯선 대상으로 전족을 묘사했다. 우리는 이번 장에서 이러한 이미지에 대한 본능적 끌림이 이른바 '서북西北'이라 일컬어지는 지역의 이국적 경관의 본질이었음을 보게 될 것이다. 서북쪽은 지리적 위치 그 이상의 의미가 있다. 이곳은 남성 문인이 구체적이고 사회적으로 용인 가능한 표현 방식을 찾아내 그들의 감각적 욕망을 투사하던 문화적 상상의 영역이다.

이 장에서는 다섯 가지 반복되는 주제를 추적해볼 것이다. 여성들 사이의 경쟁, 관리들의 서북쪽으로의 여행, 다퉁에서[2] 온 기녀(그리고 그녀의 하녀), 남북 간의 차이, 그리고 세련된 여성 참배객들이 그것이다. 이를 바탕으로 명청 사회에서의 전족의 압도적 이미지와 이를 향한 문인의 욕망, 그리고 이를 배태한 문화적, 사회적 불균형을 그려볼 것이다. 이번 장은 남성적 관점에서 쓴 것이 분명한 글쓰기로 시작하겠지만, 뒤로 갈수록 여성적 관점을 혼합한 글쓰기로 이동할 것이다. 전자는 여성을 자세히 살피고, 만지고, 판단하고, 순위를 매기는 남성의 특권을 상정하는 반면 후자는 신체적 자아에 대한 여성의 내면적 느낌, 그리고 그녀들이 어떻게 신발을 통해 세상에 자신을 표현했는지를 보여줄 것이다.

서북 고원의 발 경연대회

청 왕조의 마지막 수십 년간 연안의 도시에서는 전족의 아우라가 퇴색되기 시작했지만 산시山西성에 있는 서북 도시 다퉁은 수백 년 동안 이어진 전족의 메카라는 오래된 전통을 유지했다. 다퉁은 그 지역 특유의 전족 신발, 즉 '금련金蓮'의 독특한 스타일로 유명했다. 다퉁의 금련은 다른 지역 스타일보다 활 모양으로 된 나무 밑창의 휜 정도가 더 심했고, 더욱 관능적인 자수 도안으로 장식되어 있었다. 신발 끝의 위태로운 굴곡은 마치 희곡 공연에서의 한 장면처럼, 보는 이의 시선을 바로 신발 주인의 발끝에 쏠리게 했다.3 이보다 더 장관인 것은 매년 봄가을 묘회廟會가 열리는 시기에 개최되었던 다퉁의 '발 경연대회賽脚

會'였다. 환주루주還珠樓主라는 필명으로 무협소설을 썼던 작가 리훙李紅은 이렇게 기록한 바 있다.

예전에 산시 북부 지역은 민간에서 전족이 성행했다. 다퉁 근방에서는 매년 8월이 되면 발 경연대회가 열렸다. 광장의 공터에 긴 나무 걸상을 계단처럼 겹겹이 쌓아올린다. 수백 수천의 여자가 거기 앉아서 치마 아래로 전족을 보여준다. 사람들은 이를 마음껏 보고 품평한다. 양가의 규수도 많이 참여했다. (이들의) 신발에는 진주가 달렸고 수놓은 비단으로 만들어져 있다. 한 줌도 안 될 정도로 자그마한데 만든 솜씨가 대단히 정교하다. 허랑방탕한 사내들이 이 틈을 타서 수작을 부리며 풍속을 문란케 하는 일이 여러 번 있었다.[4]

전족의 기원과 마찬가지로 이 행사의 시작도 신비로운 베일에 가려져 있다. 19세기 중반의 백과사전에 의하면 만리장성 바로 남쪽에 있는 도시 장자커우張家口의 양갓집 규수들은 3~4월 무렵 '소족회小足會'에 참석해 신발을 벗고 작은 발을 보여주었다고 한다. 그곳과 가까운 즈리直隷(지금의 허베이河北성)의 쉬안화宣化와 융핑永平에서도 청명절 직전과 이후 열흘 동안 부잣집이나 가난한 집 할 것 없이 모든 여성이 정성껏 단장하고 집 문 앞에 앉아 자랑스럽게 작은 발을 내보였다. 전통 절기에 따르면 춘분 이후 열흘이 지나면 청명절이다. 가족들은 이날 밖으로 나와서 벌초와 나들이를 한다. 봄의 도래로 인해 대담해지기라

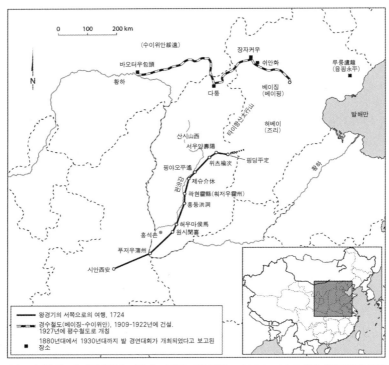

(지도: '서북부: 발 경연대회가 기록된 지점들, 평수平綏 고속도로, 그리고 왕경기汪景祺의 서쪽으로의 여행')

도 한 듯, 지나가는 이들은 여자들의 발을 평하거나 순위를 매기고, 심지어 발을 만져보기도 했는데 여자들의 부친과 남편들은 이를 탓하지 않았다고 한다.[5]

1930년대에 일본인 민속학자인 나가오 류조永尾龍造(1883년생) 역시 쉬안화, 융핑, 그리고 허난의 루저우汝州 등지에서 비슷한 활동이 있었다고 언급했다. 남만주 철도 주식회사에서 근무했던 나가오는 만주국 수도였던 펑톈奉天과 베이핑을 방문하는 중국인들을 인터뷰한 대량의 자료를 편집해 『지나민속지支那民俗誌』를 출판했다. 여기 수록된 발 경연대회 관련 정보가 확인을 거친 것인지는 불명확하다.[6] 하지만 당시 지방지 편집자로 이름을 올릴 만한 해당 지역 출신 문인들은 자신의 고향이 이렇게 부끄러운 풍속과 연계되는 것이 내키지 않았던 듯하다. 그래서 발 경연대회에 관한 지방지의 '보고서'들은 대부분 이를 부정하는 내용으로 구성된다. 이는 잘못 알고 있는 외부인들이 와전시킨 소문을 부인하기 위한 차원에서 작성된 것이었다.[7]

문헌에는 다양한 형식의 발 경연대회가 기록되었고 서북부에서 멀리 떨어진 지역에서도 그 흔적이 발견되었다. 1887년 어느 화보에 의하면 윈난 서남부에 있는 퉁하이현通海縣 여성들은 3월이 되면 모두 사원 앞의 연못가로 '발 씻기 대회洗脚大會'를 하러 모였다. 그림 설명에 의하면 이 여성들은 이러한 행위가 그들의 경건한 마음을 표현하는 것이며 사후에 복을 가져다줄 것이라고 믿었다. 그래서 "구경꾼들이 앞에 가득해도 조금도 당황하거나 부끄러워하지 않았다". 발 경연대회와는 달리, 이 대회의 풍경은 대단히 희귀한 것이었다. 여기서 여성들은 경쟁하는 것이 아니라 '경건함'이라는 명목으로 금기의 대상인 맨발을 드러냈다.(그림 11) '맨발跣足'과 '발 씻기洗足'라는 글자는 모양과 소리가 비슷하다.[8]

사실 자의字義의 이탈은 발 경연대회 혹은 전시회 관련 기록들이 지

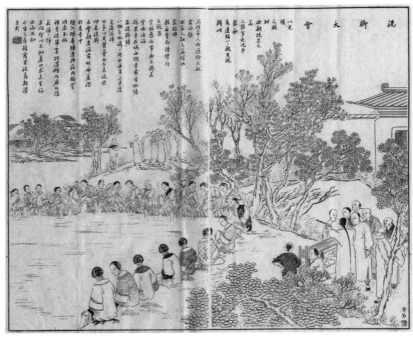

그림 11. 발 씻기 대회, 윈난성 퉁하이현. 이 그림은 상하이의 신보관申報館이 1887년 발행한 화보에 실렸던 것이다. 이 그림의 설명에서는 우선 승려의 민머리(그림 오른쪽 아래)와 전족 여성들의 맨발(물속에 들어가 있어 보이지는 않지만, 그녀들이 풀어서 옆에 둔 전족 띠는 모든 것을 설명한다) 사이의 부조화를 조롱하고 있다. 저자에 의하면 매년 초삼월 윈난 퉁하이 일대의 여성들은 이 도시의 서쪽 끝에 있는 어떤 절 앞의 물가에 모여서 발을 씻는다고 했다. 이 일이 끝나면 그들은 제물을 바쳐 소원을 빌고 불경에 나오는 고사 속의 녹녀鹿女처럼 걸음마다 연꽃을 남기며 조용히 흩어진다고 한다. "부끄럽지도 않소?"라고 물으면 여자들은 이렇게 대답한다. "우리는 내세의 복을 빌러 온 것입니다."(「洗脚大會」, 화가 符節의 낙관이 있다; 『點石齋畫報』, no. 127, 光緖 13年[1887] 8月11-20日[中澣]), 51b-52a쪽; Nancy Norton Tomasko 소장품.)

닌 공통된 특징이다. 우선 햇볕 아래 말리다라는 뜻의 'shai(曬, 때로는 晾이 동의어로 사용됨)'가 경쟁하다는 의미의 'sai(賽)'로 변형되고 'jia'(갑옷, 甲)는 'jiao'(발, 脚)로 변했다고 한다. 이와 관련하여 사람들이 자주 인용하는 이야기가 있다. 1004년에 요遼(거란)와 송나라가 휴전에 합의했던 때에 발 축제가 시작되었다고 했다. 군대가 철수하게 되자 군인들은 투구와 갑옷을 회수하기 전에 이를 벗고 햇볕에 말렸다. 어찌 된 일인지 후대 사람들이 갑옷甲과 발脚을 혼동하여, 이 사건이 여자들이 공개적으로 발을 햇볕에 쬐는 활동으로 변형된 것이라고 한다.9 마치 한바탕의 문자 유희를 거치기만 하면 여성의 신체를 둘러싼 금기가 사라져버리고 일종의 축제 분위기가 만들어지는 듯하다. 이전에는 여성을, 공개적으로 남성의 시선을 끌기 위해 경쟁하는 과시욕 강한 존재로 상상할 수 있는 공간이 거의 없었다. 만약 발 경연대회가 여성 육체의 의도적인 자기 과시를 뜻한다면, 1930년대 작가들이 관찰한 것처럼 중국 전역의 여성들이 "명목상으로는 아니지만 실제로는 발 경합인" 그 행사를 즐겼다고 할 수 있을 것이다.10 다퉁이나 퉁하이의 여성들이 정말로 공개적으로 발을 햇볕에 말리거나 씻었을까? 확실한 증거는 없다. 발 경연대회는 일종의 도시의 신화다. 이를 언급하는 사람들은 모두 마치 직접 참여한 듯 이야기하지만 사실 진짜로 목격한 사람은 아무도 없는 것 같다.

기원에 관한 전설

발 경연대회 행사 자체는 있었을지 몰라도, 전족 감정가인 야오링시는 발 경연대회와 관련된 기사가 믿을 만한 것인지에 대해서는 회의적이었다. 그가 추적한 경연대회 관련 자료들은 주로 1920년대 상하이의 타블로이드 신문인 『풍인風人』에 편집자 공다펑貢大風과 작가 헝싼衡三이 진행한 일련의 토론에서 나온 것이었다. 두 사람 다 야오링시의 친구였다. 야오링시가 인용한 이들의 기사 중 일부는 민속학적 내용을 담고 있다. 예를 들어 다퉁에서 발 경연대회 장소로 선호하는 곳은 전쟁의 신 관우를 모신 관제묘關帝廟라는 것, 발이 작아 보이게 하려고 높은 굽의 전족용 신발을 신었던 여성들은 그 속임수가 들통날까봐 대회를 피한다는 것, 근방에 있는 웨이저우蔚州 여성들은 모두 대회를 위해 마련한 돌 위에 올라가는데 그 높이가 구경꾼들의 어깨 정도라는 등의 내용이다. 『풍인』의 보도에 의하면 발 경연대회의 첫 번째 목적이자 우선적인 기능은 사람을 '교화'하는 것이었다. 어느 관리는 전족을 한 작은 발을 대단히 혐오했다고 한다. 그는 10대 시절에 반전족협회를 세우기도 했다. 그런데 나중에 다퉁에서 근무하게 된 그는 발 경연대회를 참관하고는 전족에 미혹되어 그곳의 미인 한 명을 첩으로 삼았다는 것이다. 야오는 이러한 이야기들의 신빙성이 극히 희박하다고 보았다. 그는 헝싼이 한 번도 다퉁에 간 적이 없고, 그곳에 여행 갔던 공다펑은 그저 들은 이야기를 기록한 것이라 했다.[11]

야오는 스스로 다른 유형의 신화를 만들었다. 그는 이러한 발 경연 대회, 즉 여성의 자아 현시의 역사를 3단계로 구성했다. 이 신화는 과거에 대한 향수로 충만했다. 그에 의하면 발 경연대회의 황금기는 명대였고, 이 시기는 전족의 황금기이기도 했다. 당시 여성들은 자신의 발을 즐겨 드러냈는데 이는 작은 발이 지위와 명예의 상징이기 때문이었다. 그런데 야오는 여기서 여성 자신이 행위 주체가 되었음을 발견했다. "(발 경연대회는) 옛날에 진행되었는데, 지금 서양의 미인대회와 다를 바 없다. 여자들은 여기서 서로 비교하며 경험을 주고받고 아이들은 서로 자극받고 격려한다. 남자들은 이 기회에 실컷 눈 호강을 한다."12

야오는 전족 황금 시기에 거행된 발 경연대회는 계절적 리듬에 따라 인간의 행동과 욕망을 표현하는 자연스러운 경관의 일부라고 상상했다. "변방 지역의 기후는 중원보다 약간 늦게 변한다. 3월에도 바람이 얼굴을 때리고 으슬으슬 춥다." 기대에 찬 여성들은 대회 참가 준비에 바빴다. 그들은 닫힌 문 뒤에서 신발에 수를 놓으며 다른 이들의 염탐하는 눈길에서 벗어나려 했다. 마침내 봄이 절정에 달하는 5월 중순에 자매와 이웃들은 준비한 전족용 신발을 지니고 나귀 수레를 타고 모두 교외로 나간다. 바닥에 피처럼 붉은 카펫을 깔고 그 위에 발을 내려놓고 준비한 음식을 즐겼다. 바야흐로 남녀가 짝을 찾는 계절이다. 자유로운 사내들은 나비처럼 훨훨 날아다닌다. 여자들은 구혼자들을 직접 바라보지 못하고 거울을 꺼내 거기 비친 모습을 통해 서로 수작한다.13

당국은 풍속을 해친다는 이유로 이에 대해 금령을 내리기 시작했고, 성적 유혹의 면허가 부여된 듯한 이런 원시적인 옛 풍경은 몰락했다. 야오가 말하는 두 번째 단계 혹은 쇠퇴기에는 여성들이 얌전히 집안에 갇혀 살았다. 대회 날에는 문밖에 앉아 있었지만, 그것마저 부끄러운 이들은 휘장 뒤에 숨어 얼굴을 가리고 발만 내밀어 걸상 위에 올려놓았다고 했다. 그들은 더 이상 남성들과 자유롭게 어울리지 못했다. 하지만 대회의 선발 기준은 여전히 높았다. 3촌에 불과한 작은 발을 뽐내던 이들도 일등이 되리라는 보장은 없었다. 대회의 마지막 단계는 1912년 민국 건립 및 철도 개통과 관련이 있었다. 야오는 언급하지 않았으나, 베이징에서 서쪽으로 장자커우(1909), 그리고 다퉁에 이르는 철도가 완성되었고 이후 수이위안綏遠의[14] 바오터우包頭(1922)까지 확장되었다. 이 베이징과 수이위안 간의 경수京綏(평수平綏) 철도는 서북부 내륙에서 연안의 대도시로 갈 수 있는 빠르고 근대적인 길을 열어주었다.[15] 이제 발 경연대회는 호응을 얻지 못하게 되었고 북벌이 성공하면서 완전히 소멸했다. 이 북벌로 인해 중국은 재통일되었고 1927년에 두 번째 정부가 난징에 설립되었다. 새로운 시대가 도래하자 발 경연대회 풍속은 "공격하지 않아도 저절로 사라져버렸다".[16]

즉 야오링시의 논리에 의하면 발 경연대회와 관련된 '민속학 자료'가 대량으로 등장했을 무렵에는 이 풍속이 이미 근대적 변화에 밀려 사라진 뒤였다. 그가 서술한 경연대회의 '역사', 그리고 피처럼 붉은 카펫, 서로를 유혹하는 거울 이미지와 같은 환상적인 세부 묘사는 거의 날조된 것임이 분명하다. 단계별로 나눈 계보학적 서사는 야오의 향수 어린 파토스—근대성의 유령으로서의 전족—와 아주 잘 들어맞는다. 이에 관해서는 3장에서 이미 논의했다. 야오의 세부 묘사에는 허구적 요소가 너무 많아 실제 있었던 일이라 믿기는 힘들다. 그렇다고 19세 기 이래 필기에 수록된 그 많은 자료, 혹은 지방지가 애써 폄하한 그 영향력을 우리가 송두리째 무시해버릴 수 있을까? 사람들을 달뜨게 했던 이 이야기들은 한 세기 이상 유포되었고, 분명 현실에서 모방 행 위를 일으킬 힘을 갖고 있었을 것이다.

　의심과 확신 사이에 가로놓인 근대 중국의 발 경연대회는 민속 행사 혹은 여행자의 볼거리라기보다는 일종의 환상세계로의 초대라 할 수 있었다.[17] 그것들이 사실이건 아니건 이는 그다지 중요하지 않았다. 중 요한 점은 그것들이 1920~1930년대 독자들에게 일종의 대리 만족을 제공했다는 것이다. 이제 막 빠른 교통편으로 여행이 가능해졌고 전 족 해방의 이데올로기를 받아들이기 시작한 '내륙'은 독자들 상상 속 에서 여전히 성적 에너지로 충만한 원시의 땅으로 남아 있었다. 개항 대도시 거주민들에게 이곳은 이국정취로 가득한 장소였다. 경연대회에 관한 보고서는 비록 진위가 의심스럽기는 하지만, 민속학 기록 특유의 사실적 어조 속에 여전히 또 다른 유형의 진실성을 전달하고 있다. 즉 이 자료들은 자신을 드러내려는 여성의 욕망, 그리고 그 이국적인 서북 경관들을 정면으로 응시하며 이에 대해 말하려는 남성의 욕망을 여실 히 반영하고 있다.

이어지는 대목에서는 발 경연대회가 등장하기 이전의 역사를 탐색할 것이다. 특히 17세기와 18세기 당시 하나의 '장소'로서 서북 지방이지닌 에로틱함에 대해 중점적으로 살펴볼 것이다. 아래에서 취미 안내서, 여행기, 그리고 이곡俚曲 선집, 이렇게 서로 다른 세 유형의 텍스트를 통해 지리학이 어떻게 여성의 몸에 대한 남성의 욕망과 환상을 구성했는지 분석할 것이다.[18] 20세기의 관찰자들은 '발 경연대회'라는 표지판으로 포장해버렸지만, 그 배후에는 사실 100년 넘게 지속된 다양한 문화적 현상이 도사리고 있다. 이 현상에서 우리는 네 가지 요소를찾을 수 있다. 남성의 시선, 남성이 여행하고 비평하고 서사를 진행할때 누리는 특권, 여성들 사이의 경쟁, 여성의 자아 현시다. 이번 장에서는 이러한 요소들이 어떻게 산시 지방—특히 다퉁—을 전족의 숭고함과 일상생활, 두 가지 측면을 모두 체현하고 있는 문화적 상상의 구역으로 구성했는지 해석할 것이다.

나의 논지는, 전족과 관련된 남성 경험이 기본적으로 자신이 소유하지 못한 외부 사물과 만남으로써 이루어진다는 것이다. 전족을 만나서누리는 감각적 즐거움은 늘 짧았고, 확실히 규정하기 어려운 것이었다.그래서 이 짧은 즐거움을 구체적인 장소의 좌표에 고정하고 이를 글로표현하려는 충동이 생긴다. 반면 여성에게 있어 발을 싸매는 행위는처음부터 끝까지 그 자신과 직접 관련된 물리적 사건이었다. 이 장의마지막 부분과 다음 장에서 우리는 전족이 남녀 모두에게 감각적 경험이었지만 이를 중개하는 것은 장소의 지리학이 아니라 여성들이 만들고, 걸치고, 교환하고, 소비했던 사물의 물질성임을 보게 될 것이다.

　이미 17세기 이후 학자-관리들이 쓴 여행기, 소설, 유행가들은 서북쪽으로 향하는 관리들의 여행에 대해 묘사해왔다. 여기서는 여행자들이 뜻하지 않게 여행 중에 작은 발을 가진 미녀와 아름다운 만남을 갖는 과정을 보여주곤 했다. 이러한 이야기들에서 방해로 인한 일시적 시련, 극적으로 젠더와 성性 개념이 전도되는 현상은 서북부의 경이로움을 조성하기 위한 핵심적인 요소였다. 그리고 발 경연대회의 보고서에서 생생하게 표현된 것처럼, 문무文武의 병렬 구도 역시 주요한 서사적 장치였다. 문의 영역은 수놓인 슬리퍼로 상징되었고 무의 영역은 우리가 봤던 발 경연대회와 관련된 다양한 전쟁의 요소에 의해 상징화되었다. 투구 말리기, 전쟁 소설, 그리고 전쟁의 신인 관우 묘의 절터 등등. 그리고 이것들과 비슷한 서사 방식으로 그려낸 '작은 발' 마을 여성들의 이야기도 있었다. 부끄러움을 모르는 그녀들의 태도는 유혹적이면서도 위험한 것이었다. 그녀들의 정교한 바느질 솜씨 배후에 숨어 있는 것은 폭력과 죽음의 그림자였다. 아래에서 우리가 보게 되듯이, 그들은 가정 지향domesticity적이고 규방에 은폐된 듯 보였지만 사실은 쉽게 통제할 수 없는 욕망을 지니고 있었다.

다퉁의 기녀

많은 근대 자료에서 다퉁이 발 경연대회의 탄생지로 묘사된 것은 아마 우연이 아닐 것이다. 명 무종武宗(재위 1506~1521)이 다퉁과 쉬안화에서 처녀들을 약탈하여 후궁으로 삼았던 사건 이후, 대중적 상상 속에서 이 도시는 북방 미녀들의 고향으로 인식되었다.[19] 전설은 시간을 거치며 윤색되어 도시의 정체성과 이미지 형성에 중요한 역할을 했다. 더 중요한 것은 다퉁이든 그 외 어떤 장소든 장소의 매력은 오직 다른 장소, 이를테면 덜 유명한 장소와의 대조를 통해 확고해진다는 점이다. 그래서 다퉁 기녀들과 관련된 이야기의 서사자·심판자는 반드시 각지를 돌아다니는 여행자여야 했다. 그래야만 전체적인 조감을 할 시야를 지닐 수 있기 때문이다. 그는 전형적인 남성 주체다. 그래서 이야기의 서사자는 종종 동일한 지리적 배경 속에 놓인 하나의 길을 따라 여러 도시를 지나가는 여행자로 등장하곤 한다. 이는 발 경연대회 기간에 집집마다 돌아다니며 구경하는 '경박한 남성'과 매우 비슷하다. 근대 발 경연대회 관련 자료에서는 여성이 능동적으로 자기 현시를 한다고 강조하는 동시에, 여성들을 한 장소에 못 박힌 존재로 묘사했다. 반면 전근대 시기의 모험담에서는 남성 문인들이 권력과 이동 능력을 최대한으로 발휘하는 것처럼 보인다. 이러한 시각에서 보면 발 경연대회에서 진짜로 겨루는 것은 여성들의 기능이라기보다 남성들의 지식과 취향이었다고 할 것이다.

17세기의 이단아 이어李漁(약 1610~1680)는 온 세상을 유람하며 사는 방식이 낯설지 않았을 것이다. 그는 『한정우기閑情偶記』 「수족手足」이라는 글에서 전족 감상 행위가 남성 간 경쟁의 표현임을 암시했다. "나는 사방을 두루 여행하면서, 가장 작으면서도 (작은 발의) 불편함이 없는 발과 가장 작으면서도 쓸모 있는 발을 보았다. (이런 발로 말하자면 과거에) 진秦 땅이었던 란저우蘭州와 진晉 땅이었던 다퉁만 한 곳이 없다."20 이어는 자신의 개인 경험을 통해 비교학적 지식을 제시한다. "란저우 여자들의 발은 커도 3촌이고 작은 것은 3촌도 되지 않는다. 그런데도 마치 나는 듯이 (빨리) 걷는다. 때로는 남자들이 따라갈 수 없을 정도다. 하지만 그 작은 양말을 벗기고 발을 만져보면 (그들의 발은) 강함과 부드러움이 조화를 이루고 있음을 느낄 수 있다. 뼈가 없는 듯 부드러운 발은 어쩌다 한번 볼 수는 있지만 자주 만나기는 어렵다. 하지만 다퉁의 기녀들은 태반이 그러하다. 함께 침상에 누워 금련을 만져보면 손에서 뗄 수 없을 것이다. 기녀들과 어울려 노는 즐거움 중 이것보다 더한 것은 없다."21

이어의 『한정우기』에는 대략 300편의 글이 8개의 부部로 나뉘어 수록되었다. 「사곡부詞曲部」 「연습부演習部」 「성용부聲容部」 「거실부居室部」 「기완부器玩部」 「음찬부飮饌部」 「종식부種植部」 「이양부頤養部」가 그것이다. 사람을 놀라게 할 이 주제들에 관하여 이어는 매우 진지하게 충고를 써내려갔다. 사람들은 1671년 출간된 이 책이 당시 도시 문화 속에 살던 사회적 지위가 있는 독자의 일상 감각을 위한 취미 안내서 혹은 지침서라 생각할 것이다. 아마 보통의 독자들은 앞의 세 개 부보다는 뒷부분에서 더 실용적 정보를 얻을 수 있을 듯하다. 그가 기녀들의 발을 언급한 데에는 다른 뜻이 있었다. 저자 자신이 여자를 품평하는 것에 관한 한 전문가이며, 장래에 여자를 데려올 때를 준비하기 위해 도와줄 수 있다고 선전하려는 것이다.22 특히 이 품평들이 「사곡부」와 「연습부」 뒤에 오는 「성용부」에 수록된 것은 결코 우연이 아니다. 이어 자신이 극작가인 동시에 이론가로서 이 분야에서 탁월한 명성을 떨쳤기 때문이다.23 이 글들은 가기家伎24를 어떻게 고르고 훈련할 것인지, 더 나아가서는 첩을 어떻게 선택할 것인지에 대한 가이드다. 이러한 예술적, 육체적 기량에 대한 표준은 아내를 선택하기 위해 고안한 것이 아니다.

이어는 양저우揚州에서 자신이 "어느 귀인을 대신하여 첩을 고른" 적이 있다고 토로했다.25 자신이 이 방면에서 전문적 지식이 있음을 뽐냈던 이유는 아마 마음속에 잠재적 후원자를 염두에 두고 있어서였던 듯하다. "일찍이 경사에 있을 때 내가 (다퉁의 명기들) 이야기를 하면 사람들은 대개 믿지 않았다. 하루는 연회 자리에서 두 명의 기녀와 동석했다. 한 명은 산시山西, 다른 한 명은 허베이 출신이었다. 둘 다 미모는 아니었지만, 발이 대단히 작았다. 나는 내 말을 믿지 않던 이들을 청해서 직접 검증하게 했다. 사람들은 산시 출신이 허베이 출신보다 뛰어나다고 했다. 이 차이는 대부분 (발이) 뻣뻣한지 부드러운지에서 결정된다." 이어 자신이 새로 맞아들인 가수 출신 첩 교喬 씨와 왕王 씨에게는 그가 수립한 방법과 원리대로 교육했는데, 그들은 어쩌면 연기와 여성미(첩에 해당되는)에 관한 부분에서 표준 모델이 되었을지도 모른다.26

근대 독자들은 아마 이어가 십대 소녀들을 대상화하는 것도 부족해서, 첩 매매 제도를 이용해 자신만 첩을 두는 것이 아니라 다른 사람의 첩까지 물색하러 다닌 것에 크게 분개할 것이다. 나는 그를 방어하거나 단죄할 생각이 없다. 그의 텍스트에 감정적, 도덕적인 반응을 하는 대신 나는 분석적 시각으로 여기서 나타나는 독특함을 파악해보려고 한다. 그의 「수족手足」과 「혜말鞋袜」이라는 두 편의 글은 17세기 산문 중에서는 유일하게 전족을 찬양한 것이다. 우리가 앞 장에서 보았듯이, 전족에 관한 다른 글은 모두 도덕적으로 중립적인 기원 담론 형식을 취하거나 혹은 이를 비판하고 질책했다.27 패트릭 해넌이 '그 시대의 중국 베스트셀러 작가'라고 칭했듯이, 산문가로서 이어의 독특하면서도 영향력 있는 음성은 들어볼 만한 가치가 있다.28 스타일의 혁신에 대한 작가로서의 집착은 아마 소재의 금기를 깨는 대담한 행동으로 이어졌을 것이다. 그는 한결같이 자신의 취향을 추구했고, 이를 자아를 드러내는 수단으로 여겼다. 이는 또한 그가 감상가로서의 자신의 행적에 그렇게 당당할 수 있었던 이유를 설명해줄 것이다. 어쨌든 그가 보여준 전족에 대한 태도와 전족 감상 기준은 그 시대 도시의 독자들 사이에서 공감대를 형성했던 것이 분명하다.

시선의 유혹: 이어의 기능 미학

이어가 발을 감상하는 데 있어서 활용한 중심 사상을 나는 '기능미학'이라고 부르려 한다. 그가 보기에 전족에서 가장 중요한 것은 크기가 아니라 발을 민첩하게 움직일 수 있는가이다. 전족이 너무 작아서 불구가 되기라도 하면 그것들은 도리어 일종의 '짐累'이 된다. 반면 제대로 된 전족은 발이 작더라도 여전히 "쓸모가 있다用". 전족은 걸음걸이를 바꿀 수도 있고 여성의 우아함을 돋보이게 할 수도 있다. 그가 여성의 노래, 춤, 연기에 있어 요구한 내용을 보면 어떤 요소를 높이 평가했는지 일부 알 수 있다. 또 그가 자연미를 선호했다는 점에서도 그의 취향을 일부 엿볼 수 있다. 그는 발이 너무 작아서 늘 누군가가 안고 다녀야 하는 '포소저抱小姐'를 '진흙으로 빚은 미인(니소미인泥塑美人)'이라고 조롱했다. 이어는 "(진흙 미인은) 몇 푼이면 살 수 있는데 뭣 때문에 천금을 들여 (포소저를) 사는가?"라고 했다. 그가 보기에 "조물주가 우리에게 발을 주신 것은 걷게 하려는 목적이었다. 옛날에 아름다운 여자들을 묘사한 사람들은 (…) 모두 그녀들이 발은 작지만 잘 걸었기 때문에 마치 그림 속으로 걸어 들어간 듯하다고 표현했다". 포소저의 존재는 당시 사람들이 여자의 발 크기에 몹시 집착했음을 보여준다. 하지만 이어는 이러한 풍조가 매우 잘못되었다고 여겼다. 경쟁적으로 아름다움을 추구하는 분위기가 지나쳐서 그저 부자연스러운 정도가 아니라 완전히 인성에 반하는 경지에 이르렀다는 것이다. 이렇게 보면 기능 미학은 17세기에 유행하던 작은 발에 대한 병적인 선호에 경종을 울렸다고 할 수 있다.

놀라운 것은, 이어가 근대 사람들의 신체 감각에 대한 인식을 뒤집어버렸다는 점이다. 그의 시대에 전족은 이미 일반적인 풍속이 되었다. 존중받는 계층의 처첩들에게 발을 묶는 것은 '자연스러운 일'이었고 묶지 않는 것은 '부자연스러운 일'이었다.[29] 더구나 전족을 한 여성들 내부에서도 '자연스러운 것'과 '부자연스러운 것'의 구분이 있었는데 이는 매우 미세한 일련의 조건을 충족했는가에 달려 있었다. 전족에는 일련의 스펙트럼이 존재했는데 이는 시각, 후각, 촉각, 그리고 제대로 판단할 수 있는 안목까지 갖춘 전문가들만 알아차릴 수 있었다. 이어는 잠재 고객들에게 이렇게 충고했다. "발을 시험해보려면 다른 방법이 없다. 그저 몇 걸음 걸어보게 하고, 걷기 힘든지 쉬운지 보고, 억지로 하는지 자연스러운지를 관찰하면 반 이상 맞는다. (자세가) 곧으면 쉽게 걷고, 굽어 있으면 걷기 힘들다. 올바른 자세는 편안하게 걷지만 치우친 자세는 억지로 걷는다. 똑바르고 곧은 자세는 보기에 좋고 걷기 편할 뿐 아니라 악취도 적다. 악취가 생겨나는 원인은 대부분 무엇을 억지로 하기 때문이다."[30] 이어는 잔인할 정도로 솔직했다. 여성의 민첩성을 강조할 때마다 그는 여성이 사고팔 수 있는 욕망의 대상이 되어 고정되고, 나열되고, 평가된다는 사실을 숨기지 않았다. 그래서 그가 정의한 '자연스러운 몸'은 매우 흥미로운 개념이다. 물건이고 상품인 여자들이 고객인 남성을 돌아보고 응시하는 눈짓을 보내는 방법도 포함되어 있기 때문이다. 「수족」 앞에 있는 「미안眉眼」이라는 글에서 이어는 여자를 '평가相'하는 방식을 미묘하게 변화시켰다. 그는 여자의 내면에 있는 심성, 지성, 기질은 그녀의 눈의 모양, 흰자위와 검은자위의 비율, 그리고 그녀가 눈동자를 움직이는 방식에서 드러난다고 했다. 그런데 눈의 움직임은 걸음걸이에 결정적인 영향을 미친다는 것이다. 이어는 신체 일부를 페티시즘의 대상으로 삼는 대신 움직이는 몸 전체를 중시했다. 그는 특정 신체 부위의 에로틱함은 동시성으로 인해 발생하는 것으로 생각했다. 즉 여성의 몸과 남성의 감각 인식이 동일한 시공간에 존재해야 한다는 것이다. 그의 심미관에는 동시대의 다른 곳에서 찾아볼 수 없는 독특함이 있었다.

이러한 동시성은 남성의 세심한 행동을 요구한다. 이어에 의하면 그녀의 자연스러운 눈 동작을 포착하려면 감상자는 수동/능동과 높음/낮음의 사회적 수직 체계를 전복해야 한다. 물리적으로 여성과 공간적 위치를 바꿔야 한다는 것이다. "(남성이 해야 할 것 중) 하나는 정지한 상태로 (여성이) 움직이기를 기다리는 것이고, 또 하나는 낮은 곳에서 높은 곳(의 여성)을 올려다보는 것이다. 눈은 몸의 움직임에 따라 움직이기 때문에 몸을 크게 이동시키지 않는 한, 눈을 고정할 수 있다. 그녀를 왔다 갔다 하게 하고 몇 걸음 걸어보게 하고, 내가 눈을 돌려 그녀를 바라본다. 그녀가 자신의 눈을 돌리지 않고 당신 스스로가 눈을 돌려 바라보게 되는, 그러한 방식이다. 여자는 부끄러워서 눈을 아래로 향하게 된다. 내가 만약 위에서 아래를 바라보는 위치라면 그쪽은 아래쪽인데 또 (눈이) 아래를 향하게 되니 절대 (여자의) 눈을 바라볼 수 없을 것이다. (여자를) 반드시 높은 곳에 세우든가, 단을 만들어 올라가게 하든가, 아니면 누각에 서게 한다. 그리고 나는 일부러 몸을 낮추어 그녀를 올려다보면 그쪽은 더 낮출 곳이 없어서 반드시 눈동자를 굴리며 나를 피하게 된다. (…) (그 모습이) 억지스러운지 자연스러운지에 따라 귀천과 미추의 차이가 확인된다."[31] 그래서 여성의 눈동자는 신체적 움직임의 민첩성과 자연스러움을 반영할 뿐 아니라 그녀의 '계급'을 판별하기도 한다.

만약 이러한 것들이 번거롭다면, 더 간략한 방법도 있다. 이는 매우 간단한 시선 교환이지만 유희의 규칙은 변한다. 여기서 이어는 우리를 정교한 유혹의 춤으로 이끌고 간다. 즉 수줍은 미인이 남성의 눈빛을 피하려고 '되돌아보는' 상황을 만드는 것이다. 여자는 더 이상 줄 서서 선택을 기다리는 인형도, 걸상이나 높은 단 위에 앉아 있는 발 경연대회 참가자도 아니었다. 이어의 글을 근대 발 경연대회 관련 기사나 17세기에 소녀들을 사고파는 인신매매 현장을 언급한 글과 비교해보면, 그의 기능 미학이 지닌 차이점은 분명해진다.[32] 우리가 근대 이후 강조해온 '객체'와 '주체'의 차이는 너무나 이원론적이고 기계론적이라, 이 여성과 응시자들 사이의 역동적 관계를 포착하지 못한다. 그녀의 대상화된 위치 속에서 여성은 모종의 주체성을 표현한다. '객체'의 위치에 알맞게 그녀는 내재적 아름다움과 민첩성을 지녔고 아울러 상대를 응시하고 자연스럽게 돌아보는 능력도 갖게 될 것이다. 너무 수줍어 그러는 것처럼 위장하기는 하지만.

이어는 '자연스러움'을 응시자와 피응시자 사이에서 훌륭하게 구성된 춤으로 간주했다. 그의 이 논리는 또 다른 팁을 제공하기도 한다. 눈을 더욱 즐겁게 할 수 있는 유행 전략을 어떻게 운용할 것인지에 대해서다. 이는 몸을 억지로 통제하여—예를 들어 발을 조이고 묶는—이루어지는 것이 아니고, 응시자의 시선을 조정하는 것이다. 그래서 "양말은 흰색과 연분홍이 유행했고 신발은 진홍색이 유행했는데 지금은 또 파란색이 유행한다"와 같은 비결을 알려준다. 가장 눈에 띄는 것은 역시 신발의 디자인이다. "높은 밑창의 신발은 작은 발을 더 작아 보이게 할 수 있고, 가는 발은 더 가늘어 보이게 할 수 있다." 하지만 발 경연대회에 목숨을 걸다시피 한 큰 발의 여자들은 종종 이를 이용하여 눈속임하려 하고, 진짜 발이 작은 여자들은 오히려 낮은 밑창을 댄 평평한 신발만 신는다. 이어는 "높은 밑창을 모두 없앨 필요는 없고 밑창 재료만 좀 줄이면 된다. 발이 큰 이들은 밑창이 두꺼운 것이 유리하고 얇으면 불리하다. 얇으면 원래 모습이 드러나기 때문이다"라고 권했다. 장식도 중요하다. 그가 보기에 가장 지혜로운 장식품은 당시 유행하던 신발 앞부분에 박은 쌀알만 한 진주였다.[33] 그의 언급들은 경쟁과 초조함으로 가득한 17세기의 유행 체제에서 전족이 얼마나 중요한 위치에 있었는지 잘 보여준다.

이어의 실용적인 조언이 주는 메시지는 명확하다. 많은 돈, 충분한 시간, 거기에 이어의 약간의 도움만 있으면 어떤 남자든 모두 그 유명한 다통의 명기들처럼 매혹적인 첩과 즐길 수 있다는 것이다. 다통의 성적 환상은 기능 미학을 통해 지리적 제한을 벗어나 이동 가능한 것이 되었다. 훌륭하게 훈련받은 첩들은 다통의 환락을 체현한다. 이는 이전에는 황제들만이 즐길 수 있던 것이었다. 마치 그림에서 나온 듯한 그녀들은 나긋하고 낭창하게 이 남성 가부장들의 집으로 걸어 들어갔다.

왕경기의 '서유기西遊記'

관리의 낭만적 여행이라는 주제에서 예상외의 주인공이 탄생했다. 그는 52세의 막료 왕경기王景祺(1672~1726)였다. 왕경기는 당시 권력자였던 정서대장군征西大將軍 연갱요年羹堯(1726년 사망) 휘하에서 일하기 위해 1724년 2월 베이징에서 서쪽을 향해 출발했다. 그는 타이항산太行山을 지나 산시山西로 향했다. 산시의 펀汾강을 따라 일련의 도시와 마을을 거치고 황허黃河를 지나 산시陝西로 들어가 곧바로 고도 시안西安으로 향했다. 그곳은 바로 연갱요의 본부가 있는 곳이었다.[34]

왕경기는 역사에서 운 없는 사람으로 기록되어 있다. 그는 옹정제의 노여움을 사서 황제의 짧은 재위 기간에 일어난 네 차례의 문자옥 중 첫 번째를 겪었다. 그 문자옥의 주요 타깃은 연갱요 장군이었다. 한때 옹정제의 총신이었지만 그의 오만과 권력은 몹시 위협적이었다.[35] 체포되기 직전 연갱요는 그가 가진 자료를 모두 태워버리는 것이 마땅했을

터이나 부주의하게 왕경기의 편지를 빠뜨렸다. 이 편지들은 두 권의 얇은 책으로 제본된 채 어지러운 서류 더미에서 발견되었다. 옹정제는 그의 부친 강희제에 대한 왕경기의 불손한 언급을 발견하고 격분한 나머지 첫 번째 책의 표지에 다음과 같이 휘갈겨 쓴다. "반역과 어지러움이 이 지경에 이르다니! 이것을 진작 보지 못한 것이 애석하구나. 훗날을 위해서 이것을 보존해두거라. 이러한 종자는 절대 빠져나가게 해서는 안 된다." 결국 왕경기와 그의 아들은 1726년에 효수되었고 그의 아내는 변방으로 추방되어 노비가 되었다. 형제, 조카, 오촌 이내의 친척 모두 상응하는 처벌을 받는다. 장장 200여 년이 지난 뒤 1924년 11월, 마지막 황제 푸이가 자금성에서 쫓겨난 뒤 궁의 물품을 검사하던 고궁박물관 직원은 무근전懋勤殿의 봉인된 상자 속에서 왕경기의 첫 번째 책과 두 번째 책 일부를 발견했다.[36] 이 텍스트는 두 번 잊힌 덕에 기적적으로 세상에 전해질 수 있었다.

현대인의 눈으로 보면, 『독서당서정수필讀書堂西征隨筆』이라는 제목으로 1928년 출판된 왕경기의 편지는 반란을 선동했다기보다 욕정을 선동했다고 하는 편이 더 정확할 것이다. 1714년 거인擧人이 된 왕경기는 기질과 취향에 있어 학자보다는 모험가에 가까워 보인다. 현존하는 35편의 잡기雜記는 대부분 여행 중에 쓴 것이고, 날짜는 1724년 2월 6일부터 5월 28일까지다. 여기에는 약간의 편지, 서문, 그리고 시가 포함되어 있는데, 이는 모두 관리들이 공무상 반드시 섭렵해야 하는 장르였다. 다소 독특한 것은 고관, 기녀, 여자 도적, 병졸들에 관한 에피소드인데 곳곳에 외설적이고 지저분한 유머들이 섞여 있다. 예를 들어 양저우의 남성 매춘부 왕사충王思忠은 애인이 뇌물을 바친 덕에 통판通判이 되었다고 하는 등의 이야기가 있다. 또한 시랑侍郎 장붕핵張鵬翮의 이야기도 있다. 강희제는 그를 배우에 비유한 적이 있다. 왕경기에 의하면, 장붕핵은 얼굴에 지분을 바르고 다니기도 했고 이것저것 요란스러운 사건을 많이 일으켰다. 어느 날 궁에서 조회를 마치고 귀가한 그는 예복도 벗지 않은 채 곧바로 여종에게 돌진해 그녀를 침대로 밀어넣고 옷을 벗겼다. 그녀의 발을 어깨에 얹고 절정에 이르렀을 때 그의 아내가 채찍을 들고 나타났다. 더 가관인 것은 그 여종의 "발 길이는 1척尺이 넘었다"[37]는 점이다.

이 이야기들은 저녁 식사 자리에서 술을 돌리며 친구들과 왁자지껄하게 나눌 만한 것이었다. 왕경기는 관료들, 특히 진사 작위를 가진 고위 관리들의 부적절한 백태를 폭로하는 것을 즐겼다. 그는 이러한 이야기를 통해 그들의 부패뿐 아니라 예복이 지닌 상징적 의미조차 아랑곳하지 않는 무언의 갈망과 육체적 욕망을 함께 드러냈다. 그는 아마 이 이야기를 별생각 없이 연갱요에게도 들려준 듯하다. 그는 연갱요가 이 가운데 진실과 농담을 구분하리라고 믿었던 것 같다.[38] 그리고 연갱요와 가까운 이들 외에는 자신의 원고를 볼 사람이 없으리라 생각했을 것이다. 그래서 그의 글에는 남성들만의 화장실 유머, 동지애, 경쟁 심리 등의 요소가 들어 있다. 아래에서 소개할 그와 다퉁의 명기 보광步光, 그리고 홍석촌紅石村의 신비한 여자 세 명과의 만남도 이러한 분위기 속에서 진행되었다.

보광의 출현은 왕경기에게는 뜻밖의 선물이었다. 그는 허우마候馬의 어느 객잔 주인에게 그녀를 추천받았다. 왕경기는 산시에서 명기가 많기로 유명한 열 곳의 주와 현을 나열한 바 있지만 허우마는 여기 포함되지 않았다.39 그는 자신이 "원래 기방에서 노는 것을 좋아했다"고 인정했지만 1721년 큰 병을 앓은 뒤 자제할 수밖에 없었다고 했다. 하지만 여행길에서 그는 미지의 유혹에 풀어져버렸다. 연약해 보이는 동시에 남성미가 있었던 보광은 자신의 모순적 이미지를 부각시키며 등장했다. 그녀의 고고한 분위기에 급습당한 왕경기는 불손한 말로 대응했다. "그대는 이미 화류계에 몸을 던졌으니 정절 따위는 내던졌을 테고, 왕래하는 이들도 모두 속물이겠지요. 이는 본인이 자초한 것 아니겠소?" 그녀는 잠시 생각하다가 고개를 젖히고는 웃었다. "나리께서 저를 잘 아시는 듯합니다." 그 뒤 그녀는 왕경기가 벽 위에 꽂아둔 화살을 보고 보복하듯 말했다. "문인이 어디에 쓰려고 이것들을 가지고 다니십니까?" 그는 대답했다. "그대가 활쏘기에 대단히 뛰어나다고 들었소. 한번 볼 수 있겠소?" 그녀는 후원으로 나가 표적보다 열 몇 걸음 뒤로 물러선 뒤 세 번 활을 쏘아 모두 명중시켰다. 두 사람의 언어적, 육체적 대결이 그날 밤의 분위기를 조성했다. 보광은 자신이 작곡한 슬픈 노래를 비파에 맞춰 불렀고, 강남에서 온 진사 합격자에게 당했던 배신에 관해 이야기해주었다. 그녀가 또 다른 노래를 부를 때 둘 다 눈물을 흘렸다. 왕경기와 보광은 등불을 돋우며 새벽이 올 때까지 이야기

를 나누다 아쉬운 작별을 고했다.[40]

왕경기를 다퉁의 기녀와 만나게 했던 이 여정은 구직과 모험을 위해 일련의 도시를 따라 이뤄지는 관리의 여행이라는 점에서 이어가 50여 년 전 했던 것과 비슷했다. 보광의 등장 방식은 이어의 품평에서 보던 것과 같아서 익히 예상할 수 있던 바였다. 이름에 암시되어 있던 그녀의 민첩함과 기동성은 놀라운 궁술 솜씨로 더욱 극적으로 재현된다. 그녀의 문무 겸비 이미지 역시 익숙한 것이다. 이는 바로 우리가 발 경 연대회 관련 기사를 통해 알게 되었던 미학이다. 하지만 왕경기가 흘린 눈물은 접어두고라도, 그의 애정 어린 농담은 언어적이고 감성적인 유혹 행위의 일종이다. 이는 이어가 강조했던 추파 던지기와 '뼈가 없는 듯 부드러운' 작은 발을 말없이 쓰다듬는 행위와는 대조적인 것이다. 보광은 우리가 앞서 봤던 다른 다퉁의 기녀들과 결정적인 차이가 있었다. 왕경기는 한 번도 그녀의 발을 언급하지 않았다. 앞에서도 언급했듯이 그는 군자연하는 사람이 아니었고, 사실 여성의 발에 대해 과도한 흥미를 느끼고 있었다. 하지만 그에게 있어 이 보광이라는 다퉁의 기녀는 또 다른 유형의 지역적 욕망을 상징한다. 그녀가 체현하고 있는 것은 절정의 환락이 아니라 반복적으로 등장하는 희생자, 즉 '강남의 타자'였다.

항저우 출신으로 그 자신이 강남 사람이었던 왕경기는 보광이 체현하고 있는 북방 여자의 다른 특성을 처음부터 의식하고 있었다. 그는 그녀에 대한 첫인상을 묘사하며 그 지역에 있는 고야산姑射山과 관련된 표현을 차용했다. 이 산은 도가 경전 『장자莊子』에 등장하는데 그곳에 사는 신선의 피부는 눈과 얼음처럼 맑고 투명해 얼굴이 마치 처녀같다고 했다.[41] 물론 '고야신인姑射神人'은 미인에 대한 일반적인 비유이고, 왕경기가 이를 문학적 수사의 의미 이상으로 사용하진 않았을 것이다. 하지만 이는 지리적, 문화적, 그리고 권력 배분에 있어서 남북 차이에 대한 왕경기의 느낌을 처음으로 표현하는 신호탄이었다.

보광 역시 지역 간 불균등에 대해 민감했다. 이것이 가장 잘 드러난 것은 보광이 쓰고 불렀던 세 곡의 노래인데 왕경기가 이를 그대로 기록했다. 이 노래는 「정궁조正宮調」에 맞춘 「타오타오렁叨叨令」이다. 반복적인 의성어(딩딩동동叮叮咚咚)와 어조사(얼兒, 우兀)로 가득해 남방 사람들 귀에는 몹시 거슬리는 쵯소리 나는 발음으로 되어 있었다. 이제 20여 세가 된 보광은 자신이 북방 출신이라는 것을 부끄러워하는 듯했다. 그녀는 윈난 남부에 주둔하던 무관의 딸로 부친은 그곳에서 죽었다. 그녀는 9세 때 아버지의 첩이었던 생모, 본처와 함께 고향 다퉁으로 돌아왔다. 생모도 죽자 본처는 그녀를 유곽에 팔아버렸다. "방금 내가 부른 노래는 북방의 비속한 음악입니다. 부디 비웃지 마세요."[42]

'다퉁-강남'의 차이가 '지방-대도시'의 불평등한 교환을 상정하게 된 것은 그녀가 어느 진사에게 당한 배반 때문이었다. '모랑某郎'이라고만 되어 있는 그 진사는 임명을 기다리며 북쪽을 여행했다. 그는 그곳에서 관직을 지내고 있는 친구에게 의탁하려고 길을 우회하여 다퉁으로 갔지만 거절당한다. 그리고 16세의 보광은 가난한 그와 사랑에 빠졌다.

그녀는 수양어미의 욕설을 감수하며 그를 머물게 해주었을 뿐 아니라 일생을 함께하기로 맹세했다. 1년 뒤에 그는 관리 선발에 응하기 위해 수도로 가야 했고, 그녀는 자신이 모은 것을 전부 여비로 주었다. 그는 떠난 뒤 2년이 지나도록 소식이 없었다. 그 뒤 그녀는 그가 허난의 현령으로 임명되었다는 것을 알고 편지를 보냈으나 이러한 답장을 받았다. "관직에 있는 몸이니 당연히 명예가 중요하다. 당당한 현령이 어찌 창기 따위를 첩으로 삼겠는가?"[43]

보광의 한이 서려 있는 노래는 왕경기를 감동시켰다. 그는 눈물을 흘리며 탄식했다. "내가 바로 강주사마江州司馬[44] 같은 처지일세." 보광에 대한 그의 동정은 바로 남성 관료세계에서의 자신의 주변적 지위를 투사한 것이다. 그는 강남 출신이기는 하지만 지금 어쩔 수 없이 북쪽에서 보잘것없는 일을 맡고 있었다. 그의 부친은 호부시랑戶部侍郎을 지냈고 큰형 역시 진사 출신이었지만 그 자신은 거인에 불과했고 이는 사실 너무 빈약한 학위라 정규 관직을 받기는 어려웠다.[45] 『독서당서정수필』에서 그는 거듭 그 '진사'에 대한 적대감을 드러낸다. "오호라! 모랑은 가난뱅이 선비에 불과했다. 보광이 준 돈과 비단은 모두 창기 생활로 벌어들인 것이었다. (그는) 이 돈으로 관직을 얻고 부임해 부모와 처자식을 부양했다. 첩도 따로 두 명 얻었다. (…) 나는 그가 무슨 심보인지 모르겠다. 나는 그를 진짜 이름 대신 '모랑'이라고 부를 것이다. 어찌 그를 진사 출신이라 하겠는가? 한심스러울 뿐이다."[46]

왕경기가 다음 여정인 원시현聞喜縣을 향할 때 보광은 자신이 다퉁으로 돌아가야 한다며 시름에 잠겼다. 당국이 창기업을 엄격하게 단속하고 있었기 때문이다. 다퉁은 그녀에게 결코 떠나기 싫은 낙원이 아니었다. 그곳은 자신을 올가미에 걸리게 한 땅이고, 위안도 출구도 주지 않는 고향이었다. 반면 왕경기는 물리적, 사회적으로 이동이 가능한 입장이었다. 이는 결국 강남의 서생들이 지닌 특권의 상징이기도 했다. 이러한 특권은 왕경기의 다음 여정에서 더욱 분명해진다.

홍석촌: 황야의 집

그는 원시현을 지나 40리 밖에 있는 다수이터우大水頭에 도착했는데 그곳에서 탈장 증세로 고생했다. 하인들에게 짐을 마차에 싣고 천천히 가라며 먼저 출발시키고 그는 휴식을 취한 뒤에 따라잡기로 했다. 얼마 뒤 홀로 남은 노복 한 명과 함께 출발했지만, 갑자기 모래바람이 일어나서 길을 구분하지 못하고 남쪽으로 20리나 잘못 오게 되었다. 그때 또 탈장 증세가 일어난 왕경기는 동쪽으로 1리 떨어진 곳에 인가를 하나 보았다. 남쪽을 향해 있는 그 집의 문은 약간 열려 있었다. 지나가던 사람은 이곳이 홍석촌紅石村이라고 알려주었다.

눈에 들어간 모래도, 장을 뒤트는 고통도 왕경기의 예리한 민속학적 관찰력을 무디게 하지는 못했다. 열려 있는 현관 뒤에 상당한 규모의 저택이 자리하고 있었다. 남향 방이 다섯 개, 그 왼쪽에 동향 방이 두

개, 그리고 서쪽에는 네 마리 말이 있는 마구간이 있었다. 가운데 남향 방에 세 여자가 있었다. 그곳은 그 집에서 가장 은밀하고 고급스러운 공간이었다. 여자들은 두 명의 낯선 남자가 들어오는 것을 보고는 옆 방으로 몸을 숨기며 소리 질렀다. "객들은 뉘시오?" 곧 집주인이 모습을 드러냈다. 그는 이씨 성을 가진 일흔 살쯤 된 노인이었다. 그는 왕경기를 얼마간 지긋이 바라보더니 다음과 같이 말했다. "남쪽에서 온 나리시군요." 왕경기는 일찍이 보광을 동정하면서 북방인과 동질감을 느낀 바도 있었지만, 말 한마디 꺼내기 전에 노인은 그의 범상치 않은 출신을 알아차린다.[47]

왕경기는 내부 공간 배치에 관심을 보였는데, 이는 이씨 집안의 '그녀들'이 강남에서 온 귀한 방문자에게 보내는 호기심 어린 눈빛과 묘한 대비를 이루었다. 그가 세 여자와 처음으로 직접 마주했을 때 여자들은 한참 주거니 받거니 위생 문제에 대해 토의를 벌였다. 왕경기는 통증 때문에 안장에서 내려오지 못하고 있었다. 집주인이 여자들에게 그를 도와주라고 하자, 그녀들은 왕경기를 부축하여 말에서 내리게 했다. 가장 연장자 여성이 말했다. "옥와玉娃, 네 베개와 이불을 가져와라." 옥와는 망설였다. "나리께서 아마 너무 더럽다고 생각하실 텐데 어떡하지요?" 연장자 여성은 쏘아붙였다. "나리 옷이라도 더럽힐까봐? 구들炕은 지금 매우 차갑다.[48] 침구가 좀 더럽더라도 지푸라기 깔고 자는 것보다는 낫지 않겠어?" 의식이 혼미한 가운데 잠자리가 준비되어 그는 그곳에 누웠다. 그는 그녀들의 대화를 들을 수 있었으나 그녀들에게 특유의 관찰을 진행하지는 않았다.

이 노인은 손님에게 차 대접을 하기 위해 난로, 장작, 덩어리차茶餅를 빌리러 이웃집으로 갔다. 왕경기의 노복은 강남의 중심 지역에서 사용하는 경쾌한 오吳 방언으로 주인에게 귓속말을 했다.[49] "이곳은 강남의 화류가가 아닙니다. 이분들은 양갓집 규수니 나리께서는 언사에 주의하십시오. 난폭한 서쪽 사람들 건드리지 말자고요." 그는 푸젠福建의 명차인 우이武夷차를 탁자 위에 올려두고 짐마차를 찾으러 잠시 떠났다. 차에 있어서 유난스럽기로 유명한 항저우 사람들은 벽돌같이 딱딱한 덩어리로 끓인 차가 아마 구미에 맞지 않았을 것이다. 하지만 이 대목은 왕경기가 분명 강남의 어떤 안락함에 집착하고 있었을 뿐 아니라 주인과 노복 모두 북방에서의 여행 동안 남북 간의 언어적, 문화적 차이를 얼마나 민감하게 의식하고 있었는지 보여준다.

왕경기는 잠에서 깨어나 세 여자를 자세히 보기 시작했다. 그들 중 가장 연장자는 아기를 안고 있었는데 "눈과 눈썹이 그린 듯했다". 그보다 어린 여자, 즉 옥와는 20세 남짓이었다. 가장 어린 여자는 16~17세에 불과했는데 특히나 고혹적이었다. "세 여자의 두 발은 곡선 모양이었는데 모두 3촌이 되지 않았다." 왕경기는 나이가 가장 많은 여자를 '이李 아주머니'라고 칭했다. 그녀는 옥와가 며느리이고 가장 어린 여자는 딸 소운와小雲娃라고 했다. 대화를 나누면서 서먹함이 풀어지자 이 부인이 탈장은 마사지로만 치료 가능하다고 주장했다. 그녀는 딸과 며느리에게 "나리를 모셔라伏侍官人"라고 명령했다. 주목할 것은 이것이 첩이나 여종들이 쓰는 표현이라는 점이다. '모시다'라는 표현에는 주인에게 육체적 편안함과 즐거움을 제공한다는 의미가 함축되어 있다. 왕경기는 구들에 등을 대고 누웠다. 옥와는 모서리에 앉아서 그의 한쪽 손을 잡았고 소운와는 뒤쪽에서 올라와 서쪽 벽(즉 동쪽을 바라보는)에 등을 기댄 채 쭈그리고 앉아 그의 또 다른 손을 잡았다. 그런 다음 그들은 그가 통증을 느끼는 부위를 마사지하면서 교대로 얼굴의 땀을 닦아주었다.

이 노인은 난로를 빌려서 돌아왔다. 왕경기는 두 여자가 손님에게 정성을 기울이는 것을 보고 노인이 기뻐하는 것을 알아차린다. 이 노인 자신도 대단히 친절했고 얼마 있지 않아 손님 대접할 떡을 사오겠다며 또 자리를 떴다. 독자는 아마 왕경기가 사람들이 들고 나는 것을 일일이 기록하고 있음을 알아차렸을 것이다. 이러한 서사 전략은 가정 공간의 범위를 표시함과 동시에 사람들의 동작과 행위를 통해 실내의 분위기가 활기 넘치게 만든다. 한바탕 야단법석이 벌어지는 동안 영원한 외부인인 강남의 손님은 여전히 방에 누워 있었다.

왕경기는 이 노인이 화로에 올려두고 간 주전자에 주목했다. 그는 주전자가 너무 커서 물이 끓으려면 시간이 얼마나 걸릴지 모르겠다고 했다. 안주인은 웃었다. "나리, 탓하지 마세요. 이곳 남자들이 하나같이 멍청해서 그렇답니다." 왕경기는 그녀 품에 있는 아기가 누구냐고 물었고 그녀는 옥와의 아기라고 대답했다. 그는 또 물었다. "손자인가요, 손녀인가요?" 그녀는 한숨을 쉬었다. "이 마을에서는 아들은 못생기게,

딸은 예쁘게 태어난답니다. 이 아이는 딸이에요." 그녀의 남편, 아들, 사위 모두 너무 못생겨서 아내들조차 그들을 보기 싫어할 정도라고 했다. 그들은 외지로 나가서 일했고 할렘 같은 집은 여자들이 관리했다.

옥와가 남과 북의 차이를 거론하면서 유혹이 시작되었다. 그녀는 "나리, 남쪽에도 짝을 잘못 만난 사람들이 있나요?"라고 물었다. 시어머니 이 부인은 이 말을 듣고 일찍이 자신도 '심생沈生'이라 하는 남방 사람과 비슷한 대화를 했던 것이 생각났다. 그 남자도 길을 잃고 여기서 묵었다. 그때 왕경기의 손을 한쪽씩 잡고 있던 두 젊은 여자는 마주 보고 외쳤다. "와, 나리의 손은 어찌 이리 부드러운가요?" 그러고는 그의 손을 치켜들고 이 부인에게 보여주었다. 왕경기도 거들었다. "낭자들 손도 그렇게 딱딱하지는 않소이다." 그러던 중 왕경기의 노복이 돌아와 마차가 마을 입구에 기다리고 있다고 알렸다. 이 부인은 서쪽 방으로 그를 안내해 차를 대접했다. 왕경기는 그 틈을 타 옥와에게 물었다. "부군과 부부가 된 것이 즐겁지 않다면, 길고 긴 밤이 괴롭지 않습니까?" 그녀가 대답했다. "남편이 돌아올 때마다 정말 너무 싫어요. 딴 것은 둘째치고 온몸이 흙과 땀투성이라 냄새에 질식해 죽을 것 같아요. 여기는 대화 나눌 사람이 없어요. 우리는 잠자리도 전혀 하지 않는답니다. 시어머니는 늘 남쪽 사람들이 어찌나 부드럽고 사랑스러운지 그들의 목소리를 듣고 웃는 모습을 보면 도저히 못 잊는다고 하셨어요. 나와 시누이는 남쪽 사람을 본 적이 없지만 우리는 늘 다음 생에는 강남에 태어나게 해달라고 기원한답니다. 오늘 드디어 나리를 뵙고 나니 시어머님 말씀이 맞는 걸 알겠네요."

그들은 정절에 관해 대화를 나누며 서로 유혹하기 시작했다. 이 부인은 홍석촌 여자들이 모두 달 속의 미녀처럼 아름답지만 수백 년간 정조를 잃은 자가 없다고 주장했었다. 소운와는 비밀 하나를 알려주었다. 이 부인 기억 속에 달콤하게 남아 있는 심생은 20여 년 전 길을 잃고 그들 집의 문을 두드렸던 여행자다. 그는 바로 이 방에서 묵었다. 강남의 핵심 지역인 자싱嘉興 출신인 그는 당시 핑양平陽 태수의 막료로 일하고 있었다. 그는 이 부인과 매우 즐겁게 대화를 나누었고 의기투합했다. 심생은 이 부인의 남편을 취하게 했다. 사람들이 모두 잠든 후에 그는 이 부인의 침소인 동쪽 방으로 가서 문을 두드렸다. 젊은 이 부인은 유혹에 넘어가 문을 열었다. 하지만 그 순간 하늘에서 별빛이 쏟아졌고 그녀는 정신이 번쩍 들어 "크게 후회하고 거기서 그쳤다". 그녀는 두 사람에게 종종 이 이야기를 들려주며 늘 유혹을 경계하라고 가르쳤다.

시시덕거리는 와중에 정절 이야기를 하는 기괴한 상황이 연출되었다. 왕경기가 물었다. "어머님이 그 심생이라는 자와 관계하지 않았다면 어찌하여 지금까지도 그 생각을 하는 것일까요?" 옥와는 말했다. "왜 꼭 관계가 있어야만 기억하나요? 우리도 나리를 영원히 잊지 않을 텐데요." 소운와가 차를 마시려고 구들에서 내려가자 왕경기는 옥와의 가슴을 만지작거리기 시작했다. 옥와가 정색하며 말했다. "나리, 실수하시는 거예요." 소운와가 우스갯소리로 거들었다. "훤한 대낮에, 양쪽 다

낯선 얼굴, 낯선 땅, 실수할 게 뭐 있다고." 그리고 그녀는 구들 위 자기 위치로 돌아와서 앉았다. 그 후 옥와는 화로에 석탄을 넣기 위해 구들에서 내려갔다. 그 틈을 타서 왕경기는 소운와의 엉덩이를 두드리고 발을 움켜쥐었다. 하지만 그녀의 발은 "쇳덩이처럼 딱딱해 움직이지 않았다". 왕경기는 그녀의 발을 손에서 놓고 말했다. "그대에게 어찌 흑심을 품겠소. 그저 애모의 마음이 절실하여 잠시 놀린 것뿐이오. 낭자가 이렇게 무시무시한 힘으로 나를 거부하는 이유는 무엇이오?" 소운와는 다소 느슨해져서 두 발을 왕경기의 무릎 위에 올려놓았다. 그러자 뜻밖에도 왕경기가 그녀의 신발을 벗겨버렸다. 그녀는 안색이 변했다. "나리는 내가 화낼까 두렵지 않으시오?" 그때 옥와는 아까 소운와가 했던 농담을 돌려주었다. "훤한 대낮에, 양쪽 다 낯선 얼굴, 낯선 땅, 두려울 게 뭐가 있다고." 세 사람은 마주 보고 웃었다.

왕경기가 그들에게 물었다. "두 낭자는 남쪽에서 다시 태어나길 원하오?"(혹은 "'남방의 과일'을 낳고 싶으시오?"로 해석 가능)[50] 소운와가 수긍했다. "그렇고말고요." 옥와는 말했다. "다음 생에 나리의 비첩이 된다면 얼마나 좋을까요?" 소운와가 거들었다. "어찌 감히 나리께 바랄 수 있겠습니까만 나리께서 비첩으로 거두어주시면 소원이 없겠어요." 왕경기가 말했다. "이 몸은 이미 머리와 수염이 다 세어버렸소. 낭자들께서는 무얼 보고 내게 이렇게 잘하는 거요?" 옥와가 말했다. "우리는 이곳 남자들을 개돼지 보듯 해왔습니다. 오늘 이렇게 나리를 만났으니 앞으로 결코 나리를 잊을 수 없을 것입니다." 소운와가 말했다. "우리

두 사람만이 아닙니다. 나리가 떠나신 뒤에 어머니도 분명히 나리를 그리워하고 이야기하실 것입니다."

이 부인이 방에 들어와 왕경기에게 출발을 재촉했다. 그녀와 옥와는 그에게 전별을 해주려고 차를 끓일 좋은 물을 구하러 갔다. 소운와와 둘만 남자 왕경기는 바로 그녀를 끌고 와서 함께 누워 "온몸 구석구석을 실컷 희롱했다". 소운와도 별 저항을 하지 않았다. "하지만 은밀한 곳에 이르자 손으로 막았다. 그녀가 말했다. '이곳은 절대 안 됩니다. 제 손은 힘이 꽤 셉니다. 나리께 실례를 할지도 모릅니다.'" 왕경기는 장화 속에서 금덩이 하나를 꺼내서 소운와에게 주었다. 하지만 그녀는 거절했다. "우리 여자들한테 이런 건 쓸 데가 없습니다. 혹시라도 누가 보고 나쁜 마음을 먹을 수도 있습니다." 그녀는 왕경기를 끌어안고 흐느꼈다. "나리, 이제 가시면 아마 다시는 보지 못하겠지요. 단 한 번의 만남이지만 이것도 전세의 인연입니다. 소운와를 기억해주세요. 아마 우리는 다음 생에서 다시 인연을 이을 수 있겠지요."

옥와가 방에 돌아와서 그들의 눈물겨운 이별 의식은 중단되었다. 옥와는 또 다른 비밀 하나를 알려주었다. 그녀의 시아버지와 남편 모두 말 도적이었다. 마을에 모두 9명의 여자가 있는데 그중 셋이 이 집 사람이었다. 이들은 어려서부터 무술을 익혔다. 홍석촌은 가난했고 사람들은 생계를 유지하기 어려웠다. 하지만 일찍이 어떤 이가 몸을 팔라고 권유했을 때 이 부인은 절대 그러지 않기로 마을 여자들과 약속했다고 한다. 대신 그들은 남장을 한 채 길을 막고 강도짓을 했다. 단 남쪽 사람은 건드리지 않기로 약속했다. 왕경기는 이 상황에 대해 부담을 느끼기 시작했지만 두 여자에게 미련이 남아 떠나지 못하고 있었다. 그러자 소운와는 스스로 희생자가 되는 여인들이 늘 하는 전형적인 대사를 읊었다. "앞날이 구만리인 나리께서 저희에게 연연하시면 안 됩니다."

이 부인이 들어와서 두 젊은 여인에게 길에서 간식거리 할 포도를 준비하라며 내보냈다. 사실 그녀는 더 큰 비밀을 털어놓으려고 한 것이었다. "저 두 사람은 나리를 붙잡고 싶어하고 나리도 떠나기 싫어하시는 듯합니다. 하지만 나리는 이곳에서 머무실 수 없습니다. 나리께서는 비웃으시겠지만, 다 타버린 고목 같은 이 중년의 여인네도 욕구를 억누르기가 힘든데 하물며 저 두 사람은 젊은 나이 아닙니까?" 왕경기가 여전히 움직이지 않자 이 부인은 그를 밀어냈다. "저 두 사람이 아름다운가요? 모두 눈 하나 깜짝하지 않고 사람을 죽일 수 있는 여자들입니다. 만약 저들과 잠자리라도 하게 된다면 저들이 당신을 놓아주겠습니까? 만약 길에서 납치당해 돌아온다면 당신 스스로 거부할 수 있을 것 같습니까?"

그들은 정원에서 작별을 나눴다. 이 부인이 재촉했다. "나리, 서둘러 출발하세요." 옥와가 설명했다. "저희 어머님이 나리께 무례하게 구시려는 것이 아닙니다. 나리께서 연연하시면 저희 둘 중 한 명이 반드시 나리와 잠자리를 하게 됩니다. 우리 마을에는 정조 잃은 여인이 없습니다. 있다 해도 그것이 우리 집에서 시작되어서는 안 됩니다. 나리께서

정이 많은 분인 줄 잘 알고 있습니다만 더 머무를 상황이 안 되니 어쩝니까?" 소운와도 말했다. "나리, 빨리 가십시오. 우리 두 사람은 수레로 가서 배웅하겠습니다." 이 부인이 그에게 주의를 시켰다. "우도촌牛都村까지 가셔야 쉬실 수 있습니다. 그곳까지는 길이 좋지 않습니다. 조심, 또 조심하십시오." 그들은 함께 그를 배웅했다. 소운와는 수레 휘장을 잡고 말했다. "혹시 이곳을 다시 지나가게 되면 꼭 차 드시러 오세요." 출발할 때 왕경기는 이 부인이 두 여자에게 말하는 것을 들었다. "내가 늘 말했잖니. 남쪽 사람들이 얼마나 근사한지. 너희도 오늘 봤지? 밤낮으로 생각날 것 같지 않니?" 그들은 닫힌 문 뒤로 사라졌다.

왕경기는 한밤중에 우도촌에 도착했다. 그들이 준 포도 봉지를 풀어 보니 글자를 새긴 금 한 덩어리가 붉은 주단에 싸인 채 들어 있었다. 그는 탄식했다. "마치 괴안의 꿈槐安夢을 꾼 것 같구나. 괴이하도다." '괴안의 꿈'은 유명한 이야기다. 순우분淳于芬이 회화나무 아래서 술에 취해 잠들었는데 꿈에서 대괴안국의 공주를 아내로 맞고 남가南柯 태수로 임명되어 30년간 부귀영화를 누린다. 그러다 깨어보니 꿈속의 왕국은 회화나무 아래의 큰 개미 구멍에 불과했고, 그가 다스렸던 남가는 그 안에 있는 더 작은 구멍이었다.

남과 북의 정욕: 남성 욕망과 여성 욕망의 교차

왕경기는 1724년 2월 13일 세 여자와의 만남을 기록했다. 중국 에로틱 소설의 전통에 따라 그는 회한과 경고의 뜻을 담은 후기를 덧붙였다. 그는 자기 자신을 훈계하며 열두 가지 오류를 범했다고 인정했다. 여기에는 여자가 자신을 만지도록 한 것과, 양갓집 여자들이라 하면서 이렇게 대담한 행위를 하는 걸 보면 매우 의심스럽다는 등의 내용이 포함되었다. 그는 여자가 먼저 수작을 시작했음을 암시하면서도 자신이 욕망을 다스리지 못했고 반복적으로 나타난 경고 신호를 무시했다며 자신도 공평하게 책망했다. 동시에 그는 세 여성 모두 뜻과 행동에 있어 올바른 사람들이라고 믿었다. "모두 정情에서 발하여 의義에서 멈추었고 예로써 자신을 지켰다." 그는 그 여성들의 현숙함이 자신을 구한 것이라고 믿었다.

지금 이 이야기를 읽어보면 연극 같은 운명의 장난을 예고한다는 느낌을 억누르기 힘들다. 우리는 왕경기가 일 년 뒤에 처형되어 소운와의 초대에 응하지 못했음을 알고 있다. 과연 그녀는 그를 그리워하며 평생 추억을 간직했을까? 이 세 여자가 다른 사람을 납치했을 때—즉 개돼지같이 멍청하고 못생긴 북방 남자들—왕경기 이야기를 했을까? 그들은 정말로 전족을 한 마적 강도이자 무림의 고수였을까? 그들은 왕경기가 꾸며낸 사람들이 아니라 사회적, 지리적으로 실존했을까? 허구와 실재가 어느 정도 비중이었을까? 마지막 질문은 특히 중요하다. 우리는 이들의 꼬드김이나 유혹을 18세기 초 사회의 관습으로 해석할 것인가, 아니면 남성의 환상으로 해석할 것인가, 혹은 둘 다로 해석할 것인가? 다시 말해 우리는 이 이야기가 얼마나 믿을 만하다고 생각하는가? 이 질문에 대답하기 위한 열쇠는 왕경기의 글에 보이는 두 가지 특징 사이의 긴장관계를 우리가 얼마나 파악할 수 있느냐에 있다. 즉 그의 서사적 태도는 민족지를 묘사하듯 구체적이었지만, 그의 글 자체는 결국 짧은 인상을 통해 쓴 것이라는 대조적 특징을 지니고 있기 때문이다.

우리가 보광의 이야기에서 확인했듯이 장소, 소리, 감정에 대한 깊이 있는 묘사는 왕경기 글쓰기의 특징이다. 그리고 이는 『독서당서정수필』에 수록된 다른 글에서도 명백히 드러나는 특징이기도 하다. 그는 예리한 눈과 귀를 지니고 있었다. 그의 장소 묘사는 늘 정확하고 구체적이라 기본적인 방향과 측량 정보를 풍부하게 제공한다. 그와 노복 두 사람이 도로에서 길을 헤매던 장면, 이 노인의 집 내부, 그리고 소운와가 구들 위에서 동쪽을 향해 쪼그리고 앉은 자세 등의 묘사가 좋은 사례다. 그는 매우 생산적으로 어떤 장소를 '도상화된 우주pictorial cosmology'로 묘사하며 구체적이고 세밀한 세계를 만들어낸다. 이 세계 속 질서의 패턴과 구조가 인간의 행위를 구성하지만, 이 세계는 또한 인간의 행위로 인해 활력을 얻는다.[51] 지역의 도상적 특징은 지방 고유의 생생한 음조와 목소리에 대한 묘사를 통해 표현되고 있다. 보광의 노랫말 중의 '북쪽의 비속한 음', 옥와와 소운와의 농지거리, 그리고 대화 중 출현하는 비속어 등이 그 예다.

왕경기의 글에서 또 하나 특징적인 점은 그가 공간에 놓인 자신의 육체적 존재를 의식하고 있다는 것이다. 통증으로 마비된 그의 몸은 처음에는 말 위에, 다음에는 구들 위에 옮겨져 혼미한 가운데 누워 있었다. 왕경기의 서사는 그가 점차 의식을 되찾음에 따라 동력을 얻는다. 처음에는 귀가 깨어났고 다음에는 눈, 그런 후에는 손과 손가락, 마침내 마음까지 완전히 깨어난다. 감각이 점진적으로 열리면서 이씨의 집도 일종의 다층적이고 역동적인 존재로 변해가며 이곳의 비밀이 방문자에게 점차 공개된다. 하지만 여기서 드러나는 것은 사실 지극히 부분적인 것이며 결국 전부 보여주지는 않는다. 종합적인 전체 경관은 왕경기가 열린 문을 통해 집으로 들어가며 서사가 시작되는 첫 부분에만 묘사된다. 그가 그 집에 머무는 시간이 길어질수록 그가 아는 것은 점점 적어지고, 그는 자신의 감각 능력을 점점 신뢰하지 못하게 된다. 끝부분에서 세 여자는 굳게 닫힌 대문 뒤로 사라졌다. 그를 무장해제 시켰던, 친밀했던 이들의 만남은 끝났다. 이씨의 집과 홍석촌은 여전히 뛰어넘을 수 없는 타자성을 유지했다. 동시에 서북 지역의 이국정취나 호방함과 같은 스테레오타입은 오히려 한층 더 신비화되었다.

왕경기가 글에서 '괴안의 꿈'을 직접 언급하지는 않았지만 이러한 이질성alterity은 홍석촌 이야기에 몽환적 성격이 스며들어 있음을 보여준다. 그가 경험한 이 몽롱함은 그의 구체적이고 생생한 민속학적 관찰과 일종의 긴장관계를 이룬다. 『독서당서정수필』에서는 거듭 서북 지역이 이러한 몽환적 경관으로 묘사되고 있다. 그 후 그는 「길에서 본 것을 추억하다憶途中所見」라는 생동적인 글에서 산시山西와 산시陝西 지역 본고장 기녀들의 실상을 직접 보고 싶은 욕망이 있었다고 토로한다. 그는 그 기녀들의 명성에 이끌려 베이징 남쪽에서 그 고장 출신의 기녀를 몇 명 경험하기도 했다. 지금 본고장에 오기는 했지만 엄격한 창기 금지 정책으로 인해 그의 욕망은 수포가 될 판이었다. 통관潼關을 통해서 산시陝西로 들어온 후, 그는 자신이 묵고 있는 여관에서 8리 정도 떨어진 곳에 있는 약간 궁벽한 교외에 화방畵房이라 하는 여자들의 단체 거주지가 있다는 말을 들었다. 지역 안내인과 함께 말을 타고 달려간 그는 미인들이 가득한 장소를 발견한다. "찬란한 아름다움이 눈에 가득 차서" 그는 어떤 기녀가 더 뛰어난지 판단하지 못할 정도로 정신이 빠져버렸다.[52]

더 놀라운 것은 "길에서 양갓집 여자들을 만났다. 그들은 준마를 타고 금 안장에 수놓은 방석을 깔고 얇은 비단으로 얼굴을 가리고 있었다. 발은 모두 대략 3촌이 안 되었고 얼굴에 분 바른 이들도 없었다. 그들의 얼굴, 몸, 분위기, 태도, 웃는 모습, 표정은 모두 인간 세상에서는 다시없을 아름다움이었다."[53] 이어와 마찬가지로, 왕경기 역시 여성의 분위기와 신체 동작처럼 포착하기 어려운 무언가로 아름다움을 판단했다. 여성들의 화려한 치장은 농염하고 촉촉한, 에로틱한 분위기를 조성했고 이는 황량하고 메마른 경관에서 유독 두드러졌다. 이 강렬한 대비는 야오링시가 다퉁 발 경연대회의 전성기에 관해 썼던 유사한 묘사를 연상시킨다. 야오의 향수 어린 회고와 마찬가지로, 말 위의 왕경기와 그를 스쳐 지나가는 여성들과의 만남은 마치 그녀들의 얼굴 위에서 가볍게 날리고 있는 얇은 비단처럼 몽환적 성격을 띠고 있었다. 그가 특정 장소와 연계된 환락을 현실 속에서 구현하려 할수록, 그 장소는 더 몽환적으로 변해버렸다. 아무리 기억에 새겨넣으려고 해도, 발 감상가의 환락과 즐거움이란 눈 깜짝할 사이에 사라지는 것이기 때문이다.

독자는 풀리지 않는 의문을 품게 된다. 왕경기는 어떻게 이 여자들이 양갓집 출신인 것을 알게 되었을까? 그가 그녀들의 발을 직접 측정했을 리는 없는데 어떻게 3촌이 안 되는지 확신했을까? 하지만 그가 염두에 두고 있었던 것은 실증적 정확도가 아니었다. 서북의 전족 풍경과 관련된 글쓰기와 독서의 즐거움은 전족 자체의 감각적인 유혹에서 비롯되지만, 동시에 사람의 반신반의하는 마음에서도 유발된다. 즉 사람에게 호기심을 불러일으키는 그러한 의심의 심리다. 그런 까닭에 장소의 에로틱함은 텍스트가 제공하는 즐거움과 뗄 수 없는 관계에 있다.

이어지는 글 속에서 왕경기는 푸저우에서 상常 씨 성의 서생과 나눈 대화를 기록했다. 상 씨가 들려준 이야기의 상당 부분이 이 씨 여자들이 왕경기에게 들려준 사연과 부합했다. 계속된 가뭄과 관료들의 부패로 인해 지역의 모든 가문이 몰락했다. 부끄러움을 모르는 여자들은 기녀가 되었고 올바른 도리가 무엇인지 아는 여자들은 '연지 바른 도적胭脂賊'이 되었다. 그들은 오직 부유한 여행객만을 습격했으며 그들이 지닌 것 중 20~30퍼센트만을 빼앗고, 사람을 함부로 죽이지도 않았다. 이 연지 바른 도적 무리는 모두 20여 명인데 그중 핵심 인물은 9명이고 그중에서도 이 씨 집안 세 여자가 우두머리라고 했다. 이 부인은 말 위에서 긴 창을 번개같이 빠르게 휘둘러서 '번갯불閃電光'이라는 별명을 얻었다. 50근이나 나가는 큰 칼을 쓰는 소운와는 '눈더미一堆雪'라는 별명이 있었는데 그녀의 근육이 눈처럼 하얗게 빛나기 때문이다. 옥와는 활쏘기 고수로 육중한 활을 들어올려 먼 거리까지 활을 쏠 수 있었다. 사람들은 그녀를 '신비한 팔뚝 궁수神臂弓'라 불렀다.[54] 그녀들의 명칭과 행위에 대한 구체적인 서술은 이 세 여자가 역사적으로 실존했을 가능성을 높여주는 듯하지만, 이 서술 자체가 그녀들의 실제 존재를 '증명'하는 것은 결코 아니다. 이 문제는 여전히 미스터리로 남아 있다. 『독서당서정수필』에서 사람들이 진실이라고 느낄 수 있는 것은 남성과 여성 욕망의 강렬함과 허무함이다. 그리고 이 욕망 위에서 남과 북 사이의 불균등한 문화적 상상이 구성되었다.

연지 바른 도적에 대해 상 씨가 알려준 정보는 하나의 장소로서의 홍석촌이 지닌 위협적 타자성을 강화했다. 발 경연대회와 보광의 활 솜씨 묘사에서 보았듯이, 서북 지역의 에로틱함의 중심에는 달콤한 표면 아래 위장된 위험의 느낌이 도사리고 있다. 방중술 전통에 의하면 이것은 바로 여성의 성적 유혹의 힘이다. 이 긴장은 무술 전통을 통해 예증할 수 있다. 무술을 익히는 수련생은 매력적인 소녀들일지라도 서슴지 않고 살인을 저지른다. 왕경기는 처음에 세 여자의 여성성 중에서 극히 제한적인, 남방적인 특성—작은 발—에만 주목했다. 이로 인해 그는 더욱 복잡하고 위협적인 북방의 여성성을 오판했다. 그는 자신이 위험에 빠졌던 것도 모르다가 뒤늦게야 깨닫는데 그 원인 중 일부는 이 오판에서 비롯되었다.

여자의 육체와 피부를 향한 왕경기의 욕망은 세 여자가 끊임없이 동경하는 강남의 낭만과 대비된다. 공기 같은, 상상의 색채로 가득한 이것은 북방에 대한 대항 담론으로서 그녀들이 직접 만든 강남의 에로틱함이다. 이 부인이 심생을 추억하듯이, 옥와와 소운와는 '나리의 목소리와 얼굴'을 잊지 않겠노라고 약속했다. 강남 남성들의 육체는 환상 속에서만 나타나는 존재로 축소된다. 마치 성별이 역전된 듯한 상황이었다. 남성은 감각과 욕망이 살아 있는 육체를 지니고 살지만, 사실은 육체에 의해 고통받았다. 여성은 이와 반대로 환상 속에서 살아간다. 이는 간접 경험을 통해 만들어진 마음속 이미지와 예기된 기억이 함께 빚어낸 초현실의 세계다. 심생과 왕경기의 몸은 북방의 여성들이 가보지 못했고, 앞으로도 볼 수 없는 곳으로 그녀들을 이끌어주는 육체적 통로로 사용되었다. 그녀들은 문인들의 육체에 페티시즘을 느꼈고, 그것을 유토피아적 세계의 제유提喩, synecdoche로 만들어버린다. 하지만 이는 그녀들이 다음 생에서나 만나길 바라는 것이기도 했다.

왕경기의 욕정은 눈으로 보는 즐거움에서 시작되었다. 그는 여성의 아름다운 얼굴과 신체에 사로잡혔다. 여성들의 발 크기는 미모의 척도였다. 그의 육체적 습격은 옥와의 가슴에서 시작되어 소운와의 엉덩이,

그다음은 발로 진행되었다. 더군다나 여기서 그녀의 신발을 벗겨버리기까지 했다. 왕경기는 발을 층층이 감싸며 겹쳐 신은 여성의 양말과 신발에 매혹되었다. 왕경기는 전족의 원류에 대한 글을 한 편 썼는데 그 형식과 내용은 4장에서 논의한 양신과 호응린이 주도한 전족 고증을 모방한 것이었다. 여기서 왕경기는 자신의 관찰을 덧붙인다. "(전족 띠 외에) 서북 지역 여자들은 종종 피부에 직접 닿는 속 양말軟襪을 신는데 아마 이것은 사람들이 말하는 속 신발軟鞋일 것이다. 이런 것들은 별반 중요하지 않다. 하지만 이 역시 격물格物의 하나이니 고찰해도 안 될 것은 없다."⁵⁵ 그러나 남성의 욕망이 감각의 순위에 따라 불붙는 것과 마찬가지로, 여성도 신체 부위의 개방 단계를 고수했다. 가슴은 가능하다. 발도 가능하다. 맨발은 억지로 가능할 수도 있다. 음부는 안 된다. 음부는 여성이 뛰어넘을 수 있는 규범의 한계에 있어 여전히 마지막 경계선이었다.

이어가 기능 미학에서 주장했던 것처럼, 전족한 발은 홍석촌에서 전혀 이동의 장애물이 아니었다. 우리가 보았다시피 세 여성은 3촌이 안 되는 발을 지녔다. 서생 상 씨가 말한 또 다른 여자 도적 결운아決雲兒는 "발이 2촌도 안 되었다. 가죽 신발을 신고, 달리는 말처럼 빠르게 뛰었다".⁵⁶ 뒤에 나오는 또 다른 글에서 왕경기는 전족 방식의 차이를 통해 북방의 '차이'를 보여주면서, 더 많은 민속학적 정보를 제공한다. "산시陝西, 산시山西, 허베이 소녀들은 2~3세가 되면 전족을 한다. 그들은 원래 작고 가냘픈 발을 타고나지만, 발을 활 모양으로 묶지는 않는다. 활 모양의 발을 가진 사람은 '거위 머리 발鵝頭脚'이라 비웃는다. 내가 이곳 여자들의 발이 얼마나 작은가 보니 길이로는 2.7 혹은 2.8촌에 불과하다. 발바닥은 평평하다. 궁족이라는 표현은 그야말로 (여기서는) 외국어다."[57] 앞서 보았다시피 활 모양의 발, 즉 '궁족'은 전족의 완곡한 표현 방식이었다. 왕경기가 단언한 것처럼 그 지역만의 '타고난' 신체적 특징이 존재했던 것은 아니겠지만, 그의 관찰은 전족에는 명칭이나 스타일에서 지역적 차이가 엄연히 존재했음을 알려준다.

왕경기의 책에 나오는 산시山西의 여성들은 비록 자신의 운명을 어쩌지 못했지만, 자신의 신체는 통제할 수 있었다. 왕경기가 소운와의 발을 주무를 때 그녀는 발 근육을 쇠처럼 딱딱하게 만들어서 자신의 성애적 신체에 그가 접근하는 것을 차단했다. 하지만 결국 그녀들이 곤궁한 삶에서 도피할 수 있는 환상을 제공했던 강남의 '에로틱함'은 '나리'와 유혹의 유희를 지속해야만 존재할 수 있었다. 그들 중 적어도 한 명은 오랫동안 이날을 기다리며 준비해왔다. 붉은 비단에 싸인 금덩이는 이 여성의 비밀스러운 갈망을 표현하는 물질이었다. 왕경기는 아마 금을 포장한 붉은 비단이 원래 결혼식 신발을 만드는 원단임을 알아차리지 못했을 것이다.[58] 민첩한 육체와 풍부한 상상력에도 불구하고, 이 여성 도적들에게 있어 홍석촌을 탈출할 수 있는 유일한 길은 바로 글을 아는 문인에게 시집가는 것뿐이었다.

포송령의 이곡: 사투리와 지역 불균등

이어와 왕경기 모두 특권을 누리는 강남 사람들이었다. 그들은 다퉁의 타자성, 그리고 전족에 체현된 남북 간의 차이를 민감하게 느끼고 있었다. 다퉁과 산시山西는 현지 사람이 아닌 한, 설령 북방 출신의 작가라도 색다른 분위기를 느낄 수밖에 없는 곳이다. 산둥 출신인 포송령浦松齡(1640~1715) 역시 그의 이곡俚曲 작품에서 북방의 전족 문화와 에로틱함이 내포된 독특한 시각적, 사회적 생태를 표현했다. 거의 500편의 이야기가 수록된 소설 『요재지이聊齋志異』로 잘 알려진 포송령은 다작을 했던 작가다. 그는 산문으로 된 가요의 일종인 '이곡'의 가사도 썼는데 지금은 15수만 남아 있다. 이 '이곡'들은 형식과 스타일에서 각기 모두 다르다. 이 중 3수는 희곡 형식이라 배역이 나뉘어 있다. 다른 작품들은 운문, 산문, 그리고 당시 유행하던 곡패曲牌로59 구성된 느슨한 장르다.60 산둥의 동북쪽에 있는 포송령의 고향 쯔촨淄川의 사투리가 섞인 이 이곡들은 남과 북 사이의 경쟁이나 상호 간의 환상 따위는 불러일으키지 않는 평범한 일상을 암시한다. 대신 이 작품들은 지역의 경관 속에서 세속적 물질주의와 미묘한 사회적 불균형을 시사한다. 이 속에서 전족은 그다지 특별할 것도 없지만 빠질 수 없는 경관의 일부가 되어 있었다.

다퉁 화류계의 환락과 그곳 기녀들의 미모가 바로 「증보행운곡增補幸雲曲」에 등장한다. 이는 매우 유명한 곡패다. 이 작품은 명 정덕제正德

帝의 모험에 관한 전설을 노래한 것이다. 조정의 일정에 지루함을 느낀 황제는 군관으로 변장하고 혼자 궁을 빠져나온다. 그의 목적지는 이곳이었다.

13성 중 제일가는 산시山西, 빼어난 경치의 다퉁 성城.
남자들 수려함도 비할 데 없는데 여자들 풍류는 더 빼어나, 인재들 인물이 얼마나 좋은지.
선무원宣武院의 3000명 명기들, 모두 선녀에 비길 만하네.[61]

정덕제는 다퉁의 유명한 기방인 선무원에서 석 달 동안 빈둥거리며 명기 불동심佛動心의 마음을 얻었다. 그런데 병부상서의 아들이자 무뢰배인 왕용王龍과 충돌하여 온갖 싸움을 벌인다. 결국 정덕제는 자신의 신분을 밝히고 왕용을 처형했다. 그리고 황제는 새 황후와 함께 의기양양하게 돌아왔다.

이 장편 이곡은 기본적으로 극적인 아이러니를 통해 독자의 흥미를 유지한다. 자극적인 것만 쫓는 황제는 일부러 남루한 옷을 걸치고 자신의 정체를 알아차리지 못한 사람들을 골탕 먹이기로 했다. 그는 화류계에 대해 전혀 모르는 사람인 척하며 무례한 추태를 계속 저질렀다. 무뢰한의 속물적 우월의식을 표현하며 해학적인 재미를 끌어내는 이 작품에서 언어, 의복, 신체 동작과 같은 일상생활의 구체적 상황 곳곳에 배치된 신분 차이가 과장되게 표현되어 독자를 즐겁게 한다. 전족은 이러한 목적에 맞춰서 유용한 수사적 장치로 활용되었다. 여기서 전족의 주요 기능은 이 지역 여성들 간의 신분을 구분하는 것이었다. 이어와 왕경기의 글과 달리 남과 북의 차이를 표시하는 기능은 없다.

황제가 선무원에 처음 들어오는 앞부분에 여성들 간의 경쟁을 주제로 하는 장면이 등장한다.

뭇 미인들 선녀 같은 용모, 주렴 아래 발끝 뾰족 내밀고, 때 없이 남자들을 유혹한다네.
사향과 난초 향에 이 마음 취했네. 기름 바른 머리, 분 바른 얼굴로 문 앞에 서서, 생긋 웃으며 추파를 던지네.
신선이 왔다 한들, 동부洞府도62 명산도 모두 잊어버릴 듯.63

남성의 관심을 끌기 위한 창기들의 경쟁, 그리고 남성들이 정하는 그녀들의 순위, 이 두 가지 주제는 아마 오입 그 자체만큼이나 오래되었을 것이다. 하지만 주렴 뒤에서 줄 선 여성들이 자신의 발을 주렴 밖으로 살짝 내밀고 있는 유혹적인 장면은 앞서 논의한 청말 민초 시대 발 경연대회의 기록을 예고하고 있다.

발의 미학은 다퉁 화류계 여성들 사이에 존재하는 두 종류의 경쟁에서 모두 중요한 역할을 했다. 하나는 기녀들 간의 지위를 등급화하는 것이다. 불동심은 이어가 구상한 화류세계의 기준에서도 전혀 손색없는 뛰어난 기녀였다. 그녀는 '작디작은, 딱 3촌짜리 금련'을 가지고 있는 여성으로 소개되었다. 이후에 나오는 노래에서 그녀는 움직일 때마다 온몸에서 빛나는 이미지를 남김없이 전달한다.

> 작은 누각에 올라 병사들에게 인사드리네. 한 송이 꽃 같은, 홍낭자紅娘子의 미소는 천금과 같도다.
> 위에 붉은 누비저고리, 아래에 석류꽃 무늬 녹색 비단 치마 두르고, 붉은 꽃신은 고작 반 뼘半搚일세.
> 선녀를 맞이하듯 그녀 얼굴 한번 보네. 우리 아가씨, 별도 달도 무색하구나.64

'사搚'는 산둥 방언에 있는 측량 단위로, 손을 쫙 폈을 때 엄지와 중지의 거리를 의미한다. '반사' 혹은 '반사도 안 된다'는 포송령의 이곡에 반복해서 등장하는 표현이다. 이는 '3촌 금련'을 설명하는 이 지역 특유의 표현이다. 다퉁 화류계에서 불동심은 최고 등급에 속했다. 우아한 곤곡崑曲 솜씨로 손님을 즐겁게 하는 그녀의 능력이 그 이유 중 하나였다. 그 밑에는 한 단계 낮은 계급이 있었다. 어느 주막 관리인이 정덕제에게 말한 것처럼, "생긴 것은 아주 예쁘지만" "아래 바닥이 좀 무거운底板沉些" 한 등급 낮은 기녀를 부르면 돈을 아낄 수 있었다. "아래 바닥이 무겁다"란 지역에서 사용하는 속어로 "발이 좀 크다"는 의미다.65

전족은 크기도 중요했지만, 관건은 날렵하고도 사람들의 취향을 만족시킬 수 있는 정교한 자태에 있었다. 전족은 이를 기준으로 창기들 사이에서 또 다른 구분 짓기의 역할을 했고 고급 기녀와 여종을 구분했다. 이는 이어의 기능 미학을 연상시킨다. 초라한 행색의 군인 정덕제를 접대하기가 내키지 않았던 불동심은 처음에는 그녀의 여종 금둔金墩을 대신 보냈다. 금둔은 큰 발로 누각에 올랐다. "무거운 발걸음 다음에는 가벼운 발걸음, 마음속은 궁리 중, 다리는 허둥지둥." 그녀는 정덕제 앞으로 와서 예를 표하려다 발을 헛디뎌 넘어지고 말았다. 정덕제가 고개를 들었을 때 눈에 보이는 것은 "가늘고 빛나는 금련, 족히 반 척尺은 되겠네. 콧구멍은 부뚜막 위에 달린 굴뚝 같구나." 하지만 진짜 그녀의 정체가 들통나버린 것은 옷 때문이었다.

낡은 저고리로 조끼 만들어, 기운 자국에 흰 실 자국 가득.
밤색 무명치마 팽팽하게 부풀고, 손수건은 낡아서 색이 바랬네.
자주색 무명 신발에 꽃을 꽂고, 틀어올린 머리 대추 씨보다 작아라.66

그 뒤를 이어 올라온 여종 옥좌玉座 역시 황제를 만족시키지 못했다. 그녀는 "매화 향기梅香를 떨쳐버리지 못한 채 두 다리를 쫙 벌리고 마치 말이 말굽을 들고 나귀가 여물통을 차듯 성큼성큼 올라왔기" 때문이다.67 '매화 향기'란 하녀를 의미한다. 현대인들의 예상과는 달리, 그 당시 뛸 수 있는 능력은 자유로움이 아닌 신분의 천함을 상징했다. 물론 발 크기는 중요하다. 하지만 더 미묘한 기준은 걸음걸이와 신발 재료가 우아한가에 있었다. 이는 여종과 주인의 차이를 표시한다. 그들의 이름에 암시된 이 하녀들의 투박함은 그들의 비천한 출신을 드러내고 그들이 낮은 신분으로 살아갈 운명임을 결정지었다. 또 다른 이곡 작품에 산둥의 헐후어歇後語인 "소랍매小臘梅가 발을 싸매다"라는 표현이 나온다. 소랍매 역시 여종을 지칭한다. 즉 여종이 전족하는 것은 드물지 않으나 이것이 결코 진지하게 받아들여지지 않는다고 암시하는 것이다. 현지인들은 이 말의 의미를 이해할 수 있다. "살덩어리, 살덩어리, 그게 다야."[68]

두 종류의 여성 노동

또 다른 이곡 「부귀신선富貴神仙」은 네 가지 요소에 있어 마치 20여 년 뒤 왕경기의 여행을 예언하거나 그의 여행에 각본을 써준 듯하다. 첫째, 곤란함을 겪고 있는 서생이 서쪽으로 여행을 떠난다. 둘째, 여자들만 있는 낯선 집을 피난처로 삼는다. 셋째, 전족을 한 미인의 유혹이 있다. 넷째, 육욕으로 도발된 만남은 결말에서 마침내 환상이나 기만임이 밝혀진다. 「부귀신선」의 주인공 장홍점張鴻漸은 소송을 피해 타향으로 멀리 도망갔다가 사람의 모습을 한 여우 시순화施舜華를 만난다. 시순화는 장홍점을 구제해주고 그와 5년간 부부로 살았다. 장홍점이 고향을 그리워하자 시순화는 그를 본처에게 돌려보낸다. 하지만 장홍점은 집에 돌아온 뒤 어느 무뢰한을 살해하여 옥에 갇힌다. 시순화는 요술을 부려 다시 그를 구해내서 산시山西의 어느 곳으로 보냈다. 이후 여러 고난을 거쳐 장홍점은 과거시험장에서 아들과 재회했고 부자 모두 급제하여 금의환향한다.

이어는 기능 미학에서 '부담累'과 '효용用'의 구분을 제시했다. 이러한 논리를 적용하면 이 작품에서 전족은 세 번째 종류의 여성 차이를 표상한다고 할 수 있다. 즉 여우인 시순화와 장홍점의 아내 사이의 차이다. 만약 여성의 섹슈얼리티를 '요부'형과 '열녀'형으로 나눈다면, 전족의 '효용'은 감각의 도발적 자극과 육체의 경제적 생산성, 이 두 가지의 노동 영역으로 나뉜다고 할 수 있다. 시순화의 도발적인 매력은 그녀의 전족에 표현된다. 이는 다퉁 기녀들에 대한 표현 방식과 굉장히 비슷하다. 그녀가 처음 등장했을 때 장홍점이 본 것은 이러했다.

가인의 용모, 하늘에서 내려온 선녀 같은데, 좋은 나이 열여덟 청춘.
살구색 노란 적삼 입고, 나른한 허리는 소만小蠻에 버금가네.
펄럭이는 긴 치마, 작은 금련 한 쌍
발 한번 디디면, 머리 위 은꽃 흔들려
걸을 수 있는 한 송이 백모란, 그 얼굴 그림에서 본 듯하네.(강조는 필자)[69]

(소만은 당의 시인 백거이白居易의 첩이다. 그녀의 가는 허리를 백거이가 시 속에서 읊어 매우 유명해졌다.)

이후에 장홍점이 침대에 앉아 책을 읽을 때 시순화가 그를 유혹하러 왔다. 그녀는 걸을 때 소리를 내며 자신의 존재를 알렸다.

홀연히 들리는 옥 귀걸이 딩딩 소리, 마치 주렴 고리 움직이는 듯.
누군가 방으로 들어오는데, 굽 높은 신발이 살짝 내딛는 소리만 들리네.

뒤에 나오는 장홍점 구조 장면에서는 시순화의 민첩한 동작이 묘사되었다. 그녀는 장홍점이 감옥으로 압송될 때 등장했다. 두 명의 포졸로부터 그를 낚아채고는 노새에 올라타 장홍점을 뒤에 태웠다. "그 낭자는 치마를 걷고 작은 발을 들어올려 등자를 디디고 먼저 안장 위에 올랐다."[70] 반면 장홍점의 본처인 방方 씨는 정숙한 아내에 매우 부합하는 정적인 이미지였다. 그녀의 가정적 성향은 전족의 두 번째 기능인 '경제적 생산성'을 통해 드러난다. 그녀는 오랫동안 실종되었던 남편을 봤을 때 "털썩 소리를 내며 (바느질 중이던) 꽃신을 손에서 떨어뜨렸다". "들리는 것이라고는 그녀의 금련이 급히 내딛는 소리뿐."[71] 아내와 '여우' 모두 전족을 했지만, 그 자체는 중요하지 않다. 문제는 그들전족의 용도, 즉 그들의 전족이 어떻게 여성의 사회적 역할과 지위에서의 미묘한 차이를 구분하기 위해 활용되는가 하는 것이었다. 「증보행운곡」에서도 여성 노동의 차이를 비슷한 방식으로 다룬 대목이 있다. 여기서 정덕제는 속임수에 걸려들어 기방이 아닌 양로원에 가게 된다. 그곳에서 늙은 여자들이 면사를 뽑아내고, 신발 바닥을 만들고, 구멍 난

옷을 깁고 있었다.[72] 포송령의 이곡에서 요부의 에로틱한 육체는 유행하는 의복의 소비와 관련되어 있지만, 가정적 여성의 생산적 신체는 재봉 노동과 연계된다. 또한 후자에서 여성 노동의 계급성은 바느질하고 있는 재료를 통해 표현된다. 본처는 가정에서 신발을 만들고 수를 놓았다. 당국의 구호 아래 있는 빈한한 계층의 여성들은 양로원에서 함께 면사를 짜고 낡은 옷을 기웠다.

여성 육체의 일상적인 물질성

포송룡은 여성의 신체, 기능, 지위의 불균등성을 보여주는 표지로 전족을 활용한다. 하지만 아마 의도적으로 전족을 주목하지는 않았을 것이다. 「부귀신선」은 『요재지이』에 수록된 고사 「장홍점」을 개작한 것인데 원전에서는 전족이 전혀 언급되지 않았다. 시순화의 미모는 단지 '미인麗人'이라는 글자로 표현되었고, 그녀의 뛰어난 능력은 장홍점을 거듭 구원하는 그녀의 충절로 드러난다.[73] 이 이야기는 길지만, 구도가 매우 긴밀하게 짜여 있어 주변적인 세부 묘사나 수사적인 미사여구를 거의 찾아볼 수 없다. 『요재지이』의 「장홍점」을 원작으로 하고 있는 이 곡이 하나 더 있는데 「마난곡磨難曲」이라 한다. 이 작품은 더 독특하다. 이 작품의 길이는 「부귀신선」의 두 배다. 하지만 여기서도 전족은 지극히 형식적으로 잠깐 언급되는 데 그친다. 길이가 훨씬 더 짧은 「부귀신선」에서 전족이 빈번하게 묘사된 것과 대조적이다. 이는 두 작품 사이의 장르와 주제의 차이 때문일 것이다. 「마난곡」은 3종의 정해진 역할, 즉 생生(남성 주인공), 단旦(여성 주인공), 축丑(익살꾼)을 염두에 두고쓴 희곡이다. 플롯 역시 극적인 긴장으로 가득하고, 이야기를 들려주기보다는 대사와 행위로 작품의 긴장을 유지한다. 특히 「마난곡」은 여우 이야기라기보다는 서생의 이야기에 가깝다. 장홍점의 인생 드라마는 화북에 있는 그의 빈곤한 고향에서 시작된다. 이후 29회에서 30회까지 그의 관료로서의 경력과 무공이 집중적으로 묘사된다. 이러한 남성 위주의 고사에서는 여성 전족의 유혹이 이야기에 방해라도 된다는듯, 포송령은 시순화가 그를 유혹하는 장면, 그를 구하여 노새에 태우는 장면, 방씨 부인이 남편을 맞이하는 장면 등 「부귀신선」에서 전족이 언급된 부분을 「마난곡」에서는 모조리 삭제해버렸다.

소설 『요재지이』의 「장홍점」에서 전족이 언급되지 않은 것을 보면, 어쩌면 포송령의 세계에서 전족은 몹시 흔해, 전족을 통해 예외적인 아름다움 혹은 품성을 드러낼 필요가 없었는지도 모른다. 「마난곡」에서의 전족에 대한 형식적인 묘사는 이러한 인상을 더욱 강화한다. 주디스 자이틀린은 『요재지이』 고사에 관한 그녀의 뛰어난 연구에서 다음과 같이 관찰한 바 있다. "전족한 발은 비록 사람이 만든 페티시이지만, 제국 후기의 중국에서는 이것이 에로틱한 상상이 머무는 곳이 되었을 뿐 아니라 진정한 여성성의 자연스러운 절대 불변의 증거로 전환되어갔다."[74] 지역적 배경 속에서, 일종의 사실적 존재로서의 전족은 이곡에서 특히 강조되었다. 이곡에서 전족은 대부분 여성 육체와 여성 노동의 물질성을 설명하기 위해 언급되었다. 그 결과 전족은 에로틱한 색채가 그다지 강하지 않은 평범하고 일상적인 모습으로 등장한다.[75]

『요재지이』에 수록된 고사와 이를 개편한 이곡 사이의 차이는 효녀 상삼관商三官의 이야기에서 단적으로 증명된다. 그녀는 부친의 원수를 갚기 위해 남장을 하고는 이옥李玉이라는 가명으로 원수에게 접근했다. 그녀는 결국 원수를 죽이고 자살한다. 『요재지이』에서는 마지막 부분에서 사람들이 그녀의 성별을 알게 되는 과정을 서술했다. "사람들이 이옥의 시신을 정원으로 옮겼는데 양말과 신발이 왠지 텅 빈 게 허전해 보였다. 그것들을 벗겨보았더니 갈고리같이 생긴 하얀 신발이 있었다. 그는 여자였다." 동일한 내용이 이곡 「한삼곡寒森曲」에도 있다. 그런데 이곡에서는 그녀의 육체를 감싸고 있는 물질적인 것들에 지나치게 관심을 집중했다. "지현이 일어나서 다시 검시하러 갔다. 사람을 불러 신발을 벗기자 그 안에서 솜덩어리가 잔뜩 나왔다. 그러고는 드디어 한 쌍의 금련이 드러났다. 그녀는 청색 도포를 걸치고 두 다리는 털 양말로 감쌌다. 신발 속은 온통 솜덩어리로 가득했다. 온몸을 끈으로 동여맸는데 가죽끈으로 허리를 조이고 상반신에는 가죽으로 된 칼집을 차고 있었다." 그녀의 몸에 걸친 잡다한 물건들을 상세히 묘사하면서 두드러지는 것은 바로 전족의 일상성이었다. 소설 『요재지이』에서는 상삼관의 양말과 신발을 벗겨버린 것, 즉 전통적인 금기였던 이 행위가 남성 독자들을 환상으로 이끌었는지도 모른다. 하지만 이곡 「한삼곡」

에서는 신발을 벗기자 그 속에서 쏟아져 나온 솜덩어리가 이들의 상상을 여성들의 무미건조한 방직 노동으로 되돌려버렸다. 털이 일어난 솜덩어리, 구식 도포, 털양말, 그리고 가죽으로 된 허리끈, 이 모두가 그녀의 몸을 더 육중하게 보이도록 했다. 그리고 독자들에게 이 육체는 생산 노동을 위한 것이지 욕정을 일으키기 위한 것이 아님을 일깨운다.[76]

청대 초기 산둥의 창부, 아내, 그리고 종종 여종에게도 전족은 따분하고 일상적인 행위였다. 이는 이곡 「금슬락琴瑟樂」에서 가장 뚜렷이 표현되어 있다. 여기서 전족은 여성들이 하는 몸치장의 일부이자, 사회적 교제의 수단으로 간주되었다. 신부가 일인칭 시점으로 부르는 노래와 독백은 이 15편 이곡 전체에서 가장 야하고 자극적이다. 여기서는 그녀의 결혼 전과 혼례가 진행되는 도중, 그리고 결혼 이후의 심리 상태를 서술한다. 하지만 이런 자극적인 노래에서도 포송령은 전족에 함축된 성적 의미를 다 파헤치려고 하지 않았다. 예를 들어 첫날밤 장면에서 이 신혼부부의 전희를 다음과 같이 노래한다.

내가 말하는 그 사람, 나이는 젊은데 하필 노안이라네.
함께 자면서 봐주지 않고, 내 얼굴을 만졌다가 내 발을 만졌다가.
온갖 방법으로 장난치다가, 내 볼을 가볍게 깨무네.
내 손이 잠깐 느슨해지자, 바지 끈 진작 풀어버리네.[77]

전족을 애무하는 것은 상당히 깊은 단계의 성적 희롱이다. 「증보행운

344

곡」에서 전족이 욕정을 암시하는 유일한 에피소드는 정덕제가 그에게 우물에서 물을 길어주었던 작은 발의 여종을 희롱하는 장면이다. 그는 "손을 뻗어서 그녀의 발끝을 비틀었다".78 하지만 「금슬락」에서 발에 대한 희롱은 이것으로 끝나버린다. 이어지는 노래에서는 신부의 성적 환상도, 신랑의 성적 행동도 발과는 관련이 없는 것으로 묘사되었다.

그 대신 이 「금슬락」에서 전족은 제대로 꾸민 여성의 치장 중에서 핵심적인 부분으로 종종 등장한다. 예비 신부는 다음과 같이 노래한다.

시어머니가 내 선을 보러 오신다 하니, 머리 다시 빗고 발도 싸매야겠네. 연지 바르고, 분 바르고 꽃도 꽂고, 다 싸매고 꽂고 나니 한 송이 꽃이로구나.

머리 빗기와 발 싸매기는 빠르게 몸 전체를 단정하게 꾸미는 기술이었다. 신혼 첫날밤을 보내고 이튿날 아침에 일어나 스스로 단장할 때도 그녀는 같은 정도의 민감성을 표현한다. 정신없던 와중에 침대에서 내려온 그녀는 팔다리에 여전히 힘이 없자 어쩔 줄 모른다.

내 정신이 어디로 가버렸지, 어떻게 머리 빗고 발을 싸매지? 억지로 기운을 내어 화장대 앞에 앉아, 머리칼을 왼쪽 오른쪽으로 빗어 봐도 정리가 안 되네.79

머리와 화장을 손질하고 전족을 다시 단단하게 묶는 것은 흐트러진 상태를 다시 가다듬는 질서이자 자신을 통제하는 행위였다.

'찰과扎裹'(묶고 싸맨다는 의미, 扎挂라고도 함)라는 용어는 산둥 방언으로 신체의 일상적 관리와 이것의 사회적 이미지를 지칭한다. 남녀 모두에게 사용할 수 있다.[80] 이는 개인적 위생의 중요성뿐 아니라 몸단장의 사회적 의미도 암시하고 있다. 일시적인 환락에 지나친 관심을 보였던 남성 감상가들과는 대조적으로, 포송령의 이곡에서 자주 등장하는 '찰과'는 몸 자체에 대한 관점, 특히 여성의 관점을 시사한다. 몸은 물리적 존재와 물질적 형태를 지니고 있다. 그리고 전족 행위는 부지런한 유지 관리가 요구된다. 전족을 제대로 하는 것은 여성이 세상에 자신을 드러내는 데 있어 핵심적인 부분이었다. 더 나아가서 '찰과'는 스스로에 대한 자긍심과 사회적 교제의 중요성에 대한 존중을 내포하고 있다. 그래서 그것은 여성의 도덕적 안목과 가치를 측정하는 지표가 될 수도 있다.

'찰과'의 도덕적 의미는 「고부곡姑婦曲」에서 두 명의 주인공이 주고받는 대화에서 여실히 드러난다. 이는 효성스러운 젊은 며느리 산호珊瑚와 사나운 시어머니의 이야기다. 어느 날 이른 아침 산호가 사나운 시어머니에게 문안을 오자 시어머니는 그녀를 훑어보고는 곧 욕을 했다. "요물妖精처럼 동여맸구먼扎卦!" '요물'이란 종종 요부의 의미로 쓰이며 여기서는 몸치장이 선을 넘었다고 야단치는 표현이었다. 그날부터 "산호는 일어나서 한결같이 머리를 아름답게도, 지저분하지도 않게 다듬고, 더럽지도 깨끗하지도 않은 옷을 걸치고, 새것도 아니고 낡지도 않은 신발을 신고 시어머니를 모셨다".[81] 눈에 띄는 옷을 입는 것보다 더 어려운 선택이었던 절제된 복식은 그녀의 도덕적 용기를 드러낸다. 특히 새것도 아니지만 낡지도 않은 한 켤레의 신발은 자신의 몸과 외부에 비치는 자신의 이미지에 대한 계산된 통제를 암시한다.

교환되는 징표들

전족과 관련된 각종 물품은 여성에게 있어서 일상적인 치장 도구이기도 하지만 또한 여성과 그녀가 속한 세계 사이를 중개해주는 매개체이기도 했다. 그 물건들이 경제적, 의례적, 감성적 교환에서 징표로 사용되었기 때문이다. 이곡 「양투주禳妒呪」에서 지방관 이지부李知府는 중매가 성사되면 매파 왕 여인에게 답례품을 주기로 했다. "(그는) 내게 전족용 천을 반 척尺만큼 찢어서裂 주겠다고 약속했어. 내가 가서 혼담을 넣어보고, 만약 성사되면 천을 한 피륙 받아서 일부는 찢어서 발을 싸매야겠다. 그래도 신발 한 켤레 지을 만큼은 남을 거야."[82] 전족은 이미 보편적 관습이 되었다. 심지어 전족 띠가 상업활동에서 거래되는 일종의 화폐로 사용되기도 했다. '찢다裂'라는 동사를 보면, 거의 언급된 적이 없었던 이 내밀한 여성 몸단장 용품인 전족 띠는 아마 평직으로 짠 면임을 짐작할 수 있다. 이런 천은 가위로 자르는 것보다 찢는 게 모양이 더 제대로 잡히기 때문이다. 하지만 '반 척짜리 천'의 의미는 이중적이다. '반 척' 길이의 천으로는 전족하기에 충분하지 않기 때문에 이는 아마 넓이를 지칭하는 것 같다.[83] 전족 띠는 신발 안쪽 밑창을 교환할 때도 물론 필요했고, 앞에서 '몸단장으로서의 전족'을 논의할 때 강조했던 일상적인 유지 관리를 상기시키는 물건이다. 작은 발은 이어와 왕경기가 보여준 것처럼 남성에게는 확실히 욕망을 불러일으키는 화려한 대상일 수 있다. 하지만 전족을 한 채 돌아다녀야 하는 여성들이 정작 신경 써야 하는 것은 신체와 신발의 물질성이었다.

전족 용품은 여성의 손에서 나오는 수공예품 중 극히 일부에 불과했다. 여성들에게 손으로 짠 직물은 상업적 교환뿐 아니라 다른 사회관계와 가족관계를 중개하는 역할을 했다. 또 다른 이곡 「번염앙翻艶秧」에 나오는 범혜낭范慧娘이라는 여성은 산시陝西의 유명한 학자 관료 가문 출신의 신부였다. 그녀는 시댁인 구仇 씨 집을 처음 방문해 시어머니와 시누이에게 선물을 바친다. "큰시누는 그녀와 함께 앉아 있었다. (혜낭의) 여종이 선물을 들고 와서 바쳤다. 시어머니께는 꽃신, 베개 끝枕頂, 주단尺頭 네 필端을 드렸고 시누이에게는 꽃신, 베개 끝, 주단 두 필을 드렸다."[84] 북방 지역의 일반적인 베개는 길쭉한 직사각형 상자 모양을 하고 있다. 양쪽 끝에 장식을 위해 7인치 정도 길이의 수놓은 사각형 천을 대는데 이를 '베개 끝枕頂'이라 한다. 이는 주로 붉은 주단으로 만들고 여기에 꽃, 나비, 희고 통통한 아기 혹은 연극에 나오는 인물 등을 수놓는다. 이것들은 행복하고 풍요로운 결혼생활을 꿈꾸는 젊은 여성들의 소망을 표현하는 것이다. 꽃신과 베개 끝 모두 규방의 관능적 즐거움을 조심스럽게 암시한다. 구 씨 시댁 식구들은 혼수를 맞이할 때 진행하는 요란한 환영 행사는 생략했지만, 이런 물품들은 시댁 여성 구성원들에게 전달되는 전형적인 혼수였고 신부의 바느질 솜씨를 구체적이면서 은근하게 보여줄 수 있는 것이므로 큰시누가 대표로 이것들을 받았다.

하지만 그들은 주단에 관해서는 미묘한 협상을 벌였다. 구 씨 집안은 원래 가족 농장을 운영하는 소지주였다. 그들은 소작을 줄 정도로 여유가 있었으나 가장인 구중仇仲이 강도에게 납치된 후 집안 전체가 어려움을 겪고 있었다. 뛰어난 수재였던 구 씨 집안의 둘째 아들을 눈여겨본 혜낭의 부친이 그를 데릴사위로 맞이한 것이다. 구 씨 여성들은 두 집안의 계층 차이에 매우 민감하게 반응했다.

큰시누가 말했다. 포목은 받을 수가 없네……
우리 집안은 자네에게 물 한 잔도 떠다주지 않았네.
내 동생이 사돈댁에 가서 폐를 많이 끼쳤는데,
이를 받으면 어머니 마음이 편치 않을 것이야.
가지고 가서 어머니께 보여드리게.
뭐라 하시는가 보게.

시어머니는 딸과 말을 맞춘 듯했다. "거꾸로 되었소! 아들놈이 댁 부모님께 이러한 폐를 끼치다니?" 어머니와 딸 모두 교환에 있어서 불균형, 혹은 뒤집힌 흐름을 의식하고 있었다. 그들은 원래 신부의 선물을 받는 것이 마땅했다. 단 그들이 이를 감당할 수 있을 때만 그러했다.

혜낭은 선물을 물리려고 하지 않았다.

저희 아버지께서 말씀하시길, 두 필의 주단과 두 필의 무명으로
어머님 옷을 지어 입으시라 합니다.
제가 어찌 그것을 다시 가지고 가겠습니까.
다시 가져가면 제가 부모님께 욕을 먹습니다.
이건 무슨 좋은 물건도 아닙니다.
가지고 돌아가시라는 말씀 절대로 따를 수 없습니다.

결국 혜낭의 효성스럽고 겸손한 언사는 시어머니를 설득시켰다. 하지만 큰시누는 여전히 거절한다. "어머니는 받으셔도 되겠지만 나는 절대로 받을 수 없네." 혜낭은 이번에는 도덕경제학의 수사학으로 전략을 바꾼다. "형님, 받으세요. 앞으로 형님께 도움받을 일이 많습니다."[85] 이후에 불평등한 교환이 조정될 것이라는 약속을 하자 큰시누는 이를 받아들인다.

이후 혜낭은 소작인 아내客家老婆子 모두에게 각각 붉은 비단 3척과 돈 200전을 통 크게 돌렸다. 이들은 지주댁에서 일을 도와주는 사람들이었다. 그들은 모두 달려와서 그녀에게 머리를 조아리며 감사를 표

했다.[86] 이 장면에서 시어머니에게 선사한 네 필의 주단은 후한 선물이지만 엄격하게 말해 불필요한 것이었다는 인상을 받는다. 이 분에 넘치는 선물은 원래 쌍방 간에 존재하는 명백한 경제적 차이를 상징한다. 하지만 한바탕 실랑이를 거쳐 이는 서로 간에 마음을 표시하는 선물이 되었다. 이는 미래에 상환을 약속하는 상호 호혜적인 것이었다. 선물은 부모님이 준비한 것이라는 혜낭의 답변에도 불구하고, 새색시와 시댁 여성 구성원들 사이에 진행된 이 물질과 감정의 교환은 여성들만의 사적인 일에 속했다.[87] 신발과 베개 끝과 같은 완성된 물품, 그리고 자르지 않은 원단으로 구성된 선물을 둘러싸고 벌어진 이 협상은 여성들을 생산-소비에 연결된 상호 노동의 상징 회로 속에 밀어넣었다.

즉 포송령의 이곡에서는 다퉁 기녀의 이미지, 북방과 서북방의 에로틱함, 그리고 서쪽으로의 여행, 이 세 가지 주제가 모두 육체노동과 일상적인 물질성, 이 두 축을 따라 전개되고 있다. 평민 남녀의 육체와 관련 사물에 주의를 집중했던 포송령은 이어나 왕경기와는 전혀 다른, 에로틱하지 않은 전족의 이면을 전달한다. 비록 남성 문인이 쓰기는 했지만, 이 작품들은 청대 초기에 전족이 안기는 부담과 효용을 여성의 시각에 밀착해서 보여주고 있다. 전족의 효용은 이어와 왕경기가 주목했던 관능적 유혹의 범주를 훨씬 뛰어넘는 것이었다. 이는 여성들에게 '타고난 그대로의' 여성적 정체성을 부여했고 자아 재현을 위한 매개체 역할을 했다. 그리고 그들의 삶을 둘러싸고 있는 사회적 계층 차이와 불균형을 협상하는 수단이 되기도 했다. 전족에 에로틱한 요소가 포함되어 있음은 부인할 수 없지만, 이는 여성 자신의 여러 관심사, 즉 예절, 몸단장, 그리고 자신의 육체와 관련된 일상사들과 나란히 공존한다. 그래서 포송령의 이곡은 남성 작가의 담론과 수사이기는 하지만, 전족 여성들의 세계로 향하는 창문을 열어젖힌 셈이다. 이를 통해 우리는 여성들이 자신의 육체를 통해 생산하고 소비했던 사물, 그리고 이 사물들의 밀도와 질감으로 구성한 삼라만상의 세계를 엿볼 수 있다.

유행, 지위, 그리고 여성의 불안

포송령의 이곡들은 경제적 불균등의 세계에 살고 있는 여성들의 강렬한 불안, 그리고 이에 수반되는 신분의식도 기록하고 있다.[88] 이어는 여성을 감식하는 데 있어 감상자의 안목을 중시했고 왕경기 역시 여행기에서 이러한 면모를 보였다. 이 시대의 환경 속에서 '시각성'이 점점 중시되고 있었던 것이다. 특히 의복은 개인적인 즐거움을 가져다줄 뿐아니라 신분의 등급, 성별 정체성과 관련한 사회적 협상을 위한 매개체가 되었다. 시각 지향적인 사회에서 여성 육체의 외피, 특히 제대로 묶은 전족은 '사회적 피부'로서의 의미를 획득한다. 이는 자아와 타자의 경계, 그리고 사회 계층 간의 경계 역할을 한다. 역사학자 기시모토 미오는 명청 시기의 사회적 상호작용에 있어서 감각적인, 특히 시각적인 방식이 점점 증가하는 것에 주목했다. 그는 이 시기 사회에 스며들어 있는 사회적 불균등함에 대한 본능적 인지를 '신분 감각'이라고 칭했다. 일상의 삶은 불안으로 가득하게 되었다. 의복, 탈것, 칭호 등 일상의 면모들이 사회적 차이를 표상할 뿐 아니라, 반대로 일상 자체가 차이를 구성하기 때문이다.[89]

신분에 대한 불안은 남성과 여성에게 각기 다르게 영향을 미친다. 물론 길 위의 서생, 소지주, 궁핍한 상인 모두 각자의 고뇌와 선망을 갖고 있었다. 하지만 사회적 불균등은 여성에게 더욱 체감적인 영향을 미쳤는데 그 이유는 이것이 그들의 신체에 새겨져 있어 모든 사람이 볼 수 있었기 때문이다. 그들은 본인이 이상적인 신붓감, 현숙한 규수, 혹은 명문 출신임을 보여주기 위해 끊임없이 자신을 사람들의 감시 대상으로 만들었다. 이 때문에 이어와 포송령은 자신들의 글에서 종종 '평가하다相'는 동사를 사용한다. 시각적 정보로 충만한 시대에, 자신을 '꽉 묶는 것(찰과扎裹)'은 여성이 해야 하는 임무였다. 여기에는 옷매무새를 단정히 하고, 행동거지를 올바로 하는 것, 그리고 신분에 부합할 것 등이 포함된다. 여성의 몸치장과 자아 표현의 기회는 그래서 어두운 그늘을 동반한다. 즉 시각적 검열과 의복의 정확성에 깃든 억압을 피할 수 없다는 것이다.

이 시대에는 사회적 신분 상승의 기회도 있었지만, 한편 타인의 시선에 노출되는 것에 대한 두려움도 있었다. 이 두 가지는 자아 현시에 대한 불안으로 귀결되었다. 포송령의 독자들에게 '가면증후군impostor syndrome'은 분명 익숙한 현상일 것이다.[90] 그의 이곡에서는 못생긴 발을 가지고 농담하는 장면이 종종 나온다. 이것이 아마 모두를 웃길 수 있는 가장 쉬운 방법 중 하나였던 것 같다. 정말로 큰 발, 아예 전족을 하지 않은 발은 잘못 전족을 한 발보다 해학적인 효과가 훨씬 덜하다. 잘못 전족을 한 발을 가진 사람을 지칭하는 명칭도 잔뜩 나온다. '반만 묶은 발半攬子脚' '반만 난간을 두른 발半欄脚' '약간 악취 나는 뼈小歪辣骨' 등. 속어로 이루어진 이러한 명칭의 글자 자체의 의미보다 더 중요한 것은 그것들을 발음할 때 나는 거칠고 비웃는 듯한 음조였다. 이외에 노골적인 농담도 나온다. 앞서 여주인으로 위장하려 했던 '금둔'과 '옥좌'의 예에서, 포송령이 이 형편없는 전족을 지닌 여자들의 말 같고 노새 같은 빠른 발걸음에 초점을 맞춘 것을 봤다. 이와 관련된 불평도 많은데, 이 중 여자들이 이렇게 걸을 때 나는 소리를 흉내내는 것도 있다. 이들이 걸을 때면 '줘다-줘다啄打啄打'라는 무시무시한 소리가 난다는 것이다. 더 나쁜 것은 못생긴 발이 낭비까지 한다는 눈총이다. 그래서 어느 남편은 자신의 사나운 아내를 이렇게 조롱했다. "너에게는 저고리도, 바지도 필요가 없는데 신발에는 옷감이 3척이나 필요하구나."[91]

매혹적인 유행에 대한 욕망과 초라함을 드러내는 두려움, 이 두 가지 모두 여성들이 사원에 향을 바치러 갈 때 왜 그렇게 정성스럽게 준비를 했는지 설명한다. 향을 사르기 위해 사원을 방문하는 행사는 규방 여성들이 공개적으로 자신을 드러낼 수 있는 얼마 안 되는 구실 중 하나였다. 어느 이곡에서 대갓집에서 일하는 한 요리사는 아내의 치장에 자부심을 드러낸다. "내가 매일 주인댁에서 받는 음식과 돈만 해도 넉넉하게 쓰고 살 만하거든. 그래서 마누라한테 새빨간 저고리, 연녹색 면바지를 해줬지. 그렇게 단장해보니 꼭 알록달록한 비둘기 같은 거야. 사람들이 모두 예쁘다고 하더라고. 어제는 향을 사르러 가겠다는데 신발이 없어서 내가 기름 한 근 팔아서 그걸로 삼릉三綾 반 척을 끊어줬지. 또 생강 한 근, 후추 반 근으로 술 달린 비단 끈(구사대자扣絲帶子)을 바꿔왔지. 이거 모두 내가 주인댁에서 번 거 아니겠어?" 이른바 '구사대자'란 아마 양쪽에 술이 달린 넓은 폭의 끈을 의미할 것이다. 좀 긴 것은 치마끈으로 사용되기도 한다. 하지만 여기서는 신발 바로 뒤에 이것을 언급한 것을 보면 아마 대님을 의미하는 듯하다. 북방 여성들은 조금 짧은 대님으로 발과 뒤꿈치 부분을 묶어서 활 모양의 전족 신발을 돋보이게 했다.92

한껏 모양을 내고 절에 가는 아내들의 이미지는 시각 문화가 성행하던 시대와 매우 잘 어울렸다. 그래서 다른 지역의 민간 가요에서도 이것이 반복해서 등장한다. 포송령의 북방 지역 가요에서 드러난 유동적 사회의 성별과 신분 경계에 관한 불안은 17세기 강남의 오吳 방언 지역 가요에서도 똑같이 표현되어 있다. 남방에서도 전족을 잘못한 여자는 아예 발을 싸맨 적이 없는 여자보다 더 맹렬하게 조롱당했다. 실패한 신분 상승이라는 망령은 무엇보다 치명적이었다. 왜냐하면 그런 경우가 너무 흔했기 때문이다. 「시골 어멈이 보살을 경배하러 가네鄕下媽媽要去敬菩薩」라는 제목의 가요는 그 전형적인 예를 보여준다. 노래는 표준적인 서사 패턴에 따라 머리단장에 대한 묘사부터 시작하여 아래쪽으로 내려가 신발과 걸음걸이에서 끝을 맺는다.

동쪽 이웃에게 전족 띠 빌리고
서쪽 이웃에게 양말을 빌렸네.
녹색 굽의 새빨간 신발
걸어보네. 또각또각.

노래에 나오는 이 여성은 그 후 돌이 깔린 길을 걸어가다가 미끄러져서 행인들의 웃음거리가 되었다.[93] 새로 맞춘 전족 띠는 몸단장의 표준적인 필수품이었고 이는 앞서 강조했던 '찰과'의 요구에 부응하는 것이었다.

이러한 주제에 부합하는 또 하나의 예로 이보다 다소 앞선 시대에 나온 「향 사르는 여인燒香娘娘」이라는 화려한 노래를 들 수 있다. 이 작품은 쑤저우 출신의 작가 풍몽룡馮夢龍(1574~1646)이 편찬한 17세기의 민간 가요집 『산가山歌』에 수록되어 있다.[94] 이 장편 가요는 다소 독특한 요소를 지니고 있다. 여기서 묘사한 참배 행위는 일반적인 것과는 다르다. 여기서 어느 상인 집안의 아내는 성내에 살다 향을 사르러 사원이 있는 시골로 나들이를 가게 되었다. 유행을 선도하는 그녀는 노래

속에서 풍자의 대상이기보다는 패션을 과시하는 역할을 맡았다. 어느 봄날 아침 나들이를 가고 싶어 안달 난 아내는 충룽彎隆산에 있는 관음묘에 가서 향을 바칠 계획을 세웠다. 작품 서두에서 도시와 시골 간의 대비가 강조되었다. "시골 사람들은 그저 순박한데, 도시 사람들은 굉장히 경솔하고 난폭하지." 이 "경솔하고 난폭함"은 시아버지에 대한 그녀의 무례한 태도에서 가장 먼저 드러난다. 그녀가 몇 가지 장식과 옷을 장만하려 했는데 시아버지가 이에 반대했다. 그러자 그녀는 시부를 욕하고 때리려 위협했다. 하지만 당시 집안의 사업은 악화 일로였다. 창고의 쌀이 떨어지려 했고 집도 수리를 해야 하는 상황이었다. 광분하던 그녀는 두 이웃의 옷장에서 이것저것 빌려와 이것들을 합쳐서 멋을 내려는 계획을 세운다. 만약 그녀가 과격했다면, 그녀는 사실 '과격하고 열광적으로' 유행의 소비자가 되려는 사람이었다.

머리 장식과 헤어스타일은 가장 많은 노력을 들여야 했다. "어쩔 수 없구나. 머리에 쓸 진주 박힌 융모 가체 하나를 빌리자. 부용 꽃무늬 비단 머리싸개도, 난초 모양 옥잠도 하나씩 빌려야 한다. 정향 꽃 귀걸이도 한 쌍 빌려야지." 다행히 그녀는 누구에게 도움을 청해야 할지 완벽하게 알고 있었다. "서徐 집사 마누라에게 금박 옥관음玉觀音 머리 옆꽂게가 있지. 진陳 씨 푸줏간 새 며느리는 금복숭아 박힌 봉황 한 쌍이 있고, 장張 언니한테 금박칠한 나비가 있었지. 이삼李三네 엄마한테 비취로 장식한 메뚜기 좀 빌려야겠다." 빌릴 수 없는 것은 시장에서 사들였다. "동전 네 개를 가지고 붉은 끈 좀 사오세요, 내 머리 소라처럼 틀어올릴 거예요. 청각채 좀 구해오세요. 볼에 발라야겠어요."

북방 지역 가요와 마찬가지로, 여기서도 단장 순서는 머리 꾸미기부터 시작해 발을 싸매는 것으로 끝났다. "둥글고 향기로운 비누를 얻어서 몸을 씻자. 안식향 두 자루를 구해서 옷에 향이 스며들게 하자. 머리에 조금 더 신경을 쓰고 옷차림새도 다시 생각해보자. 양단 적삼 한 벌 빌렸네. 안에는 진분홍색 저고리. 밖에는 홑겹 저고리, 복숭아 빛 도는 청색, 버들개지 노란색도 상관없다네. 무늬 있는 비단 통치마, 수놓은 장옷도 각각 한 벌씩 필요하다네. 흰 바탕에 푸른 테두리 신발에, 무릎 덮개도 각각 한 쌍씩 필요하다네. 여기에 새하얀 대님도 빌려야지." 이웃들이 떠난 뒤 그녀는 속옷을 빨고 풀을 먹였다. 남에게 드러내 보이지 않는 것이라도 이런 내밀한 용품들의 정갈함은 그녀의 내면적 자아의 감각에 대단히 중요한 것이었다. 마지막으로 그녀는 몸단장을 완성하기 위해 전당포에 고모와 조카를 보냈다. 주둥이가 동으로 된 술병과 꿰맨 옷 두 벌을 저당 잡혀 받은 돈으로 그녀는 초, 향, 절에 바치는 기부금, 점심, 탈것 등의 비용을 충당했다. 그리고 또 소나무 땔감을 사서 그날 저녁 뜨거운 물에 목욕했다.

이튿날 새벽 그녀는 배를 타고 출발했다. 배에서 내린 뒤에는 가마를 타고 산에 올랐다. 그녀는 즐겁게 하루를 보내고 해 질 녘이 되어서야 급히 귀가했다. 그녀에게 장신구와 옷을 빌려주었던 두 이웃은 바로 와서 물건을 찾아갔다. 그러자 그녀는 순식간에 "온몸이 다 털려버렸다". 이 작품은 다음과 같은 한탄으로 끝을 맺는다. "아까 그녀는 금

빛으로 둘러싸여 참배했지, 마치 창수산常熟山에 새로 모신 존관음불尊觀音佛 같았네…… (지금은) 거북이를 끌고 점치러 돌아다니는 냄새나는 쭈그렁 할멈 같구나.'95 시각 지향적 사회에서, 여성의 유행 혹은 '사회적 피부'는 그녀의 사회적 지옥와 페르소나를 결정짓는다. 화려한 외표 없이 그녀는 아무것도 아니게 된다.

북방과 남방 사이의 경제적 차이는 홍석촌 여성들이 강남 학자들에게 품고 있던 선망을 통해 전형적으로 드러난 바 있다. 북방과 남방의 가요 속에 담긴 '향 사르는 여인'의 시각 이미지의 차이에서 그 거리는 뚜렷이 두드러진다. 색을 미묘하게 조화시키고 다양한 비단을 사용했던 상인의 아내는 녹색 바지를 입은 비둘기 같은 푸줏간의 아내와 비교해 훨씬 더 고급스러운 유행 체계에 속해 있었다. 남방 여성들의 몸단장은 목욕, 몸에 향이 스며들게 하는 것, 옷을 훈증시키는 것까지 몸단장의 과정으로 삼을 정도로 섬세했다. 양잠 문화의 중심지였던 강남은 복식의 재료나 스타일뿐 아니라 소비자의 지식이라는 측면에서도 제국의 나머지 지역을 선도했다.

하지만 마지막에 등장한, 참배하러 절에 갔던 아내들은 모두 유사한 사회경제적 지위를 가졌다. 이들은 모두 위를 향해 (그리고 잠재적으로 아래를 향해) 이동 중인 도시의 평민들이었다. 그들은 물론 명문 사대부 가정 출신이 아니었지만, 그들의 직업과 거주지 덕분에 필수적인 문화적 자원에 제한적이나마 접근해 상류층의 고상한 취미를 모방하는 것을 배울 수 있었다. 하지만 그들이 어디서 의상과 장신구를 얻었는가를 보면, 그들이 갈망하는 경제 체제에 온전히 참여하지 못하고 있음을 보여준다. 생강과 후추를 주고 바꿔온 '술 달린 비단 끈'이든, 빌리고 저당 잡히고 또 다른 통로로 긁어모은 의상이든, 이 모두가 그녀들의 제한된 수단을 말해준다. 그들의 욕망은 늘 그들이 지배할 수 있는 물질세계를 초과했고, 그래서 늘 완전히 충족되지 못한 채로 남아 있다.

　향을 바치는 참배 여성들의 이미지는 결코 우아하지도 않았고, 상류층도 아니었다. 하지만 이 여성들은 어떻게 사람들 앞에서 자신을 빛나게 할지 충분히 알고 있었다. 그리고 이들은 이번 장을 시작할 때 언급했던 사원 앞의 공공 공간으로 우리를 다시 데려간다. 서북 지역에서 열광적인 인기를 끌었던 발 경연대회 무대로 알려진 사원의 공터는, 이제 그 중심에 서 있는 멋쟁이 여성들의 눈에는 다른 공간으로 등장한다. 그녀는 자신의 발을 싸맨 천이 청결하다는 것을 마음속으로 의식하고 있었다. 그리고 그녀의 외면적 화려함으로 다른 남녀의 시선을 한 몸에 모을 수도 있었다. 여성들의 경쟁은 단지 남성들의 환상 속에만 있는 것이 아니었다. 신분의식이 강렬했던 여성들에게 이는 하나의 현실이었다. 그녀들은 상업화된 도시사회의 불안을 온몸으로 짊어지고 있었다. 하지만 불안은 또 다른 새로운 기회를 부른다. 자신을 치장해 원래의 사회적 구분을 뛰어넘을 그러한 기회가 올 수 있다. 어떤 원단을 사들일 것인지, 어떤 의상을 만들 것인지, 또한 절에 갈 때 무슨 신발과 보석을 걸칠 것인지를 결정하면서, 절에 가는 아내들은 지역의 욕망을 구성하고 재생산하는 데 참여하게 된다. 이는 원래 남성 작가와 여행가의 특권으로 간주되던 것이었다.

6장

신데렐라의 꿈:
여성 신체가 짊어진 부담과 효용

출토된 유물

삶이 끝나고 난 뒤에 육체는 어떠한 흔적을 남기는가? 전족한 여성 각자에게 부여된, 그들만의 세계에서 주인이 되게 했던 느낌과 감정들은 무엇을 남겼을까? 내가 항저우에 있는 중국 비단박물관의 전시실에서 양손에 흰 장갑을 끼고 참관 준비를 할 때 머리를 스친 의문이었다. 당시 내 눈앞에 명대 영락永樂 연간(1403~1424)의 신발 한 켤레, 양말 두 켤레, 그리고 전족용 원단 한 폭이 부드러운 천이 바닥에 깔린 수레 두 대 위에 놓여 있었다. 이것들은 장쑤성江蘇省의 어느 여성의 무덤에서 출토된 것이었다.(그림 12)

가늘고 섬세한, 아이보리 색깔의 신발은 보존 상태가 훌륭했다. 21.75센티미터의 길이로 결코 작지는 않았다. 하지만 몸체가 극도로 좁은 신발의 형태를 보면 천연 그대로의 모습보다는 가공된 발을 더 선호했던 심미 관념이 존재했음을 알 수 있다. 발등의 가장자리 부분

그림 12. 명대 초기의 신발과 양말: (A) 끝이 뾰족한 날씬한 신발, (B) 바닥이 평평하고 깔창을 대지 않은 여름 양말, (C) 전족 띠(항저우중국비단박물관杭州中國絲綢博物館 소장)

과 굽 부분에는 구름같이 생긴 '여의如意' 글자, 꽃무늬 등의 도안이 있는데 먼저 검은 선으로 그린 다음 이 안에 수를 놓은 형태였다. 구부러진 발가락의 아랫부분은 균일하게 박음질해 보강하는 동시에 비단을 안쪽으로 고정했다. 원래의 원단은 이미 다 해져서 구부러진 양모 같은 섬유질을 노출하고 있는데, 이는 애초에 밑창 안에 있던 충전재였다.

안감이 없는 여름 양말과 충전재가 들어 있는 겨울 양말은 모두 일자형이었으며 양말목은 헐렁하고 쭉 뻗은 모양이었다. 이는 한대 이후 중국의 전형적인 양말 스타일이었다.[1] 양말들은 발가락과 발바닥의 윤곽 모양을 따라 원단을 두 쪽으로 자른 다음 바느질하여 만든 것이다. 발가락 부분은 약간 기울어져 있다. 길이는 22센티미터로 신발보다 약간 길지만, 양말은 원래 평면이라 사람 발이 양말로 들어가면 길이가 줄어든다.

무덤의 주인은 발을 천으로 싸맨 전족 상태로 매장되었음이 분명하다. 면이나 비단으로 된 긴 전족 띠는 넓이가 대략 6센티미터다. 명대의 전족 띠는 크기가 근대 시기의 것과 비슷하긴 하나 발을 묶는 방식이 달랐다. 근대 시기의 전족은 보통 발을 묶을 때 전족 띠의 시작 부분을 보이지 않게끔 한다. 그런데 지금 눈앞에 있는 명대의 전족법은 이와 달리 전족 띠의 시작 부분이 여전히 발등 주변에 노출된 채로 두었다. 전족 띠가 마지막으로 발을 묶을 때 천을 발가락 위로 평평하게 잡아당겨 좁고 뾰족한 전족 신발 속에 집어넣는다. 전족 띠의 시작 부분과 끝부분은 매듭을 지어 고정한다. 천이 겹쳐진 곳에 2밀리미터가 채 안 되는 거뭇한 자국이 있는데 아마도 발가락뼈의 흔적일 것이다. 삭아버린 전족 띠는 여전히 발의 윤곽과 발이 차지하던 공간을 보존하고 있었다.[2] 육신은 사라졌다. 하지만 토리노의 수의처럼, 육체에 밀착되어 있던 천 조각에 찍힌 몸의 흔적은 한때 실체가 존재했음을 알려주고 있다.

앞의 다섯 장에서 우리는 주로 남성의 글쓰기를 통해 전족의 역사를 탐색했다. 이는 필수적인 것이다. 왜냐하면 전족이라는 주제의 형성, 그리고 이에 대한 우리의 지식은 상당 부분 남성들의 관심과 감정에 의해 규정되었기 때문이다. 근대 민족주의자들의 난처함과 수치심, 전족 감상가들의 향수 어린 비애, 고증학자들의 호기심과 무심해 보이는 어조 속에 도사리고 있는 반감, 여행자들의 서북 지역에 대한 환상, 가장 우아한 한 쌍의 발을 찾아다니는 모험가들의 탐색 등, 바로 이처럼 실재하는 열망들이 그들뿐 아니라 우리 마음속에서 '전족을 한 여자'의 이미지를 구축해왔다.

솔직하게 표현해보자. 만약 남성의 감정과 욕망이 아니었다면 여성의 전족은 없었을 것이다. 즉 '전족 여성'이라 부르는 진공 상태의, 고립된 주제는 존재하지 않는다. 남성의 욕망과 여성의 욕망은 교직되어 있다. 그래서 후자를 이해하려면 전자를 돌파해야 한다. 물론 이는 개별적인 남성과 여성의 만남에서—텍스트와 삶 속에서—각기 다른 이해관계, 입장, 경험을 갖게 된다는 점을 부인하는 것이 아니다. 나는 남성들이 쓴 글을 읽어내려가며 행간을 살펴보고 여기 숨어 있는 공백과 침묵에 주의를 기울였다. 이를 통해 젠더화된 차이를 조명하기 위해서였다. 반전족 운동 기간에 나이 많은 여성들이 느낀 굴욕감, 초라한 시골 마을에 사는 여성 도적들을 옭아매는 덧없는 갈망, 향을 바치러 사원에 가는 여성들이 세련되어 보이지 못할까봐 느끼는 초조함, 이러한 감정들은 남성들보다 덜 절실하지 않다. 전족한 여성 각자는 복잡하기 그지없는 세계 속에 살고 있으며, 이들이 각기 마주하는 동기, 선택, 고통, 보상은 시시각각 변하고 있었다. 만약 가능하다면 나는 그녀들의 시각으로 그 세계를 제시해보려고 했다.

이 책의 마지막을 향하며 나는 오랫동안 가져온 이 소망을 다시 한번 펼쳐보려고 한다. 이 문제의 핵심인 전근대 전족 여성의 신체적 감각은 궁극적으로 미지의 것이다.[3] 이 장에서 나는 가능한 한 그녀들의 신체에 접근하려는 무모한 계획을 세웠다. 이 육체들은 한때 특정한 시간과 문화적 공간을 차지하고 있었고, 문자로 된 형태는 거의 없는 물질적 흔적과 자취들을 뒤에 남겼다. 하지만 이러한 신발, 양말, 전족 띠, 발에 바르는 분, 약방문, 그리고 자수 문양 등등의 자질구레한 물건들은 소멸한 육체, 그것의 주관적 경험, 그리고 이 경험들이 한때 속했던 각 역사과정에 대한 단서를 제공한다. 여성들이 만든 물건과 그들을 여성으로 만들었던 물건을 통해, 이번 장에서는 '여성 육체의 부담과 효용'을 15세기에서 19세기까지의 전족 역사의 중심에 배치할 것이다.

평평한 굽에서 활 모양 굽으로

살았을 때와 죽었을 때, 모두 이 신발들을 신었던 장쑤성의 묘지 주인에 대해서는 알려진 것이 없다. 하지만 여성 신발류의 혁신이라는 맥락에서 보면 그녀 복식의 흔적들은 의미심장한 역사를 들려준다. 몸체

그림 13. 평평한 밑창의 전족용 신발 및 양말(13~16세기)

신발 모양	이름/시대	지역	크기	주인의 키	신발, 양말 설명	비고	자료 출처
	황승升 (1227~1243)	푸젠福建 푸저우福州	길이:13.3~14센티 넓이: 4.5~5센티 높이: 4.5~4.8센티	?	신발 6켤레 양말16켤레	사망 시 황승은 17세이어서 발이 특히 크았음	푸젠성박물관 福建省博物館
	주씨周氏 (1240~1274)	장시江西 더안德安	길이: 18~22센티 넓이: 5~6센티 높이: 3.5~4.5센티	152센티	신발 7켤레 양말 7켤레		장시성문물고고연구소 江西省文物考古研究所, 더안현박물관德安縣博物館
	전유부인 錢裕夫人 (1320년 사망)	장수江蘇 우시無錫	?		녹색 비단으로 된 신발 윗면에 연꽃, 모란, 매화 자수가 있음. 원래 비단으로 안감을 댐. 밑창의 삼베실로 마름모꼴 도안을 수놓음.		周汛·高春明, 『中國歷代婦女妝飾』, 305쪽; 『中國衣冠服飾大辭典』, 704쪽
	원대元代 (1362년 이전)	허베이河北 룽화隆化 비둘기둥묘 [鴿子洞窖藏]	길이: 21센티 넓이: 5센티 높이: 5센티	?		1999년 어느 동굴에서 원대의 문서와 방적물이 들어 있는 보따리를 발견함.	趙豊 主編, 『紡織品考古 新發現』, 162쪽
	?(명대)	장수 양저우揚州	?	?			周汛·高春明, 『中國歷代婦女妝飾』, 304쪽
	이씨李氏 (1538~1556)	장시 난청南城	?	?	노란색 양단으로 된 목혜	이씨는 명의 익선왕 益宣王 주이인朱翊鈏의 정비임	江西省文物工作隊, 江西南城明益宣王朱翊鈏夫婦合葬墓
	손씨孫氏 (1543~1582)	장시 난청	길이: 13.5센티 넓이: 2.5센티 밑칭: 1.5센티	?	노란색 양단으로 된 목혜에 꽃과 수를 놓음	손씨는 익선왕 주이인의 계비임	周汛·高春明, 『中國歷代婦女妝飾』, 298, 306쪽

가 좁고 끝이 뾰족하며 평평한 굽을 지닌 그녀의 신발 스타일은 송, 원대에 자주 보이는 전족 초기 단계의 전형적인 형태다. 그리고 이는 명대 초기에서 중기까지도 존속했던 것으로 보인다.[4] 이 시기에 출토된 여성 신발류는 두 가지 유형으로 확인된다.(그림 13) 첫 번째는 여기 묘사된 장쑤성 사례와 같은 카얄 스타일이다. 몸체가 좁고 날렵하며 끝이 뾰족한 스타일인데 신발 코가 약간 아래쪽으로 기울어져 있다. 두 번째는 카누 스타일로 신발 앞코가 높게 올라가 있다. 신발 끝이 위로 향하는 특징 때문에 '봉두혜鳳斗鞋'라 부르기도 한다.

전자의 심미적 매력은 우아한 날렵함에 있다. 반면 후자의 시각적 중점은 발끝 부분의 곡선 기울기에 있다. 그 기울기는 무려 7센티미터라는 놀라운 높이에 이르기도 했다. '궁혜弓鞋', 즉 활 모양 신발은 모든 전족용 신발을 의미하는 일반적인 용어이지만, 원래 이 이름은 이렇게 발끝이 위쪽으로 휜 신발 모양에서 유래했을 것이다.[5] 어떤 유형이든 13세기에서 15세기까지 신발 길이는 13센티미터에서 22센티미터에 이르렀다. 후세의 기준으로 보면 결코 작은 편이 아니다.

이 두 종류 모두 신발 바닥에서 그 특징을 찾을 수 있다. 가느다란 굽이든 두꺼운 굽이든, 이 신발들의 밑창은 모두 평평했다. 그래서 체중이 신발 바닥으로 고르게 분산되었다. 천으로 된 밑창은 보통 부드러운 착지를 위한 쿠션 역할을 했다. 내가 봤던 그 신발은 바닥에 구부러진 섬유질이 있었다. 또 다른 예로는 장시 난청江西南城에서 출토된 꽃신 한 켤레가 있는데, 이 신발은 명나라 왕자비인 손씨孫

氏(1543~1582)의 것이었다.(그림 13) 이 신발의 몸체는 황색 비단으로 되어 있다. 신발 길이 13.5센티미터에 넓이 4.8센티미터로, 두꺼운 신발 밑창 위에 비단이 바느질되어 있었다. 이 신발 밑창은 1.5센티미터인데, 면포를 겹겹이 쌓아서 만들었다. 신발 안에는 깔창 하나를 더 깔아서 보강했는데, 깔창의 재질은 솜털이 일어나는 비단이었다.[6] 대단히 정교하게 만들어지기는 했지만, 이 신발은 보행을 위한 것이었다.

4장에서 우리는 12세기 후반의 학자 장방기가 '굽어진 혹은 활 모양'을 전족의 필수 요건으로 간주했음을 봤다. 뒤이어 13, 14세기의 학자들 역시 전족 기원론에서 '활 모양의 가냘픈' 발을 강조했다. 하지만 이를 너무 글자 그대로 받아들이지 말아야 한다. 활 모양 발, 즉 '궁족弓足'은 그저 하나의 일반적인 명칭일 뿐이다. 여기에는 다양한 형태와 각기 다른 굽은 정도의 발들이 모두 포함되어 있다. 카약과 카누 형태의 신발 형태가 다른 이유는 아마도 이것들이 두 가지 다른 전족 방식에 맞춰서 제작되었기 때문일 것이다. 전자의 형태는 발가락이 위로 삐져나오는 것을 억제하기 위해 아마 엄지발가락을 제외한 발가락 네 개를 아래로 꺾는 방식을 사용했을 것이다. 이와 관련된 에피소드가 있는데 남송南宋의 이종理宗(재위 1225~1264)의 후궁들은 '발을 날씬하고 곧게 묶어서束足纖直', 우스갯소리로 그들을 '빠르게 말타기快上馬'라고 불렀다고 한다. 또한 4장에서 우리는 양신이 양여영의 발을 "발바닥은 평평하고 발가락은 가지런히 모였다"[7]고 묘사했음을 보았다. 이런 경우에는 '궁족'이라는 표현이 정확하지 않다. 그들의 전족은 평평하고 곧

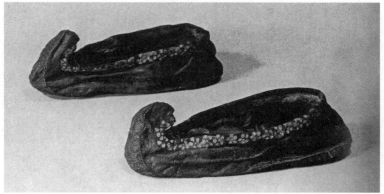

그림 14. 발끝이 위로 들린 황승(1227~1243)의 신발과 양말(푸젠성박물관 편, 『福州南宋黃升墓』, 62-63번 그림, 45쪽)

은 모양이기 때문이다.

반면 카누 모양의 신발은 분명 발가락 끝이 위로 올라간 전족 방식에 맞춘 형태일 것이다. 그래야만 위로 굽어진 신발 끝부분과 어울린다. 남송 시대 두 여성의 무덤에서 출토된 부장품은 모두 전족의 방식에 대해 상당히 가능성 있지만 확실치는 않은 물질적 증거를 제공해준다. 한 명은 황실 종친의 아내인데 이름은 황승(1227~1243)이다. 그녀는 푸젠 푸저우福州에 매장되어 있다. 출토 시 유해는 이미 분해된 상태였지만, 흰색의 얇고 긴 천에 싸여 있던 발뼈가 남아 있었다. 그녀가 신고 있던 한 켤레와 보따리에 있던 열다섯 켤레, 합해서 열여섯 켤레의 양말이 출토되었는데 모두 발가락 끝부분이 위로 올라간 모양이었다. 마찬가지로, 그녀가 신고 있던 한 켤레와 보따리 속의 다섯 켤레 신발 역시 발끝이 올라간 '봉두혜' 스타일이었다.(그림 14) 황승의 부친 황박黃朴은 당시 취안저우泉州 지주知州 겸 제거시박사사提擧市舶司使에 재직 중인 취안저우 무역의 총책임자였다. 그녀의 부장품에는 각종 복식 201점과 비단 153점이 포함되어 있어 푸젠 연안 지역이 당시 비단 생산과 유행의 중심인 첨단 도시였다는 주장을 뒷받침하고 있다.8 발끝이 위로 올라간 신발은 어쩌면 국제적 유행에 따른 일시적인 흐름이었는지도 모른다. 하지만 아무런 장식이 없는 양말들은 신는 이의 편안함을 고려하여 만들어진 것이 분명하다. 인체의 곡선에 맞추기 위한 것이 아니라면, 발가락이 위로 올라간 양말이 만들어져야 할 이유는 없기 때문이다.

이 추측을 더 설득력 있게 만드는 것은 장시江西 더안得安에서 출토된 주씨(1240~1274)의 유물이다. 그녀는 문관의 딸이자 아내였다. 그녀의 유해는 온전한 채로 발견되었다. 옷을 벗겨놓고 찍은 사진도 있는데 여기서 보면 그녀의 발가락은 위를 향해 있다. 발견될 때 그녀의 발은 담황색의 얇은 천으로 싸매진 상태였다. 그리고 황승과 마찬가지로, 그녀가 신은 신발뿐 아니라 그녀의 부장품 중에 포함된 일곱 켤레의 양말과 신발도 발끝을 위로 치켜든 모양새였다.9

남쪽 지역 두 여성의 신발과 양말 스타일이 비슷한 것을 보면, 발끝이 위로 올라가는 스타일은 아마 13세기 중엽 일부 지역에서 시작된 유행이었을 것이다.10 앞으로 다른 지역에서 출토된 다른 시기의 유물들은 지역별, 시대별로 다양했을 전족 스타일과 기술을 보여줄지도 모른다. 지금까지 발견된 두 가지 유형의 신발과 양말을 통해 우리는 다음과 같이 결론 내릴 수 있다. 송대와 원대, 그리고 명대 초기에 전족의 목표는 발의 몸체를 좁게 만들고 발끝을 뾰족하게 만드는 것이었다. 발가락은 어떤 경우에는 위로 휘었을 것이고 어떤 경우에는 아래로 접혔을 것이다. 하지만 결코 발의 몸체가 활 모양으로 구부러진 형태는 아니었다. 여성들은 보통 굽 없는 신발을 사용했다. 두 명의 송대 여성의 신발 크기가 작은 편이 아니고, 면포보다 견고하지 못한 비단을 전족 띠로 선택한 것을 보면 전족의 초기 역사 단계에서는 비교적 느슨하게 묶었음을 짐작할 수 있다. 이 시기에 전족을 한 발이 표시하는 것은 발을 싸매는 고된 작업보다는 귀족적인 우아함이었다.

근대의 관찰자들은 전족의 역사에서 극단적인 작은 발에 대한 추구, 그리고 이것이 야기한 결과인 활 모양으로 위를 향해 볼록 튀어나온 발—'삼촌三寸 금련'이라는 표현으로 상징되는—이 불변하는 특징이라 생각했다. 하지만 사실 이러한 형태는 전족 역사의 후반기, 즉 높은 밑창 신발이 등장한 16세기에 와서야 등장했다. 4장에서 여회의 「부인혜말고婦人鞋袜考」를 논의한 바 있는데, 이 글에서 여회는 세련된 쑤저우 여성들이 새롭게 등장한 활 모양의 신발을 좋아한다고 언급했다. 이 신발은 향목香木을 깎아서 형태를 만들고 고급 비단으로 표면을 감싼 것이다. 이 새로운 형태의 하이힐에 대해 여회는 다음과 같이 말한다. "이전에는 들어본 적이 없으나 요즘에는 단연 최고다."[11]

밑창이 높은 신발의 등장은 새로운 시각적 즐거움을 가져다주었다. 청대 초기의 학자 유정기劉廷璣(1653년생)가 말했듯이 "둥글게 깎은 작은 나무 조각으로 뒤축을 높게 만드는데, 이를 높은 밑창高底이라 한다. 발가락 끝이 위에서 땅바닥까지 아래로 굽어서 더욱 활 모양으로 휘고 작아 보인다"[12] 우리는 앞 장에서 17세기 전족 감상가인 이어 역시 비슷한 언급을 했음을 보았다. 높은 신발이 시각적으로 발을 너무 작아 보이게 하므로 정말로 작은 발을 지닌 일부 여성은 눈속임한다는 혐의를 받지 않으려고 평평한 굽을 신는다고 했다. 하이힐의 탄생이 이를 보여준다. 발의 축소를 열망하는 풍조는 명말이 되면 이미 크게 유행했다.

하이힐은 시각적 환상을 제공해주었을 뿐 아니라 전족 방식에 엄청난 변화를 가져왔다. 그러면서 전족이 원래부터 그 모양이기라도 하듯, 전족에 '궁족'이라는 이름표를 붙였다. 네 발가락은 안으로 접혔고, 밑창을 높이면서 발허리뼈와 이에 인접한 설상연골의 골판이 위로 올라가 발등의 가운데가 볼록 튀어나오게 되었다.(그림 2A) 발뒤꿈치에서 엄지발가락 끝까지의 거리는 대폭 축소되었다. 활 모양으로 발을 구부리면, 발가락을 움직이는 발등의 힘줄과 근육이 긴장하면서 발의 힘은 약화된다. 발허리뼈는 위축되지만, 흔히 상상하듯 골절이 되지는 않는다. 다섯 번째 발허리뼈를 뒤꿈치 뼈 쪽으로 누르면 발바닥에 점점 균열이 생긴다. 이곳은 두꺼운 지방층으로 둘러싸여 있다. 이 자리는 성적 욕망을 분출하는 곳으로 간주되었다. 전족 감상가 이어가 다퉁 기녀들의 발은 마치 뼈가 없는 듯 부드럽다고 떠벌렸을 때, 그가 말한 것이 바로 발바닥 균열 주변의 지방층이었다.

새로운 삼각형 모양의 발은 종종 연꽃잎 혹은 옥순玉笋으로 비유되었다. 이는 발 모양이 발뒤꿈치 부분에서는 완만한 곡선을 이루다가 점점 가늘어져 발가락 부분에서는 뾰족한 모양이 되기 때문이다. 발등이 솟아오르면서 발의 크기는 대대적으로 축소되었지만, 모양은 보기 흉해서 오히려 조롱의 대상이 되었다. 이러한 전족은 땅에 닿는 발바닥 부분을 소멸시키는 고된 방식이었다. 이렇게 고된 방식의 전족을 하는 목표는 발 크기를 전체적으로 축소하여 종국에는 발에 붙은 살덩어리를 없애버리려는 공상적인 것이었다. 하이힐 신발은 엄지발가락 끝, 안으로 접힌 네 개의 발가락, 그리고 발뒤꿈치로 구성된 작은 삼각형에 착용자의 체중을 싣게 된다. 비록 안정적이지는 않지만, 하이힐은 사실 평평한 신발보다 이러한 모양의 작은 발에는 더 좋은 지지가 되어주었다.

이런 극단적인 전족 방식으로 인해 활 모양으로 굽었다는 의미의 '궁만弓彎'이라는 새로운 단어가 등장해 작은 발을 지칭하게 되었다. 이 용어 역시 전족에 대한 또 하나의 완곡한 표현이 되었다. 예를 들어 여회는 명말 난징의 명기인 고미顧媚의 아름다움을 묘사하며 "활처럼 굽은 발, 가냘프고 작구나弓彎纖小"라고 했다.[13] 얼핏 보면 이 표현은 다소 특이하다. 네 개의 형용사(활 모양의-굽은-가늘다-작다)로만 이루어져 있기 때문이다. 이렇게 새로운 유행 체제에 대한 타협 없는 요구가 세상에 퍼지고 있었다.

금련 숭배

'금박 입힌 연꽃'이라는 의미의 '금련金蓮'이라는 단어는 송대의 시와 원대의 희곡에서도 여성의 발에 대한 미화로 사용되었다. 그러나 '금련 숭배'라 할 만큼 전족이 유행한 것은 하이힐이 등장한 이후부터였다.[14] 이렇게 활동성을 희생하면서까지 작은 크기에 집착하게 되면서, 여성들의 직립과 보행은 점점 더 불안정해졌다. 16세기와 17세기에 이러한 전족 숭배와 이로 인한 전족의 에로틱화는 상업화되고 경쟁적이며 유행 의식이 강렬했던 강남 문화의 산물이다. 이 주제는 이미 4장에서 호응린이 제시한 시대적 매력과 관련된 맥락을 통해 논의한 바 있다. 그리고 앞 장의 끝부분에서 거론했던 참배객 여성은 이러한 문화적 추구를 구체적으로 보여주었다. 아래에서 이를 더 깊이 탐색해보려 한다. 어쨌든 이러한 극단적 방식의 전족은 일단 유행하자 20세기에 이르기까지 제국 전체의 무수한 여성에게 하나의 규범이 되었다. 이어의 '포소저'에 대한 조롱, 족부 괴사에 대한 의사들의 보고서, 청말 전족 폐지 운동가들이 무수히 경고했던 전족의 치명적 결과 등은 모두 전족의 전체 역사 중 후반기에 와서야 비로소 등장한 전족 스타일에 관한 것이었다. 이제 하이힐은 욕망의 대상일 뿐 아니라 필수적인 물건이 되었다.

활 모양으로 구부러진 발에 대한 숭배가 유행하기는 했지만, 관념적으로나 현실에서나 이것이 보편적이지는 않았다. 청대 초기 강남의 유행 추세에 대한 날카로운 관찰자였던 상하이의 문인 섭몽주葉夢珠에 의하면 바닥이 높은 이 신형의 신발은 처음부터 신분 차이의 표지로 기능했다. "활 모양 신발(궁혜)은 작을수록 귀하게 치는데, 이는 오래전부터 그러했다. 하지만 내가 보기에는 권세 있는 가문의 딸들만이 간혹 이러한 것을 신을 뿐이다. 시장바닥에서 볼 수 있는 노복들의 신발 중에는 좁은 모양이 별로 없다. 그들의 신발은 모두 밑창이 낮다. 다만 금실로 자수를 놓고 진주 장식을 했다. 하지만 그들은 죽순처럼 생긴 바닥 높은 신발은 신지 않는다."

섭몽주는 높은 밑창이 발을 작게 보이게 하는 착시 현상을 가능하게 해준다는 이어와 여회의 관찰을 확인해주었다. 그래서 이 스타일은 17세기 후반에 모든 계층의 여성에게 유행하기 시작했다. "숭정崇禎 연간(1628~1644) 후기가 되면 여염집 어린아이들도 발가락을 가늘게 만들기 위해 (발을) 동여맸다. 그래서 양갓집 여성의 신발 중 반은 밑창이 높은 것이었다. 발이 작은 이들은 이를 과시할 수 있었고 발이 큰 이들은 이 결점을 감출 수 있었다. 우리 왕조의 여성들은 모두 이 풍습을 따랐다."15 하이힐이 여성들의 필수품이 되기는 했지만, 발허리뼈를 구부리지 않고 발가락을 압박하는 옛날의 전족 방식도 완전히 사라지진 않았다.

신분의 차이보다 더 두드러지는 것은 지역 간의 차이였다. 항저우의 문인인 전예형田藝蘅이 1609년에 언급한 바에 의하면 당시 여성들의 전족 방식은 전설 속의 요낭에서 시작되었다고 했다. 이는 얇은 비단을 사용해 발을 초승달 모양으로 싸매는 방식이다. 전족을 의미하는 시적 표현은 다음과 같다. "요즘 외설적인 시에서는 발이 작은 이들을 가리켜 반드시 새순笋芽이나 반 집게牛叉라고 읊는다. 속어로는 3촌寸3분分이라 일컫는다. 정말로 우아한 운치가 있다. 옛사람들이 시에서 읊던 궁혜는 활처럼 휘고 틀어진 모양인데 이는 오늘날 북방 여성들의 방식이다. 남쪽 사람들은 이런 발을 비웃으며 '앞이 뒤집힌 발翻頭脚' 혹은 '뱃머리 더듬기揣船頭'라고 부른다. 이러한 모양은 질이 떨어지는 것이라 볼만한 가치가 없다."16 서면으로 된 묘사만으로는 형태를 제대로 구분하기 어렵지만 남쪽 사람들의 이상적인 발은 곧은 형태, 뾰족한 발가락, 죽순처럼 살짝 곡선을 이루는 발등의 특징을 지닌 듯하다. 반면 북방에서는 활 모양을 만드는 데 지나치게 열중해, 종종 비정형적인 돌출이 발등 위에서 부풀어 솟아오르곤 했다.

그런데 시대가 바뀌자 전예형의 묘사와 달리 이번에는 북방 여성들이 남방 여성들의 튀어나온 발등을 조롱했다. 모험가 왕경기가 1720년대에 서북쪽으로 불운한 여행을 할 때 그는 산시山西 여성들이 남쪽 여성들의 전족에서 보이는 활 모양을 '거위 머리 발鵝頭脚'이라 부르는 것을 발견했다. 그의 주장에 의하면 전족은 원래 '궁족'이라는 표현과는 어울리지 않았다. 북방의 전족은 발바닥이 평평하기 때문이다. 왕경기는 아마 청대 초기 학자 고강촌高江村(1645~1704)이 쓴 필기를 읽었을 것이다. 그와 고강촌이 쓴 글은 비슷하다. "궁족弓足이라고 하는 것은 발을 묶고 가운데를 부러뜨려서 활처럼 굽은 모양을 만든 것이다. 허베이와 산시의 소녀들이 서너 살 때부터 전족을 한다는 사실을 사람들은 거의 모른다. 그들의 발은 원래부터 가늘고 작지만, 활 모양으로 굽은 발은 없다. 활 모양의 발은 '거위 머리 발'이라고 조롱당한다. 이는 귀한 대접을 받지 못한다."(강조는 필자)[17]

취향은 남과 북이 다를 수 있다. 하지만 완벽한 작은 발이라는 궁극적인 목표를 실현하기 어려운 것은 마찬가지였다. 전예형과 왕경기가 남북 간의 전족 차이를 묘사한 내용이 상호 모순되는 것은 어쩌면 한 세기가 넘는 그들 사이의 시간적 거리 때문일지 모른다. 하지만 더 중요한 것은 그들 모두 궁족의 미학에 불가능할 정도로 높은 기준을 설정했다는 점이다. 솟아오른 발등이 보기 흉해도 어쩔 수 없었다. 아무리 열심히 발을 싸매도 결국 단순히 뼈, 힘줄, 근육을 재배치하는 것에 불과했다. 신데렐라의 의붓언니들이 고통스럽게 깨달았듯이, 몸에 붙은 살이 사람의 의지와 노력으로 간단히 사라지는 것은 아니었다. 금련 숭배가 더 유행할수록, 보기 흉한 발등의 돌출은 더 많아질 수밖에 없었다. 신데렐라가 되지 못한 여자들이 발가락을 유리구두에 억지로 쑤셔넣었듯이, '앞부분을 뒤집거나' '거위 머리 모양으로 만들며' 모든 전족 풍속은 점점 천박해져갔다.

19세기의 어느 전족 감상가는 양저우의 화류계에 궁형의 나무 굽으로 추한 모습을 감춘 못생긴 발이 범람하고 있음을 보고 실망을 드러냈다. "만약 원래부터 연꽃잎 모양의 발이 아니고 억지로 활 모양의 굽은 발을 만든 것이라면 차라리 6촌짜리 탐스럽고 윤기 흐르는 발이 낫다." 더구나 하이힐이 만병통치약도 아니었다. 하이힐은 체구가 작은 여자들은 더욱 가냘프고 사랑스럽게 만들어주었다. 하지만 키 크고 건장한 여성들, 특히 전족은 했으나 발이 비교적 큰 여성들이 앙증맞은 굽 위에서 뒤뚱거리는 것은 그가 보기에 우스꽝스러운 풍경이었다.[18]

이러한 비판에는 전족 선발대회가 공정하지 못하다는 불만이 암시되어 있었다. 활 모양으로 굽은 발은 원래부터 작은 발과 뼈를 타고난 소수의 여성에게만 어울리는 것이었다. 전족의 전성기에 전족은 여성을 위한 성공의 사다리였다. 이러한 관점으로 보면 전족은 남성들이 마주하고 있는 과거시험의 운명을 거울처럼 비추고 있는 것이기도 하다. 전족이 여성에게 그랬듯이, 과거는 남성을 위한 성공 수단이었다. 싸움에 더 많은 사람이 참여할수록 경쟁은 믿을 수 없을 정도로 격렬해진다. 이러한 상황에 이르면 승리자와 패배자는 태어나는 것이지 만들어지는 것이 아니라는 믿음이 사회에 퍼진다. 이런 운명론은 패배의 치욕을 완화해주고, 점점 황당해지는 제도의 명성을 유지하는 역할을 했다. 심지어 이러한 믿음은 사람들이 더 많이 경쟁에 참여하도록 유도했다.19 금련 숭배로 인해 전족은 사실상 이미 일종의 종교가 되었다. 그래서 18세기와 19세기의 관련 담론에서는 '하늘의 뜻이 그러하다' 혹은 '하늘에서 부여받은 것이다'류의 표현이 점점 더 많이 등장한다.

20세기에 들어오면서 전족의 초기 스타일이 다시 대량 출현했는데 이는 반전족 운동의 산물이었다. 전족을 풀어버린 여성 중 많은 이가 발등의 곡선은 평평하게 만들었지만, 발가락 끝은 여전히 좁은 모양을 유지했다. 어떤 어머니들은 처음부터 이런 방식으로 딸들의 발을 묶기도 했다.(그림 15, 그림 2B) 하지만 이미 때는 늦었다. 기독교적 신의 이미지에 기대어 탄생한 새로운 기계론적 신체 관념이 우세를 점하고 있었다. 여성들의 주관적 소망과 관계없이, 그녀들 자신의 신체를 개조하기 위해 고안한 유토피아적인, 혹은 평범하고 실용적인 각양각색의 방식 모두 어쩔 수 없이 지나간 유행이 되어버렸다.

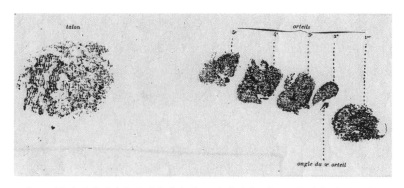

그림 15. 전족의 족적. 발가락 네 개가 접혀 있는 모습과 발뒤꿈치를 볼 수 있다. 이 발은 발가락에서 뒤꿈치까지 22센티로 측정되어 결코 작은 크기는 아니다. 발가락 네 개는 안쪽으로 접혀 있지만, 전족의 극단적 형태와는 달리 중족골은 구부러지지 않았다. 이 여성의 몸무게는 발가락 orteils과 뒤꿈치talon에 고르게 분산되었다. 의사 마티뇽이 1899년에 쓴 이 책은 중국 문화를 초현실, 자살, 분신, 내시, 전족, 영아살해, 낙태, 남색, 거지 등의 현상과 결부시켜 소개했다. 이는 유럽인들이 상상하는 극동의 그로테스크와 병적 상태를 집약한 것이다.

의학적 보호의 대상

　15세기에서 16세기 초에 이르면 발의 작은 크기에 집착하는 경향은 이미 분명해졌다. 여성의 발에 대한 의학적 관심, 그리고 적절치 못한 전족 방식을 치료하기 위한 처방이 증가한 것은 이러한 현상을 반영하는 표지 중 하나다. 남성 의사들은 의서에서 여성 발의 질병 처치에 대해 언급하는 경우가 드문 편이지만 설기薛己(1487~1559)의 초기 기록은 상당히 의미가 있다. 그는 명대의 유명한 의사였는데 송대 고전에 수록된 외과와 부인과적 지식이 풍부하기로 유명했다. 그는 다음과 같은 사례를 기록했다. "12세 된 여종인데 미모가 뛰어났다. 새로운 주인은 그녀의 발이 큰 것이 싫어서 전족 띠로 그녀의 발을 함부로 꽉 싸매고 실로 틈을 단단히 꿰매었다." 그 여종은 극심한 고통을 호소했으나 주인은 들은 척하지 않았다.

반달 뒤 주인은 전족 띠에서 썩은 진물이 흘러나오는 것을 보고서야 전족 띠를 풀도록 해주고 설기를 청하여 진찰을 받게 했다. 설기는 "두 발의 앞부분이 모두 까맣게 썩어버렸고" "뼈와 살 모두 죽어버린" 것을 발견했다. 그는 부패를 막기 위해 썩어가는 발을 '파 달인 물蔥湯'에 담근 뒤 외상에 주로 사용하는 '화예석산花蕊惜散'20을 발랐다. 긴급 처치 뒤 환부에 '생기옥홍고生肌玉紅膏'21를 발라서 새 살이 자라게 하고 인삼죽으로 원기를 보충했다. 상처는 아물었으나 그녀는 결국 발을 완전히 사용하지는 못했다.22

이 사례는 아마 17세기 초반에서 중반 사이에 생겨났을 것이다. 당시 설기는 이미 난징에서 의업에 종사하고 있었을 것이다. 주인은 아마도 상당한 값을 지불하고 그 여종을 사왔을 것이다. 돈을 아끼지 않고 그 유명한 의사를 선뜻 청한 것은 아마 그 때문일 것이다. 자칫하면 그의 투자가 허사가 되기 때문이다. 설기의 어조는 대단히 신랄할 뿐 아니라 '임의任意(함부로)'라는 형용사를 사용해 그 여종에 대한 동정심과 주인의 어리석음에 대한 경멸을 드러냈다. 그 주인은 작은 발 숭배에 너무 열중한 나머지 그 여종의 '꽤 아름다운 용모'에도 만족하지 못했다. 의사의 눈에 이러한 새로운 인공미는 도저히 찬성할 수 없는 것이었다. '임의'라는 용어에는 좀더 의학적이고 생리학적 측면의 판단이 함축되어 있다. 12세는 전족을 시작하기에는 너무 늦은 나이였다. 더구나 발을 꽉 졸라매면 규칙적인 소독과 씻기를 할 수 없게 된다. 이는 완전히 무지하고 무책임한 행위였다.

만약 주인이 충분히 사전 준비를 했다면 그는 당시 일용유서에 수록된 전족 관리 처방을 찾았을 것이다. 이 처방들은 초기 유서 2종에 제일 먼저 등장했다. 『거가필용사류』(약 1260~1294)와 『사림광기』(1233년에서 1279년 사이에 편찬)가 그것이다. 이 처방들은 이후 판본에서 재인쇄되거나 다른 유서에 인용되어 다시 수록된다. 명대 독자들은 이러한 유서를 대단히 선호했던 것으로 보인다.[23] 13세기의 이 두 종의 유서가 수립한 약제의 전통에 의하면, 전족을 위한 처방은 두 가지로 나뉜다. 하나는 전족하기 전에 뼈를 부드럽게 하려고 발을 담그는 탕약에 대한 처방이고, 다른 하나는 발을 습하지 않고 부드럽게 보호하며 티눈이 생기지 않게 하는 연고 혹은 가루약 처방이다. 전족을 시작할 때와 일상적 관리 모두 세심한 의학적 보호의 대상이었다.

탕약의 명칭은 상상력으로 가득하다. 『사림광기』에 수록된 약제 '서시탈골탕西施脫骨湯'은 전국시대의 서시西施에서 명명했다. 서시는 미녀의 대명사이기 때문이다. 탕약 조제 방법은 다음과 같다. 유향과 살구 각 반량半兩, 박소朴消, 상백피桑白皮 각 2량을 5등분한다. 등분마다 상백피와 살구를 먼저 새로운 병에 넣고 물 다섯 그릇을 따른다. 이것을 끓여서 물이 반으로 줄어들면 나머지 두 약재를 넣고 병 입구를 막은 채 다시 한 시간 남짓 졸인다. 그런 다음 뚜껑을 열고 먼저 두 발을 탕약 위에 올려놓고 김을 쪼인다. 탕약이 따뜻하게 식으면 이것을 대야에 따르고 발을 담근다. 그런 다음 탕약을 다시 병에 따라두고 2~3일 뒤에 이 과정을 반복한다. 매 등분 세 번씩 사용할 수 있다. 5등분을 다 사용하면 두 발은 "면포처럼 부드러워져 발을 싸맬 때 대단히 효과가 있었다".24

더 신기한 것은 『거가필용사류』에 나오는 발 담그기용 탕약인데 '궁중 전족 비법宮內縮蓮步捷法'이라는 것이다. 우선 메밀대를 태워 재를 만들어 이를 물에 타서 짙은 색의 걸쭉한 액체로 만든다. 그리고 노사瑠砂, 백복령白伏苓, 고본藁本 세 가지 약재를 갈아서 가루로 만든다. 이 가루 3전錢(1전은 10푼에 해당)에 앞의 잿물 세 그릇을 섞어서 질그릇에 넣어 달인다. 몇 차례 끓고 나서 뜨거운 기운이 남아 있을 때 두 발을 넣어 씻는다. 식으면 다시 가열한 뒤에 재사용한다. 이렇게 몇 번 발을 씻으면 두 발이 "저절로 부드러워져 싸매기 쉬워진다". 이 처방은 어느 "초인에게서 나온 것으로, 대단히 신묘해 말로 다 표현할 수가 없다". 이러한 과정을 거치면 30세 먹은 여인이라도 "(발을) 마음먹은 대로 만들 수 있다".25 이 처방전은 「규각사의閨閣事宜」 편에 수록되어 있다. 이 편에 함께 속해 있는 항목으로는 뾰루지를 치료하는 처방, 탈모를 막는 처방, 그리고 얼굴에 바르는 분을 제조하는 방법 등이 있다. 즉 발싸매기와 그 관리는 이미 일상적인 여성들의 몸치장 중 하나가 되었던 것이다.

위의 처방들이 의학적 근거가 전혀 없는 것은 아니지만 이는 기본적으로 주술적 영역에 속한다. 첫 번째 처방에는 반복적으로 '5'가 출현하고 두 번째 처방에서는 '3'이 출현한다. 양갯물도 그렇지만 이 두 숫자는 도교의 도술 의식을 연상시킨다. 처방을 서시나 궁중의 '초인'까지 연결한 것은 이 신비로운 지식이 후궁後宮에 기원을 두고 있다고 간주하기 때문이다. 이곳은 남성만의 특권적인 비밀의 화원이며 일반적으로 전족의 탄생지라고 사람들이 상상하는 곳이기도 하다. 오늘날 화장품 회사가 판매하는 주름방지 크림처럼, 이 탕약들도 발을 신비스럽게 변화시킬 효험을 선전하는 것이다.

이에 비하면, 발에 바르는 분이나 연고를 만드는 두 번째 유형의 처방은 상당히 실용적이고 납득할 만했다. '금련을 안정적으로 내딛게 하는 연고金蓮穩步膏'라는 총 제목 아래 각기 다른 성분으로 이뤄진 처방들이 포함되어 있었다. 그중 『거가필용사류』에 지골피地骨皮와 홍화紅花를 함께 가루로 만드는 처방이 실려 있다. "티눈이 나서 아픈 곳에 바르면 상처가 이튿날이면 아문다." 『사림광기』에 기록된 어느 고약은 황백피, 형개수荊芥穗, 황련黃連, 황단黃丹 등의 약재로 만든다. 이 고약은 '참을 수 없는 통증'을 일으키는 내성 발톱과 발톱 사이가 붓거나 썩어서 전족 띠를 사용할 수 없는 경우에 즉각 효과를 보였다.[26]

이러한 13세기의 처방전들은 글자 그대로 옮겨지거나 약간 수정되어 명청 시기의 일용유서에 널리 퍼졌다. 20세기에 이르기까지 이것들은 여전히 전족 관리와 관련된 표준적 어휘 및 지식의 일부였다.[27] 이러한 처방들이 만들어진 후 몇 세기가 흐르는 동안 이처럼 표준화, 규범화된 지식이 어느 정도까지 실제 시행되었는지 우리는 알지 못한다. 지역에서 각기 전해지는 처방도 있었으니 반드시 이 처방대로 실행하지는 않았을 것이다. 전족을 관리하는 약제학 전통의 등장과 전파는 이러한 처방이 가정에서 실제로 쓰였음을 보여주기보다는 여성의 신체와 관련된 두 가지 개념을 설명하고 있다. 당시 전족은 점점 활 모양으로 굽었고, 이로 인해 전족은 치료 대상이 되었다는 점이다.

뼈를 부드럽게 하는 처방과 탕약은 환상 속의 '뼈가 없는 듯 부드러운' 상태의 육신을 상기시킨다. 이는 극소수의 '신데렐라'들이 지닌 신체다. 부드럽고 순응적이며 누군가의 의지와 욕망에 즉각 반응할 수 있는, 선택받은 소수의 신체다. 그들의 발은 너무 작아서 아주 약간의 공간도 차지하지 않을 듯 보인다. 반면 전족을 한 발에 바르는 분은 중력과 육체성의 지배를 받는 대다수 사람의 몸을 보살핀다. 이들의 몸은 신데렐라의 언니들을 포함해 대다수 인간이 지닌 완강하기 짝이 없는 몸이다. 아마도 후자를 전자로 재구성하려는 끊임없는 충동이 15세기 무렵 전족의 유행을 가져왔을 것이다. 사실 지위 의식이 뚜렷한 사회에서 주어진 상태나 신체를 개선하고 이웃들보다 더 뛰어나고 싶어하는 것은 이해할 수 있는 욕구다. 그러나 이러한 욕구는 쉽게 광란으로 변할 수 있다. 그렇게 보면 전족이란 비교적 느슨한 형태든 극단적 형태든, 물질성을 지닌 완강한 육체와 싸워 이길 수 있다는 유토피아적 욕망에 추동된 것이라 할 수 있다.[28]

아름다운 도회 여자들:
설창사화에 표현된 유행과 지위

전족으로 인해 망가져 무겁고 움직이기 힘든 '짐'이 되어버린 신체에 대한 불평은 15세기의 문헌에도 끊임없이 등장한다. 그중 이를 가장 생생하게 묘사한 작품으로 설창사화說唱詞話 「신각설창포용도단조국구공안전新刻說唱包龍圖斷曹國舅公案傳」(이하 조국구)을 꼽을 수 있다. 1967년 상하이 근처 자딩현嘉定縣에서 이 작품을 포함해 11종의 설창사화가 발견되었다. 이 발견은 중국 속문학사와 전족사에서 미지의 영역으로 남아 있던 고리들을 연결해주었다. 이 무덤의 주인은 명대 사대부의 아내인 선 씨宣氏다. 농부들은 이 무덤 속에서 종이 더미 같은 책 12권을 발견했는데 그 위에는 석회와 진흙이 잔뜩 묻어 있었다. 농부들은 크게 실망했다. 이 낡은 책 외에 발견된 것은 도자기 조각뿐이었기 때문이다. 책들은 농가의 장작더미 위 선반에 방치되었다. 5년 뒤 헌책방에서 나온 사람이 이를 사들여 상하이 박물관으로 보냈다. 훈증과 세척을 거친 후 전문가들은 이 죽지竹紙들이 사실은 보물임을 알게 되었다. 이것들은 설창사화 11편과 남희南戲 1편이었다.[29] 500년간 기록된 적도, 누군가가 읽은 적도 없는 작품들이었다.[30]

1471년에서 1478년 사이에 인쇄된 이 통속적인 설창 작품들은 당시 사대부들에게는 지나치게 저속한 것이어서, 그들은 장서나 선집에 이것들을 보존하지 않았다. 다만 선씨가 생전에 설창을 대단히 좋아해서 무덤에 부장품으로 함께 묻은 것으로 보인다. 설창 전문가인 앤 매클래런은 표현 스타일과 가독성으로 봐서 설창사화는 원 잡극의 '공연용 극본' 형태와 명말 문인들이 출판했던 '독서용' 희곡의 중간쯤에 있었을 것이라고 주장했다. 설창사화는 부유한 가정에서 상연할 수 있는 희곡이었고, 동시에 인쇄된 텍스트이므로 관중이 가족들과 함께 큰 소리로 읽거나 노래할 수도 있었다. 따라서 설창사화는 무대에서의 공연을 즐기는 관중에게 '완벽한 공연 경험'을 제공할 수 있었다. 비록 '저자'는 남성이었지만 이 설창사화 작품은 많은 부분에 있어 절대다수를 차지하던 여성 관중의 취향과 세계관을 반영해 구성되어 있다.[31]

「조국구」는 포청천包青天 이야기를 담은 장편 극본이다. 포청천은 백성이 대단히 좋아했던 북송의 관리인데 현명하고 청렴한 정의의 사도로 유명하다. 북송의 인종仁宗(재위 1023~1063) 시대를 배경으로, 서생 원袁 씨의 고난을 묘사하며 이야기가 시작된다. 당시 조정은 천하의 독서인들을 대상으로 전시殿試를 치르겠다고 공포했다. 원 씨는 기쁨에 들떠서 아내 장 씨張氏와 세 살 난 아들을 데리고 제국의 남쪽 구석에 있는 차오저우潮州를 출발해 수도인 카이펑開封으로 왔다. 처음 수도에 도착한 그들의 경험은 "시골뜨기 도시에 오다"의 전형적인 장면이었다. 시골 사람들의 눈에 비친 화려한 세계를 형용하는 이 장면은 매우 독특한 매력으로 넘친다. 이는 분명 설창사화가 관중에게 그토록 매력적이었던 이유 중 하나일 것이다.

동쪽 시장은 서쪽 시장에 이어져 있고

남쪽 거리의 사람들은 북쪽 거리 사람들을 보네.

포목상 맞은편에 비단 가게,

찻집 맞은편에 주막이네.

생약방에서 탕약도 달여주고

꽃을 사려는 이들은 꽃장수를 부르네.[32]

죽 나열된 일련의 대구對句들은 제국 수도의 바둑판과 같은 정치적 질서를 보여주지만, 동시에 이러한 대칭적 질서를 전복시킬 듯한 상업적 흥청거림의 감각을 전달한다. 이 몇 줄의 대사만으로 청중은 몸의 감각이 지배하는 도시의 길거리로 진입하게 된다.

이 서생을 죽음으로 몰고 간 것은 바로 시각적 호기심이었다. 이튿날 아침 그는 도시의 경치를 '보고 즐기러看玩' 부리나케 나섰다. 구경하는 장면들은 가볍고 빠른 가사 속에서 반복적으로 구성되었다. 청중은 세 가족의 시선을 따라 상점, 관청, 그리고 성문을 유람했다. 그런 다음 그들은 수행원을 거느린 황후의 동생 조국구曹國舅와 마주친다.

말 위의 나리 직접 보았지, 여인의 몸을 나리가 보았지.

꽃처럼 아름다운 그 얼굴 보았지, 관음보다 요염하고 매혹적일세(4b-5a).

그의 음탕함을 드러내는 조국구의 시선은 무자비한 권력의 도구이기도 했다. 그는 음모를 꾸며 서생을 교살했고 어린 아들마저 때려죽인 후 우물에 던져버린다. 장 씨는 죽여버리겠다는 위협에 어쩔 수 없이 조국구의 아내가 되어 그의 새 부임지인 정저우로 갔다. 이 과정에서 그녀의 치명적인 매력을 묘사한 장면이 나오지만, 전족은 언급되지 않았다.

하지만 장 씨가 두 번째로 등장하는 조국구의 정저우 저택 장면에서, 이야기꾼은 청중에게 장 씨의 발을 직설적으로 거론했다. 이 장면에서 그녀는 연회를 열고 있던 조국구의 호출을 받았다. 이때 조국구는 포청천이 자신의 죄를 밝혀낼까봐 겁을 먹고 연회에서 그녀를 죽이고자 음모를 꾸미고 있었다. 장 씨는 무언가를 직감했다. 그녀는 최고로 아름답게 몸단장을 하고 냉철함을 유지하며 이 판을 이기자고 결심했다. 그녀는 거울에 비친 자신을 바라보았다.

눈썹을 교묘하게 그리고, 입술연지 살짝 바르고,
머리를 용머리처럼 틀어올렸네.
하루 열두 시간에 맞춰 금비녀는 12개.
머리에 금색 봉황 진주가 달린 두건을 쓰고,
양쪽 관자놀이 구름처럼 새까맣구나.
사향 풍기는 쓰촨산 비단 저고리 입고,
허리에 샹강湘江의 물결 무늬 치마 둘렀네.

발에 신은 궁혜弓鞋 길이는 겨우 3촌,

가볍게 금련 옮겨 방문을 나서네.

그녀의 아름다움은 높은 신분으로 인해 더욱 두드러졌고 금으로 된 횃불을 들고 길을 안내하는 시녀들 역시 미모를 돋보이게 했다. 조국구의 눈에는 그녀가 등장하는 장면 자체가 그녀만큼이나 매혹적이었다.

이렇게 공식화된 묘사에서 전족은 두 가지 표준적 수사로 표상된다. '3촌 궁혜'와 '금련'이 그것이다. 여기서 전족은 공주나 할 법한 호화롭고 정교한 복식의 일부였다. 세심하게 선발된 수행원들은 복식의 구성 중 가장 외부 층위에 해당된다고 할 수 있다. 이들은 장 씨의 귀한 신분을 나타내는 움직이는 상징과 같았다. 이러한 공식은 설창사화에서 반복하여 등장하는데 그 이유는 설창사화의 오락적 기능 때문일 것이다. 설창사화의 이야기꾼은 전통적으로 인물의 옷, 화장, 헤어스타일과 장신구 등을 묘사해 생동적 인물 이미지를 구성하고 작중 인물이 처한 사회적 환경을 전달한다.[33] 청중은 단지 추상적 묘사가 아닌, 구체적이고도 신체에 관련된 표현을 통해 인물을 시각화할 수 있다.

예를 들어 또 다른 작품에서 우리는 황제의 여동생과 시종들의 외양 묘사를 통해 설창사화가 어떻게 양자 간 지위의 차이를 세심하게 표현하는지 볼 수 있다. 이야기꾼이 공주를 청중에게 소개하는 장면에서, 공주는 운 나쁜 장 씨와 거의 같은 차림새를 하고 있었다. 봉황 두건, 연뿌리 무늬 비단 치마, 서천西川산 붉은 주단 저고리, 진주 귀걸이,

12개의 금비녀, 그리고 '발에 신은 3촌 꽃신' 등이다. 그녀가 걸을 때의 우아한 태도 역시 동일했다. "크게 걸어도 한 걸음에 5촌 움직이는 데 불과했고, 작게는 한 걸음에 3촌 움직였다." 장씨와 마찬가지로 공주의 고귀한 신분은 그녀가 거느린 인상적인 30명의 시종으로 인해 더욱 강조되었다.

시녀들의 지위 역시 시각적 대비를 통해 표현되었다. 그녀들의 치장은 매우 훌륭해 길가에서 지켜보는 사람들에게 깊은 인상을 주기에 충분했다. 서천의 열 가지 상서로운 비단西川十祥錦, 보라색 비단 치마, 온갖 구슬이 달린 두건, 관자놀이에 꽂은 모란꽃으로 꾸몄다. 그러나 그들의 복식은 단순하고 소박했으며 전족은 전혀 언급되지 않았다. 이러한 묘사는 그 자체가 그들이 공주를 모시는 노복의 신분임을 보여준다.34 이러한 패턴은 또 다른 설창사화 작품에서 공주가 등장하는 장면을 묘사할 때도 되풀이되었다. 설창사화에서 신분이 낮은 여성의 등장을 자세히 묘사하며 전족을 언급한 사례는 오직 두 군데뿐이다. 하나는 '채색 구름 수 높은 궁혜를 신은' 어느 술집 여자였고, 또 하나는 대대로 방직업에 종사하는 부잣집 여주인으로 그녀가 향을 바치러 사원으로 가려고 준비하는 과정을 묘사하는 장면이다.35

'3촌 궁혜三寸弓鞋'와 '연꽃의 걸음걸이蓮步'는 모두 일종의 스테레오타입이었다. 이러한 레토릭은 공주와 높은 지위의 남성들을 모시는 여성들을 묘사하기 위해 끊임없이 등장한다. 스테레오타입은 규칙성과 중복성을 통해 권력을 획득한다. 설창사화를 즐긴 관중은 어떻게 동일한 규칙으로 이러한 문화적 코드를 해석하는지도 배운다. 이것을 근거로 15세기 중국의 공주, 기녀, 그리고 방직업자의 아내들은 모두 전족을 했다고 추측한다면 이는 틀린 것이다. 설창사화의 인물들은 사회현실이나 관습을 '재현'하는 것이 아니다. 그보다는 그들에 대한 표현혹은 재현을 통해 여성의 아름다움, 사회적 지위, 그리고 바람직한 것에 대한 청중의 감각을 구성한 것이라 해야 할 것이다. 이것은 전족과 굳건하게 연결되어 있다. 이런 방식을 통해 설창사화 공연은 청중에게 신데렐라의 꿈을 전달하는 강력한 매개체로 기능했다.

완고한 신체: 전족의 부담과 효용

이러한 인식을 가지고 다시 조국구와 장씨의 이야기로 돌아가보자. 그녀는 술 취한 척하고 침대에 누웠다. 조국구는 차마 그녀를 직접 죽이지 못하고 검을 다룰 줄 아는 하인을 대신 보낸다. 하지만 이 장청張靑이라는 노인은 사실 그녀를 구하러 온 신이었다. 그는 장 씨가 술에 취하지 않았는지 시험해보기 위해 그녀가 우물 주위를 왼쪽, 오른쪽으로 각 3회씩 돌고 나서 우물 속에 빠지지 않으면 그녀를 구해주겠다고 했다. 이에 그녀는 "우물 주위를 마치 구름처럼 사뿐사뿐 세 번 돌면서" "한 걸음도 잘못 내딛지 않아" 시험을 통과했다(19b쪽). 한밤중에 장 노인은 후원을 통해 그녀를 밖으로 데리고 나갔다. 그녀에게 이른

아침에 바로 카이펑으로 가서 포청천에게 억울함을 호소하라 일러주었다.

하지만 그녀가 포청천에게 가는 길은 결코 쉽지 않았다. 결정적인 장애물은 그녀의 전족이었다. "발은 작고 신발은 뾰족하여 걷기 힘드네, 사나운 바람에 얼굴이 빨갛구나."(20a쪽) 그때 사람의 모습을 한 태백금성太白金星이[36] 손수레를 가지고 나타나 그녀를 카이펑까지 데려다주었다. 이 장면을 언급하면서 앤 매클래런은 "명대의 설창사화와 '여서女書'에서 모두 전족이 여성 행동에 장애를 가져오는 것으로 묘사되고 있음"을 간파했다. '여서'란 20세기에 후난 장용현江永縣에서 발견된 것으로, 여성들만의 문자 부호로 쓰인 일종의 특수한 텍스트다. 매클래런에 의하면 설창사화와 '여서'는 똑같이 비식자층 여성들의 구술 전통에 속한다. 이 전통 속에서 여성들은 전족에 대해 불평을 늘어놓았다. 그녀들은 전족이 오로지 짐만 될 뿐이라고 호소한다는 것이다.[37]

설창사화의 맥락에서 보면 매클래런의 결론이 틀린 것은 아니지만 이는 일면만 고려한 것이다. 그녀의 주장은 설창사화 텍스트 내부이건 외부이건, 전족이 복합적 의미의 집합체와 연결되어 있다는 점을 고려하지 못했다. 전체 11편의 설창사화 작품 중에서 전족이 부정적인 시각으로 묘사된 것은 이것이 유일한 사례다. 장 씨가 어둠 속에서 자신을 노리는 '남편'의 저택으로부터 도망쳐 길가에서 홀로 흐느끼고 있을 때, 전족이 장애물이었던 것은 분명하다. 하지만 정확히 말하면 전족은 오직 높은 지위를 상실한 여성에게만 장애물이 되는 것이다. 여기서 전

족의 방해는 신분 하락이 가져오는 고초를 상징한다.[38]

조국구의 누이인 황후와 장 씨의 처지를 비교해보자. 황후는 포청천이 동생 둘을 모두 체포했다는 소식을 듣고 그들을 구하려고 바로 카이펑으로 달려간다. 그녀는 8명의 가마꾼이 있는 용봉교龍鳳轎를 탔고 수행 궁녀로 '채녀彩女' 3000명, '교아嬌娥' 800명을 거느렸다(32b-33a쪽). 황후의 어머니 역시 빠른 속도를 내는 8인교를 타고 카이펑으로 갔다(30b쪽). 만약 전족—혹은 더 정확하게 말해 3촌 궁혜와 연꽃 걸음—이 설창사화에서의 스테레오타입이라면, 이것의 수사적 힘은 여성의 고귀한 신분과 전족을 연계시키는 일종의 사회적 태도에서 기인한 것이다. 그래서 설창사화에서 전족은 반복적으로 높은 신분의 상징으로 표상된다. 장 씨의 고난은 전족과 높은 신분과의 이 강력한 연계를 강화하는 역할을 할 뿐이다. 전족의 용도는 사회적 계층의 사다리를 오르기 위한 것이지, 등산을 위한 것이 아니다.

설창사화는 전족을 한 여성의 신체적 행동 능력에 대해 모순적인 메시지를 내포하고 있다. '연꽃 걸음' '3촌 연꽃 걸음' 혹은 '가볍게 움직이는 연꽃 걸음' 등등의 스테레오타입화된 레토릭은 전족 여성의 아름다움이란 그녀의 보행 동작에서 체현된다고 독자들에게 알려주고 있다. 물론 여기서 강조하는 동작은 앙증맞기 짝이 없는 걸음걸이에 불과하다. 장 씨가 성공적으로 우물 주위를 세 바퀴 돈 에피소드 역시 육체적 민첩성의 중요성을 강조하고 있다. 반면 "발은 작고 신발이 뾰족하여 걷기 어렵다" 혹은 "신발은 활처럼 휘었고 발은 작아 걷기가 어렵다"

등의 구절은 티눈, 건막류, 내성 발톱 등등의 고통과 이로 인해 늘어나는 치료용 탕약과 연고 등을 상기시킨다.

걷기에 지장을 주는 작은 발과 발을 구속하는 신발에 대한 불평은 15세기 문헌에 흔히 보이는 주제다. 설창사화와 동시대에 나왔던 남희南戲 『수유기繡襦記』에서 늙은 창기는 이러한 불편함을 핑계로 산길에서 가난한 서생과 헤어지려 했다. "내 발은 작고, 내 신발은 활처럼 휘었어요脚小鞋弓. 앞의 산길은 구불구불하고 울퉁불퉁하네요. 나는 이런 길 걷는 것에 익숙하지가 않아요."[39] 이 구절은 무대 밖의 실제 인생을 잘 보여주고 있다. 1597년 출간된 일용유서의 「혼취문婚娶門」 편에 '난문시攔門詩'들이 수록되었다. 난문시란 혼례 절차가 어떤 단계에 진입할 때 혼례를 진행하는 이가 읊조리는 축복의 시다. 책에서는 신부가 가마에서 내려 문으로 들어갈 때 이러한 시를 읊으라고 권했다.

신부가 막 가마에서 나왔네. 문득 보이는 아름다운 자태, 누구와도 비할 수 없네.
발은 작고 신발은 휘어 걸음이 불안하니脚小鞋弓行不穩, 옥 같은 하녀 준비해 양쪽에서 부축하기를.[40]

이 두 사례에서 "발은 작고 신발은 휘었다"는 구절은 고통을 호소하는 불평이라기보다 이 사람이 여성의 몸이라는 사실을 직설적으로 진술하는 것이다. 민첩성은 물론 중요한 가치이지만 전족으로 인한 장애도 당연한 것으로 용인되었다. 혼례의 축시에서 불안한 걸음걸이는 결코 불만이 아닌 축하의 대상이었다.

설창사화에서 두드러지는 것은 전족의 고통에 대한 날카로운 인식, 그리고 육체적 이동성의 정도와 그 방식에 대한 욕망의 모순성이다. 이 두 요소는 금련 숭배가 막 유행했던 과도기를 반영한다. 즉 사회적으로 과시성 여가conspicuous leisure의 상징인 작은 발과 화려한 전족용 신발이 우월한 신분을 표시한다는 일반적인 합의가 존재하는 듯 보였다. 하지만 다른 한편에서는 전족의 방식이 점점 힘들어지면서 신체의 불편과 장애가 커졌고, 문제의식까지는 아니더라도 이에 대한 불안도 증가했다. 이러한 모순은 사실 12세기부터 시작해 전족이 실제 시행되었던 모든 시기에 끊임없이 등장한다. 이 풍속이 인기를 얻을수록, 요구가 엄격해질수록, 반대하는 목소리도 높아졌다. 그러나 남성 사대부들의 반대는 소용없었다. 상당 부분 이는 설창사화와 같은 공연예술의 인기 때문이었다. 공연예술은 그들의 여성 청중에게 전족으로 인한 부담과 매혹적인 이미지 모두를 성공적으로 전달하고 있었다.

신체의 부담과 효용성

설창사화에는 몸身이라는 어휘가 자주 등장하는데 이는 몸이 감각적 호소에 중요한 역할을 하기 때문이다. '몸'의 용법은 근대 독자에게는 익숙하지만 독특한 것이기도 하다. 예를 들어 「조국구」에서 조국구의 형은 그에게 "빨리 장 여인의 몸을 죽여라"라고 권했다(17a쪽). 조국구는 자신의 죄를 실토할 때 다음과 같은 말로 시작한다. "그녀의 남편은 수재의 몸이었소."(19a) 도망자가 되어 어둠 속에서 오도 가도 못 하던 장 씨는 "하루아침에 이년의 몸을 망쳤네"라며 "말끝마다 그저 남편의 몸을 원망했다". 수레를 끌고 온 구조자는 "길가에서 여인의 몸을 보았다"(20a쪽). 문법적으로는 불필요한 '몸'이라는 어휘의 반복적인 등장은 타인에 의해 보이고, 살해당하고, 언급되는 물질적 신체의 존재를 강조한다. 이는 일종의 자아 감각의 느낌을 함축한다. 마치 일인칭 대명사를 대체하거나 혹은 추가하는 듯하다. 더 정확히 해석하자면 몸은 곧 '신체 자아body-self'에 해당된다.

몸을 뜻하는 한자 '신身'은 계몽주의 이후의 구미 사회에서 지배적이던 해석 방식과는 다른 인간의 존재 방식을 보여준다. 구미에서는 신체를 자아를 담고 있는 용기, 혹은 자아가 소유한 자산으로 간주했다. 그런 까닭에 영어에는 '몸을 가지다having a body'라는 표현이 있다. 반면 '신'은 '몸이 되다being a body'의 현상학적 이념을 표현하고 있다. 수잰 카힐은 당나라 시대 도교 여도사들의 시에서 '신'이 유사한 용법으로 쓰였음을 발견했다. 이러한 여성들에게는 재계, 단丹의 복용 혹은 금욕과 같은 수행의 실천이 불멸에 도달하기 위한 유일한 방법이었다. 만약 몸을 변형시켜 불멸이 되기를 원한다면, 반드시 얼핏 보기에는 파괴적인 수단을 통해 몸을 단련시켜야 한다. '자아'와 동의어가 되는

순간, 신체는 곧 해탈에 방해가 되는 동시에 해탈의 도구도 되는 것이다.[41]

신체 자아의 아이러니한 지위에 관한 이 같은 통찰은 각기 다른 프레임 속에서 전족의 고통을 이해하는 것을 돕는다. 자아와 신체는 분리된 존재라는 명제에서 출발하는 레버런드 맥고언과 같은 근대 비평가들은 1장에서 본 것처럼 전족을 천연의 (신이 부여한) 신체를 훼손하는 행위로 간주했다. 그들에게 자유의지로 자기 자신을 불구로 만들려는 누군가가 있다는 사실은 불가사의였다. 하지만 설창사화와 당대 여도사들의 세계에서는 '타고난 몸'이라는 개념 자체가 낯선 것이었다. 남성과 여성들은 자신의 신체를 활용해 그들의 목표—종교적, 물질적, 사회적 혹은 감각적인 것을 막론하고—를 달성했다. 감상가 이어의 사유는 바로 이러한 전근대 중국의 관점을 반영하고 있다. 그는 신체의 '부담累과 효용用'이라는 논리를 하나의 연속선상에 위치시켰다. 이는 현대의 '원래의 신체/불구가 된 신체'라는 이원적 담론보다 훨씬 더 유용한 논리다. 후자의 프레임에 따르면 사람은 원래 그대로의 몸, 혹은 기형적 몸 중 하나를 가지고 있다. 하지만 전자에 의하면 모든 자아는 곧 하나의 몸이다. 이는 각기 다른 정도로 조작에 순응하는, 심지어 필요로 하는 그런 몸이다.

우리는 앞 장을 기억할 수 있다. 이어의 표현은 그의 '기능 미학'의 일부다. 그는 이를 전족을 표현하는 것에만 사용했다. 다퉁의 기녀들을 찬양하면서, 그는 그녀들의 발이 "가장 작으나 이것 때문에 짐이 되지는 않는다. 가장 작지만 활용할 수 있다"고 했다. 전족을 했든 안 했든, 모든 여성에게 이 부담과 효용의 담론을 적용해보면 우리는 그들 자신의 내면적 시선에 따라 그들의 신체를 볼 수 있게 된다. 우리가 그들에게 목표가 무엇이어야 한다고 지시하지 않아도, 그들이 내부에서 바라본 대로 그들의 몸을 장애물이자 그들이 가졌을 어떤 열망을 성취할 수단으로 볼 수 있게 해주는 것이다.

이번 장의 나머지 부분에서 나는 자기 재현—그녀들의 신체 자아에 대한 재현—에서의 여성의 시각과 욕망을 이해하려고 시도할 것이다. 여기서 초점은 17세기에서 20세기 초까지 그녀들이 만들고, 구매하고, 착용했던 신발과 양말류에 맞추려고 한다. 여성들이 어떻게 그들의 신체를 사용해서 일했고, 어떻게 신체에 저항했는가를 통해서 우리는 '금련 숭배'의 전성기를 누리다 쇠퇴해갔던 이 수백 년 동안 여성의 신체가 짐이 되기도 하고 활용되기도 하는, 그러한 변화 중인 지형도를 그려볼 것이다.

부박한 육체: 새로운 도시 유행 체제의 탄생

효정孝靖황후는 명대 만력萬曆 황제(재위 1573~1620)의 후비 중 한 명이었다. 그녀의 무덤에는 눈길을 끄는 하이힐이 함께 매장되어 있다. 이 신발은 명대에 새롭게 유행했던 전족의 '축소화' 경향을 보여주는 매우 훌륭한 물질적 증거다. 연홍색 비단으로 만든 이 신발은 상당히 작다. 길이가 대략 12센티미터쯤 된다. 약간 위쪽으로 들린 발끝에는 이전 시대의 활 모양 디자인의 실루엣이 남아 있지만 4.5센티미터에 달하는 통굽은 새로운 유행의 도래를 선언하고 있다. 발끝의 양쪽에는 연꽃과 꽃잎을 수놓았고 발가락 밑쪽에는 소나무와 대나무를 수놓았다. 타원형 모양인 굽의 넓이는 세로와 가로가 각각 7센티미터와 5센티미터였다. 이 굽은 짚으로 된 종이를 여러 겹으로 쌓고 이를 두 줄로 꼬아 만든 비단실로 바느질한 다음, 붉은 주단으로 표면을 감싼 것이었다.42

효정황후는 공비恭妃 왕씨王氏에게 사후에 주어진 칭호였다. 그녀는 만력 황제의 모후인 태후의 궁에서 궁녀로 일하며 내궁內宮에서 궁중 생활을 시작했다. 그녀는 1582년 만력제의 장남을 낳기 두 달 전 후궁이 되었다. 그 아들은 이후 태자가 되고 황제가 되었다. 하지만 당시 만력제의 관심은 다른 곳에 가 있었다. 그리고 그는 자신이 총애하는 정귀비鄭貴妃의 아들을 후계자로 삼기 위해 애썼지만 결국 수포로 돌아갔다. 그 과정에서 궁중에서의 삶은 그야말로 재앙이 되었다. 왕 씨는 고독과 절망 속에서 1611년에 죽었고 그녀의 시신은 다른 곳에 매장되었다. 하지만 만력제가 1620년에 죽고 새 황제가 등극하자 왕 씨는 황제의 생모가 되었다. 그녀는 정릉定陵으로 이장되어 만력 황제와 그의 정궁正宮 효단孝端황후 옆에서 안식하는 영광을 누린다.43 효정황후는 전형적인 신데렐라였다. 비록 그녀는 결코 동화에서처럼 오래오래 행복하게 살지는 못했지만.

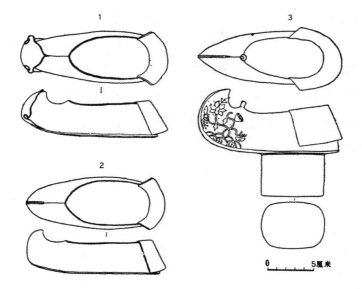

그림 16. 효정황후의 신발. 그림에서 묘사한 세 켤레 신발은 그녀의 부장품에서 나온 것이다. (1) 낮은 밑창의 운두혜. 효단황후와 효정황후 것인 보석과 신발이 든 상자에서 나왔다. (2) 낮은 밑창의 봉두혜. 효정황후의 관에서 발견된 네 켤레 중 하나다. (3) 과도기 형태의 하이힐 봉두혜로 효정 황후 관 남쪽의 상자에서 발견되었다. 상자에는 그녀의 신발과 어린아이의 옷이 들어 있었다. (3)과 같은 신발은 (2)번 신발에 원통형 굽을 붙혀서 만든 것이 분명하다.(中國社會科學院 考古研究所 等 編,『定陵』第1冊, 122쪽)

효정황후 관 안의 부장품으로는 네 켤레의 12.9센티미터 길이의 평굽으로 된 '봉두혜'가 있었다. 관의 남쪽 구석에 놓여 있는 상자 속에는 '운두혜' 두 켤레도 있었는데 길이 10.5센티미터에 불과했다.[44](그림 16, 1번과 비슷함) 효정황후 하이힐의 몸체는 평굽의 운두혜와 비슷했다. 근대 작가들이 경탄했던 아치형의 나무 밑창의 흔적은 없었다. 아마 그녀의 하이힐은 초기 형태였을 것이다. 이는 새로운 유행 체제로 가는 과도기였음을 뜻하며, 만력 시대의 부유함과 모순을 체현하는 것이기도 하다. 비단과 도자기를 교역하여 신대륙에서 은이 대량으로 유입되자 제국의 도덕적 기반은 타격을 입었다. 이는 티머시 브룩이 쓴 근사한 제목의 책 『쾌락의 혼돈The Confusions of Pleasure』에서 묘사한 내용과 같다. 선정적인 여성 신발의 등장은 화폐경제의 유혹과 위험을 예증한다.

도시의 유행 체제, 특히 아치형 나무 하이힐의 화려함은 『금병매사화金甁梅詞話』에 가장 생생히 표현되어 있다. 이 소설이 처음 출판된 것은 1618년이지만 1596년 이후에 이미 필사본이 유통되고 있었다. 문학 연구자 샹웨이商偉는 이 소설의 특징이라 할 수 있는 '일상성'이 바로 근대성을 상징한다고 했다. 이 작품은 마치 일용유서처럼 일부다처제 가정에서 벌어지는 생생한 일상생활을 일화적이고 단편적인 방식으로 그려내고 있다. 여기에는 서문경西門慶이라는 상인과 그의 여섯 처첩, 많은 하인, 여종, 그리고 군식구들이 살고 있었다. 이런 방식으로, 『금병매사화』는 욕망의 확장, 그리고 만력 시대 문화 시장의 특징인 끝

없는 문자의 범람을 보여준다.[45]

『금병매사화』의 일용유서적 특징은 작가가 신발처럼 평범한 대상의 세부 묘사에 잔뜩 공을 들인 것에서 드러난다. 여성의 남성 유혹, 여성의 신분 상승 노력, 그리고 여성 간의 경쟁, 이 세 가지 상호 관련된 주제는 금련 숭배의 유행을 살펴보는 데는 물론, 소설 자체에서도 매우 중요하다. 전족 신발을 묘사한 몇몇 유명한 장면에서 이 주제가 매우 구체적으로 드러나는 것을 볼 수 있다. 제4회에서 서문경과 유부녀 반금련은 왕 노파의 찻집에서 맹렬하게 서로를 유혹했다. 서문경은 일부러 젓가락을 반금련의 발 옆 바닥에 떨어뜨린다.

서문경은 얼른 몸을 숙여 젓가락을 주웠는데, 보이는 것은
뾰족뾰족 위로 솟은 발, 딱 3촌, 딱 반 뼘
작디작은 한 쌍의 금련, 마침 젓가락 옆에 솟아 있구나.
서문경은 젓가락을 줍지 않고 그녀가 신은 꽃신의 앞 코를 비틀었다.
그 여인은 웃기 시작했다. "나리, 소란 피우지 마세요!
당신은 마음이 있고 나도 뜻이 있답니다. 정말로 나를 꼬시려고요?"

수놓은 전족 신발에서 풍기는 에로틱한 암시는 너무나 명백해, 살짝 꼬집기만 해도 바로 성적 유혹으로 이해되었다.

바로 둘은 왕 노파 집에서

옷을 벗고 허리띠를 풀고, 함께 침대에서 즐기네.[46]

반금련의 미모, 특히 그녀의 작은 발은 성공으로 가는 열쇠였다. 그녀는 서문경의 다섯 번째 첩이 되려고 행상인 남편을 살해하여 결말 부분에서 잔인한 죽음을 맞는 복수의 씨앗을 심었다. 한편 서문경의 집에서 금련은 맞수 송혜련宋蕙連을 만난다. 그녀는 하인의 아내였는데 반금련보다 발이 더 작았다.[47] 그들의 경쟁은 23회에서 수면 위로 떠오른다. 서문경은 '노복 마누라'인 송혜련과 밀회를 즐기기 위해 반금련의 침실을 빌리려 했지만 거절당한다. 그래서 그들은 정원의 인공 석굴에서 밤을 보냈고 반금련은 이를 엿듣는다.

(송혜련은) 또 말했다. "아이 추워라. 이제 그만 주무시라니까, 왜 내 발만 뚫어지게 쳐다보는 거예요? 이렇게 작은 발 본 적 없죠? 나는 신발 만들 천 쪼가리도 없어요. 나한테 신발 만들 천 좀 사주는 게 어때요? 난 맨날 남들 신발 만드는 거 구경만 하지 제 것은 못 만든다니까요!" 서문경이 말했다. "우리 예쁜이, 그까짓 것, 내일 색색으로 천을 사줄게. 네가 우리 다섯째보다 발이 더 작을 줄 누가 알았겠어!" 여인이 말했다. "누구를 갖다 대요? 지난번에 내가 그 여자 신발 가져다 한번 신어봤는데 내가 신발을 신고도 통째로 들어가더라고요. 크기는 둘째 치고 신발 모양이 제대로 되어야지요."[48]

송혜련은 결정적인 모욕을 날렸고 반금련은 물론 격분했다. 하지만 결국 송혜련은 아름다운 발을 가지고도 서문경의 '처첩'들의 행렬에 끼지 못했다. 이 처첩의 신분을 상징하는 것은 자신의 방을 소유하고, 멋진 전족 신발을 디자인하고 바느질할 여가를 낼 수 있는 특권이었다. 이 에피소드에서 패배한 신데렐라 송혜련은 그래도 소득이 있었다. 그녀는 수놓인 전족용 원단을 시중에서 살 수 있게 되었다. 서문경의 집 안에서 그녀는 결국 한 등급 올라간 셈이다.

서문경의 저택에서 신발 만들기는 일종의 계급화된 노동이었다. 송혜련과 다른 노복들은 줄곧 신발 밑창 꿰매는 일을 했다. 이는 막간을 이용해서 하는 노동으로, 무수한 농촌 여성의 실제 삶이기도 했다. 300년 뒤에도 이러한 풍경은 그리 많이 바뀌지 않았다. 아이다 프루잇이 산둥 시골에서 보았던 풍경과 비슷하다. 당시 그녀의 이웃은 정원에 앉아 있었다.

(그녀는) 나무판자에 천 조각들을 붙였다. 모두 옷을 짓고 남은, 혹은 낡은 옷에서 잘라낸 천 조각들이다. 판자를 벽에 기대어두고 햇볕을 쪼여서 바짝 말린 뒤, 판자에서 천 조각들을 걷어 신발 밑창 크기대로 잘랐다. 그러고는 삼으로 만든 노끈으로 이것들을 꿰매어 두꺼운 밑창으로 만들었다. 내 느낌으로는 마치 모든 여성이 영원히 이 일을 하는 것처럼 보였다. 집마다 창가에는 반쯤 완성된 밑창에 기다란 철로 된 바늘이 꽂힌 채 놓여 있었고 그 옆에는 작은 송곳과 삼끈 한 덩어리가 있었다. 다

른 가사를 하다 잠깐 틈이 났을 때 즉시 집어들어 시작할 수 있게끔 준
비한 것이었다.[49]

반면 저택의 여주인들은 신발 몸체를 디자인하고 제작하는 것에 커
다란 정성과 주의를 기울였다. 『금병매사화』 제29회 서두에서는 그들
이 화려하고 아름다운 디테일에 집착하는 장면을 묘사하고 있다.

한편 다음 날 반금련은 일찍 일어나서 서문경을 밖으로 내보냈다. 그녀
는 붉은 신을 만들어야 한다는 것을 기억하고 반짇고리를 들고 화원의
비취헌翡翠軒 아래 앉았다. 그곳에서 그녀는 새 신발에 수놓을 문양을
그리기 시작했다. 그녀는 춘매春梅를 보내 이병아李瓶兒를 데리고 왔다.
이병아가 물었다. "언니, 뭘 그리고 있어요?"
금련은 말했다. "신발을 한 켤레 만들 거예요. 진홍색 빛이 나는 주단을
바탕으로 하고 하얀 비단으로 평평한 밑창을 만들고 신발 끝에는 앵무
새가 복숭아를 쪼는 모양을 수놓으려고요."
이병아는 말했다. "나한테 여러 가지 진홍색 주단이 있어요. 나도 언니
처럼 만들 거예요. 그런데 내 것은 바닥을 높게 하려고요."
그래서 이병아도 반짇고리를 가져와 함께 만들었다.
반금련은 문양 하나를 그렸다가 그것을 내려놓았다. "아우님, 아우님이
내 것도 하나 그려주세요. 제가 뒤쪽으로 가서 셋째 맹孟 언니도 불러올
게요. 맹 언니도 지난번에 신발을 만들 것이라 했거든요." 그러고는 바

로 뒤쪽으로 갔다.

셋째 맹옥루孟玉樓는 방에서 구들 받침대에 기대서 신발 한 켤레를 들고 바느질하고 있다가, 반금련이 들어오는 것을 보자 말했다. "오늘은 빨리 일어났네!"

반금련이 말했다. "일찍 일어나서 하천호賀千戶 배웅하라고 나리를 내보냈어요. 저는 병아 아우님이랑 아침에 시원할 때 정원에서 일을 좀 하기로 약속했어요. 좀 있으면 해가 너무 뜨거워져 못 할 테니까요. 겨우 도안 한 켤레 그리고 나서 아우님에게 나 대신 좀 그려달라고 하고는 왔어요. 언니도 모셔가려고요. 우리 셋이 함께 하면 잘 할 수 있을 거예요." 그러고는 연이어 물었다. "언니는 지금 무슨 신발 만드는 중인가요?"

맹옥루가 말했다. "동생도 봤지. 어제 시작한 그 검정 비단 신발."

반금련이 말했다. "정말 대단한 분이셔! 벌써 또 한 짝 만드셨네."

맹옥루는 말했다. "한 짝은 어제 다 만들었고, 이것도 제법 했어."

반금련은 그것을 받아서 보았다. "여기 신발 앞에는 무슨 모양을 수놓으실 건가요?"

맹옥루가 말했다. "나는 젊은 아우님들처럼 알록달록하게 할 수는 없지. 나 같은 늙은이는 신발 끝에 금박이나 넣을까 해. 연녹색 실로 테두리를 바느질하고 하얀 산 무늬를 위에 넣는 거지. 흰색 비단으로 높은 밑창을 넣고. 어떨 것 같아?"

맹옥루는 반금련을 따라 정원으로 나와서는 그녀에게 물었다.

"동생은 공연히 평평한 신발을 만들어서 뭐 하려고? 밑창 높은 신발이 더 예쁘지. 만약 나무 밑창이 소리가 나는 게 싫은 거라면 내가 모직으로 굽을 싸주면 되지 않겠어? 이렇게 하면 걸을 때도 소리가 나지 않거든."

반금련은 말했다. "보통 때 신으려는 게 아니고 잘 때 사용할 거예요."

전날 밤 하인의 아들 하나가 반금련의 붉은 수면 신발을 훔쳐갔다. 그 뒤 찾기는 했지만, 신발은 이미 더럽혀졌다. 그래서 그녀는 '진홍색 뒷굽이 있는' '녹색 비단 수면 신발'을 신고 자야 했다. 붉은 신발에 집착하는 서문경은 반금련에게 새 신발을 만들라고 했다.[50]

나무 밑창을 모직으로 싸주겠다는 맹옥루의 제의는 여성들만이 떠올릴 수 있는 일종의 묘수였다. 우리가 앞서 봤던 자료들과 비교해보면, 이 장면은 단지 하이힐의 화려함만을 전달하는 것이 아니라 이 유행을 만들어낸 사람은 다름 아닌 여성, 그것들을 디자인하고 제작하고 착용했던 여성들이라는 사실을 알려주고 있다.[51] 원단 선택, 색깔 배합, 구두 몸체의 디자인에 기울이는 여성들의 정성은 신발이 그들의 복식 전체에서 대단히 중요하다는 것, 그리고 그녀들이 신발에서 얻는 즐거움이 매우 크다는 것을 보여준다. 또한 눈여겨볼 것은 신발 만들기가 여성의 일상생활에서 대단히 중요한 일부가 되어 있었고, 이러한 활동이 여성들 간의 동지애와 경쟁 모두를 가능케 했다는 점이다.

나는 17세기의 나무 밑창을 댄 하이힐의 실물을 보지 못했다. 그리고 소설의 이 장면은 그 이유 중 하나를 설명해준다. 하이힐은 디자인과 생산에 매우 주의를 기울여야 하는 화려한 사치품의 일종이다. 이것들은 쉽게 더러워지고 훼손된다. 훼손되기도 전에 유행이 지나버리기도 한다. 창의력이 풍부한 맹옥루는 단 이틀 만에 자신의 신발장에 새로운 신발 한 켤레를 추가했다. 서문경이 자수가 놓인 원단을 시장에서 구해주겠다고 송혜련에게 했던 약속은 가정 내의 여성들에게 새로운 스타일을 궁리하게끔 하는 원동력이 되었을 것이다. 그래서 유행의 변화무쌍함을 쫓아가는 이 전족용 꽃신은 여성의 자아 재현과 남성의 에로틱한 상상의 중심에 있었다. 필수적인 것이었지만 아이러니하게도 언제든 버릴 수 있고 덧없이 생명이 짧은 존재였다.

새 수면 신발을 급히 만들려는 반금련의 갈망은 우리에게 다음과 같은 사실을 일깨워주는 듯하다. 이들은 낮이고 밤이고, 집 밖에서건 안에서건 유행의 압력에서 벗어날 수 없었다. 전족용 꽃신뿐 아니라 수면 신발부터 발싸개까지 발에 착용하는 모든 것은 화려하고 신비한 아우라를 전족에 부여했다. 수면 신발은 밑창이 부드럽다는 것을 제외하고는 밖에 나갈 때 신는 굽 낮은 신발과 별반 다르지 않다. 그런데 이 수면 신발은 서양에서의 브래지어나 팬티와 같은 은밀함과 도발을 함축하고 있다. 그것들이 한 번도 벗겨지지 않았기 때문이 아니다. 노출 자체보다 가리고 있다가 벗어던지는 것이 훨씬 더 흥미진진하기 때문이다.[52]

사실 이것보다 더 입에 올리기 힘든 것이 있었으니, 바로 느슨해진 전족 띠가 그것이다. 금련 숭배의 전성기에 맨발은 일종의 금기였다. 『금병매』의 성애 장면에서조차 벗은 발은 오직 한 군데에서만 암시적으로 묘사되었다. 술에 잔뜩 취한 서문경은 "(반금련의) 붉은 꽃신을 벗겨버리고 전족 띠를 풀어버리고는 그녀의 두 발을 포도나무 시렁에 묶었다".53 시각적인 그리고 문자 텍스트상에서 금기를 깨뜨리는 27회의 이 장면은 이 소설에서 가장 유명한 (그리고 가장 악명 높은) 단락 중 하나다. 이 장면은 서문경 일가의 과도한 성적 방종을 상징한다. 전족 감상가 이어는 1657년에 완성한 에로틱 소설 『육포단肉蒲團』에서 벗은 발이 금기인 까닭은, 가리고 있는 것을 벗겨버리면 결국 흥미를 잃기 때문이라고 해석했다. 어느 정사 장면에서 주인공 미앙생未央生은 옥향玉香의 옷을 다 벗겼다. "오직 발에 신은 양말만 놔두고, 나머지 저고리와 가슴가리개 등도 하나도 남김없이 다 벗겼다." 이어는 이렇게 해설했다. "3촌 금련은 결국 그 위에 작은 비단 양말이 있어야 매력적인 것이다. 그렇지 않으면 마치 잎사귀 없는 꽃처럼 보기 싫어진다."54

수면 신발 혹은 하이힐의 설계자, 제작자, 그리고 소비자로서 여성들은 교묘하게 은폐와 환상의 책략을 사용하여 보는 이의 시선을 조종한다. 그녀들의 기교는 자신들의 민얼굴이 드러날 때까지 어지럽고 복잡한 세계를 압축하며 축소한다. 붉은 주단인가 아니면 하얀 명주인가? 금박을 놓을 것인가 아니면 녹색 스티치를 두를 것인가? 신발 만드는 여자들은 신발 몸체의 가장자리, 밑창, 특히 신발 끝부분과 같은 사소한 무언가에 너무나 많은 공력을 투입했다. 그러면서 그녀들은 이 세상의 무궁무진한 욕망과 환상을 그녀의 신체적 자아에 집중시킨다.

생산적인 몸: 신발 제작과 시장

고증학자 호응린은 당시 여성들이 더는 자기 신발을 만들지 않고 직업 재봉사인 '봉인縫人'에게 이 일을 맡긴다고 불평했다.[55] 신발 제작의 경제학과 관련된 자료는 아주 드물지만, 일화 형태로 남아 있는 자료를 통해서 '봉인'이란 여성 재봉사 혹은 기술자로, 부잣집에 고용되어 주문에 따라 신발을 만드는 이들이라고 짐작할 수 있다. 남성들의 신발과 달리 여성의 신발과 양말은 근대 시기 전까지는 완전히 상품 형태로 가게에서 팔리는 단계로 발전하지 못했다.

16세기 이후 셀 수 없이 많은 종류의 가정용품과 개인 용품이 모두 상업적으로 생산되기 시작했고 이는 점점 더 보편화되었다. 당시 유행 경향을 예민하게 관찰했던 쑹장宋江 사람 범렴范濂은 남성 신발류의 생산에 엄청난 변화가 일어나고 있음을 감지한다. "신발은 애초에는 난징의 가마꾼이 운영하는 가게의 물건을 선호했다. (쑹장)군郡에는 신발 가게가 하나도 없었다. 만력 연간(1573~1620) 이후 비로소 신발을 만드는 남성들이 등장했다. 이후 점점 (신발이) 날렵하고 정교하게 만들어지면서 군의 동쪽에 가게 여러 곳이 생겼다. 가마꾼들이 파는 신발은 쑹장에서는 제일 못한 물건이 되었다."

상업적 제화 산업의 번영은 여행과 지역 간 이동의 편리성에 의해 가속화되었다. 사史 씨 성을 가진 어느 제화업자는 근처의 이싱宜興에서 쑹장으로 와 짚신 유행을 일으켰다. 그가 판매한 짚신의 품질이 매우 좋았기 때문이다. "이후 이싱의 신발 만드는 이들이 대여섯 명씩 무리를 이루어 쑹장군에서 신발 가게를 열었다. (가게가) 몇백 곳에 이르자 가격이 대단히 저렴해졌다. 사인들도 다투어 이 사업을 하려고 했다."[56] '신발을 만드는 남성'이란 가정 내의 여성이 이제 신발을 만들지 않게 되었다는 것을 의미하며, 이는 그것이 상품화되었다는 말과 동의어였다. 하지만 범렴의 서술로 보면 이처럼 상업화된 신발은 남성을 위한 것임이 분명하다.

1556년 겨울에 몇 주간 남쪽 도시 광저우를 방문했던 포르투갈 도미니크회 수사 가스파르 다 크루스는 만력 연간 이전 수십 년 동안 번영했던 제화 시장을 묘사했다. 그는 그곳에서 방대한 신발 생산량에 깊은 인상을 받았는데, 이것이 중국의 물질적 부를 상징한다고 생각했다. 그래서 그는 한 장 전체를 할애하여 신발류를 취급하는 '기술자'와 '상인'에 대해 전문적으로 논하기도 했다. "신발은 가장 많이 소비되는 물건이므로 신발 분야의 기술자들이 다른 어떤 분야보다 많다. 광저우에는 두 곳의 긴 제화 거리가 있다. 하나는 비단으로 만든 비싼 신발을 팔고, 다른 하나는 가죽으로 된 보통 신발을 판다. 이 두 곳 외에도 이 도시에는 많은 기술자가 분포해 있다." 아울러 일종의 가격 구조도 형성되었다. "고급 장화와 신발은 다양한 색채의 비단으로 겉을 싸고 곱게 꼬인 실로 자수를 놓았다. 장화의 가격은 10크라운부터 1크라운짜리까지 다양하다. (…) 그래서 부자와 매우 가난한 이들 모두 신발을 신을 수 있다. 부자들은 마음대로 신발을 고를 수 있다. 3펜스 혹은 1리알짜리 신발은 짚으로 만든 것이다."[57]

지역의 고객들에게 판매하는 제화점 외에 지역별 신발 거래도 번영했다. 1599년에 나온 어느 일용유서는 행상들에게 각 마을과 도시에서 생산되는 신발의 장점과 단점에 대해 설명하고 있다. "화석교火石橋, 쩌저우澤州, 양저우에서 만든 밑창이 천으로 된 면 신발은 꽉 조인다. 풍상부鳳翔府, 분주汾州, 노주潞州에서 생산하는 바닥을 꼬아서 만든 짚신은 헐렁하다. 난징에서 만든 비단 신발은 높낮이가 다양하다. 쑤저우의 비단 신발은 모두 중간 수준이다. 난징의 굽 있는 신발은 원단이 고급스럽고 부드러운 속 재료를 사용하여 오래 신을 수 있다. 양저우 나막신은 속 감이 딱딱하고 원단이 저급이라 오래가지 않는다."[58] 풍상, 분주, 노주, 쩌저우는 모두 산시陝西와 산시山西 등 서북쪽 성에 위치한다. 난징, 쑤저우와 양저우는 강남에 있다. 상업적 제화업은 희귀한 원료가 필요한 것이 아니었기 때문에 제국의 변경지역과 중심지 모두에서 번성했다.

일용유서는 또한 지역의 제화업자들에게 새로운 상품을 시도해보고 먼 곳으로 시장을 확장하라고 충고했다. "장인江陰의 갈대 신발도 하나의 사업이 될 수 있을 것이다. 초봄에 갈대를 수확해 창가나 문간에 한 무더기씩 쌓아두고 햇볕에 말린다. (창문이나 문틈을) 종이로 단단히 봉해서 바람이 들어오지 않게 해야 한다. 바람이 들어오면 색이 변할 수 있다. 비를 맞게 하면 노란 얼룩이 생길 수 있다. 늦가을 이후부터 잘 팔린다. 후난湖南과 광둥에서 너무 잘 팔리므로 5할의 이윤은 보장할 수 있다." 장인은 창강長江 근처에 위치한 포구 도시다. 또 다른 좋은 곳은 창강과 대운하가 만나는 곳이다. "과저우瓜州의 미투리도 하나의 사업이다. 음력 2월에 삼베 실을 거두어 말린다. 거친 것과 고운 것들을 종류별로 분류하여 포장한다. 남북으로 팔려나가기 때문에 그것을 가져가는 객상들이 늘 있다."[59]

저자가 신발을 만드는 가내 수공업에서의 분업 상황에 대해서는 언급하지 않았지만, 신발류의 지역적 특화와 장거리 무역이 농가 여성들의 생계를 위한 추가 기회를 제공했을 것으로 추측할 수 있다. 농가 여성들은 가정의 수입을 보충하기 위해 이미 방적에 종사했고, 다른 가공품도 생산하고 있었다. 남성 신발의 상업화에 따라 남성 전문 제화 기술자들도 증가했지만, 결코 이로 인해 여성들이 신발 만드는 것을 멈추지는 않았다.

문헌과 물질적 증거가 부족한 탓에 우리가 알 수 있는 신발 소비자로서의 여성의 환경은 불분명하다. 행상인뿐 아니라 쑹장과 광저우의 제화점 고객들은 모두 남성이었던 것으로 보인다. 양갓집 여성이 제화점에서 산 신발을 신었음을 암시하는 유일한 기록은 쑤저우 출신인 심복沈復(1763년 출생)의 책에 있다. 그의 아내 진운陳芸이 남장을 하고 관등회에 참석하려고 할 때 심복은 이렇게 제의한다. "상점에서 호접리蝴

蹀履를 파는데 크기도 마음대로 고를 수 있고 구매도 매우 편리하오. 아침저녁으로 슬리퍼 대신 신고 다닐 수 있으니 좋지 않소?"60 '호접리'가 평상시에 신는 용도로 (그리고 그들이 공개적인 장소에서 남장을 하고 나설 때) 멋쟁이 여성들의 사랑을 받기는 했지만, 이는 원래 남성들을 위해 만들어진 밑창이 낮은 신발이었다.

19세기 초에 어떤 양저우 사람이 자기 고향에 있는 제화점들이 쑤저우나 항저우의 것보다 훨씬 더 뛰어난 호접리를 팔고 있다고 했다. 이 신발의 부드러운 굽은 10에서 12겹 정도의 고운 양모를 바느질해서 만든다. 그리고 몸체 부분은 무늬 없는 주단, 수입 모직, 보라색이나 회색의 크레이프로 만들었다. 여기에 검정 펠트나 새틴으로 리본을 만들어 발끝에 붙인다. 그래서 이름이 '호접리'다. 그는 어렸을 때 은 5~6전을 주고 검정 비단의 호접리를 '구입'했던 것을 기억한다. 하지만 18세기 말이 되면 이 상점들은 호접리를 1냥 2~3전에 팔았다.61 견고하고 편안해서 호접리는 남성의 일상용 신발로 계속 인기가 있었다. 어쩌면 전족하지 않은 여성들도 제화점에서 신발을 구매했을 수 있다. 하지만 전족한 양갓집 여성들이 신발을 제화점에서 샀으리라 생각하기는 어렵다. 그들의 신발에는 성적 도발의 의미가 선명하게 새겨져 있기 때문이다.

이러한 가설은 다음과 같은 사실에 의해 뒷받침된다. 청대의 법정과 희곡에서는 여성의 꽃신, 특히 수면 신발은 그녀의 섹슈얼리티를 상징하는 것으로 해석된다. 그래서 남편이 아닌 다른 남성이 그것을 소

A

B

그림 17. "만약 신발이 맞으면 너는 분명 무죄다": 산둥의 통속 희곡 『왕정보가 꽃신 빌려 저당 잡히다王定保借當繡鞋記』에서의 두 장면이다. 이는 북방의 고사鼓詞인 『수혜기繡鞋記』를 개 작한 것으로 가난한 서생 왕정보와 신발에 얽힌 사연을 묘사했다. 그의 사촌이자 약혼녀인 춘 란春蘭이 자신의 혼례복을 그에게 주어 저당잡힌 돈으로 과거시험을 보러 가게 했다. 악당 이 무거李武擧가 춘란의 미모를 탐내어 그가 물건을 훔쳤다고 고소했다(A). 현명하고 용감한 그 의 약혼자는 재판에서 그를 변호하며 그녀가 이 신발의 정당한 주인임을 입증하기 위해 재판 관 앞에서 발에 신을 신는 것을 보여주었다(B). (연화年畫 시리즈 중 일부. 이 연화에는 그림 3장이 포함되어 있는데 모두 산둥 웨이팡 유방濰坊 양자푸楊家埠의 연화 예술가들의 작품이 다. 高建中의 소장품, 張道一 編選, 『老戱曲年畫』 107~109쪽에 재인쇄되어 수록)

유한다는 것은 이 남녀가 불륜관계임을 시사하는 충분한 증거가 된다.(그림 17) 1787년 진저우錦州에서 발생한 23세 왕王 여인 피살 사건은 그녀의 녹색 수면 신발이 결정적 증거물이 되었다. 왕 여인의 남편은 채소 장수였는데 그는 노점상인 친구 장대張大(33세)에게 돈을 빌렸다. 6월 10일 아침 장대는 왕 여인의 남편이 외출한 뒤 나타나서 왕여인과 싸움을 벌였다. 장대에게 얼굴, 목, 복부를 찔린 왕 여인은 빚을 받으러 온 장대가 그녀가 혼자 있는 것을 보고 범하려 하여 저항했다고 조사원에게 진술했다. 중상을 입은 그녀는 그날 늦은 시각에 죽었다.

장대는 현장에서 왕 씨 부부의 집주인에게 붙잡혀 감옥에 갇혔다. 새로운 지현이 부임하여 다시 심문을 받을 때 그는 다른 증언을 했다. 자신이 오랫동안 왕 여인의 애인이었다는 것이다. 6월 9일 그는 왕 여인이 또 다른 애인 무武 씨와 관계하는 것을 목격했다. 그는 이튿날 아침 왕 여인이 자신과의 성관계를 거절하자 분노가 폭발했다. 그녀와의 불륜관계를 입증하기 위해 그는 조사관에게 자신의 상품 상자에 보관해두었던 왕 여인의 수면 신발을 증거로 제시했다. 무 씨도 왕 씨와 불륜관계임을 자백하여 장대의 진술의 신뢰도를 높여주었다. 그런데 그 녹색 신발은 장대와 그 죽은 여인 간에 있었다는 불륜관계의 유일한 증거였다. 왕 여인의 모친은 그 신발을 본 적이 있지만, 그것은 "딸이 신으려고 직접 만든 것"이라 했다. 하지만 왕 여인의 남편은 그 신발을 본 적이 없었다. 결국 재판관은 장대의 진술을 믿기로 했다.[62]

1743년에 발생한 또 다른 사건에서는 심지어 외출용 신발이 어떤 남성의 짐 속에 들어 있었다는 것도 의혹을 살 만한 이유가 되었다. 여기余起라는 자는 막 결혼해서 친정에 왔다가 남편 집으로 돌아가는 여동생을 데려다주는 길이었다. 그들이 허난河南의 융청현永城縣을 지날 때 한밤중이 되자 두 사람은 묵을 곳을 찾았다. 그러다 그곳의 불량배 이李 씨를 만났는데 이 씨는 일부러 시비를 걸며 그들의 짐을 뒤졌다. 그러다 침구 속에 여자 신발 한 켤레가 쑤셔 박혀 있는 것을 발견한다. 그는 이 신발은 여기가 불륜관계 애인과 야반도주 중임을 보여주는 명백한 증거라고 주장했다. 그 후 이 씨는 신부를 겁탈했고 그녀는 자살했다. 이에 사건 전체가 법정에서 다뤄지게 되었다. 재판관은 이 씨의 평계를 받아들이지 않았고 그의 변명이 그의 범행을 경감시켜준 것도 아니었다.63 이 씨의 변명은 물론 억지였지만 적어도 다음과 같은 사실을 분명히 입증해준다. 당시 사람들은 보편적으로 여성의 신발을 여성들의 은밀한 신체 부위의 확장으로 간주했다. 만약 여성의 신발이 시장에서 쉽게 살 수 있는 상품이었다면 그것들이 불륜의 징표라는 이러한 주장은 성립될 수 없었을 것이다.

스타일의 변화와 지식의 전달

17, 18세기에 여성의 신발은 시장경제와 가정경제의 교차점에서 생

산되었다. 자급적인 농경경제의 기초가 되는 '여성 노동'에 대한 고전적 요구에 의하면, 여성의 신발은 가정에서 생산해야 했다. 하지만 하이힐의 등장은 이 전통에 종말을 가져온다. 이론적으로 면, 마, 비단으로 된 신발은 시장의 교역을 거치지 않고 모든 과정을 여성의 손으로 직접 해결할 수 있다. 하지만 나무로 된 밑창은 목수의 기술을 필요로 했고 이는 규방 밖에서 조달할 수밖에 없었다. 명대 후기의 명기 유여시柳如是(1618~1664)는 유명한 장인들에게 나무 밑창을 주문했다고 한다. 이 중에는 당시 굉장히 유명했던 대나무 장인 복중겸濮仲謙도 포함되어 있었다.64

『금병매』에 나오는 신발 제작 장면은 집안의 여성들이 신발 만드는 것을 중단하지 않았음을 보여준다. 일상용 신발의 경우, 수중에 돈이 있는 도시 가정의 여성들은 먼저 재료인 나무 굽과 수놓인 원단을 사와 집에서 조합했다. 부잣집은 사람을 고용해 재봉팀을 두기도 했다. 이 재봉팀이 가족들에게 필요한 물건을 공급하기 위해 저택에서 일했다는 기록도 있다.65 혼례용 신발, 사돈이나 친구를 위한 선물용 신발, 신에게 바치는 봉헌용 신발과 같은 특수 용도의 신발은 가벼운 유행의 영역에 속하진 않았지만, 이 역시 신체적 자아의 확장이었다. 그런 신발은 어쩔 수 없이 신발을 신을 당사자, 혹은 소원을 비는 이가 처음부터 끝까지 전부 다 만들 수밖에 없다.66 상업 생산이 범람하는 시대에는 손으로 직접 제작한 물건의 아우라가 더욱 돋보인다. 그래서 서문경의 저택에서 만든 신발 몸체를 디자인하고 자수를 놓는 일은 밑창을 꿰매는 일보다 더 고상한 여성의 노동으로 인정되는 것이다.

명대 후기에 자르지 않은 수놓인 신발 원단을 통해서 시장의 취향은 점차 규방으로 들어가기 시작했다. 우리는 서문경이 송혜련에게 원단을 사줄 때 어떤 종류를 선택할지 알 수 없다. 하지만 유행이 과도한 장식으로 흐르는 추세를 보면, 시장, 기방, 그리고 규방의 취향이 상호 영향을 주고받았음을 알 수 있다. 송대와 원대의 전족 신발은 단색 위주였다. 예를 들어 톤을 낮춘 중성적 색깔인 연노랑으로 신발을 만들고 같은 색의 실로 자수를 놓는 식이었다. 효정황후의 분홍색 하이힐도 단색이었다. 때로 무늬 있는 양단으로 만들기도 했고 작은 나비 리본으로 장식하기도 했지만, 초기의 전족 신발은 소박했다. 이것들은 직물의 미묘한 차이를 만들어내는 실의 일렁이는 빛에 시선을 집중하게 하는 뛰어난 심미적 감성을 간직하고 있었다.

서문경 집안 여성들의 수공예품은 기본색을 바탕으로 하고 현란하게 색채 배합을 하는 새로운 세계를 보여주었다. 붉은색 혹은 검은색의 신발 몸체들은 흰 비단으로 된 신발 밑창, 혹은 녹색의 뒤축과 대조를 이루었다. 보라색 바탕에 금색 스티치를 놓으면 더욱 두드러져 보인다. 복숭아색 바탕의 신발 가장자리에 금박 양피로 장식하기도 했다. 전예형(1609년 무렵)은 그의 시대에 '금박 양피'가 일종의 신식 재료였고 여성 신발의 제작에 대량으로 사용되었다고 했다.[67] 시간이 갈수록 배색은 더 다양해졌고 색깔 조합은 더 대담해졌다. 청대 후기가 되면 대비되는 색으로 자수를 놓는 방식이 하나의 규범이 되었다.

상서로움을 표현하는 상징물은 도자기와 그림부터 직물과 복식에 이르기까지, 청대 물질문화의 모든 영역에서 찾아볼 수 있었다. 이는 신발의 디자인에서도 매우 두드러졌다. 도안 중 상서로움을 암시하는 쌍관어는 점점 더 복잡해졌다.[68] '복福'을 의미하는 '박쥐[편복蝙蝠]'로는 이미 충분치 않았다. 다산과 부부간의 행복, 거의 모든 도안에 포함되어 있는 이 두 가지 열렬한 욕망이 다양한 색깔의 자수를 통해 신발 몸체와 밑창의 자수에 구체적으로 표현되었다. 연꽃, 나비, 석류, 동전 두 닢, 오이 덩굴, 금붕어, 그리고 팔선八仙 등등. 그러나 제국의 종말을 향해 가면서, 마치 이 범람하는 소원들로부터 도망치기라도 하듯 신발 위의 도안은 점차 줄었고 모호하고 추상적으로 변했다. 틀에 박힌 꽃무늬가 있는, 평범한 숙련공의 솜씨로 보이는 바느질이 청대 후기 대다수 신발에서 발견된다. 이는 결국 전족 신발이 평범한 상업 거래의 한 아이템이 되었음을 시사한다. 1904~1911년 무렵이 되면 자수는 너무 귀찮은 일이 되었고 반들거리게 풀 먹인 원단에 붓으로 그림을 그려서 대량 생산하는 새로운 광경을 볼 수 있게 된다.(그림 6D)[69]

청대의 전족 신발 생산은 재료를 사서 집에서 조합하는 형태가 지배적이었다. 19세기에는 전문 목수가 표준화된 크기와 모양으로 나무 굽과 밑창을 만들었다. 그리고 남성 행상인들이 그것들과 굽 바닥, 그리고 다른 재봉용품을 가지고 다니면서 이렇게 외쳤다. "나무 밑창 사세요!"(그림 6E) 장쑤에서 행상인들은 조각칼을 갖고 다니면서 고객들의 요구에 맞게 밑창을 변형했다. 이를 '나무 밑창 깎기車木底'라고 한다. 톈진 일대의 시골 마을에서 나무 밑창을 손볼 수 있는 줄칼은 필수 도구였다. 『채비록』에는 청대 후기의 허난, 산둥 일대의 교역 상황에 관한 보기 드문 기록이 있다. 이에 따르면 세 가지 유형의 기성품 나무굽이 공급되었다. 잘 팔리는 것은 밑창 바닥半截底, 앞코 바닥前底尖, 굽에서 앞코에 이르는 전체 밑창通尖底 순이었다.[70]

나무 밑창의 표준 크기는 전족의 평균 크기에 대한 대략의 정보를 제공해준다. 밑창 전체 크기는 1호(7.6인치)에서 10호(3.3인치)까지 있다. 밑창의 가운데까지 오는 굽 역시 열 가지 표준 크기가 있다. 0.3인치씩 증가해 1호는 4.8인치, 2호는 4.5인치이고 2.1인치인 10호까지 내려간다. 목수는 대개 굽 열 켤레를 한 줄에 꿰어 한꺼번에 팔았는데 사이즈가 10호까지 모두 구비되어 있었다. 하지만 소매업을 하는 행상인은 큰 것일수록 비싼 값에 낱개로 팔았을 것이다. 가장 많고 쉽게 살수 있는 것이 중간 사이즈인 3호에서 7호까지였다(4.2인치에서 3인치까지이며 이는 신발 길이가 8.4에서 6인치라는 의미다). 그리고 가장 큰 1호와 2호 나무 밑창이 가장 빨리 팔려나갔다.

적어도 관련 자료가 남아 있는 북방 지역으로 말하면, 나무 밑창의 가격 구조도 표준화되어 있었다. 만약 행상인이 1호와 2호를 추가로 구하려 한다면 40퍼센트를 더 내야 했다. 목수는 주문에 따라 특수한 모양과 크기의 굽도 만들었다. 만약 표준 밑창의 위, 아래, 옆에 추가로 작업이 필요하면 도매 가격의 다섯 배를 내야 했다. 만약 세 군데 중 한 군데만 추가 작업이 필요하면 두 배만 더 주면 되었다. 장쑤에서

그림 18. 18세기 단면도인壇眠道人의 유서類書『곤덕보감坤德寶鑑』에 실린 아동용 신발의 자수 문양. (A) 1777년판『곤덕보감』, 8권 38a쪽(하버드대학 옌칭 도서관의 동의를 거친 후 인용함); (B)『증산곤덕보감增刪坤德寶鑑』, 19~20세기판, 4권 39a쪽(Don H.Cohn 소장품). 본문에서 언급했듯이, 이『증산곤덕보감』은 원본을 정교하게 모사한 것이다. 두 가지가 거의 구분이 안될 정도인데, 이는 모사자의 기교가 뛰어났다는 것, 그리고 그 혹은 그녀에게 원본이 있었음을 의미한다.

1880년대에 표준 밑창의 소매 가격은 한 켤레에 4문文이었다. 1900년 대에 가격은 두 배가 되었다. 하지만 이 사업은 반전족 운동이 확산됨에 따라 곧 빠르게 몰락한다.[71]

신발 몸체의 생산은 덜 상업화되었다. 현존하는 최초의 기계화된 재생산용 신발 도안은 『곤덕보감坤德寶鑑』이라는 1777년 출판된 가정 일용유서에 등장했다.[72] 마지막 두 권(권7~8)에는 실물 크기의 봉제와 자수 도안이 다수 수록되어 있는데 남성과 여성, 어린이들이 사용하는 각종 일상용품을 포괄한다. 8권에는 주로 남성들에게 주는 기념품, 혹은 어린이 선물용 도안이 수록되었다. 남성용 모자, 어린이 모자, 네 가지 스타일의 지갑, 이쑤시개 통, 부채 케이스, 바늘꽂이, 분첩, 종이 가방, 베개 끝, 아동 신발(그림 18A), 남성 신발 등이다. 권9는 여성의 복식에 초점을 맞추고 있다. 가체, 손수건, 아동용 머리띠, 여성용 옷깃, 밖으로 열린 깃, 긴 소매, 짧은 소매, 치마 조각, 바지 윗부분, 신발에 놓는 꽃 자수 문양, 신발에 놓는 구름 자수 문양, 장화에 놓는 구름 자수 문양(그림 19A), 신발에 놓는 아플리케형 구름 문양(그림 19B) 등이다.[73]

이 책 앞부분인 7권까지는 모두 기존 문헌에서 인용한 재활용 자료들로 구성되었다. 이 인용 자료들은 두 종류로 나눌 수 있는데, 하나는 도덕적 교훈서이고 다른 하나는 『사림광기』와 『거가필용사류』와 같은 실용적인 가정 백과전서다.[74] 편찬자인 단면도인壇眠道人은 편찬 목적을 이렇게 설명했다. "이것을 규방에서 볼 수 있도록 바느질 상자 옆에

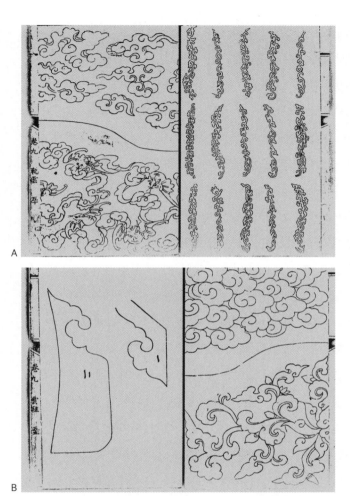

그림 19. 『곤덕보감』에 실린 장화 자수 문양. (A) 구름 유형의 문양, 장화 몸통의 앞부분에 수놓을 구름과 박쥐 문양(『곤덕보감』, 1777년판, 9권 49b~50a쪽). (B) 장화 몸통 뒷부분 및 일반 신발에 놓을 아플리케형 구름 문양(『곤덕보감』, 1777년판, 9권, 50b~51a쪽); 『증산곤덕보감』에도 보임, 19~20세기판, 5권 42b~44쪽); (A)와 (B) 모두 하버드대학 옌칭도서관의 동의를 거친 후 인용함.

두고 아침저녁으로 벗하게 하라. 어쩌면 눈으로 보고 마음이 동요되어 모두 삼종사덕을 배우게 될 수도 있다. 물 긷고 곡식 빻고 바느질하는 것은 단지 빈천한 집 여자들만 해야 하는 일이 아니고, 부귀한 집의 여자들도 소홀해서는 안 되는 것이다." 이러한 레토릭을 통해 그는 이 책을 교훈서의 전통 속에 위치시킨다. 이러한 교훈서는 여성들에게 가정의 의무에 충실하라고 훈계하는 것이 목적이었다. 얼핏 보면 이 일용유서는 상업 시대의 타락을 비판하는 것 같다. 여성들이 필수적인 여성의 노동을 오랫동안 무시해왔기 때문에 문양을 그리는 기술을 새롭게 배울 필요가 있다고 주장하는 듯하다.

그렇지만 이러한 레토릭의 이면을 보면, 이 책은 가정 도덕보다는 상업 문화와 훨씬 더 관련이 깊다. 상업적 출판업자가 발행한 이 책은 그 자체로 상품이었다. 분명 바느질과 자수 문양은 규수들에게 자극이 되는 측면이 있었을지 모른다. 하지만 그것은 최소한의 교육만 받은 계층의 여성들에게 더 도움이 되었을 것이다. 이들은 시장에서 가치를 창출할 만한 상품을 만들고 싶어했지만, 예술적 훈련이 부족해서 곤란을 겪고 있었다. 모든 도안이 작은 물건에 사용하는 것이었고 대부분 구름과 꽃, 새 종류인 것은 우연이 아니었다. 지갑, 부채 케이스, 아동용 모자와 같은 소형 소지품에 대한 시장의 수요는 꽤 방대했다. 이것들은 모두 친구와 낯선 사람들에게 주는 전형적인 선물이자 사회의 필수적인 윤활유였다. 옷깃이나 소매 끝단 등 옷에 부착하는 소형 부속품들은 '수장繡莊'이라 불렸던 자수점의 중심 상품이었다. 이것들은 바쁜

주부나 이것들을 부착해 옷을 최종 완성하려는 재봉사들에게 주로 팔렸다.

본인들이 가정 방직 생산을 부활시키는 수단이 되겠다고 선언했지만, 사실은 이와 달리 『곤덕보감』은 시장이 가정으로 침투했고, 그로 인해 독자들의 감각을 둔하게 만드는 기계적인 조립형 디자인이 등장했음을 보여주는 증거다. 그러한 시각으로 보면 이 책에 여성 신발 몸체에 놓는 꽃무늬, 구름무늬 자수 도안은 넘쳐났지만, 신발 그 자체의 전체적인 패턴은 없다는 사실이 의미심장하다. 전체적인 신발 패턴은 청대의 마지막 10년 무렵이 되어서야 비로소 인쇄된 형태로 등장한다. 그때까지는 디자인하기, 자르기, 재료들을 조립하기 등이 재봉사들끼리 개인적인 시범을 통해 전승되는 지식으로 머물러 있었다는 것이다. 즉 전족용 신발 제작은 그때까지도 여전히 몸으로 구현하는 여성의 지식에 속했다.

『곤덕보감』은 커다란 인기를 얻었던 게 분명하다. 이 책은 19세기까지 원본과 거의 똑같은 복사본이 유통되었다. 그중 도안을 다룬 두 권은 대단히 질 좋은 붓으로 정교하게 손으로 모사되었다.(그림 18B, 그림 19) 사실상 원본보다 더 정교한 필사본은 분명 대단히 많은 시간을 투입해서 제작되었을 것이다.[75] 어찌 보면 이는 당연한 현상이었다. 20세기 초가 되면 신체의 윤곽을 감지할 수 있는 흔적을 담아낸 어떤 물질 생산 혹은 재생산도 크게 가치 있는 것이 되었다. 그것들은 여성이 세계 전체를 수놓고 바느질하던 과거의 영광을 비춰주는 거울이었기 때문이다.

최후의 유행 주기

하이힐의 발명은 화려한 도시 유행의 시대를 만들어냈고 아울러 15~16세기 금련 숭배 풍조를 이끌었다. 아이러니하게도 바로 '금련'이 몰락하던 20세기 초에 신발 유행의 창조력은 두 번째 전성기를 맞았다.(그림 20) 이 시기가 되면 발을 완벽하게 숨기는 '기본적인 발 치장' 은 서너 겹으로 구성되었다. 전족 띠, 양말, 부드러운 바닥의 신발과 외출용 신발 혹은 장화가 그것이다. 여기에 각반(과퇴裹腿), 다리 싸개, 바지 혹은 긴치마까지 합해 하반신의 전체 복식을 완성한다.

신발은 신체 자아의 외부적 재현을 대표하는 존재가 되었다. 발목에서 무릎까지 이어지는 다리 싸개로 신발을 더 돋보이게 만들기도 했고, 혹은 긴 치마 아래로 신발을 살짝 내비치기도 했다. 신발의 디자인, 색깔, 착용감은 여성들이 획득하기를 열망하는 전체적인 '스타일'에 핵심적인 역할을 했다. 1890년대와 1900년대 초에 이르는 과도기에는 곤혜坤鞋 혹은 곤화坤靴가 유행했다. 이는 밑창의 곡선 각도가 완만한 형태의 신발이었다. 이 현상은 유행 체제가 어떻게 반전족 운동의 요구에 반응했는지를 보여준다.(그림 5, 그림 6) 곤혜는 아직 남아 있는 하이힐의 아우라에 기대어 매력을 발산했지만, 동시에 이는 금련 시대의

그림 20. 신발 패션의 유희, 약 1905~1910년 사이. 이전보다 느슨한 근대 방식으로 전족한 한 쌍의 상하이 기녀. 남장한 '그'가 남성 복식을 착용한 반면, '그녀'는 근대 스타일 양말과 폼폼으로 장식한 낮은 굽의 메리 제인 신발을 신었다. 그녀가 입은 좁은 통의 바지는 그녀의 곧고 모던한 다리 부위의 실루엣을 돋보이게 하며 청나라 마지막 시기에 유행했던 감성적 스타일을 재현하고 있다.(루이스 스타인 개인 소장)

종말을 선언하는 것이었다. 발의 곡선에 맞춰 신발의 곡선도 20세기가 진행되는 와중에 급속히 평평해졌다. 1920년대와 1930년대에는 서구 신발의 구조, 디자인, 재료가 유입되면서 스타일과 기술상의 혁신이 일어났다. 곤혜와 곤화는 중국 신발 제작 전통에서는 마지막으로 전족 여성을 위해 디자인되고 생산된, 높은 굽이 있는 우아한 전족 신발이었다.

여성 신발, 양말 혹은 수면 신발이 지닌 또 다른 함의는 근대의 캐미솔과 비슷하다. 속옷으로서의 캐미솔의 주요 기능은 체형 보정보다는 유혹을 위한 최후의 방어선 역할에 가깝다. 그것들은 감상자에게 유혹을 한 겹 추가하는 동시에 탈의脫衣과정의 장애물을 하나 더 제시하면서 기대하는 즐거움을 연장했다. 이는 1890년대에 유행 변화의 선도자였던 창기들이 왜 수면 신발의 디자인과 구도, 그리고 신발과 양말 갈아신는 행위에 그들의 창조적 에너지를 집중했는지를 말해준다. 제국의 몰락을 앞두고 있던 1908년에서 1911년 사이에 수면 신발은 점점 외출용 신발처럼 사용되기 시작했다. 이 현상은 구시대에 통용되던 유혹의 질서가 종말을 맞았음을 상징하는 것이기도 했다. 더 이상 드러낼 것도, 감출 것도 없었다.

피부에 가장 밀착된 직물인 전족 띠는 핵심적인 기초 복식이다. 전족 띠는 사람의 발을 유행 풍조에 따라 요구되는 형태와 윤곽으로 변형시켰다. 이러한 기능은 1890년대에서 1900년대까지 구미를 풍미한 아르누보[76] 시기의 돌출형 직선 코르셋과 비슷하다. 이 코르셋의 목적

그림 21. 1894~1911년 톈진天津 신발 패션의 변화. 밑창이 활 모양으로 휘어진 스타일(1894~1911)은 A~F에 보인다; 밑창이 평평한 스타일(1897/8~1911)은 G에 보인다.(『采菲精華錄』, 87-88쪽의 그림) 이 책의 저자는 도해의 원래 설명을 수정하여 개요식 해설로 수정하고 새로 제목을 달고 군데군데 짧은 평을 달았다.

(A) 활 모양 밑창弓底, 1단계: 1894년(A 스타일).
'이중 신발復履' 스타일:
'겉 신발套鞋'은 나무 밑창을 대서 보행에 도움을 주는 고전적 활 모양 형태를 유지한다.
때로는 '부드러운 밑창 신발軟底鞋(즉 수면 신발. 이 그림에서는 보이지 않음)'을 전족 띠와 겉 신발 사이에 낮에 신고 있기도 한다. 만약 이 신발을 사용하지 않으면 밤에는 겉 신발을 벗고 부드러운 밑창 신발로 갈아신게 된다.
끈이 달리고 가장자리에 새발 격자무늬를 수놓은 바지통褲腿兒이 겉 신발을 덮고 있다.
다리 싸개腿帶로 발목 부분에서 바지통을 고정한다.
긴 치마는 땅까지 닿지만, 겉 신발 끝부분은 약간 노출된다. 발등이 (위로) 불룩 나오고 발바닥은 안쪽으로 움푹 들어가 있다. 발가락 끝은 약간 위로 들려 있다.

(B) 활 모양 밑창, 1단계; 1894년(B 스타일).
레이어드 '장화靴子' 스타일:
전족 띠 위에 부드러운 밑창의 신발(혹은 '갈아신는 신발換脚鞋')을 신는다.

부드러운 밑창 신발 위에는 장화 라이너靴登子를 신는데 이는 보통 강고缸靠색이라 부르는 푸른색 면으로 만든다. 라이너의 약간 주름진 끝부분이 장화 밖으로 노출된다.
장화는 장화 라이너 위에 신는다. 장화는 세 부분으로 구성된다.
'장화 허리靴腰子', 그림에서 국화꽃과 잎으로 장식된 부분이다.
'장화 굽이靴彎子', 신발 몸체 하단으로, 활 모양의 밑창 부분까지다.
'달의 입구月亮門', 작은 삼각형 부분으로 흰 면이나 비단으로 만든다.
다리 싸개로 발목 부분에 고정한다.

(C) 활 모양 밑창, 1단계: 1894년(B 스타일의 내부).
두 종류의 장화 라이너:
1. (위 그림). 레깅스와 비슷한, 몸에 붙은 장화 라이너다. 꽃무늬가 찍힌 면으로 만든다(여기서는 흰 꽃무늬 있는 인디고 색깔).
부츠 라이너 안에 신는 바닥이 부드러운 수면 신발은 보통 붉은색으로 만들고 간혹 보라색도 있다.
수면 신발 위로 전족 띠裹脚(혹은 足纏)가 약간 보인다.

(위쪽 왼편 그림) 갈아신는 신발(수면 신발) 뒤축의 굽고리다.
2. (아래 그림) 발가락과 굽을 잘라버린 무늬 없는 장화 라이너. 푸른
색 수입 면으로 만든다.

(D) 활 모양 밑창, 2단계: 1898.
레이어드 한 '장화' 스타일
1894년 무렵 시작:
장화의 끝부분이 더 구부러졌다.
'달의 입구'가 긴 타원형에서 뾰족한 삼각형 모양으로 변화했다.
부츠 장식:
'달의 입구' 양쪽의 '장화 굽이' 끝에 작은 꽃 자수 혹은 그림이 있다.
'장화 허리' 원통에는 도안이 수놓여 있거나, 그려져 있거나, 혹은 무
늬가 없다.
만약 '장화 허리'에 무늬가 없으면 '장화 굽이'는 빨간색이거나 보라색
이다.
만약 '장화 허리'에 무늬가 있으면 '장화 굽이'는 청록색이다.
'장화 라이너'를 벗기면 '갈아신는 신발'이 드러난다.
색깔은 대부분 붉은색이고 간혹 녹색이나 보라색도 있다.
가장자리는 검은색이다.
신발끈은 붉은색인데 발등의 굽은 부분에서 엇갈려 발목을 휘감아
묶는다.
뒤에 굽 고리가 있는데 대개 흰색이다.
'갈아신는 신발'은 밤에 잘 때 전족 띠(6줄로 그려져 있는 곳) 위에 신
는 것이다.

(E) 활 모양 밑창, 3단계: 1902.
레이어드 '장화' 스타일.
1898년 무렵 시작:
발등의 불거진 부분이 평평해진다.
발가락 끝은 살짝 위로 들렸지만 바닥은 평평하다.
다리 싸개가 위로 연장되어 거의 무릎까지 닿는다.
장식 없는 장화가 유행; '장화 굽이'와 '장화 허리'를 같은 색깔로 만드
는 것이 특히 인기가 있었다. 어떤 '장화 허리'는 윗부분에 이중으로
휘감치기를 했다.
평평해진 발등과 발가락은 청 조정이 제정한 반전족 명령에 대한 대응
으로 좀더 유연해진 전족 스타일을 반영한다. 이는 좀더 소박해진 신
발과 양말 스타일에서도 드러난다. 하지만 신발의 레이어드 패션에 대
한 관심은 전혀 느슨해지지 않았다.
갈아신는 신발(수면신발):
일부는 발가락 부위를 얇은 실로 꿰매고 어떤 것은 하지 않는다.
신발 끈은 단순해진다.
굽 고리는 없어졌다.

갈아신는 신발과 전족 띠 사이에 작은 양말을 신는데 이는 새롭게 출현한 전족용 구성품이다.

(F) 활 모양 밑창, 4단계: 1908~1911년 간편화된 레이어드: '안이 밖이 되는' 스타일.
1902년 무렵 시작:
중노년층 여성들은 여전히 장화식을 선호하고, 젊은 여성들은 일반 신발을 신는 경향이 있었다.
밖에 신는 신발은 이전의 '갈아 신는 신발'과 유사했지만 나무 밑창을 대었다.
나이 많은 여성들은 갈아신는 신발을 고수했고 젊은 여성들은 이를 건너뛰고 세 겹을 레이어드 했다: 전족 띠, 양말, 신발. 밤에 젊은 여성들은 바깥 신발을 벗고 수면신발 대용품으로 양말을 신고 잤다.

신식 신발(위 그림):
무늬가 없거나 스티치 혹은 자수 문양을 끝 부분에 수놓았다.
발 끝에는 비단 실로 된 폼폼으로 장식했다.
가장 유행했던 스타일은 남색 신발에 분홍색 폼폼을 단 것이다.
신식 양말(아래 그림):
주로 흰 면포.
때로는 검은 문양 스티치로 장식하지만 대부분은 무늬가 없다.

(G) 평평한 밑창 스타일, 1907/8~1911년.
신발을 양말 위에 신는다. 신발 밑창은 평평하지만 발은 여전히 묶여 있다. 하지만 점점 느슨하게 풀어놓는 추세로 변한다. 3촌 금련은 더 이상 필수적인 것이 아니었다.

은 착용자의 인체를 유행 중이던 S자 곡선으로 재구성하는 것이었다. 전족 띠 역시 마찬가지였다. 올해에 불룩 튀어나온 아치형 발등에 발가락 끝이 둥근 모양이 유행했다면, 다음 해에는 쭉 뻗은 발가락에 비교적 평평한 발등 모양이 유행할 수도 있었다. 실제로 『채비록』에서 전족의 계보를 회고하며 재구성하기도 했다.(그림 21) 정부의 반전족 운동이 최고조에 달했던 1894년에서 1911년에도 전족 유행의 바퀴는 여전히 굳건하게 굴러가고 있었다. 새로운 스타일과 실루엣이 3~4년마다 등장해서 유행했다.

전족 띠는 물리적 디자인이나 구조에 있어서 큰 변화 없이 계속 사용되었다. 그리고 이것과 코르셋의 매우 중대한 차이점도 바로 여기 있다. 신체적 자아의 현시를 좌지우지한 것은 천 조각이었다. 여기에 고래 뼈나 충전재를 집어넣을 필요는 없었다. 전족의 역사가 시작되었을 때부터 사람들은 긴 천 조각으로 전족 띠를 만들어 사용했다. 이는 앞서 언급한 13세기 중엽의 여성 황승과 주 씨의 유물에서 이미 확인된 바다. 명청 시기에 전족의 기준이 높아지고 요구가 엄격해지면서 전족 띠의 원단 역시 이에 상응하는 변화를 거친다. 촉감이 비교적 거친 흰 면포가 주로 선택되었는데, 이는 미끄러지거나 느슨해질 염려가 없기 때문이었다.77 관찰자들의 보고서에 의하면 전족 띠는 윈난과 타이완에서 여성들이 가정 방적기를 사용해 직접 짠 마지막 직물 중 하나라고 했다.78 손에 넣을 수만 있다면 수입산 흰 면포도 사용되었다. 전족 띠의 넓이, 길이, 색깔은 사용자의 나이와 상황에 따라 달라질 수 있다. 예를 들어 소녀들은 쪽잎으로 푸르게 염색한 천을 사용하기도 했는데 이 염료가 상처에 효험이 있다는 설 때문이다. 하지만 기본적인 디자인과 원리는 수백 년간 변화하지 않았다.

유행 체제가 변화하는 배후에는 기본적으로 훨씬 더 미묘한 것이 놓여 있었다. 중요한 것은 사용자이지 도구가 아니었다. 『채비록』에서 '소녀素女'라는 필명의 어느 작가는 물질적 현실이 여성들의 활동성과 기술에 얼마나 무시무시한 영향을 미치고 있었는지를 설명하고 있다.

femme aux petits pieds
Mongtseu

그림 22. 윈난 여성이 보여주는 레이어드 신발 패션, 대략 1910~1920년대. 이 엽서에서 어느 한 인 여성이 프랑스 사진사의 카메라 앞에서 편안하면서도 침착한 모습을 보여주고 있다. 촬영 장 소는 전월滇越 철도의 역 소재지인 멍쯔蒙自인데 윈난 남부에 있다. 특히 흥미로운 것은 복잡 하게 겹쳐 신은 그녀의 발이다. (보이지 않는) 전족 띠, 흰 양말, 흰 발을 돋보이게 하는 교차된 넓은 리본, 부드러운 '수면 신발', 그리고 가장 바깥쪽의 면으로 된 꽃신이 층층이 쌓여 있다. 신 발은 발목을 감싸는 신발 끈으로 고정되었다. 그녀가 입은 흰 바지는 대비가 선명한 색깔의 굵 직한 기하학적 무늬로 장식되어 있다. 좁은 바지통은 자루처럼 생긴 발찌 아래 고정되어 있는 데 이 발찌는 좁은 천 리본으로 묶었다. 그녀가 몸에 걸친 직물의 화려함이나 그녀 얼굴의 위 엄 있는 표정 모두 1910년대까지도 전족이 지위와 부와 관련되어 있었음을 보여준다.(Régine Thiriez 박사 개인 소장품)

전족 띠의 치수가 약간씩 달랐기 때문에, 정확한 치수를 선택하려면 자신의 신체적 조건과 희망하는 스타일의 효과에 대해 절묘한 이해가 있어야 했다. 띠의 길이는 5~6척에서 7~8척까지 있다고 그녀는 설명했다. 일부는 10척 이상 되는 것도 있다. 하지만 5척 이하짜리는 다섯 번 혹은 일곱 번 발을 감아야 하는 필수적인 횟수를 충족시키지 못한다. 그리고 가장 이상적인 띠의 넓이는 발 길이의 10분의 6이다. 그런데 실제로는 3인치가 평균 넓이였다. 2인치 반보다 좁거나 3인치 반보다 넓은 것은 사용하기에 부적합했다.

전족 띠로 발을 싸매는 작업은 더더욱 실수가 허용되지 않았다. 전통적인 7회 싸매기 방식은 손가락의 민첩성, 그리고 자기 발의 구조에 대한 내밀하면서도 직관적인 이해와 관련되어 있다. 첫째, 전족 띠를 발 아래 놓고 발등을 향해 위로 올린다. 그리고 엄지발가락만 남겨두고 나머지 네 발가락을 아래쪽으로 접는다. 둘째, 띠를 위로 잡아당기며 발의 양옆의 가운데 부분을 압박한다. 셋째, 엄지발가락을 띠로 휘감은 뒤 발뒤꿈치 쪽으로 보낸다. 넷째, 띠로 뒤꿈치를 앞쪽으로 압박해 엄지발가락 방향으로 향하게 한다. 단 이때 엄지는 싸매지 않고 접힌 네 개의 발가락만 두 번째로 싸맨다. 다섯 번째, 발바닥을 교차시키면서 싸매어 발꿈치 쪽으로 압력을 가하고, 발의 양쪽을 두 번째로 싸매어 가운데 방향으로 민다. 여섯 번째, 엄지발가락을 단단히 묶어 뒤로 향하게 한다. 일곱 번째, 발뒤꿈치를 마지막으로 싸맨 뒤 아치형이 된 발 안쪽으로 전족 띠를 넣고 바느질을 해서 고정한다. 걸을 때마다 전족 띠의 팽팽한 정도를 조절하여 발을 원하는 모양으로 주조한다.[79] 전족이 일상생활에서의 관습이 되자 이러한 측량과 실행 과정들은 여성에게는 일종의 직관적인 지식이 되었다. 전족의 역사가 끝날 무렵에 이르러서야 비로소 이러한 지식이 문자로 기록되어 호기심 어린 외부인과 후대 사람들을 만족시킬 수 있었다.

하지만 이는 역사학자의 관점이지 여성들의 것이 아니다. 반전족 풍조는 유행의 조류처럼 들이닥쳤다가 사라졌다. 그런 가운데 능수능란한 손가락은 계속해서 매일 전족 띠를 솜씨 좋게 다루고 있었다. 그들의 손놀림 속에서 1920년대와 1930년대에 새로 등장한 낮은 굽에 끝이 뾰족한 신발, 사틴으로 만든 가냘픈 메리 제인 스타일, 혹은 삼각형의 가죽 옥스퍼드화에 두 발이 맞춰지고 있었다. 몸이 변형에 저항하기도 했고, 발을 싸매는 것이 부담스러울 수도 있다. 하지만 일단 손가락이 전족 띠를 조작하기 시작하면 다른 것은 아무것도 중요하지 않게 되어버린다. 신발과 양말은 쉽게 상점에서 살 수 있었고, 낡으면 버렸다. 그것들은 상업화된 유행 체제하의 상품에 불과했다. 하지만 전족을 한 발은 버릴 수 없다. 일단 발을 싸매고 나면 그들은 위생과 유행의 필요에 따라서 부지런하게 관리를 해야 했다. 제대로 전족을 한 발은 이 여성의 평생의 작품이었다.

전족을 위한 도구 중 가장 에로틱한 색채가 없는 것이 바로 전족 띠다. 전족 띠는 가정의 방직기에서 마지막까지 남아 있던 것이기도 하다. 없어서는 안 될 것이었지만 전족 띠는 마치 보이지 않으려는 듯 안에 숨어서, 그리고 아무 장식 없이 임무를 수행했다. 남성들이 교언영색의 언어로 노래한, 화려하지만 공허한 신발과 비교하면, 전족 띠는 시종일관 전족 여성 자신의 것으로 남았다. 여성들의 고단한 노동과 은밀한 신체적 자아를 간직한 채.

남은 기억들

나는 윈난성 퉁하이현의 류이六一 마을로 아침 일찍 갔지만, 그래도 좀 늦었다. 마을의 노인체육협회 앞에 있는 큰 마당은 텅 비어 있었고, 양쪽 벽에 걸린 대련이 눈길을 끌었다. "금련의 마지막 노래金蓮絶唱, 닭이 울면 춤을 시작하네聞鷄起舞." 이 문구는 관광지의 상품인 공연이 유일한 관객인 나를 위해 곧 시작될 것이라는 의미였다. 이는 사실 근처의 슈산秀山 관광지구에 있는 송나라 시대 건축물 입구에 새겨진 것과 거의 동일한 내용이다. 1990년대의 관광 잡지와 텔레비전 프로그램들은 리우이 마을이 중국에서 전족 풍속의 최후 보루였던 '전족 마을'이라고 선전했다.[80] 관광 성수기에는 매주 무용 공연이 몇 번씩 있었다.

퉁하이현에 속해 있는 류이 마을은 명대 초기 난징에서 온 권력자 목沐 씨 가문이 데려온 한족 군사들이 정착해 만들어진 곳이다. 윈난의 토착 민족인 이彝, 백白, 태傣, 그리고 합니哈尼족에게 승리를 거둔 한족 이주민들은 지루杞麓호 남쪽에 병영과 비슷한 여섯 개의 촌락을 설치한다. 이 지역에서 전해지는 이야기에 의하면 여기서 전족을 시작하게 된 것, 그리고 높은 수준의 문명을 지니게 된 것은 이 정착민들 덕분이라고 한다.[81] (그림 22) 대다수 주민이 한족이었던 이 마을에는 1980년대 중반까지 500~600명의 전족 여성이 있었다. 오늘날 류이는 배추를 비롯한 농산물을 멀리 베이징까지 내다 파는 부유한 마을이 되었다. 9000명 이상의 인구 중에서 '금련 여사'는 80여 명만 남아 있었다.

노인체육협회의 체육 코치 마차오펀馬喬芬은 이 마을의 전족 여성이 1985년부터 관광객을 위해 무용 공연을 했다고 알려주었다(관람료는 협상). 마 코치는 30년 전 이 마을로 시집온 친화력 있고 건강한 이족 여성인데, 그녀는 전족을 하지 않았다. 1984년 작은 발을 지닌 150여 명의 할머니가 노인체육협회를 설립했다. 그들이 조직한 크로켓 팀이 큰 발의 현 대표팀을 잇달아 격파하여 명성을 얻었다. 그 후 그들은 계속해서 지역과 전국 대회에 참가했다. 그들이 만든 '작은 발 디스코'도 매체에서 유명해졌다.[82]

강당 안에는 붉은 술이 달린 폴리에스터 재질의 푸른 튜닉을 입은 일곱 명의 여자가 낮은 의자에 앉아서 조용히 관중을 기다리고 있었다. 그들은 풍선 모양의 흰 바지 아래에 하얀 면양말과 메리 제인 스타일의 선홍색 폴리에스터로 된 낮은 꽃신을 신고 있었다. 나는 그들의 전족 대부분이 튀어나온 곳 없고 평평한 모양인 '해방각解放脚'에 속한다는 것을 알아차렸다. 이는 전족 역사 초기 단계의 모양과 아주 비슷하다. 오직 두 명만 삼각형의 아치형 발을 지니고 있었다. 그들은 '해방' 이후에도 그 형태를 간직해왔다. 예상대로 그들은 나이가 가장 많았다. 84세의 샤오슈샹蕭秀香과 78세의 푸지펀濮紀芬이었다. 퉁하이현은 20세기 전반기에 손으로 짠 면직물로 유명했던 곳이다.[83] 샤오와 푸, 두 사람 모두 직조를 해 가정에 수입을 보탰을 법한 나이였다. 푸지펀은 친구들 사이에서 자수와 신발 만들기로 명성이 자자했다고 한다.

무희들은 각자 대나무 피리를 하나씩 들고 자세를 잡았다. 녹음기에서 음악이 흘러나오기 시작했다. 그들의 공연에는 연출이 필요 없었다. 이 프로그램은 그들에게는 굉장히 익숙한 것임이 분명했다. 공연은 궁중 무용과 무술 무용을 넘나들었다. 그들은 피리 춤에 뒤이어서 검무와 태극무를 추었는데 이는 중국 전역의 공원에서 이른 아침에 볼 수 있는 체조와 굉장히 비슷했다. 그들의 스텝은 안정적이고 장중했으며 신체의 유연성이 놀라워 나이가 믿기지 않을 정도였다. 이들은 얼굴에 아무런 표정도 내비치지 않았다. 마치 지금 이 순간의 동작에 몰두하는 듯 보이기도 했고, 혹은 자신의 삶과 세월에서 너무나 멀어진 춤을 추고 있는 듯 보이기도 했다. 음악이 멈추자 나는 분위기를 깰까봐 가볍게 박수만 보냈다.

어색한 분위기를 전환하기 위해 나는 아직 천을 짜는지 가볍게 물어보았다. 아닙니다. 누군가가 대답했다. 집에 있던 방직기는 진작 철거되어 불쏘시개가 되었답니다. 샤오슈샹과 푸지펀은 장난스럽게 웃었다. 그들은 주저하지 않고 허공에 왼손을 들어올렸다. 마치 눈앞에 방직기가 놓여 있는 것처럼 그들의 전족은 발판이 놓여 있을 자리를 밟았다. 그들은 오른팔을 앞뒤로 움직이며 마치 베틀을 밟는 듯 흉내를 냈다. 동작은 완벽하게 조화를 이루었다. 그들이 최근에 배웠던 크로켓도, 무용도, 그들이 젊은 시절 익혔던 생산 노동의 훈련을 대체하거나 지워 버리지 못했다. 그들의 몸은 그것을 기억했다.

어떤 삶의 방식은 역사가 되었다. 수공업 기술은 쓸모없는 것이 되었고 이것으로 생계를 유지하는 것은 불가능해졌다. 그리고 전족 문화는 죄악시되었다. 하지만 몸은 여전히 이를 기억한다. 육체가 소멸해도 남아 있는 기억의 침전물, 육체가 증언하는 역사의 단층들, 그리고 한때 채색과 무늬로 찬연한 세계를 직조하던 기술, 모두가 함께 사라진다. 나는 마음의 눈으로 이 늙은 여인들이 상상의 방직기를 돌리는 장면을 찍어두었다. 그리고 그 순간 나는 여행의 기념품을 얻었을 뿐만 아니라 이 책의 대미를 목격했음을 알게 되었다.

후기

아름다움, 지위, 섹스, 문화, 돈에 대한 추구, 전족은 이 모든 인간 욕
망 속에 얽혀 있다. 하지만 자아-발전 혹은 향락을 향한 이러한 욕망만
으로는 전족에 내재된 잔혹성, 그리고 전족의 발전과 함께 등장한 문
학작품과 물질문화의 놀라운 양상들을 설명하기에 부족하다. 질투, 잔
인함, 폭력, 대상화, 사람이 타자에게 행하는 이 무시무시한 것들은 전
족 이야기의 일부이기는 하지만, 역시 이것만으로는 이 풍속이 왜 이렇
게 오랫동안 지속되었는지, 그리고 왜 여자들이 완고하게 그것을 받아
들이고 끊임없이 실행했는지에 대한 적절한 설명이 되지 못한다. 아름
다우면서도 추하고, 결코 자원한 것도 아니지만 강요된 것도 아닌 전
족은 흑과 백, 남성 대 여성, 그리고 선과 악 등의 이분법으로 세계를
이해하는 방식에 저항한다.

이 책의 결론에 임하여, 나는 어떤 편리한 요점, 손쉬운 해석, 혹은
간결한 서사를 제시할 수 없다. 각각의 부분이 그것의 총합보다 더 크
다. 전족의 역사는 결코 시종 일관된 것이 아니다. 텍스트와 물질적 자

료는 모순, 중복, 그리고 생략으로 가득하며 우리는 여기서 전족의 역사를 찾아내야 한다. 1000여 년의 전족 역사는 완전한 모순은 아닐지라도, 앞뒤가 맞지 않는 대목이 많다. 처음에는 전족에 관한 글이 그 실제 행위보다 먼저 시작되었다. 그런데 그 풍속이 종말을 향할 무렵에는 또 사람들의 실제 행위가 전족의 정당화를 위한 모든 언어를 뛰어넘어버렸다. 이 양 극단 사이에서, 여성들은 자신들의 육체가 속해 있던 현실 세계에서 평범하게 살았지만 동시에 더 나은 삶을 열망했다.

작은 발과 우아한 걸음걸이를 강조하는 심미 관념은 고혹적이지만 멀리 있는 미인에 대한 시적 비유를 통해 육조 시대에 처음 등장한다. 비단 신발과 신발 끈을 읊은 당나라 시대의 염체시艷體詩들은 점점 더 시각적으로 표현되었고 에로틱한 의미도 점점 더 강렬해진다. 시인의 상상은 후대 왕조에서 물질적 형태로 실현되었다. 예를 들어 '걸음마다 연꽃이 피어나는' 신발 굽 혹은 '복도를 울리는' 나무 밑창은 세련된 여성들이 자랑하는 복식 아이템이 되었다. 하지만 당나라 멸망 이전까지는 문인들의 언급도 없고 고고학적 유물도 남아 있지 않은 것으로 보아 실제 전족 행위는 존재하지 않았을 가능성이 높다.

전족에 대한 남성들의 욕망은 시적 환상에서 시작되었지만, 여성들이 실제 전족 행위를 하는 데 있어서 이 기록된 언어들은 별로 영향력을 발휘하지 못했다. 명청 시기에 적지 않은 여성이 시 쓰기에 참여했지만, 여성들이 전족의 '부담'과 '활용'에 관한 지식을 얻은 곳은 주로 공연예술과 물질문화였다. 이 영역들도 물론 남성 문인세계의 영향을 받았지만, 결코 여기에 완전히 매몰되지는 않았다. 이러한 이유로 나는 여시인들의 작품이 아닌 통속가요, 이곡, 가정 백과사전, 그리고 출토된 여성들의 유물 그 자체에서 전족에 대한 여성의 관점을 찾으려고 시도했다. 남성의 욕망과 취향이 문화적으로 지배적 위치에 있었지만, 이것만으로는 지리적, 사회적 계층에 상관없이 전족이 그토록 오래 유지된 이유를 설명할 수 없기 때문이다.

여성의 전족 동기를 탐색하면서, 나는 '자유 선택free choice'류의 언어를 피해왔다. 근대 비평가들은 만약 기회가 주어졌다면 전통 시대 중국 여성들은 전족에 반항했을 것이며, 전족 여성들의 존재가 엄혹한 유가적 가부장제의 성공을 증명하는 것은 아니라고 종종 상상한다. 이러한 그릇된 시각은 근대적, 개인주의적 가치관에서 유래한다. 즉 자유 선택이 욕망 추구에 있어서 매우 중요하다고 보는 것이다. 그러나 이는 우리의 욕망이지 그녀들의 욕망이 아니다. 16세기부터 여성들에게 이미 '선택'의 여지가 없었던 것은 사실이다. 경제적 조건이 허락하는 한 인 가정의 모든 딸이 전족을 했다. 능력이 없더라도 최대한 하려고 했다. 전족은 외부 세계를 향해 지위와 '바람직함desirability'을 선언하는 것이기도 하지만, 여성 자신에게는 자아 존중의 구체적 표현이기도 했기 때문이다.

가야트리 스피박은 '자유 선택'을 "욕망의 전위적이고 자발적인 재배치the radical and voluntary rearrangement of desires"로 간주했다. 여성의 욕망은 제국 후기의 유행 체제와 겹겹이 쌓인 문화적 축적에 의해 '재배치'되었다. 이 시대에는 전족을 하지 않는 것을 상상할 수도 없었다. 지금 우리가 전족을 선택하는 것을 상상할 수 없는 것과 마찬가지로. 여기에 저항하는 대신, 여성들은 완벽한 한 켤레의 신발을 추구하며 자신들에게 가장 유리한 재현을 위해 상상력과 기술을 쏟아부었다. 그들은 원단 선택, 최신 스타일, 정교한 솜씨 등에 있어서 자매와 이웃 여자보다 뛰어나기 위해 경쟁했다. 그녀들이 직접 만든 전족 신발은 유행을 따르면서도 의례화된 물건이었다. 그녀들에게 있어 전족의 매력은 바로 이러한 '신발의 환상세계'에 있다. 여성의 참여가 없었다면, 군자연하며 설교를 늘어놓는 남성들의 지속적이고 격렬한 반대 속에서 전족이 그렇게 오랫동안 만연하지 못했을 것이다.

전족 전파의 정확한 메커니즘은 여전히 제대로 알려지지 않았지만, 전족의 실천은 지리적, 사회적 경계를 점점 뛰어넘어 지방 문화 속에 집적되었다. 그리고 일상생활의 세부 사항들, 즉 의식儀禮, 속어, 신발과 양말 스타일, 그리고 신체의 자태 등등에서 구체적인 현실을 획득했다. 한때는 '다른 여자'의 일이었던 낯선 풍속이 자신의 신체에서 벌어지는 생활 속의 현실이 되었다. 집단의 차원이든 개인의 차원이든, 사람을 설득시키는 전족의 힘은 근본적으로 시각을 전환하는 능력, 익숙한 육체 속에서 새로운 관점을 창조하는 능력, 새로운 '상식'을 심어주는 능력에 있다. 궁극적으로 이는 세계를 새롭게 만들어내는 능력이다.

전족이라는 행위는 지역화되기 마련이고, 신체를 통해서만 구현되는 본질적 특징을 지니고 있으며 변화하려는 경향을 보인다. 나는 시작

부분에서 전족은 하나만 존재하는 것이 아니라 여러 종류가 있다고 언급했다. 그래서 이 책에서는 개괄적 논단이나 통합적 역사 서사를 제시하는 대신, 전족의 긴 역사과정에서 생산된 가장 흥미로운 텍스트와 사물들을 내가 어떻게 독해했는지 제시했다. 이 책은 장과 절을 배치하면서 특히 일련의 지역적, 국지적, 그리고 종종 모순적인 관점들도 소개했다. 나는 이를 통해서 하나의 열린 결말의 공간을 만들고 싶다. 여기서는 모든 독자가 그 혹은 그녀만의 결론을 얻게 될 뿐 아니라 계속해서 이를 재평가하게 될 것이다.

전족은 시인들의 서정적 상상의 체현, 즉 사람들이 자신이 정말로 시적 세계에 사는 듯한 상상에서 시작됐다. 그리고 과도하고, 어리석기 짝이 없는 바보 같은 행위로 끝나고 말았다. 이렇게 본다면, 사회적 실천과 지식 주체로서의 전족이 지닌 변치 않는 유일한 특성은 자기 모순성, 즉 상충하는 욕망을 포용하는 능력과 이를 전환하여 자신에게 대항하는 경향이다. 진작에 과거가 되어버린 전족이 끊임없이 혐오를 일으키면서도 동시에 매혹적인 것은 바로 이러한 이유에서다.

감사의 말

이 책이 이렇게 오랜 시간을 끌면서도 여전히 불완전하고 산만하기 짝이 없는 것에 대해서는 그럴듯한 평계를 댈 수 없다. 유일한 위안은 이 책의 집필 과정이 흥미진진한 모험과 마찬가지로 재미있다가도 사람을 겸손하게 만드는, 인생을 바꿀 만한 것이었다는 점이다.

1994년 5월 20일, 내가 수정주의적 관점의 전족 역사에 대해 첫 공개 발표를 할 때, 할 칸 선생이 앞줄에 앉아 있을 것만 같은 예감이 들었다. 내가 조마조마하게 자리로 돌아갔을 때 그가 흥미로운 눈길을 보내며 내 어깨를 가볍게 두드리지 않았다면, 나는 결코 여기까지 오지 못했을 것이다.

나는 혼자가 아니었다. 수전 만 선생은 늘 나와 함께하며 지지를 보냈고 연구에 대한 열정으로 나를 이끌어주었다. 샬럿 퍼스는 언어 서술을 통해서 몸의 역사를 끌어내는 어려운 작업을 위해 전방위로 숙고해왔다. 수잰 카힐은 시학을 통해 당나라 여도사들의 몸의 경험을 해석했다. 주디스 자이틀린은 지워지지 않는 갈망이 일으키는 한순간의 아름다움을 일깨웠고, 이것이 우리에게 진실에 접근할 수 있음을 보여주었다. 보니 스미스는 역사가 만든 환상적이고 빛나는 집착에 우리를 빠져들게 했다. 만약 그들이 길을 터주지 않았다면 나는 여전히 덤불 속에서 헤매고 있었을 것이다.

전족은 이미 존재하지 않지만, 또한 곳곳에 남아 있다. 역사학자, 특히 인류학자들은 모두 그들의 아카이브와 현지 조사 노트에 전족에 관한 기록을 가지고 있는 듯하다. 그래서 내가 이 주제에 관심이 있다는 것이 알려지자 친구들과 낯선 이들마저 자료를 무더기로 보내주었다. 그들은 이나 아심, 메리 벅, 마이클 창, 딩이좡定宜庄, 둥위에董玥, 마크 엘리엇, 수전 펀스브너, 조슈아 포겔, 푸보스傅葆石, 조슈아 골드스타인, 마르타 한센, 클라라 호Wing-chung, 재키 아미조-후에신, 리베카 칼, 만번 콴, 니 리우, 토비 메이어-퐁, 첸난슈錢南秀, 이블린 로스키, 루스 로가스키, 매슈 소머, 레이코 수에추구, 앤 월터, 왕정王政, 쉬쉐칭徐學清, 세추코 야나기다, 주디 융, 그리고 장언화張恩華다. 전족사 연구의 동반자였던 린추이민과 사카모토 히로코는 그들의 연구 성과를 너그럽게 공유해주었다.

나는 이 연구를 성실한, 그리고 감동적인 청중과 공유할 기회를 많이 가졌다. 예일대학, 타이완 중앙연구원의 근대사연구소, 타이완대학, 미국 자연사박물관, 세인트루이스의 워싱턴대학, 하버퍼드대학, 피츠버그대학, 아서 사클러 갤러리, 프린스턴대학, 시카고대학, 워싱턴대학, 캘리포니아대 로스앤젤레스 분교, 미시간대학, 프린스턴 고등연구소, 뉴

욕의 메트로폴리탄박물관, 캘리포니아대학 데이비스 분교, 토론토대학, 프랭클린&마셜대학, 브라운대학의 펨브로크 센터, 중국연구소, 위츠부르크대학, 베이징대학, 난징대학 등등의 연구 기관 동료들이 나를 워크숍, 학회, 강연에 초대해준 것에 대해 감사드린다.

이와 같은 모임을 갈 때마다 나는 그들의 시간과 통찰을 내게 나눠준 동료들을 만났다. 또한 비난만이 전족에 대한 유일한 반응이 될 필요가 없다는 나의 제의에 불만과 곤혹을 느낀 신사 숙녀들도 만났다. 나는 늘 도전의 대상이 되었지만, 결코 공격받지는 않았다. 청중의 인내와 관용에 감사드린다. 그들은 나의 주장을 증명할 것을 요구했고 때로는 내 생각을 바꿔놓기도 했다. 나는 이로 인해 이 책이 더 나아졌기를 바란다. 내가 샌디에이고의 캘리포니아대학, 럿거스대학, 그리고 프린스턴대학의 버나드칼리지에서 강의할 때 내 수업에 참여한 학생들은 구체적이지만 난해한 주제인 몸의 역사에 대해 많은 것을 가르쳐주었다. 그들 중에서 숀 호프먼, 스티븐 싱어, 서맨사 핀토는 이 문제에 대한 내 연구 방법을 바꾸어놓았다.

캘리포니아대학의 총장실과 구겐하임 연구재단, 프린스턴 고등연구소와 국가인문재단은 내가 이 연구의 초기와 마무리 단계에서 충분한 시간을 가질 수 있도록 허락해주었다. 럿거스대학의 문리대 학장인 리처드 폴리와 인문대 학장인 딘 배리 퀠스, 버나드대학의 교무처장 엘리자베스 보일런은 여러 방면에서 내 작업을 지원해주었다.

나의 존경하는 동료와 친구인 레이 초, 슝빙전, 벤저민 엘먼, 수전 나퀸, 프랜시스카 브레이, 루이자 셰인은 내게 때에 맞는 충고와 끊임없는 지지를 해주었다. 샬럿 퍼스와 윌리엄 로는 이 책의 최초와 최후의 독자가 되어주었다. 그들의 의견은 날카롭고 적절했으며 친절했다. 원고를 수정하는 과정에서 그들이 내게 준 응답은 비할 데 없이 소중했다. 베로니카 정, 낸시 노턴 토마스코, 자오핑趙豐, 가오젠중高建中, 레진 티리에즈, 루이스 스타인이 각종 예술품과 기물을 제공하고 이 책에 이들을 찍은 사진을 인용하도록 허락해준 것에 감사드린다. 사진의 연대를 판별하는 데 전문가적인 도움을 제공해준 티리에즈 박사에게 다시 한번 감사를 전한다. 예와葉娃, 발레리 스틸, 앤절라 룽, 엘런 위드머, 캉-이 쑨 창, 화웨이華瑋, 린웨이훙林維紅, 리샤오티李孝悌, 류징전劉靜貞, 리 젠더, 후샤오전胡曉眞, 가시모토 미오岸本美緒, 오키 야스시大木康, 디터 쿤, 두팡친杜芳琴, 덩샤오난鄧少南, 장훙성張宏生, 허윈아오賀雲翱, 쉬이이徐藝乙 등은 영감이 가득한 그들의 책을 선사했을 뿐 아니라 세계 곳곳에서 나를 따뜻하게 맞아주었다. 진심으로 감사드린다.

의사 커지성柯基生, 바타 신발 박물관의 소냐 바타 여사, 양샤오룽楊韶榮, 글렌 로버츠, 셰옌팡謝言芳, 돈 J. 콘, 조너선 헤이의 품위 있는 취향과 감탄을 자아내는 풍부한 소장품들은 나를 신발과 기타 물품의 세계로 이끌어주었다. 가장 왕성하게 집필하는 기간에 나는 타이베이의 라이잉위賴瀅玉와 난징의 메이메이梅玫, 두 연구 조교의 도움을 받았다. 시작부터 끝까지 캘리포니아대학 출판사의 실라 레빈이 이 연구 기획의 편집과 출판을 책임져주었다.

내 어머니는 비록 살아 계실 때 이 책을 보지 못하셨지만, 양친께서 베풀어주신 조건 없는 지지는 내게 너무나 중요했다. 친구들인 로런 라진, 쑤링 푸, 신시아 페리—그들은 모두 굳건하게 현실을 살아가는 강한 여성들이다—에게 나를 떠나지 않아서 고맙다는 말을 전하고 싶다.

이 책의 제3장은 중국어로 집필된 「檔案·纏足史·欲望: 游戲〈采菲錄〉」(熊秉眞, 余安邦 합편의 『情欲明清-遂欲篇』, 臺北: 麥田出版, 2004), 105~140쪽)의 축약본이다. 또 제4장은 이전에 더 짧은 버전으로 독일에서 출판된 바 있다: "The Presence of Antiquity: Ming Discourses on Footbinding's Origins," in *Die Gegenwart des Altertums*, ed. *Dieter Kuhn and Helga Stahl*(Heidelberg: Edition Forum, 2001).

옮긴이의 말

『문화와 폭력: 전족의 은밀한 역사』(원제 Cinderella's Sisters: A Revisionist History of Footbinding)는 미국의 역사학자 도러시 고의 역작이다. 2000년대 이후 중국과 해외에서 중국 여성학 분야, 특히 명청 시기 여성과 여성 문화를 활발하게 발굴하고 재조명하는 작업이 이뤄지고 있다. 이 분야의 미국 학자 가운데 가장 영향력 있는 사람 한 명이 바로 도러시 고다. 미국 컬럼비아대학 산하의 여자대학인 바너드 칼리지 역사학과 교수로 재직 중인 그녀는 1990년대부터 지금까지 젠더의 시각에서 중국사와 중국 문화를 재구성하는 작업을 하고 있다.

이 책에 대해 논하기에 앞서 도러시 고의 전작을 먼저 언급하지 않을 수 없다. 그녀는 1994년 『규방의 스승들: 17세기의 여성과 문화Teachers of the Inner Chambers: Women and Culture in Seventeenth-century China』를 출판했고 이 책은 일종의 패러다임의 전환이라고 언급될 정도로 중국 여성과 젠더 연구에 상당한 충격과 자극을 주었다. 그녀는 이 책 서문에서 근대 이후 중국 여성사의 주류가 되어온 '희생자 담론'

을 정면으로 반박했다. 루쉰의 소설 「축복祝福」에 나오는 샹림 아주머니의 무력하고 가련한 이미지는 가부장제와 예교의 압박이 전통시대 여성들을 얼마나 고통으로 내몰았는지, 전근대의 야만적 풍속이 여성들을 얼마나 착취했는지를 보여주는 대표적인 사례였다. 반면 도러시 고는 17세기 강남의 지식 여성들을 조명하며 이들의 생활이 문화적 활력과 다양한 사회적 교제로 가득한 데다 이들이 자기 삶에서 주도권을 쥐고 있었음을 보여주었다. 이 책에 등장하는 명말 청초의 재녀들은 이전에 진지하게 연구된 적 없는 인물들이지만, 이 책과 더불어 이후 학계에서 대부분 새로운 연구 주제가 되었을 정도다. 그녀의 첫 책이 중국 여성 연구에 끼친 영향력은 상당히 컸다. 옮긴이 역시 이 책을 통해 여성 연구에 입문했고 개인적으로 연구의 변곡점이 되었다고 할 만큼 중요한 저서로 꼽는다.

그런데 도러시 고는 이후 물질성, 육체성, 그리고 여성의 일상과 관련된 주제로 연구 방향을 점차 전환하기 시작한다. 사실 『규방의 스승들』의 배경인 17세기 강남은 중국 역사상 최고의 물질문명과 수준 높은 예술 문화를 구가하던 공간이었고 이 책의 등장인물들은 당시 명성을 떨치던 재녀 혹은 명기였다. 그들의 삶은 화려했고, 그들은 자신의 개인적 정체성을 정의하고 재현할 만한 문화적 수단과 권력을 지니고 있었다. 도러시 고 자신이 문제의식을 직접 드러내진 않았지만, 이렇게 특별한 여성들이 누리던 자유와 발언권이 과연 당시 강남 이외의 지역, 혹은 대다수 이름 없는 전근대 시기 중국 여성들의 실존적 삶을 대표할 수 있을까 하는 의문을 품었을 법하다. 이후 그녀가 가장 천착했던 주제는 바로 '전족'이었다. 그녀는 이미 1990년대에 전족을 주제로 논문을 발표한 바 있지만, 그때는 물질로서의 전족보다는 전족의 상징적·문화적 의미 해석에 초점이 맞춰져 있었다. 여성의 일상 속에서 행위와 실천으로서의 전족에 무게 중심을 옮겨가면서 도러시 고는 전족 신발을 주제로 한 저서 『발끝마다 피어나는 연꽃』(2001)을 출간한다. 이는 그녀가 엘리트 여성의 '언어'뿐 아니라 보통 여성들의 신체를 통해 여성 경험을 탐색하겠다는 의미라 할 수 있다. 뒤이어 2005년에 출간된 『문화와 폭력: 전족의 은밀한 역사』는 그간의 학문적 축적과 새로운 여성 해석이 빛나는 결정판이다.

이 책에서도 저자가 처음부터 견지했던 학문적 지향은 여전히 살아있었다. 그녀는 가부장제의 희생자가 아닌 역사의 주역이자 능동적 주체로서 여성을 재구성하려 했고, 단지 재현 대상으로서가 아니라 발화되는 여성 자신의 음성을 찾아내려고 꾸준히 시도했다. 그녀가 첫 저서에서 여시인들을 다룬 것 역시 이들이 전근대 시기 글을 통해 자신을 표현한 거의 유일한 여성 집단이었기 때문이다. 도러시 고는 이 책에서 문자가 아닌 몸으로 발화된 여성의 음성을 기록하려 했고 전족 행위야말로 대표적인 중국 여성의 신체 언어라고 봤던 것 같다. 전족은 근대 이전 중국의 문화적 이상이자 여성들의 일상이기도 했다. 하지만 근대 이후 전족은 그야말로 '동아시아의 병자'로 불리던 구중국의 무기력함과 병증을 가장 적나라하게 상징하는 유물이 되었다. 전족한 여성은 구질서의 피해자이자 가련하기 짝이 없는 희생자로 간주되었다. 모두 전족 여성에게는 인간으로서 어떠한 존엄도, 자기 주체성도 허용되지 않았다고 생각했다. 그리고 저자의 말대로 전족에 대한 과거 논의의 대부분은 반전족 담론이었다. 전족은 여성의 눈물과 고통, 남성의 은밀한 욕망, 구질서의 야만이나 무정함 등과 늘 함께 논의되었다. 하지만 전족이 이렇게 폭로와 비판의 대상이 된 것은 바로 근대 이후였고, 우리가 알고 있는 전족에 대한 대부분의 상식과 이미지 역시 근대의 산물이었다. 도러시 고는 바로 이러한 근대의 전족 서사에서부터 서술을 시작했다. 이는 상식적인 접근을 완전히 뒤집는 것인데, 저자는 아마도 전족에 대한 기존 담론이 어떻게 형성되었는지를 먼저 분석해야 한다고 생각했던 듯하다.

그래서 이 책은 크게 두 부분으로 나뉜다. 1부는 1870년대에서 1930년대에 이르는 전족 노출의 역사를, 2부는 전통 시기, 특히 전족의 전성기였던 명청 시기 전족 은폐의 역사를 다루고 있다. 1부는 전족 반대론이 어떤 언어적 전략과 서사를 통해 유포되기 시작했는지, 실제 지역사회에서 전족 폐지 운동은 어떻게 이뤄졌는지, 그리고 전족이 그 문화적 명성을 거의 잃은 시대에 여전히 전족을 감상하고자 했던 남성 욕구의 본질은 무엇이었는지를 방대한 자료와 함께 서술했다. 초기에 선교사와 지식인들에 의해 유포된 자연스럽게 타고난 그대로의 발이 좋은 것이라는 '천족론'이 아이러니하게도 전족의 어휘와 지식 체계 속에 담겼다는 것, 중국 민족주의자와 페미니스트들, 그리고 통치자들이 전족한 여성들에게 가한 존엄과 인격에 대한 모욕, 전족과 방족은 고정된 상태가 아니라 어떤 과정에 있다는 것, 그리고 이미 사라진 전족의 아우라를 붙잡기 위해 허우적거리는 퇴행적 문인들에 이르기까지 저자는 근대의 반전족 담론이, 전족은 이론이 아니라 신체의 어떤 상태이며 실존하는 몸의 리얼리티라는 점을 깡그리 삭제했음을 적나라하게 보여주었다.

2부는 전족의 기원 담론이 본격화되었던 16세기로 거슬러 올라간다. 반전족의 시대였던 근대를 다룬 1부 역시 대단히 흥미롭고 새로운 통찰을 보여주지만, 2부는 그야말로 저자의 학문적 진수와 글쓰기의 매력이 최고조로 드러났다는 게 개인적인 생각이다. 4장은 전족의 기원과 사회적 유행에 대한 명청 고증학자들의 이론을 충실하게 복원하면서, 결국 전족은 문자 텍스트와 사회적 실행 사이의 상호 작용을 통해 탄생한 풍속임을 밝힌다. 전족은 처음에 문학적 형상이며 비유이자 문화적 이상으로서 텍스트를 통해 등장했지만, 이것이 결국 실현되었고, 나중에는 보편적인 관습이 되었던 것이다. 여성을 도망가지 못하게 하기 위해서라든가, 성적 욕망을 충족하기 위해서라는 등의 전족 기원에 대해 떠도는 가설은 어쩌면 전족에 대한 근대인들의 관음증적인 호기심을 보여주는 것일지도 모른다. 이 장에서는 전족을 단순한 호기심이 아닌 진지한 학문적 논의의 대상으로 삼았던 명청 고증학자들에 대한 저자의 경의를 느낄 수 있다. 5장은 더 대중적인 장르, 즉 필기, 희곡, 이곡 등에 등장하는 전족의 문화적·사회적 의미를 탐색했다. 여기서는 서북 지역에 부여된 상상 지리와 이에 결부된 여성 육체의 문제를 문인 필기를 통해 서술한다. 왜 서북 지역, 특히 다퉁은 전족 미인의 고향으로 통했는지, 당시 문인들이 서북 지역에 투사한 심리적 욕망은 무엇이었는지, 그리고 북방의 타자성이 어떻게 에로틱함으로 표현되었는지 등을 흥미진진하게 다루며, 저자는 점차 여성의 시각으로 전환하기 시작한다. 전족이 여성들의 등급과 신분을 가르는 척도가 되기도 했지만, 대중적인 가요에서 전족은 여성의 일상적인 상태로 묘사되었다. 즉 여성에게 전족은 성적 환상의 도구가 아니라 매일의 몸치장이고 사회적 교제의 수단이었다. 전족 띠, 신발과 같은 전족 관련 물질과 일상적인 관리로 치환된 전족의 세계는 이제 패션의 영역에 들어선다. 6장에서 저자는 전족한 여성들의 시각으로 그 세계를 제시하겠다고 밝히며, 그녀들의 신체에 접근하려는 '무모한' 계획을 세웠다고 털어놓는다. 전족한 여성의 '진정한' 음성을 듣는 것은 사실상 거의 불가능해 보이지만, 그녀는 신발을 포함해 전족을 둘러싼 물질적 흔적과 자취를 통해 단서를 찾으려 시도한다. 출토된 전족 유물에 대한 분석을 통해 역사적으로 전족이 결코 고정된 하나의 형태나 관습이 아니라 시대, 지역에 따라 부단하게 변화해왔음을 보여주었다. 전족 신발을 비롯한 각종 물품은 여성 일상의 한 부분이자 여성 노동의 일환이었다는 것, 전족 형태의 변화에 따라 여성용 신발이 가정의 영역에서 벗어나 시장으로 진입하는 과정, 유행과 함께 변모하는 전족 신발과 양말의 의미 등을 흥미로운 일화와 함께 들려준다.

저자는 전족이 남성의 욕망과 관계있음을 인정하지만, 이것만이 왜 그토록 오랫동안 전족이 유지되었는지를 설명하지는 못한다고 했다. 1000년에 걸친 전족의 역사는 결코 시종일관되거나 동일한 모습으로 유지되지 않았다. 텍스트와 물질, 실제 행위와 상상이 상호 착종되어 전족의 역사를 구성했고 여성은 이 역사의 방향을 좌우한 능동적인 참여자였다. 그리고 이 가운데 전족 역시 여성 자아의 표현이 되었다는 것이다. 즉 엄혹한 가부장제의 강요 아래 피눈물을 흘리며 발을 싸맸던 가련한 여성의 이미지는 근대인의 상상에 불과하다는 것이다.

옮긴이의 입장에서, 독자들이 저자를 전족 옹호론자로 오해하지 않기를 바란다. 전족 반대이건 옹호건 모두 전족이 사회적으로 실행될 때나 의미 있는 것이다. 이 책은 이제 완전히 역사가 되어버린 전족을 도덕적으로 비난하거나 단죄하는 대신 젠더의 시각에서, 그리고 물질문명과 몸의 시선을 통해 그 궤적을 복원하고 의미를 해석하려 한 새로운 시도다. 특히 고전 시, 필기, 강창, 이곡, 민가로부터 근대의 신문과 잡지, 정부 문서와 서양인의 보고서와 회고록까지 장르와 시대를 가로지르며 꼼꼼하게 자료를 해석하는 솜씨는 이 책의 장점 중 하나다. 무엇보다 이 책을 통해 우리는 여성을 역사의 희생양이나 대상이 아니라 역사 흐름의 참여자로 서술하고자 하는 저자의 한결같은 학문적 집념을 읽을 수 있다.

처음 겪어보는 팬데믹의 시기를 이 책과 함께 보냈다. 무릎을 치게하는 창의적인 시각과 저자 특유의 서정적이고도 날카로운 문장이 대단히 매력적이어서 욕심을 내 번역을 시작했지만, 내 능력이 미치지 못할 때가 많았다. 학술서임에도 비유와 문학적인 표현이 가득해 문장 자체를 온전히 우리말로 옮기기도 쉽지 않았고 고증학자의 문헌에서 통속 문학에 이르기까지 다양한 자료의 인용문을 정확히 번역하는 것은 특히 난관의 연속이었다. 이 책에 있을지 모르는 오류는 모두 옮긴이의 책임이다. 독자 제현의 아낌없는 질정을 구한다. 분량도 방대한 학술서 번역을 선뜻 승낙하고, 꼼꼼하게 교정과 편집을 해준 글항아리에 진심으로 감사드린다.

2022년 9월

최수경

주

1 웨스트Stephen West 교수가 이 말을 한 것은 2002년 10월 컬럼비아대학에서의 대화 중
이었다.

2 영어 저작 중 대표적인 예외는 하워드 S. 레비Howard S. Levy의 *Chinese Footbinding:
The History of A Curious Erotic Custom*, 臺北: 南天書局, 1984이다. 레비가 채택한 부
인disavowal의 레토릭은 그의 매혹과 갈망을 마치 장막을 치듯 두껍게 가리고 있다. 이러
한 태도는 일종의 전족 백과사전인『채비록采菲錄』의 편찬자 야오링시姚靈犀가 보여준 태
도와 대단히 비슷하다. 레비의 책에 보이는 파편적 구성은『채비록』을 모델로 한 것이며 주
요 자료 역시 여기서 가져온 것이었다. 야오와 레비의 태도에서 보이는 복잡함과 텍스트의
모방에서 유래한 새로운 지식과 욕망의 생산에 대해서는 이 책의 3장을 볼 것. 중국어 저
작에서의 예외 사례는 가오홍싱高洪興의『전족사纏足史』, 上海: 上海文藝出版社, 1995이
다. 이 책은 역사서라기보다는 민속학 연구인데 대부분의 자료를『채비록』에서 발췌했다.

3 나는 이 책에서 전족이 일생에 걸친 과정이라는 점에 초점을 두기로 결정했는데, 여기서
의 주요 명제는 전족이 종종 여성이 자기 몸에 스스로 가하는 실천이었다는 점이다. 어머
니가 딸에게 전족을 전수하는 동력에 대해서는 나의 *Teachers of the Inner Chambers:
Women and Culture in Seventeenth-Century China*, Stanford, Calif: Stanford
University Press, 1994, pp.169~171을 볼 것.

4 Sigmund Freud, "Fetishism", in *Sexuality and the Psychology of Love*, ed. with an
introduction by Philip Rieff, New York: Collier Books, 1963, pp.214~219. Julia
Kristeva, *About Chinese Women*, trans. Anita Barrows, New York and London:
Marion Boyars, 1991, pp.81~85도 볼 것. Rey Chow는 Kristeva가 전족을 여성 거세
로 해석하고 있다고 비판했다. 그녀의 *Woman and Chinese Modernity: The Politics of
Reading between West and East*, Minneapolis: University of Minnesota Press, 1991,
pp.6~7을 볼 것. 여성 페티시즘 관련 문제에 있어서 나는 출판된 논저들보다 럿거스대학

재직 시절에 만났던 학부생 스테퍼니 캡노와 서맨사 핀토에게서 더 많이 배웠다.

5 Thorstein Veblen, *The Theory of the Leisure Class*, New York: Penguin Books, 1994, pp.148~149. 고전이 된 이 책은 1899년에 처음 출판되었다.

6 Hill Gates, "Footbinding and Homespinning in Sichuan: Capitalism's Ambiguous Gifts to Petty Capitalism", in *Constructing China: The Interaction of Culture and Economics*, ed. Kenneth G. Lieberthal, Shuen-fu Lin, and Ernest P.Young, Ann Arbor: University of Michigan Press, 1997, pp.177~194. 소자본주의 생산 양식에 대해 서는 그녀의 *China's Motor: A Thousand Years of Petty Capitalism*, Ithaca: Cornell University Press, 1996을 볼 것. 델리아 다빈은 처음으로 경제 생산의 양상을 통해 전족 의 유행을 설명한 사람이다. 남쪽의 습식 농업 지역에 비해, 건식 농업이 지배적이었던 북 쪽에서 전족이 더욱 번성했다. *Women-Work: Women and the Party in Revolutionary China*, Oxford and New York: Oxford University Press, 1978, pp.117~118.

7 Laurel Bossen, *Chinese Women and Rural Development: Sixty Years of Change in Lu Village, Yunnan*, Lanham, Md.: Rowman & Littlefield, Inc., 2002, p.45에서 인 용. 1880년대에서 1950년대까지 기술 발전의 역사와 전족의 관련에 대한 그녀의 논의는 pp.73~75를 볼 것. '문화적 근원이 없는 관습cultureless custom'은 Gates, "Footbinding and Homespinning", pp.180~182를 볼 것.

8 이 인터뷰들은 1938년 이전 베이핑에서 진행되었지만 처음 출판된 것은 1945년이었다. Ida Pruitt, *A Daughter of Han: The Autobiography of a Chinese Working Woman*, Stanford, Calif.: Stanford University Press, 1967, p.22. 프루잇(1888년 출생)은 그 녀 인생의 첫 12년을 산둥의 어느 마을 펑라이蓬萊에서 보냈다. 그녀의 회고록 *A China Childhood*, San Francisco: Chinese Materials Center, Inc., 1978에서 프루잇은 1890년 대 이 시골 마을에서 가장 하층 여성을 제외하고는 현지 의사의 딸부터 보모에 이르기까 지 거의 모든 여성이 전족을 했다고 했다. 보모의 막내딸은 전족을 하지 않아 '기녀'로 불렸 다(p.89). 전족이 너무나 중요했기 때문에 그 막내딸은 전족한 여성들이 비틀거리는 모양을 흉내냈다. 그리고 전족을 하지 않은 어느 피란민 여성 하나도 '형식적 전족'을 했다(p.158). 이 책에 주목하게 해준 세라 신윈드Sarah Scheenwind에게 감사한다.

9 16세기 이후 전족에 관한 유럽인들의 지속적인 상상에 대한 개괄적 설명에 대해서는 나 의 "Bondage in Time: Footbinding and Fashion Theory", *Fashion Theory: The Journal of Dress, Body, & Culture* 1, no.1, March 1997, pp.3~28. 이 역사의 일부에 대한 깊은 분석에 대해서는 다음을 볼 것: Sandra May Adams, "Nineteenth Century Representations of Footbinding to the English Reading Public", Ph.D.diss., University of Macau, 1993. 이 논문을 제공해준 의사 커지성柯基生 선생에게 감사드린다.

10 또 하나 자주 인용되는 설명은 전족이 여성의 발을 불구로 만들어 집에 머물도록 하려 는 목적이라는 것이다. 이는 분명 반전족 운동 기간에 유행한 근대의 주장이다. 이 논리 가 정리된 여계서 『여인경女人經』은 19세기 이전에는 관련 서지사항이나 문헌 기록이 보 이지 않는 것으로 보아 근대의 텍스트가 분명하다. 이 주장의 전제는 '이동성'이 사람들 이 욕망할 만한 특징이라는 것인데, 이는 근대에야 등장한 생각이다. 이는 제국 시대 전

족의 유행에 대한 타당한 설명을 제공해주지 못한다. 유가의 전통 교훈서들은 전족의 도덕적 의미에 대해서는 전혀 언급하지 않았다. 심지어 전족을 한 신사층 여성들이 집 밖으로 여행을 다녔어도 그들의 도덕적 명성에 전혀 손상을 입지 않았다는 실증적 증거도 있다. 나는 전족과 유가 사상과의 관계는 지극히 모순적이라고 지적한 바 있다. 여성에게 있어 전족이란 반유가적 수단(신체 훼손)으로 유가의 목적(단정함과 우아함)을 달성하게 하는 것이다. "Footbinding as Female Inscription", *Rethinking Confucianism: Past and Present in China, Japan, Korea, and Vietnam*, ed. Benjamin Elman, John Duncan, and Herman Ooms, Los Angeles: Asia Pacific Monograph Series in International Studies, UCLA, 2002.

11 Joan Wallach Scott, *Only Paradoxes to Offer: French Feminists and the Rights of Man*, Cambridge, Mass.: Harvard University Press, 1996, p.2.

12 이 '종결'의 문제는 1992년 3월 하버드대학에서 내가 진행했던 발표 이후 빌 커비가 처음으로 내 머리에 심어준 것이다. 이후 10여 년간 이 문제는 줄곧 내가 전족사를 탐색하는 데 길잡이가 되어주었다. 이 자리를 빌려 그에게 감사드린다.

13 동일한 가부장제가 존재한다고 믿고 있는 여성주의자들은 어쩌면 이러한 시각에 동의하지 않을 것이다. 메리 데일리는 앤드리아 드워킨의 주장을 따라서 오늘날의 성형 수술이 여성에게 가하는 압박은 전족, 여성 할례, 나치의 인체 실험과 동일하다고 보았다. Daly, *Gyn/Ecology: The Metaethics of Radical Feminism*, Boston: Beacon Press, 1978을 볼 것. Dworkin, *Women Hating*, New York: Plume, 1974도 볼 것. 나는 이전의 논문에서 반대 의견을 서술한 바 있다. "The Sex of Footbinding.", in *Good Sex: Women's Religious Wisdom*, ed. Radhika Balakrishnan, Mary E. Hunt, and Patricia Beattie Jung, New Brunswick, N. J.: Rutgers University Press, 2001.

1장

1 신골은 신발을 만들 때 속에 넣고 모양을 바로잡기 위해 사용하는 물건이다.—옮긴이

2 「小脚悲歌畫上休止符」, 『新民晚報』, 1999年 11月 22日. 끝이 뾰족한 이 전족 신발은 "구식 디자인에 옛 솜씨를 부려서" 1991년에야 생산을 시작했다. 이 신발들의 재료가 가죽인지 직물인지는 분명치 않다. 비단 신발 혹은 전통 중국 신발류의 주류였던 면 신발은 신골로 신발 모양을 고정하지 않았다. 여기서의 신골은 단지 신발 표면을 다리기 위한 용도다. 신발 주문은 전국 각지에서 몰려들었다. 신화사新華社의 1998년 10월 26일 보도에 따르면 (http://www.sfmuseum.org/chin/foot.html), 처음 2년간은 매년 200켤레 이상의 신발이 팔렸다고 한다. 나의 *Every Step a Lotus: Shoes for Bound Feet*, Berkeley and Los Angeles: University of California Press, 2001, p.135에 (한때) 전족을 했던 사람을 위해 현대에 만들어진 네 짝의 가죽 신발 사진이 수록되어 있다.

3 예를 들어 張仲, 『小脚與辮子』, 臺北: 幼獅文化, 1995; 戴晴·洛恪, 『纏足女子-當代中國女性問題』, 香港: 明報出版社, 1996; 王子今, 『跛足帝國-中國傳統交通形態研究』, 蘭州: 敦煌

文藝出版社, 1996을 참고할 것. 왕둥팡王冬芳은 청대 문화사에 관한 대중서를 썼는데『邁向現代: 剪辮與放足』, 沈陽: 遼海出版社, 1997이라는 책 제목이 전체 내용을 말해준다. 또한 선징허沈景和가 반反전족을 논의한 부분도 참고할 것:『近代中國陋俗文化嬗變硏究』, 北京: 首都師範大學出版社, 1998, pp.204~222. 이외에 판훙Fan Hong의 *Footbinding, Feminism, and Freedom: The Liberation of Women's Bodies in Modern China*, London: Frank Cass, 1997은 영문서지만 위의 연구와 마찬가지로 해방론자의 레토릭과 이원론적 역사관을 기본 논조로 하고 있다. 비슷한 시기에 가오훙싱高洪興과 야오쥐순姚居順은 전족의 민속적 측면을 다룬 저작 2종을 발표했는데 이 책들은 객관적 시각을 보인다는 점에서 여느 연구와는 다르다. 하지만 야오쥐순의『中國纏足風俗』, 沈陽: 遼寧大學出版社, 1991의 앞 9장은 오카모토 류조岡本隆三의『纏足物語』, 東京: 東方書店, 1986(초판은 1963)의 번역이나 다름없다. 1980년대 중후기의 문화주의, 전통과 현대성에 대한 성찰이라는 관점에 대해서는 張旭東의 *Chinese Modernism in the Era of Reforms: Cultural Fever, Avant-Garde Fiction, and the New Chinese Cinema*, Duram and London: Duke University Press, 1997 참고.

4 국가가 추진하는 반전족 정책에 대해서는 쑨중산孫中山의 1912년 금지령을 볼 것(『宋菲錄續編』, p.39). 린추민林秋敏은 전국 규모의 전족 금지 정책은 제대로 시행된 적이 없다고 했다. 그녀의「閻錫山與山西의天足運動」,『國史館館刊』復刊第18期(1995/6), p.143을 볼 것. 크리스티나 터너Christena Turner는 선교사와 외국인들의 자료를 주로 검토한 뒤 전족의 실행 여부와 종료 시점은 지역적 편차가 상당히 심하다고 했다. 그녀는 이러한 편차가 '중국'을 의미 있는 실체로 함께 묶으려는 문화적 통합의 표면이 얼마나 취약한지 드러낸다고 주장했다. 그리고 이 때문에 하나의 범주로서의 '전족'의 온전함 역시 취약하다고 했다. "Locating Footbinding: Variations across Class and Space in Nineteenth and Early Twentieth Century China", *The Journal of Historical Sociology* 10, no.4, Dec.1997, pp.444~479.

5 1950년대 홍콩의 두 외과 의사가 전족한 여성의 발을 연구했다. 그들의 보고서는 기록적 가치뿐 아니라 중국 문화의 이러한 풍속과 여성에 대한 그들의 동정적 태도를 보여주고 있다는 점에서 특기할 만하다. H.S.Y.Fang and F.Y.K.Yu, "Foot Binding in Chinese Women," *Canadian Journal of Surgery* 3, April 1960, pp.195~202 참고. 이 두 의사는 전족이 결코 발의 뼈를 부러뜨리지 않음을 증명했다. "발의 개별적인 뼈 형태가 살짝 변형되었을 뿐이지만 모양의 왜곡이 상당히 심하다." 더구나 "엄지를 제외한 발가락 네 개의 관절이 완전히 발바닥 쪽으로 접혀 있어 발의 왜곡된 상태에 적응하고 있다. 힘을 가해도 펴지지 않았다"(p.199). 즉 전족을 한 발은 이전으로 돌아갈 수 없다.

6 Susan Steward, *On Longing: Narratives of the Miniature, the Gigantic, the Souvenir, the Collection*, Durham and London: Duke University Press, 1993, p.71.

7 추근, 딩링, 기타 16인의 여성 작가 작품에 대한 소개와 근현대 학계의 연구에 대해서는 Amy D. Dooling and Kristina M.Torgeson, eds., *Writing Women in Modern China: An Anthology of Women's Literature from the Early Twentieth Century*, New York: Columbia University Press, 1998 참고.

8 이러한 봉인containment의 결과 성적 자유의 레토릭이 등장했지만 아이러니하게도 여성 신체의 육체성은 삭제되었다. 리디아 리우Lydia Liu는 민족주의 담론에서 고통받는 여성 신체에 처음으로 주목한 학자 중 한 명이다. "The Female Body and Nationalist Discourse", *Scattered Hegemonies: Postmodernity and Transnational Feminist Practices*, ed. Inderpal Grewal and Caren Kaplan, Minneapolis: University of Minnesota Press, 1994, pp.37~62 참고.

9 중국 계몽의 역사를 재고하기 위한 시도 중 왕정은 또 다른 계층 여성들의 목소리를 발견하기 위해 구술사를 활용했다. 이들은 수면 아래 숨겨져 있거나, 혹은 관방 공산주의자들의 역사 기술 속에 봉인되어 있던 부르주아 계층 직업 여성들이다.

10 게일 허새터Gail Hershatter는 처음으로 이를 간파했다. 그녀의 "The Subaltern Talks Back: Reflections on Subaltern Theory and Chinese History", *Positions: East Asia Cultures Critique* 1, no.1, Spring, 1993, pp.103~130 참고. 1930년대 전족 여성의 인터뷰 기록에 대해서는 『采菲錄』을 볼 것(이 책 3장에서 논의). 臺灣에서 1960~1961년에 이루어진 인터뷰가 Howard S. Levy, *Chinese Footbinding: The History of a Curious Erotic Custom*, 臺北: 南天書局, 1984, 제10장에 있다. 특히 참고할 만한 것은 야오쥐순이 진행한 루즈란陸致蘭(1915년생)의 인터뷰다. 그녀는 산둥성 지난濟南 부근의 류자촌六家村 사람으로 1922년에 전족을 시작했다. 당시 그녀 마을의 300여 가구의 소녀들 모두 전족을 했다. 姚居順, 『中國纏足風俗』, pp.158~165. 최근에 진행된, 그리고 아마도 마지막일 인터뷰는 양양楊楊이 진행했다. 그는 윈난성雲南省 류이촌六一村의 어느 전족 여성의 아들이다. 그가 인터뷰를 진행한 이 마을의 26명 여성은 모두 그와 친척관계다. 그의 『小脚舞踏: 滇南一個鄉村的纏足故事』, 合肥: 安徽文藝出版社, 1999, pp.91~168.

11 John MacGowan, *How England Saved China*, London: T. Fisher Unwin, 1913, pp.25~26. 맥고언 목사는 중국에 50년을 살았고 샤먼어 사전도 편찬한 바 있지만, 목사 부부가 처음 중국에 왔을 때 현지어를 구사할 수 있었는지는 분명하지 않다. 런던에서 출발한 여행 과정과 샤먼에 대한 그들의 첫인상에 대해서는("저는 여러분을 상상 속에서 아주 먼 중국 땅으로 데려가겠습니다. 그곳에 살고 있는 낯선 사람들을 볼 수 있을 것입니다") MacGowan, *Besides the Bamboo*, London: London Missionary Society, 1914, p.9에서 인용. 또한 그는 전족의 기원을 남제南齊 동혼후東昏侯로 잘못 알고 있었다. 그의 *The Imperial History of China*, Shanghai: American Presbyterian Mission Press, 1906, p.225를 볼 것.

12 MacGowan, *How England Saved China*, pp.46~68. "키 크고 흰칠한 여성"의 발언은 pp.59~60에 실려 있다. '계전족회'는 1년에 2회 모임을 했다. 두 번째 모임 시에 적지 않은 남성들이 참석하고 발언했다(pp.70~74). Alison Drucker는 첫 번째 모임이 1874년이라 했다. "The Influence of Western Women on the Anti-footbinding Movement, 1840~1911", *Women in China: Current Directions in Historical Scholarship*, ed. Richard W. Guisso and Stanley Johannesen, Youngstown, N.Y.: Philo Press, 1991, pp.187~188. 나는 린웨이훙林維紅의 주장을 따라서 첫 번째 모임 연도를 1875년으로 간주할 것이다. 이는 포졸자抱拙子 글의 출판 연도가 1878~1879년인 데서 추산한 것이

다. 그녀의 「淸季的婦女不纏足運動, 1894~1911」, 『國立臺灣大學歷史學系學報』, 第16期, 1991, p.155를 볼 것.

13 MacGowan, *How England Saved China*, p.21.

14 그가 만든 반전족 단체인 'Heavenly Foot Society'는 '天足會'로 번역되는 것이 마땅하지만 이 단체의 중국어 명칭은 '戒纏足會'였다.─옮긴이

15 앞의 책, p.34, pp.64~65

16 이러한 '현지화' 전략은 의도에서든 아니면 결과에서든 늘 평등주의 방식은 아니었다. 맥고언이 '총독의 관복'을 걸치고 샤먼 현지 교회의 원로 16인과 찍은 사진이 남아 있다. 이 사진은 그가 샤먼에서의 선교활동 50주년을 기념하기 위한 것이었다. 중국인들은 모두 평범한 '긴 저고리와 마고자'를 입었다. 그리고 맥고언은 가장 권위적 위치에 서 있다(*Beside the Bamboo*, p.177 맞은편 사진).

17 맥고언의 'Heavenly Feet Society'가 1875년 첫 번째 집회부터 중국어 이름을 사용했는지는 분명치 않다. '계전족회戒纏足會'라는 이름은 抱拙子의 「廈門戒纏足會敘」, 『萬國公報』, 第11卷(1878~1879), pp.406~408, 李又寧·張玉法 編, 『近代中國女權運動史料』, pp.836~840. 呂美頤·鄭永福, 『中國婦女運動: 1840~1921』, 開封: 河南人民出版社, 1990, p.43. 1904년 '샤먼천족회廈門天足會'라는 단체가 등장한다. 이들의 약법約法은 『近代中國女權運動史料』, pp.880~881에 수록되어 있다. 초기 중국 개혁가들이 설립한 반전족 운동 조직은 캉유웨이康有爲가 1883년 세운 '부전족회不纏足會'부터 시작되었고 '천족회'라는 이름을 가진 단체는 없었다. 그들은 주로 '부전족회' 혹은 '계전족회'라는 이름을 사용했는데 모두 '전족'이라는 범주에 대한 부정을 의미한다. '천족회'는 20세기 초에 와서야 전국 각지에서 보편적으로 사용하는 이름이 되었다. 다음을 참고할 것: 林維紅, 『淸季的婦女不纏足運動: 1894~1911』, pp.160~163; 林秋敏, 『近代中國的不纏足運動: 1895~1937』, 國立政治大學碩士論文, 1990年, p.52, pp.60~61. 이 시기에도 '계전족'이라는 명칭은 여전히 때때로 신문 지상에 출현했다. 1902년 『대공보大公報』에 이를 제목으로 삼은 글 한 편이 실렸다. 이 글은 당시 일본 식민지였던 타이완에 번역문과 함께 실렸다. 「戒纏足說」, 『臺灣慣習記事』, 第2卷, 第11號, 1902, pp.43~49(887~893).

18 나는 일찍이 이전 논문에서("Footbinding as Female Inscription") 청대 초기 문인 저가 헌褚稼軒의 글을 언급한 바 있다. 이는 놀라울 정도로 반전족을 주장하는 글인데, 타고난 기하학적인 몸geometric body이 어떻게 '존재being'가 되는가에 대한 문제를 다루고 있다. 당시 유가 문화의 맥락에서 이러한 타고난 몸은 가부장제를 유지하기 위해 존재한다. 제국 담론에서의 신체에 대해서는 Angela Zito, *Of Body and Brush: Grand Sacrifice as Text/Performance in Eighteenth Century China*, Chicago: University of Chicago Press, 1997을 볼 것.

19 抱拙子, 「廈門戒纏足會」, 李又寧·張玉法 編, 『近代中國女權運動史料』, pp.839~840. 린웨이훙이 지적했듯(Virginia Chau의 논문을 주로 인용) 1870년대 초기 중국의 기독교 집단은 일찍이 전족이 확정적인 죄인지, 그리고 아직 기독교로 귀의하지 않은 여성이 반드시 전족을 중단해야 하는지 등의 문제에 관해 토론을 벌였다. 林維紅, 『淸季的婦女不纏足運動: 1894~1911』, pp.152~153을 볼 것. 1869~1870년에 *The Chinese Recorder*에 수

록된 토론 내용(Dr. Dudgeon, H.G., J.C. Kerr 등 참여)은 林秋敏, 『近代中國的不纏足運動』, pp.30~32 참고. Virginia Chiu-tin Chau, "The Anti Footbinding Movement in China, 1850~1912", Columbia University, master's thesis, 1966도 볼 것.

20 抱拙子, 「厦門戒纏足會」. 대조적으로, 개혁자 량치차오梁啓超는 중국의 반전족과 관련된 전통적 주제를 서술하며 '비열한 남성賤丈夫'을 꾸짖는다. 이들은 '하루의 욕망'에 탐닉하여 천세의 죄를 지었다고 했다(「戒纏足會敍」, 『近代中國女權運動史料』, p.841).

21 1895~1898년 많은 반전족 단체가 출현했다. 이 단체에 대한 연구가 반전족 운동 연구 중 가장 많은데 그 이유는 관련 연구 자료가 가장 풍부하기 때문이다. 이 장에서 나는 단체가 본격적으로 등장하기 이전의 이른바 '전역사', 그리고 쉬커徐珂 등의 민국 시대 문인들이 이 시기 역사를 어떻게 해석했는지에 초점을 맞출 것이다(이후에 논할 것이다). 1895년의 천족회 및 1898~1911년 성립된 지역 반전족 단체에 관한 문헌 기록은 거의 모두 李又寧·張玉法 編, 『近代中國女權運動史料』, pp.480~542, pp.836~909에 수록되어 있다. 관련 해석은 林秋敏, 林維紅, 呂美頤·鄭永福, Julie Broadwin, Alison Druker, 坂元ひろ子 등의 저작을 참고할 것. 천족회의 활동과 지역에서의 반응에 대해서는 리틀Little 부인의 뛰어난 회고록 The Land of the Blue Gown, London: T.Fisher Unwin, 1902, pp.305~370 참고.

22 '기계와 같은 신체'라는 비유는 당시 선교사들의 담론에서 매우 보편적이었다. 이는 (공기, 사상 등의) 순환이 위생의 근본이라는 더욱 거대한 서사 중의 중요한 일부였다. 천족회에서 거행한 교육적 목적의 집회에서 회원들은 고무 호스를 사용해 원활한 혈액 순환의 중요성을 시연하기도 했다(菊池貴晴, 「不纏足運動について」, 『歷史教育』 5, no.12, 1957, p.35).

23 조앤 저지Joan Judge는 1898년 개혁 운동 기간의 여성 교육 담론에 여성의 가치와 잠재력에 관해 모순적인 메시지가 들어 있다고 지적했다("Reforming the Feminine: Female Literacy and the Legacy of 1898" in Rethinking the 1898 Reform Period: Political and Cultural Change in Late Qing China, ed. Rebecca E. Karl and Peter Zarrow, Cambridge, Mass.: Harvard University Asia Center, 2002, pp.158~179). 여성들은 "순전히 장난감 같은 존재로, 그저 용모를 가꾸고, 전족을 하고, 귀 뚫을 생각만 하는" 존재라는 시각이 엄복嚴復, 캉유웨이, 량치차오 등 1890년대와 20세기 초 주요 지식인들의 저작에 대단히 널리 퍼져 있었다(嚴復, 康有爲, 梁啓超 등의 글은 『近代中國女權史料』 참고. 인용문은 Judge의 논문 p.161에 인용됨).

24 전통적인 역사 서술에서는 해외의 요인을 강조해왔다. 반면 바오자린鮑家麟은 수정론적 관점의 논문에서 (중국과 외국은) 평등한 지위에서 협력했다고 강력하게 주장했다("The Anti-Footbinding Movement in Late Ch'ing China: Indigenous Development and Western Influence", 『近代中國婦女史研究』, 第2期, 1994/6, pp.141~173). 이와 달리 린웨이훙은 지역의 반전족 단체에 대한 선구적 연구에서 초기 기독교회의 운동과 이후의 중국 지역 운동은 각기 다른 이유와 운동의 동력에서 비롯되었다고 강조했다(「淸季的婦女不纏足運動」). 두 사람 모두 여성들이 자신의 이익에 기울였던 관심은 논하지 않았다. 린추민은 린웨이훙의 관점에 동의하면서 선교자들의 동기는 '종교적'인 것이었고 개혁가들의 동기는 '정치적'인 것이라고 했다(『近代中國的不纏足運動』, p.51). 이 밖에 가오항高航은 반전족 운동 중 여성 기독교 선교사의 역할에 관한 흔치 않은 연구를 했다. 「教會と信者の間で女性

宣教试による纏足解放の試み」, 森時彦 編, 『中國近代化の動態構造』, 京都: 京都大學人文科 學研究所, 2004. 오노 가즈코小野和子 선생이 내게 이 논문을 보내주셨다. 이 자리를 빌려 감사드린다.

25 徐珂,「天足考略」, 徐珂 編, 『天蘇閣叢刊』, 上海: 商務印書館, 1914, p.1a. 1898년 무렵 우 후죽순처럼 출현했던 전족 반대 단체에 관한 자세한 내용은 林維紅,「淸季的婦女不纏足運 動」에 정리된 요약을 참고할 것(pp.155~156).

26 徐珂,「天足考略」, pp.1a~b. 徐珂,「知足語」, 徐珂 編, 『天蘇閣筆記十三種』, 第2卷, 香港: 中 山圖書公司, 1973, p.139.

27 徐珂,「天足考略」, pp.1a~b. 徐珂,「知足語」, p.139도 볼 것.

28 '불과족회'는 중국인이 최초로 설립한 반전족 조직의 하나다. 캉유웨이와 그의 동향 어우 어량區鍔良이 고향인 광둥 난하이南海에서 설립했다. 呂美頤·鄭永福, 『中國婦女運動』, pp.76~77; 林維紅,「淸季的婦女不纏足運動」, pp.155~156을 볼 것. 캉유웨이는 광서제에 게 전족을 금지하자는 유명한 상소를 올린 바 있다(「請禁婦女裹足折」). 이 글은 李又寧·張 玉法 編, 『近代中國婦女運動史料』, pp.508~510에 실려 있다.

29 徐珂,「純飛館詞」, p.31a, p.34b, 『天蘇閣叢刊』. 암살된 친구는 샤루이팡厦瑞芳(字粹方, 1871~1914)으로 상무인서관商務印書館의 창립자 중 한 사람이다.

30 蕩頤瑣,「徐仲可天蘇閣'娛晚圖'序」, 徐珂, 『純飛館詞』부록, 『天蘇閣叢刊』, pp.22b~23a.

31 梁啓超,「論女學」, 『近代中國女權運動史料』, pp.549~556. 인용문은 pp.549~550에 있다. 이 글은 단독으로 인용되곤 하지만 사실 량치차오의 장편 논문인 「변법통의變法通議」 중 의 일부다. 조앤 저지는 「論女學」의 주장과 표현들이 이후 개혁주의자들의 여성 교육 관련 글쓰기에 청사진을 제시했다고 지적했다("Reforming the Feminine", p.170). 리베카 칼 Rebecca Karl은 '여성은 노예'라는 량치차오의 표현을 분석했는데 이는 '모든 국민이 노 예亡國奴'라는 수사 중 중요한 부분이었다. Rebecca Karl, "Slavery', Citizenship, and Gender in Late Qing China's Global Context", in Karl and Zarrow, *Rethinking the 1898 Reform Period*, pp.212~244.

32 농촌 지역에서 주로 유행하는 중국 민화의 일종으로 설날에 대문에 붙여놓는다. 민간의 풍 속, 신앙, 미래에 대한 희망 등을 표현한 것이 많다.—옮긴이

33 판화 「女子自强」, 王樹村, 『中國民間年畫史圖錄』, 上海: 人民美術出版社, 1991, p.542. 여성 의 경제적 독립과 계급 평등 주제는 21세에 죽은 쉬커의 딸 쉬신화徐新華의 기념문집에서 도 등장한다. 쉬커는 그녀의 단편 필기를 모아 『彤芬室文』과 『彤芬室筆記』로 펴냈다. 쉬커 의 『天蘇閣叢刊』에 수록되어 있다.

34 蕩頤瑣, "徐仲可天蘇閣'娛晚圖'序", p.23a.

35 초기 면사 공장들은 1895년 무렵 상하이에 설립되었다. 1919년이 되면 상하이의 18만 1485명 노동자 중 거의 절반이 면사 공장에 근무했다. Emily Honig, *Sisters and Strangers: Women in the Shanghai Cotton Mills, 1919~1949*, Stanford, Calif.: Stanford University Press, 1986. p.23.

36 시명時萌의 주장에 의하면, 『황수구』의 연재는 1905년 『신소설新小說』 第2卷부터 시작 되었고 1907년 같은 출판자가 단행본으로 출판했다(『晚淸小說』, 上海: 上海古籍出版社,

1989, p.109). 타이완에서 다시 인쇄할 때 편집자는 잡지와 단행본 연도를 각각 1904년과 1906년으로 표시했다. 『晚淸小說大系』, 第15冊, 臺北: 廣雅書局, 1984, p.1. 『黃繡球』 본문 앞의 「黃繡球提要」를 볼 것. 이러한 혼란은 아마 『신소설』이 第2卷 第6號를 마지막으로 발행을 중지했기 때문일 것이다(樽本照雄, 『淸末小說閑談』, 京都: 法律文化社, 1983, p.12). Ying Hu(胡纓)는 이 소설에 대한 분석에서 황수구가 꿈속에서 롤랑 부인을 만나는 장면에 주목했다. 그녀는 이를 중국의 민족주의와 유럽 계몽 시대 보편주의의 만남에 대한 비유로 해석했다. *Tales of Translation: Composing the New Woman in China, 1899-1918*, Stanford, Calif.: Stanford University Press, 2000, pp.153~196을 볼 것. Ying Hu는 또한 소설가들이 여성 교육을 민족주의적 관심사에 예속시키는 경향은 량치차오의 「論女學」부터 시작한다고 했다(pp.162~169).

37 湯頤瑣, 『黃繡球』, p.23, p.54.

38 조앤 스콧Joan Scott은 이러한 역설은 원래 자유주의적 여성주의에 내재되어 있다고 했다. *Only Paradoxes to Offer: French Feminists and the Rights of Man*, Cambridge, Mass.: Harvard University Press, 1996.

39 張秀熟, 「淸末民間兒童讀物」, 『四川文史資料選輯』, 成都: 四川人民出版社, 1979, 第20冊, p.185.

40 위의 책, pp.184~185.

41 위의 책, pp.187~189.

42 『女學報』第7號, 1898/7, p.1b. 이 그림은 여성 화가 류징劉靚(可靑)의 것이다. 쳰난 슈Qian Nanxiu가 자신의 논문에 이 그림을 인용했다. 그녀의 "Revitalizing the Xianyuan(Worthy Ladies) Tradition: Women in the 1898 Reforms", *Modern China* 29, no.4, Oct. 2003, p.420을 볼 것.

43 잡지 『대륙大陸』에 대해서는 張楠·王忍之 編, 『辛亥革命前十年間時論集』, 北京: 三聯書店, 1978, 第1卷, p.967; 第1卷에는 『대륙』의 표지 사진도 실려 있다(페이지 번호 없음). '地球社'라는 명칭은 王樹槐 等 編, 『海內外圖書館收藏有關婦女硏究中文期刊聯合目錄』, 臺北: 中央硏究院近代史硏究所, 1995, p.57에 보인다.

44 笑云, 「天足說」, 『小說叢報』第3卷第8期, 1917, p.2.

45 앞의 책, pp.2~3. 저자는 반전족의 대의를 서술하기보다 '天'과 '纏足'에 함축된 여러 암시를 드러내는 것에 더 관심이 있었다. 이 글의 마지막 부분에서 그는 천족회는 칭찬할 만한 것이지만 개혁가들은 여자의 발보다는 더욱 중요한 문제에 관심을 기울여야 한다고 호소했다.

46 롤랑 부인Madame Roland(1754~1793)은 지롱드파의 지도자로 단두대에서 죽음을 맞는다. 그녀는 청말 중국에서 매우 유명한 인물이 되었다. 이에 대해서는 Hu Ying, *Tales of Translations*, pp.153~196 참고. 『황수구』에서 롤랑 부인이 자신을 소개하는 방식은 1902년 『신민총보新民叢報』 두 번에 걸쳐 연재된 이 여성 영웅의 장편 전기에서의 그것과 대단히 비슷하다. 이는 이 신문의 영향력을 암시하는 것이기도 하다(「近世第一女杰羅蘭夫人傳」, 李又寧·張玉法 編, 『近代中國女權運動史料』, pp.318~331). 여기서 언급된 책 세 권 중 첫 번째 것은 알파벳으로 'Yingxiong zhuan英雄傳'이라 되어 있었고 두 번째는 번역

된 지리 교재였다. 역시 알파벳으로 된 세 번째 책의 제목은 언급하지 않았다. 탕이쒀의 서양에 대한 모순적 태도는 황퉁리에 반영되어 있다. 황퉁리는 백인종에 속하는 롤랑 부인이 황수구가 황인종이라는 이유로 그녀를 낮춰본다고 생각했다. 소설 전반에 걸쳐 그는 상하이로 대표되는 서구식 모델에 비판적이었다. 이들이 '중국인'의 정체성을 포기하다시피 할 정도로 너무 빠르게, 멀리 갔다고 여겼기 때문이다. 그래서 그는 상하이 천족회의 일부 구성원의 동기에 대해 의문을 표한다(p.73, p.76).

47 이 여의사가 '큰 발'을 지니게 된 것은 그녀가 광둥 출신이기 때문인지 아니면 외국 유학 때문인지는 불분명하다. Ying Hu는 이 의사의 천족의 이유를 애매하게 처리한 것에 대해 "더욱 거대한 중국에 대한 서사적 인식"으로 해석했다. "Re-Configuring Nei/Wai: Writing the Woman Traveler in the Late Qing", *Late Imperial China*, 18, no.1, June 1997, pp. 82~83.

48 왕도는 1867~1870년에 영국에 머물렀다. 그 기간에 프랑스와 러시아도 방문했다. 1873년 그는 홍콩에서 『순환일보循環日報』를 창간했다. 정관잉鄭觀應은 일찍이 이홍장李鴻章을 위해 외국과 관련된 사업을 처리했었다. Paul A. Cohen, *Between Tradition and Modernity: Wang Tao and Reform in Late Ch'ing China*, Cambridge, Mass.: Harvard University Press, 1987.

49 근대 중국의 민족주의를 만드는 데 있어서 초국적 세계transnational world의 중요성에 관해서는 Rebecca E.Karl, *Staging the World: Chinese Nationalism at the Turn of the Twentieth Century*, Durham and London: Duke University Press, 2002 참고.

50 伍國慶 編, 『文壇怪杰辜鴻銘』, 長沙: 岳麓書社, 1988, p.151. 리디아 리우는 구훙밍이 반게혁주의자인 서태후에 대한 충성을 보인 것은 그의 '주권 콤플렉스sovereignity complex'의 표현이라고 분석했다. "The Desire for the Sovereign and the Logic of Reciprocity in the Family of Nations," *Diacritics* 29, no.4, 1999, pp.160~169.

51 후이 민 로Hui min Lo는 관련 역사와 일화를 통해 구훙밍을 심혈을 기울여 연구한 유일한 학자로, 그의 성장 과정과 어린 시절의 환경을 재구성한 바 있다. 구훙밍은 2대째 식민지 플랜테이션에 종사하던 스코틀랜드인 후손 포브스 스콧 브라운의 영지에서 태어났다고 한다. 브라운은 그의 보호자이자 후원자가 되어 나중에 구훙밍의 유럽 유학 비용을 지원했다. Hui min Lo, "Ku Hung-ming: Schooling", *Papers on Far Eastern History* 37~38, 1988, pp.46~47. 구훙밍의 증조부 고예환辜禮歡(1826년 사망)은 일찍이 영국 선장인 프랜시스 라이트의 선봉대가 페나거 포인트Pennager Point에 상륙할 때 그들을 환영하러 나갔었다. 1786년 페낭이 영국의 식민지가 되고 프린스오브웨일스섬으로 개칭된 뒤 그는 현지 중국인 관련 업무를 담당하는 '카피탄Kapitan甲必丹'으로 임명되었다. 고예환의 아들 중 하나인 고국재辜國材는 영국 동인도회사에서 스탬퍼드 레플스 경이 싱가포르를 식민화하러 갈 때 그를 수행하기도 했다. 伍國慶 編, 『文壇怪杰辜鴻銘』, p.46, pp.186~187을 볼 것. 후이 민 로는 구훙밍의 모친이 유럽인이라고 처음으로 주장한 이가 저우쭤런周作人이라고 했다. 이 주장은 아직 확인되지 않았지만, 로는 당시 말레이 사회가 유가 문화나 빅토리아 시대의 도덕관에 지배되지 않아서 혼외관계나 사생아가 상당히 많았다고 지적했다. 브라운의 모친은 말레이인 혹은 중국인이었다("Ku Hung-ming: Schooling", pp.47~48).

52 1879~1881년 일어난 두 가지 사건이 구흥밍의 '전환'의 도화선이 되었다. 하나는 푸저우福州에서 발생한 교회 관련 사건이었다. 로는 구흥밍이 자신의 영문시에서 1879년 처음 중국에 왔을 때 도착한 곳이 푸젠성 푸저우임을 암시하고 있다고 했다. 구흥밍은 유럽 계몽주의의 가치에 대한 자신의 순진한 신념을 포기하고 중국 민족주의자가 되기로 했다. 이는 시의 마지막 연에 표현되어 있다. "우리는 우리를 도와줄 목사가 필요 없는데/ 면도한 목사, 수염 기른 목사 모두 왔다네/ 우리는 진부한 설교 듣기 싫고/ 오직 과학과 우리를 성장시킬 지식만이 필요할 뿐/ 그리고 이타적인 마음과 정의를 지닌 통치자도/ 너희를 회오리바람에 날아가는 먼지처럼, 우리 땅에서 쫓아낼 것이다." 두 번째 도화선이 된 사건은 푸젠인 학자이자 번역가인 마건충馬建忠(1844~1900)과의 만남이다. 그는 프랑스에서 유학했던 천주교도로 1881년에 싱가폴에 체류했다. 확인되지 않은 자료에 의하면 구흥밍은 당시 싱가포르 영국 식민정부에서 근무하고 있었다. 두 사람의 전설적인 만남은 마건충이 머물던 스트랜드 호텔에서 이루어졌다. 40여 년 뒤 구흥밍의 회상에 의하면 그들은 프랑스어로 대화했다. 마건충이 베이징식 중국어에 서툴렀기 때문이다. 많은 것을 느낀 구흥밍은 3일 뒤에 사직한 뒤 변발을 기르고 중국 옷을 입으면서 중국으로 갈 준비를 했다. 그리하여 "중국의 군중 속으로 돌아가게 되었다". Lo, "Ku Hung-ming: Homecoming, Part 2", *East Asian History* 9, 1995, p.67, p.73, pp.83~89, 상기 인용은 p.73에서 인용. Wen Yuan-ning, "Gu HongMing", *T'ien Hsia Monthly* 4, no.4, 1937/4, 朱傳譽 編, 『辜鴻銘傳記資料』, 臺北: 天一出版社, 1979, 第2冊 pp.2~3에 재수록. 1882년 구흥밍은 영국의 탐험단에 통역으로 참가하여 윈난과 미얀마에 갔다. 당시 그는 어느 정도의 광동어와 베이징어를 구사할 수 있었고 '일반적 수준의 중국어 독해 능력'을 지니고 있었다. Lo, "Homecoming, Part 2," pp.90~93; 伍國慶編, 『文壇怪杰辜鴻銘』, pp.188~189도 볼 것.

53 Babas란 중국인과 말레이/인도네시아인의 혼혈을 의미한다. 더 일반적으로는 페라나칸 Peranakan이라 하고 그중 남자를 Babas, 여자를 뇨냐Nonyas라 한다. 이들은 화교와는 구분되는 그들만의 독특한 문화를 가지고 있지만, 현재 거대한 화교 공동체에 포함되는 경우가 많다고 한다.—옮긴이

54 구흥밍의 말레이어와 샤먼 방언 구사에 대한 정보는 Lo, "Ku Hung-ming: Homecoming, Part1", *East Asian History* 6, 1993, p.167 참고.

55 『논어』를 가르친 일화는 黃興濤, 『閑話辜鴻銘』, 海口: 海南出版社, 1997, p.24, p.28, p.40을 볼 것. 『강희자전』 에피소드와 학생들이 기억하는 그의 형편없는 글씨에 대해서는 伍國慶編, 『文壇怪杰辜鴻銘』, p.173, p.175. 휘갈겨 쓴 서예에 관한 에피소드는 朱傳譽編, 『辜鴻銘傳記資料』第1冊, p.47을 볼 것. 『辜鴻銘文集』, 海口: 海南出版社, 1996, 上冊의 권두 삽화에 수록된 그의 글씨를 보면 관찰자들의 판단이 옳았음을 알 수 있다.

56 黃興濤, 『閑話辜鴻銘』, pp.34~38. 또 다른 자료에서는 구흥밍이 거꾸로 읽은 것이 영자 신문이라고도 했다. 桑柔, 『辜鴻銘的幽默』, 臺北: 精美出版社, 1985, pp.43~44를 볼 것. 비슷한 주제의 에피소드가 또 있다. 그가 베이징대학의 복도를 걷다가 독일인 교수를 만나면 독일어로 독일을 비판했고, 영국 교수나 프랑스 교수를 만나면 영어나 프랑스어로 그 운 나쁜 외국인 동료를 상대했다고 한다(伍國慶編, 『文壇怪杰辜鴻銘』, p.161).

57 구흥밍의 고문古文에 대한 시각은 「중국문학혁명을 반대함反對中國文學革命」에서 가장 대

표적으로 드러난다. 이 글은 『辜鴻銘文集』下冊, pp.165~170에 수록되어 있다. 이 문장은 1919년 7월 5일자 *Millard's Review of the Far East*에 처음 실렸다. 즉 신문화운동을 폭발시킨 5·4운동이 일어난 지 두 달 뒤였다. 그의 이 침통한 헌사를 전달해준 이는 여성 작가 링슈화凌叔華로 그녀의 부친과 구훙밍은 가까운 친구 사이였고 구씨 일가의 이웃이기도 했다(伍國慶編, 『文壇怪杰辜鴻銘』, p.138).

58 "휘장이고 표지다……"는 구훙밍 자신의 표현이며 후이 민 로의 논문에서 인용했다. 로는 또한 구훙밍이 1870년 혹은 71년에 페낭을 떠나서 스코틀랜드로 유학갈 때 분명 변발을 기르고 있었으나 1879년 에든버러에서 페낭과 중국으로 돌아오기 전에 잘라버렸다고 주장했다(Lo, "Schooling", p.50, p.62; "Homecoming, Part 1", p.169). 구훙밍이 과연 젊은 시절 페낭에서 변발을 길렀는지 확신하지 못하는 학자들도 있다. 예를 들어 원위안닝溫源寧은 그가 1870년대 말 혹은 1880년대 초에 싱가포르에서 마건충을 만나고 느낀 바 있어 변발을 기르기 시작한 것이라 했다. 하지만 원위안닝은 그 근거 자료를 밝히지는 않았다(朱傳譽編, 『辜鴻銘傳記資料』, 第2冊, p.2). 구훙밍은 그가 유럽에서 변발을 늘어뜨리고 다녀서 웃음거리가 되었다는 이야기를 사람들에게 즐겨 했다. 伍國慶編, 『文壇怪杰辜鴻銘』, p.5; 黃興濤, 『閑話辜鴻銘』, pp.17~18.

59 辜鴻銘, 「照像」, 『辜鴻銘文集』上冊, pp.453~454. 黃興濤, 『閑話辜鴻銘』, p.216; 桑柔, 『辜鴻銘的幽黙』, pp.158~160도 볼 것. 구훙밍은 빅토리아 시대 스코틀랜드 사회의 우월적 속물 근성에 대단히 민감했다(Lo, "Schooling", p.53).

60 辜鴻銘, 「日俄戰爭的道德原因」, 『辜鴻銘文集』上冊, p.201.

61 辜鴻銘, 「中國婦女」, 그의 『中國人的精神』에 수록. 黃興濤·宋小慶譯, 海口: 海南出版社, 1996, pp.96~98. 구훙밍은 '이태리국'의 어느 조용하고 우아한 왕비에 대해서도 동일한 존경을 표현했다. 그녀는 평민의 딸로 왕의 시험을 통과하여 존경받는 지위를 얻은 사람이었다. 구훙밍은 또한 그가 '이태리 고전어'로 된 이 현숙한 외국 여성의 전기를 번역했다고 했다(「意大利國賢妃傳」, 『辜鴻銘文集』下冊, pp.241~244).

62 Lo, "Homecoming, Part 1", p.176; "Homecoming, Part 2", p.90.

63 불수감 나무의 열매를 말한다. 그 끝이 손가락처럼 갈라지는 것이 특징이다. 여기서는 전족을 한 발을 비유한 것이다.─옮긴이

64 후스, 저우쭤런, 뤄자룬, 그리고 구훙밍의 학생들이 쓴 기념문은 伍國慶 編, 『文壇怪杰辜鴻銘』에 수록되어 있다. 구훙밍의 처첩과 관련된 이야기는 천장陳彰이 쓴 구훙밍의 評傳에 처음 보인다. 古今談雜誌社編, 『古今名人傳記』, 臺北: 古今談雜誌社, 1972, pp.109~117을 볼 것. 黃興濤, 『閑話辜鴻銘』, p.180도 볼 것. 구훙밍의 딸은 전족을 하지 않았을 뿐 아니라 그의 학생들과 춤추는 것을 좋아했다고 한다(伍國慶 編, 『文壇怪杰辜鴻銘』, p.153; 桑柔, 『辜鴻銘的幽黙』, p.248도 볼 것). 이러한 다소 자극적인 에피소드들이 그의 전기에 널리 등장하는 것은 놀라운 일이 아니다. 예를 들어 桑柔, 『辜鴻銘的幽黙』, pp.79~84; 朱傳譽編, 『辜鴻銘傳記資料』第2冊, pp.8~9를 볼 것. 구훙밍이 작은 발을 품평한 '7자 진언'과 삭은 달걀의 비유는 p.17, p.78에 보인다. 이 7자 진언은 사실 '금련 애호가'로 알려진 청나라 시대 방현方洵의 저작에서 유래한 것이다. 3장에서 이 인물을 별도로 논의할 것이다.

65 이 봉건적 관습의 목록 중 앞의 세 가지는 黃興濤의 『閑話辜鴻銘』(pp.81~84)에 있다. 桑

柔의『辜鴻銘的幽默』에서 이 목록은 더욱 길어진다(p.247). 선교사들의 중국의 '악습'에 관한 담론에 대한 고전적 서술은 Dr. J.-J. Matignon, *Superstition, crime, et misère en Chine: souvenirs de biologie sociale*, Lyon: A Storck & Cie, 1899 참고. Matignon은 청말 프랑스 공사관의 의사였다. 여기서 말하는 '불행misère' 목록은 이 책 그림 2를 볼 것. 스테파니 파이퍼Steffani Pfeiffer는 이 책의 복사본을 내게 보내주었을 뿐 아니라 대단히 통찰력 있는 분석을 제공했다. 이 자리를 빌려 감사를 표한다.

2장

1 康有爲,「請禁婦女纏足折」, 李宇寧·張玉法 編,『近代中國女權運動史料』, 臺北: 傳記文學出版社, 1975, pp.508~510. 캉유웨이는 다음 다섯 가지 이유로 전족을 비난했다. 전족은 무고한 여자에게 씌워진 육체적 형벌과 같다. 전족은 부모의 자애에 위배된다. 전족은 여성의 발뼈에 손상을 주어 허약하게 만든다. 중국은 전족으로 인하여 '약한 종種을 유전시켜' 중국 군대를 나약하게 한다. 이 야만적 풍속은 중국을 외국의 눈에 웃음거리로 만들었다 등이다. 그는 국제 사회에서 중국이 응시 대상이 되고 있다는 것에 상당히 당황스러웠음이 분명하다. 그는 만약 전족을 금지하면 "우리가 야만적이라는 외국인들의 조롱은 사라질 것"이라고 예측하며 이 상소문을 마무리했다.

2 설소휘의 남편인 천서우핑(1857~약 1928)과 그의 형 진계동(1851~1907) 모두 개혁파의 신문이었던『求是報』의 편집자였다. 진계동의 프랑스인 아내는 라이마이賴媽懿라는 중국 이름을 가지고 있었다. 창의倡儀여학당을 창설하기 위한 회의는 1897년 12월 6일에 열렸고 정식 개교는 1898년 5월이었다. 이 학교는 2년간 운영되었고 여학생 70명이 등록했다.『여학보女學報』는 1898년 7월 24일 창간되었으나 1898년 10월 29일 12호를 마지막으로 종간되었다. 현재는 8종만 남아 있다. 첸난슈錢南秀(Nanxiu Qian), "Revitalizing the Xianyuan(Worthy Ladies) Tradition Women in the 1898 Reformers", *Modern China* 29, no.4, Oct. 2003, pp.399~454 참고. 아울러 그녀의「淸季女作家薛紹徽及其外國列女傳」, 張宏生 編,『性別文學與性別研究』, 南京: 江蘇古籍出版社, 2002, pp.932~956 참고. Nanxiu Qian이 자신의 초고와 설소휘 작품의 복사본을 선뜻 제공해준 것에 감사를 표한다.

3 薛紹徽,「復沈女士書」,『黛韻樓文集』卷下, pp.20b~21a.『黛韻樓遺集』, 福建: 陳氏家刊版, 1914. 첸난슈의 의견을 듣고서야 나는 이 편지에 주의를 기울이게 되었다. 심부인이 보냈던 편지는 현재 남아 있지 않다. 첸난슈에 의하면, 설소휘가 심부인에게 회답한 이 편지는 현존하는 8종의『여학보』에 수록되지 않았지만 아마 유실된 나머지 4종의『여학보』가운데 수록되었을 것이라 했다(2002년 12월의 개인 대화). 설소휘는 편지에서 비슷한 표현을 두 번 사용하여 캉유웨이의 전족 관련 상소문을 비판했다. 팜파탈론에 대한 그녀의 반박은 영가상永嘉祥에 대한 직접적인 대응이기도 하다. 영가상은 1898년 천족회가 주관한 글쓰기 대회에서 1등을 차지한 바 있다(李又寧·張玉法 編,『近代中國女權運動史料』, pp.510~513). 이를 감안하면 설소휘의 편지는 아마 1898년 하반기에 출판되었을 것이다.

과거의 남성 고증학자들과 마찬가지로, 그녀 역시 시적 비유를 사회 풍습으로 간주하는 오
류를 범했다. 제4장에서 고증학자들의 해석에 대한 논의를 볼 것.

4 설소휘는 근대에서의 '재녀才女' 전통을 재구성하려고 했다. 그녀는 '여덕女德'과 '부도
婦道'와 같은 유가 용어를 채택했지만, 여성 교육에서는 급진적으로 새로운 내용을 주장
한다. 그녀는 여학교의 교육 과정에 있어 공자 숭배尊孔와 서양의 언어와 과학을 혼합하
는 것을 선호했다. 캉치차오는 캉아이더康愛德(Ida Kahn)와 메리 스톤(스메이위石美玉)
을 여학교에 초빙하려고 했으나 그들은 이를 거절하고 공개 서신에서 이 학교의 유교적 경
향을 비판했다. Qian Nanxiu, "Revitalizing"을 볼 것. 캉아이더에 대해서는 Hu Ying(胡
纓), "Naming the First 'New Woman'", Rethinking the 1898 Reform Period: Political
and Cultural Change in Late Qing China, ed. Rebecca E. Karl and Peter Zarrow,
Cambridge, Mass.: Harvard University Asia Center, 2002, pp. 180~211을 볼 것.

5 변화하는 취향의 속도에 대한 설소휘의 언급은 과도기 심미적 표준의 애매함을 포착하여
보여준다. 전족이 수치스러운 것으로 낙인찍히고 수십 년이 지났지만 많은 여성은 여전히
전족이 아름다운 것이고, 전족을 중단해봤자 편리함만 늘어날 뿐이라고 생각했다. 산둥에
서 1888년에 태어난 선교사의 딸 아이다 프루잇Ida Pruitt은 책 속에서 이러한 여성들의
태도를 서술한 바 있다. A China Childhood, San Francisco: Chinese Materials Center,
Inc., 1978, pp.89~90. 펄 벅의 첫 번째 소설 East Wind: West Wind는 구이란桂蘭이라는
향신의 딸이 심미적 표준이 뒤집히는 시대 속에서 분투하는 모습을 그리고 있다. 그녀는 서
양식 교육을 받은 남편이 그녀에게 '추한' 전족의 엑스레이 사진을 보여주자 충격을 받지만
결국 남편을 기쁘게 하려고 방족에 동의했다. East Wind: West Wind, London: Methuen
& Co. Ltd, 1934, 1930년 초판, pp.47~48, pp.67~76. 역사학자 양녠췬楊念群은 의생물학
적 담론을 소개하면서 이 주제를 분석한 바 있다. 그가 사용한 자료는 독일 잡지에 실린 이
야기를 번역한 것으로, 이 이야기는 1927년 당시 영향력 있었던 『부녀잡지婦女雜誌』 卷
13號 3, pp.1~6에 수록되어 있다. 양녠췬은 구이란의 이야기를 보통 가정에서 일어난 실제
사건으로 간주했다. 「從科學話語到國家控制-對女子纏足由'美'變'醜'的多元分析」, 『北京檔
案史料』4, 2001, pp.248~251. 아울러 하워드 레비가 1960~1961년 인터뷰한 여성들의 논
평이 그의 Chinese Footbinding: The History of a Curious Erotic Custom, 臺北: 南天
書局, 1984, p.246, p.267, p.278에 보인다. 양싱메이楊興梅와 뤄즈톈羅志田은 여성미 표준
의 변화에 대해 뛰어난 분석을 한 바 있다. 그들의 「近代中國人對女性小脚美的否定」(中央
硏究院 歷史語言硏究所 개최 '健與美的歷史' 심포지엄, 臺北, 1999년 6월 11~12일) 참고.

6 지역 남성 엘리트들의 반전족 활동을 위한 초기 노력은 개혁적 분위기가 강한 광둥廣東,
장쑤江蘇, 후난湖南 세 개 성에 집중되었다. 단지 후난의 부전족회不纏足會(1897)는 안찰
사按察使 황춘헌黃遵憲을 통해 관방에서 직접 지원을 받았다. 林秋敏, 『近代中國的不纏
足運動』, 國立 政治大學 碩士論文, 1990, pp.52~58 참고. 19세기에서 20세기로 넘어갈 무
렵 중국인이 세운 반전족 단체가 지역에서 속속 출현했다. 린웨이훙林維紅은 논문에서 지
역 전족회가 성립된 시대를 논의하면서 1898년이 천족회의 전성기였다고 했다. 그녀는 또
한 전족을 종결하는 데 있어 지역 천족회가 실제 행한 역할은 크지 않았음에 주목했다. 천
족회를 설립한 이들은 주로 지역의 몇몇 향신이었는데, 그들은 상급자에게 환심을 사기 위

한 목적으로 방족을 표방했기 때문이다. 이러한 일부 향신과 반半 관방적 반전족 단체들은 지역 엘리트들 사이에서 광범위한 지지를 얻지 못했다. 향신들은 여전히 대부분 보수적인 집단이었기 때문이다. 「淸季的婦女不纏足運動: 1894~1911」, 『國立臺灣大學歷史學系學報』16, 1991, pp.177~178. 반면, 뤼메이이呂美頤와 정융푸鄭永福는 지역의 천족운동은 무술변법과 의화단 사건 이후 이미 위축되었으며, 1901~1905년이 되어서야 지역의 반전족 운동이 비로소 다시 시작됐다고 했다. 『中國婦女運動: 1840~1921』, 開封: 河南人民出版社, 1990, pp.162~163.

7 1904년에 유통되었던 반전족 관련 선전물의 제목과 가격에 대해서는 李又寧·張玉法 編, 『近代中國女權運動史料』, pp.872~873. 글짓기 대회는 pp.840~841 참고. 呂美頤·鄭永福, 『中國婦女運動』, pp.163~164도 볼 것. 한커우漢口에서 개최된 천족회 관련 모임에서 리틀 부인은 참석한 중국 관리들에게 2000부에 달하는 선전 책자와 전단을 나누어주며 이를 널리 배포해주기를 희망했다. Little, *The Land of the Blue Gown*, London: T. Fisher Unwin, 1902, p.306.

8 티리에즈Thiriez는 이렇게 썼다. "전족 띠를 푼 발을 사진기사에게 제공한 모델들은 (…) 모두 가난한 집안의 여성이었다. 이들은 시장의 수요를 충족시키기 위해 촬영 대상이 되었다. 실제로 찍힌 원판은 매우 희귀한데 이는 이 서양의 판타지가 당시 얼마나 부적절한 것이었는지 보여준다." "Photography and Portraiture in Nineteenth-Century China", *East Asian History* 17/18, 1999, pp.77~102; p.97에서 인용; p.93도 볼 것. 이 사진들은 두 발에 초점을 맞추고 있으며 종종 발 하나에는 띠를 감고, 다른 발은 풀고 화면에 등장한다. 1890년대 이전에는 상업적 사진사들은 모두 전족 관련 사진을 갖고 있었는데 주로 '인력거' '대나무 장대' '각종 직업' 등과 같은 '중국 풍속'을 주제로 한 사진들과 함께 배치하여 고객들이 선택할 수 있게 했다. 상하이에는 적어도 한 곳의 사진관에서 대형 창문에 상품을 진열하여 지나가는 중국인들도 이러한 사진들을 접할 수 있었다. 이 문제 및 관련 화보, 상업 사진사 및 고객에 관한 정보는 티리에즈와의 개인 대화에서 알게 된 것이다(2003년 2월). 시간을 내어 내 질문에 대답해주고 너그럽게 자료와 전문 지식을 제공해준 티리에즈 박사에게 감사를 표한다.

9 엑스레이와 일반 사진 모두를 사용한 최초의 의학 논문 중 하나는 J. Preston Maxwell, "On the Evils of Chinese Foot-Binding", *The China Medical Journal* 30, no.6, Nov. 1916, pp. 393~396이다. 맥스웰Maxwell은 푸젠 남부의 융춘永春 지역에서 의료 행위를 했다. F. M. Al-Akl, "Bound Feet in China", *American Journal of Surgery* n.s.18, no.3, Dec. 1932, pp.545~550에서도 작은 발의 엑스레이 사진과 일반 사진을 볼 수 있다. 캘리포니아대학 방사선학과가 1920년과 1922년에 촬영한 전족의 엑스레이 사진 두 장이 Ilza Veith, "The History of Medicine Dolls and Foot-Binding in China", *Clio Medica* 14, no.3/4, 1980, pp.255~267에 수록되어 있다.

10 康有爲, 「請禁婦女纏足折」, 李又寧·張玉法編, 『近代中國女權運動史料』, p.508.

11 반전족 선전물 상당수가 시각적 노출의 기법을 활용했다. 1904년 천족회의 보고서에 의하면 '뼈를 통해서 보는 새로운 방법'이라는 제목의 포스터가 베이징 성 안팎에 붙었다고 한다(李又寧·張玉法編, 『近代中國女權史料』, p.872). 사회 비판의 도구로서 엑스레이 방식의

투시도가 어떤 작용을 했는가에 대해서는 나의 "The Subject of Pain"을 볼 것. *Dynastic Crisis and Cultural Innovation: From the Late Ming to the Late Qing and Beyond*, ed. David Derwei Wang and Wei Shang, Stanford, Calif.: Stanford University Press, Cambridge, Ma.: Harvard University Asia Center, 2005에 수록. 이 밖에 '天足畵報社'라는 단체가 1912년 광고를 싣기도 했다. 林秋敏, 『近代中國的婦女不纏足運動』, p.96.

12 Thiriez, "Photography and Portraiture", p.97.

13 천족회의 집회는 연설 위주이기는 했지만, 관중의 참여를 고조시키기 위해 다양한 행사를 진행했다. 예를 들어 1904년 상하이에서 열린 집회가 끝나기 전 신발 모형 몇 켤레가 전시되었다. 여성 관객들은 붉은 종이를 신발에 넣어 가장 인기 있는 스타일에 '투표'했다. 上海中國天足會, 『天足會報』(1907년 여름), p.17.

14 『警鐘日報』, 1904년 12월 30일·31일자. 李又寧·張玉法 編, 『近代中國女權運動史料』, pp.881~882. 기자가 만든 '방족기념회方足紀念會'라는 이름은 차이아이화가 방족한 이후 무대에 올린 이 행사의 기념적 성격을 강조한 것이다.

15 린웨이훙의 연구에 의하면 여성이 세운 반전족 단체는 네 곳이 있었다. 1895년 上海天足會, 1903년 杭州天足會, 1903년 瀏陽不纏足會, 1904년 黎里不纏足會가 그것이다(『淸季的婦女不纏足運動』, p.167). 리리부전족회黎里不纏足會는 사립학교인 구아몽숙求我蒙塾 안에 설립되었다. 니부인의 선언은 李又寧·張玉法 編, 『近代中國女權運動史料』, pp.867~869에 수록되어 있다. 반전족 운동은 엘리트 여성들에게 발표와 리더로서의 기술을 연습할 장을 제공했다. 고백숙高白叔 부인이 항저우에서 행한 연설은 林維紅, 『淸季的婦女不纏足運動』, p.147에 보인다. 여성 연설의 일반적인 상황에 관해서는 1901년 설금금薛錦琴이 상하이의 장원張園에서 행한 연설을 참고할 수 있다. Amy D. Dooling and Kristina M. Torgeson, eds., *Writing Women in Modern China: An Anthology of Women's Literature from the Early Twentieth Century*, New York: Columbia University Press 1998, p.84 참고, p.9도 함께 참고할 것. 1911년 세워진 '부녀선강회婦女宣講會'도 참고할 수 있다(李又寧·張玉法 編, 『近代中國女權運動史料』, pp.971ff, 1535).

16 이렇게 어린 소녀들과 연장자 여성을 위한 방족 지침서인 『방족하는 법放足良法』은 중국 천족회가 간행한 『천족회연보天足會年報』, 上海: 美華書局, 1908, pp.12~13에 수록되어 있다. 샤오싱紹興의 '방각회放脚會'는 전족 여성은 일단 발을 풀고 나면 더는 끝이 뾰족한 신발을 신을 수가 없다며 마땅히 끝이 둥근 모양의 신발을 신어서 그들의 '문명 상태'를 선전해야 한다고 강조했다(앞의 책, p.15).

17 「蘇州放足會演說放足之法子」, 앞의 책 pp.71~77. 자세한 정보가 수록된 이 지침들은 蘇州 외의 지역에서도 널리 전파되었다. 1905년 8월 19일, 23일 『순천시보順天時報』에 「방족하는 법을 연설함演說放足之法子」이라는 제목으로 같은 내용의 지침이 실렸는데, 약간 간략화되어 20명의 이름과 쑤저우 천족회의 주소는 빠져 있다. 李又寧·張玉法 編, 『近代中國女權運動史料』, pp.535~537. 단 『순천시보』의 지침에는 원본에는 없던 설교가 추가되었다. "외국 여성들은 모두 발을 싸매지 않으므로 신체 건강하고 무슨 일이든 할 수 있다. 우리는 예전에 오류를 범했기 때문에 지금 이를 급히 해결해야만 한다. (전족 띠를) 풀어라! 풀어라! 늦지 마라! 늦지 마라!"(p.537) 심지어 1928년까지도 이 방족 지침들은 여전히 매우 간

략화된 버전으로 『익세보益世報』(1928/8/14)에 등장한 바 있다. 『채비록속편采菲錄續編』, pp.32~33에 인용.

18 속굽의 사진은 나의 *Every Step a Lotus: Shoes for Bound Feet*, Berkeley: University of California Press, 2001, p.102를 볼 것. 타이완에서 진행된 방족 운동에 관한 매우 구체적인 내용의 민족지학 연구에서도 유사한 방족과정을 묘사했다. 이 과정은 점차 신발 굽의 높이를 낮아지게 하는 데 중점을 두었다. 이렇게 하면 발등도 평평해질 수 있다. 타이완에서는 나무 굽을 노출하고 신발 끝부분을 둥글게 만든 특별한 종류의 신발도 제작되었다. 신발의 곡선이 완만해지면 굽을 조금씩 잘라내다가 마지막에는 결국 평평한 신발을 신을 수 있게 된다. 洪敏麟, 「纏脚與臺灣的天然足運動」, 『臺灣文獻』27:3, 1976/9, p.148, p.156. *Every Step a Lotus*에서 나는 이러한 신발을 전족에 적응하기 위해 신었던 훈련화로 오해했었다(p.62).

19 맥고언 목사는 종교적 귀의에 관한 이야기를 서술한 바 있는데 이는 기독교식의 기적과 개인의 노력을 혼합한 구도였다. 40년간 전족을 했던 어느 여성 기독교도는 방족을 결심했다. "중국의 남녀들은 꿈에서도 생각하지 못했다. 대자연은 일종의 불가사의한 신비로운 힘을 지니고 있다. 대자연의 신비로운 손이 가볍게 스치기만 하면 가련하게 뒤틀린 발은 하느님께서 내리신 원래의 모양으로 돌아갈 수 있다. 이 신비한 힘은 이미 계전족회에 가입한 여성 기독교도의 몸에서 발현되었다. 이것은 바로 여성들의 생각과 의사들의 과학적 추론이 모두 틀렸음을 보여주는 것이다." *How England Saved China*, London: T. Fisher Unwin, 1913, p.80; 전체 이야기는 pp.80~86에 있다.

20 이 공고문은 『채비록속편』, p.39에 있다. 사람들의 신체를 동원하고 훈련하여 공화국에 부응하려 했던 내용에 대해서는 Andrew Morris, *Marrow of the Nation: A History of Sport and Physical Culture in Republican China*, Berkeley: University of California Press, 2004를 볼 것.

21 청 황실이 멸망하기 전 10년 동안 쓰촨성四川省 정부 당국도 방족을 장려하기는 했지만, 이들은 권유에 그쳤을 뿐 국가권력을 동원하여 검사나 처벌을 하거나 혹은 하겠다고 위협하지는 않았다. 楊興梅·羅志田, 「近代中國人對女性小脚美的否定」, p.3, p.14, p.21.

22 林秋敏, 「閻錫山與山西天足運動」, 『國史館館刊』復刊18, 1995/6, p.130.

23 閻錫山編, 『山西六政三事彙編』, 太原: 山西村政處, 1929, 「宣言」, p.1a, pp.2a-b. '삼해三害'의 내용에 관해서는 p.3.3b를 볼 것. '여자가 인구의 대략 절반'이란 수사적 과장이다. 1919년 연설에서 그는 인구 보고서를 인용하며 山西의 남녀 인구 비율이 7대 5라고 했다. 그는 여성 인구 부족 현상의 원인 중 하나가 전족이라고 했다. 『治晉政務全書初編』, 臺北: 閻伯川先生遺稿整理委員會, 1960, p.721.

24 '해괴하다駭異'라는 말은 閻錫山, 『山西六政彙編』 p.3.4a. '보통 인민'은 p.1.4b에서 인용.

25 「禁止纏足告示」, 閻錫山, 『治晉政務全書初編』, p.1523. 여기서 인용한 대목은 그의 명령과 공고문에서 마치 주문처럼 반복되었다. 예를 들어 그가 타이위안太原의 경무처에 내린 명령을 볼 것(『山西六政三事彙編』, p.3.78b). 이 공고에는 날짜가 적혀 있지 않지만 다른 명령의 날짜로 추정컨대 1918년 4월 이전에 발표되었을 것이다. '10만 부'라는 수량은 『山西六政彙編』, p.1.4b에서 인용.

26 閻錫山, 『治晉政務全書初編』, p.721.

27 '거인'은 과거시험 합격자를 의미한다. 명청 시기에는 각 성에서 치르는 향시鄕試 합격자를 거인이라 칭했다. '공생'이란 각 부府, 주州, 현縣의 학교의 생원들 가운데 국자감國子監에 입학하여 공부하는 이들을 일컫는다.—옮긴이

28 위의 책, pp.717~724. 『인민들이 알아야 할 것』은 글을 모르는 이들에게 읽어줄 수 있는 대중 교육 기초 교재다. 구어체로 쓰였고 인민들이 '하지 말아야' 할 사항들과(전족, 여아 살해, 조혼) 세계 지리, 세계 인종, 불평등 조약 등에 관한 해설이 포함되어 있다. 이 책의 개정판이 山西村政處編, 『山西村政彙編』, 太原: 山西村政處, 1928에 부록으로 포함되어 있다. 2쇄의 서문은 1919년 1월인데 여기서 옌시산은 이 교재 270만 부를 인쇄했다고 언급했다(『人民須知 · 序』, 페이지 없음).

29 옌시산은 의원들에게 고향으로 돌아가서 "문명과 진화를 촉진"하라고 권유했다. "우리 산시山西 사람들이 어찌 차마 중화민족이 인도나 폴란드의 전철을 밟는 것을 지켜볼 것인가?"(『治晉政務全書初編』, pp.1521~1523) 외모가 내면의 신념을 보여준다는 논리는 옌시산의 고시문과 연설에서 늘 등장했다. "외부 형식을 개선함으로써 사람 마음의 방향을 결정할 수 있다."(『山西六政三事彙編』, 「宣言」, p.2b)

30 「各縣設立天足會簡章」, 1917年 9月25日, 『山西六政三事彙編』, pp.2.56b~57b; 『山西村政彙編』第1, pp.39b~40b. 이곳 회원들의 숫자는 閻錫山이 총통에게 올린 보고서에 인용되어 있다. 『山西六政三事彙編』 第1, p.4b.

31 「修正嚴禁纏足條例」, 『山西六政三事彙編』, pp.2.55b~56a; 『山西村政彙編』, pp.1.42b~43a. 전자는 반포된 일자가 1916년 11월 29일이라 했고 후자는 같은 해 12月 27일이라 했다. 날짜는 없고 제목만 「嚴禁纏足條例」이라 되어 있는 같은 내용의 조례가 『治晉政務全書初編』, pp.1503~1504에 수록되어 있다. 1899년에 이미 上海 天足會의 발언 기록에 의하면 어떤 이가 전족 크기에 따라 벌금을 부과하자고 제안한 바 있다. 발이 작을수록 벌금을 무겁게 부과하자는 것이다. 「天足會紀事」, 李又寧 · 張玉法編, 『近代中國女權運動史料』, pp.854~856.

32 『治晉政務全書初編』, pp.1523~1524.

33 나무 밑창과 구리 발찌의 제조와 판매를 금지하는 명령이 1918년 3월에 발표되었다. 『山西六政三事彙編』, p.3.78a; 『治晉政務全書初編』, p.1512. 특히 제화점에서 판매하는 일부 곤혜는 나무 밑창이 있었다. 활 모양의 신발 형태가 유행이 지나면서 나무 밑창으로 신발 형태를 유지할 필요가 없게 되었다. 그래서 가죽이나 면 재질의 밑창이 보편적으로 사용되었다. 곤혜는 가정에서 일부 만들기도 했다. 1930년대까지 다양한 스타일이 유행했다. 그중하나가 바로 '조혜皀鞋'라는 것인데 몸체를 두 장이 아닌 한 장 전체로 만드는 것이다(『采菲精華錄』, p.93, p.113). 나의 Every Step a Lotus(p.85)에 옌시산이 금지했던 제화점에서 제조한 활 모양 나무 밑창의 사진이 수록되어 있다.

34 『山西六政三事彙編』, pp.3.78b~79a; 위우진余吾鎮은 둔류현屯留縣에 있다. 옌시산은 이 문제를 지적한 의원에게 보낸 답장에서 이렇게 썼다. "고대 무장을 한 여성 영웅은 반드시 죽말로 작은 발을 흉내냈다. 이렇게 하지 않으면 여성 영웅을 표현하지 못하는 듯 보였다. 그리하여 어리석은 백성인 관객은 이 영웅을 숭배하면서 동시에 작은 발을 숭배하게 된다.

하지만 생각해보면 무예를 지닌 고대의 여성 영웅이 어찌 작은 발을 가질 수 있겠는가? 이 기괴한 모습은 모두 호사가들이 만든 것이다. 이는 고대 여성 영웅의 진실된 면모를 보여주지 못할 뿐 아니라 그녀를 부끄럽게 만드는 것이다." 그래서 산시성의 천족회는 새로운 희곡을 제작했지만, 구식 희곡의 배우들에게 신식 희곡의 대사는 너무 어려웠다(『山西六政三事彙編』, pp.3.80a~b; 『治晉政務全書初編』, p.1514). 베이징에서 남성 배우들이 여성 역할을 할 때는 늘 죽말을 사용하여 전족을 표현하곤 했다. 그리고 무대에서의 죽말의 사용과 무대 밖에서의 보관에 많은 금기 사항이 있었다. 1902년 이후 수십 년이 흐르는 동안 경극 배우들은 점차 죽말을 사용하지 않게 되었는데, 이는 사회 풍속으로서 전족의 몰락을 반영한다. 이와 관련된 재미있는 역사는 黃育馥, 『京劇, 蹻和中國的性別關係』, 北京: 三聯書店, 1998을 볼 것.

35 로안潞安 지역(로안은 명청 시대에 주州가 설치되었던 곳으로 지금의 산시성山西省 창즈시 長治市 일대)에서 좋은 신부는 '단정한 머리와 작은 발'을 지녀야 했던 반면 좋은 신랑은 돈 많은 사람이었다. 王家驅, 「潞安地區婚喪制度在辛亥革命前後的變革」, 『山西文史資料』, 太原: 文史資料研究委員會, 1984, 第7輯, p.104.

36 『山西六政三事彙編』, p.3.79b.

37 「天足調査表」와 「天足報告表」, 『山西六政三事彙編』, pp.5.37a~38a.

38 「訓令各縣區長勸導天足, 毋得徑入民舍及自行處罰文」, 1919年 3月 13日, 『山西村政彙編』, p.2.47a.

39 『采非錄』, p.275.

40 여성 발 검사원의 고용은 1919년 3월 19일의 명령으로 규정되었다. 『山西村政彙編』, p.2.47b. 여성의 신체와 정체를 함께 거론하는 것이 부적절하다는 의견에 대해서는 『治晉政務全書初編』, p.720을 볼 것.

41 『山書六政三事彙編』, p.2.57b.

42 「委派女稽查員規則」 및 「女稽查員服務規則」. 이 두 가지 규칙은 1919년 11월 22일 공포되었다. 『山西六政三事彙編』, pp.2.57b~58b; 『治晉政務全書初編』, p.1507; 『山西村政彙編』, pp.1.41a~b.

43 이 두 가지 언급은 모두 옌시산의 말을 인용한 것이다. 전자(1919년 1월)는 『治晉政務全書初編』, p.719에 있다. 후자는 1921년에 발표된 공고이며 앞의 책 1525쪽에 있다. 『山西村政彙編』, p.5.36a도 볼 것.

44 여성 징집에 대한 소문과 유순함의 상실에 대한 공포는 옌시산이 1919년 학생들에게 한 연설에서 인용했다. 『治晉政務全書初編』, p.720, pp.715~716도 볼 것. 옌시산이 비슷한 고시문들에서 지적했듯이, 향신층의 보수성은 가장 넘기 힘든 장애물이었다. 서우양현壽陽縣에 내린 훈령은 『山西村政彙編』(p.2.49)을 볼 것. 다퉁현大同縣에 내린 훈령은 『山西六政三事彙編』(pp.3.81a~b)을 볼 것. 며느리는 조사하지 않는다는 소문은 두 종류의 훈령에 보인다. 하나는 1923년의 후관현壺關縣에 내린 것이고, 또 다른 하나는 루청현潞城縣에 내린 것이다. 둘 모두 『山西村政彙編』, pp.2.48b~49b; 『治晉政務全書初編』, pp.1519~1520에 수록되어 있다. 후관현에서 특히 저항이 심했다. 1918년 옌시산은 이 현의 관계자들에게 '포고-설득-강제'의 과정을 시작하라고 훈령을 내렸다(『山書六政三事彙編』, p.3.80b). 하지

만 1923년이 될 때까지도 옌시산은 "효과가 미미하다"고 탄식했다.

45 옌시산의 조혼 반대 주장 사례가 『修正人民須知』, p.16b에 있다. 『山西村政彙編』에 부록으로 수록됨.

46 세 가지 의무와 3대 7의 비율 규정은 『治晉政務全書初編』, p.993, p.1524에 보인다.

47 『山西六政三事彙編』, pp.3.79a~80a.

48 옌시산의 천족회에 대한 불만은 『山西村政彙編』, p.2.48b; 『治晉政務全書初編』, p.1518을 볼 것. 핑루현平陸縣의 폐단에 대해서는 『山西六政三事彙編』, p.3.84a를 볼 것. 서우양현壽陽縣의 폐단에 대해서는 『治晉政務全書初編』, pp.1520~1521; 『山西村政彙編』, p.2.49a를 볼 것.

49 「全省學生不娶纏足婦女會簡章」(1918년 8월29일), 『山西村政彙編』, pp.1.40b~41a; 『治晉政務全書初編』, pp.1506~1507; 이 규정은 『山西六政三事彙編』에 수록되지 않았다. 같은 날 옌시산은 여러 현 당국자와 학교 간부들에게 체육 클럽을 조직하여 '전족 여성과 결혼하지 않는 모임不娶纏足婦女會'에 협조하라는 또 다른 명령을 발표했다(『山西村政彙編』, p.2.46b; 『治晉政務全書初編』, p.1513). 의사 커지성柯基生의 소장품 중 '山西省介休縣不娶纏足婦女會' 회원임을 표시하는 종이 휘장이 있다. 앞에는 '不娶纏足婦女'라는 글씨가 있고 뒷면에는 회원 이름(任書銘)과 날짜(民國8년, 1919)가 쓰여 있다. 이 휘장의 사진은 커지성의 『千載金蓮風華』, 臺北: 國立歷史博物館, 2003, p.139에 있다. 1918년에 옌시산이 여성 검사원을 고용하겠다고 약속한 편지(p.139)와 '무식하여' 방족을 거부한 이씨 부인에게 부과한 벌금 영수증(p.140)도 볼 것.

50 『治晉政務全書初編』, p.719.

51 『山西六政三事彙編』, pp.3.83a~b쪽. '공허한 말'에 대한 경고는 『山西六政三事彙編』, p.3.79a에 보인다.

52 샹링현 천족회 남녀 및 판시현장繁峙縣長의 아내와 딸을 격려한 일은 『山西六政三事彙編』, p.3.80a, p.3.82a에 각각 보인다.

53 『治晉政務全書初編』, pp.1524~1525.

54 위의 주.

55 위의 주.

56 『山西六政三事彙編』, p.1.4b, p.3.79b.

57 『山西六政三事彙編』, pp.3.81b~82a. 여교사 고용에 관한 사항은 pp.3.79a~b에 보인다.

58 周松堯, 『纏足』(출판 연도 미상), pp.20~21. 여성 검사원과 전족 여성의 주체로서의 위치는 너무 차이가 커서, 그들 사이에 우정이 싹텄다는 이야기가 소설가들의 주제가 될 정도였다. 예를 들어 1936년 간행된 『채비록采菲錄』에서는 퉁현通縣 출신의 명孟 부인이 천족회의 여성 검사원과 친구가 되는 과정을 그린 이야기가 수록되어 있다. 검사원은 명 부인이 방족할 수 없는 상황에 놓인 것을 동정하여 친한 친구가 되었고 나중에는 '성이 다른 자매'가 되기에 이른다(『采菲錄續編』, p.59). 이 이야기가 여성의 손에서 나왔는지 남성의 모방작인지는 알 수 없다. 이 이야기 책에 수록된 여성 증언의 문제에 대해서는 3장을 참조할 것.

59 나이 든 여성의 반발은 옌시산이 1920년 5월 25일 각 현의 정부에 하달한 지시에 드러나 있다. 그는 이 여성들에게 전족 띠를 풀도록 설득하여 연말까지 전족을 근절시키라고 현 당

국에 지시를 내린다(『山西六政三事彙編』, pp.3,83b~84a). 이보다 빠른 1919년 12월 20일에 내려진 명령을 보면 이미 16세 이상 여성들의 방족으로 초점이 옮겨갔음을 알 수 있다. 『山西六政三事彙編』, p.3,82b를 볼 것. 옌시산이 직접 여성들에게 훈계한 연설문도 있는데 이 문서는 『治晉政務全書初編』, pp.1524~1525에 수록되어 있다.

60 『治晉政務全書初編』, p.1518. 옌시산은 1923, 1924, 1926년에 이 공고를 반복하여 하달한다. 『山西六政三事彙編』, pp.2,48b~49b; 『治晉政務全書初編』, pp.1519~1521.

61 이 통계는 林秋敏, 『閻錫山與山西天足運動』, pp.141~142쪽에서 인용했다. 1932~1933년의 통계는 楊興梅, 「南京國民政府禁止婦女纏足的努力與成效」, 『歷史研究』3(1998), p.125에서 인용. 永尾龍造, 『支那民俗志』, 東京: 國書刊行會, 1973, 第3卷, p.824도 볼 것.

62 1664년의 전족 금지령에서 강희제는 1662년 이후에 태어난 소녀들만을 그 대상으로 했다. 그는 그 이상 나이의 여성들의 방족을 언급하지 않았다. 이 금지령은 1667년에서 1668년 사이에 철회되었다. 금지령이 실패한 것은 정치적인 이유에서다. 아이러니하게도 금지령은 전족을 한인 정체성의 표지가 되어 전족이 환영받게 되었던 것이다. 나의 "The Body as Attire: The Shifting Meanings of Footbinding in Seventeenth-Century China", *Journal of Women's History* 8, no.4, Winter 1997, pp.8~27을 볼 것.

63 예를 들어 1927년 4월 19일 한커우에서 '방족운동대회放足運動大會'가 열렸다. 5월 무렵에는 란저우蘭州에서 열렸고, 같은 해에 항저우에서도 '서호여자운동대회西湖女子運動大會'가 개최되었다. 『채비록속편釆菲錄續編』의 pp.28~31에 「신보申報」 보도가 인용되어 있다. 앤드루 모리스Andrew Morris는 한커우 대회의 조직 구조가 운동회와 비슷하다고 지적했다(개인 대화, 1998년 9월). 당시 대회 조직은 '부서股'가 나뉘어 선전, 총무, 출판 등의 업무를 담당했다.

64 문명화된 정부와 여성 자신 모두에게 전족 띠는 상징적 의미가 있었다. 1899년 호놀룰루의 차이나타운에서 전염병이 발생했다. 미국 정부는 차이나타운을 불태우기로 하고 그 전에 먼저 여성들에게 전족 띠를 풀어서 태우라고 명령했다. Rebecca E. Karl, *Staging the World: Chinese Nationalism at the Turn of the Twentieth Century*, Durham and London: Duke University Press, 2002, p.78. 여성들은 간단한 방적기로 전족 띠를 직접 짰다. 로렐 보슨Laurel Bossen은 윈난에서 기계로 짠 직물이 가내 생산을 대체한지 한참 되었는데도 "내가 1996년 방문했던 어느 마을에서는 손으로 짠 직물로 만든 마지막 물건 중 하나가 남아 있었다. 그것은 늙은 부인들이 작은 발을 싸매기 위해 여전히 사용했던 길고 가는 면직 전족 띠였다". *Chinese Women and Rural Development: Sixty Years of Change in Lu Village, Yunnan*, Lanham, Md.: Rowman & Littlefield, Inc., 2002, p.71. 의사 커지성柯其生은 타이완에서도 비슷한 상황이 있었다고 언급했다(개인 대화, 1999년 6월).

65 나중에는 2, 3단계도 1단계로 통합되었다. 林秋敏, 『近代中國的不纏足運動』, p.127을 볼 것. 덩창야오는 펑위샹馮玉祥이 신임하는 심복이었다. 그는 1928년 허난河南으로 파견되어 새로 설립한 '방족처放足處'를 이끌며 그곳에서 전족 띠 몰수와 전시를 주축으로 하는 동일한 전략을 적용했다. 楊興梅, 『南京國民政府禁止婦女纏足的努力與成效』, pp.126~127; 洪認淸, 「民國時期的勸禁纏足運動」, 『民國春秋』 6(1996), p.19를 볼 것.

66 '작은 맨발 유람단赤腿小脚游行隊'에 관해서는 「陝西嚴禁女子纏足之趣聞」, 『申報』, 1928년 2월 22일을 볼 것. 林秋敏, 『近代中國的不纏足運動』, p.128에 인용되어 있다. 이 유람단은 『채비록속편』(pp.26~27)에서는 '맨발 작은 발赤小脚'이라 되어 있고 『신보』에 실린 연도도 1927년이라 했다. '신발 끈 무덤'에 관해서는 『采菲錄續編』, p.2, p.31, p.281을 볼 것. 2만5400개라는 숫자는 p.29에 있다.

67 『采菲錄續編』, p.27.

68 『采菲錄續編』, p.28.

69 『采菲錄續編』, p.52.

70 『采菲錄第四編』, pp.251~252. 여기서의 해방liberation은 이전의 방족 담론에서 사용한 '해방'('전족 띠를' 풀어서 '발을' 밖으로 내보내다)과는 다른 함의를 지니고 있다. 1920~1930년대의 초기 공산주의자 담론에서 '해방'이라는 용어에 대한 논쟁에 대해서는 Harriet Evans, "The Language of Liberation: Gender and Jiefang in Early Chinese Communist Party Discourse", *Intersection: Gender, History, and Culture in the Asian Context*, inaugural issue, Sept. 1998, pp.1~20을 볼 것.

71 반전족 운동 관련 서술은 거의 보편적으로 운동을 찬양하는 분위기다. 그중 두 가지 눈에 띄는 예외가 있다. 린웨이훙林維紅은 청말 지역 차원의 반전족 단체에 대한 선구적 연구 (「淸季的婦女不纏足運動」)에서 보수적인 향신들의 거센 반대에 직면한 지역 단체가 얼마나 효과가 있었는지에 대해 의문을 제기했다. 그리고 이 단체들의 남성 편향도 비판하면서 엘리트 여성이 여기에 참여했다는 기록을 찾으려고 노력했다. 하지만 린웨이훙은 전족 여성의 생각은 주목하지 않았다. 양싱메이楊興梅는 「南京國民政府禁止婦女纏足的努力與成效」에서 여성들이 전족을 합리적인 선택으로 여기게끔 유인하는 구조가 있음을 강조했다. 이는 중요한 패러다임의 전환이다.

3장

1 톈진에서 야오링시와 그의 가족은 영국 조계지인 멍마이다오孟買道, 이칭리義慶里 58호號에 살았다. 루스 로가스키Ruth Rogaski는 이 구역이 주로 중하층 중국인들이 거주했던 곳이라고 내게 알려주었다(2000년 12월 개인 대화). 야오링시(필명 訓祺, 君素)에 대해서는 『채비록』에 나온 것 외에 다른 문헌 자료에서는 별다른 정보를 찾을 수 없다. 그런데 나는 운 좋게도 의사 커지성이 소장한 야오링시의 시문과 편지 필사본을 열람할 수 있었다. 이 소장 자료들은 야오링시에 관한 한 타의 추종을 불허하는 가치를 지니고 있다. 공산 혁명 이후에도 야오링시는 문단에서 활동하며 부녀절(3월 8일)이나 노동절(5월 1일) 등을 기념하기 위해 시를 쓰곤 했다. 그의 출생일(1899년 11월 30일)은 그의 친구인 쉬전우徐振五가 1961년 쓴 시에 언급되어 있다. 그의 마지막 시는 1959년 작이다. 나는 너그럽게 소장품을 보여준 Ko 선생께 감사를 표한다.

2 『천풍보天風報』는 1930~1938년, 그리고 『천풍화보天風畫報』는 1938~1939년 간행되었다. 이것을 포함하여 다른 톈진 관련 자료들을 찾아준 관만분關文斌(Kwan Man-Bun)에

게 감사를 표한다. 원래 여섯 번째 책인『채비정화록采菲精華錄』은 상하 2권으로 계획되었지만, 하권은 끝내 출판되지 않았다. 나는 이 책의 판매량과 관련된 자료는 찾지 못했다. 첫 번째 책인『채비록초편采菲錄初編』(1934)은 국폐國幣 1.50원으로 책정되었는데 대략 일반 서적의 10배 가격이었다. 그러나 이 책이 상당히 잘 팔려서 1936년 1월에 재판이 발행되었다. 재판 발행 한 달 뒤에는 속편인『채비록속편采菲錄續編』(1936)이 출판되었는데 가격은 1.50원이었다. 뒤이어 나온『채비록제3편采菲錄第三編』(1936)은 1.20원,『채비록제4편采菲錄第四編』(1938)은 1.50원,『채비신편采菲新編』(1941)은 3.80원,『채비정화록采菲精華錄』(1941)은 3.50원이었다.

3 　『채비록』각 편의 자료들은 대략 다음과 같이 구성된다. '서문序文' '제사題詞' '채비록'에 관한 나의 의견 '고증考證' '총초叢鈔' '운어韻語' '품평品評' '전저專著' '촬록撮錄' '잡조雜俎' '권계勸戒' '쇄기瑣記' '해작諧作' '부재附載' 등이다. 이 분류는 명확한 논리성이나 일관된 질서가 없다. 그래서『채비록』의 각 편은 입수한 자료에 따라서 축소되거나 증가하는 특징이 있는데 이는 전통 필기와 비슷한 구조다.

4 　타오바오피는 다양한 문체에 능숙했고 많은 저작을 남겼다. 전족 감상 문화를 다룬 어떤 글에서 그는 전족의 지역 스타일과 현지 풍속에 상당한 지식을 지니고 있음을 보여주었다 (『采菲錄初編』, pp.127~134). 그가 쓴 시와 노래도 보이는데 이는 아마 친구들 사이에서 주령으로 사용되었을 것이다(『采菲錄初編』, pp.100~109, p.116;『采菲錄第四編』, p.82ff). 소문에 의하면 그는 '100만 단어'로 구성된『蓮史』를 저술했지만, 그의 사후에 아내가 태워 버렸다고 한다(『采菲錄初編』, pp.290~291, pp.355~356;『采菲錄第三編』, pp.185~188). 그는 또한「청대의 소설월간前淸的小說月刊」이라는 서평도 써서 1922년 출간된 잡지『유희세계游戲世界』에 수록했다.

5 　쩌우잉鄒英은 주청위朱承與의 필명이다.『채비록』팀 가운데 그는 마지막까지 남아 있던 구성원이었다. 1949년 이후 그는 계속 상하이에 머물렀고 가게 점원으로 일하다 은퇴했다. 유감스럽게도 그는 2001년에 세상을 떠나서 나는 그를 인터뷰할 기회를 놓치고 말았다. 그의 행방을 내게 알려준 양사오룽楊紹榮 선생에게 감사드린다.

6 　'채비采菲'라는 어휘는『시경』의「패풍邶風·곡풍谷風」에서 유래했다. 아서 월리Arthur Waley는 이 구절을 다음과 같이 해석했다. "He who plucks greens, plucks cabbage/ Does not judge by the lower parts"(The Book of Songs, trans. Arthur Waley, New York: Grove Press, 1996, p.30). 학자들은 일반적으로 이 시가 버림받은 여인의 원망을 노래한 것이라고 해석하지만, 채소에서 더 중요한 부분이 뿌리인지 잎인지에 대해서는 의견이 일치하지 않는다. 왕부지王夫之의 텍스트 해석과 비평에 대해서는 金啓華 譯,『詩經全譯』, 江蘇: 江蘇古籍出版社, 1996, pp.76~79를 볼 것. '하체下體'를 여성의 음부로 처음 해석한 사람은 이어李漁였다. 그의『閑情偶寄』, 上海: 上海古籍出版社, 2000, p.146을 볼 것. 저우쭤런周作人의 인용은 舒蕪,『女性的發現』, 北京: 文化藝術出版社, 1990, p.240에 있다. 방현方絢과 이어 모두 '采菲'라는 어휘를 활용하여 외설과 경전적 신성함 사이에서 유희를 즐겼다.

7 　1920년대 실증적 과학주의의 대성공에 대해서는 다음을 볼 것. D. W. Y. Kwok, *Scientism in Chinese Thought, 1900~1950*, New Haven: Yale University Press, 1962. Charlotte Furth, *Ting Wen-chiang: Science and China's New Culture*, Cambridge, Mass.:

Harvard University Press, 1970. Prasenjit Duara, *Rescuing History from the Nation: Questioning Narratives of Modern China*, Chicago: University of Chicago Press, 1995, p.93. 그리고 눈에 보이는 것이라고 다 믿어서는 안 된다는『채비록』의 경고도 참고할 것(『채비록초편』, pp.9~10).

8　『채비록』의 각 권은 마치 '인용 회로loop of quotations'와 같은 양상을 보였다. 이는 인용 모음집 collection of quotation이 무한 재생되는 언어의 연속성seriality을 보여준다고 했던 발터 벤야민의 언급을 연상시킨다. Susan Stewart, *On Longing: Narratives of the Miniature, the Gigantic, the Souvenir, the Collection*, Durham and London: Duke University Press, 1993, p.156 참고.

9　『채비록』의 고정란이나 수록 작품들은 시대에 따라 초점이 변한다. 처음에는 전통 문헌 자료와 과학적 조사가 많았고, 글도 비교적 수준이 높았다. 늘 그렇듯이, 좋은 자료가 소진되면서 그 뒤에 실린 글은 어조나 내용이 점점 피상적으로 되었다. 일인칭 서사가 점점 많아지고 성적 묘사가 종종 등장했다. 방련사의 성립은 독자층을 확대하여 원고의 질적 수준을 높이기 위한 편집인들의 노력의 일환으로 볼 수 있다. 어느 공고문에서 방련사는 현재 전족을 했거나 한때 전족을 했던 '여성 동지'들이 발에 하는 장식이나 위생과 같은 문제에 대해 편지로 문의하는 것을 환영한다며, 천징쥔陳靜筠 여사와 같은 전문가들이 여기에 개인적으로 답변해줄 것이라고 했다(『채비록제4편』, p.366). 실제로 여성들이 여기에 문의했는가는 분명치 않다.

10　야오링시는 적지 않은 젊은 독자들이 실제 그의 칼럼을 읽고 전족을 하려는 유혹을 느꼈음을 암시했다(『채비록제4편』, p.343). 이 중 오랫동안 병을 앓고 있던 남학생이 있었는데 그는 발에 전족을 해 부적으로 삼겠다고 했다. 야오링시는 의사를 동반하여 만나기를 청했으나 그 학생은 약속 장소에 나타나지 않았다(『채비록초편』, p.220). 또 다른 예로 열다섯 살 소녀가 가장 단시간 내에 전족할 방법을 알려달라고 편지를 보냈다. 소녀는 이것으로 타향에서 일하다 곧 귀향할 부친을 위로하려고 했다. 이 사연이 거짓이 아니라는 것을 확인한 다음, 야오링시는 이 문제를 친구에게 알리며 도움을 청하기도 했다. 나중에 그는 관련된 편지를 모두 연재했다(『채비록초편』, pp.356~361). 이는 여성 음성의 극단적인 사례로, 이 편지는 진짜 여성이 쓴 것으로 보인다. 하지만 그녀의 요청 자체가 전족 거부의 시대와는 지극히 어울리지 않는 돌출된 사례여서 의심스럽기는 하다. 『채비록』 시리즈에 나오는 여성 음성의 범주와 진실성의 문제에 관해서는, 이 장의 뒷부분에서 논의할 것이다.

11　청말 소설의 세계에서 '유희遊戲'와 '심심풀이消閑'의 풍격이 주류적 지위를 차지했다. 이는 쑤저우를 기반으로 하는 주간지『토요일禮拜六』의 편집 방침이기도 했다. 이 잡지의 명칭은 미국의 *Saturday Evening Post*를 모방한 것인데 당시 유행하던 도시의 오락 형태인 '원앙호접파' 소설의 본산지로 알려져 있다. '유희주인遊戲主人'이라 자칭했던 또 다른 소설가 이보가李寶嘉(1867~1906)가 1897년『유희보遊戲報』를 창간했다. 같은 해에 또 한 명의 중요한 소설가 오옥요吳沃堯(1866~1910) 역시『소한보消閑報』를 창간했다. 樽本照雄,『清末小說閑談』, 京都: 法律出版社, 1983, pp.5~8, p.252 참고.

12　수전 스튜어트가 우리에게 알려준 것처럼, 미니어처는 어린 시절에 대한 회고적 향수와 관련되어 있다. 작은 물건은 그 자체로 길들이기와 조종의 느낌이 들어 있다(*On Longing*, p.69).

13 만청소설은 일종의 거대 장르로 희곡과 시가를 포괄한다. 전통 소설 장르와 다른 점은 소설 원고가 인쇄되어 가판대에서 팔려나가는 속도다. 康來新, 『晚清小說理論研究』, 臺北: 大安出版社, 1986, pp.239~256. 왕더웨이王德威(David Der-Wei)는 청말이야말로 중국에서 '문학 근대'의 시작이라고 했다. *Fin-de-siecle Splendor: Repressed Modernities of Late Qing Fiction, 1849~1911*, Stanford, Calif.: Stanford University Press, 1997.

14 '팔고문'이란 명칭 시기 과거시험에 사용하던 특별한 형식의 문장을 의미한다. 유가 경전에서 뽑은 문장을 주제로 하여 그 의미를 해설하는 내용인데 엄격한 체제와 구성으로 짜여 있다.—옮긴이

15 陶安化(즉 陶報癖), 「小足捐」, 『月月小說』 1, 第6號(1907.2), pp.177~186, 인용문은 p.177에 있다. 『월월소설月月小說』 지는 1906년에 창간했고 1908년에 정간했다. 타오바오피의 이 단편소설은 1907년 2월에 실렸다. 당시의 잡지 주편이 오옥요吳沃堯였다(樽本照雄, 『清末小說閑談』, p.13). 타오바오피陶報癖는 후난湖南 안화安化 출신이라 필명을 '安化'라 했다.

16 이러한 벌금 계획에 의하면 '6치寸', 즉 20센티미터의 발 크기는 전족을 시도한 적이 없다는 기준이 되었던 듯하다. 「소족연」의 구상은 「천족회진사天足會陳詞」라는 글에서 유래한 것인데 이 글은 『만국공보萬國公報』 1900년(광서光緖 26) 첫 번째 호에 실렸다. 이 글은 李又寧·張玉法 合編, 『近代中國女權運動史料』, 臺北: 傳記文學出版社, 1975, pp.854~856에도 인용되어 있다.

17 소설이 현실 생활을 모방하는 것처럼, 현실도 때로 소설을 모방한다. 야오링시의 기록에 의하면, 서씨徐氏 성을 가진 후베이湖北의 어느 관직 대기자가 실제로 건의서를 써서 발의 작은 정도에 따라 세금을 걷자고 논의했다고 한다(『采菲錄第四編』, p.155, p.171). 현실과 허구 중 어느 것이 먼저인지는 알 수 없다.

18 이렇게 보면 「소족연」은 청말 견책소설譴責小說의 한 종류라 할 수 있다. 견책소설은 운명이 다해가는 청말 관료계를 폭로하는 장르로, 20세기 초반 크게 유행했다. 대표적 작품으로는 「소족연」보다 지명도가 더 높고, 더 장편인 이보가李寶嘉의 『관장현형기官場現形記』(1903~? 연재), 유악劉鶚의 『노잔유기老殘游記』(1903~1904 연재; 1906~1907 연재), 그리고 오옥요吳沃堯의 『이십년목도지괴현상二十年目睹之怪現狀』(1903; 1906~1910 연재) 등이 있다.

19 나는 이전의 논문("Bondage in Time: Footbinding and Fashion Theory", *Fashion Theory: The Journal of Dress, Body & Culture* 1, no.1, March 1997, pp.3~28)에서 이러한 형식과 내용, 혹은 표현과 내면적 진실 사이의 균열은 근대적 시선의 형이상학에서 기인한 것이라 언급한 바 있다. 티머시 미첼Timothy Mitchell은 이러한 균열이야말로 '식민 권력'이 작동하는 주요 방식이라고 했다(*Colonising Egypt*, Berkeley; University of California Press, 1991).

20 원문은 "看如夫人褻脚; 賜同進士出身"이다. '如夫人, 同進士'로 병렬되기도 한다. 여기서 '如夫人'은 부인 같지만 부인은 아닌, 즉 첩을 의미한다. '同進士出身'는 과거시험에서 선출되는 진사 중 가장 아래인 三甲을 지칭한다. 이들 역시 진사와 같지만, 사실 진짜 진사는 아니라는 의미가 있다. '발을 싸매다褻脚' 대신 '발을 씻다洗脚'를 사용하는 경우가 많다. 그 자신

이 '동진사 출신'이었던 曾國藩(1811~1872)과 관련된 전고라고 한다.─옮긴이

21 이러한 텍스트의 대칭성은 1894년 상하이의 장로교회에서 출판된 최초의 반전족 소책자 『권방각도설勸放脚圖說』에서도 발견된다. 야오렁시의 묘사에 의하면, 이 소책자는 18장으로 구성되어 있으며 한 장이 두 페이지로 구성되어 한 페이지에는 그림, 한 페이지에는 해설이 있다. 앞의 9장은 '고대 미녀'와 같이 감상 문화와 관련된 주제를 묘사했다. 그런데 뒤의 9장에서는 '전족의 고통'과 같은 반전족 주제를 다루고 있다(『채비록초편』, pp.239~240). 『채비정화록』에 그중 하나인 '요낭전족窅娘纏足'의 그림과 글이 수록되어 있다. 세 번째 사례는 자선賈伸의 『중화부녀전족고中華婦女纏足考』, 北京: 香山慈幼院, 1925를 볼 것. 네 번째 사례는 추웨이쉬안邱煒菱의 「纏足考」(뒤에 오는 글이 바로 「天然足考」이다)로 그의 필기 『菽園贅談』(1897)에 실려 있다(『香艶叢書』第8集 第3卷에 축약본이 수록되어 있는데 제목은 「菽園贅談節錄」이다).

22 반전족을 선전하는 소책자 중에서도 이렇게 감상 문화 텍스트를 그대로 인용하는 현상이 일부 발견된다. 이러한 소책자들은 공개적으로 「纏足研究」(天足이 아닌)과 같은 표제를 달기도 했다. 유명한 예가 賈伸의 『中華婦女纏足考』이다. 또 다른 사례는 저우쑹야오周頌堯의 『전족纏足』이다. 두 책 모두 서적 형태로 출판된 최초의 반전족 문헌들이다. 이 책자들은 제목이든 실제 내용이든 모두 작가가 주장하는 의도를 전달하지 못하고 있다. 또한 「詠美人足」, 혹은 「詠女子纏足」와 같은 제목을 붙인 시 작품도 많지만, 시구에는 '타고난 사지' 혹은 '남녀평등'과 같은 민족주의적 구호로 가득하다(『采菲錄初編』, pp.96~98).

23 근대적이고 혁신적인 회고적 향수의 형식을 띤 재활용의 역사에 대해서는 Madeleine Yue Dong, *Republican Beijing: The City and Its Histories*, Berkeley: University of California Press, 2003을 볼 것.

24 수전 스튜어트는 골동품과 이국적 사물들에 대한 집착이 어린 시절과 놀이에 대한 퇴행 throwback인 것에 주목했다. 이러한 집착과 사물을 소장하려는 동기는 비슷하다. 모두 생사를 주재하고자 하는 욕망에서 기원한다(*On Longing*, pp.75~76). 하지만 컬렉션 전체와 단일한 물품 사이에는 커다란 차이가 존재한다. 컬렉션은 소장품 각각이 지닌 기원의 맥락을 파괴하고, 소장자의 시간 순서에 따라 배열하기 때문이다. 스튜어트는 이를 분류가 기원을 대체한다고 표현했다(p.151). 반면 단일한 골동품만을 놓고 보면 "그 자체가 기원의 신화를 표현한다"(p.76). 이는 기원에 대한 향수와 진실함authenticity에 대한 집착을 체현한다.

25 Judith Zeitlin, "The Petrified Heart: Obsession in Chinese Literature, Art, and Medicine", *Late Imperial China* 12, no.1, June 1991, pp.1~26.

26 이 두 종의 총서는 『향염총서香艶叢書』와 『설부說郛』다. 『설부』라는 제목의 총서는 각 왕조에 많은 판본이 존재했다. 방현방絢의 작품이 포함된 이 판본은 청대 후기 우싱吳興 출신의 문인 왕원루王文濡가 편찬했다. 그에 의하면 이 총서에는 장쑤江蘇와 저장浙江 일대의 믿을 만한 판본이나 필사본만을 수록했다고 한다. 왕원루의 「例言」은 1915년에 쓴 것이다. 방현의 저작들을 합한 총서를 『방씨오종方氏五種』(『說郛』, 臺北: 新興書局, 1963, pp.1241~1255)이라 하는데 여기에는 가장 많이 언급되는 「향련품조香蓮品藻」(향기로운 연꽃의 미학) 외에 「금원잡찬金園雜纂」(금원의 이야기들), 「관월사貫月查」(달을 관통한 술잔), 「채련선采蓮船」(연꽃을 따는 배), 「향섭보響屧譜」(높은 굽 신발의 장기판)가 있

다. 마지막 「향섭보」는 일종의 기보棋譜인데 여기서는 전족 신발 모양으로 된 말을 사용했다. 이 책은 宋 楊無咎 著, 淸 方絢 注라고 되어 있다. '響屧'(소리 나는 신발)이란 미녀가 복도를 걸을 때 그녀가 신은 높은 밑창의 신발에서 나는 소리를 의미한다. 앞의 4편은 이후에도 총서에 수록되었다. 高劍華 編, 『紅袖添香室叢書』, 上海: 上海群學社, 1936, 第2集, pp.108~153. 가오젠화高劍華는 쉬샤오톈許嘯天의 아내인데 쉬샤오톈은 방현의 글에 대한 평론을 한 적이 있다(『采菲錄續編』, pp.292~296).

27 方絢, 「金園雜纂」, 『香艶叢書』 第8集 第1卷, 上海: 國學扶輪社, 1914, p.2027. '金園'은 方絢의 別號이다.

28 「매품」은 송대 장자張鎡(1153~1212)가 쓴 산문으로 매화 감상하는 법을 주로 다루었다.─옮긴이

29 方絢, 「香蓮品藻」, 『香艶叢書』, pp.2069~2070.

30 앞의 주, p.2067. 1736년 평산당을 중건할 때 100그루의 계수나무를 심었다(趙之壁, 『平山堂圖志』, 京都: 同朋舍, 1981, p.14b). 이 자료를 내게 알려준 토비 메이어 퐁에 감사드린다. 청대에 문인들의 유람 장소로 유명했던 평산당은 건륭 시기에는 기녀나 여성을 감상하는 문화와는 관련이 없었다(Tobie Meyer Fong, 개인 대화, 1998년 7월). 방현이 이렇게 구체적으로 지명을 언급하는 사례는 드물다. 이 자료에는 그의 시대나 그가 정말 존재했는지에 대해 결정적 증거는 없지만, 그가 건륭 이후의 작가였음을 암시하고 있다. 방현이 여기서 말한 '고개를 들어서 바라보기'는 아마 이어를 모방한 것으로 보인다(5장을 볼 것).

31 『향염총서』는 여기 수록된 방현方絢의 작품은 안후이安徽 남릉南陵 서씨徐氏가 소장한 필사본에서 유래한 것이라고 했다. 남릉 서씨의 장서에는 여성 감상 문화와 관련된 것이 많다. 이의 소장자는 서내창徐乃昌(1862~1936)으로, 그는 1895~1896년에 100명의 여성 사인詞人의 작품을 모아서 기념비적인 저작 『소단란실회각규수사小檀欒室匯刻閨秀詞』를 간행했다. 1909년에는 속편 『규수사초閨秀詞鈔』도 간행했다. 이 두 책을 한 상자에 담아 전자의 표제로 간행하기도 했다(출판지 불명, 南陵으로 추정, 小檀欒室, 1895~1909).

32 方絢, 「金園雜纂」, 『香艶叢書』, p.2086.

33 許嘯天이 「金園雜纂」에서 행한 평론을 볼 것(『采菲錄續編』, pp.292~296). 『采菲錄』 시리즈에서 방현의 문장을 인용한 사례로는 『采菲錄初編』, p.131; 『采菲錄續編』, p.230, p.234, p.291ff; 『采菲新編』, p.8을 볼 것.

34 쩌우잉鄒英은 「채비한담菲閑談」 코너의 담당자였는데 그의 편집 원칙은 묘사된 모든 근대 풍속(예를 들면 여성이 자신의 발을 주무르는 등의)이 '고대의 텍스트로부터 계승되었다는 증거對證古本'를 찾는 것이라고 했다(『采菲錄續編』, p.185). 이는 분명 달성할 수 없는 목표였고 자신과 야오링시를 위대한 고대 문인들과 동일시하기 위한 목적일 뿐이었다. 명대 소설의 섹슈얼리티 담론에 심리 묘사가 결핍되어 있다는 주장에 대해서는 康正果, 『重審風月鑑』, 臺北: 麥田出版社, 1996, pp.252~253 및 책 전체를 볼 것.

35 『采菲錄第四編』에 자오이신趙亦新이라는 작가가 쓴 이러한 유형의 글이 있다. 이 작품이 독특한 점은 이웃 여성의 발을 희롱했던 어린 시절의 기억이 그가 앉아서 글을 쓰는 현재의 성인 세계로 직접 이어진다는 것이다. 당시 아내와 딸이 낮잠을 자는 사이 그는 상념에 잠긴다. 어린 시절의 어느 날 정원 맞은편에 사는 전족 여인이 발을 씻고 있을 때 마침 그

녀의 이모가 찾아왔다. 그 여인은 야오이신에게 대신 문을 열어달라고 했고 그는 그 이모 역시 작은 발을 지닌 것을 보았다. 이 일을 떠올리며 그는 너무 흥분하여 붓을 들어 글을 쓰기 힘들었다. 그는 그 둘이 자신을 유혹하기를 간절히 바랐다. '지금-여기'에서 벌어지는 듯한 도발적인 만남은 야오링시가 이 글이 자오이신의 유작이라 언급하면서 마무리되었다. 현대 작가 양양楊楊 역시 전족 관련 금기를 주제로 하는 이야기에서 소년의 천진무구함을 주장하는 같은 전략을 사용했다. 그의 모친은 류이촌의 전족 여성 중 한 명이었다. 그는 류이촌의 규방과 여성의 내밀한 세계 속으로 바로 독자들을 이끌고 들어간다. 『小脚舞蹈: 滇南一個鄕村的纏足故事』, 合肥: 安徽文藝出版社, 2001, pp.1~5, p.37.

36 동일한 서사자는 자신이 위아이퉁의 경험을 전달했다고 거듭 주장한다. 그는 금련을 애무하는 행위가 어떻게 남녀 모두에게 쾌락을 주는지에 대해 매우 구체적으로 설명했다. 이 즐거움은 성교보다 못하지 않거나, 더 좋을 수도 있다고 했다(『채비록제4편』, pp.48~49).

37 대관원은 조설근曹雪芹(1715?~1763?)의 소설 『홍루몽紅樓夢』의 주 무대인 가賈씨 집안의 별장 이름이다. 남주인공 가보옥賈寶玉과 가 씨 집안의 젊은 여성 12인(금릉십이차金陵十二釵)가 함께 머물렀던 곳이었다. 세속 세계와 대비되는 이상 세계, 순수한 정신을 상징하는 공간이다.—옮긴이

38 금련교 신자, 즉 '연교신사蓮敎信士'라는 필명은 『정사情史』를 연상케 한다. 이 책은 명말 '정情' 숭배 현상을 대표하는 작품이다. 작자 풍몽룡馮夢龍은 '정의 가르침情敎'을 바로 세워서 중생들을 교화하겠다고 맹세했다. 위에서 말한 것처럼 야오링시는 '정' 숭배를 소환했고, 이는 진심이었을 것이다. 하지만 이 모방은 억지스럽다. '연교신사'는 방현과 풍몽룡을 언급하면서 동시에 남성과 여성의 성적 욕구를 노골적으로 묘사했는데 이는 방현方絢의 글이 속했던 전통 장르에서는 있을 수 없는 표현 방식이었다. 여기서 전족 감상가가 발에 대해 보이는 애정은 내면에서 나온 일종의 본능이고 이것이 행동으로 표현되는 것이라 간주되었다. 야오링시는 근대 감상 문화의 심리적 과정을 다음과 같이 묘사했다. "만약 우리가 전족을 사랑한다면 당연히 작은 발을 가진 애첩을 총애할 것이다. 사랑이 극단에 이르면 모든 종류의 비상식적 행위도 행해지는 법이다. 그래서 모친을 거역하고 아내를 버리고 아들을 쫓아내는 일이 끊이지 않고 일어난다. 이는 마음에서 일어나心理上 행위로 표현되는 것이다. 남색과 같이 성욕에서 일어나서性欲上 행위로 표현되기도 한다. (…) 이는 모두 전족을 깨물거나 냄새 맡는 것보다 더 역겨운 행동이지만 이 짓을 하는 사람들이 있다."(『采菲錄初編』, p.294) 적어도 야오링시에게는 발을 사랑하는 것과 성욕은 구분되는 본능이었다.

39 '유로'란 살아남은 노인, 혹은 옛 왕조의 신하를 일컫는 명칭이다.—옮긴이

40 여기서 말하는 '흰머리 여성'은 당唐 원진元稹(779~831)의 시 '행궁行宮'에 나오는 '白頭宮女在'라는 구절에서 유래했다. 늙은 궁녀가 개원 연간 현종과 관련된 각종 에피소드를 회고하며 들려주었다는 내용이다.—옮긴이

41 명청 에로틱 소설에 나오는 팜파탈 주제에 대해서는 康正果, 『重審風月鑑』, pp.57~81을 볼 것.

42 李慈銘, 『越縵堂日記』, 大橋式羽, 『胡雪巖外傳』, 『晚淸小說大系』, 臺北: 廣雅出版公司, 1984, 「提要」, p.1에 인용.

43 『채비록』의 어느 독자는 석인본 『호설암외전胡雪巖外傳』을 노점상에서 구입하고 읽고는 대단히 실망했던 일을 떠올렸다. 이 책은 전족을 구체적으로 묘사하고 있지 않기 때문이었다. 야오링시는 96페이지짜리 『호설암외전』을 본 적이 있는데 '大橋式羽' 著, '多田太郎' 印, '日本愛善社' 발행이었다. 이 모두 '진짜' 일본 이름은 아니다(『釆菲錄第四編』, p.344). 1984년판 『호설암외전』은 아마 이 판본에 의거했을 것이다.

44 산시山西 타이구太谷의 부자 상인이 여름에 첩이 신은 신발 바닥의 옥을 즐겨 만졌다는 내용을 쉬커珂도 언급했다. 이는 손에 닿는 차가운 느낌 때문이다(『淸稗類鈔』, 北京: 中華書局, 1986, p.6210).

45 장 보드리야르의 분류에서는 골동품과 이국적 사물들은 '사물의 비기능적non-functional 체계'에 배치한다. 그것들은 주변적 위치에 있기는 하지만 어린 시절과 관련이 있는 '따뜻한' 사물들이다. *The System of Objects*, trans. James Benedict, London and New York: Verso, 1996, p. 146. 옥 밑창이 아편을 마는 판으로 사용되는 기능은 이 사물의 본질적 특징과는 아무 관계가 없다. 표면이 있는 어떠한 물건이라도 모두 이렇게 활용할 수 있으며 이는 단지 화려함을 과시하기 위한 것이다. 광동 총독을 지낸 적이 있는 어느 고위 관리가 이러한 행위를 모방하여 광동 출신 여종의 벗은 발뒤꿈치에 코담배를 담아두었다고 한다(『釆菲錄初編』, p.301). 다른 판본에서는, 광동의 어느 '중당中堂' 벼슬을 하는 어느 관리가 전족 여자의 발뒤꿈치를 이용하여 담배를 담았다고 했다(『釆菲錄續編』, p.153). 『채비록』의 어느 작가는 발바닥에 코담배 가루를 담아두는 것이 실현 가능한지, 그리고 이것이 심미적으로 적합한지에 대해 의문을 제기했다. 더구나 발바닥은 일반적으로 외설성을 연상시키는 곳이다. 물론 제대로 된 전족의 발바닥은 담배 접시처럼 부드럽고 윤기 나는 표면을 유지하기는 한다(『釆菲錄續編』, p.152).

46 일부에서는 신발을 술잔으로 사용하는 풍습은 송대에 시작되었다고 주장하며 왕심보王深輔의 시를 그 증거로 내세운다. 하지만 이 풍습을 각인시킨 이는 양철애다(『釆菲錄初編』, p.180; cf. 蘇馥, 『香閨鞋襪典略』, 海寧鄒氏師竹友蘭室淸鈔底本, 1879, p.37). 양철애가 시 속에서 쑤저우의 기루에서 연회를 할 때 커다란 연꽃 잔에 술을 따라 마셨다고 한 적은 있지만 전족 신발에 마신 것이라고는 하지 않았다(『楊維禎詩集』, 杭州: 浙江古籍出版社, 1994, p.377). 한악韓偓의 '향렴시香奩詩'를 모방한 연작시에서, 그는 작은 발에 대한 애호를 표현하기는 했다. 예를 들어 『鞦韆』 시의 마지막 두 구절은 다음과 같다. "막 바람이 불어와 끝없는 허공을 바라보니, 하늘에 걸려 있는 금련 한 쌍."(p.404)

47 양철애는 1344~1349년 쑤저우에 머물며 음악 교습을 담당했다고 한다(蘇馥, 『香閨鞋襪典略』, p.39). 이 자료는 陶宗儀의 『輟耕錄』에 있고 蘇馥, 『香閨鞋襪典略』, p.36에서 인용했다. 일본학자 아오키 마사루青木正兒는 당대唐代 잡기雜記 중 당보명唐輔明이라는 이가 신발에 직접 술을 따라 마셨다는 이야기를 발견했다. 이 신발은 천으로 만들고 왁스 칠을 한 것이었다(「酒觴趣談」, 『靑木正兒全集』, 東京: 春秋社, 1984, pp.85~86).

48 沈德符, 『萬曆野獲編』, 출판지 불명: 扶荔山房刊本, 1827, p.23.28a; cf. 倪瓚, 『淸閟閣全集』, 『元代珍本文集彙刊』, 臺北: 國立中央圖書館, 1970, p.483. 예찬의 결벽증에 관한 에피소드는 그의 묘지명에 기록되었다. 명말 청초에 더 많은 관련 이야기가 전해졌다. 그는 기둥 위에 화장실을 설치하고 아래 변기통 안에 거위 털을 넣어서 떨어진 오물을 덮었다고 한다

(倪瓚,『清閟閣全集』, pp.481~484). 그는 또한 사람을 시켜 매일 정원의 나무와 돌을 청소
했고 하루에도 수차례 옷을 갈아입기도 했다. 명대 후기 동림당東林黨 지도자였던 고헌성
顧憲成과 고반룡高攀龍이 보기에 청결함에 대한 예찬의 집착은 그의 도덕적 고결함과 정
치적 청명함의 상징이었다(p.634, p.668). 천족을 장려했던 쉬커는 심덕부沈德符 본에 있는
양철애 에피소드를 예로 들어 전족 애호가들의 바람직하지 못한 특성을 강조하려 했을 것
이다(『天足考略』, 徐珂 編, 『天蘇閣叢刊』, 上海: 商務印書館, 1914, p.13a).

49 紀昀,『閱微草堂筆記』,『采菲錄初編』, p.331에서 인용. 야오링시는 또 다른 이야기도 수록
했다. 어느 불량한 젊은이 무리가 한창 술을 마시고 있을 때 어떤 소년이 손에 예쁜 금련
신발 한 짝을 들고 들어왔다. 그들은 이것을 빼앗아 여기에 술을 따라서 마셨다. 갑자기 주
름투성이 노파가 들어오더니 손자가 자신이 수십 년 전 결혼할 때 신었던 신발을 훔쳐갔다
고 욕설을 퍼부었다. 무리는 역겨움에 못 이겨 구토했다(『采菲錄初編』, p.332).

50 경태람이란 중국 칠보 공예의 일종이다. 명 경태景泰 연간(1450~1457)에 가장 발전하여
'경태람'이라고 한다. 이는 금속 표면에 동으로 된 선으로 각종 무늬를 박아넣는 형태다.—
옮긴이

51 늦어도 명말에는 장시江西 징더전景德鎭의 도자기 가마에서는 이러한 신발 모양의 술잔을
제작하기 시작했다. 17세기 전반기에 생산된 유약 바르기 전의 푸른색 신발 술잔을 "Wine
cup in the shaoe of a shoe", Wu Tung, *Earth Transformed: Chinese Ceramics in the
Museum of Fine Arts, Boston*, Boston: MFA Publications, 2001, p.142에서 볼 수 있다.
신발 안쪽 창에는 '小小金蓮奉一杯'라는 글자가 쓰여 있다. 이 부분을 내게 알려준 알렉스
턴스톨Alex Tunstall에게 감사를 표한다.

52 『采菲錄初編』, p.2, pp.12~13. 라오쉬안의 전족 기원론은 여성 중심적이기는 하지만 상당
히 논쟁의 여지가 있다. 그는 여성은 '천성적으로' 자신을 아름답게 가꾸어서 남성의 사랑
을 얻으려 하는 경향이 있다고 했다. 그래서 여성이 전족을 고안한 것은 스타킹, 파마, 하이
힐 등을 발명한 것과 동일하게 보았다(『채비록초편』, p.17). 그는 여성의 능동성agency을
다음과 같이 표현했다. "여성은 어부와 같고 남자는 물고기와 같다. 치장은 미끼이다."(『채
비록초편』, p.20) 그래서 그는 이성애를 정상적 상태로 전제하고 남성의 환심을 살 수 있
는 여자가 진짜 여자라고 했다. 라오쉬안의 원명은 쉬안융광宣永光이다. 베이징에서 영어,
지리, 역사 교사로 일하며 『실보實報』『도화세계圖畫世界』『북양화보北洋畫報』 등에 칼럼
을 쓰기도 했다. 그의 관련 주장이 정리되어 있는 「남녀男女」 원본이 『난어전서亂語全書』,
北京: 華齡出版社, 1996, pp.1~137에 있다. 역사학자 양녠췬楊念群은 그의 역사주의적 신
념이 상당히 신선하다고 평가하기도 했다(「'過渡期'歷史的另一面」, 『讀書』 第6期, 2002,
pp.128~135).

53 베이핑은 베이징의 또 다른 이름이다. 이 명칭은 전국시대부터 존재했었다. 난징정부 시절
베이징이 수도의 지위를 잃었을 때 주로 베이핑이라 불렸다.—옮긴이

54 胡也頻,「小縣城中的兩個婦人」,『東方雜志』 第26卷 第18期, 1929/9, p.103. 이 이야기는 방
족이 불가능에 가까울 정도로 어렵다는 것을 강조함으로써 탕이쒜湯一瑣가 『황수구黃琇
球』에서 수립한 주류적 시각과 반대 입장을 보였다.

55 『채비록』과 반전족 운동 담론 사이의 보완 관계에 대한 또 다른 예로 대부분의 여성 증언이

반전족 운동의 서사를 모방했다는 점을 들 수 있다. 사실상 야오링시는 이것들을 「권계勸 戒」편에 수록하면서, 이를 반전족 문헌의 일종으로 취급했다.『采菲錄初編』, pp.231~262;『采菲錄續編』, pp.39~68;『采菲錄第三編』, pp.13~23;『采菲錄第四編』에는 '권계'라는 편 은 없지만 pp.126~143을 볼 것;『采菲錄新編』은 이러한 유형의 글을 수록하지 않았다.

56 1934년『채비록초편』의「권계」편에 등장한 여성 음성/작가 서술은 세 가지 형식으로 나 뉜다. 아슈의「拗蓮痛史」는 일인칭 시점으로 서술되었고 작가 역시 그녀의 이름으로 나 왔다.「金素馨女士自述纏足經過」는 구술 증언 형식이고 작가 이름은 없다(『采菲錄初編』, pp.258~261).「林燕梅女士自述纏足經過」는 주인공의 구술을 남동생 린장류林章騮가 기 록한 것으로 되어 있다(『采菲錄初編』, pp.261~262). 모든 사례에서 남성이 개입되었음은 분명하다. 나는 무엇이 더 '진실한' 여성의 음성인지 판단할 생각은 없다. 이 텍스트의 서술 자들은 모두 '여성'으로 표시되었다. 그렇다면 이러한 '여성' 성별이 당시 독자들에게 어떠한 의미였을지 질문을 던지고 싶다.

57 린옌메이林燕梅가 구술하고 남동생이 기록한 세 번째 서사는 완전히 순종적인 여성 신체 를 묘사했다는 점에서 이러한 스테레오타입에 도전했다. 그녀는 4세에 전족을 시작했지만 9세에 방족했다. 그리고 그녀의 발은 매우 홀쭉한 형태였지만 전족처럼 구부러지지는 않게 되었다. 그녀는 자신의 방족 성공이 죽은 모친만이 알고 있던 비밀 약방문 때문이라고 했 다. 그녀의 전족 경험은 매우 가역적可逆的이었기 때문에 그녀는 '이 일(전족)은 내 몸과 관 계없는' 것이라 결론내렸다(『采菲錄初編』, p.262).

58 '각비생' 자신도 수집가였다. 그가 한번은 야오링시에게 베이핑의 골동품 시장에서 구입했 다는 폭신한 바닥의 전족 신발을 보내 그 용도를 물어본 적이 있었다. 야오링시는 노인에게 물어본 끝에 이 조악한 신발은 창녀들이 고객에게 하룻밤을 보낸 기념품으로 준 것임을 확 인했다.

59 Thomas Richards, "Archive and Utopia", *Representations* 37, Winter 1992, pp.104~135; 인용문은 p.104.

4장

1 감상문헌은 'connoisseurship literature'의 번역어이다. 서구학계에서 connoisseurship literature는 주로 전통 시기 기물, 골동품, 가구 등의 사물에 대한 감상 및 비평을 전문적 으로 서술했던 장르의 일종을 지칭한다. 여기서 말하는 감상문헌은『장물지長物志』와 같 은 전통 시대의 감상문헌뿐 아니라『채비록采菲錄』과 같이 특정 대상을 주제로 쓴 민국 시대의 필기도 함께 포함한 개념인 것으로 보인다.─옮긴이

2 이 시기 춘화도 있었지만 유혹의 양상은 간접적이라는 점에서 문자 담론들과 유사하 다. 로베르트 판 휠릭은 명대 이후 에로틱한 인쇄물에서 "여자의 벗은 발을 드러내는 것 은 절대 금기였다"고 했다. *Erotic Colour Prints of the Ming Period*, Tokyo: privately published, 1951, p.170. 19세기의 인쇄물은 보다 노골적인 모습을 보이는데 이는 텍스트 담론이 점점 노골적으로 변화하는 현상을 반영한 것이다. 18세기부터 19세기까지 춘화집

에 대해서는 *Dreams of Springs: Erotic Art in China from the Bertholet Collection*, Amsterdam: Pepin Press, 1997을 볼 것. 청대 초기 화가 고견룡顧見龍(1606~1694)과 그의 에로틱한 화집에 대해서는 James Cahill의 다음 논문을 볼 것: "Where Did the Nymph Hang?", *Kaikodo Journal* 7, 1998, pp.8~16 및 "The Emperor's Erotica", *Kaikodo Journal* 9, 1999, pp.24~43.

3 張邦基, 『墨莊漫錄』, pp.8.5a~b, 『欽定四庫全書』에 수록. 가오훙싱高洪興은 장방기가 책에 기록한 내용으로 판단하면 이 책은 1148년 이후에 완성되었다고 했다(『纏足史』, 上海: 上海文藝出版社, 1995, p.12). 샬럿 퍼스Charlotte Furth는 전족이 처음 등장하던 시대와 '부인과婦科'가 북송北宋(960~1125)시기 점차 전문적인 의료 분야로 형성되던 현상과 모종의 관련성이 있음을 알려준다. 여성 신체의 재생산 기능을 중시하는 분위기 속에서 송대에 부인과가 시작된 것은 당시 모성에 대해 고도의 의학적·사회적 관심이 일어났음을 의미한다. 모성적 신체 혹은 생산과 관련된 신체 부위는 탈성욕화de-eroticized되었고 이로 인해 '욕망의 몸과 재생산의 몸은 분리'되었다. 활 모양의 발은 '욕망할 수 있는 여성 신체의 페티시즘적 기표'가 되었고 이는 바로 "재생산 기능과 관련된 신체의 어느 부위와도 동일시되지 않기 때문이다". *A Flourishing Yin: Gender in China's Medical History, 960~1665*, Berkeley: University of California Press, 1999, p.133; 송대 부인과의 등장에 대해서는 pp.59~93을 볼 것. 발이 무성적 기관이라는 이러한 가설과는 대조적으로 최근의 인지과학에서의 연구는 대뇌 표층의 감각 기관 분포도에 의하면 발과 발가락의 위치가 바로 성기 옆에 있음을 보여준다. Eric R. Kandel, James H. Schwartz, and Thomas M. Jessell, *Principles of Neural Science*, 3rd ed, New York: Elsevier Science Publishing Co., 1991, p.372. 내게 이 책을 주목하라고 알려준 수잰 카힐에 감사한다.

4 예를 들어 도종의陶宗儀(약 1316~1403)는 이렇게 쓴다. "다리를 동여매는扎脚 행위는 오대五代 이후 시행되었다. 희녕熙寧, 원풍元豊 연간 이전에는 (이것을 하는) 사람이 오히려 적었다. 최근에는 사람들이 이를 서로 모방하고 안 하는 사람들은 수치스럽게 여긴다."(『輟耕錄』10, pp.16a~17a, 『欽定四庫全書』에 수록됨; 희녕(1068~1077), 원풍(1078~1085) 연간은 모두 북송 신종의 연호다) 물질문화와 성별 인식에 대한 근대의 분석에서는 사회 풍속으로서의 전족은 10세기에 시작된 것 같다고 했다. 나의 *Every Step a Lotus: Shoes for Bound Feet*, Berkeley: University of Califonia Press, 2001, chap.1을 볼 것. 가오시위高世瑜의 구체적인 관련 분석도 참고할 것. 여기서는 전족이 심미적 이상으로써 오대 시기에 궁정 무희들 사이에서 시작되었고, 남송 시기에 여성 행위를 제한하는 일종의 규범적 기준이 되었다고 주장했다(「纏足再議」, 『史學月刊』 2, 1999, pp.20~24, p.111).

5 악부는 고대 음악을 관장하는 기구였다. 주로 민간 음악을 수집, 정리하는 일을 했다. 악부시는 이러한 민가와 민가를 모방한 시 작품을 의미한다.—옮긴이

6 염체시艷體詩란 원래 남조 시기에 유행했던 궁체시宮體詩를 지칭했으나 이후에는 여성의 육체와 남녀간의 애정을 그린 시를 광범위하게 가리키는 의미로 확장되었다.—옮긴이

7 張邦基, 『墨莊漫錄』, pp.8.5a~b. 전족 기원론에서 '여섯 마디 둥근 살六寸膚圓'이라는 구절은 자주 인용되지만 한악의 시 나머지 부분은 거의 언급되지 않았다. 이 시 전체는 다음과 같다. "여섯 마디 둥근 살 윤기 흐르네. 흰 비단으로 꽃신 만들고 붉은색으로 안을 받쳤

네. 남조南朝의 천자는 풍류를 모르지만, 녹색 나막신보다 금련을 좋아한다네(六寸膚圓光
致致, 白羅繡履紅托裏, 南朝天子欠風流, 却重金蓮輕綠齒)"(『全唐詩』, 上海: 上海古籍出版
社, 1995, p.1719). 이 시의 제목인 '履子'는 고대에 사용하던 의례용 나막신이었지만 나중에
는 신발을 지칭하는 일반적인 명칭이 되었다. 일부 판본에서는 '六' 대신 '方'으로 되어있는
데 두 글자가 모양이 비슷하기 때문일 것이다. 한악이 주도한 '향렴체香奩體'는 규방 미인들
의 자태, 신체, 그리고 복식을 묘사한 장르이다. 康正果의 『風騷與艶情』, 鄭州: 河南人民出
版社, 1988, pp.239~248을 볼 것. 가오원셴高文顯은 『향렴집』은 한악의 것이 아니며 이 시
집의 저자는 아마 오대 시기의 시인 화응和凝(898~955)일 것이라고 했다(『韓偓』, 臺北: 新
文豊, 1984, pp.63~81).

8   유일한 예외는 명대 학자 심덕부沈德符다. 그는 「당문황장손후수리도唐文皇長孫後繡履
圖」와 「측천후화상則天后畫像」을 인용하며 장손長孫황후와 무측천武則天 2인의 발 모두
'남자와 다를 바 없음'을 지적하고 당나라 여성들은 아직 전족을 하지 않았을 것이라 추론
했다(『萬歷野獲編』, 출판지 미상: 扶荔山房刊本, 1827, 23.26a).

9   車若水, 『脚氣集』, 20a, 欽定四庫全書, 子部 10, 「雜家類」3.

10 胡應麟은 『汝南先賢傳』도 언급했다. 그의 『丹鉛新錄』을 볼 것. 『少室山房筆叢』, 北京: 中華
書局, 1958, p.151.

11 양귀비의 이야기와 정사의 팜파탈 전통에 대해서는 Fan-Pen Chen, "Problems of
Chinese Historiography as Seen in the Official Records on Yang Kuei-fei", T'ang
Studies 8~9, 1990~1991, pp.83~96.

12 주밀周密은 요낭 전설의 출처는 이미 소실된 문헌 『도산신문道山新聞』이라 했다(『浩然齋
雅談』, 沈陽: 遼寧教育出版社, 2000, p.19). 원대 학자 도종의陶宗儀의 필기 『철경록輟耕
錄』(1355년 서문, 10.16a~17a)도 요낭의 이야기를 언급하면서 역시 『도산신문』에서 나온
이야기라고 했다. 호응린과 조익 모두 요낭의 전설은 장방기의 『묵장만록』에 제일 먼저 출현
했다고 했지만 권위 있는 『흠정사고전서』나 비교적 늦게 등장한 『총서집성초편叢書集成初
編』에 수록된 『묵장만록』에서는 모두 이러한 기록을 찾아볼 수 없다.

13 일본학자 후루가키 히카루古垣光은 더 진전한 가설을 내세웠다. 그는 아마 불교의 영향력
으로 인하여 전족이 '서양'이나 중앙아시아에서 중국으로 수입되었을 것이라 가정했다(「中
國における女性の纏足──特に実相よ宋代の起源について」, 『中國關係論說資料』 29, no.1,
1987, p.49). 불교가 남당의 조정과 민간에서 성행한 상황에 대해서는 다음을 볼 것. 鄭勁
風, 『南唐國史』, 南京: 南京大學出版社, 2000, pp.141~143; 『南唐歷史與文化』, 成都: 四川
大學出版社, 2000. 이욱李煜의 음악과 무용에서 이룬 성취와 궁정에서의 문화적 번영에 대
해서는 『南唐國史』, pp.199~205; 『南唐歷史與文化』, pp. 98~109를 볼 것. 남당은 혁신적
스타일의 여성 패션으로도 유명하다. 높게 틀어 올린 머리高髻, 잘록한 저고리纖襖, 허리를
조이는 치마 등이 모두 당시 유행하던 복식이었다(周錫保, 『中國古代服飾史』, 臺北: 南天書
局, 1992, pp.256~257). 이러한 패션은 당나라 불교 예술에서 보이는 춤추는 관음상과 비
슷하다(그림 8을 볼 것).

14 양신의 놀라운 작품 규모, 의례 논쟁, 그의 명성에 관해서는 L. Carrington Goodrich
와 Chaoying Fang, eds., *Dictionary of Ming Biography, 1368~1633*, New York:

Columbia University Press, 1976, pp.1531~1535를 볼 것. 린칭장林慶彰과 자순셴賈順先이 양신을 연구한 두 권짜리 중국어 논문집을 편찬하여(『楊愼硏究資料彙編』, 臺北: 中央硏究院 中國文哲硏究所, 1992) 양신의 생애, 경전 연구, 문학적 결과물에 대해 파악하는 데 도움을 주었다.

15 Goodrich and Fang, *Dictionary of Ming Biography*, p.1532.

16 楊愼, 「弓足」, 『譚苑醍醐』, 『叢書集成初編』 第334冊, 長沙: 商務, 1939, p.20(卷3). 양신이 비판했던 학자들 중에는 도종의도 포함되었다.

17 앞의 주와 같음. 전족이 진한 시대에 시작되었다는 여러 이론은 다음을 참고할 것. 趙翼, 「弓足」, 『陔餘叢考』, 上海: 商務, 1957, p.656.

18 楊愼, 『丹鉛餘錄』, 11.15b와 『丹鉛總錄』, 25.15b, 둘 다 『欽定四庫全書』, 「子部」 10, '雜家類' 2에 수록됨. 양신은 이야기를 다시 서술하지 않고 姐己의 고사를 반박했는데 이는 이 이야기가 널리 알려져 있었음을 시사한다. 전족이 달기에서 시작되었다는 주장은 명대 유서인 王三聘의 『古今事物考』(臺北: 商務, 1973, 6.28b)에 보인다.

19 '육경'은 공자가 정리했다고 전해지는 유가의 주요 경전 6종을 말한다. 보통 『시경詩經』 『서경書經』 『예기禮記』 『악기樂記』 『역경易經』 『춘추春秋』를 의미한다.—옮긴이

20 楊愼, 『升庵全集』 卷75, 林慶彰·賈順先 編, 『楊愼硏究資料彙編』, p.701에서 인용함. 명대 초기인 1414년 『오경사서대전五經四書大全』을 편찬한 이후 송 유가의 '도학道學'은 명 제국의 정통이 되었다. 양신의 한학漢學에 대한 선호는 이러한 명 정통에 대한 반작용이다. 이러한 발전의 지적, 제도적 맥락에 대해서는 Benjamin Elman, *A Cultural History of Civil Examinations in Late Imperial China*, Berkeley: University of California Press, 2000, chapter 2를 볼 것. 그는 송 도학의 정통의 형성은 기본적으로 명대 초기 황제들의 작품이라고 주장했다.

21 한학漢學과 송학宋學은 한대와 송대 유학자들이 경전을 읽는 방법론을 의미한다. 일반적으로 한학은 훈고학이나 고증학적 방법으로 경전을 해석했고 송학은 형이상학적, 사변적 의미를 고대 경전에서 찾아내려고 했다고 할 수 있다.—옮긴이

22 楊愼, 『升庵外集』 卷26, 林慶彰·賈順先 編, 『楊愼硏究資料彙編』, p.572.

23 楊愼, 『升庵全集』 卷3, 林慶彰·賈順先 編, 『楊愼硏究資料彙編』, pp.808~809에 인용되어 있다. 양신의 문학 이론에서의 '성정性情'에 대한 중시에 관해서는 pp.912~932를 볼 것.

24 楊愼, 『丹鉛摘錄』, 8.13a~b; 『丹鉛總錄』, 17.9a~b, 18.22a. 둘 다 『欽定四庫全書』, 「子部」 10, '雜家類' 2에 수록되어 있다.

25 양신이 전족에 대해 어떤 태도를 보였는지는 분명치 않다. 양신과 그의 아내 황아黃娥는 모두 유명한 '산곡散曲' 작가였다. '산곡'이란 자유로운 시가 장르의 일종이다. 양신의 많은 산곡 작품 가운데 나는 '궁혜弓鞋'를 언급한 염정시 몇 편을 찾았다. 謝伯陽 編, 『全明散曲』, 濟南: 齊魯書社, 1994, p.1408, p.1417을 볼 것. 하지만 양신이 일반적인 시적 비유로 이 어휘를 사용한 것인지 아니면 궁족에 대한 그의 애호를 표현한 것인지는 판단하기 어렵다.

26 토지주란 지금 소수민족이 많이 거주하는 윈난, 구이저우, 광시 등의 변경 지역을 관리하던 토사土司 혹은 토관土官(현지인 관리)에게 내리던 관직명이다.—옮긴이

27 楊愼, 『漢雜事祕辛』, 『香艶叢書』, pp.655~656에 수록. 『잡사비신雜事祕辛』이라고도 한다. 이 제목은 중국어에서도 중의적이기 때문에 나는 똑같이 불가해한 영어 제목인 *Han Footles*를 채택하기로 했다. 모호한 의미의 단어 footles는 '잡다한 것들trifles'을 의미하며 '雜事'와 비슷하다. 나의 이 새로운 번역은 양신의 장난스러움에 대한 헌사다. 이 책의 진위 여부에 대해 당시에도 상당한 의심이 제기되었지만, 그럼에도 명청 시기 총집에 널리 수록되었다. 이 책의 판본사에 대해서는 林慶彰·賈順先 編, 『楊愼硏究資料彙編』, pp.443~444를 볼 것. 양신은 자신의 속임수를 숨기려는 노력을 그다지 하지 않은 것으로 보인다. 하지만 우리가 앞으로 토론할 余懷를 포함하여 훗날 많은 학자는 이 책을 인용할 때 여전히 이 책을 한 대의 문헌으로 간주했다.

28 이들 측량 단위는 한대의 것이 분명하지만 고증학자들은 한대의 측량 단위에 대해 의견 일치를 보지는 못했다.

29 여회는 양여영의 '8촌의 발' 및 한약 시에 나오는 '6촌의 둥근 살'을 인용하며 다음과 같이 주장했다. "당나라 이전의 여인들 발 중에서는 위로 굽은 초승달 모양이 없었음을 알 수 있다."(「婦人鞋袜考」, 王晫·張潮 編, 『檀几叢書』, 31.2a; 費錫璜의 반박은 31.3a를 볼 것) 호응린과 동시대 사람 사조절謝肇淛(在杭, 1567~1624) 역시 '발 길이 8寸'을 전족이 아직 출현하지 않았다는 증거로 인용했다. 그의 『文海披沙』, 上海: 大達圖書供應社, 1935, p.63을 볼 것.

30 楊愼, 『丹鉛續錄』, 「序言」, 林慶彰·賈順先 編, 『楊愼硏究資料彙編』, p.628에 인용되어 있다.

31 거인이란 명청 시기 과거시험 단계 중 향시鄕試, 즉 각 성에서 치르는 시험에서 합격한 사람을 말한다.─옮긴이

32 호응린의 생애와 저작에 대해서는 Goodrich and Fang, *Dictionary of Ming Biography*, pp.645~647을 볼 것.

33 Benjamin Elman, *From Philosophy to Philology: Intellectual and Social Aspects of Change in Late Imperial China*, Cambridge, Mass.: Council of East Asia Sudies, Harvard University, 1984. (한국어판은 벤저민 엘먼, 『성리학에서 고증학으로』, 양휘웅 옮김, 예문서원, 2004.─옮긴이)

34 호응린의 친구인 심덕부沈德符(1578~1642)가 그 예다. 심덕부는 호응린이 "견해가 자꾸 바뀌어 확실한 의견이 없다"고 하였고 고문헌을 충분히 종합적으로 분석하지도 못했다고 비판했다(『萬曆野獲編』, 23.27a~b).

35 胡應麟, 『丹鉛新錄』, p.145에서 인용. 양신의 원문은 『丹鉛餘錄』, 11.15a~b.

36 송대에 100권짜리 『樂府詩集』을 편찬했다(『辭源』, 香港: 商務印書館, 1987, p.881).

37 胡應麟, 『丹鉛新錄』, pp.145~146. 호응린은 '裹脚'을 발을 싸매는 천이라는 뜻으로 사용했는데 이는 혼동을 일으킬 수 있다. 이 단어는 전족을 의미하기도 하기 때문이다. 발을 싸매는 천은 '裹腿' '行縢' '縢約'이라고도 한다. 어느 명대의 백과사전에서 '裹脚'의 동의어를 나열했는데 여기에는 '行縢'과 '行纏'이 포함된다. 여기서는 발 싸매는 천의 의미로 사용되었음을 의미한다(余庭璧, 『事物異名校注』, 太原: 山西古籍出版社, 1993, p.194). 주대에 裹腿(이를 '逼' '邪幅'이라 칭함)는 아랫사람이 윗사람을 뵐 때(신하가 왕을 알현할 때와 같은)

존경을 표하기 위해 착용하던 복식의 일종이다. 裹腿는 다리 근육을 지탱해주기 때문에 달리거나 뛰어오를 때 도움이 된다. 근대에 오면 농민과 군인들만 裹腿를 사용한다. 王宇淸, 『中國服裝史綱』, 臺北:中華民族藝術文敎基金會, 1994, p.104.

38 앞의 주, p.165. 부들 신발 외에 여성들이 전족 유행 이후 포기한 신발 종류로는 나무로 된 나막신도 있다. 나막신의 시작은 공자 시대까지 거슬러 올라간다. 그 역사에 대해서는 周汎·高春明, 『中國傳統服飾形制史』, 臺北: 南天書局, 1998, pp.127~132을 볼 것. 하지만 고대 남녀의 신발에 차이가 있었는지에 대해서는 상호 모순되는 자료가 존재한다. 『주례周禮』에서는 남녀의 신발이 기본적으로 동일하다고 했으나 10세기에 나온 대형 유서 『태평어람太平御覽』에는 이렇게 기록되어 있다. "옛날에는 여자들 신발은 끝이 둥글고 남자들은 각이 져 있었다."(『太平御覽』, 臺北: 大化書局, 1977, 698.4b~5a). 호응린의 해석은 다음과 같다. 이전에 여자들은 원하면 마음대로 남자들의 신발을 모방할 수 있었다. 하지만 전족의 시대에는 그들이 남장을 하고 싶어도 더 이상 끝이 각진 신발을 신을 수 없었다(p.147).

39 『주례』의 규정에 의하면 '履'는 바닥이 낮은 의례용 신발이다. '鞋'는 이와 달리 바닥을 높인 신발로 아마 외부에서 거행되는 행사에 사용되었을 것이다. 후대에는 호응린이 주장한 것처럼 '履'가 신발을 지칭하는 일반적인 명칭이 된다. 여성의 신발에 대한 그의 고찰은 『丹鉛新錄』, 「履考」, pp.152~165를 볼 것. 이러한 관련 기록들은 독자들로 하여금 전족과 어떤 관련성이 있는 문화 현상을 떠올리게 한다. 148개에 달하는 履 관련 당나라와 송나라 이야기에서 약 10분의 1가량이 履 혹은 履服을 신체적 자아의 비유로 사용하고 있다. '비어 있는 관' '흔적도 없는 몸' '유일하게 남아 있는 신발' 등의 비유가 이야기에서 반복 등장한다. 즉 신발과 옷으로 자아를 비유하는 오래된 전통이 있었다는 것이다. 이것으로 여성의 발을 페티시의 대상으로 삼고 이 욕망을 신발에 고착시키는 현상을 설명할 수 있을까? 우리는 전족을 여성 신체적 자아에 대한 비유로 볼 수 있을까?

40 『주관周官』 혹은 『주관례周官禮』라고도 하는 『주례』의 문헌 연대, 발견, 인정 및 이본의 역사 등의 문제에 대해서는 Willian Boltz의 유용한 논의인 "Chouli"를 볼 것. Michael Loewe, ed., *Early Chinese Texts: A Biographical Guide*, n.p.: The Society for the study of Early China and The Institute of East Asian Studies, University of California, Berkeley, 1993, pp.24~32. 어떤 이들은 이 책이 주공周公이 쓴 것이라 믿지만 어떤 이들은 유흠劉歆(기원전 46~기원전 32)의 위작이라 의심한다. 왜냐하면 서한 이전에는 이 책에 관한 기록이 없었기 때문이다. 근대 학계에서는 보편적으로 이 책은 한 대 이전의 문헌이 분명하다고 간주한다. 이 책이 후세 왕조의 행정체계에 미친 영향에 대해서는 다음을 볼 것. Charles Hucker, *Dictionary of Official Titles in Imperial China*, Stanford, Calif.: Stanford University Press, 1985, pp.6~7.

41 『주례』가 기원전 2세기 중엽에 발견되었을 때 「동관多官」은 이미 소실되어서 「고공기考工記」로 이를 대신했다. 그래서 이는 전체 책의 구조에서 다른 형태를 보인다(Boltz, "Chou li", pp.25~26).

42 楊愼, 『丹鉛摘錄』, 11.2b; 『丹鉛總錄』, 11.18b; 胡應麟, 『丹鉛新錄』, p.144.

43 楊愼, 『丹鉛摘錄』, 11.2b; 『丹鉛總錄』, 11.18b; 胡應麟, 『丹鉛新錄』, p.144.

44 '삼대'란 중국 고대 왕조인 하夏(기원전 약 2070~기원전 1600), 상商(기원전 약 1600~기원

전1046), 주周(기원전 1046~기원전 256)를 지칭한다.—옮긴이

45 胡應麟, 『丹鉛新錄』, pp.144~145. 이 신발들의 이름, 디자인, 등급에 대해서는 王宇淸, 『中國服裝史綱』, pp.105~107; 周錫保, 『中國古代服飾史』, p.18, p.58.

46 胡應麟, 『丹鉛新錄』, pp.144~145.

47 호응린은 몇 가지 예를 들면서 전족이 없던 시절에 남성과 여성의 신발은 형태와 모양에서 동일했지만 자수의 무늬로 여성의 것임을 나타내었다고 했다. 그래서 여성의 발싸개 역시 신발처럼 자수가 있었을 것이라 했다(앞의 주, pp.146~147, p.150).

48 앞의 주, pp.146~147. 여기서 작은 발을 찬양하는 어린이五尺童子의 성별은 분명치 않다.

49 앞의 주, pp.147~148. 원대 이후 전족의 유행에 기여한 문학작품 중 명말의 에로틱 소설 『금병매金甁梅』가 있다. 6장에서 논의할 것이다.

50 앞의 주, p.148.

51 앞의 주, p.147. 호응린은 당시에 나오는 '나말羅襪'이 아마 무릎 높이의 다리 싸개와 비슷할 것이라고 가설을 제시했다.

52 『화간집』은 940년 후촉後蜀의 조숭조趙崇祚가 편찬한 사집詞集으로 당말부터 오대 사이의 사인 18인의 작품 500수를 수록했다. 주로 규중 여성들의 생활과 감정을 염려한 필체로 표현한 작품이 많다.—옮긴이

53 胡應麟, 『丹鉛新錄』, p.146. 만약 '옥순玉筍'이 크기가 작은 발을 비유한 것이라 해석한다면 두목의 시구는 전족이 일종의 사회적 관습이 되기 시작한 것을 나타낸다고 이해할 수 있다. 반대로 만약 '옥순'을 발가락이라 해석한다면 시에서는 양말 안에 있는 가느다란 발가락을 묘사한 것이지 궁족을 묘사한 것이 아닌 셈이다. 호응린은 명확한 입장이 부족하여 심덕부에게 "이랬다 저랬다 확실한 의견이 없다"고 비판받았다(『만력야획편』, 23.27a~b).

54 胡應麟, 『丹鉛新錄』, p.149. 호응린은 동시대라는 것 외에는 인쇄술과 전족 사이의 연계를 상세히 밝히지는 않았다. 우리는 이 두 가지 모두 귀족사회의 몰락과 관련되어 있다고 추측할 수 있다. 혈통을 대체할 만한 권력, 부와 지위를 결정할 새로운 표지가 요구됨에 따라서 생겨난 것이다. 인쇄물이 공급한 지식 확산으로 인해 사대부 계층은 송대에 시작된 관료 사회를 지배할 수 있었다. 전족은 그들의 과시성 소비형태였다. 물론 문제는 이러한 추측은 하기는 쉽지만 증명하기 어렵다는 데 있다.

55 앞의 주, p.149. 호응린 자신이 인정했다시피, 그는 전족 10세기 기원설을 제시한 첫 번째 사람도 유일한 사람도 아니었다. 우리는 이것이 장방기張邦基에서 시작되었음을 기억할 수 있을 것이다. 이는 원명대 필기 작가들의 지배적인 시각이기도 했다(p.146).

56 余懷, 「婦人鞋襪考」, 王晫·張潮 編, 『檀几叢書』, 31.2b~3a에 수록되어 있음. 『단기총서檀几叢書』는 1695년에 처음 간행되었다. 명말의 저작에서는 도시의 패션을 '복요'라 칭하는 경우가 종종 있었다. 林麗月, 「衣裳與風敎-晚明的服飾風尙與"服妖"議論」, 『新史學』 第10卷 第3期, 1999, pp.55~109를 볼 것.

57 원문에서는 猓苗을 '벌거벗은 苗naked Miao', 獟夷를 '야만인 獟barbarian Bo'으로 해석했는데 '猓'는 보통 '猓玀(玀)'라는 명칭으로 명청대 문헌에 많이 등장하는 구이저우 지역 종족 중 하나이다. '苗'는 구이저우의 토착 종족 중 하나를 의미하기도 하지만 이 지역의 비한인 토착민들을 통칭하는 명칭으로도 사용된다. 때문에 '猓苗'가 猓玀를 의미할 가능성도

있다. 僰夷는 주로 윈난 지역의 토착민을 통칭하는 명칭으로 많이 사용된다. 그래서 猓玀와 僰夷는 특정 소수민족을 지칭한다기보다 각각 구이저우와 윈난의 비한인 토착민들을 통틀어 가리키는 표현으로 보는 것이 옳을 듯하다.—옮긴이

58 趙翼, 「弓足」, 『陔餘叢考』, p.656. 세 번째 구절은 이렇게도 해석할 수 있다. "윈난과 구이저우의 猓玀와 僰夷도 그러하다."

59 만주인 통치자들은 1636, 1638, 1644년에 전족 금지령을 내린다. 나는 그들의 금지령이 역효과를 가져왔다고 지적한 바 있다. 이러한 전족 금지 시도는 전족을 민족적 상징이 되게 했고 17세기와 18세기 중국의 한인 여성들 사이에 전족 풍습이 널리 퍼지는 결과를 낳는다. 나의 "The Body as Attire: The Shifting Meaning of Footbinding in Seventeenth-Century China", *Journal of Women's History* 8, no.4, Winter 1997, pp.8~27을 볼 것. Susan Mann은 건륭 연간에 "전족에 대한 선호도와 농촌 가정에서의 여성 가내 수공업의 보급이 구조적으로 연계되어 있다는 가설은 상당히 타당한 추측이다"라고 주장했다. *Precious Records: Women in China's Long Eighteenth Century*, Standford, Calif.: Stanford University Press, 1997, p.168.

60 백정에 의하면 "정이程頤(1033~1107)의 6세손인 회준池淮가 츠양池陽에 살았다. (이 집안) 여자들은 발을 동여매지 않았고 귀도 뚫지 않았다. 지금까지 (이 전통을) 지키고 있다". 어쩌면 여기서 우리는 지위가 비슷한 다른 가문은 종종 전족과 귀 뚫기를 했다고 추정할 수도 있을 것이다. 반면 도종의는 "발을 묶는 것은 오대에서부터 시작되었다"고 단정한다. 趙益, 「弓足」, 『陔餘叢考』, p.656.

61 백화 희곡과 가요에서의 전족 담론은 5장에서 일부 다룰 것이다. 유감스럽지만 명청 소설에서의 전족에 관한 그 많은 정보를 다루는 것은 이 책의 범위를 넘어서는 일이고 작은 발의 매력에 관해 읊은 대량의 당송 시기의 시를 분석하는 것도 불가능했다. 전족의 아우라를 전달하는 도구로서의 시에 관해서는 Wang Ping, *Aching for Beauty: Footbinding in China*, Minneapolis: University of Minnesota Press, 2000을 볼 것. 작은 발과 앙증맞은 발을 찬양한 대량의 송시와 여기 사용된 용어에 대한 분석에 대해서는 陶晉生, 「歌姬舞妓與金蓮」, 鄧小南編, 『唐宋女性與社會』, 上海: 上海辭書出版社, 2003, pp.365~374를 볼 것.

62 趙益, 「金鳳染指」, 『陔餘叢考』, pp.656~657.

63 '전시'란 과거시험 가운데 최고 등급의 시험으로, 황제의 주재 아래 궁에서 실시한다.—옮긴이

64 趙益, 「簪花」, 『陔餘叢考』, pp.657~658.

65 눈에 띄는 예외 중 하나는 陳元龍이 편찬한 백과사전 『格致鏡原』에서 '전족女人足'이 '身體類'에 분류되어 있는 것이다(上海: 上海古籍出版社, 1992, pp.155~156).

66 趙益, 「脫袜登席」, 『陔餘叢考』, pp.652~653. '汚瀆'이란 단어는 「着靴」, p.654에 나온다. 조익은 섬라국暹羅國 사람들이 "입조하여 절하고 춤을 출 때" "행등行縢으로 발을 싸맸는데" 대단히 "알록달록해 사랑스러웠음"을 관찰했다(p.654). 중국 고대의 발싸개도 이것과 비슷했을 것이다.

67 趙益, 「着靴」, 『陔餘叢考』, pp.653~654.

68 趙翼, 「婦人拜」, 『陔餘叢考』, pp.659~660; 「古人跪坐相類」, pp.660~661. 조익은 사람들이 낮은 침대에 어떻게 앉았는지는 서술하지 않았다. 세라 핸들러는 사람들이 침대 모서리에 걸터앉는 대신 다리를 접고 앉았을 것이라고 했다. "The Chinese Bed", *Chinese Furniture: Selected Articles from "Orientations," 1984~1994*, Hong Kong: Orientations Magazine Ltd., 1996, p.5. 중국 의자의 역사에 관한 2차 문헌들은 매우 풍부하다. 나의 *Every Step a Lotus*의 참고문헌을 볼 것. 최근의 종합적 논의로는 柯嘉豪의 글도 있는데 그 뒤에도 참고문헌이 많이 있다. 그의 「椅子與佛教流傳之關係」, 『中央研究院歷史語言研究所集刊』 69, no.4, Dec. 1998, pp.727~763을 볼 것.

69 Handler, "Chinese Bed", p.5, p.9.

70 한대의 성별 구분 개념의 등장에 대해서는 林維紅Lin Weihong, "Chastity in Chinese Eyes: Nan-Nü Yu-Pieh", *Chinese Studies* 9, no.2, Dec.1991, pp.13~40와 Lisa Raphals, *Sharing the Light: Representations of Women and Virtue in Early China*, Albany: State University of New York Press, 1998을 볼 것.

71 나의 "Footbinding as Female Inscription", ed. Benjamin Elman, John Duncan, and Herman Ooms, *Rethinking Confucianism: Past and Present in China, Japan, Korea, and Vietnam*, Los Angels: Asia Pacific Monograph Series in International Studies, UCLA, 2002를 볼 것. 전족이 여성 정조를 지켜주었다는 해석은 중국과 유럽 독자 모두에게 잘 알려져 있을 것이다. 하지만 진정으로 이것이 설득력 있거나 충분한 설명이라고 생각하는 학자들은 없는 듯 보인다. 중국에서 이 관점은 『琅環記』에서 시작되었다. 이 책은 원대 것이라고 하지만 사실은 명대 후기에 위조된 것이다. 伊世珍, 『琅環記』, 2.19b~20a를 볼 것. 『學律討原』(揚州: 廣陵古籍刻印社, 출판 연대 미상)에 수록되었다.

72 錢泳, 「裹足」, 『履園叢話』, 臺北: 廣文書局, 1969, 23.15a~b.

73 이는 리보중李伯重 주장의 일부이다. 그는 중국 사회에서 성별화된 노동 분업에 대한 고전적 묘사인 '남경여직男耕女織'은 명대 후기 남성 농업 노동이 전문화될 때까지도 실현되지 않았다고 했다. 이에 대해서는 그의 「從"夫婦幷作"到"男耕女織"」, 『經濟史研究』 3, 1996, pp.99~107을 볼 것. 여성 방직업 수입에 대한 그의 추산에 대해서는 「"男耕女織"與"婦女半邊天"角色的形成」, 『經濟史研究』 3, 1997, pp.10~22를 볼 것. 경제사학자인 쑹리중宋立中과 판진민范金民은 리보중이 가정 내의 노동 분업과 사회적 노동 분업을 혼동하여 전문화의 개념을 모호하게 만들었다고 주장했다. 그들의 「評李伯重『江南的早期工業化: 1550~1850』」, 『新史學』 卷12期4, 2001/12, pp.193~205를 볼 것.

74 전영은 또한 『사기』에서 언급한 '뾰족한 신발利屣'은 일종의 무도용 신발舞屣일 것이라 추측했다. "舞屣는 붉은색에 꽃무늬가 있다. 바닥은 홑겹이고 끝은 날카로우며 구슬을 달았다. 지금 여자들의 신발 스타일과 비슷하다."(『履園叢話』, 23.14b~15a)

75 Ko, "Footbinding as Female Inscription".

76 작가 양양楊楊은 그의 고향 류이촌六一村에서 87세 된 홀아비 저우周 씨를 인터뷰하며 합방 의식에 대한 이야기를 듣는다. 저우 노인은 벗겨진 전족과 관련된 다섯 종류의 성적 유희에 대해 설명한다. 그중 하나가 '매달기懸'였다. 남편이 전족한 발을 싸맨 천을 풀어서, 그 천으로 아내의 발을 침대 기둥에 묶는다(『小脚舞蹈: 滇南一個鄉村的纏足故事』, 合肥: 安

徽文藝出版社, 2001, pp.48~49). 하지만 발을 노출시키는 것에 대한 금기는 20세기에도 사라지지 않았다. 양양이 어린 소년이었을 때 그의 이모는 자기 발 씻는 것을 봐도 된다고 허락했다. 하지만 그녀는 천을 풀면서 마치 주문을 외듯이 중얼거렸다. "냄새가 지독하네, 보지 마!"(p.37)

5장

1 '지방희'는 특정 지역에서 유행하는 지방 특색이 있는 희곡을 의미한다. 진극晉劇(산시), 예극豫劇(허난), 월극越劇(강남 지역) 등이 대표적 지방희이다. 지방희는 경극과 같이 전국적으로 유행했던 희곡에 상대되어 일컫는 용어다.—옮긴이

2 다퉁은 중국 산시성에 있는 도시이다. 북위北魏의 수도였던 곳으로 불교 유적이 많기로 유명하다. 만리장성에 인접해 있어 청나라 전까지 중요한 군사 요충지였다.—옮긴이

3 다퉁 지역의 구두 스타일에 대한 묘사 및 관련 사진은 나의 *Every step Lotus: Shoes for Bound Feet*, Berkeley: University of California Press, 2001, p.114를 볼 것.

4 『채비록초편采菲錄初編』, pp.274~275. 이 단락의 두 번째 부분은 여기 인용하지 않았지만, 이 부분을 보면 '이전'이란 옌시산閻錫山이 산시에서 반反전족 운동을 전개하기 이전을 의미함을 알 수 있다. 리훙李紅이 보기에 옌시산은 전족의 지위를 깎아내리는 데 성공했다. 이후 관련된 글에서 리훙의 글과 비슷한 내용이 언급되었다. 1930년대의 어떤 작가는 다퉁, 쑤이위안綏遠, 바오터우包頭 등지의 여성들이 사원의 공터가 아닌 그들 집 문 앞에 걸상을 가져다 놓고 줄지어 앉아 있었다고 했다(『采菲錄續編』, pp.309~310). 리훙이 묘사한 발 경연대회와 비슷한 서술을 현대의 자료집에서도 발견할 수 있다(路成文 等編, 『山西風俗民情』, 太原: 山西省地方志編纂委員會辦公室, 1987, p.269).

5 蘇馥, 『香閨鞋袜典略』, 海寧鄒氏師竹友蘭室淸鈔底本, 1879, pp.90~91. 거의 동일한 서술이 다른 자료에도 있다. 『采菲錄初編』, p.273을 볼 것. 최근 출판된 발 경연대회와 관련된 종합적 연구로는 다음을 참고할 것. 姚居順, 『中國纏足風俗』, 沈陽: 遼寧大學出版社, 1991, pp.25~26; 林秋敏, 「閻錫山與山西天足運動」, 『國史館館刊』 復刊18, 1995年 6月, p.129; 張仲, 『小脚與辮子』, 臺北: 幼獅文化事業公司, 1995, pp.61~62. 아마 발 경연대회와 관련된 사진 자료가 존재할 것이지만 나는 아직 발견하지 못했다. 그리고 이와 관련된 19세기 이전의 문헌 기록도 찾지 못했다.

6 永尾龍造, 『支那民俗志』, 東京: 國書刊行會, 1973, 第3卷, pp.846~847. 간쑤甘肅에서의 발 경연대회에 대해서는 p.461을 볼 것. 나가오 류조는 1906년에 상하이의 동아동문서원東亞同文書院을 졸업하고 1932년 남만주철도회사에 들어간다. 1936년 회사를 떠났지만 일본 외무성과 남만주철도회사의 지원하에 만주에 머물면서 민족지학 연구를 계속했다. 그는 혼자 인터뷰를 진행했고 이후 중국인 조수 몇 명의 도움으로 현장기록을 정리하여 '조사보고서'를 작성했다. 그는 이 보고서를 기초로 책을 편찬하고 아울러 문헌 자료 일부를 스스로 '고증'했다(책 뒤의 부록 「支那民俗誌批評一斑」, p.5을 볼 것). 또한 각지의 경연대회 일정에 관한 자료도 수록했으나 자료 출처는 밝히지 않았다. 일정은 다음과 같다. 다퉁,

8월 15일; 융핑永平, 청명절 전후 열흘: 쉬안화宣化, 매년 2회 청명절 전후 열흘 및 5월 15일 전후 사흘간. 중국 작가들이 쓴 유사한 서술은 『采菲錄初編』, pp.272~274; 『采菲錄續編』, pp.242~243; 『采菲錄第四編』, pp.163~164를 볼 것. 소설에 묘사된 경연대회 장면으로는 『采菲錄續編』, pp.194~195와 p.244를 볼 것. 여기서 경연대회를 개최한다는 날짜는 모두 다르다. 예를 들어 다퉁의 발 경연대회 날짜로는 다음과 같은 주장들이 있다: 5월 13일(『采菲錄初編』, p.341); 6월 6일(『采菲錄續編』, p.197, p.201); 8월 15일(『采菲錄初編』, p.273). 1년간 이 날짜에 경연대회가 모두 개최된 것인지 아니면 각기 다른 시기의 날짜인지는 분명치 않다.

7 잘못된 정보에 대한 책임은 늘 '외지인' 혹은 '외부인'으로 귀결되었다. 다음을 참고할 것. 『宣化縣新志』(1922), 『中國地方民俗資料彙編華北卷』, 北京: 書目文獻出版社, 1989, p.135; 路成文等編, 『山西風俗民情』, p.269. 발 경연대회와 관련된 일부 도시—융핑, 장자커우張家口, 쉬안화, 다퉁 등—는 십자 형태로 華北의 상업, 무역 루트를 형성하고 있다. 이 도시들과 다른 지역들은 나중에 경수京綏철도로 연결된다. 이를 보면 발 경연대회가 무역 루트에 따라 확산된 것일 수도 있다. 그러나 이 외에도 이를 설명할 수 있는 논리가 하나 더 있다. 경연대회에 대한 기록이 이 도시들에 집중된 것은 단지 이 지역이 교통 요지에 있어서 외부인들이 취재, 보도하기에 편리했기 때문일지도 모른다. 화북의 상업, 무역 루트에 대해서는 Kwan Man Bun, *The Salt Merchants of Tianjin: State Making and Civil Society in Late Imperial China*, Honolulu: University of Hawaii Press, 2001, pp.21~26 참고.

8 「洗脚大會」, 『點石齋畫報』 第127號(1887). 이 삽화의 묘사에 대해서는 『采菲錄續編』, p.245도 참고할 것. 이외에 양양楊楊은 뤄왕씨羅王氏라 불리는 75세 된 노부인을 인터뷰했다. 그녀는 1948년 발씻기 대회에 참가했는데 대회가 열린 장소는 삼교사三教寺 앞의 오닝천五冷泉이었다. 삼교사는 뤄왕씨가 사는 류이촌六一村에서 대략 2킬로미터 떨어진 절이었다. 발 씻기 대회가 거행될 때 남성들은 보이지 않았다. 楊楊, 『小脚舞踏: 滇南一個鄉村的纏足故事』, 合肥: 安徽文藝出版社, 2001, pp.114~117. 류이촌의 노부인들은 이전에 매년 음력 정월 16일에 퉁하이현通海縣에서 공개적으로 발 경연대회를 거행했다는 것도 기억했다. 그러나 유감스럽게도 양양이 1925년 대회에서 1등을 차지했다는 노부인의 집을 찾았으나 유감스럽게도 미처 인터뷰를 진행하기 전에 그녀가 사망하고 말았다. 그래서 이 문제에 대해서는 확실한 증거가 부족하다(pp.111~114 참고).

9 蘇馥, 『香閨鞋襪典略』, p.90; 『宣化縣新志』(1922), p.135. '晾'이라는 글자는 '晾脚會'에서 볼 수 있듯이 보통 '曬(햇볕에 말리다)'의 동의어로 사용된다. '甲'은 '盔甲'(투구와 갑옷)과 같이 군사용 장비의 의미로 사용되기도 하고 '科甲'(과거의 다른 명칭)과 같이 과거시험과 관련된 의미로 사용되기도 한다. 후자의 의미로 미루어보면 우리가 3장에서 토론했던 전족과 과거시험과의 상호 관련성을 보여주는 또 다른 예가 될 수도 있다. '甲'과 '脚'이 혼용되었던 기원을 설명하면서 야오링시姚靈犀는 1912년 출판된 문헌을 인용했으나 이 기록의 저자는 1765년 무렵 활동했던 문인이었다(『采菲錄續編』, pp.317~318). 글자 뜻의 와전과 관련된 또 다른 해석은 『采菲錄續編』, p.316을 볼 것. 야오링시는 한때 이 설을 전파하는데 기여했으나 결국 이 기원론을 인정하지 않았다. 그는 '脚'과 '甲'은 북방 방언에서의 발음 차이가 매우 크기 때문에 혼용될 가능성은 없다고 했다(『采菲錄續編』, pp.317~318).

10 『采菲錄第四編』, pp.156~166. 『采菲錄續編』, pp.245~246도 볼 것.

11 『采菲錄續編』, pp.193~205. 여기 나오는 다퉁 전족 풍속의 생생한 묘사는 펑지차이馮驥才의 소설『삼촌금련三寸金蓮』에 나오는 내용과 거의 비슷하다. 전족을 해주는 것을 직업으로 삼는 '전파纏婆'라는 여성 이야기가 그 예이다. 전족 전문가로는 전족용 신발을 제작하는 사람들도 있다. 이들은 굽을 매화꽃 모양으로 만들어 그 안에 분가루를 넣어 발자국이 찍히게 하는 이른바 '매화굽梅花底'을 제작했다(『采菲錄續編』, pp.196~197). 여자아이가 처음 발을 싸맬 때 특별한 의식이 따로 있다. 양의 배를 갈라 소녀의 발을 그 안에 넣는다. 그들은 따뜻한 양의 피가 뼈를 부드럽게 해주는 역할을 한다고 믿었다. 발을 싸맨 뒤 7일간 침대에 누워 있다가 천을 풀어서 피부 표피를 한 꺼풀 벗겨내면 "양기름처럼 하얗게 된다"(p.199). 그래서 발을 싸매는 것은 소녀의 거듭남을 상징한다.

12 『采菲錄續編』, p.315.

13 『采菲錄續編』, pp.315~326.

14 수이위안은 현재 네이멍구 자치구 중남부에 해당하는 곳으로, 20세기 전반에 수이위안 성省으로 지정되었다가 1954년 네이멍구 자치구로 통합되었다.─옮긴이

15 펑수이철도의 건설에 대해서는 凌鴻勛의 『中國鐵路志』, 臺北: 暢流半月刊社, 1954, pp.183~186 참고. 이 철로로 운송하는 화물은 대부분 한쪽 방향으로만 이동했다. 주로 가죽, 곡물, 광물 및 석탄 등이 동쪽으로 운송되었다. 간혹 찻잎, 종이, 기타 화물이 서쪽으로 운반되었지만 운송량은 결코 많지 않았다. 조슈아 골드스타인Joshua Goldstein은 펑수이철도 건설의 결과로 탄생한 서북개발계획은 일종의 '유토피아적 근대성'이라 주장했다("Getting from Here to There on the Pingsui Railroad", 미발간 세미나 논문, University of California at San Diego, 1994). 철로 건설이 현지 사회에 미친 영향에 대해서 제임스 정 가오James Zheng Gao는 철로의 신축이 처음에는 현지인들에게 취업 기회를 가져다주었지만 이후 사회 계층 간 차이와 발전 불균형의 심화로 인해 이 효과는 감소했다고 했다. *Meeting Technology's Advance: Social Change in China and Zimbabwe in the Railway Age*, Westport, Conn.: Greenwood Press, 1997. 이 철도의 경제적 영향에 대해서는 Ralph William Huenemann, *The Dragon and the Iron Horse: The Economics of Railroads in China, 1876~1937*, Cambridge, Ma.: Harvard University Press, 1984를 볼 것.

16 『采菲錄續編』, pp.315~317. 야오링시는 이 역사 서사의 문헌 출처를 밝히지 않았다. 그는 두 번째 단계의 경연대회 상황은 노인故老들이 알려준 것이라고 했다.

17 로런스 웨슐러Lawrence Weschler는 '호기심의 방Wunderkammer'을 설명한 역사 저작에서 '경이로움wonder'을 일종의 '수사의 도약leap in rhetoric'과 관련된 상태로 묘사했다. "일종의 중개적이고 극도로 특수한 상태로, 미지의 종료와 앎의 시작을 나타내는 마음의 정지 상태와 유사하다."(*Mr. Wilson's Cabinet of Wonder*, New York: Vintage Books, 1996, pp.89~90)

18 '서북'의 지리적 범주─秦(산시陝西), 晉(산시山西), 燕(허베이河北), 趙(산시山西 북부와 허베이 남부)─에 대해서는 이 장의 57번 주석을 참고할 것. 그러나 앞으로 여기서 제시하려는 것은 '서북'(혹은 이와 상응하는 '남방南方')은 지리 위치라기보다 문화적 상상의 영역이

라는 점이다.

19 포송령이『증보행운곡增補幸雲曲』(『聊齋俚曲集』, 北京: 古籍文化出版公司, 1999에 수록)에서 들려주는 이야기가 바로 그 예이다. 이에 대해서는 아래를 참고할 것. 또 하나의 예는 모기령毛奇齡의『무종외기武宗外紀』로『香艷叢書』, 上海: 國學扶輪社, 1914, 第6冊第11集第2卷, pp.3001~3024를 볼 것. 이는 어느 황제의 풍류 여행을 서술한 이야기로, 남성 독자들에게 일종의 대리 만족을 제공해주었다. 이러한 주제에 대한 분석에 대해서는 康正果, 『重審風月鑑』, 臺北: 麥田出版社, 1996, pp.182~199를 볼 것.

20 이어가 쓴 중국어 원문에는 '진秦의 란저우'와 '진晉의 다퉁'이라 되어있다. 이 책 원문의 영문해석에는 산시陝西의 란저우와 산시山西의 다퉁이라고 했다. 현재 란저우는 간쑤甘肅성에 속해 있고 '진秦'의 범위에는 간쑤성 일부도 포함되지만, 일반적으로 산시陝西를 의미한다. 아마 청대 초기 이전에는 란저우가 산시성에 속했기 때문에 이어가 '진의 란저우'라 표현한 듯하다. 이 책에서는 옛 지명을 현대 지명으로 바꾸어 표기하는 경우가 많고 본 번역도 이를 따랐지만, 이번 경우는 혼동이 올 수 있어 옛 지명을 사용했다.—옮긴이

21 李漁,「手足」,『閑情偶寄』, 上海: 上海古籍出版社, 2000, p.136(강조는 필자). 패트릭 해넌의 번역은 우아한 편이지만 일부 번역에서는 원래의 뜻에서 약간 벗어난다. 그의 *The Inventions of Li Yu*, Cambridge, Ma.: Harvard University Press, 1988, p.68을 볼 것. 해넌은 이어 자신은 사방을 주유했다고 주장했지만 사실 그는 간혹 여행을 다녔을 뿐이라고 지적했다. 이어는 이미 인기 작가가 되었던 1666년이 되어서야 첫 번째 여행을 갔다. 그때 그는 베이징, 산시陝西와 간쑤를 여행했다. 이후 1668년에 광저우廣州, 1670년에 푸저우福州, 1672년에 한양漢陽, 1673년에 다시 베이징으로 갔다(pp.6~7). 이어는 그의 소설『육포단肉浦團』에서도 곤륜노崑崙奴와 같은 만능의 인물을 만들어냈다. 곤륜노는 밤중에 담벼락 위를 날아다니며 남의 집을 엿보는 도적인데 대갓집 사람들의 은밀한 사생활에 대해 매우 많이 알았다. 그의 광범위한 정보가 아니었다면 소설에서 그의 친구인 미앙생未央生은 자신의 음경이 과도한 성적 판타지를 만족시키기에는 원래 너무 작았다는 사실을 알지 못했을 것이다.

22 이 8部의 (영문)표제 번역은 대체로 해넌의 번역본을 따랐다(*Invention*, p.28, p.106). 해넌은『한정우기閑情偶寄』의 '소품문' 문체 구조에 대한 해석과 이 문체가 이어 전체 저작 및 중국문학사에서 어떤 의미가 있는지를 분석했다. Hanan의 *Invention of Li Yu* 8장을 볼 것. 해넌은 또한 이어가 "이 책을 이용하여 (…) 후원자를 찾았다"(p.196)고 했다. 이 책이 1671년 말에 간행되자마자 이어는 과거 가장 중요했던 고객들에게 발송했다. 그는 또한 편지 및 경사京師 방문 등의 방법으로 더욱 많은 주문을 받으려 했다(pp.1~6). 이어는 '문인'을 '글을 읽을 수 있는 사람'이라 해석하였는데 이는 자신의 독자를 광범위한 식자계층으로 확대하려는 의도였다(p.199).

23 「성용부」의 각 장절의 표제와 부표제에서 이어가 선호했던 '여성미'가 무엇인가를 알 수 있다(『한정우기』의「성용부」).

자태 선정選姿第一

피부肌膚, 눈썹眉眼, 수족手足, 태도態度

용모 다듬기修容第二

씻기와 빗기盥櫛, 향 쐬기熏陶, 화장點染

의복 관리治服第三

머리 장식首飾, 의복衣杉, 신발과 양말鞋襪

부록: 「여자의 신발과 양말 고찰婦人鞋襪辨」(여회余懷)

기예 익히기習技第四

문예文藝, 악기絲竹, 가무歌舞

李漁의 걸음걸이에 관련된 지도 원칙, 전족에 대한 의견은 특히 '眉眼' '手足' '鞋襪' 등에 보인다.

24 가기란 과거 대갓집에서 양성했던 기녀의 한 유형으로, 주로 가무를 연습하여 가정 내 공연을 담당했다.—옮긴이

25 李漁, 『閑情偶記』, p.138, p.134. 잠재적 첩 후보들을 어떻게 '평가相' 할 것인지에 대한 더욱 많은 조언은 주로 pp.132~142를 볼 것.

26 李漁, 『閑情偶記』, p.136. 이어는 1666년 교희喬姬를 첩으로 맞았는데 그녀는 누군가 그에게 준 선물이었다. 이듬해 그는 또 왕희王姬를 첩으로 맞는다(Hanan, *Invention*, p.8). 그녀들이 『한정우기』에 미친 영향에 대한 Hanan의 주장은 *Invention*, p.26, p.67을 볼 것.

27 후자와 관련하여 저가헌褚稼軒의 『견호집堅瓠集』에 수록된 글 한 편을 하나의 재미있는 예로 들 수 있다. 나는 일찍이 이 글에 대해 논의한 적이 있다. 나의 "Footbinding as Famale Inscription", *Rethinking Confucianism: Past and Present in China, Japan, Korea, and Vietnam*, ed. Benjamin Elman, John Duncan and Herman Ooms, Los Angeles: Asia Pacific Monograph Series in International Studies, UCLA, 2002를 볼 것.

28 Hanan, *Invention*, p.1. 李漁의 '小品文' 발전사에서의 역할과 공헌에 대해서는 pp.45~48을 볼 것.

29 이러한 '전족이 자연스러운 것이다'라는 태도는 청대 초기의 전족 금지령에서도 찾아볼 수 있다. 나는 예전 논문에서 이미 이에 대해 서술했다("The Body as Attire: The Shifting Meanings of Footbinding in Seventeenth Century China", *Journal of Women's History* 8, no.4, winter 1997, pp.8~27). 여기서 이어의 전족 애호에 대한 나의 관점은 현대 평론가들의 의견과 다르다. 예를 들어 Chun shu Chang과 Shelly Hsueh-lun Chang은 李漁의 여성에 대한 태도에는 모순이 있다고 주장했다. 이어는 한편으로는 '전통적인 성별 편견의 관점'을 지니고 여성을 성적 대상물로 다루지만 다른 한편으로는 여성에게 우호적인 관점을 지니고 있다는 것이다. 이는 그의 '抱小姐'에 대한 비판에서도 알 수 있다. "이어의 작은 발에 대한 집착은 그의 학술 추론에까지 영향을 미쳤다. 이는 이어의 성격과 지식 사이의 심각한 모순을 보여준다."(그들의 *Crisis and Transformation in Seventeenth Centiry China: Society, Culture, and Modernity in Li Yü'sWorld*, Ann Arbor: The University of Michigan Press, 1992, p.70을 볼 것) 하지만 이는 근대인들의 시각에서나 모순이 되는 것이다. 우리는 처음부터 '전족은 혐오스러운 것'이라는 전제를 상정하고 있지만 이러한 근대의 해방주의적 관점은 이어의 시대에서는 흔하지 않았다.

30 李漁, 『閑情偶寄』, p.136.

31 李漁, 『閑情偶寄』, p.134.

32 후자 중 가장 대표적인 글이 장대張岱의 「양주수마揚州瘦馬」다. 이 글에 대한 번역 및 논의는 나의 *Teachers of the Inner Chambers: Women and Culture in Seventeenth-Century China*, Stanford, Calif.: Stanford University Press, 1994, pp.261~263을 볼 것. 양저우揚州 기녀는 이어의 시, 소설, 희곡의 단골 주제 중 하나다. 황창黃強의 분석을 참고할 것(『李漁研究』, 杭州: 浙江古籍出版社, 1996, pp.282~286). 왕훙타이王鴻泰는 이전에는 중시되지 않았던 소설의 에피소드에 근거하여 창의적인 주장을 제시했다. 그는 '수마瘦馬 기르기' 행위는 명말 사인들의 감각적 경험을 상품화한 형식이라고 지적했다(『流動與互動-由明淸間城市生活的特性探測公衆場域的開展』, 國立臺灣大學博士論文, 1998, pp.427~431).

33 李漁, 「鞋襪」, 『閑情偶寄』, pp.160~162. 이 글 뒤에 이어진 친구인 여회가 쓴 「부인혜말변婦人鞋襪辨」 부록으로 실렸다. 이 글의 내용은 주로 전족의 원류에 관한 것인데 여회는 마지막 단락에서 갑자기 어조를 바꾸어 어떤 양말과 신발의 색깔 대비가 작은 발을 돋보이게 할 수 있는지, 어떤 바닥 색깔과 어떻게 조화를 이루는 신발을 신어야 하는지를 논의했다(p.163). 여기서 작은 발, 혹은 시각적 효과로 인해 작게 보이는 발이 여회에게는 가장 우선적으로 고려되어야 하는 것이었다. 하지만 이는 이어의 주장과는 어긋난다. 이 글은 1695년에 간행된 『단기총서檀几叢書』에도 수록되었지만 이 판본에서 이 마지막 단락은 삭제되었다. 다른 부분은 『한정우기』에 부가된 것과 동일하다. 나는 이 부분이 원래 이어가 쓴 것이 아닐까 의심스럽다. 王晫·張潮 編, 『檀几叢書』, 第31, 1a~4b. 李漁의 복식 관념에 대해서는 黃強의 『李漁研究』, 특히 「李漁與服飾文化」를 볼 것(pp.147~162).

34 펑얼캉馮爾康은 왕경기가 시안으로 간 것은 호기항胡期恒 휘하에서 일하기 위해서라고 했다. 호기항은 연갱요의 심복이었고 당시 산시포정사陝西布政使로 있었다(『雍正傳』, 北京: 人民出版社, 1985, p.118). '막우幕友'는 고위 관료가 개인 비용을 들여 각 분야의 사람들을 고용하는 형태 중 하나이다. 이런 형태에는 막우 외에도 서리胥吏, 문생門生, 가노家奴 등이 있다. 서리는 관리와 가노 사이에서 중개 역할을 한다. 막우의 역할 중 하나는 서리를 감독하는 것이다. 미야자키 이치사다宮岐市定는 옹정 연간에 막우의 중요성이 더 높아졌다고 했다. 옹정제가 재위하는 동안 비밀 주접密奏이 정식 시스템이 되었고 이러한 새로운 문서 체제에 적응하기 위해 막료층을 강화했다는 것이다. 이들은 글쓰기와 실무에 관련된 일을 전문적으로 맡아 처리했다. 宮崎市定, 「淸代の胥吏と幕友──特に雍正朝ち中心として」, 東洋史研究會編, 『雍正時代の研究』, 京都: 同朋舍, 1986, pp.215~242.

35 이전 세대 학자들은 대부분 유명한 청대사 전문가인 멍썬孟森(1868~1937)의 견해를 받아들여 옹정이 연갱요를 제거한 것은 연갱요가 옹정이 강희제가 가장 사랑했던 아들인 동생 윤제胤禔를 처리했던 비밀을 너무 많이 알고 있기 때문이라고 여겼다. 孟森, 「淸初三大疑案考實」, 『心史叢刊外一種』, 長沙: 岳麓書社, 1986, pp.279~330을 볼 것. 특히 연갱요와 관련된 논의로는 p.295, p.312를 볼 것. Fang Chao-ying(房兆楹)은 Arthur w. Hummel이 편찬한 *Eminent Chinese of the Ch'ing Period*, Washington, D.C.: U.S. Goverment Printing Office, 1943에서 이 관점에 따라 '年羹堯(Nien Keng yao)'조목을 작성했다(pp.587~590). 그가 쓴 '汪景祺(Wang Ching-ch'i)' 조목도 참고할 것(pp.812~813). 최근

학자들은 하나의 요인으로 해석을 내리는 것을 피하려는 경향이 있다. 예를 들어 펑얼캉은 연갱요의 오만함, 부패, 당과싸움 등등의 행위 모두가 雍正의 태도 변화의 원인이 되었을 것이라고 했다(『雍正傳』, pp.104~120). 이외에 조너선 스펜서Jonathan Spencer는 옹정제가 왕경기와 연갱요에게 대로하는 장면에 대해 짧지만 매우 생동적인 묘사를 했다. *Treason by the Book*, New York: Viking, 2001, pp.30~33, pp.51~52. (한국어판은 조너선 스펜스, 『반역의 책』, 이준갑 옮김, 이산, 2004.─옮긴이)

36 汪景祺, 『讀書堂西征隨筆』, 香港: 龍門書店, 1967은 베이핑 고궁박물관 장고부掌故部가 1928년 출판한 연인본鉛印本의 부본이다. 이 책의 서문 뒤에 옹정이 직접 쓴 코멘트도 함께 복사되었다(1a). 연갱요의 항저우 저택의 문서를 조사한 상황도 당시 조사관이었던 복민福敏과 악미달鄂彌達이 쓴 주접에 보인다. 이위李衛의 서언序言에 이 주접이 인용되어 있다(1a~b). 1924년 11월 5일에 마지막 황제 선통제宣統帝가 자금성에서 쫓겨난 뒤 11월 20일에 '청 황실 청산 위원회淸室善後委員會'가 성립되어서 리스청李石曾이 위원장을 맡아 고궁의 물품을 점검하는 역할을 맡았다. 처음 작성된 보고서(『故宮物品點查報告』 6卷, 北平: 淸室善後委員會, 1925~1926)에서는 왕경기의 이름이나 '서정수필西征隨筆'이라는 제목의 책이 등장하지 않는다. 하지만 '懋勤殿, 上書房'의 점검 리스트에서(第1卷, 第4冊, p.114) 147號 '狂愚覆轍'라는 명칭의 물품이 두 가지 있는데 어쩌면 이것이 왕경기의 책일지도 모른다. 이 물품은 자물쇠가 채워진 상자 안에 있고 발견 지점은 건청궁乾淸宮 서쪽 행랑의 무근전懋勤殿이다. 이곳은 옹정이 주접을 열람, 답변하고 관리들을 접견하며 아울러 일부 물건을 보관하던 장소다. '청 황실 청산 위원회'의 구성원 중 하나인 좡옌莊嚴은 그의 회고록 『산당청화山堂淸話』, 臺北: 國立故宮博物館, 1980에서 고궁 물품의 조사과정에 대해 뛰어난 서술을 남겼다. 고궁박물관의 성립에 대해서는 Hermann Köster, "The Palace Museum of Peiping", *Monumenta Serica*, vol.2, 1936~1937, pp.167~190 참고. 이 자료에 대해 알려준 Susan Naquin에게 감사한다. 또한 James Cahill, "Two Palace Museums: An Informal Account of Their Formation and History(Ching Yüan Chai so-shih IV)", *Kaikodo Journal*, Spring 2001, pp.30~39도 볼 것.

37 왕사충의 이야기는 「楡林同知汪元仕」, 『讀書堂西征隨筆』, 40a~41a에 있다. 장붕핵의 이야기는 『逢寧人品』, 41a~43b에 보인다. 야오링시는 이 이야기를 좋아해 그의 『思無邪小記』 (名古屋: 采華書林, 1974)에도 이를 인용했다(pp.191~192). 장붕핵의 성공적인 관직 경력에 대해서는 *Eminent Chinese of the Ch'ing Period*, pp.49~51을 볼 것. 그는 '현유賢儒'라 불렸고 1691년 절강순무浙江巡撫로 재직할 당시에는 기독교를 박해하기도 했다. 조너선 스펜서는 *Treason by the Book*에서 왕경기를 인용해 장붕핵의 이야기를 서술하기도 했다(pp.32~33).

38 이는 증명 불가한 가설 중 하나다. 내가 '아마' 그런 상황이라고 한 것은 부분적으로 왕경기가 연갱요에게 보낸 편지와 여기 첨부한 6수의 시 때문이다(『讀書堂西征隨筆』, 20a~22b). 여기서 뉘앙스를 보면 아첨하는 정도까지는 아니라도 그를 배려하는 마음이 충분히 드러난다. 아마 왕경기는 연갱요에게 보여주기 위해 이것들을 썼을 것이다.

39 열 곳의 주현은 다음과 같다. 平定州, 壽陽縣, 楡次縣, 平遙縣, 介休縣, 霍州, 洪洞縣, 曲沃縣, 安邑縣, 浦州(『讀書堂西征隨筆』, 19b~20a).

40 汪景祺, 「步光小傳」, 『讀書堂西征隨筆』, 5b~8b.

41 汪景祺, 「步光小傳」, 『讀書堂西征隨筆』, 6a. 고야고姑射산은 산시山西 린펀현臨汾縣 서남쪽에 있고 왕경기가 보광을 만났던 허우마候馬역이 바로 그 부근에 있다. '고야산'이란 명칭은 『산해경山海經』에도 보이는데 청대 학자들은 이 이름이 『장자莊子』에서 나오는 것과 같은 것인지에 대해 논쟁을 벌인 바 있다. 『辭源』, 香港: 商務印書館, 1987, p.403을 볼 것.

42 汪景祺, 「步光小傳」, 『讀書堂西征隨筆』, 6b. 이 노래 세 곡의 제목은 「風光好」 「望某郎信不至」 「某郎薄幸」이다.

43 汪景祺, 「步光小傳」, 『讀書堂西征隨筆』, 7a.

44 강주사마란 당나라의 백거이가 쓴 「비파행琵琶行」에 나오는 구절에서 유래한 표현으로, 관직이 낮거나 뜻을 이루지 못한 문인을 비유한다.—옮긴이

45 汪景祺의 부친 왕빈汪彬은 1679년에 박학홍사과博學鴻詞科에 급제한 이후 국자감과 호부戶部에서 근무했다. 汪景祺의 큰 형인 왕현기汪見祺(1670년생)는 1709년에 진사에 합격하여 예부주사禮部主事를 지냈다(*Eminent Chinese*, pp.812~813).

46 汪景祺, 『讀書堂西征隨筆』, 7b~8a. 아이러니한 것은 왕경기의 강남 문인들에 대한 신랄한 표현이 옹정제의 입에서도 똑같이 나왔다는 것이다. 옹정은 강남의 지식인, 특히 저장浙江 사람들에 대해 본능적인 혐오를 품고 있었다. 1726년에 왕경기를 사형시킨 뒤 옹정은 새로운 '관풍정속사觀風整俗使'라는 새로운 관직을 설립한다. 조너선 스펜서는 이것을 저장을 겨냥한 '공공 도덕 감독관Supervisor of Public Morality'이라 표현했다(*Treason by the Book*, p.26). 이후 1729년에는 통치가 쉽지 않은 다른 남쪽의 성 세 곳(福建, 湖南, 廣東)에도 유사한 직책을 설치했다. 橫山裕男, 「觀風整俗使考」, 東洋史研究會 編, 『雍正時代の研究』, pp.782~800을 볼 것.

47 汪景祺, 「遇紅石村三女記」, 『讀書堂西征隨筆』, 8~14b.

48 여기서의 구들炕은 중국 북방에서 주로 사용하는 것으로 흙이나 벽돌로 만든 침상 모양으로 된 난방 장치이다. 불을 피워서 아래로 열이 전달되게 하여 침상 바닥을 따뜻하게 한다.—옮긴이

49 오방언은 저장, 장쑤와 안후이 일부, 상하이 등에서 사용하는 방언을 말한다.—옮긴이

50 원문은 다음과 같다: "求生南方乎否?" 방점 찍는 위치에 따라 해석이 달라진다는 것인데, 역자의 견해로는 "남방에서 태어나고 싶습니까?"가 적절한 해석으로 보인다.—옮긴이

51 '도상화된 우주론pictorial cosmology'이라는 용어와 정의는 모두 조너선 헤이Jonathan Hay의 "Beyond Style in the Connoisseurship and Interpretation of Chinese Painting"(미발표 원고, 2002, pp.18~20)에서 차용한 것이다. 그의 *Shitao: Painting and Modernity in Early Qing China*, Cambridge University Press, 2001, pp.277~281도 참고할 것. Hay는 '도상화된 우주론'으로 회화 텍스트 속의 질서를 표현한다. 여기에는 사회적 우주론social cosmologis 혹은 사회 계층의 구조적 유사성이 반영되어 있다. 여기서 나는 문자 텍스트가 전달하는 공간의 질서를 표현하기 위해 이 개념을 사용했다.

52 汪景祺, 「憶途中所見」, 『讀書堂西征隨筆』, 19b~20a.

53 汪景祺, 「憶途中所見」, 『讀書堂西征隨筆』, 20a.

54 汪景祺, 「憶途中所見」, 『讀書堂西征隨筆』, 15a-17a. 세 여자 외에 그는 적지 않은 홍석촌의

다른 '연지 바른 도적胭脂賊'들을 열거하며 그녀들의 이름, 무술에 대해 설명했다. 그는 상씨에게 이렇게 물었다. "여자 도적들이 음란한 행위를 합니까?" 상대방은 대답했다. "들은 바 없습니다. 그들에게는 규약이 있다고 합니다. 두 남편을 섬기는 자는 모두가 함께 배척하여 계단 아래서 남의 심부름만 할 수 있고 안에 들어와 앉을 수 없답니다."

55 汪景祺, 「婦人袜」, 『讀書堂西征隨筆』, 52a.

56 汪景祺, 「婦人袜」, 『讀書堂西征隨筆』, 16b.

57 汪景祺, 「婦人纏足」, 『讀書堂西征隨筆』, 51a~52a. 왕경기는 선진시대 제후국의 이름으로 서북 구역을 지칭했는데 이는 중국어에서의 일반적인 관습을 따른 것이다. 秦(陝西), 晉(山西), 燕(河北), 趙(山西北部와 河北南部)로 나눈다. 나는 본문에서 이것들을 지금의 省 명칭으로 표기했다. 이 글과 다음에 나오는 「婦人袜」을 쓴 날짜는 모두 5월 26일로 되어있다.

58 붉은 비단과 금박은 북방에서 결혼할 때 신는 신발에 사용되는 전형적인 스타일이다. 이러한 혼례용 신발 사진이 *Every Step a Lotus*, p.53에 있다.

59 사詞를 지을 때 사용하는 곡조 이름을 말한다. 원래 규정된 음악에 가사를 넣어 노래를 만들다가 음악은 사라지고 가사 규칙만 남은 상태에서도 원래의 노래 제목을 사용하는데 이를 '곡패'라고 한다.—옮긴이

60 20세기 이전 이러한 '이곡俚曲'들은 필사본의 형식으로만 전해졌다. 내가 의거하고 있는 텍스트는 주로 포송령의 12대손인 푸셴밍蒲先明이 최근 정리, 출판한 것이다. 그는 수십 년간 쯔촨淄川 일대에서 많은 요재이곡聊齋俚曲을 수집, 기록하여 이를 바탕으로 蒲松齡의 『聊齋俚曲集』을 출판했다(北京: 古籍文化出版公司, 1999). 내가 참고하려고 살펴본 다른 초기 선본選本에는 11곡의 이곡이 수록되었다(책에서는 10종만 있다고 되어있는데 그 이유는 「마난곡磨難曲」이 「부귀신선富貴神仙」 아래 부가되어 있기 때문이다). 劉階平 編, 『淸初鼓詞俚曲選』, 臺北: 正中書局, 1968. 포송령은 60~70대에 대부분의 이곡 작품을 썼다(약 1699~1711). 각 작품의 창작 연대에 대한 추정은 鄒宗良의 「前言」, 『聊齋俚曲集』, pp.5~9를 볼 것. 『요재지이』에서 유래한 이곡은 모두 7종이다. 곡목曲目은 鄒宗良의 「前言」, p.10을 볼 것. 이 15곡의 이곡의 곡패曲牌와 구조에 관한 고전적 연구로는 藤田祐賢, 「聊齋俗曲考」, 『藝文硏究』 18(1764), pp.29~43을 볼 것. 이 이곡들 중 「양투주禳妒咒」에 대한 분석이 周貽白, 『中國戲曲史』 第3卷, 上海: 中華書局,1953, pp.491~493에 있다.

61 蒲松齡, 『聊齋俚曲集』, p.903. 「증보행운곡增補幸雲曲」에서는 모두 '耍孩兒'를 곡패曲牌로 사용했고 모든 작품이 8구로 이루어져 있다. 여기서는 뒤의 7구만 인용하였고 인용하지 않은 부분의 첫 번째 구절은 "소신이 아뢰옵니다微臣秦得知"이다. 藤田祐賢은 『聊齋俚曲集』에 수록된 15편의 이곡 작품 중 「증보행운곡」이 가장 소설과 비슷하다고 했다. 당시 유행하던'耍孩兒'의 활용, 그리고 대화식의 전개로 인해 포송령은 이야기 속 인물들의 인간적인 면모와 일상생활의 풍부함을 강조할 수 있었다(『聊齋俗曲考』, pp.41~42).

62 동부란 신화에서 신선이 거처하는 곳을 지칭한다.—옮긴이

63 蒲松齡, 『聊齋俚曲集』, p.964.

64 蒲松齡, 『聊齋俚曲集』, p.936, p.959. 익히 보는 사연처럼, 불동심은 원래 양저우揚州 사람이며 원래 어느 무관의 딸이라고 했다. 8세에 부모를 모두 잃고 기방에 팔렸다고 한다 (p.945).

65 蒲松齡, 『聊齋俚曲集』, p.936. 불동심이 곤곡崑曲을 부르는 장면은 p.1019를 볼 것. '반사 半揎'를 거론하는 또 다른 예로는 p.455, p.483, p.487, p.524를 볼 것.

66 '자화포紫花布'란 보라색 면화로 만들어진, 약간 붉은 기가 도는 갈색 원단이다. 약간 거칠기는 하지만 매우 인기가 있어 가격이 일반 면 원단의 두 배였다. Nishijima Sadado, "The Formation of the Early Chinese Cotton Industry", *State and Society in China: Japanese Perspectives on MingQing Social and Economic History*, ed. Linda Grove and Christian Daniels, Tokyo: University of Tokyo Press, 1984, p.34.

67 蒲松齡, 『聊齋俚曲集』, pp.954~955. 우리가 3장에서 논의했던 『호설암외전胡雪巖外傳』에서 전족한 여성들은 신발의 원단, 색깔, 디자인으로 가내의 신분과 지위의 미묘한 차이를 표현하거나 유지했다. 남성 의복의 원단과 디자인 역시 그들의 신분과 지위를 표시한다. 「증보행운곡」에는 정덕제와 왕룡王龍이 목욕탕에서 탈의하면서 결투를 벌이는 생동적인 장면이 있다(pp.1004~1005를 볼 것). 정덕제는 용포를 감추었으나 진주 박힌 속옷을 노출한 상태로 싸워서 왕룡을 이겼다.

68 蒲松齡, 『聊齋俚曲集』, p.557.

69 蒲松齡, 『聊齋俚曲集』, p.618, p.620.

70 蒲松齡, 『聊齋俚曲集』, p.648.

71 蒲松齡, 『聊齋俚曲集』, p.642. 장홍점張鴻漸의 아내 방씨方氏의 뛰어난 손재주는 반복적으로 강조된다. 예를 들어 후반의 어느 장면에서 현숙한 그녀는 아들 옆에서 밤을 지새우기도 했다. 아들이 책을 읽을 때 그녀는 옆에서 수를 놓았는데 무려 실을 15타래나 사용했다(p.659).

72 蒲松齡, 『聊齋俚曲集』, p.930.

73 「張鴻漸」, 蒲松齡의 『聊齋志异』, 濟南: 齊魯書社, 1981, pp.1789~1803. '麗人'이란 용어는 1791쪽에 보인다. 이는 24권짜리 필사본에 근거해 제작한 영인본이다. 이 필사본과 다른 두 판본, 초기에 나온 '鑄雪齋'本(필사본)과 포송령이 직접 쓴 원고를 비교한 연구가 있다. 劉階平, 『蒲留仙松齡先生年譜』, 臺北: 中華書局, 1985, 附錄, pp.193~211. 『요재지이』에 대한 청대의 출판과 수용의 역사에 대해서는 Judith T. Zeitlin, *Historian of the Strange: Pu Songling and the Chinese Classical Tale*, Standford: Stanford University Press, 1993, pp.16~42. 허만쯔何滿子는 포송령의 요재 고사와 이후 이 고사들을 각색하여 만든 7곡의 이곡을 비교했는데 여기에 장홍점 고사도 포함되어 있다. 그는 다음과 같이 결론을 내린다. 포송령은 "만년에 이르면 그의 작품에는 더욱 생활의 분위기가 충만했다"(『蒲松齡與聊齋志異』, 上海: 上海出版公司, 1955, pp.41~108쪽, 인용문은 p.71).

74 Zeitlin, *Historian of the Strange*, p.125. 강조는 원문에 있던 것이다.

75 소설 『요재지이』 고사나 요재이곡이나 모두 전족을 타고난 여성다움의 표지이자 여성 치장의 일부분으로 묘사했다. 하지만 이 둘 사이에는 현저한 차이가 있다. 요재이곡은 큰 발, 혹은 제대로 전족하지 못한 작은 발에 대한 조소로 가득하지만(아래 내용을 볼 것) 소설 『요재지이』에는 이러한 내용이 없다. 반면 소설에서는 전족의 에로틱한 성격에 대한 암시가 여러 번 포함되어 있지만 이는 이곡에서는 찾아볼 수 없다. 소설 『요재지이』에 수록된 선정적인 이야기 「적녀績女」에는 전족을 '하체下體'라 칭하는데 이는 일반적으로 음부를 의미

한다(『聊齋志異』, p.1783). 전족은 음부에 근접한 은밀한 신체 부위로 간주되었고 두 발을
노출하는 것은 수치와 난처함을 불러일으키는 것이었다(p.1077). 「연지胭脂」 고사에서 발
이 지닌 에로틱한 의미는 전족용 꽃신까지 확장되었다. 이 이야기에서는 꽃신을 '더러운 것
藝物'이라 칭했고 이를 정을 나누는 징표로 간주했다.

76 「商三官」은 蒲松齡, 『聊齋志異』, pp.571~576에 수록. 인용문은 p.574. 「寒森曲」은 蒲松齡,
『聊齋俚曲集』, pp.271~343에 수록. 인용문은 p.295.

77 蒲松齡, 『聊齋俚曲集』, p.351. 청대에 「금슬락」이 너무 음란하다는 이유로 劉階平 편집본
을 포함하여 초기 『聊齋俚曲集』 판본들은 이 작품을 수록하지 않았다. 일본 게이오대학
慶應大學에 이 작품의 필사본이 소장되어 있어 후지타 유켄藤田祐賢이 이에 대해 심도 있
는 연구를 진행했다. 『聊齋俚曲集』에 수록되어 있는 「금슬락」은 이 필사본과 성웨이盛偉
라는 사람이 소장하고 있는 교점본에 근거한 것이다(pp.35~36). 게이오대학 소장본 끝부
분에 이곡 작가인 고형高珩(1643년 진사)이 쓴 발문跋文이 있는데 이 작품은 예교에 어긋
나는 것이 아니라고 주장했다. 주디스 자이틀린도 이에 대해 논의한 바 있다(Historian of
the Strange, p.224, n.7). 「금슬락」은 새로운 서문과 후기를 덧붙여서 「규염주성閨艶奏聲」
이라는 제목의 에로틱한 곡사曲詞로 다시 인쇄되었다. 작자는 '古高陽西山樵子'라 되어 있
다. 나는 두 종류의 「규염주성」을 대조했다. 하나는 『中國古艶稀品叢刊』 集1 冊3(출판 자료
는 不詳), pp.1~38에 있는 것인데 이것은 타자본을 복제한 것이 분명하다. 페이지 여백에
'未刻珍品叢傳'이라는 글자가 찍혀 있는데 이 책의 편찬자가 바로 야오링시姚靈犀이다. 두
번째 것은 井上紅梅 編, 『支那風俗』 卷1, 上海: 日本堂書店, 1920~1921, pp.205~230에 수
록되어 있다. 이 두 종류의 「규염주성」의 내용은 비슷하지만 후자에만 미비眉批가 있다. 「규
염주성」과 「금슬락」은 대동소이하다. 『采菲錄續編』에 딸려있는 톈진天津書局의 '신간
서적' 광고에 '未刻珍品叢傳'이 야오링시가 편찬한 것이라는 내용이 있다. '亞飛'라는 필명
을 지닌 야오링시의 친구 하나는 「규염주성」은 산둥의 방언과 풍속으로 가득한 작품이라
며, '주성秦聲'이란 잘못된 명칭이라고 했다. 『采菲精華錄』, pp.144를 볼 것.

78 蒲松齡, 『聊齋俚曲集』, pp.914~915. 또 다른 이곡서 란방蘭芳이라는 기녀는 손님에게 바
짝 다가앉아 치마 아래서 "금련으로 몰래 차면서" 그를 희롱하는데(p.542), 마치 그가 애무
해주기를 기다리는 듯했다.

79 蒲松齡, 『聊齋俚曲集』, p.348, pp.351~352.

80 「금슬락」에서 신랑과 신부의 단장은 모두 '찰과扎裹(혹은 '扎挂')라는 용어로 형용할 수
있다(p.350). 다른 이곡에서도 유사한 용법이 있다. 蒲松齡, 『聊齋俚曲集』, p.455, p.906,
p.936, p.997, p.1028을 볼 것. '扎挂'는 집 개조나 수리를 의미하는 말로도 사용된다
(p.214). 첫날밤을 치른 다음 날 아침 신부의 노래가 계속된다. "갑자기 혼례 수건이 생각났
다네. 침대 안팎을 샅샅이 뒤졌네. 뜻밖에 그가 손에 들고 쳐다보고 있었네. 가서 뺏으려 하
니 그는 웃으며 도망치네." 이른바 '혼례 수건喜絹'이란 첫 경험 때 처녀가 흘린 피가 묻은
비단 천이다. 여기서 포송령은 '몸단장으로서의 전족'에 잠재되어 있는 성적 함의를 이용한
다. 그는 신부의 흐트러진 옷차림의 이미지를 제시하여 독자가 그녀의 처녀성 잃은 초야를
상상하게끔 하는 것이다.

81 蒲松齡, 『聊齋俚曲集』, p.55, p.57. 「고부곡」은 소설 『요재지이』의 「산호珊瑚」를 각색한 것이

다. 소설에 있는 동일 장면은 간략하다. "매일 아침 그녀는 예쁘게 단장하고 문안드리러 갔다." 시모에게 '음란함을 퍼트린다'라고 질책을 받고 그녀는 "단장한 것을 망가뜨리고 들어갔다"(蒲松齡, 『聊齋志異』, p.2067). 이야기에 나오는 악랄한 시모는 명청문학에서 단골로 출현하는 '사나운 여자潑婦'다. 자이틀린은 포송령이 사나운 여자 역할을 어떻게 처리하는가의 맥락 속에서 이 이야기를 분석했다(Zeitlin, *Historian of the Strange*, pp.127~131).

82 蒲松齡, 『聊齋俚曲集』, p.472. 또 다른 이곡 「번염앙翻魘殃」에서 '裂'의 기본 의미는 동일하지만 더욱 폭력적 함의를 전달한다. 악덕 고리대금업자를 다스리기 위해 현관縣官은 먼저 그가 입은 고급 옷을 '찢어버리라고' 명령한다. 그의 옷은 즉시 조각조각 찢겼다. 아문衙門 사람들은 모두 담배 주머니를 만들려고 그것을 앞다투어 가져갔다(p.192).

83 면직물은 관이 공인하는 견직물과 달리 넓이의 표준이 없었다. 청대 초기 유행에 대한 섬세한 관찰자였던 섭몽주葉夢珠에 의하면 일상에서 볼 수 있는 면포는 대략 '표포標布' '중기中機' '소포小布' 3종으로 나눌 수 있다(『閱世編』 卷7). '소포'는 가장 좁고 짧은 종류로 작은 면직기를 사용하여 손으로 짜는 것이다. 넓이는 채 1척尺이 안 되고 길이는 16척에 불과하다. 中山美緒, 「淸代前期江南の物価動向」, 『東洋史研究』 37, no.4, Mar. 1979, pp.80~90. 西定生(Nishijima Sadao), "Formation of the Early Chinese Cotton Industry", pp.53~53와 周迅‧高春明, 『中國衣冠服飾大辭典』, 上海: 上海辭書出版社, 1996, pp.524~525도 참고할 것. 현존하는 19~20세기의 전족용 원단을 보면 보통 넓이 4~5촌, 길이는 수 척에 이른다. 어떤 전족용 원단은 여기서 묘사한 상황처럼 더 큰 원단에서 찢어서 쓰기도 한다. 기타 원단은 매우 작은 직조기로 짜는데 마치 붕대처럼 한 묶음씩 말아서 보관한다. 관련 사진이 나의 *Every Step a Lotus*, p.55에 있다.

84 蒲松齡, 『聊齋俚曲集』, pp.212~213. '단端'은 원단의 길이를 세는 단위이지만 이의 정의는 시대적 맥락에 따라 변화하였고 각기 다른 해석이 존재한다. 『소이아小爾雅』와 『좌전』과 같은 고대 문헌에서 1단은 2장丈이다(1장은 10척에 해당). 하지만 다른 문헌에서는 1단의 길이는 1장 6척, 5장, 6장 및 8장 등 여러 해석이 존재한다. 다만 '장'의 길이 역시 시대에 따라 변화했다. 일반적으로 한 묶음의 면포의 길이는 6장이고 비단은 4장인데 이를 '필匹'이라고 한다. 하지만 사람들은 보통 '필匹'과 '단端'을 혼용해서 사용했고 모두 각종 원단을 세는 단위로 사용해왔다(周迅‧高春明, 『中國衣冠服飾大辭典』, p.28). 『辭源』, p.1271과 『聊齋俚曲集』 편집자의 주석(p.11, p.218)도 볼 것. '척두尺頭'는 모든 원단에 광범위하게 사용되었지만 이어지는 내용으로 보면 이것이 특히 주단을 지칭하는 것임을 알 수 있다. 周迅‧高春明, 『中國衣冠服飾大辭典』, pp.28~29를 볼 것.

85 蒲松齡, 『聊齋俚曲集』, pp.212~213. 구씨집 큰누이는 과부였는데 남동생이 결혼하자 그녀는 친정으로 돌아와 병석의 계모를 돌보았다. 남편이 보잘것없는 재산을 남겨주기는 했으나, 그녀의 과부로서의 위치는 아마 그녀를 더욱 초라하게 만들었을 것이다. 그래서 후한 선물에 대한 저항이 어머니보다 더 심했을 것이다.

86 蒲松齡, 『聊齋俚曲集』, p.213. 산둥 방언에는 소작농이나 임차인들을 '객가자客家子'라 하고 그들의 아내를 칭해 '객가노파자客家老婆子' 혹은 '객가식부자客家媳婦子'라 한다. 이들은 지주 집에서 허드렛일을 돕곤 하는데, 음식을 만들거나 심부름꾼 노릇을 하기도 했다(p.183, p.208). 지역별 물가 수준이 차이가 나고 또 해마다 변동하기 때문에 '이백전'의 물

건 구입 수준을 확인하기는 어렵다. 이에 관한 논의는 中山美緒, 「淸代前期江南の物価動向」을 볼 것.

87 이에 비해 정혼 예물 주고받기는 가부장과 가부장 사이의 규범적 행위였다. 범 씨 가문과 구 씨 가문의 예물 증정이 물품의 가치로 보면 대단히 불균형적인 것은 놀랍지 않은 일이다. 신부 쪽인 범 씨 쪽에서는 장화와 모자 한 켤레, 푸른색 저고리 한 벌, 비단 휘장 한 폭, 양 한 마리, 술 한 단지, 마흔 상자 분량의 예물, 그리고 요리 열여섯 그릇을 보냈다. 신랑 쪽인 구 씨 쪽에서 보낸 답례 예물은 열여섯 상자로 구성되었다(蒲松齡, 『聊齋俚曲集』, p.207, p.211). 혼수로 보낸 의복은 모두 남성의 관복 종류였다.

88 신분에 대한 명말 청초 사람들의 불안에 관해서는 이미 상당한 연구가 있었다. 여기서 이 연구들을 모두 다 언급할 수는 없다. 대체로 사회학자들은 '신분status'을 일종의 본질적인 사회 분류로 보는 경향이 있다(사농공상 등). 여기에 관한 참고 자료 목록은 Timothy Brook, *Confusions of Pleasure: Commerce and Culture in Ming China*, Berkeley: University of California Press, 1998 참고(한국어판은 티모시 브룩, 『쾌락의 혼돈: 중국 명대의 상업과 문화』, 이정·강인황 옮김, 이산, 2005—옮긴이). 반면 예술사가들은 당시 환경의 유동성을 포착한다. 그들은 유동적 환경에서 신분 집단의 실제 경계는 끊임없이 의문시되고 재구성된다고 했다. 예를 들어 일종의 사회 공동체로, 그리고 일종의 화풍으로써 정의되는 '사士'의 유동성에 대해서는 Hay, *Shitao*, 특히 pp.26~56, pp.200~209를 볼 것. Craig Clunas, *Superflous Things: Material Culture and Social Status in Early Modern China*, Urbana and Chicago: University of Illinois Press, 1991과 *Pictures and Visuality in Early Modern China*, Princeton: Princeton University Press, 1997도 참고.

89 '사회적 피부social skin'라는 개념은 Terence Turner에게서 차용했다. 그의 "The Social Skin", *Not Work Alone: A Cross Cultural View of Activities Superfluous to Survival*, ed. Jeremy Cherfas and Roger Lewin, Beverly Hills: Sage Publicaitions, 1980, pp.112~140 참고. Turner의 예리한 관찰에 의하면 신체의 장식은 일종의 '상징적 매개symbolic medium'인데 이는 개인을 사회의 행위자이자 문화적 주체로 구성하는 데 결정적인 역할을 한다고 했다. 그래서 신체 장식은 언어의 역할에 비견된다(pp.136~137). 개인을 사회적 자아로 보는 관념은 한 개인의 신체를 '진정한 자아'가 자리하고 있는 내부에서 외부로 우리의 초점을 이동시킨다. 이 분석력 충만한 '사회적 피부' 개념에 대해서는 Alfred Gell, *Wrapping in Images: Tattooing in Polynesia*, Oxford: Clarendon Press, 1996, 특히 pp.23~28 참고. '신분 감각'에 대한 토론은 岸本美緒, 「明淸時代の身扮感覺」, 森正夫 編, 『明淸時代史の基本問題』, 東京: 汲古書院, 1997, pp.403~428을 볼 것. 법학사法學史의 학문 전통에 뿌리박고 있는 일본어의 'みぶん(mibun, 신분)'이라는 용어는 영어의 'status'보다 의미가 더욱 광범위하여 선천적 혹은 후천적으로 부여받은 사회적 지위나 정체성을 모두 포괄한다.

90 '가면증후군'이란 자신이 이뤄낸 업적을 스스로 받아들이지 못하는 심리적 현상을 지칭하는 용어이다.—옮긴이

91 이 용어들은 차례대로 蒲松齡, 『聊齋俚曲集』, p.519, p.956, p.953, p.518, p.404에 보인

다. 이외에 관련 표현으로 또 "신발을 만들려면 비단 2척이 필요하다做鞋就得二尺綢"가
p.456에 보인다. 이곡에서 보이는 성별 불균형은 「증보행운곡」의 정덕황제의 미복 외출 사
건으로 확인할 수 있다. 낡은 군복 때문에 그는 냉대를 받은 것은 분명하지만 그에게 문제
가 되었던 것은 언어와 태도 쪽이었다. 옷 때문에 조롱받을 때마다 그는 금이나 진주를 한
움큼 던져주면서 불리한 상황을 전환했다. 반면 전족을 제대로 못해서 조롱받았던 여성
들은 이 상황을 전환할 수 있는 수단이 없었다. 이곡의 여성들은 전족을 완벽하게 하던가,
아니면 아주 추한 발을 지니고 있었다. 큰 발을 비웃는 내용은 18세기 다른 민간 가곡집
인 『霓裳續譜』『白雪遺音』『綴白裘』에서도 자주 보인다. 李孝悌의 「18世紀中國社會中的情
欲與身體: 禮敎世界以外的嘉年華會」, 『『中央硏究院』歷史語言硏究所集刊』 72, 第三部分,
2001, pp.570~573을 볼 것.

92 蒲松齡, 『聊齋俚曲集』, p.557. 이 단락 전에 작가는 이 요리사의 봉급이 1년에 곡식 8石이
라고 했다. 남의 창고에서 물건을 훔쳐오는 탐욕스러운 요리사 역시 자주 등장하는 이야기
주제 중 하나이다. '삼릉三綾'이 무슨 뜻인가는 명확하지 않다. 이것이 '세 단계 염색(삼염三
染)'을 거친 진홍색 빗살 무늬 비단을 가리키는 것일 수 있다. '삼염'에 대해서는 周迅·高春
明, 『中國衣冠服飾大辭典』, pp.545~546 참고. 이 책에 천으로 만든 허리끈 사진도 있다.
p.438을 볼 것('羅帶'조). 대님腿帶에 대해서는 『三寸金蓮』, 臺北: 産業情報雜誌社, 1995,
pp.68~69를 볼 것. 이 저자의 소장품 중 붉은 비단으로 된 대님이 있는데 넓이는 약 1.6인
치, 길이는 34.5인치이고 양쪽 끝에 각각 5인치의 술이 달려 있다.

93 이 노래는 20세기 초 구제강顧頡剛 등이 우시無錫에서 수집한 것이다. 편의상 최근 출판
된 인쇄본 『吳歌: 吳歌小史』, 南京: 江蘇古籍出版社, 1999, pp.487~488에서 인용했다. 기
타 멋쟁이 참배객 여성을 주제로 한 노래로 「사아산賜兒山」이 있다. 華光生編, 『白雪遺音』,
『明淸民歌時調集』 下冊, 上海: 上海古籍出版社, 1987, pp.731~732. 『白雪遺音』의 편집은
1804년에 끝났지만 1828년이 되어서야 출판되었다. 周貽白, 『中國戱曲史』, p.493; 李孝悌,
『十八世紀中國社會中的情欲與身體』, p.549.

94 오음吳音은 보통 쑤저우일대의 방언이라고 간주하지만 사실 장쑤江蘇와 저장浙江을 포함
해 창장長江 삼각주의 광대한 영역에서 모두 이 방언을 사용한다. 펑몽룽馮夢龍은 1596년
무렵 오吳 지역의 '산가山歌'을 수집하기 시작했다. 관련된 사항에 대한 소개는 馮夢龍 編,
『山歌』에 실린 關德棟의 「序言」을 볼 것. 『明淸民歌時調集』 上冊, 上海: 上海古籍出版社,
1987, pp.247~267. 또한 大木康의 『馮夢龍 『山歌』의 硏究』, 東京: 勁草書房, 2003의 풍성한
연구 성과도 참고할 것.

95 馮夢龍, 『山歌』, pp.418~424. 오키 야스시大木康는 내가 이에 관심을 가질 수 있게 해주었
다. 이 지면을 빌려 감사를 표한다.

6장

1 현존하는 최초의 남성과 여성의 양말은 모두 서한 시대의 것이다. 후세의 양말은 형태와 재
질에서는 변화가 있었으나, 기본적인 구조는 변하지 않았다. 周迅과 高春明의 『中國歷代婦

女妝飾』, 上海: 學林出版社, 香港: 三聯書店, 1997, pp.290~293에 삽화를 곁들인 양말의 역사에 대한 설명이 있다. 반면 20세기 초의 양말은 상당히 입체적이고 보다 발 모양에 맞는 형태다(그림 7).

2 묘지 여주인의 상태와 행방은 지금도 알려지지 않았다. 출토된 전족 띠는 지금은 이미 납작해졌고 형태는 양말과 비슷하다. 발끝에서 발뒤꿈치까지는 21.5센티미터다. 물론 나는 이 전족 띠를 풀어서 그 안을 들여다보지는 못했다. 신발과 양말은 전형적인 모양이었지만 이와 비교하여 전족 띠는 호기심을 불러일으켰고 그것을 어떻게 사용했는지 의문이 들었다. 예를 들어 양쪽 끝의 매듭은 좁은 신발 안으로 밀어 넣기에는 너무 컸다. 그렇다면 수의에만 이런 스타일을 사용했던 것일까? 이러한 보기 드문 출토 유물들은 향후 더 깊게 연구할 가치가 충분하다. 내가 박물관을 방문했던 2003년 6월에 성분 검사와 연대 측정을 위한 화학적 분석이 진행되고 있었다. 이 지면을 빌어 나는 중국 고대 직물 연구의 권위자이자 저장 항저우에 있는 중국 비단박물관의 부관장인 자오펑趙豊 박사의 환대와 너그러운 협조에 감사를 표한다.

3 이전의 논문에서 나는 타인의 고통에 대한 공감과 동정의 문제를 다룬 바 있다. *Dynastic Decline and Cultural Innovation: From the Late Ming to the Late Qing and Beyond*, ed. David Wang and Wei Shang, Cambridge, Ma.: Harvard East Asia Center, 2005에 수록된 나의 "The Subject of Pain"을 볼 것. 명대의 신사층 여성인 沈宜修(1590~1635)와 딸들이 노래한 몸과 발에 관한 시 작품에 대해서는 나의 *Teachers of Inners Chambers: Women and Culture in Seventeenth-Century China*, Stanford, Calif.: Stanford University Press, 1994, pp.167~171 참고. 다른 여성 시인들의 작품에 대해서는 *Women Writers of Traditional China: An Anthology of Poetry and Criticism*, ed. Kang I Sun Chang and Haun Saussy, Stanford, Calif.: Stanford University Press, 1999를 볼 것. 이러한 여성들의 작품은 여성의 감성과 일상생활을 생생하고 심도 있게 표현하곤 했지만, 여성들의 신체적 감각과 전족의 주관적인 느낌에 대해서는 기본적으로 전혀 언급하지 않았다.

4 비슷한 형태의 신발이 장쑤江蘇 우시無錫의 원대 묘실墓室에서도 출토되었다. 周迅·高春明, 『中國歷代婦女妝飾』, p.305를 볼 것.

5 '궁혜궁혜弓鞋'는 의미가 모호한 용어이다. 그 자체로는 신발의 디자인이나 형태가 반드시 활 모양임을 가리키는 것은 아니다. 이 용어와 관련된 오대五代부터 청대淸代까지의 역사 문헌 인용은 周迅·高春明, 『中國衣冠服飾大辭典』, 上海: 上海辭書出版社, 1996, p.299를 볼 것. 마찬가지로, 이른바 '봉두鳳頭' 역시 일종의 범칭이다. '鳳頭鞋'의 다양한 변이 형태에 대해서는 周迅·高春明, p.298을 볼 것.

6 江西省文物工作隊, 「江西南城明益宣王朱翊鈏夫婦合葬墓」, 『文物』 8, 1982, p.20, p.22. 보고서에는 신발의 길이와 넓이는 명시되지 않았지만, 복식사 전문가 周迅·高春明이 관련 자료를 제공했다(『中國歷代婦女妝飾』, p.298). 높은 굽이 있는 신발류의 변화에 대해서는 그들의 또 다른 책『中國傳統服飾形制史』, 臺北: 南天書局, 1998, pp.125~126을 볼 것. 그들은 넓은 굽의 높이에 특히 주목하였고, 아울러 장시江西 손씨孫氏의 묘지에서 출토된 넓은 굽이 있는 신발은 하이힐 스타일이 막 유행하던 명말 시기의 것이라고 했다. 그러나 나는

518

발 부분의 생리학적 구조와 전족의 방식에 주목했고, 이러한 시각으로 보면 그것들은 송원宋元 시기의 평평한 밑창 신발의 전통을 이어받은 것으로 분류해야 할 것이다.

7 楊慎, 『漢雜事祕辛』, 『香艶叢書』, 上海: 國學扶輪社, 1914, p.652. 송대 이종理宗 궁정에서의 '빠르게 말타기快上馬' 에피소드는 『宋史』, 「五行志」에 수록되어 있다. 高世瑜, 「纏足再議」, 『史學月刊』 2, 1999, p.23; 蘇馥, 『香閨鞋袜典略』, p.45.

8 福建省博物館編, 『福州南宋黃升墓』, 北京: 文物出版社, 1982, p.19. 또한 福建省博物館, 「福州市北郊南宋墓淸理簡報」, 『文物』 7, 1977, pp.1~17도 볼 것. 취안저우泉州 비단은 페르시아와 동남아까지 수출되었다. 황승의 신발은 세 가닥의 날실이 교직된 화려한 얇은 비단으로 만들어져 있다. 그중 두 켤레에 금색 매화 도안이 찍혀 있다. 다섯 켤레 신발 모두 평균 길이 13.3~14센티미터이고 넓이 4.5~5센티미터이다. 무늬 없는 비단 양말들은 모두 안감이 있고 발가락에서 뒤꿈치까지 길이는 16.4센티미터이다. 양말의 높이는 16센티미터이다. 황승의 신발에 관해서는 나의 *Every Step a Lotus: Shoes for Bound Feet*, Berkeley: University of California Press, 2001, pp.21~22를 볼 것. 근대 시기의 사진 중 우한Wu Han이라고 하는 부인이 맨발을 보여준 것이 있는데 그녀의 발가락 끝부분은 위를 향해 들려 있었다. Howard S. Levy, *Chinese Footbinding: The History of a Curious Erotic Custom*, Taipei: Nantian Shuju, 1984, p.256.

9 江西省文物考古硏究所·德安縣博物館, 「江西德安南宋周氏墓淸理簡報」, 『文物』 9, 1990, pp.1~13. 신발은 길이가 18~22센티미터이고 넓이는 5~6센티미터이다. 양말들은 모두 황금색의 얇은 비단으로 만들어졌다. 세 켤레는 무릎까지 올라오는 높이이고(바닥에서 위까지 40센티미터 혹은 16인치) 두 켤레는 중간 길이(20.5센티미터 혹은 8.2인치), 그리고 두 켤레는 짧다(17센티미터 혹은 6.8인치). 전족 띠의 길이는 200센티미터이고 넓이는 10센티미터이다.

10 두 여성이 발에 착용한 것들은 두 가지 차이점이 있었다. 그들의 전족 띠는 길이는 비슷했지만 황승의 것은 리본과 비슷했고 폭이 0.9센티미터밖에 되지 않았다. 반면 주씨의 것은 폭이 10센티미터였고 근대에 일반적으로 볼 수 있는 형태보다 더 넓었다. 이는 아마 황승의 나이가 젊었기 때문일 것이다. 근대의 젊은 여성들도 비교적 좁은 전족 띠를 사용했다. 그리고 황승의 부장품 중에는 두 가지 스타일의 비단 발싸개도 있었다(福建省博物館, 「福州市北郊南宋墓淸里簡報」, 『文物』 7, 1977, p.9). 주씨의 묘에는 이러한 물건이 없었다.

11 余懷, 「婦人鞋袜考」, 王晫·張潮 編, 『檀几叢書』(內閣文庫鈔本), 31.2b~3a.

12 劉廷璣, 『在園雜志』, 沈雲龍 編, 『近代中國史料叢刊』, 臺北: 文海出版社, 1969, 4.21a. 그의 묘사는 세 가지 종류의 유행하는 신발에서부터 시작한다. "여자들이 착용하는 것으로는 궁혜弓鞋, 수혜繡鞋, 봉두혜鳳頭鞋가 있다." 중국어 구절의 구조상 우리는 그가 말하는 의미가 이 세 가지 신발이 모두 높은 굽이 있다는 것인지 아니면 궁혜만 있다는 것인지 확실히 알기 어렵다. 유정기劉廷璣는 또한 여자들이 높은 굽 신발을 신은 뒤부터 바닥이 높은 양말을 신지 않고 바닥이 평평한 양말을 신게 되었다고 했다. 하지만 이는 부정확한 내용이다. 문헌 증거와 유물을 보면 양말의 바닥과 신발 굽 사이에는 거의 관계가 없음을 알 수 있기 때문이다.

13 余懷, 『板橋雜記』, 3.7a. 『香艶叢書』, 上海: 國學扶輪社, 1914, p.3665. '弓'과 '彎' 모두 16세

기 이전부터 발을 묘사할 때 사용되기는 했지만, 이것들이 형용사로 단독 사용될 때 반드시 '굽은 곡선'을 의미한 것은 아니었다. 여회余懷와 같이 '궁만弓彎'을 사용한 예로는 사재 항謝在杭의 "옛 사람들은 단지 활 모양으로 구부리지만 않았을 뿐, 전족을 안 한 것은 아니다古人但不弓彎耳, 未嘗無纏"가 있다(『文海披沙』, 上海: 大達圖書供應社, 1935; 서문 연도는 1609, p.63).

14 반비潘妃와 요낭窅娘의 전설에서 '금련'은 궁중 무희를 위한 보조 도구였고 불교의 기원적 흔적을 지니고 있었다. 그러나 송대의 시에서 이는 이상적인 여성의 발 혹은 발걸음에 대한 완곡한 표현이 되었다. 葉大兵·錢金波, 『中國鞋履文化辭典』, 上海: 上海三聯書店, 2001, '金蓮'條目, p.25를 볼 것.

15 葉夢珠, 『閱世編』卷8, 葉大兵·錢金波, 『中國鞋履文化辭典』, pp.24~25에 인용.

16 田藝蘅, 『留青日札』, 上海: 上海古籍出版社, 1985; 1609년판 복제본, 卷20, 6a~b. 가장 흥미로운 부분은 전예형田藝蘅이 광둥에서 유행하는 신발류를 묘사하는 대목이다. 당시 이 제국의 최남단에 위치한 광동성에서는 "여성들은 맑은 대낮에도 나무 나막신을 신었다." 전예형은 타유시打油詩(통속적이고 자유로운 형태의 시―옮긴이)에서 이 여성들은 맨발로 다니고 전족하지 않았다고 분명히 밝혔다. 그는 "연꽃 받쳐줄 것이 부족해서가 아니라, (발을) 죽순처럼 쪼그라들게 하기가 싫다네"라고 했다(『留青日札』卷20, 7a~b).

17 高江村, 『天錄識餘』, 蘇馥, 『香閨鞋袜典略』下: 12b, p.68. 19세기에는 지역마다 다른 스타일의 꽃신이 발전한다. 나의 *Every Step a Lotus*, 4장을 볼 것. 자료가 충분치 못하여 이 지역의 변화가 언제 시작되었는지는 단언하기 어렵다. 왕정기와 고강촌의 언급으로 미루어 보면 적어도 17세기에는 남쪽과 북쪽의 전족이 이미 분명한 차이를 보였던 것 같다.

18 『雪鴻小記』, 蘇馥, 『香閨鞋袜典略』上 11a~b, pp.23~24에서 인용. 이 단락은 『香艶叢書』에 실려 있는 『雪鴻小記』(약 1787년)와 그 『補遺』(둘 다 저자는 珠泉居士라 되어 있는데 아마 나중에 저자 이름을 추가한 것으로 보인다)에는 없다. 양저우揚州 기녀들 중 전족이 제대로 되지 않은 이들은 종종 조롱의 대상이 되었다. 『풍월몽風月夢』(서문 연도 1848년)은 양저우를 배경으로 하는 기녀 소재의 소설이다. 여기서 모든 화류계 여자들은 모두 '나무 밑창이 있는 신발'을 신었다. 그중 한 명은 발의 길이가 6인치나 되었다. 그녀가 신은 신발의 밑창은 작았으나 몸체 부분은 거대해서 온전히 신발 끈에 힘을 싣고 있었다. 曹梧岡·邗上蒙人, 『明清艶情小說叢書-梅蘭佳話』風月夢, 南昌: 百花洲文藝出版社, 1993, pp.221~224.

19 과거시험 영역에서의 이러한 역동성에 대한 분석은 Benjamin Elman, *A Cultural History of Civil Examinations in Late Imperial China* Berkeley: University of California Press, 2000을 볼 것.

20 '화예석산'이란 화유석花乳石, 황백피黃柏皮, 황련黃連을 주원료로 만든 약제이다.―옮긴이

21 '생기옥홍고'란 구릿대, 감초, 귀신歸身 등으로 만든 약제로 해독 작용과 살을 새로 나게 하는 효과가 있다.―옮긴이

22 薛己, 『薛己醫案』, 『圖書集成醫部全錄新校本』第8冊, 臺北: 新文豊出版公司, 1979, p.296에 수록. 薛己에 관한 정보를 제공한 Charlotte Furth의 도움에 감사한다.

23 『居家必用事類』는 원대 세조世祖(재위 1260~1294년) 시에 처음 편찬되었다. 나는 일본의

내각문고內閣文庫에 소장된 명明 내부간본內府刊本, 푸쓰녠傳斯年도서관의 마이크로필름판 명明 사례감본司禮監本, 그리고 1673년에 일본에서 간행된 판본을 비교했다. 위의 처방 내용은 모두 동일하다. 사용상의 편리 때문에 나는 비교적 쉽게 볼 수 있는 일본 판본(京都: 中文出版社, 1984; 1673년본의 영인본)을 인용했다. 도서관의 분류에 의하면 『사림광기事林廣記』는 원대 작품에 속하지만, 최초의 것은 남송南宋 후기 학자인 진원정陳元靚(1195~1264)이 편찬한 것이다. 그에 대해서는 별로 알려진 것이 없다. 송대의 원래 판본은 이미 소실되었다. 이 책의 판본사에 대해서는 陳元靚 編, 『事林廣記』, 京都: 中文出版社, 1988, 「前言」, pp.1~27을 볼 것. 이는 원 지순至順연간(1330~1333)의 판본을 영인한 것인데 영인 상태가 매우 좋지 않다. 내각문고의 2종의 다른 판본들도 비교해보았는데, 그중 하나는 매우 정교한 원대의 판본이고 다른 하나는 원대의 목판을 이용하여 명대에 인쇄한 것이다. 이 2종에 수록된 처방 역시 위의 처방과 같다. 篇과 章의 순서는 같지 않다. 2종의 원대 판본에서는 4개의 '집集' 중 첫 번째인 '후집後集'에 처방이 수록되어 있다. 명대에 인쇄한 원대 판본은 마지막인 '외집外集'에 있다.

24 陳元靚 編, 『事林廣記』, 「後集」 卷10, 13b~14b, 內閣文庫本. 1988년 影印本, pp.658~659에도 보임.

25 『居家必用事類』「庚集」, 64a~b.

26 『居家必用事類』「庚集」, 64b; 『事林廣記』 卷10, 14a.

27 『居家必用事類』와 『事林廣記』에 수록된 이 네 종류의 처방전은 명말에 유행한 일용유서 『萬寶全書』에도 수록되어 있다. 당시 이 처방전들은 이미 「閨閣事宜」에서 분리되어 「纏札類」라는 새로운 장에 배치되었다. 예를 들어 『萬曆全補文林妙錦萬寶全書』, 書林(建陽, 福建): 安正堂, 1612, 卷34, 21b~22b, Harvard-Yenching Library 소장본을 볼 것. 『萬寶全書』의 여러 판본 및 그들의 분류 체계, 내용에 대해서는 吳蕙芳, 『萬寶全書: 明淸時期的民間生活實錄』, 臺北: 國立政治大學歷史系, 2001을 볼 것. 『事林廣記』 처방전의 축약본은 張岱, 『夜航船』, 杭州: 浙江古籍出版社, 1981, p.673을 볼 것. 石成金(1659년생)의 『傳家寶』(1692~1739년 사이 출판)의 「多能集」에 또 다른 처방전이 수록되어 있다. 『采菲錄第三編』, 153~154쪽에 인용; 그리고 '蓮香散'과 '小金蓮方'이 새로운 2종의 처방전은 蘇馥, 『香閨鞋襪典略』 下, 21a~22a, pp.85~87을 볼 것. 전통 처방은 근대 시기까지 이어져 왔지만 『居家宜忌』(1850년 출판된 유서)에 수록된 처방전은 대단히 간략화되어 있다(출판지불명, 서문은 1820~1850年, 『三續錄』, 1850年序, 42a~b); 傅斯年圖書館 소장본. 『采菲錄第三編』에 새로 출현한 방족 관련 처방전들 앞쪽에 전통적 전족 관련 처방전이 수록되어 있다(pp.153~155).

28 독일 하겐Hagen의 칼 어니스트 오스타우스Karl Ernest Osthaus 박물관의 디렉터인 미카엘 퍼Michael Fuhr 박사가 'Museutopia' 연구계획에 참여하도록 나를 요청한 것에 대해 감사를 표한다. 그와 Thomas W. Rieger, 그리고 Hope Wurmfeld가 함께한 경험은 '신체성을 극복하기'와 관련된 개념에 함축된 유토피아적 의미에 대해 많은 것을 알려 주었다.

29 '남희'란 북송에서 명대 초기까지 중국 남방에서 최초로 등장한 희곡 종류이다. 빈백과 곡패가 결합되고 가무와 이야기 위주인 초기 희곡 형태를 보여주고 있다.─옮긴이

30 趙景深, 「談明成化刊本說唱詞話」, 『文物』 11(1972). 이는 『明成化說唱詞話叢刊』, 北京: 文

物出版社, 1979의 부록인 선전용 책자에 다시 수록되었다.
31 앤 매클래런Anne E. MacLaren은 '독서 행위의 계급성'에 대해 논의한 바 있다. 독자층 중에서 여성 및 교육 정도가 낮은 독자들은 평가절하되었다(*Chinese Popular Culture and Ming Chantfables*, Leiden; Brill, 1998, p.49에서 인용). 曾永義, 『說俗文學』, 臺北: 聯經, 1984, pp.67~74도 볼 것.
32 「新刊說唱包龍圖斷曹國舅公案傳」, 4a, 『明成化說唱詞話叢刊』에 수록.
33 공주와 궁녀뿐 아니라 모든 인물이 등장할 때마다 그들의 의복을 소개했다. 대표적 사례가 「仁宗認母傳」에 나오는 여자 거지의 누더기 치마와 이가 득실거리는 헤어스타일에 대한 묘사(3a~3b), 그리고 「斷歪烏盆傳」에 나오는 악당 무리의 화려하고 경박한 최신식 복장이다(20a, 『明成化說唱詞話叢刊』에 수록).
34 「新編說唱全相石郎駙馬傳」, 2a~3b, 『明成化說唱詞話叢刊』에 수록. '십상금十祥錦'이란 상서로움을 상징하는 10종의 도안을 수놓은 비단이다. 10종의 도안에는 대나무, 마름모꼴, 황갈색 원추리 등이 포함된다. 오대 시기 지금의 쓰촨四川에 위치했던 초국蜀國의 비단에 처음 등장했다. 이 도안들은 원명 시기에도 대단히 유행했다. 沈從文, 『中國古代服飾史研究』, 臺北: 南天書局, 1988, p.364; 周錫保, 『中國古代服飾史』, 臺北: 南天書局, 1998, p.256.
35 그녀의 유행 감각時新을 강조한 공주의 몸단장 묘사는 「張文貴傳」, 7b~8a에 있다. 전족한 기녀는 「張文貴傳」 14a에, 직조업자의 아내는 「劉都賽上元十五夜看燈傳」, 2b~3a, 3b~4a, 29b에 있다. 이상은 모두 『明成化說唱詞話叢刊』에 수록되었다.
36 중국 도교 신앙에서의 신 중 하나로 옥황상제의 사신으로 알려져 있다.―옮긴이
37 Anne McLaren, "Crossing Gender Boundaries in China: Nüshu Narratives," *Intersections*, 1998, pp.1~16; 인용문은 p.6.
38 유동적인 사회에서 계층의 하향 이동에 대한 공포는 여성들에게 현실이었을 뿐 아니라 예민하게 실감할 수 있는 것이었다. 예를 들어 18세기 신사층 여성이었던 호석란胡石蘭은 중년기에 고초를 겪으며 시를 통해 이러한 감정을 웅변적으로 표현했다. 이 시에 관해서는 나의 다음 두 편의 논문을 참고할 것. "Footbinding as Female Inscription", *Rethinking Confucianism: Past and Present in China, Japan, Korea, and Vietnam*, ed. by Benjamin Elam, John Duncan, and Herman Ooms, Los Angeles: Asia Pacific Monograph Series in International Studies, UCLA, 2002; "The Sex of Footbinding", *Good Sex: Women's Religious Wisdom*, ed. by Radhika Balakrishnan, Mary E. Hunt, and Patricia Beattie Jung, New Brunswick, N.J.: Rutgers University Press, 2001.
39 『수유기』는 명 성화成化, 홍치弘治 연간에 처음 완성되었다. 현재의 판본은 서림徐霖(1462~1538)이 개작한 것으로 쉬쉬팡徐朔方의 추정에 의하면 대략 1493년 혹은 그 이전에 나온 것으로 보인다(「徐霖年譜」, 『徐朔方集』, 杭州: 浙江古籍出版社, 1993에 수록); 쉬쉬팡이 여기서 인용한 구절은 내가 인용한 것과 다소의 차이가 있다("脚小鞋弓(…)我行走不慣", p.5).
40 徐三友 編, 『新鍥全補天下四民利用便觀五車拔錦』, 福建: 建雲齋刊本, 1597, 卷9, 3a; 國會圖書館 소장본. 신부가 가마에서 내려 들어갈 때 부르는 다른 노래 역시 초점은 그녀의 발

에 있다. "휘황찬란한 화촉에 붉은 그림자 어른거리고, 공작 병풍 펼치니 행복한 기운 더하네. 가마에서 내리는 신부를 정중하게 맞이하니, 연꽃 같은 발걸음 가볍게 대청으로 옮기네."(卷9, 3a).

41 Sezanne E. Cahill, "Discipline and Transformation: Body and Practice in the Lives of Daoist Holy Women of Tang China", *Women and Confucian Cultures in Premodern China, Korea, and Japan*, ed. Dorothy Ko, JaHyun Kim Haboush, and Joan R. Piggott, Berkeley and Los Angeles: University of California Press, 2003, pp.251~278.

42 유물 발굴 30여 년 뒤 출판된 공식 보고서에 의하면 이 신발(X16:3)은 효정의 관 남쪽 구석에 있던 상자 안에서 발견되었다. 상자 안에는 이 외에도 10컬레의 신발이 있었지만 모두 심하게 훼손되어 온전하지 못하고 굽 부분만 남아 있다. 그래서 이것은 정릉定陵에서 발견된 유일하게 온전한 하이힐 신발이다. 효정孝靖황후와 효단孝端황후의 유해가 신고 있던 것은 낮은 굽의 봉두혜鳳頭鞋였다. 전자(J131)의 길이는 10.8센티미터이고 후자(D114)는 13.5센티미터이다. 中國社會科學院·定陵博物館·北京市文物工作隊, 『定陵』卷1, 北京: 文物出版社, 1990, 卷39, pp.121~122, p.299, pp.325~326을 볼 것. 효정의 하이힐을 담은 컬러 사진을 王岩, 『萬曆帝后的衣櫥: 明定陵絲織集錦』, 臺北: 東大圖書公司, 1995, pp.111~112에서 볼 수 있다. 정릉의 유물을 수록한 사진집에서는 효정의 하이힐이 그녀의 관에서 발견되었다고 했는데 이는 오류인 듯 보인다(中國社會科學院考古研究所編, 『定陵掇英』, 北京: 文物出版社, 1989, p.21).

43 명대의 궁녀들은 모두 수도 부근의 평민 가정 출신이다. 왕씨의 아들 주상락朱常洛은 1601년이 되어서야 태자로 책봉되었다. 왕씨는 그 '운명의 만남' 이후 만력제의 총애를 받지 못했다. 만력제는 1585년 출생한 정씨鄭氏의 아들 주상순朱常洵을 태자로 책봉하고 싶어했지만 수보首輔와 군신들의 반대에 부딪힌다. Ray Huang黃仁宇, *1587: A Year of No Significance*, New Haven: Yale University Press, 1981. (한국어판은 레이 황, 『1587 만력 15년 아무일도 없었던 해』, 김한식 옮김, 새물결, 2004.—옮긴이)

44 '雲頭鞋'는 X17:11번; '鳳頭鞋'는 J78번(中國社會科學院, 『定陵』卷1, pp.121~122, pp.325~326). 의사 고기생基生의 소장품 중 평굽의 봉두혜가 있다. 그 사진은 그의 『千載金蓮風華』, 臺北: 國立歷史博物館, 2003, p.23. 그는 이 신발이 15세기의 것이라 했다.

45 Shang Wei, "The Making of the Everyday World: Jin Ping Mei Cihua and Encyclopedias for Daily Use", 미출판원고(이 논문은 2005년 출간된 *Dynamic Crisis, and Cutural Innovation*, Harvard Univ. Press에 수록되었다.—옮긴이). 『금병매』의 줄거리 요약, 그리고 작가, 판본, 출판연대와 글쓰기 기법 등에 관한 토론에 관해서는 David Roy의 권위 있는 번역본 첫 번째 부분에 쓴 "Introduction"을 볼 것(*The Plum in the Golden Vase or, Chin P'ing Mei, vol.1: The Gathering*, trans. David Tod Roy, Princeton: Princeton University Press, 1993). 로이Roy는 이 책의 내포 작가implied author는 유가 사상가 순자의 신봉자로 세상의 무질서를 한탄하며 이를 인간 본성이 악한 탓으로 돌렸다고 했다. 로이는 힐리스 밀러J. Hillis Miller가 찰스 디킨스Charles Dickens의 작품 *Bleak House*에 했던 비평을 차용하여 결론을 내린다. "『금병매』를 쓰면서 작가는

그 시대의 중국사회의 축소판 모형을 구성했다."(p.xxvii)

46 *Plum in the Golden Vase*, Vol.1, p.83. 특별한 표시가 없다면, 이 책의 『금병매』는 모두 David Roy의 영역본에서 인용한 것이다.

47 28회의 한 장면에서 금련과 혜련은 거의 똑같은 모양의 신발을 소유하고 있었다. 이 장면은 두 사람의 경쟁 관계를 매우 생생하게 전달하고 있다. 금련의 잃어버린 신발을 찾던 여종은 서문경의 책 상자에서 신발 한 짝을 발견하는데 이것은 혜련의 것이었다. 금련은 "그녀의 신발을 받아들고 비교해보았는데 모두 사계절의 꽃무늬 있는 진홍색 비단에, 흰색 비단으로 평평한 밑창을 만든 꽃신이었다. 녹색 굽, 파란 고리와 금색 단추까지 똑같았다. 단지 신발 위의 바느질 선만 약간 다를 뿐이었다." 혜련이 금련의 행동을 모방하는 것은 금련에게는 더욱 위협적이었다. 그녀의 신발이 혜련의 것보다 약간 더 컸기 때문이었다. *The Plum in the Golden Vase or, Chin P'ing Mei, Vol.2: The Rivals*, trans. David Tod Roy, Princeton: Princeton University Press, 2001, p.155.

48 Plum, 2:53. 딩나이페이丁乃非는 서문경 저택에서 벌어지는 은폐된 성性 정치학에서의 전족의 역할에 대해 분석했다. 그녀의 통찰력 있는 분석에 의하면, 혜련은 금련의 경쟁자인 동시에 '서사적 대역narrative double'이다. 그녀는 더 낮은 사회 계층에서 금련의 삶을 다시 체험하고 있기 때문이다(「鞋韃, 脚帶, 紅睡鞋」, 張小紅 編, 『性/別研究讀本』, 臺北: 麥田出版社, 1998, pp.23~60).

49 Ida Pruitt, *A China Childhood*, San Francisco, Chinese Materials Center, Inc., 1978, p.118. 『금병매』 23회에서 송혜련은 부엌에 가서 반금련 등에게 줄 돼지 머리와 다리를 삶는 일을 하지 않으려고 "나 바빠다고. 아씨께 신발 만들어 드려야 해!"라는 핑계를 댄다 (*Plum*, Vol.2, p.44). 주방 보조는 신발 밑창을 꿰매는 일보다 더 낮은 등급의 노동이었다.

50 *Plum*, Vol.2, pp.166~169. 전날 밤의 수면 신발에 관한 에피소드는 p.163에 보인다. 딩나이페이는 서문경이 금련의 붉은 신발을 좋아했던 이유는 붉은 신발을 신고 싶었던 그 자신의 욕망을 대리하기 때문이라고 했다(「鞋韃, 脚帶, 紅睡鞋」, pp.24~25).

51 장진란張金蘭은 『金瓶梅』에서의 여성 유행문화를 분석하면서, 서문경의 저택은 헤어스타일, 머리 장식, 윗옷, 하의에서 신발류에 이르기까지 모두 갖춰진 하나의 패션 왕국이라 했다. 그리고 전족는 그중 일부에 불과하다고 했다(『金瓶梅女性服飾文化硏究』, 國立政治大學 中文系 碩士論文, 臺北, 2000). 이 석사논문을 제공해준 것에 대해 숑빙전熊秉眞과 장진란에게 감사한다. 장진란은 신발류를 언급한 소설의 모든 단락을 도표화한 뒤 다음과 같이 결론을 내린다. 서문경 집안에서 처첩들과 여종들의 신발은 비단으로 많이 만들었고 하이힐의 출현 비중이 비교적 높지만 낮은 굽 신발도 착용했다. 이외에 여종 중에서 전족했다고 언급된 이들로는 방춘매龐春梅, 여의아如意兒, 송혜련, 세 명뿐이었는데, 이들 모두 서문경이 총애했다(pp.81~83).

52 정원의 인공동굴에서 서문경과 밤을 보낸 혜련은 금련의 환심을 사기 위해서 금련의 수면 신발과 전족 띠를 수습하겠다고 나섰다. 그녀는 아마 담당 여종에게 세탁을 시키려고 했을 것이다. *Plum*, Vol.2, p.55. 이 두 가지는 속옷과 비슷하게 간주되었고 모두 음란함, 더러움, 외설의 의미가 있다. 청말에 이르면 수면 신발과 양말은 기본적으로 구분이 어렵게 된다. 나의 *Every Step a Lotus*(p.71)와 Beverly Jackson의 *Splendid Slippers: A Thousand*

Years of an Erotic Tradition, Berkeley, Calif.: Ten Speed Press, 1997, p.48의 사진을 참고할 것.

53 *Plum*, 2:44. 딩나이페이(『鞦韆, 脚帶, 紅睡鞋』, pp.49~50)는 전족 띠는 금련의 서사적 대역이었던 혜련이 사용할 때는 완전히 다른 효과를 낳았다고 지적한다. 26회에서 금련은 "전족 띠 두 가닥을 가지고 문지방에 묶고는 목매달아 죽었다"(*Plum*, Vol.2, p.123). 청대 중엽의 소설 『임란향林蘭香』의 한 장면에서 남주인공 경랑耿朗의 둘째 아내 향아香兒는 다섯째 아내 채운彩雲을 "완전히 벌거벗겨서 전족 띠조차 남기지 않았다." 『금병매』의 포도나무 시렁 성애 장면과 마찬가지로, 이 장면 역시 타락한 집안의 남녀의 성적 탐닉을 전형적으로 보여준다. Keith McMahon, *Misers, Shrews, and Polygamist: Sexuality and Male –Female Relations in Eighteenth-Century Chinese Fiction*, Durham and London: Duke University Press, 1995, pp.214~215를 볼 것.

54 Li Yu, *The Carnal Prayer Mat*(肉蒲團), trans. Patrick Hanan, Honolulu: The University of Hawaii Press, 1990, p.50.

55 胡應麟, 『少室山房筆叢』, 北京: 中華書局, 1958, p.145.

56 范濂, 『雲間據目鈔』, 2.2b, p.2628, 『筆記小說大觀』第22編, 第5冊에 수록. 胡應麟(『丹鉛新錄』, p.165)을 포함하여 많은 이들이 남성들 사이에 짚신이 유행했음을 언급한 바 있다.

57 C. R. Boxer ed., *South China in the Sixteenth Century*, London: The Hakluyt Society, 1953, p.124. 이에 의하면 Gaspa da Cruz의 *Tractado*(中國志)는 1569년에서 1570년 사이에 포르투갈의 Evora에서 간행되었다(p.lxii). 중국 신발 시장에 관한 다른 일화는 왕홍타이王鴻泰의 연구에 풍부하게 수록되어 있다. 『流動與互動: 由明淸間城市生活的特性探測公衆場域的開展』, 國立臺灣大學 博士論文, 1998, pp.450~452. 하지만 왕홍타이는 "시장의 스타일이 일상의 취향을 결정한다"는 주장을 하면서, 가정 제화의 유연성을 평가절하하고 시장경제의 힘을 과대평가하는 듯하다.

58 余象斗 編, 『三台萬用正宗』, 福建建陽: 余氏雙峰堂, 1559, 21.19b~20a; 東京大學 東洋文化研究所 영인본. '鞋履'는 「商旅門」에 수록되어 있는데 그 위치는 '棉夏布'와 '竹木板枋' 뒤에 있다. 책에서는 각지의 '草心鞋'의 장단점에 대해서도 언급했다.

59 앞의 주와 같음.

60 심복沈復, 『부생육기浮生六記』(*Six Records of a Floating Life*, trans. Leonard Pratt and Chiang Suhui, London and New York: Penguin Books, 1983, p.44)에서 광저우 기녀들의 차림새를 묘사한 바 있다. "전족한 이는 치마를 입었고 전족하지 않은 이들은 짧은 양말에 호접리를 신고 긴 바지를 입었다"(p.120).

61 林蘇門, 『邗江三百吟』, 揚州: 江蘇廣陵古籍刻印社, 1988, p.6. 2a~b. 이 책의 초판은 가경嘉慶 연간(1796~1820)에 나왔는데 서문에 적힌 연도는 1808년이다. 토비 메이어 퐁이 내게 이 책의 영인본을 제공해준 것에 대해 감사한다. 검은색의 나비 문양은 매우 추상적이라 마치 박쥐나 구름처럼 보이기도 한다. 그리고 린쑤먼林蘇門은 양저우의 향수 가게들이 강한 향을 풍기는 여성 수면 신발을 만들어서 판매했다고 했다. 아마 가루 형태의 향을 신발 몸체와 안감 사이, 그리고 밑창에 넣었을 것이다(6.3b~4a). 한 세기 뒤에 야오링시姚靈犀는 화장용품과 향낭을 파는 상점들 역시 몇 원에 수면 신발을 팔았다고 한다. 이 수면 신

발의 주요 용도는 기녀들이 손님에게 정표 삼아 선물하기 위한 것이었다. 이 신발들의 크기는 본인들의 발보다 훨씬 작은 경우가 많았다(『采菲精華錄』, pp.142~143). 양저우의 향수 가게들이 만들어서 팔았다는 수면 신발 역시 어쩌면 이러한 용도로 만든 것인지도 모른다.

62 장대張大의 원적지는 산시山西 타이위안太原으로 1730년 진저우錦州로 이주했다. 왕씨와 결혼하기 전 두 사람은 원래 이웃 사이였다(『內閣題本刑科』 第150冊, 乾隆3年(1783) 3月 27日). 수면 신발의 에로틱한 의미는 남쪽 지역에서 특히 두드러졌다. 장쑤江蘇 푸닝阜寧에서 다음과 같은 사건도 있었다. 품팔이하는 장모張某라는 사내가 이 마을 증曾 씨 집안에 매파를 보내 그 집 딸에게 청혼했다. 그는 매파에게 반지와 수면 신발을 보여주며 이것이 그와 증 씨 집안의 딸이 혼인을 언약한 증표라고 했다. 매파는 그 집을 찾아가 청혼했지만 증 씨 부모는 장모의 낮은 사회적 지위를 이유로 거절한다. 매파가 신발과 반지를 언급하자 처녀의 어머니는 딸이 그와 동침했을 것이라 짐작하고 딸을 때리고 욕설을 퍼부었다. 그날 밤 딸은 자살했다(『內科刑科課本』, '婚姻奸情' 檔案, #209-3, 마이크로필름 1-33, 乾隆 8年 6月 17日). 나는 매슈 소머에게 대단히 감사한다. 그는 수고를 마다하지 않고 건륭 연간의 관련 사건 자료들을 찾아주었다. 여기에는 이 사건 및 아래 주석에 언급한 사건들이 포함되어 있다.

63 『內科刑課科本』, '婚姻奸情' 檔案, #208-2, 마이크로필름 1-33, 乾隆8年(1743) 6月 10日.

64 桐西漫士, 『聽雨閑談』, 上海: 上海古籍出版社, 1983, p.104. 懷圃居士, 『柳如是事輯』, 北平: 文字同盟社, 1930, 7a도 참고. 복중겹은 목각과 상아조각에도 정통했다. 때로 피혁으로 신발을 만들기도 했고 발끝 부분을 강화하려고 사용하기도 했지만, 전통 중국의 신발은 남녀는 물론 아동화도 대부분 식물성 섬유를 재료로 사용했다. 현재 중국에서 여행 기념품으로 인기 있는 아동용 호랑이 신발은 이전에 가정에서 여성들이 신발을 만들던 풍속의 흔적이다. 20세기에도 외딴 지역에서는 여전히 가내 수공업으로 원단을 짜서 전족용 굽 낮은 신발을 만들었다. *Every Step a Lotus*, pp.118~119를 볼 것.

65 Li Yong Lee(李立揚)의 모친은 청말의 장군이자 중화민국 총통이었던 위안스카이袁世凱의 손녀였다. 그녀의 회고에 의하면 위안스카이의 톈진天津 저택에는 재봉실이라는 방이 있었다고 한다. "안에는 탁자들이 줄지어 있었고 그 위에는 각종 색깔과 재질로 이루어진 원단들이 쌓여 있었다. 30명의 여성이 탁자 뒤에 앉아서 빠르고 익숙하게 수동 재봉틀을 돌렸다. 기계 소리로 온 방이 가득했다. 여성들은 남자 재봉사의 손을 거친 천 조각 하나라도 걸쳐서는 안 되었기 때문에 9개 방의 모든 여성은 모두 재봉실의 여성 재봉원들이 만든 옷을 입었다."(*The Winged Seed: A Remembrance*, New York: Simon&Schuster, 1995, p.21) 이 정도의 속박은 너무 극단적인 예지만, 예전에 명문가에서 여성을 고용하여 집안 여성들이 입을 옷을 만들었을 것이라는 추측은 합리적으로 보인다.

66 사돈댁에 혼례 신발과 의례용 신발을 선물하는 풍속에 대해서는, *Every Step a Lotus*, pp.69~72; 『采菲精華錄』, pp.143~147을 볼 것.

67 田藝衡, 『留靑日札』 卷20, 8a. 전예형은 신발 몸체 전체가 금박 양피로 된 것인지에 대해서는 분명하게 밝히지 않았다. 『금병매』에서 이는 가장자리나 끝부분에만 장식으로 사용된다. 西門慶 집안의 신발류 스타일에 대한 나의 해석은 장진란張金蘭이 만든 도표에서 도움을 받았다. 그녀의 『〈金甁梅〉女性服飾文化硏究』, pp.81~83을 볼 것. 송대에는 무채색으로

신발 밑창을 대는 것이 일종의 규범이어서 밑창 앞뒤에 다른 색깔을 사용하는 것(이를 '錯
到底'라고 함)은 비난을 초래할 수 있었다(田藝衡,『留青日札』卷20, 8b).

68 '쌍관어'란 유사한 발음을 지닌 두 가지 이상의 단어를 연계하여 표면적 의미뿐만 아니라
다른 뜻도 함께 연상하게 만드는 수사법이다. 예를 들어 絲(실 사)에 思(생각할 사)를 종종
연계한다.─옮긴이

69 신발에 그림 그리는 일과 관련된 자료는 『采菲精華錄』, pp.86~87 사이의 도표 11을 볼 것.
이 도표들에 대한 해설은 이 책의 그림 21을 볼 것. 신발 몸체에 그려진 길조 도안에 대해
서는 *Every Step a Lotus*, pp.105~109를 볼 것. 중국의 길조 도안과 청대에 그것이 성행하
게 된 역사에 대해서는 『吉祥: 中國美術にこめられた意味』, 東京: 東京國立博物館, 1998을
볼 것.

70 『采菲精華錄』, p.98. 행상인이 호객행위를 하고 줄칼을 갖고 다녔다는 자료는 『采菲錄』의
다른 기사에서 나온 것이다. 『采菲錄』, pp.110~111을 볼 것.

71 『采菲精華錄』, p.98. 나무 굽을 줄에 꿰어놓은 사진으로는 산둥에서 찍은 다섯 켤레 한 세
트와 산시山西에서 찍은 열 켤레 한 세트짜리가 있다. 柯基生, 『千載金蓮風華』, p.110. 나무
굽 깎기, 그리고 이와 관련된 상세한 제작 지침은 『采菲新編』, p.33을 볼 것.

72 종이로 된 신발 패턴 중 현존하는 최초의 것은 장시江西 더안德安 주 씨周氏(1240~1274)
의 묘에서 출토되었다. 여기서 발견된 여러 복식, 장신구들과 바느질 도구 중에서 신발 밑창
패턴 2개(길이 20~24센티미터)와 몸체 패턴 2개(길이 19~22센티미터)가 포함되어 있었다.
江西省文物考古硏究所, 『江西德安南宋周氏墓淸理簡報』, p.12를 볼 것.

73 壇眠道人(張履平)編, 『坤德寶鑑』, 출판지 불명: 遍修堂, 1777, 8~9卷. 여기 수록된 직사
각형 치마 조각에 수놓인 무늬는 메리 헤이스가 연구한 구미에 소장된 중국 청대의 치마
와 비교해보면 완전히 일치하지는 않지만, 유사도가 대단히 높다. 양쪽의 꽃, 새, 풍경과 길
조 등의 도안들은 동일한 범주에 속한 것이 분명하다. Hays, "Chinese Skirts of the Qing
Dynasty", *The Bulletin of the Needle and Bobbin Club* 72, nos. 1&2, 1989, pp.4~41.
이 논문을 제공해 준 테리 밀하우프트에게 감사한다.

74 『坤德寶鑑』, 「自叙」, 2b~3a. 권1과 권2는 유향劉向의 『열녀전列女傳』과 같은 고전에서 발
췌한 열녀들의 이야기로 구성되어 있다. 권3은 각종 인과응보 관련 이야기들이 수록되어
있는데 이는 통속적인 종교 텍스트에서 가져온 것이다. 권4는 직물과 화장 관련 사항들, 권
5~7은 요리 레시피이다. 자수 도안을 제외하면 모두 이전의 문헌에서 발췌한 것이기는 하
지만 『곤덕보감』은 고도로 성별화된 백과전서적 지식의 시작을 알리는 책이다. 이전의 유
서는 전족의 고통이나 기타 신체 혹은 가정 관리와 관련한 비결을 약간 언급하기는 했지만,
이러한 서적들이 지식을 배치하는 방식은 여전히 남성 독자 중심이었다.

75 이 복사본의 명칭은 『증보곤덕보감增刪坤德寶鑑』이며 2책으로 이루어져 있고 '괴류당주
인이 편집하고 쓰다愧謬堂主人選鈔'라는 서명이 있다. 이 책의 참고문헌에는 이 책이 단면
도인壇眠道人의 이름 아래 제시되어 있지만, 이 원 편집자의 이름은 이 복사본에 출현하
지 않는다. 앞의 1책(원본의 권8)은 권4라고 되어 있고 '男佩成式'이라는 새로운 제목이 달
려 있다. 뒤의 1책(원본의 권9)는 권5라고 되어 있고 '女紅成式'이라는 제목이 달렸다. 앞의
3권에는 어떠한 내용이 있는지 현재는 알 수 없다. 소장하고 있던 이 근대 시기 판본을 흔

쾌히 빌려준 돈 콘에게 감사를 표한다.

76 19세기 말에서 20세기 초까지 서유럽 및 미국에 유행했던 예술 양식으로 '새로운 예술'을 의미한다. 아르누보 운동은 그리스, 로마, 고딕 등 과거의 전통 양식을 모방하던 기존의 예술 양식에서 벗어나 자연에서 모티프를 빌려 새로운 표현을 얻고자 했다. 그래서 담쟁이 등의 식물에서 얻은 유연하고 유동적인 곡선 등의 이미지를 많이 사용했다.—옮긴이

77 현재 발견된 전족 띠 중 폭이 좁고 리본 같은 디자인은 황승의 묘에서 발견된 것이 유일하다(福建省博物館, 『福州市北郊南宋墓淸理簡報』, p.9). 그녀가 선택한 '비단'이라는 재료는 '비단帛'으로 만들었다는 요낭의 전족 띠에 관한 묘사를 상기시킨다. 江西 德安 熊氏(1482~1537)의 묘지에서 발견된 전족 띠들은 모두 거친 면포로 만들어졌다. 길이는 216센티미터, 넓이 21센티미터다. 熊氏의 남편은 하층 관리였던 것으로 보인다. 德安縣博物館, 「江西德安明代熊氏墓淸理簡報」, 『文物』 10(1994), p34. 16세기에는 면포를 사용하는 것이 이미 관례가 되었을 것이다. 명대의 대학사大學士 엄숭嚴嵩(1430~1565)의 집이 몰수된 뒤 작성된 재산 목록에 85켤레의 전족 띠가 포함되어 있다(산정 가격은 은 2兩5錢5分). 이외에 '다양한 여성용 장화'(70켤레, 산정 가격 총 10兩5錢), '여성 신발'(1700켤레, 산정 가격 은 54兩), '수놓은 무릎 싸개와 양말'(20켤레, 산정 가격은 2兩)도 포함되어 있다. 『天水冰山錄』, 『叢書集成初編』 第1502冊, 上海: 商務印書館, 1937, pp.302~303.

78 2장의 63번 주석을 볼 것. 고기생柯基生의 책에 타이완 여성들이 사용했던 이러한 종류의 방직기와 흰색, 붉은색과 남색 면포로 된 전족 띠 두루마리 사진이 수록되어 있다. 柯基生, 『千載金蓮風華』, pp.106~107을 볼 것.

79 素女, 「裹足布式幷功用」, 『采菲錄第三編』, pp.343~344; 『采菲精華錄』, pp.95~96. 이외에 요약한 5단계 전족법 소개도 있다. 윈난雲南 통하이通海 지역에서 행해지는 전족 과정에 대한 양양楊楊의 묘사와 소녀가 여기서 언급한 내용이 대단히 유사하다(『小脚舞蹈』, pp.38~39). 양양 역시 『采菲錄』에 수록된 정보를 옮긴 듯하다.

80 통하이에서 전족은 1950년대에 중지되었다. 이곳은 중국이 효과적으로 이 풍속을 근절시킨 마지막 지역이었다. 운귀雲貴 고원에 있는 이 지역의 편벽된 위치로 인해 이렇게 시대적으로 뒤떨어진 것으로 보인다. 1933년에 통하이현 정부는 '천족天足 위원회'를 설립하고 남성 조사원을 마을로 파견하여 전족 여부를 조사했다. 이 지역 출신인 양양에 의하면 류이촌은 현청과 가장 가까운 위치에 있었는데 아이러니하게도 그들이 조사원들을 가장 성공적으로 잘 따돌렸다고 한다. 마을 사람들은 조사원들이 언제 찾아올지 알고 있었기 때문이다(『小脚舞蹈』, p.71). 최근의 관련 여행문학에도 하나의 사례가 있다. 李旭·黃焱紅, 「小脚女人村」, China Tourism 208, Oct. 1997, pp.40~51을 볼 것. 1997년까지도 전족한 경험이 있는 여성이 300명 이상이었다. 그중 30퍼센트 이상이 60세 이상이고 당시 여전히 류이촌에 살고 있었다. 지방 정부는 관광 홍보용 화보에 '삼촌금련三寸金蓮' 당구팀과 댄스팀에 한 페이지를 할애하기도 했다. 中共通海縣委宣傳部·通海縣文學藝術界聯合會 編, 『通海: 秀甲南滇』, 雲南通海: 中共通海縣委·通海縣人民政府, 출판연도 미상, 1999, p.37.

81 楊楊, 『小脚舞蹈』, p.6.

82 馬喬芬 인터뷰, 2003년 6월 30일. 楊楊의 『小脚舞蹈』, pp.206~207 참고.

83 통하이에서 생산된 면포는 '하서토포河西土布'라고 했다. '하서'라는 명칭은 통하이 부근의

시장에서 유래한 것이다. 이는 수입한 방직기로 짠 것이다. 이 직물의 원료는 1880년대 말, 특히 1895~1899년에 통킹-쿤밍滇越 철도가 건설된 이후 윈난 남쪽에 들어왔다. 로럴 보슨은 무역 노선 인근 지역에서는 방적업이 여전히 수입원이라 여성들이 밭일할 필요가 없어 계속 전족을 한 것이라 했다. 즉 아이러니하게도 전족은 더욱 외지고 덜 상업화된 지역에서 먼저 중단되었다는 것이다(*Chinese Women and Rural Development*, chap.3, 특히 pp.70~78). 가능한 논리이기는 하지만 이는 증명하기 어렵다. 楊楊, 『小脚舞蹈』, p.7 참고.

참고문헌

Adams, Sandra May. "Nineteenth Century Representations of Footbinding to the English Reading Public." Ph.D. diss., University of Macau, 1993.

Al-Akl, F. M. "Bound Feet in China." *American Journal of Surgery* n.s. 18, no.3 (Dec. 1932): 545–50.

Aoki, Masaru青木正兒. "Shusho shudan"酒觴趣談(Stories about wine cups). In *Aoki Masaru zenshu*青木正兒全集 (Complete works of Masaru Aoki), vol.8, pp.77-87. Tokyo: Shunju sha, 1984.

Bao Tao, Jialin(Chia-lin Pao Tao). "The Anti-Footbinding Movement in Late Ch'ing China: Indigenous Development and Western Influence." *Research on Women in Modern Chinese History* 2 (June 1994): 141–73.

Baudrillard, Jean. *The System of Objects*. Translated by James Benedict. London and New York: Verso, 1996.

The Book of Songs. Translated by Arthur Waley; edited with additional translations by Joseph R. Allen. New York: Grove Press, 1996.

Bossen, Laurel. *Chinese Women and Rural Development: Sixty Years of Change in Lu Village, Yunnan*. Lanham, Md.: Rowman & Littlefield, Inc., 2002.

Boxer, C. R., ed. *South China in the Sixteenth Century*. London: The Hakluyt Society, 1953.

Broadwin, Julie. "Walking Contradictions: Chinese Women Unbound at the Turn of the Century." *The Journal of Historical Sociology* 10, no.4 (Dec. 1997): 418–43.

Brook, Timothy. *The Confusions of Pleasure: Commerce and Culture in Ming China*. Berkeley: University of California Press, 1998.

Buck, Pearl. *East Wind; West Wind*. London: Methuen and Co., Ltd., 1934.

Cahill, James. "The Emperor's Erotica(*Ching Yüan Chai so-shih* II)." *Kaikodo Journal* 11 (Spring 1999): 24–43.

————. "Two Palace Museums: An Informal Account of Their Formation and History (*Ching Yüan Chai so-shih* IV)." *Kaikodo Journal* 19 (Spring 2001): 30–39.

————. "Where Did the Nymph Hang? (*Ching Yüan Chai so-shih* I)" *Kaikodo Journal* 7 (Spring 1998): 8–16.

Cahill, Suzanne E. "Discipline and Transformation: Body and Practice in the Lives of Daoist Holy Women of Tang China." In *Women and Confucian Cultures in Premodern China, Korea, and Japan*, edited by Dorothy Ko, JaHyun Kim Haboush, and Joan R. Piggott, pp.251–78. Berkeley: University of California Press, 2003.

Cao, Wugang曹梧岡 and Hanshang mengren邗上蒙人. *Wan-Qing yanqing xiaoshuo congshu—Meilan jiahua; Fengyuemeng*晚清艷情小說叢書-梅蘭佳話;風月夢 (Collectanea of late-Qing novels: The plum and orchid romance and dreams of wind and moon). Nanchang: Baihuazhou wenyi chubanshe, 1993.

Chang, Chun-shu, and Shelley Hsueh-lun Chang. *Crisis and Transformation in Seventeenth-Century China: Society, Culture, and Modernity in Li Yü's World*. Ann Arbor: University of Michigan Press, 1992.

Chau, Virginia Chiu-tin. "The Anti-Footbinding Movement in China, 1850–1912." Master's thesis, Columbia University, 1966.

Che, Ruoshui車若水. *Jiaoqi ji*脚氣集(Collection compiled during recovery from beriberi). In *Qinding siku quanshu*欽定四庫全書 zibu 10, zajia lei 3.

Chen, Fan-Pen. "Problems of Chinese Historiography as Seen in the O⋜cial Records on Yang Kuei-fei." *T'ang Studies* 8–9 (1990–91): 83–96.

Chen, Yuanjing陳元靚, comp. *Shilin guangji*士林廣記(Comprehensive compendium in the forest of affairs). Kyoto: Chubun shuppansha, 1988. Facsimile of Yuan Zhishun (1330–33) edition.

————, comp. *Shilin guangji*(Comprehensive compendium in the forest of affairs). Yuan edition. Copy in the Naikaku bunko.

Chen, Yuanlong陳元龍, comp. *Gezhi jingyuan*格致鏡原 (Mirror origins of the investigation of things and the extension of knowledge). Shanghai: Shanghai guji chubanshe, 1992.

Chow, Rey. *Woman and Chinese Modernity: The Politics of Reading between West and East*. Minneapolis: University of Minnesota Press, 1991.

Clunas, Craig. *Pictures and Visuality in Early Modern China*. Princeton: Princeton University Press, 1997.

————. Superfluous Things: Material Culture and Social Status in Early Modern China. Urbana and Chicago: University of Illinois Press, 1991.

Cohen, Paul A. Between Tradition and Modernity: Wang T'ao and Reform in Late Ch'ing China. Cambridge, Mass.: Harvard University Press, 1987.

Dai, Qing戴晴 and Luo Ke洛恪. *Chanzu nüzi: Dangdai Zhongguo nüxing wenti*纏
足女子-當代中國女性問題(The woman with bound feet: women's problems in
contemporary China). Hong Kong: Mingbao chubanshe, 1996.

Daly, Mary. *Gyn/Ecology: The Metaethics of Radical Feminism*. Boston: Beacon Press,
1978.

Daqiao shiyu大橋式羽. *Hu Xueyan waizhuan*胡雪巖外傳(The unofficial biography of
Hu Xueyan). In *Wan-Qing xiaoshuo daxi*晚清小說大系(Series on lateQing fiction).
Taipei: Guangya chuban, 1984.

Davin, Delia. *Woman-Work: Women and the Party in Revolutionary China*. Oxford
and New York: Oxford University Press, 1978.

De'anxian bowuguan德安縣博物館. "Jiangxi De'an Mingdai Xiongshimu qingli
jianbao"江西德安明代熊氏墓清理簡報(Preliminary report on the excavation of the tomb
of Madam Xiong from the Ming dynasty in De'an county, Jiangxi
province). *Wenwu* 10 (1994): 32-36.

Ding, Naifei丁乃非. "Qiuqian, jiaodai, hong shuixie"鞦韆,脚帶,紅睡鞋(The swing, binding
cloth, and red sleeping slippers). In *Xing/bei yanjiu duben*性/別研究讀本(A reader
in the study of sex/gender di erences), edited by Zhang Xiaohong張小虹. Taipei:
Maitian chuban, 1998.

Dong, Madeleine Yue. *Republican Beijing: The City and Its Histories*. Berkeley:
University of California Press, 2003.

Dooling, Amy D., and Kristina M. Torgeson, eds. *Writing Women in Modern China:
An Anthology of Women's Literature from the Early Twentieth Century*. New York:
Columbia University Press, 1998.

Drucker, Alison. "The Influence of Western Women on the Anti-Footbinding
Movement, 1840-1911." In *Women in China: Current Directions in Historical
Scholarship*, edited by Richard W. Guisso and Stanley Johannesen, pp.179-199.
Youngstown, N.Y.: Philo Press, 1991.

Duara, Prasenjit. *Rescuing History from the Nation: Questioning Narratives of Modern
China*. Chicago and London: University of Chicago Press, 1995.

Dworkin, Andrea. *Woman Hating*. New York: Plume, 1974.

Elman, Benjamin. *A Cultural History of Civil Examinations in Late Imperial China*.
Berkeley: University of California Press, 2000.

————. *From Philosophy to Philology: Intellectual and Social Aspects of Change in
Late Imperial China*. Cambridge, Mass.: Council of East Asia Studies, Harvard
University, 1984.

Evans, Harriet. "The Language of Liberation: Gender and Jiefang in Early Chinese
Communist Party Discourse." *Intersections: Gender, History, and Culture in the
Asian Context*, inaugural issue (Sept. 1998): 1-20 (http://www.sshe.murdoch.edu.

au/hum/as/intersections).

Fan, Hong. *Footbinding, Feminism, and Freedom: The Liberation of Women's Bodies in Modern China*. London: Frank Cass, 1997.

Fan, Lian范濂. *Yunjian jumucao*雲間據目鈔(Jottings on things witnessed in Songjiang), 2.2b (p. 2628), in *Biji xiaoshuo daguan*筆記小說大觀, bian 22, ze 5.

Fang, H. S. Y., and F. Y. K. Yu. "Foot Binding in Chinese Women." *Canadian Journal of Surgery* 3 (April 1960): 195-202.

Fang, Xuan方絢. "Cailian chuan"采蓮船(The lotus-picking boat). *Xiangyan congshu*香艷叢書, vol.8 juan 1. N.p.: Guoxue fulunshe, 1914.

———. "Fangshi wuzhong"方氏五種(Five treatises of Mr. Fang), in *Shuofu*說郛, comp. Wang Wenru王文濡, pp.1241-1255. Taipei: Xinxing shuju, 1963.

———. "Guanyue cha"貫月查(The moon-circulating wine cup). *Xiangyan congshu*, vol.8 juan 1. N.p.: Guoxue fulunshe, 1914.

———. "Jinyuan zazuan"鏡園雜纂(Miscellaneous sayings from Jinyuan). *Xiangyan congshu*, vol.8 *juan* 1. N.p.: Guoxue fulunshe, 1914.

———. "Jinyuan zazuan," "Xianglian pinzao," "Guanyue cha," and "Cailian chuan." In *Hongxiu tianxiangshi congshu*紅袖添香室叢書(Collectanea from the red-sleeve-fragrance-enhanced studio), comp. Gao Jianhua高劍華, vol.2, pp.108-153. Shanghai: Shanghai qunxueshe, 1936.

———. "Xianglian pinzao"香蓮品藻(Aesthetics of the fragrant lotus). *Xiangyan congshu*, vol.8 *juan* 1. N.p.: Guoxue fulunshe, 1914.

Feng, Erkang馮爾康. *Yongzheng zhuan*雍正傳(A biography of Emperor Yongzheng). Beijing: Renmin chubanshe, 1985.

Feng, Menglong馮夢龍, ed. Shan'ge山歌(Mountain songs). In *Ming-Qing minge shidiao ji*明清民歌時調集(A collection of folk songs and popular tunes from the Ming-Qing period), vol.1, pp.245-444. Shanghai: Shanghai guji chubanshe, 1987.

Freud, Sigmund. "Fetishism." In *Sexuality and the Psychology of Love*, edited and with an introduction by Philip Rieâ, pp.214-19. New York: Collier Books, 1963.

Fujiansheng bowuguan福建省博物館. "Fuzhou shi beijiao Nan-Song mu qingli jianbao"福州市北郊南宋墓清理簡報(A brief excavation report of a Southern Song tomb in the northern suburb of Fuzhou city). *Wenwu*文物 7 (1977): 1-17.

———, ed. *Fuzhou Nan-Song Huang Sheng mu*福州南宋黃昇墓(The Southern Song tomb of Huang Sheng). Beijing: Wenwu chubanshe, 1982.

Fujita, Yuken藤田祐賢. "Ryosai zokyoku ko"聊齋俗曲考(The fifteen popular plays of Liaozhai). *Geibun kenkyu*藝文研究 no.18 (1964): 29-43.

Furth, Charlotte. *A Flourishing Yin: Gender in China's Medical History, 960-1665*. Berkeley: University of California Press, 1999.

———. *Ting Wen-chiang: Science and China's New Culture*. Cambridge, Mass.: Harvard

University Press, 1970.

Furugaki, Koichi古垣光一. "Chugoku ni okeru josei no tensoku: toku ni jisso to Sodai no kigen ni tsuite"中國における女性の纏足―特に実相と宋代の起源について(Female footbinding in China: A study of its realities and origins in the Song dynasty). *Chugoku kankei ronsetsu shiliao*中國關係論說資料 29, no.1 (1987): 44−53.

Gao, Hongxing高洪興. *Chanzu shi* 纏足史(A history of footbinding). Shanghai: Shanghai wenyi chubanshe, 1995.

Gao, James Zheng. *Meeting Technology's Advance: Social Change in China and Zimbabwe in the Railway Age*. Westport, Conn.: Greenwood Press, 1997.

Gao, Shiyu高世瑜. "Chanzu zaiyi"纏足再議(A revisionist thesis on footbinding). *Shixue yuekan*史學月刊 2 (1999): 20−24, 111.

Gao, Wenxian高文顯. *Han Wo*韓偓. Taipei: Xinwenfeng, 1984.

Gates, Hill. *China's Motor: A Thousand Years of Petty Capitalism*. Ithaca: Cornell University Press, 1996.

――. "Footbinding and Homespinning in Sichuan: Capitalism's Ambiguous Gifts to Petty Capitalism." *In Constructing China: The Interaction of Culture and Economics*, edited by Kenneth G. Lieberthal, Shuen-fu Lin, and Ernest P. Young, pp.177−194. Ann Arbor: University of Michigan Press, 1997.

Gell, Alfred. *Wrapping in Images: Tattooing in Polynesia*. Oxford: Clarendon Press, 1996.

Goldstein, Joshua. "Getting from Here to There on the Pingsui Railroad." Unpublished seminar paper, University of California at San Diego, 1994.

Gu Gaoyang Xishan Qiaozi古高陽西山樵子. "Guiyan qinsheng"閨艷秦聲(Boudoir pleasures in Shaanxi tunes). In Inoue Kobai井上紅梅, Shina fuzoku支那風俗(Chinese customs), vol.1, book 3, pp.1−38. Shanghai: Nihondo shoten, 1920−1921.

――. "Guiyan qinsheng." *Zhongguo guyan xipin congkan*中國古艷稀品叢刊 (Collectanea of rare books from the Chinese erotica), vol.(ji)1, book(ze) 3, pp.1− 38. N.p., n.d.; copy in the Fu Ssu-nien Library, Academia Sinica.

Gu, Hongming(Ku Hung-ming)辜鴻銘. *Gu Hongming wenji*辜鴻銘文集(Collected works of Gu Hongming), 2 vols. Haikou: Hianan chubanshe, 1996.

――. *Zhongguoren de jingshen*中國人的精神(Spirit of the Chinese people). Translated from English by Huang Xingtao 黃興濤 and Song Xiaoqing 宋小慶. Haikou: Hainan chubanshe, 1996.

Gu, Jiegang顧頡剛 et al., eds. *Wuge; Wuge xiaoshi*吳歌;吳歌小史(Wu songs; A short history of Wu songs). Nanjing: Jiangsu guji, 1999.

*Gugong wupin diancha baogao*故官物品點查報告(An inventory of objects in the former Qing palace). Beiping: Qingshi shanhou weiyuanhui, 1925−1926.

Gujintan bianji weiyuanhui古今談編輯委員會, ed. *Gujin mingren zhuanji*古今名人傳記

(Biographies of notables from the past and present). Taipei: Gujintan zazhishe, 1972.

Hanan, Patrick. The Invention of Li Yu.Cambridge, Mass.: Harvard University Press, 1988.

Handler, Sarah. "The Chinese Bed." In *Chinese Furniture: Selected Articles from "Orientations,"* 1984–1994. Hong Kong: Orientations Magazine Ltd., 1996.

Hay, Jonathan. Shitao: Painting and Modernity in Early Qing China. Cambridge: Cambridge University Press, 2001.

Hays, Mary V. "Chinese Skirts of the Qing Dynasty." *The Bulletin of the Needle and Bobbin Club* 72, nos.1&2 (1989): 4–41.

He, Manzi何滿子. *Pu Songling yu Liaozhai zhiyi*蒲松齡與聊齋誌異(Pu Songling and Liaozhai zhiyi). Shanghai: Shanghai chuban gongsi, 1955.

Hershatter, Gail. "The Subaltern Talks Back: Reflections on Subaltern Theory and Chinese History." *positions: east asia cultures critique* 1, no.1 (Spring 1993): 103–30.

Hong, Minlin洪敏麟. "Chanjiao yu Taiwan de tianranzu yundong"纏腳與台灣的天然足運動(Footbinding and the natural feet movement in Taiwan). *Taiwan wenxian*台灣文獻 27, no.3 (Sept. 1976): 143–57.

Hong, Renqing洪認清. "Minguo shiqi de quanjin chanzu yundong"民國時期的勸禁纏足運動(The anti-footbinding movement in the Republican period). *Minguo chunqiu* 民國春秋 6 (1996): 18–19.

Honig, Emily. Sisters and Strangers: *Women in the Shanghai Cotton Mills*, 1919–1949. Stanford, Calif.: Stanford University Press, 1986.

Hu, Yepin鬍世頻. "Xiao xiancheng zhong de liangge furen"小縣城中的兩個婦人(Two women in a small county town). *Dongfang zazhi* 東方雜誌 26, no.18 (Sept. 1929): 101–6.

Hu, Ying. "Re-Configuring Nei/Wai: Writing the Woman Traveler in the Late Qing." *Late Imperial China* 18, no. 1 (June 1997): 72–99.

———. Tales of Translation: Composing the New Woman in China, 1899–1918. Stanford, Calif.: Stanford University Press, 2000.

Hu, Yinglin胡應麟. Danqian xinlu 丹鉛新錄(The revised scarlet and lead scrolls). In *Shaoshi shanfang bicong* 少室山房筆叢. Beijing: Zhonghua shuju, 1958.

Huaguangsheng華廣生, ed. *Baixue yiyin*白雪遺音(Residual tunes on white snow). In *Ming-Qing minge shidiao* ji明清民歌時調集(A collection of folk songs and current tunes from the Ming and Qing periods), vol.2, pp.453–907. Shanghai: Shanghai guji chubanshe, 1987.

Huaipu jushi懷圃居士. *Liu Rushi shiji*柳如是事蹟(The life and deeds of Liu Rushi). Beiping: Wenzi tongmengshe, 1930.

Huang, Qiang黃強. Li Yu yanjiu李漁研究(A study of Li Yu). Hangzhou: Zhejiang guji chubanshe, 1996.

Huang, Ray. *1587: A Year of No Significance*. New Haven: Yale University Press, 1981.

Huang, Xintao黃興濤. *Xianhua Gu Hongming* 閒話辜鴻銘(Random talks on Gu Hongming). Haikou: Hainan chubanshe, 1997.

Huang, Yufu黃育馥. *Jingju, qiao he Zhongguo de xingbei guanxi*, 1902–1937 京劇, 蹻和 中國的性別關係(Peking opera, stilts, and gender relations in China, 1902–1937). Beijing: Sanlian shudian, 1998.

Hucker, Charles O. *A Dictionary of O·cial Titles in Imperial China*. Stanford, Calif.: Stanford University Press, 1985.

Huenemann, Ralph William. *The Dragon and the Iron Horse: The Economics of Railroads in China, 1876–1937*. Cambridge, Mass.: Harvard University Press, 1984.

Hummel, Arthur W., ed. *Eminent Chinese of the Ch'ing Period*. Washington, D.C.: United States Government Printing O<ce, 1943.

Jackson, Beverley. *Splendid Slippers: A Thousand Years of an Erotic Tradition*. Berkeley, Calif.: Ten Speed Press, 1997.

Jia, Shen賈伸. *Zhonghua funü chanzu kao*中華婦女纏足考(A survey of footbinding of Chinese women). Beijing: Xiangshan ciyouyuan, 1925.

Jiangxisheng wenwu gongzuodui江西省文物工作隊. "Jiangxi Nancheng Ming Yixuanwang Zhu Yiyin fufu hezang mu"江西南城明益宣王朱翊鈏夫婦合葬墓(The tomb of Zhu Yiyun, Prince Yixuan, in Nancheng, Jiangxi). *Wenwu* 8 (1982): 16–28.

Jiangxisheng wenwu kaogu yanjiusuo江西省文物考古研究所 and De'an xian bowuguan 德安縣博物館. "Jiangxi De'an Nan-Song Zhoushi mu qingli jianbao"江西德安南宋 周氏墓清理簡報(A brief excavation report of the Southern-Song tomb of Madam Zhou in De'an, Jiangxi province). *Wenwu* 9 (1990): 1–13.

Jin, Qihua金啓華, trans. *Shijing quanyi*詩經全譯(The *Book of Songs*, with a complete vernacular translation). Jiangsu: Jiangsu guji chubanshe, 1996.

*Jujia biyong shilei*居家必用事類(Essentials of domestic living). Kyoto: Chubun shuppansha, 1984. Facsimile of 1673 edition printed in Japan.

Jujia biyong shilei. Ming Silijian edition in the Fu Ssu-nien Library.

Jujia biyong shilei. Ming Neifu edition in the Naikaku bunko.

*Jujia yiji*居家宜忌(Do's and don'ts at home). N.p., preface 1820–50. Copy in the Fu Ssu-nien Library.

"Kai tensoku setsu"戒纏足說(Quit binding feet). *Taiwan kanshu kiji*台灣慣習記事 2, no. 11 (1902): 43–49 (887–93).

Kandel, Eric R., James H. Schwartz, and Thomas M. Jessell. *Principles of Neural Science*. 3rd ed. New York: Elsevier Science Publishing Co., Inc., 1991.

Kang, Laixin康來新. *Wan-Qing xiaoshuo lilun yanjiu*晚清小說理論研究(A study of theories about fiction in the late Qing). Taipei: Da'an chubanshe, 1986.

Kang, Zhengguo康正果. *Chongshen fengyuejian*重審風月鑑(Re-examining the mirror of wind and moon). Taipei: Maitian chuban, 1996.

———. *Fengsao yu yanqing*風騷與艷情(The feminine in Chinese literature). Zhengzhou: Henan Renmin chubanshe, 1988.

Karl, Rebecca E. *Staging the World: Chinese Nationalism at the Turn of the Twentieth Century*. Durham and London: Duke University Press, 2002.

Karl, Rebecca E., and Peter Zarrow, eds. *Rethinking the 1898 Reform Period: Political and Cultural Change in Late Qing China*. Cambridge, Mass.: Harvard University Asia Center, 2002.

Ke, Jiahao(John Kieschnick)柯嘉豪. "Yizi yu Fojiao liuchuan zhi guanxi"椅子與佛教流傳之關係(The relationship between chairs and the transmission of Buddhism). *Zhongyang yanjiuyuan lishiyuyan yanjiusuo jikan* 69, no. 4 (Dec. 1998): 727–63.

Ke, Jisheng(Ko Chi-sheng)柯基生. *Qianzai jinlian fenghua*千載金蓮風華(A thousand years of bound feet). Taipei: Guoli lishi bowuguan, 2003.

———. *Sancun jinlian*三寸金蓮(Three-inch golden lotus). Taipei: Chanye qingbao zazhishe, 1995.

Kikuchi, Takaharu菊池貴晴. "Futensoku undo ni tsuite"不纏足運動について(On the anti-footbinding movement). *Rekishi kyoiku*歷史教育 5, no. 12 (1957): 31–39.

Kishimoto, Mio岸本美緒. "Min-shin jidai no mibun kankaku"明清時代の身分感覺("Status sense" in the late-Ming–early-Qing period). In *Min-Shin jidaishi no kihon mondai*明清時代史の基本問題(Foundational problems in Ming-Qing history), edited by Mori Masao森正夫, pp.403–28. Tokyo: Kyuko shoin, 1997.

*Kissho: Chugoku bijitsu ni komerareta imi*吉祥—中國美術にこめられた意味(Jixiang: Auspicious motifs in Chinese art). Tokyo: Tokyo National Museum, 1998.

Ko, Dorothy. "The Body as Attire: The Shifting Meanings of Footbinding in Seventeenth-Century China." *Journal of Women's History* 8, no.4 (Winter 1997): 8–27.

———. "Bondage in Time: Footbinding and Fashion Theory." *Fashion Theory: The Journal of Dress, Body, & Culture* 1, no.1 (March 1997): 3–28.

———. "The Emperor and His Women: Three Views of Footbinding, Ethnicity, and Empire." In *Life in the Imperial Court of Qing Dynasty China, Proceedings of the Denver Museum of Natural History*, series 3, no.15, edited by Chuimei Ho and Cheri Jones. Denver: Denver Museum of Natural History Press, 1998.

———. *Every Step a Lotus: Shoes for Bound Feet*. Berkeley: University of California Press, 2001.

———. "Footbinding as Female Inscription." In *Rethinking Confucianism: Past and Present in China, Japan, Korea, and Vietnam*, edited by Benjamin Elman, John Duncan, and Herman Ooms, pp.147–77. Los Angeles: Asia Pacific Monograph

Series in International Studies, University of California, Los Angeles, 2002.

———. "The Sex of Footbinding." In *Good Sex: Women's Religious Wisdom*, edited by Radhika Balakrishnan, Mary E. Hunt, and Patricia Beattie Jung, pp.140–57. New Brunswick, N.J.: Rutgers University Press, 2001.

———. "The Subject of Pain." In *From the Late Ming to the Late Qing: Dynastic Decline and Cultural Innovation*, edited by David Wang and Wei Shang. Stanford, Calif.: Stanford University Press, forthcoming.

———. *Teachers of the Inner Chambers: Women and Culture in Seventeenth-Century China*. Stanford, Calif.: Stanford University Press, 1994.

Köster, Hermann. "The Palace Museum of Peiping." *Monumenta Serica*, vol.2 (1936–37): 167–90.

Kristeva, Julia. *About Chinese Women*. Translated by Anita Barrows. New York and London: Marion Boyars, 1991.

Kwan, Man Bun. *The Salt Merchants of Tianjin: State-Making and Civil Society in Late Imperial China*. Honolulu: University of Hawaii Press, 2001.

Kwok, D. W. Y. *Scientism in Chinese Thought*, 1900–1950. New Haven: Yale University Press, 1962.

Lao Xuan老宣(Xuan Yongguang宣永光). *Luanyu quanshu*亂語全書(Complete book of crazy words). Beijing: Hualing chubanshe, 1996.

Lee, Li-Young. *The Winged Seed: A Remembrance*. New York: Simon & Schuster, 1995.

Levy, Howard S. *Chinese Footbinding: The History of a Curious Erotic Custom*. Taipei: Nantian shuju, 1984.

Li, Bozhong李伯重. "Cong 'fufu bingzuo' dao 'nangeng nüzhi'" 從"夫婦並作"到"男耕女織"(From "husband-and-wife working side-by-side in the fields" to "men plow, women weave"). *Jingjishi yanjiu*經濟史研究 3 (1996): 99–107.

———. " 'Nangeng nüzhi' yu 'funü banbiantian' jiaose de xingcheng" "男耕女織"與"婦女半邊天"角色的形成(From "men plow, women weave" to the formation of the role of "women shouldering half the sky"). *Jingjishi yanjiu*經濟史研究 3 (1997): 10–22.

Li, Xiaoti(Li Hsiao-t'i)李孝悌. "Shiba shiji Zhongguo shehui zhongde qingyu yu shenti: Lijiao shijie yiwai de jianianhuahui"十八世紀中國社會中的情欲與身體—禮教世界以外的嘉年華會(Desire and body in eighteenth-century Chinese society: a carnival beyond "civil" society). *Bulletin of the Institute of History and Philology, Academia Sinica* 72, part 3 (2001): 543–95.

Li, Xu李旭 and Huang Yanhong黃焱紅. "Xiaojiao nüren cun"小脚女人村(Village of tiny-footed women). *China Tourism* 208 (Oct. 1997): 40–51.

Li, Youning李又寧 and Zhang Yufa張玉法(Li Yu-ning and Chang Yü-fa), eds. *Jindai Zhongguo nüquan yundong shiliao*近代中國女權運動史料(Documents on the feminist movement in modern China, 1842–1911). Taipei: Zhuanji wenxue chubanshe, 1975.

Li, Yu. *The Carnal Prayer Mat*. Translated by Patrick Hanan. Honolulu: The University of Hawaii Press, 1990.

——— 李漁. *Xianqing ouji*閒情偶寄(Casual expressions of idle feeling). Shanghai: Shanghai guji chubanshe, 2000.

Liang, Jinghe梁景和. *Jindai Zhongguo lousu wenhua shanbian yanjiu*近代中國陋俗文化嬗變研究(A study of the evolution of the culture of undesirable customs in modern China). Beijing: Shoudu shifan daxue chubanshe, 1998.

Lin, Liyue(Lin Li-yueh)林麗月. "Yichang yu fengjiao: Wan-Ming de fushi fengshang yu 'fuyao' yilun"衣裳與風教-晚明的服飾風尚與"服妖"議論(Clothing and morality: Fashion trends and the discourse on "dressing the human prodigy" in the late-Ming period). *Xinshixue* 10, no. 3 (1999): 111–57.

Lin, Qingzhang林慶彰 and Jia Shunxian賈順先, comps. *Yang Shen yanjiu ziliao huibian*楊慎研究資料彙編(Resource materials on the study of Yang Shen). Taipei: Institute of Chinese Literature and Philosophy, Academia Sinica, 1992.

Lin, Qiumin林秋敏. "Jindai Zhongguo de Buchanzu yundong (1895–1937)"近代中國的不纏足運動(The anti-footbinding movement in modern China). Master's thesis, Guoli Zhengzhi daxue, 1990.

———. "Qingmo de Tianzu hui, 1895–1906"清末的天足會(The Natural Feet Society in the Late Qing period). *Guoshiguan guankan*國史館館刊, fukan (n.s.) 16 (1994): 115–24.

———. "Yan Xishan yu Shanxi de tianzu yundong"閻錫山與山西的天足運動(Yan Xishan and the Natural feet movement in Shanxi). *Guoshiguan guankan, fukan* (n.s.) 18 (June 1995): 129–44.

Lin, Sumen林蘇門. *Hanjiang sanbaiyin*邗江三百吟(Three hundred verses from Yangzhou). Yangzhou: Jiangsu Guangling guji keyinshe, 1988(preface dated 1808).

Lin, Weihong(Lin Wei-hung)林維紅. "Chastity in Chinese Eyes: Nan-nü YuPieh." *Chinese Studies* 9, no.2 (Dec. 1991): 13–40.

———. "Qingji de funü buchanzu yundong (1894–1911)"清季的婦女不纏足運動(The anti-footbinding movement of late-Qing women). *Guoli Taiwan daxue lishi xuexi xuebao*國立台灣大學歷史學系學報 16 (1991): 139–80.

Ling, Hongxun(H. H. Ling)凌鴻勳. *Zhongguo tielu zhi*中國鐵路誌(A comprehensive survey of railway development in China). Taipei: Changliu banyuekan she, 1954.

Little, Mrs. Archibald(Alicia). *The Land of the Blue Gown*. London: T. Fisher Unwin, 1902.

Liu, Jieping劉階平. Pu Liuxian Songling xiansheng nianpu蒲留仙松齡先生年譜(A chronological biography of Mr. Pu Songling). Taipei: Zhonghua shuju, 1985.

———, comp. *Qingchu guci liqu xuan*清初鼓詞俚曲選(A selection of ballads from the early Qing). Taipei: Zhengzhong shuju, 1968.

Liu, Lydia H. "The Desire for the Sovereign and the Logic of Reciprocity in the Family of Nations." Diacritics 29, no.4 (1999): 150–77.

———. "The Female Body and Nationalist Discourse." In *Scattered Hegemonies: Postmodernity and Transnational Feminist Practices*, edited by Inderpal Grewal and Caren Kaplan, pp.37–62. Minneapolis: University of Minnesota Press, 1994.

Liu, Tingji劉廷璣. *Zaiyuan zazhi*在園雜誌(Miscellaneous notes from Zai manor). Series 38, no.379 of *Jindai Zhongguo shiliao congkan*近代中國史料叢刊(Collectanea of historical documents from modern China). Edited by Shen Yunlong沈雲龍. Taipei: Wenhai chubanshe, 1969.

Lo, Hui-min. "Ku Hung-ming: Homecoming, Part 1." *East Asian History* 6 (1993): 163–82.

———. "Ku Hung-ming: Homecoming, Part 2." *East Asian History* 9 (1995): 67–96.

———. "Ku Hung-ming: Schooling." *Papers on Far Eastern History* 37–38 (1988): 45–64.

Loewe, Michael, ed. *Early Chinese Texts: A Bibliographical Guide*. Berkeley: The Society for the Study of Early China and The Institute of East Asian Studies, University of California, Berkeley, 1993.

Lü, Meiyi呂美頤. "The Second Wave of the Movement for Unbound Feet." *Women of China* (April 1989): 44–45, 26.

———. "Small Steps Forward: Efforts Against Foot-Binding." *Women of China* (Feb. 1989): 42–44.

———. "The Unbound Feet Movement in the Reform of 1898." *Women of China* (March 1989): 51–53.

Lü, Meiyi, and Zheng Yongfu鄭永福. *Zhongguo funü yundong*(1840–1921)中國婦女運動 (The women's movement in China, 1840–1921). Henan Renmin chubanshe, 1990.

Lu, Zhengwen路成文, Qi Fengyi祁鳳義, and Nie Yuanlong聶元龍, eds. *Shanxi fengsu minqing*山西風俗民情(Folkways and customs in Shanxi). Taiyuan: Shanxi sheng difangzhi bianhui weiyuanhui bangongshi, 1987.

MacGowan, John. *Beside the Bamboo*. London: London Missionary Society, 1914.

———. *How England Saved China*. London: T. Fisher Unwin, 1913.

———. *The Imperial History of China*. Shanghai: American Presbyterian Mission Press, 1906.

———. *Men and Manners of Modern China*. London: T. Fisher Unwin, 1912.

Mann, Susan. *Precious Records: Women in China's Long Eighteenth Century*. Stanford, Calif.: Stanford University Press, 1997.

Mao, Qiling毛奇齡. *Wuzong waiji*武宗外紀(An unoffcial history of the Ming emperor Wuzong). In *Xiangyan congshu*(Collectanea of the fragrant and the beautiful), 6: 3001–24. Shanghai: Guoxue fulun she, 1914.

Matignon, Dr. J.-J. *Superstition, crime, et misére en Chine: souvenirs de biologie sociale*. Lyon: A. Storck & Cie, 1899.

Maxwell, J. Preston. "On the Evils of Chinese Foot-Binding." *The China Medical Journal* 30, no. 6 (Nov. 1916): 393-96.

McLaren, Anne E. *Chinese Popular Culture and Ming Chantefables*. Leiden: Brill, 1998.

———. "Crossing Gender Boundaries in China: Nüshu Narratives." *Intersections* (1998): 1-16. (http://www.sshe.murdoch.edu.au/hum/as/intersections)

McMahon, Keith. *Misers, Shrews, and Polygamists: Sexuality and Male-Female Relations in Eighteenth-Century Chinese Fiction*. Durham and London: Duke University Press, 1995.

Meng, Sen孟森. *Xinshi congkan, wai yi zhong*心史叢刊,外一種(Collection of essays by Meng Sen). Changsha: Yuelu shushe, 1986.

*Ming Chenghua shuochang cihua congkan*明成化說唱詞話叢刊(A collection of chantefables from the Chenghua reign of the Ming dynasty). Beijing: Wenwu chubanshe, 1979.

Mitchell, Timothy. *Colonising Egypt*. Berkeley: University of California Press, 1991.

Morris, Andrew. *Marrow of the Nation: A History of Sport and Physical Culture in Republican China*. Berkeley: University of California Press, 2004.

Nagao, Ryuzo永尾龍造. *Shina minzoku shi*史那民俗志(Ethnography of Chinese folk customs), vol. 2. Tokyo: Kokusho kankokai, 1973.

Nakayama(Kishimoto), Mio中山美緒. "Shindai zenki Konan no bukka doko"清代前期江南の物價動向(The secular trend of commodity prices in Jiangnan in the first half of the Qing period). *Toyoshi kenkyu*東洋史研究 37, no. 4 (March 1979): 77-106.

*Neige xingke tiben*內閣刑科題本(Grand Secretariat memorials on criminal matters). At the First Historical Archives, Beijing.

Ni, Zan倪瓚. *Qingmige quanji*清閟閣全集(Complete collection from the Serene-Shelter Pavilion). In *Yuandai zhenben wenji huikan*. Taipei: Guoli zhongyan tushuguan, 1970.

Nishijima, Sadao. "The Formation of the Early Chinese Cotton Industry." In *State and Society in China: Japanese Perspectives on Ming-Qing Social and Economic History*, edited by Linda Grove and Christian Daniels. Tokyo: University of Tokyo Press, 1984.

Okamoto, Ryuzo岡本隆三. *Tensoku monogatari*纏足物語(The story of footbinding). Tokyo: Toho shoten, 1986; first published 1963.

Oki, Yasushi大木康. *Fu Bo Ryu "Sanka" no kenkyu*馮夢龍《山歌》の研究(A study of Feng Menglong's "Mountain Songs"). Tokyo: Keisoo shobo, 2003.

Ono, Kazuko小野和子. "*Kyokaen* no sekkai: Shincho kosho gakusha no udopia zo"「鏡花緣」の世界—清朝考証學者のユートピア像(The world of *Jinghuayuan*: a portrait of utopia of Qing evidential scholars). Shiso思想 721 (July 1984): 40-55.

The Plum in the Golden Vase or, Chin P'ing Mei. Vol.1: The Gathering. Translated by David Tod Roy. Princeton: Princeton University Press, 1993.

The Plum in the Golden Vase or, Chin P'ing Mei. Vol.2: The Rivals. Translated by David Tod Roy. Princeton: Princeton University Press, 2001.

Pruitt, Ida. *A China Childhood.* San Francisco: Chinese Materials Center, Inc., 1978.

———. *A Daughter of Han: The Autobiography of a Chinese Working Woman.* Stanford, Calif.: Stanford University Press, 1967.

Pu, Songling蒲松齡. *Liaozhai liqu ji*聊齋俚曲集(Song ballads from Liaozhai). Beijing: Guoji wenhua chuban gongsi, 1999.

———. *Liaozhai zhiyi*聊齋誌異(Records of the strange from Liaozhai). Ji'nan: Qilu shushe, 1981.

Qian, Nanxiu. "Revitalizing the Xianyuan(Worthy Ladies) Tradition: Women in the 1898 Reforms." *Modern China* 29, no.4 (Oct. 2003): 399-454.

Qian, Yong錢泳. *Lüyuan conghua*履園叢話(Collected words from Lüyuan). Taipei: Guangwen shuju, 1969.

Qiu, Weixuan邱煒萲. *Shuyuan zhuitan jielü*菽園贅談節錄(Excerpts from random talk from the Bean Garden). *Xiangyan congshu*, vol.8, juan 3. N.p.: Guoxue fulun she, 1914.

*Quan Tangshi*全唐詩(Complete Tang poetry). Shanghai: Shanghai guji chubanshe, 1995.

Raphals, Lisa. *Sharing the Light: Representations of Women and Virtue in Early China.* Albany: State University of New York Press, 1998.

Richards, Thomas. "Archive and Utopia." *Representations* 37 (Winter 1992): 104-35.

Sakamoto, Hiroko坂元ひろ子. "Ashi no deisukosu: tensoku; tensoku; kokuchi" 足のデイスコース—纏足・天足・國恥(The discourse of feet: Natural feet; bound feet; national shame). *Shiso*思想 907 (Jan. 2000): 145-61.

Sang, Rou桑柔. *Gu Hongming de youmo*辜鴻銘的幽默(The humor of Gu Hongming). Taipei: Jingmei chubanshe, 1985.

Scott, Joan Wallach. *Only Paradoxes to O*er: French Feminists and the Rights of Man.* Cambridge, Mass.: Harvard University Press, 1996.

Shang, Wei. "The Making of the Everyday World: *Jin Ping Mei Cihua* and Encyclopedias for Daily Use." Unpublished paper, 2002.

Shanghai Zhongguo Tianzu hui上海中國天足會. *Tianzu huibao*天足會報 no.1 (Summer 1907). Copy in the Shanghai Municipal Library.

Shanxi cunzheng chu山西村政處, comp. *Shanxi cunzheng huibian*山西村政彙編 (Collected documents on village-based governance). n.p. (Taiyuan?): Shanxi cunzhengchu, 1928.

Shen, Congwen沈從文. *Zhongguo gudai fushi yanjiu*中國古代服飾史(A study of costumes in traditional China). Taipei: Nantian, 1988.

Shen, Defu沈德符. *Wanli yehuo bian*萬曆野獲編(Unoffcial gleanings from the Wanli era). N.p.: Fuli shanfang, 1827.

Shen, Fu. *Six Records of a Floating Life*. Translated by Leonard Pratt and Chiang Su-hui. London and New York: Penguin Books, 1983.

Shi, Meng時萌. *Wan-Qing xiaoshuo*晚清小說(Late Qing fiction). Shanghai: Shanghai guji chubanshe, 1989.

Shuwu舒蕪, ed. *Nüxing de faxian: Zhitong funülun leichao*女性的發現—和堂婦女論類鈔 (The discovery of the female sex: A classified collection of Zhou Zuoren's writings on women). Beijing: Wenhua yishu chubanshe, 1990.

Song, Lizhong宋立中 and Fan Jinmin范金民. "Review of Li Bozhong, *Jiangnan de zaoqi gongyehua*, 1550–1850"評李伯重,《江南的早期工業化(1550-1850)》. Xinshixue新史學 12, no. 4 (Dec. 2001): 193–205.

Spence, Jonathan. *Treason by the Book*. New York: Viking, 2001.

Stewart, Susan. On Longing: *Narratives of the Miniature, the Gigantic, the Souvenir, the Collection*. Durham and London: Duke University Press, 1993.

Su, Bai宿白. *Baisha Song mu*白沙宋墓(The Baisha Song tomb). Beijing: Wenwu chubanshe, 1957.

Su, Fu甦馥. *Xianggui xiewa dianlüe*香閨鞋襪典略(Allusions to stockings and shoes in the fragrant chamber). Haining Zoushi shizu youlanshi *manuscript edition, 1879. Copy in the Rare Book Room, National Central Library, Taipei, Taiwan.*

*Taiping yulan*太平御覽(Encyclopedia for imperial perusal, compiled in the Taiping xingguo reign, 976–984). Taipei: Daihua shuju, 1977.

Takashima, Ko高嶋航. "Kyokai to shinja no aida de: Josei senkyoshi ni yoru tensoku kaiho no kokorumi"教會と信者の間で女性宣教試による纏足解放の試み(Between the Church and the convents: Attempts of female missionaries to unbind feet). In *Chugoku kindaika no dotai kozo*中國近代化の動態構造(The dynamic structures of Chinese modernity), ed. Mori Tokihiko, pp.273–309. Kyoto: Kyoto daigaku jinbun kagaku kenkyujo, 2004.

(Tang), Yisuo湯頤瑣. *Huang Xiuqiu*黃繡球. In *Wan-Qing xiaoshuo daxi*晚清小說大系 (Series in Late-Qing fiction), vol.15. Taipei: Guangya shuju, 1984.

———. "Xu Zhongke xiansheng 'Tiansuke yuwantu' xu"徐仲可先生"天蘇閣娛晚圖 序"(Preface to "Pictures for self-entertainment in old age in my Tiansu Pavilion" by Mr. Xu Zhongke). Appendix to Xu Ke, "Chunfeiguan ci"純飛館詞(Song lyrics from the Chunfei Mansion), 22b–24a. In *Tiansuke congkan*天蘇閣叢刊(Collectanea from the Tiansu Pavilion), edited by Xu Ke. Shanghai: Shangwu yinshuguan, 1914.

Tanmian daoren醒眠道人(Zhang Lüping張履平), comp. Kunde baojian坤德寶鑑(Precious mirror of feminine virtues). N.p.: Yuxiutang, 1777. Copy in the Harvard-Yenching

Library.

———. *Zengshan kunde baojian*增删坤德寶鑑(Precious mirror of feminine virtues, with additions and deletions). Signed "Kuimiutang zhuren xuancao"愧繆堂主人選鈔(selected and copied by the Master of the Ashamed-of-Mistakes Studio). Nineteenth-twentieth-century hand-copied edition. Collection of Don J. Cohn.

Tao, Anhua陶安化(Baopi報癖). "Xiaozu juan"小足捐(Excising small feet). *Yueyue xiaoshuo*月月小說 1, no.6 (Feb. 1907): 177-86.

Tao, Jinsheng陶晉生. "Geji wuji yu jinlian"歌姬舞妓與金蓮(Singing girls, dancing girls, and the golden lotus). In *Tang-Song nüxing yu shehui*唐宋女性與社會(Women and society in the Tang and Song dynasties), edited by Deng Xiaonan鄧小南. Shanghai: Shanghai cishu chubanshe, 2003.

Tao, Zongyi陶宗儀. *Chuogenglu*輟耕錄(Notations from resting the plough). Preface dated 1366. In *Qinding siku quanshu*欽定四庫全書, *zibu* 12, *xiaoshuojia lei* 1.

Tarumoto, Teruo樽本照雄. *Shinmatsu shosetsu kandan*清末小說閑談(Studies in late-Qing fiction). Kyoto: Horitsu bunkasha, 1983.

Thiriez, Régine. "Photography and Portraiture in Nineteenth-Century China." *East Asian History* 17/18 (1999): 77-102.

*Tianshui bingshan lu*天水冰山錄(Heavenly waters melting the iceberg). Vol.1502 of *Congshu jicheng chubian*叢書集成初編. Shanghai: Shangwu yinshuguan, 1937.

Tian Yiheng田藝蘅. *Liuqing rizha*留青日札(Daily notations saved on green bamboo). Shanghai: Shanghai guji chubanshe, 1985; facsimile of 1609 edition.

Tongxi manshi桐凸護士. *Tingyu xiantan*聽兩閒談(Idle chats when listening to the rain). Shanghai: Shanghai guji chubanshe, 1983.

Toyoshi kenkyukai東洋史研究會, ed. *Yosei jidai no kenkyu*雍正時代の研究(A study of the Yongzheng period). Kyoto: Dohosha, 1986.

Turner, Christena L. "Locating Footbinding: Variations across Class and Space in Nineteenth and Early Twentieth Century China." *The Journal of Historical Sociology* 10, no.4 (Dec. 1997): 444-79.

Turner, Terence. "The Social Skin." In *Not Work Alone: A Cross-Cultural View of Activities Superfluous to Survival*, edited by Jeremy Cherfas and Roger Lewin, pp.112-40. Beverly Hills: Sage Publications, 1980.

Van Gulik, R. H. *Erotic Colour Prints of the Ming Period*. Tokyo: Privately published, 1951.

Veblen, Thorstein. *The Theory of the Leisure Class*. New York: Penguin Books, 1994.

Veith, Ilza. "The History of Medicine Dolls and Foot-binding in China." *Clio Medica* 14, no.3/4 (1980): 255-67.

Wang, David Der-wei. *Fin-de-Siècle Splendor: Repressed Modernities of Late Qing*

Fiction, 1849 –1911. Stanford, Calif.: Stanford University Press, 1997.

Wang, Dongfang王冬芳. *Maixiang xiandai: jianbian yu fangzu*邁向現代—剪辮與放足(March to modernity: Braid-cutting and foot-liberating). Shenyang: Liaohai chubanshe, 1997.

Wang, Hongtai王鴻泰. "Liudong yu hudong: You Ming-Qing jian chengshi shenghuo de texing tance gongzhong changyi de kaizhan,"流動與互動—由明清間城市生活的特性探測公眾場域的開展(Motion and interaction: tracing the development of a public field as gleaned from characteristics of city life in the Ming-Qing period). Ph.D. diss., National Taiwan University, 1998.

Wang, Jiaju王家駒. "Lu'an diqu hunsang zhidu zai Xinhai geming qianhou di biange" 潞安地區婚喪制度在辛亥革命前後的變革(Changes in the institutions of marriage and funerals in the Lu'an area before and after the 1911 Revolution). In *Shanxi wenshi zhiliao*山西文史資料, vol.7, pp.104 –24. Taiyuan: Wenshi zhiliao yanjiu weiyuanhui, 1984 (first published 1963).

Wang, Jingqi汪景祺. *Dushutang xizheng suibi*讀書堂西征隨筆(Notes from my westward journey from the Dushu Studio). Hong Kong: Longmen shudian, 1967.

Wang, Ping. *Aching for Beauty: Footbinding in China.* Minneapolis: University of Minnesota Press, 2000.

Wang, Sanpin王三聘. *Gujin shiwu kao*古今事物考(Things from past and present). Taipei: Shangwu, 1973.

Wang, Shucun王樹村. *Zhongguo minjian nianhuashi tulu*中國民間年畫史圖錄(A pictorial history of vernacular new year prints in China). Shanghai: Renmin meishu chubanshe, 1991.

Wang, Shu-Hwai et al., eds. *International Union List of Chinese Journals Relating to Women.* Taipei: Institute of Modern History, Academia Sinica, 1995.

Wang, Yan王岩. *Wanli dihou de yichu: Ming Dingling shizhi jijin*萬歷帝后的衣櫥—明定陵絲織集錦(The wardrobe of emperor Wanli and his empresses). Taipei: Dongda tushu gongsi, 1995.

Wang, Yuqing王宇清. *Zhongguo fuzhuang shigang*中國服裝史綱(An outline history of Chinese costumes). Taipei: Zhonghua minzu yishu wenjiao jijinhui, 1994.

Wang, Zheng. *Women in the Chinese Enlightenment: Oral and Textual Histories.* Berkeley: University of California Press, 1999.

Wang, Zhuo and Zhang Chao張潮, eds. *Tanji congshu*檀几叢書(Collectanea from the low sandalwood table). Preface dated 1695. Copy in the Naikaku bunko.

Wang, Zijin王子今. *Bozu diguo: Zhongguo chuantong jiaotong xingtai yanjiu*跛足帝國—中國傳統交通形態研究(The crippled empire: a study of traditional modes of transportation in China). Lanzhou: Dunhuang wenyi chubanshe, 1996.

*Wanli Quanbu wenlin miaojin wanbao quanshu*萬歷全補文林玅錦萬寶全書(A complete guide to myriad treasures). Shulin(Jianyang, Fujian): Anzheng tang, 1612. Copy in the Harvard-Yenching Library.

Weschler, Lawrence. *Mr. Wilson's Cabinet of Wonder.* New York: Vintage Books, 1996.

Wu, Guoqing伍國慶, comp. *Wentan guaijie Gu Hongming*文壇怪杰辜鴻銘(Gu Hongming, a maverick of the literary world). Changsha: Yuelu shushe, 1988.

Wu, Huifang吳慧芳. *Wanbao quanshu: Ming-Qing shiqi de minjian shenghuo shilu*萬寶全書:明清時期的民間生活實錄(A complete guide to myriad treasures: Documents of vernacular lives in the Ming-Qing period). Taipei: Guoli Zhengzhi daxue lishixi, 2001.

Wu, Renshu(Wu Jen-shu)巫仁恕. "Mingdai pingmin fushi de liuxing fengshang yu shidafu de fanying"明代平民服飾的流行風尚與士大夫的反應(The fashion trends of Ming commoners and the reactions of the scholar-offcials). *Xinshixue*新史學 10, no.3 (1999): 55-109.

Wu, Tung. *Earth Transformed: Chinese Ceramics in the Museum of Fine Arts, Boston.* Boston: MFA Publications, 2001.

Xiao, Yun笑雲. "Tianzu shuo"天足說(On natural feet). *Xiaoshuo congbao*小說叢報 3, no.8 (1917): 2-3.

"Xiaojiao beige huasheng xiuzhifu"小脚悲歌畫上休止符(The sad song of small feet has come to a full stop). *Xinmin wanbao*新民晚報, Nov. 22, 1999.

Xie, Boyang謝伯陽, ed. Quan-Ming sanqu全明散曲(Sanqu songs from the Ming dynasty). Ji'nan: Qilu shushe, 1994.

Xie, Zaihang謝在杭(Zhaozhe肇淛). *Wenhai pisha*文海披沙(Panning for gold in the ocean of words). Shanghai: Dada tushu gongyingshe, 1935(preface dated 1609).

Xu, Ke徐珂. *Qingbai leichao*清稗類鈔(A classified collection of anecdotes on the Qing dynasty). Beijing: Zhonghua shuju, 1986.

———. "Tianzu kaolüe"天足考略(A survey of natural feet). In Xu Ke, ed. *Tiansuke congkan.*

———. "Zhizu yu"知足語(Words of knowing feet). In Xu Ke, *Tiansuke biji shisanzhong*天蘇閣筆記十三種(Thirteen notation books from the Tiansu Pavilion), vol.2, pp.141-71. Hong Kong: Zhongshan tushu gongsi, 1973.

———, ed. *Tiansuke congkan*天蘇閣叢刊(Collectanea from the Tiansu Pavilion). Shanghai: Shangwu yinshuguan, 1914.

Xu, Sanyou徐三友, ed. *Xinqie quanbu tianxia simin liyong bianguan Wuche bojin*新鍥全補天下四民利用便觀五車拔錦(Five carriages of winning books for the convenient perusal of the four classes of people, revised and newly carved). Fujian: Jianyun chai, 1597. Copy in the Library of Congress.

Xu, Shuofang徐朔方. "Xu Lin nianpu"徐霖年譜(A chronological biography of Xu Lin). In *Xu Shuofang ji*徐朔方集(Collected essays by Xu Shuofang). Hangzhou: Zhejiang guji chubanshe, 1993.

Xue, Ji薛已. *Xue Ji yian*薛已醫案(Medical cases of Dr. Xue Ji). In *Tushu jicheng yibu quanlu, xin jiaoben*圖書集成醫部全錄新校本(A complete section on medicine from the collectanea *Tushu jicheng*, new collated edition). Taipei: Xinwenfeng chuban gongsi, n.d. (1979).

Xue, Shaohui薛紹徽. "Fu Shen nüshi shu"覆沈女士書. In *Daiyunlou wenji*黛韻樓文集, juan xia, 20b‑21a; in Xue, Daiyunlou yiji黛韻樓遺集. Fujian: Chenshi jiakanben, 1914.

Yan, Xishan閻錫山. Renmin xuzhi人民須知(What the people should know). N.p., 1919. Collection of Dr. Ko Chi‑sheng.

———, comp. *Shanxi Liuzheng sanshi huibian*山西六政三事彙編(Collected documents from the "Six policies, three matters" campaign, Shanxi province). N.p. (Taiyuan): Shanxi cunzhengchu, 1929.

———, comp. *Zhi‑Jin zhengwu quanshu chubian*治晉政務全書初編(The complete book of Shanxi governance). Taipei: Yanzhai, n.d. (1960).

Yang, Nianqun杨念群. "Cong kexue huayu dao guojia kongzhi: Dui nüzi chanzu you 'mei' bian 'chou' de duoyuan fenxi"從科學活語到國家控制—對女子纏足由'美'變'丑'的多元分析(From the discourse of science to control by the state: A multifarious analysis of the historical process whereby the bound foot changed from being "beautiful" to being "ugly"). *Beijing dang'an shiliao*北京檔案史料 4 (2001): 237‑96.

———. " 'Guoduqi' lishi de lingyinmian"過渡期歷史的另一面(The other face of the history of the "transitional period"). *Dushu*讀書 6: (2002): 128‑35.

Yang, Shen楊慎. *Danqian xulu*丹鉛續綠(Sequel to the scarlet and lead scrolls). In *Qinding siku quanshu, zibu* 10, *zajia lei* 2.

———. *Danqian yulu*丹鉛餘綠(The scarlet and lead scrolls). In *Qinding siku quanshu, zibu* 10, *zajia lei* 2.

———. *Danqian zhailu*丹鉛摘綠(Selections from the scarlet and lead scrolls). First published 1547. In *Qinding siku quanshu, zibu* 10, *zajia lei* 2.

———. *Danqian zonglu*丹鉛總綠(The scarlet and lead scrolls, summary edition). In *Qinding siku quanshu, zibu* 10, *zajia lei* 2.

———. *Han zashi mixin*漢雜事祕辛(Han footles). In *Xiangyan congshu, ji* 3, *juan* 2. Shanghai: Guoxue fulunshe, 1914.

———. *Tanyuan tihu*譚苑醍醐(Purified ghee). Prefaced 1542. In *Congshu jicheng chubian*, no.334. Changsha: Shangwu, 1939.

(Yang, Weizhen楊維楨). *Yang Weizhen shiji*楊維楨詩集(Collected poetry of Yang Weizhen). Hangzhou: Zhejiang guji chubanshe, 1994.

Yang, Xingmei杨興梅. "Nanjing guomin zhengfu jinzhi funü chanzu de nuli yu chengxiao"南京國民政府禁止婦女纏足的努力與成效(The efforts and effectiveness of the Nanjing regime in forbidding women from binding their feet). *Lishi yanjiu*歷史 研究 no.3 (1998): 113–29.

Yang, Xingmei and Luo Zhitian羅志田. "Jindai Zhongguoren dui nüxing xiaojiaomei de fouding"近代中國人對女性小脚美的否定(The denial of the beauty of small feet by the modern Chinese people). Paper presented at the Symposium on the History of Health and Beauty, Institute of History and Philology, Academia Sinica, Taipei, Taiwan, June 11–12, 1999.

Yang, Yang楊楊. *Xiaojiao wudao: Dian-nan yige xiangcun de chanzu gushi*小脚舞蹈— 滇南一個鄉村的纏足故事(Dancing on little feet: Stories of footbinding from a village in southern Yunnan). Hefei: Anhui wenyi chubanshe, 2001.

Yao, Jushun姚居順. *Zhongguo chanzu fengsu*中國纏足風俗(Customs of binding feet in China). Shenyang: Liaoning daxue chubanshe, 1991.

Yao, Lingxi姚靈犀. *Siwuxie xiaoji*思無邪小記(Minor notes from the Think-noevil studio). N.p., Caihua shulin, 1974; reprint of Tianjin shuju edition, 1941.

———, comp. *Caifei jinghualu, shangjuan*采菲精華錄, 上卷. Tianjin: Tianjin shuju, 1941.

———. *Caifeilu*(*chubian*)采菲錄(初編). Tianjin: Shidai gongsi, 1934.

———. *Caifeilu sanbian*采菲錄三編. Tianjin: Tianjin shuju, 1936.

———. *Caifeilu sibian*采菲錄四編. Tianjin: Tianjin shuju, 1938.

———. *Caifeilu xubian*采菲錄續編. Tianjin: Shidai gongsi, 1936.

———. *Caifei xinbian*采菲新編: Tianjin shuju, 1941.

Ye, Dabing葉大兵 and Qian Jinbo錢金波. *Zhongguo xielü wenhua cidian*中國鞋履文化 辭典(A dictionary of footwear culture in China). Shanghai: Shanghai sanlian, 2001.

Yi, Shizhen伊世珍. *Langxuan ji*瑯環記(Records from the immortal grottos). In *Xuejin taoyuan*學津討原(Seeking the source of the stream of knowledge). Edited by Zhang Haipeng張海鵬. Yangzhou: Guangling guji keyinshe, n.d. Yu, Huai余 懷. *Banqiao zaji*板橋雜記(Miscellaneous records from the wooden bridge). In *Xiangyan congshu, ji* 13, *juan* 3. Shanghai: Guoxue fulunshe, 1914.

———. "Furen xiewa kao"婦人鞋襪考(An examination of women's shoes and socks). In *Tanji congshu*(Collectanea from the sandalwood table). Edited by Wang Zhuo and Zhang Chao. Preface dated 1695. Copy in the Naikaku bunko.

Yu, Tingbi余庭璧. *Shiwu yiming jiaozhu*事物異名校注(Names and synonyms, annotated edition). Taiyuan: Shanxi guji chubanshe, 1993.

Yu, Xiangdou余象斗, comp. *Santai wanyong zhengzong*三台萬用正宗(The authentic Santai encyclopedia of ten thousand uses). Jianyang, Fujian: Yushi Shuangfang tang, 1599. Copy in the Toyo bunka kenkyujo, University of Tokyo.

Zeitlin, Judith T. *Historian of the Strange: Pu Songling and the Chinese Classical Tale*. Stanford: Stanford University Press, 1993.

———. "The Petrified Heart: Obsession in Chinese Literature, Art, and Medicine." *Late*

Imperial China 12, no.1 (June 1991): 1–26.

Zeng, Yongyi曾永義. *Shuo xuwenxue*說俗文學(On popular literature). Taipei: Lianjing, 1984.

*Zengbu yizhi zazi quanshu*增補易知雜字全書(Comprehensive guide to words and phrases, amended and expanded). Ming edition. Copy in the Niida bunko, Toyo bunka kenkyujo, University of Tokyo.

Zhang, Bangji張邦基. *Mozhuang manlu*墨莊漫錄(Random notes from the Ink Manor). In *Congshu jicheng chubian*叢書集成初編, no.2864–66. Changsha: Shangwu, 1939.

———. *Mozhuang manlu*. In *Qinding siku quanshu*欽定四庫全書, zibu 10, zajia lei 5.

Zhang, Dai張岱, comp. *Yehang chuan*夜航般(A guide to safe sailing at night). Hangzhou: Zhejiang guji chubanshe, 1981.

Zhang, Daoyi張道一, ed. *Lao xiqu nianhua*老戲曲年畫(Old New Year prints with drama scenes). Shanghai: Shanghai huabao chubanshe, 1999.

Zhang, Hongsheng張宏生, ed. *Ming-Qing wenxue yu xingbie yanjiu*明清文學與性別研究 (Ming-Qing literature and gender studies). Nanjing: Jiangsu guji chubanshe, 2002.

Zhang, Jinlan張金蘭. *"Jinpingmei nüxing fushi wenhua yanjiu"*《金瓶梅》女性服飾文化 研究(A study of the culture of female fashion in the *Plum in the Golden Vase*). Master's thesis, Department of Chinese literature, National Chengchi University, Taipei, Taiwan, 2000.

Zhang, Nan張柟 and Wang Renzhi王忍之, eds. *Xinhai geming qian shinian jian shilun xuanji*辛亥革命前十年間時論選集(Selections of current opinions from the decade preceding the 1911 revolution). Beijing: Sanlian shudian, 1978.

Zhang, Xiushu張秀熟. "Qingmo minjian ertong duwu"清末民間兒童讀物(Primers for children in the late Qing). In *Sichuan wenshi ziliao xuanji*四川文史資料選輯, 20: 180–90. Chengdu: Sichuan renmin chubanshe, 1979.

Zhang, Xudong. *Chinese Modernism in the Era of Reforms: Cultural Fever, AvantGarde Fiction, and the New Chinese Cinema*. Durham and London: Duke University Press, 1997.

Zhang, Zhong張仲. *Xiaojiao yu bianzi*小脚與辮子(Small feet and the queue). Taipei: Youshi wenhua shiye gongsi, 1995.

Zhao, Feng趙丰, ed. *Fangzhipin kaogu xinfaxian*紡織品考古新發現(Recent excavations of textiles in China). Hong Kong: ISAT/Costume Squad Ltd., 2002.

Zhao, Yi趙翼. *Gaiyu congkao*陔餘叢考(Miscellaneous investigations during retirement). Shanghai: Shangwu, 1957; first published 1790.

Zhao, Zhibi趙之璧. *Pingshan tang tuzhi*平山堂圖志(A pictorial gazetteer of Pingshan Hall). Kyoto: Dohosha, 1981; first published 1765.

Zhonggong Zhongyang xianwei xuanzhuanbu中共中央縣委宣傳部 and Tonghai xian wenxue yishujie lianhehui通海縣文學藝術界聯合會, ed. *Tonghai: Xiujia nan Dian*

通海―秀甲南滇(Tonghai, the most elegant place in southern Yunnan). Tonghai, Yunnan: Zhonggong Tonghai xian wei and Tonghai xian renmin zhengfu, n.d. (1999).

Zhongguo shehuikexueyuan kaogu yanjiusuo中國社會科學院考古研究所, ed. *Dingling duoying*定陵掇英(Highlights from the Ding Mausoleum). Beijing: Wenwu chubanshe, 1989.

Zhongguo shehuikexueyuan kaogu yanjiusuo, Dingling bowuguan定陵博物館, and Beijingshi wenwu gongzuodui北京市文物工作隊. *Dingling*定陵(The imperial tomb of the Ming dynasty, Dingling). 2 vols. Beijing: Wenwu chubanshe, 1990.

Zhongguo Tianzu hui中國天足會. *Tianzu hui nianbao*天足會年報(Annual report of the Natural Feet Society). Shanghai: Meihua shuju, 1908. Copy in the Shanghai Municipal Library.

Zhou, Mi周密. *Haoranzhai yatan*浩然齋雅談(Elegant words from the Haoran studio). Shenyang: Liaoning jiaoyu chubanshe, 2000.

Zhou, Songyao周頌堯. *Chanzu*纏足(Footbinding). N.p.: n.d. (preface 1929). Collection of Dr. Chi-sheng Ko.

Zhou, Xibao周錫保. *Zhongguo gudai fushi shi*中國古代服飾史(A history of attire in traditional China). Taipei: Nantian shuju, 1992.

Zhou, Xun周迅 and Gao Chunming高春明. *Zhongguo lidai funü zhuangshi*中國歷代婦女妝飾(Women's attire from the imperial dynasties). Shanghai: Xuelin chubanshe and Hong Kong: Sanlian shudian, 1997.

―――. *Zhongguo chuantong fuzhuang xingzhi shi*中國傳統服飾形制史(A typological history of traditional costumes in China). Taipei: Nantian shuju, 1998.

―――. *Zhongguo yiguan fushi dacidian*中國衣冠服飾大辭典(A dictionary of cap and gown: dress and ornamentation in China). Shanghai: Shanghai cishu chubanshe, 1996.

Zhou, Yibai周貽白. *Zhongguo xiju shi*中國戲曲史(A history of Chinese drama). 3 vols. Shanghai: Zhonghua shuju, 1953.

Zhu, Chuanyu朱傳譽, comp. *Gu Hongming zhuanji zhiliao*高鴻銘傳記資料(Sources in the biography of Gu Hongming). Vols.1-2. Taipei: Tianyi chubanshe, 1979 (vol.3, not cited in text, 1981).

Zhuang, Yan莊嚴. *Shantang qinghua*山堂清話(Tranquil words from the Mountain pavilion). Taipei: National Palace Museum, 1980.

Zito, Angela. *Of Body and Brush: Grand Sacrifice as Text/Performance in Eighteenth-Century China*. Chicago: University of Chicago Press, 1997.

Zou, Jingfeng鄒勁風. *Nan-Tang guoshi*南唐國史(A history of the Southern Tang kingdom). Nanjing: Nanjing daxue chubanshe, 2000.

―――. *Nan-Tang lishi yu wenhua*南唐歷史與文化(The history and culture of the

Southern Tang kingdom). Chengdu: Sichuan daxue chubanshe, 2000.

찾아보기

문화와 폭력
: 전족의 은밀한 역사

초판인쇄 2022년 10월 7일
초판발행 2022년 10월 17일

지은이 도러시 고
옮긴이 최수경
펴낸이 강성민
편집장 이은혜
마케팅 정민호 이숙재 김도윤 한민아 정진아 정유선 김수인
브랜딩 함유지 함근아 김희숙 박민재 박진희 정승민
제작 강신은 김동욱 임현식

펴낸곳 (주)글항아리 | 출판등록 2009년 1월 19일 제406-2009-000002호

주소 413-120 경기도 파주시 회동길 210
전자우편 bookpot@hanmail.net
전화번호 031-955-2696(마케팅) 031-955-1934(편집부)
팩스 031-955-2557

ISBN 979-11-6909-042-1 93910

www.geulhangari.com